KB129162

수사심리학

범죄자 프로파일링과
범죄 행위 분석

INVESTIGATIVE
PSYCHOLOGY

Offender Profiling and the
Analysis of Criminal Action

David Canter · Donna Youngs 공저

강선 · 김시업 공역

학지사

Investigative Psychology:
Offender Profiling and the Analysis of Criminal Action
by David Canter and Donna Youngs

Copyright © 2009 by John Wiley & Sons, Ltd.

All Rights Reversed. Authorised translation from the English language
edition published by John Wiley & Sons Limited. Responsibility for the accuracy of the
translation rests solely with Hakjisa Publisher and is not
the responsibility of John Wiley & Sons Limited. No part of this book may
be reproduced in any form without the written permission of the original
copyright holder, John Wiley & Sons Limited.

Korean Translation Copyright © 2023 by Hakjisa Publisher, Inc.
The Korean translation rights published by arrangement with
John Wiley & Sons, Ltd.

본 저작물의 한국어판 저작권은
John Wiley & Sons, Ltd.와의 독점계약으로 (주)학지사가 소유합니다.
저작권법에 의해 한국 내에서 보호를 받는 저작물이므로
무단 전재와 무단 복제를 금합니다.

/ 역자 서문 /

Investigative Psychology

지난 20여 년 동안 우리 사회에서 범죄자들의 심리에 대한 대중적 관심은 놀라울 정도로 커졌고, 이에 뒤이어 학문적 접근 또한 전반적으로 확대되어 왔다. 학문적 접근은 대중적 관심의 필연적인 결과라고 할 수 있는 단순한 흥밋거리 수준의 범죄 이야기, 즉 사이코패스와 연쇄 살인범을 앞세운 기이하고 잔혹한 범죄자들의 이야기와는 다르다. 자료와 정보, 과학적인 분석을 통해 우리가 일상에서 마주칠 수 있는 다양한 종류와 유형의 범죄 그리고 범죄자에게 접근하려는 것이 학문적 접근의 목적이다. 물론 이 책에서도 여러 차례 언급하고 있는 것처럼 범죄, 특히 범죄자에 대한 심리학적인 접근에 소설, 영화, 드라마와 같은 대중매체들이 부분적이나마 기여한 부분이 있음을 부정할 수는 없다.

그러나 대중매체에서 묘사하는 범죄자의 모습은 대체로 극단적이며 인위적인 각색을 거친 인물이기 때문에, 보통의 사람들과 다른 별종의 인간으로 묘사되고 공포심만을 극대화할 수 있다는 우려를 갖게 한다. 더욱이 이들 극단적인 범죄자들과 지적인 대결을 벌이고 종국에는 승리를 거두는 형사, 탐정 또는 프로파일러와 같은 인물들은 마치 모든 변수를 예측할 수 있는 예지적 인물이거나 기막힌 우연의 행운이 항상 따라다니는 인물로 그려지곤 한다. 허나 이러한 전개가 독자들에게 권선징악의 만족감 또는 억제된 폭력성에 대한 대리만족을 안겨 주는 효과는 있었을지 모르나 범죄자를 이해하려는 과학적 노력에 대해서는 왜곡된 인식을 심어 줄 위험성이 있다.

이 책은 범죄를 추리하고 범죄자를 추적하는 수사관의 시각에서 범죄자들의 심리와 행동, 그리고 범죄 현장에서 어떠한 정보를 찾아내고 분석해 나가야 할 것인가를 다루고 있다는 점에서 기존에 출간된 범죄심리학 서적들과는 관점의 시작을 달리하고 있다. 이를 위해 저자들은 심리학이라는 과학을 통해 범죄 수사, 특히 범죄가 범해지는 현장에서 나타나는 범죄자의 행동에 담겨 있는 패턴을 추적하고 있다. 과학은 논리적 입증을 통해 현상을 해석하고 이해하는 것이며, 패턴이란 많은 자료를 통해서 다양성 속에 숨어 있는 공통점과 차이점을 분별해 내는 것이라 할 것이다. 따라서 범죄 수사를 단순히 직관과 경험의 결과라는 인식으로부터 자료와 정보의 수집과 분석, 그리고 행동 패턴의 유형화 등을 통해 범죄자 특성에 접근해 가는 과학적인 체계로 이끌어 가고 있다는 점에서 저자들의 노력은 높이 평가되어야 할 것이다.

이를 위해 저자들은 제1부(제1장에서 제4장)에서 심리학과 범죄 수사가 접목되어 온 역사를 성서 속 유대인의 행동으로부터 유럽의 마녀사냥, 그리고 초기 프로파일링 사례들을 통해 살펴보면서, 수사심리학의 시작점에 있는 프로파일링이 결코 경험 많은 수사관의 직관에 의한 것이어서는 안 된다는 점을 명확히 하고 있다. 제2부(제5장에서 제10장)는 수사심리학의 기본 이론들에 대해서 다루고 있다. 제5장에서 분화도(Radex)라 이름 붙인 모형을 통해 범죄의 유형화와 범주화를 시도하고 있으며, 이를 위해 제6장에서 범죄자의 행위에 대해 심리학적으로 접근하여, 범죄자가 범죄를 실행하게 되는 심리적 원인 유형을 네 가지 서사 형태로 분류하고 있다. 범죄자들이 스스로를 피해자로서, 전문가로서, 영웅적인 행위자로서, 그리고 보복의 주체로서 이해하는 범죄자의 내적 서사 유형을 제시하면서, 이러한 내적 서사가 범죄행위의 대상, 즉 피해자와의 관계를 규정하게 된다는 점을 함께 보여 준다.

제7장에서는 이러한 내적 서사에 내재된 범죄자들의 심리적 과정과 이로부터 표출되는 각 범죄자들의 현저한 행위적 특성을 탐색하여 행위체계를 구성하고 있다. 현저성은 범죄 유형에 따른 전형성과 특정 행동이 행해지는 빈도, 상황적 요인들 그리고 범죄자와 피해자 간 상호작용에 의해 특징지어지며, 수사관이 범죄 현장에서 이러한 요소들을 찾아내고 범죄자의 특성을 추리하는 과정을 진행해야 한다고 저자들은 이야기한다. 이러한 범죄자의 행위에 대한 특성 탐색에 이어서, 제8장에서는 지리적 범죄심리학, 제9장에서는 수사 정보의 취득과 분석, 제10장에서는 범죄자 또는 목격자 신문과 관련된 다양한 면담기법 및 거짓 탐지 등에 대한 심리학적 접근법과 체계적인 분류법을 소개하여 범죄별 및 각 범죄의 유형과 방식에 대한 특성 이해를 가능하게 하고 있다. 제3부(제11장에서 제15장)에서는 제2부의 기본 원리에서 제시한 다양한 원리적 측면에서의 범죄 행위적 특성(현저성)과 범죄자의 심리 특성을 통해 재물범죄, 성범죄, 살인, 조직범죄 그리고 테러를 분석하고 추리과정에서 착안해야 할 요점들을 이야기해 주고 있다. 마지막으로 제16장에서는 수사심리학의 보다 폭넓은 기여 분야 및 가능성과 함께 양적 및 질적인 확장 방향을 제시해 준다.

역자로서 이 책의 가치는 통시적 관점에서 초기 프로파일링의 기여와 오류를 냉정하게 분석하고 새로운 관점을 제시하고 있다는 점, 그간의 많은 연구실적과 데이터 그리고 실제 사건에 대한 경험들을 바탕으로 과학적인 분석모형을 제시한다는 점 등에 있다고 평가한다. 사실상 저자들의 해박한 지식과 풍부한 경험에 놀라지 않을 수 없었으며, 일종의 부러움마저 가져야 했다. 결국 범죄심리학을 연구하고 있는 연구자의 한 사람으로서 이러한 부러움으로부터 우리가 염두에 두어야 할 두 가지 측면에 대한 문제를 제기해야 할 의무감을 느끼게 되었다.

첫째는 우리의 문화와 우리의 현실을 바탕으로 접근하는 범죄자 심리와 행동 분석, 그리고 수사심리에 대한 학문적 기반이 보다 깊이 있게 연구되어야 할 필요성이 있다는 점이다. 서구사회, 특히 이 책의 배경이 된 영국과 미국은 분명히 우리와는 범죄 환경이 매우 다르다. 예를 들어, 살인 사건의 경우에 우리는 90%가 훌쩍 넘는 검거율과 기소율을 보이지만, 미국은 60%대에 불과한 것이 현실이다. 이러한 차이는 살인행위가 계획적이었는지 또는 충동적이었는지, 다른 범죄의 수단이었는지 또는 살인 자체가 목적이었는지, 그리고 가해자와 피해자 간의 관계 등에서 양국 간에 현격히 다른 상황에서 기인한다. 물론 이러한 과제의 책임은 역자와 같은 연구자들이 짊어져야 할 책임이며, 앞으로 기대를 가지고 제 학자들이 함께 노력해 나가야 할 방향이라고 생각한다.

둘째는 범죄, 범죄자 및 피해자와 관련된 경찰 또는 검찰의 정보가 학문적 연구의 목적 범위 내에서 좀 더 자유롭고 폭넓은 접근이 가능하도록 개방적인 제도적 마련이 필요하다는 점이다. 개인정보 보호라는 기본권과 관련된 부분이고, 특히나 피해자의 경우 2차 피해의 우려도 크기 때문에 이러한 정보가 쉽게 개방되어서는 안 된다는 점에는 동의하지만, 더욱 다양한 관점에서 분석되고 연구될 수 있는 방법을 함께 찾아보는 것이 필요하다고 생각한다. 단순히 백서 또는 제한된 유형으로 분류된 현황통계 자료를 제공하는 상태에서는 세밀한 특성에 기반을 두고 분석되어야 하는 범죄 및 범죄자에 대한 접근이 거의 불가능할 수밖에 없다. 이로 인해 언론에 보도된 자료들에 연구가 의존하도록 하는 것은 점차적으로 지능적이고 흉포한 범죄가 증가하고 있는 문제(사법기관들이 항상 강조하는 것처럼)에 대한 효과적인 대응방법은 아니라고 생각한다. 또한 범죄 피해와 관련된 정보는 범죄 피해의 회복에 대한 국가와 사회의 노력이 강조되고 있는 시점에서 학계의 개입과 기여의 필요성이 더욱 강조되고 있는 상황을 전제로 한다.

번역을 마치면서, 어린 시절 부모님 옆에서 숨죽이며 지켜보았던 〈수사반장〉이라는 TV 드라마에 대한 기억이 떠오른다. 지금 생각해 보면, 〈수사반장〉에서 다루는 사건의 범죄자와 피해자 그리고 이들을 추적하는 형사들 모두에게 나름의 사연이 있었고, 이러한 사연은 왜 범죄가 발생하는지, 그리고 누가 범죄자가 되고 또는 피해자가 되는지를 우리에게 이야기해 주었던 것 같다. 사이코패스나 연쇄 살인범과 같이 자극적인 주제도 없었고, 지금처럼 과학적인 도구나 기법이 쉽게 사용될 수 있는 여건도 아니었지만, 범죄와 연결되어 있는 범죄자와 피해자의 이야기, 그리고 그들의 삶에 대한 이야기를 조금씩 찾아가고 연결 지어 가는 형사들의 추리과정은 당시에는 관심조차 없었던 수사심리학의 이야기가 아니었나 싶다.

David Canter와 Donna Youngs 두 저자가 이 책에서 제시하고 있는 범죄자의 내적 서사가 이미 〈수사반장〉 속에 담겨 있었다는 생각을 해 본다.

　끝으로, 이 번역서가 한 권의 책으로 빛을 볼 수 있었던 것에는 학지사 여러분의 헌신적인 기여가 있었기 때문이다. 특히 길고 복잡한 교정 과정에서 역자의 게으름을 참을성 있게 기다려 주면서 부족한 부분을 꼼꼼하게 채워 준 유가현 과장님을 비롯한 편집부 여러분께 깊은 감사의 마음을 전하고 싶다.

2023년

역자 씀

/ 서문 /

Investigative Psychology

이 책은 새로이 나타난 수사심리학 분야의 이론적 기초와 전문적인 응용에 대해 최초로 종합적으로 논술하고 있다. 이 분야는 범죄를 해결하고 관리하는 데 도움을 줄 범죄와 범죄성에 대한 이해를 발전시키기 위해, 그리고 전 세계에서 기소와 방어 과정들에 기여하기 위해 범죄자들이 실제로 무슨 행동을 하는가, 즉 범죄자 행위를 탐구하는 것으로 특징지을 수 있다.

심리과학의 새로운 경향에 관한 첫 학술교재로서, 이 책은 20년간의 연구 출간물, 전문가 보고서, 그리고 광범위한 비출간 자료에 근거하고 있다. 이러한 연구들은 1986년 David Canter가 처음으로 주요 연쇄살인 사건 해결에 도움을 주기 위해 사건에 개입한 이래 저자들과 그들의 학생과 동료들에 의해 다듬어진 공식적인 수사심리학 모형틀 내에서 진행되었다. 많은 경찰 수사에 대한 그의 이어진 개입은 새로운 영역을 위한 실제적인 기초를 놓게 된다.

수사심리학의 이론적 기초는 범죄 행위들, 범죄자가 자신의 주변 및 명시적 또는 암시적 피해자들과 상호작용하는 형태, 드러나지 않은 동기, 또는 범죄자가 무엇을 달성하려 하는가에 대한 여타의 추정들로부터 시작한다. 행위체계 모형틀 내에서 이러한 상호작용은 행위를 유발하는 것의 위치 및 결과가 나오는 장소와 관련된 다양한 방식에 지정될 수 있다. 이것은 D. Canter가 1994년에 처음 소개한, 범죄자가 피해자에게 부여한 역할을 고찰하기 위한 초기 모형틀에 근거하며, 범죄 전반과 관련해서 보다 폭넓게 기초를 형성하고 있는 서술적 모형틀을 생성한다. 피해자들과 암시적으로, 그리고 명시적으로 상호작용하는 모형에 적용되는 범죄자 개인의 내재된 이야기는 범죄자들에 대한 추리를 시작할 수 있는 중심 주제를 확인하기 위해 서사 모형틀 내에서 탐구된다.

따라서 이 책은 수사심리학의 이론적·실제적 응용과 발전의 중심에 있는 모든 유형의 범죄와 범죄자들을 구분하기 위한 통합되고 광범위한 모형을 제공한다. 이 모형은 실증적인 연구와 특히 분석적인 도구들에 그 뿌리를 두고 있으나, 사회과학과 활동적인 인간 작용을 중심으로 하는 관점들 내에서 구성주의적 접근에 크게 의지하고 있다. 따라서 범죄성에 대한 일부 환원주의적 주장들의 가치를 인식하고 있음에도, 범죄와 범죄자들을 구별하는 수사심리학 모형들은 범죄자들이 근본적으로 사람이지 단순 유기체가 아니라는 전제에서 시작하는 범죄 행위들 내 주제들을 발견해 낸다.

이 주제들은 범죄 행위와 범죄자 특성을 연결시키는 프로파일링 등식을 위한 기초를 제공하며, 이것이 수사심리학의 이론적 그리고 실제적 함의 모두를 보여 주게 된다. 이 책은 이러한 등식의 핵심에 있는 추리 과정에 대한 통찰력을 점진적으로 제공하는 실증적 연구를 검토한다. 이들은 방화 또는 침입 절도로부터 스토킹과 연쇄 살인, 마약 공급망과 테러까지 모든 종류의 범죄들과 관련되어 있는 것으로 보인다.

그동안의 연구는 연구를 통해 정보를 제공하는 실행상 도전과제들에 따라 구성되었다. 결과적으로 연구문제들은 순수하게 학문적 관심에서 시작된 것이 아니라 실제 문제들에 '응용'되면서, 심오한 상아탑 논쟁에 의존하지 않는 실제 세상의 문제들을 해결하려는 의식 속에서 발전되어 온 것이다. 이러한 연구들은 범죄자에게 가능한 특성들에 대해 어떠한 추론이 가능할 것인가에 관한 핵심 질문들을 넘어서, 범죄의 현저한 측면들의 규명, 혐의자 유추와 우선순위 결정, 범죄 행위와 일반적인 범죄자들 연관 짓기, 범죄자의 가능한 거점/주거지에 대한 지리적 위치 파악, 그리고 범죄자가 어디에서, 언제 다음 범죄를 범할 것인가의 예측으로까지 확대되었다.

수사심리학은 효과적인 범죄 수사와 성공적인 기소 및 방어의 모든 측면과 관련되어 있으며, 따라서 다음과 같이 기여하고 있다.

- 수사 정보의 검색, 평가 및 활용
- 수사상 전략적이며 전술적인 의사결정
- 법정에서 소송 사건의 준비 및 제출
- 비록 이 책에서는 다루고 있지 않지만, 범죄 관리와 범죄자 처리와의 관련성 또한 명확해지고 있다.

수사심리학은 어떤 확실성을 가지고 결정된 것은 거의 없는, 확실히 새로운 활동 영역이라 할 것이다. 이 책은 만일 범죄가 예방되어야 하거나 탐지되어야 하고, 범죄자들이 효과적으로 이해되고 다루어져야 한다면 범죄성에 내재하는 심리적 및 사회적 과정들을 이해할 필요가 있다는 점을 강조하면서, 이들 발전 영역에 내재된 논점들을 다루고 있다.

이것이 잠재적으로 방대한 분야이기 때문에 이 책은 심리, 범죄 및 법률의 모든 측면을 다루는 일반적인 교과서가 되려 하지는 않는다. 그보다는 범죄와 범죄성에 대한 매우 독특한 수사심리학적 접근에 대한 종합적인 설명을 하고 있다. 이것이 범죄자들과 이들의 치유에 대한 임상적인 관점을 다루고 있는 책들, 또는 목격자 진술과 같은 전문 분야에 초점을 두고 있는 책들과 구분되는 점이다. 그러나 이러한 편향성이 범죄의 원인, 범죄자들 간의 차이, 처벌의 역할, 그리고 범죄자들의 치유와 같은 주제들을 아주 흥미로운 새로운 관점에서 다루게 하는 것이다. 결론 부분에서는 범죄와 경찰 조사를 넘어서서, 심리학에 대한 범죄 수사적인 접근의 중요성을 탐구한다.

요약

이 책은 수사심리학과 이것이 다루고 있는 사안들을 개관하며 시작한다. 역사적 맥락은 범죄와 범죄성의 이해에 도움을 준 사회과학 및 행동과학들의 여러 상이한 흐름들로부터 수사심리학에 관한 연구들이 어떻게 성장하여 왔는가를 보여 준다. 이러한 흐름 중 일부는 제2장에서 탐구하는 것처럼, 일반적인 사람과 특별한 범죄자를 구분하려는 시도에 뿌리를 두고 있으며, 다른 것들은 정보에 근거한 형사들의 업무로부터 직접적으로 발전되어 왔다는 점을 제3장에서 살펴볼 것이다. 이렇게 서로 다른 뿌리는 초기 '프로파일러들', 특히 제4장에서 언급하는 1980년대 버지니아주 교육원의 FBI 요원들로부터 시작되었다.

제1부에서 수사심리학의 근원과 범위를 개관한 후에, 현재 수사심리학의 기초를 형성하는 기본 원리들은 제2부에서 검토한다. 제5장에서 수사와 관련하여 심리학에 주어지고 있는 핵심 문제들로 시작하며, 이들은 범죄자 행위의 현저성을 특정 짓는 것의 중요성을 살펴보고, 분화도(radex)의 개념적 구조와 이것이 실증적인 연구 및 발전을 수용하는 방법들을 검토한다. 제6장에서는 범죄자 행위에 대한 서사적 관점을 검토하며, 분화도 모형들과의 관련성이 탐구될 것이다. 이것은 범죄에서 나타난 행위로부터 범행과 범죄자에 대한 추리가 만들어 가는 과정을 고찰하기 위한 기초를 제공한다. 제7장에서 보여 주는 것처럼 이러한 추리 과정들은 범죄자 행위가 행위체계의 흥미로운 사례라는 것을 인식함으로써 보다 명확하고 깊이를 더하게 된다. 행위체계의 한 측면으로서 분화도 모형들과 함께 발전하는 서사적 관점의 조합은 수사심리학의 모든 영역에 정보를 제공하는 서사적 행위체계를 생성해 낸다.

제8장은 범죄가 발생하는 장소에 초점을 두며, 범죄 장소 선택과 범죄자의 주거지/거점과의 연관성을 이해하는 데에 도움을 주는 근접성과 형태론의 기본적인 과정들을 보여 준다. 이것은 의사결정 지원 시스템, 예를 들어 마지막 장에서 고찰하는 지리적 범죄자 프로파일링을 구성하는 것들에 대한 풍부한 이론적 기초를 제공한다. 범죄자의 거점과 범죄 장

소 간의 연관성은 서사적 행위체계의 측면으로서 설명될 수 있음을 보여 주며, 이는 범죄자가 범죄 실행 장소를 표현한 지도에 대해 논의할 때에 드러나게 된다.

이들의 근본적인 의미를 고려하여, 실제 범죄를 연구하고 수사하는 데 있어서 자료와 적합한 정보에 대해 필요한 것들은 제2부의 결론으로 제9장과 제10장에서 살펴본다. 수사 중 수집되는 정보의 효과를 향상시키기 위한 심리학적 절차들은 제9장에서, 그리고 제10장에서는 거짓과 이를 탐지하고 감소시키는 접근법들을 고찰한다.

제3부는 범죄성의 특별한 측면들을 고찰하기 위해 이 책의 앞부분에서 다루었던 주제들을 살펴본다. 각 장은 많은 범죄자에게 전형적이며, 신고된 범죄의 대부분을 구성하는 일상 범죄들로부터 시작한다. 제11장에서는 주로 금전이나 물건 등을 취득하려는 목적을 가진 범죄들을 다루며, 제12장은 보다 폭력적인 범죄들, 특히 성적인 요인을 내포하는 범죄들로 이어진다. 살인 및 연쇄 살인과 같이 보다 극단적인 폭력성 범죄는 제13장에서 다루며, 마지막 두 개의 장은 강한 사회적·문화적 측면들을 반영하는 넓은 범위의 범죄 행위들을, 제14장에서는 조직범죄를, 그리고 제15장에서는 테러에 대해 다룬다.

마지막 장은, 많은 응용 분야들과 탐구되어야 할 새로운 주제들, 그리고 범죄와 범죄성을 넘어서는 수사심리학의 보다 넓은 영역들을 개관함으로써 이 책에서 살펴본 주제들을 요약한다. 이 책이 담고 있는 핵심 메시지는 책 전반에 걸쳐 표현되고 있으며, 수사심리학은 특별한 종류의 문제해결 연구를 진행하는 방법이다. 수사심리학 연구는 일반적이며 비범죄적 행동에 대한 연구로부터 성장하였으며, 계속 이들과 연결되어 있다. 따라서 수사심리학은, 심리학이란 사람들이 서로를 대하는 방법과 관련성을 갖는다는 야심 찬 믿음 위에 성립되어 있으며, 결론적으로 심리학을 가치 있게 만드는 자연적인 산물이라 할 것이다.

David Canter & Donna Youngs

차례

|제2부|
기본 원리:
범죄 행위 연구 및 범죄자에 대한 추리를 위한 모형틀

|제3부|
범죄 행위 프로파일링: 범행 모형과 수사심리학의 적용

| 일러두기 |

(1) 가능한 한 원서의 표현을 직역하려는 의도를 가지고 있었으나, 이 책의 바탕이 된 영국의 문화, 법령 및 수사체계, 그리고 관련 용어와 절차 등이 우리와는 상당한 부분에서 차이가 있는 점을 감안하여 부분적으로 우리 의미에 맞게 의역하였다.

(2) 저자들이 밝힌 것처럼 행동(behavior)과 행위(action) 간에는 개념 차이가 있고 이를 고려하여 사용되어야 한다. 그러나 이 책 전반에서 두 개념이 혼용되고 있는 것으로 판단하며, 번역에서는 저자들의 원문에 근거하여 두 개념을 구별하였다.

(3) 일부 이론이나 모형과 기관의 명칭 등 고유명사는 가능한 한 통일된 한글번역을 반영하였으나, 이를 찾지 못한 경우에는 역자가 내용을 참고하여 우리말로 번역하였다.

이 외에 모든 오류와 부족한 부분은 역자의 부족함에서 기인한 것으로 독자 여러분께 사과드리며, 너그러운 용서와 이해를 구한다.

제 1 부

수사심리학으로의 길

범죄자 프로파일링으로부터
수사심리학의 출현

스펜서 퍼시벌(Spencer Perceval)* 수상을 암살하는 존 벨링햄(John Bellingham)

출처: The New Newgate Calendar ⓒ The Folio Society Ltd 1960

※ 영국의 정치가(보수당), 1809년~1812년 간 영국의 수상 역임. 1812년 하원 로비에서 암살당함. 영국 수상 중 유
일하게 암살당한 수상으로 기록됨(역자 주)

제1장

수사심리학 소개

"너희 둘, 최근에 정신의학자들 본 적 있어?"

"제기랄!" 올즈가 말했다. "못 들었어? 요즘 그들이 우리를 항상 괴롭히고 있어. 두 명을 우리 요원으로 데리고 있는데, 이게 더 이상 경찰 일이 아니야. 의사들 일이 되어 가고 있다고. 유치장, 법정, 조사실 할 것 없이 드나들고 있어. 그들은 펑크족 어린애가 왜 술집을 털었는지, 왜 여학생을 강간했는지, 아니면 왜 상급반에 가서 차를 팔고 있었는지에 대해서 15페이지나 되는 리포트를 쓰고 있어. 10년쯤 지나면 마티나 나 같은 놈들은 턱걸이나 사격연습 대신에 로르샤흐 검사와 단어연상 검사를 하고 있을 거야. 사건 현장에 나갈 때는 작은 검정 가방에 휴대용 거짓 탐지기와 자백 약을 넣고 가게 될 거고. 빅 윌리 마군에게 덤벼든 못된 것들을 잡지 못한 건 참 안타까워. 우리가 잡았으면 못된 것들을 뜯어고쳐서 어머니도 사랑하게 만들었을 텐데."

(Raymond Chandler, 『The Long Good-Bye』)

이 장에서는……

- 학습 목표
- 개요
- 심리학과 수사
- 수사심리학의 출현
- 범죄자 프로파일링의 기원
- 수사 순환도
- 수사심리학과 관련된 분야
- 간격에 주의: 경찰 활동과 심리학의 연결
- 시스템 통합 vs. 전문가 의견
- 수사심리학자들이 가지고 있는 의문점
- 범죄와 범죄자를 넘어서
- 이론과 실제의 연결: 앞으로의 전개
- 요약
- 추가로 읽을거리
- 토론과 연구를 위한 질문

학습 목표

|||||||||||||||||||||||||||||||||||||||||||||||||||||||||||||||||||||||||||||||||||||||||||||||||||||||||||||

1. 수사심리학이 무엇인지와 수사심리학이 기반으로 삼는 주요 원칙들을 이해할 수 있다.

2. 범죄 관리, 수사 및 기소에 대해 수사심리학이 중요하게 기여하는 사항들을 구체화할 수 있다.

3. 수사심리학과 범죄자 프로파일링 간의 차이점을 식별할 수 있다.

4. 수사상 의사결정에 수반되는 쟁점들을 이해할 수 있다.

5. 수사 순환도 상의 주요 단계들과 수사심리학이 어떻게 각 단계에 기여하는지를 알 수 있다.

6. 경찰과 학계 간 문화적인 주요 차이점을 파악할 수 있다.

개요

수사심리학(Investigative Psychology: IP)이란 범죄자들에 관한 연구이며, 그들을 체포하고 법정에 세우는 과정에 대한 연구이다. 이는 범죄 및 그에 대한 수사와 관련된 모든 사람들이 무엇을 하고, 어떻게 느끼며 생각하는지를 다룬다. 주요 목적은 형사 또는 민간*의 수사 활동과 이어지는 법적 과정들과 관련하여 범죄를 이해하는 것이다. 따라서 수사심리학은 범죄 관리, 수사 및 기소와 관련된 전반적인 쟁점들에 관한 심리학적 개입에 대해 관심을 갖고 있지만, 또한 범죄와 범죄 성향을 훨씬 넘어선 영역까지 관련을 갖게 되는 문제해결 심리학(problem-solving psychology)에 관한 접근이기도 하다.

수사심리학은 다음과 같은 원칙들에 기초하고 있다.

- 모든 수사는 정보를 검토하는 의사결정의 한 형태이다. 추리는 이 정보와 행위 결과를 근거로 이루어지며, 이로부터 수사의 해결책이 달성될 때까지 순환과정이 반복되도록 유지하기 위한 추가적인 추리를 생성해 낸다.
- 수사에 대한 기여는 범죄 행위들에 대한 이해와 이들의 효과적인 모형화로부터 성장한다.
- 수사과정의 모든 측면에 대한 기여에 있어서 중요한 쟁점은 주어진 일련의 범죄 행위들, 즉 범죄에서 발생하는 모든 것들, 그리고 심리적·수사적 의미를 갖는 요소들의 독특한 측면들을 규명하는 것이다.
- 이러한 모형화는 중심이 되는 문제해결 과정에 기여하며, 이 과정은 범죄에서 무슨 일이 있었는지에 대한 세부 사항과 같은 정보의 하위 조합으로부터 범죄자의 특성들과 같은 정보 조합에 관한 추론을 형성해 가는 것으로 구성되어 있다.
- 효과적인 추론을 위해서 범죄자들 사이에 그리고 범죄들 사이에 존재하는 타당하고 가치 있는 차이점을 구분해 낼 수 있는 것이 필요하다.
- 수사심리학의 기여는 개인에게 부여된 뛰어난 직감이나 추론 능력에서부터가 아니라, 과학적 원칙들과 이들 원칙에 근거한 의사결정 지원 시스템의 발전으로부터 비롯된다. 따라서 경찰 교육 및 경찰이 활용하는 절차의 많은 측면에 적용되며, 일정 형태의 조사 또는 수사를 필요로 하는 직업을 가진 다른 사람들에 의해서도 활용되고 있다.

---

* 여기에서 민간은 탐정 활동 또는 기업의 보안기능 등에서의 수사, 조사 활동을 지칭하는 개념으로 이해할 수 있음. 따라서 형사는 경찰, 검찰 등의 공적인 수사활동을 지칭하는 개념으로 이해

수사심리학은 일반적으로 인식되고 있는 연쇄 살인범들에 대한 '범죄자 프로파일(offender profiles)'에서 얻을 수 있는 것을 훨씬 넘어서고 있다. 수사심리학은 경찰 활동 및 다른 수사 활동 모든 영역에 심리학의 여러 측면을 통합시키기 위한 모형틀을 제공하며, 경찰에 의해 조사가 진행되는 모든 형태의 범죄뿐 아니라 보험사기, 악의적인 방화 시도, 탈세 또는 관세와 소비세 포탈 및 심지어 테러 행동과 같이 경찰 수사관들에 의해 항상 고려되는 것은 아니지만, 수사 활동을 필요로 하는 영역까지 포괄한다. 모든 범위의 범죄 행동이 범죄 수사, 관리, 예측 및 분석뿐 아니라 소송에 정보를 제공할 목적으로 고찰되고 분석된다. 이러한 탐구를 통해서, 수사심리학은 범죄 행동, 범죄자 그리고 수사 과정 자체에 대한 심리학적 이해의 발전을 추구한다.

심리학과 수사

범죄는 어디에나 있다. 범죄가 신문들과 공중파 방송들을 뒤덮고 있으며, 텔레비전, 영화 그리고 서점에는 엄청난 양의 범죄소설이 있다. 정부는 범죄와 범죄자들에 대해 어떻게 대처하느냐에 따라 희비가 엇갈린다. 그러나 사람들이 가장 매력을 느끼는 것은 범죄자들을 어떻게 추적하고 정의의 심판대에 세우느냐에 있다. [글상자 1-1]의 예시들처럼, 최근에 해결된 모든 심각한 범죄들은 이후 기자들이나 고위 수사 담당자들이 어떻게 흉악범을 체포하였는지를 상세하게 묘사한 책으로 출간되었다.

글상자 1-1 대중의 관심을 끈 최근의 범죄 수사 관련 출간물

입스위치(Ipswich)에서 발생한 여성 5명 살인 관련
- 악마 사냥: 입스위치 연쇄 살인 속으로(Hunting Evil: Inside the Ipswich Serial Murders)(Paul Harrison and David Wilson, 2008)
- 냉혈 악마: 입스위치 교살 사건들의 실제 이야기(Cold-Blooded Evil: The True Story of the Ipswich Stranglers)(Neil Root, 2008)

소햄(Soham)에서 발생한 두 명의 어린 소녀 살해 사건 관련
- 악마 그 이상: 이안 헌틀리의 왜곡된 마음속으로(Beyond Evil: Inside the Twisted Mind of Ian Huntley)(Nathan Yates, 2005)
- 소햄: 우리 시대의 이야기(Soham: A Story of Our Times)(Nicci Gerrard, 2004)

지하실에 딸을 감금한 오스트리아인 요제프 프리츨(Joshef Fritzl) 관련
- 괴물(Monster)(Allan Hall, 2008)
- 공포의 집: 요제프 프리츨, 지옥에서 온 아버지 이야기(House of Horror: The Horrific True Story of Josef Fritzl, the Father from Hell)(Nigel Cawthorne)

연쇄 살인범 헤럴드 시프먼(Harold Shipman) 박사 사건 관련
- 믿을 수 없는 악마: 헤럴드 시프먼 박사가 어떻게 그리고 왜 200명 이상을 살해했는지에 대한 내면의 이야기(Evil Beyond Belief: The Inside Story of How and Why Dr Harold Shipman Murdered More than 200 People)(Wenseley Clarkson, 2005)
- 저격자: 전국을 공포스럽게 한 살인자들 추적(Sniper: Inside the Hunt for the Killers who Torrirized the Nation)(Sari Horwitz and Michael E. Ruane, 2004)

그러나 범인을 추적하고 그들을 법정에 세우는 일의 중심에는 심리학에서 나온 개념들, 이론과 방법, 그리고 결과를 이용하여 설명되고 이해되는 복잡한 인간 행동 패턴들이 있다. 범죄 수사의 모든 측면에서 심리학자들과 다른 사회과학자들을 수사의 영역으로 이끌어 들인 행동과학(behavioural science)에 의지함으로써 좀 더 효과적일 수 있다는 것을 깨닫게 되었으며, 이들이 수사라는 행위가 인간 행동에 대해 제기해 온 많은 흥미로운 도전들을 발견하고 있다. 일반적으로 사람에 대한 이해의 발전은 범죄를 해결하는 데 도움을 주려는 시도에서부터 나타난다.

많은 과학 분야들이 범죄 탐지와 범죄자 관리에 기여하고 있다. DNA 검사와 폭넓은 과학 수사 절차들의 발전은, 〈CSI〉와 〈무언의 목격자(Silent Witness)〉와 같은 텔레비전 가상 드라마에서 묘사한 만큼이나 실제 범죄 수사에서도 많은 부분을 차지하고 있다. 심리학의 기여는 이러한 자연과학의 발전과 보조를 맞추기 위해 천천히 진전되고 있으며, 심리학이 경찰 업무에 기여할 수 있는 여러 가지 다양한 방법들이 수사심리학 분야에 함께 도입되고 있다. 수사심리학은 응용심리학 내에서 빠르게 발전하는 분야로, 모든 형사 및 민간 수사 영역에 기여하는 방법들 속에서 심리학의 다양한 측면들을 통합해 나가고 있다.

수사심리학은 경찰에 의해 조사되는 모든 형태의 범죄 성향, 즉 방화와 침입 절도로부터 살인, 강간, 심지어 테러 행위까지 관심을 가진다. 또한 수사를 필요로 하지만 항상 경찰의 고유 업무 영역 안에 포함되지는 않는 활동 영역까지 그 범위를 넓히고 있는데, 여기에는 보험사기, 부정부패, 악의적 방화기도, 탈세 또는 밀수와 같은 사안들까지 포함하며, 점차적으로 군중 통제와 공공질서 사건들도 수사심리학자들에 의해 연구되고 있다. 더욱이 수사심리학의 군사적 가치는 분쟁 지역에서의 반란군뿐 아니라 국내 자생적 테러리스트들을 다루기 위해 인정받고 있다.

수사심리학은 범죄 추적이 효과적으로 수행되고 법적 절차들이 적합하게 진행되도록 범죄 행위들을 검토하고 이해하는 방법들을 주요 관심 대상으로 한다. 따라서 수사심리학은 범죄 관리, 수사, 기소 및 용의자 보호와 관련된 전반적인 사안들에 대한 심리학적 개입을 다룬다.

최근까지, 심리학자들이 경찰 수사에 기여할 수 있는 것은 '범죄자 프로파일'이라는 관점에서 알려지고 이해되어 왔다. 실상 범죄자 프로파일링은 개인이 임상 또는 다른 전문적 경험, 그리고 수사관으로서의 경력에 의존하여 범죄자들의 성격 특성 또는 정신역학에 관해 판단을 내리는 과정이다. 그들은 또한 알려지지 않은 범죄자의 태도, 가족 관계 또는 범죄 경력 등에 대해 실무적으로 유용한 추측을 하기도 한다. 그러나 과학적 심리학의 관점에서 보면, 그러한 과정이 실증적으로 검토된 범죄 행동의 측면들을 명확히 정의하는 것이라기보다는 개인적 판단에 의존한다는 결함을 가지고 있다.

연역적인, '가상의 영웅' 접근법과 과학적 심리학자들의 접근법 간의 비교는 심리학에 있어서 새로운 것은 아니며, Meehl(1996)에 의해 검토된 임상적 판단과 보험계리적 판단 사이의 구분과 많은 유사점을 가지고 있다. 임상학자는 환자에 대한 견해 형성을 위해 자신의 판단과 경험을 사용하지만, 반대로 보험계리적 판단은 주의 깊은 측정과 이로부터 도출된 통계적 연관성에 기초한 것들이다. 1954년에 처음 출간된 이후 10여 년에 걸쳐 이어진 일련의 연구를 통해서, 보험계리적 결정과정이 임상적 판단에 기초한 것들에 비해 훨씬 정확하고 가치 있다는 점이 발견되었으며, 이는 일반적으로 과학적 접근법이 개인 의견에 기초한 것에 비해 훨씬 효과적인 것임을 증명하고 있는 것이다.

많은 '범죄자 프로파일링'이 의존하고 있는 임상 경험에서 유래된 이론들에 대해서는 여러 학자로부터 동일한 의문이 제기되고 있다(Beauregard and Proulx, 2002; Egger, 1999; Smith, 1993 와 같은). 물론 전문가들의 전문성에 기반한 판단에 기여하는 연구로부터 원칙들을 발전시키는 것은 가능하다. Bunnell, Taylor와 Snook(2007)은 범죄자의 거주지 판단에 대한 훈련을 위한 기초 자료로 Canter(2005)의 지리적 범죄자 프로파일링 연구 결과를 수용함으로써 이를 명료하게 보여 주고 있다(Bunnell, Taylor and Snook, 2007). 그들은 그러한 훈련이 일련의 범죄들에 응용될 때(다소 제한적임은 인정하지만), 정보를 제공받은 답변자들이 컴퓨터 소프트웨어의 일부 측면들처럼 잘 실행할 수 있음을 보여 주고 있다.

지리적 범죄자 프로파일링 연구는 임상적 판단들이 어떻게 연구를 통해서 향상될 수 있는지, 그리고 수사심리학이 어떻게 알려지지 않은 범죄자의 가능한 특성들을 기술하기 위해 본래 펜으로 그린 도해(圖解, pen-picture)로 묘사되는 범죄자 프로파일을 뛰어넘을 수 있도록 하는지를 보여 준다. 우리가 보게 될 것처럼, 이러한 것이 어떤 상황에서는 가능하지 않은 이유들이 있다. 또한 다른 것들에 비해서 펜화의 일부 측면들이 더 실행 가능한 이유들도 있다. 경찰 수사에 기여하는 과정에 포함되어 있는 것들에 대한 주의깊고 체계적인 검토는 특정인의 경험에서 도출된 개인적 의견 이상으로 확장될 필요가 있다.

프로파일링 과정에서 과학적인 엄격함의 결여는 지난 20여 년 동안 수사심리학 연구 지지자들에게 수사에 대한 기여를 뒷받침하고 체계화할 수 있는 과학적 학문 분야를 기획하도록 유도하여 왔다. 보다 학문적으로 기반을 갖춘 이러한 접근법이 프로파일링이 처음 빛을 본 영역들을 넘어서는 심리학의 잠재적 활용을 위한 문을 열고 있다. 초기 프로파일러들은 그들이 가진 기술이 일부 형태의 정신병리가 분명하고 특이한 연쇄 살인과 연쇄 강간 같은 범죄들에 대해 적절하다고 주장했지만, 수사심리학자들은 이제 불법적인 행동들 전 범위에 걸쳐 연구와 수사에 대한 기여를 가능하게 하고 있다.

따라서 비록 오늘날의 수사심리학은 초기 '범죄자 프로파일링'에서 시도된 것들과는 매우 다른 분야이기는 하지만, 수사관들의 활동에 정보를 제공한다는 것의 근원을 이해하는 데에 도움을 주고 있다. 이들 기여는 헐리우드 영화에서 주제로 삼으면서 대중의 관심을 받았던 콴티코(Quantico) 소재 FBI 교육원에서 교육을 하던 사람들보다 훨씬 그 이전으로 거슬러 갈 수 있다. 초기 작업은 모든 과학적 활동처럼 유사한 단계들을 통해 진행되었다. 따라서 수사심리학의 근원을 이해하기 위해서는 수세기를 되돌아가 범죄 수사요원들이 그들이 수사했던 범죄와 범죄자들에 대해서 관점을 형성하였던 방법들을 검토해 볼 필요가 있다.

수사심리학의 출현

대부분의 사람들은 범죄와 수사에 기여한 심리학자들의 잠재적인 역할에 대해서 소설에서 배운다. 그러나 소설에서는 경찰 수사에 대한 심리학자들의 기여가 매우 왜곡되어 표현되고 있다.

이러한 소설이 가진 문제점 중 하나는 거의 예외 없이 연쇄 살인범들에 관한 수사를 다루고 있다는 점이다. 이 살인자들은 너무도 단순하게 악마와 패륜의 상징을 제공하여, 이야기의 영웅, 즉 사건을 해결한 수사관들을 그럴싸하게 돋보이게 한다. 그러나 악당을 추적하고 발견하는 흥미로운 소설 속의 영웅을 만들어 내기 위해서는, 연쇄 살인범과 반대되는 영웅의 재치와 선(善)이 강조되어야 한다. 영웅의 힘을 강조하기 위해서(보다 최근에는 여성 영웅), 살인범은 냉정하고 냉혈한일 뿐 아니라 똑똑하고 기만적인 자로 묘사되어야만 한다. 연쇄 살인범 추적의 어려움이 비효율적인 기록 관리, 열악한 경찰 교육 및 자유 사회가 갖는 일반적인 익명성 등의 산물이라는 것을 보여 줌으로써 얻을 수 있는 극적인 이점은 거의 없다.

더욱이 연쇄 살인범들에 대한 이야기는 항상 현실에서나 소설에서 모두 주제를 선정적으로 만들고, 서로 대결하는 명확한 악당의 등장과 함께 자극적인 순간이 담긴 소재를 찾는 작가와 독자를 이용하는 위험을 무릅쓴다. 이러한 소설 속에서는 절차와 시스템이 별다른 의미있는 부분을 차지하지 못한다. 소설에서의 연구 결과들은 영웅의 직관에 관련될 뿐 공들인 연구에 의한 것이 아니다. 따라서 필연적으로 소설은 과학적 과정들을 포함하지 못하며 사건의 해결에 필요한 것들은 전문가에 의해 정립될 수 있는 절차 및 지식에 의한 것이 아니라 경험과 지능으로부터 범죄자들을 이해하는 통찰력 있는 사람이라는 암시를 드러낸다.

연구의 결과는 이를 이해하는 기술을 가진 누구나 사용할 수 있으며, 과학의 대중적 영역을 형성한다. 과학이 범죄를 범한 실제 사람을 다루고, 어떻게 그들의 범죄가 다른지, 그리고 이에 대한 이해가 경찰 수사관들에 의해 사용되는 방법 등을 다룰 때에, 경찰 교육과 경찰이 사용하는 절차들의 많은 측면에 이러한 과학이 반영될 수 있다.

범죄자 프로파일링의 기원

'범죄자 프로파일' 업무는 콴티코의 FBI 교육원에서 특수 요원들이 자신들이 사용하는 절차들에 대한 보고서를 발간하기 시작하면서 널리 알려지게 되었다(예, Ressler, Burgess and Douglas, 1988). 그들은 범죄 수사의 경험에 근거한 목표 접근법을 강조하였다. Hazelwood와 동료들(1987)이 명료하게 정의한 것처럼, 이 FBI 요원들의 관점은 "성공적인 프로파일러는 범죄 수사와 연구에 대한 경험을 가지고 상식, 직감, 그리고 범죄, 범죄자 및 피해자에 대한 감정을 분리할 수 있는 능력을 소유한다. 그들은 범죄에 나타난 행동을 분석적으로 평가하고 범죄자와 비슷하게 생각하는 능력을 갖는다"(Hazelwood et al., 1987: 148)는 것이었다.

이러한 것들은 Hazelwood와 동료들이 프로파일러들의 활동에 대한 강력한 연구적 기초를 보지 못했다는 점을 확실히 한다. 그들은 기술을 체계적인 사회과학의 산물이라기보다는 프로파일러에게 내재하는 것으로서 생각하였다. 따라서 많은 연구자가 FBI 요원들이 집필한 내용에서 결함을 발견하는 것은 놀라운 일이 아니다. 예를 들어, Alison과 Canter(1999), Coleman과 Norris(2000) 및 Muller(2000)는 FBI 요원들의 견해 속에 존재하는 고착된 심리학적 이론의 잘못된 표현, 방법론적 취약성 및 그들의 주장을 뒷받침할 설득력 있는 경험적 증거의 부족에 관심을 기울였다. 그러나 유명한 범죄 소설 작가들—특히 Thomas Harris의 1988년 소설이자 이후 블록버스터 영화로 제작된 〈양들의 침묵(The Silence of the Lambs)〉—에 의해 프로파일링이라는 개념이 활용되면서 프로파일에 대한 일반적인 의미를 변화시켜 버렸다.

『콜린스 미니사전(Collins Concise Dictionary)』(1999)에서는 '프로파일(profile)'에 대해 다음

과 같은 두 가지 의미를 정의하고 있다－"사람, 현장 또는 물체가 다양한 검증 특성들을 드러내는 정도를 표현하는 짧은 전기체적 묘사 또는 그래프, 도표 등." 그러나 Thomas Harris는 프로파일에 대해 훨씬 특이한 의미를 확산시켰으며, 이에 대해 Blau(1994: 261, Reiser, 1982 참고)는 "……심리진단적 평가와 심리생리학이 혐의자의 윤곽을 묘사하기 위해 유사한 사건들로부터 이끌어 낸 사건 증거 및 개연성과 결합된 신비한 예술……"이라고 기술하고 있다. 프로파일링이 객관적인 전기체적 묘사 또는 심지어 범죄자가 다양한 검증된 특성들을 드러내는 정도의 측정 수단이라는 것과는 매우 다르게, Blau(1994: 261)는 1990년대 초기 그의 저술에서 "과학적으로 도출된 수사상 도구에 대한 희망이나 기대와는 반대로, 심리학적 프로파일링은 단순히 일반 대상에게 행해지는 심리 평가와 유사한 추정적 과정"이라는 것을 명확히 하고 있다.

Blau의 집필 이후 10여 년 동안, 과학적으로 유래된 수사 도구를 발전시키는 것이 초기 FBI 특수 요원들이 작성한 글들이 암시했던 것보다는 더욱 어렵다는 것이 명백해졌다 (Mokros and Alison, 2002). 그럼에도 불구하고, 범죄와 연관된 행위들과 그 범죄를 실행한 범죄자의 특성들 간의 잠재적 연결을 조장한 것은 '프로파일링'의 개념 및 연관된 행위들 안에 함축되어 있는 주요 심리학적 의문점들에 대한 해답을 찾고, 또 이를 정교화하려는 신중한 학자들의 수를 증가시켜 왔다.

경찰 업무에 대한 과학적 · 심리학적인 접근법의 발전은 경찰 조사과정에 대한 조언이 대단한 가치를 가지고 있다는 점을 발견한 David Canter의 경험에 그 뿌리를 두고 있다 (Canter, 1994). 그의 배경은 응용사회심리학 및 환경심리학에 있었기 때문에, 그는 경찰관들의 조사과정을 지원하는 데 있어서 초기에 취급했거나 경험했던 범죄자들의 기억에 의존하는 임상 전문가의 관점에서 접근하지는 않았다. 그는 이전 연구들에서 자신이 발견한 것과 응용심리학 분야 내에서 스스로 접근한 경험으로부터 관점을 형성하였다. 그는 이러한 기여가 얼마나 도움이 되는가를 깨달았지만, 하나의 커다란 성공에 기초하여 경찰에게 도움을 제공할 수 있는 일종의 천재로 자신을 생각하지는 않았다. 대신에 자신이 1992년에 수사심리학(investigative psychology)이라고 부른 응용심리학의 전반적으로 새로운 영역을 발전시키기 위해 도움이 되는 기회로 보았다(Canter, 1995).

수사 순환도

상이한 응용 분야로서 수사심리학의 출현에 있어서 중요한 발전은 수사라는 업무가 핵심적으로는 의사결정 과정이라는 명시적인 인식이었다. David Canter는 건축 학교에서 심리학자로 근무했던 초기 경험에서 이러한 진전을 이루는 데 큰 영향을 받았다(Canter, 1977 참고). 건축가들은 1960년대에 디자인에 대한 보다 체계적인 접근의 출현과 함께 심리학자들을 그들의 연구와 교육 활동에 끌어들였다. 이러한 접근법은 건축이 전반적으로 직감적이고 창조적인 예술이라는 신화적 믿음을 떨쳐 내는 것이었으며, 비록 창조적인 통찰력에 의존하기는 하지만, 건축이 하나의 '디자인 과정'으로서, 주의깊은 정보의 축척, 분석 그리고 분석 결과에 근거한 선택이라는 일련의 결정들로 구성된 것으로 볼 수 있도록 하였다.

Canter와 Youngs(2003)는 경찰의 업무에 심리학이 어떻게 기여할 수 있는가를 숙고하는 데 있어서 이 관점을 도입하였다. 그들은 경찰이 수사 과정에서 직면하는 문제들이 일련의 의사결정 임무들로 쉽게 개념화될 수 있다고 상정하면서, 의사결정의 효율성에 대한 심리학적 연구에 의해 지원받는 수사 과정이 가능하다고 보았다. 수사에 있어서 증거와 잠재적인 단서들에 대한 평가는 정보를 일정 형태의 과학적 '자료들'의 근간으로서 생각하는 데에서부터 유사하게 이점을 얻게 될 것이다.

의사결정으로서의 수사

수사 절차를 구성하는 의사결정 임무들은 범죄의 발생에서부터 수사관들이 사건을 법정에 가져가기까지 추적하는 일련의 활동들에 대한 고찰에서 시작된다. 수사관들이 이러한 일련의 활동들을 진행함에 따라, 그들이 획득할 수 있는 정보에 근거하여 행동의 가능성을 명확히 해야 하는 선택 지점에 다다르게 된다. 예를 들어, 강도가 발생했을 때 그들은 범죄 현장에서 발견된 지문과 용의자들 사이의 일치점을 찾으려 할 것이다. 이것이 지문에서 도출된 정보에서 범인에 대한 추정을 해 나가는 비교적 간단한 과정이다. 용의자를 체포하고 신문하는 행동은 이러한 추정 다음에 이루어진다.

그러나 많은 경우에 수사 과정은 그렇게 간단하지 않다. 수사관들이 그다지 명확한 정보를 갖지도 못하지만, 강도의 형태가 그들이 과거에 체포했던 많은 범인 중 한 명의 전형적인 수법이라고 의심할 수도 있다. 아니면, 좀 더 복잡한 사례로 범죄자가 범행 중에 방해를 받았다는 점을 살인범죄 현장의 무질서에서 추리할 수도 있다. 이러한 추리는 수사관들이 다른 정보를 찾도록 유도하거나 혐의자를 체포하고 기소하는 것을 포함하는 여러 가지 가능한 행동 중에서 선택을 하도록 유도할 것이다.

따라서 수사상 의사결정은, 탐색 과정을 실제적으로 좁혀 나가도록 이끌어 가는 잠재적 용의자 또는 조사 방향 같은 선택 대상의 확인과 선정이라는 것을 포함한다. 이러한 과정을 통해서 수사관들은 범법자를 특정하기 위한 적합한 증거를 수집해야 하고, 사건을 법정에서 입증해야 한다. 일련의 의사결정 과업으로서 수사 과정을 명확하게 이해하는 것이 이러한 과정에 내재된 문제점들을 쉽게 그리고 적합하게 규명해 나가도록 하며, 수사 담당자들이 직면하는 주요 문제점은 심각한 압박과 흔한 애매한 상황 속에서 중요한 결정을 해야 한다는 점이다. 의사결정을 둘러싸고 있는 사안들은 상당한 감성적 부담을 유발하기도 하고, 객관적인 판단을 어렵게 만드는 여러 정책적이고 조직적인 압박들이 있기도 하다. 또한 상당 부분 신뢰도가 불명확한 많은 정보가 축적되고 분석되는 것이 필요하다. 의사결정의 개념하에서 수사 과정은 [그림 1-1]과 같이 표현될 수 있다.

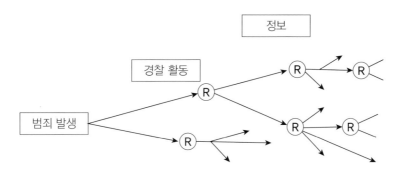

[그림 1-1] 주요 경찰 활동에서 신속하게 정보를 발전시키는 도식적 표현

이 도해에서 선들은 경찰의 수사 활동들을 나타내며, 각 마디 점(Ⓡ)은 수사 활동의 결과물, 즉 새로운 정보와 사실들의 도출을 표시한다. 범죄 발생 직후, 수사관들은 흔히 추적해야 할 실마리를 거의 갖지 못한다. 그러나 수사를 시작하면서 정보들이 나타나게 되고, 조사 방향이 결정되게 되며, 이러한 과정이 더 많은 정보를 생산하고 수사 활동의 방향을 제시하게 된다. 이처럼 초기 수일간에 요구되는 신속한 정보 획득은 흔히 수사관들에게는 단기간에 최대의 하중을 부과하는 기하급수적인 인지 부담의 증가를 초래하게 될 것이며, 이 시점에서 수사관들은 심각한 압박감 속에 처하게 될 것이다. 유사한 압박 상황에서 Flin, Slaven과 Stewart(1996)가 진행한 사람들의 의사결정에 대한 연구에서 보면, 이러한 종류의 조건하에서 이루어지는 의사결정에는 여러 가지 체험적 편견과 비효율성이 있는 것으로 나타나고 있다. 복잡한 경찰 수사와 관련된 사안들에 대해서는 최근의 많은 연구에서 검토되어 왔다(예, Alison, Barrett and Crego, 2007; Alison and Crego, 2008).

수사가 진척되면서, 수사관들은 일반적 수준의 요구들을 상당 부분 제거해 가면서 하나를 제외한 다른 모든 것들을 차단하는 사실을 형성함으로써, 종국적으로 조사 방향을 좁혀 나가기 시작할 수 있다. [그림 1-2]의 일반적인 다이아몬드 형태의 도식은 전형적인 수사 과정을 보여 주고 있다. 도해는 시작 단계의 구성과 함께, 수사가 점진적으로 범인 체포가 가능한 지점으로 초점을 맞추어감에 따라, 진행 과정(line)과 관련된 고찰과 수사 단계에서 이루어지는 종국적인 정보의 축소를 묘사하고 있다.

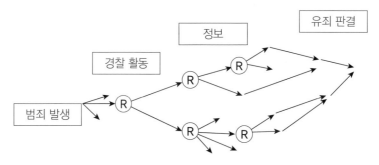

[그림 1-2] 혐의자와 유죄 판결의 결집을 보여 주는 경찰 수사

기여 영역

모든 수사 활동들을 통해서 실행되는 세 가지 다른 과정이 있는데, 이들 각각은 심리학이 어떻게 이들 과정들과 관련을 갖게 되는가에 대한 각각의 함의를 내포하고 있다. 이들은 세 개의 과업 집합에 대한 단순한 모형들을 이용해서 표현될 수 있다([글상자 1-2]에서 보여 주는 것처럼). 핵심적으로 이들이 수사심리학을 태동시킨 것으로 생각될 수 있다.

글상자 1-2 수사 순환도

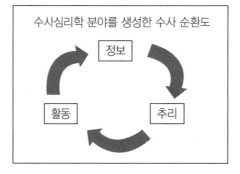

수사심리학은 다음에 대한 체계적·과학적 연구이다.

• 수사 정보와 이를 검색, 평가 및 활용하는 것
• 경찰 활동과 의사결정, 이들의 발전과 지원
• 범죄 행동에 대해 구축될 수 있는 추리

형사 및 민간 수사를 발전시키려는 객관적 목적 및 법적 절차와 함께한다.

효율적인 정보

의사결정 순환도는 수사심리학자들이 탐구하는 세 가지 주요 영역들을 지적하고 있다. 하나는 경찰과 다른 수사관들이 취급하는 정보에 대한 고찰이다. 응용심리학의 모든 분야는 정보 기록을 다루기 때문에 수사 과정이 좀 더 효율성을 갖도록 이끌어 갈 수 있는 상당한 전문성이 있다.

하나의 접근법은, 경찰의 정보 수집을 개발 가능한 다른 연구 도구들(설문, 개방형 인터뷰, 또는 거짓 탐지에서 사용되는 탐지기 검사와 같은 심리생리학적 실험 같은 도구들, 무엇이든)과 유사한 것으로 생각해 보는 것이다. 어떤 측정 도구든 정해진 신뢰 수준을 가져야 할 필요가 있다. 다시 말해서, 이는 유사한 조건에서 두 사람이 같은 방법을 사용한다면 유사한 결과를 얻어야 한다는 말이다. 경찰이 사용하는 정보 획득 절차들은 이러한 검증에 체계적으로 적용되지 않는다.

타당성은 신뢰성을 넘어서는 좀 더 도전적인 사안이다. 사실상 심리학자들이 수행하는 모든 연구는 어떤 정보원이든 최선을 다할 것이고 가능한 한 정직하려 노력할 것이라는 점을 상정한다. 이것이 심리학자들에게는 순수한 가정이겠지만, 범죄자들과 연관된 사람들이 이러한 가정을 한다는 것은 무모한 일이다. 심지어 목격자들과 피해자들도 온전한 진실을 이야기하지 않거나 심지어 거짓을 말하는 상당한 이유들을 가지고 있다. 따라서 증가하는 수사심리학적 연구들이 정보를 가능한 한 가치 있는 것으로 만들기 위한 방법을 개발하는 것에 목표를 두고 있는 것이다.

신뢰성과 타당성은 경찰이 수집하는 정보에 대해 고려할 때 제기되는 모든 사안들 중 단지 시작점에 불과하다. 여기에는 좀 더 세밀하고 정확한 정보를 획득하는 문제들이 있으며, 다음 장에서 논의하는 '인지 면담(cognitive interview)'과 같은 특별한 면담 절차에 의해 도움을 받을 수 있다(Fisher and Geiselman, 1992; Geiselman et al., 1985, 1986). 정보 수집 절차들의 객관성, 다시 말해 이런 절차들이 어려운 상황 속에서 잘 훈련되지 못한 사람들에 의해 이용되는 것을 어떻게 극복해야 하느냐 하는 것은 심리학자들이 추가적으로 연구해야 할 분야이다(Hammond, Wagstaff and Cole, 2006; Memon et al., 1997).

적합한 추리

일단 어떤 정보를 획득하게 되면, 이 정보로부터 어떤 결과를 도출해야 하는가라는 중요한 도전을 받게 된다. 이러한 결론은 몇몇 특징들이 연관되어 있다는 점을 주장하는 추리들이다. 가장 확실한 사례는, David Canter(1994)가 존 더피(John Duffy)의 체포와 유죄 판결을 이끌어 낸 수사에서 했던 것처럼, 범죄가 어떻게 실행되었는지에 대한 일부 지식으로부터 범죄자의 특성에 대해 추리하는 것으로서, 여기에는 흥미롭고 경찰 수사와 관련성을 갖는 많은 다른 추리들이 있게 된다.

예를 들어, 흔히 무시되는 추리 중 하나는 범죄자가 폭력적인 범죄 이후에 무기를 어떻게 했는가, 또는 그 무기를 어디에서 취득했는가와 관련된 것이다. 이러한 추리는 범죄자의 특성에 대한 어떤 지식 없이 이전의 수사들에서 얻은 가능성에 기초하여 가능하다. 또한 중요한 추리는 비교 가능한 사례분석 또는 '범죄 연관짓기(crime linking)'로 알려진 동일인에 의해 범죄들이 범해졌을지도 모른다는 점에 대한 추리이다. 범죄자가 다음에는 무엇을 할 것인가, 그의 거주 지역은 어디인가, 또는 얼마나 위험한 자인가 등에 대한 의문점들 또한 다음 장들에서 우리가 좀 더 자세하게 살펴볼 중요하고 복잡한 문제들이다.

추리 연구는 통합된 심리학적 문제들의 조합을 함축하고 있다. Canter(1995)는 이들 의문점을 A → C 방정식으로 요약하였는데, A는 범죄에서 발생한 행동 및 관련된 모든 행동들로서, 다시 말해 어떤 인지된 용의자가 있기 전에 경찰이 알게 된 것들이며, C는 범죄자의 특성을 일컫는다. 범죄자에 대해서 경찰이 알고자 하는 것은 신원 확인과 유죄 판결로 이끌 수 있는 것들이다. 행동들로부터 특성을 추리해 내도록 하는 과학적 유형화는 화살 상징(→)으로 표시되어 있다. 이 단순한 상징은 복잡하고 도전적인 일련의 사안들을 내포하고 있다.

수사관들이 수사 중 실행하는 범죄자의 가능한 특성이나 이후의 행동 및 거주 장소 등에 대한 추리들은, 이들 추리의 바탕이 되는 핵심 관련성을 산출할 수 있는 과정에 대한 효과적인 이해에 어느 정도 근거하고 있는가와 상응한 가치를 갖는다. 많은 잠재적인 과정들이 사회적 그리고 심리학적 이론들 내에 위치하고 있다. 이러한 이론들은, 만일 이들이 상정한 개인적 차이들이 범죄 행동에서 나타나는 현실적인 다양성과 상응한다면, 수사상 추리에 가치 있는 근거를 제공할 수 있다.

가치있는 추리는 또한 과정이 실행되는 방식을 이해하는 정도에 의존한다. 개념적으로 범죄자의 행동을 그(그녀)의 특성과 연결 지을 수 있는 여러 가지 상이한 모형들이 존재하며, 이 중 하나는 어떻게 범죄자의 특성이 특정 범죄 행동의 원인이 되는가를 설명하는 것이다. 예를 들어, 만일 어떤 사람이 절망했을 때에는 폭력적으로 변한다고 알려져 있다면, 이 지식은 그의 행동에서부터 특성을 추정하기 위한 근거를 제공하게 된다.

다른 이론적 관점은 범죄자의 특성이면서 특정 공격적 행동에 영향을 주는 변수를 찾으려 하는 것이다. 예를 들어, 높은 지적 능력을 가진 사람은 교육적인 수준이 낮은 사람과는 다른 방식으로 사기를 범할 것이라고 예상할 수 있다. 지능이 비록 행동의 실제 원인은 아닐지라도 행동 양식에는 반영될 수 있다. 세 번째 가능성은 행동이 특성을 추측할 수 있는 어떤 결과를 내어놓는 것이다. 이것의 사례는 특정 물건의 절취가 절도범이 특정 장물을 매입하거나 유통시키는 다른 범죄자와 연결되어 있음이 틀림없다는 점을 내포하는 경우이다.

추리모형 탐색은 범행에 대한 '동기(motives)'로서 흔히 언급되는 것에 관한 불필요한 추측을 피하기 위한 것이라는 점을 언급할 필요가 있다. 범죄가 발생하는 이유에 대한 추측은 생산적일 수 있으나, 행동과 특성 사이의 관계성에 근거를 제공하는 상관관계에 관한 경험적 탐구와 혼동해서는 안 된다. 확고한 추리가 근거할 수 있는 것은 바로 이들 상관관계이다.

응용적 관점에서 추리가 의존하는 변수들을 경찰 수사에 유용한 변수들로 한정하는 것 또한 중요하다. 이는 A 변수들이, 보통 범죄 현장 정보로부터 도출된 또는 피해자와 목격자 진술에서 유추된, 혐의자가 확인되기 이전의 것들로 제한된다는 것을 의미한다. C 변수들은 경찰이 행동을 취하는 데 필요한, 즉 범인이 거주하는 장소, 그(그녀)의 범죄경력, 나이 또는 생활환경 등에 대한 정보들에 한정되게 된다.

초점을 맞춘 결정

수사 순환도의 세 번째 단계는 초기 단계들에서 나타난 다양한 선택 대상의 선별과 추가적인 정보탐색 또는 체포나 기소 절차를 이끌 조치를 준비하기 위해서 이들 선택 대상들에 따라 활동하는 것이다. 이러한 선택과 결정은, 수사관들이 무엇이 흔히 복잡한 대상인가를 시각화하고, 자료들 내에 존재하는 패턴을 정리하는 데에 도움을 주는 정보와 가능한 추리를 조직화하는 '의사결정 지원 시스템(decision support systems)'의 도움을 받을 수 있다.

수사심리학과 관련된 분야

수사심리학은 관여하는 문제의 다양성으로 인해 불가피하게 심리학의 많은 다른 분야들에 의존하며, 이 중 일부를 [그림 1-3]에서 보여 주고 있다. 더욱이 이 각자의 영역은 심리학 외적인 분야들과 관련되어 있다. 예를 들어, 환경심리학은 지리학, 특히 도시 지리학과 깊은 상호작용을 한다. 여기에 지적된 범죄심리학 사안들은 보다 일반적인 범죄학 분야와 상호작용하며, 법심리학은 법정정신병학과 아동심리학은 교육에 관한 사안과 상호작용한다.

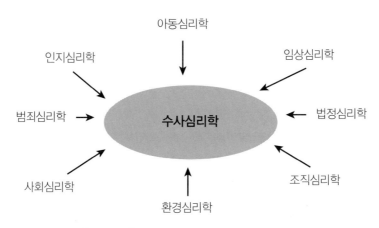

[그림 1-3] 수사심리학과 관련된 학문 분야들

간격에 주의: 경찰 활동과 심리학의 연결

경찰 활동에 있어서 수사심리학의 출현에 기여해 온 발전된 부분은 학문적 노력에 대한 경찰의 개방성이 증가한 점과 범죄 관리에 대한 과학적 접근법의 수용이다. Drummond (1976)는 "경찰이 10여 년 전에 비해 다른 분야에 매우 개방적이다."라는 말로, 분출하고 있는 변화를 지적하였다. 이러한 발전들은 경찰 수사의 많은 취약점이 지적된 요크셔 리퍼 (Yorkshire Ripper) 사건을 검토한 Byford(1981)에 의해 장기 사건에 있어서 과학적 관점의 필요성이 확인되면서 더욱 힘을 얻게 되었다.

그러나 경찰과 모든 분야의 과학자들 간의 이러한 접촉은 경찰과 학계 간에 문화적 차이가 존재한다는 점을 확인하였다. 한편의 학문적/과학적 문화, 그리고 다른 한편의 경찰 문화 간의 상호작용의 어려움은 단순히 언어 또는 몸에 배어 있는 습관의 문제만은 아니었다. Canter(2003)가 자세히 검토한 것처럼, 이는 사고과정, 전형적인 행동 방식 및 그런 문화가 지배하는 기관의 주요 목적들에서 나타나는 근본적인 차이점들의 집합이었다.

두 문화 사이에 존재하는 주요 차이점들은 〈표 1-1〉에 요약되어 있다. 5개의 주요 상이한 영역들을 간략하게 고찰해 보자.

〈표 1-1〉 경찰과 심리학 간 문화적 차이점 요약

	경찰	심리학
정보 접근법	증거	자료
선호하는 방법론들	적정 절차	과학적 수단
인간 행동에 대한 설명	개별 사건	대부분 집단 성향
지식에 대한 태도	비밀 유지	공개/공표
시간 관점	단기적	장기적

자료 vs. 증거

아마도 경찰과 학계의 가장 근본적인 차이는 정보를 대하는 방법에 있을 것이다. 경찰이 찾는 것은 증거, 즉 법정에서 사건을 증명하는 데 필요한 것이며, 과학자들이 원하는 것은 연구의 대상이자 자신들의 가설을 검증할 수 있는 자료들이라고 처음으로 지적한 사람은 삼위일체 집행팀(Operation Trinity)의 수석 수사관인 Vincent McFadden 경정이었다(Canter, 1995에서 언급). 경찰의 관점에서는 증거의 가치 여부가 중요하다. 그러나 과학자에게는 자료가 의심스럽다면, 특정 가설에 대해 단지 미온적인 지지만을 제공하게 된다. 그러한 자료는 제거되지는 않겠지만 계속적인 논의를 발전시키기 위해서 추가적인 자료가 더해지게 된다. 증거는 사건을 구성하거나 철회하지만, 자료는 이론과 모형들이 발전되도록 축적된다.

경찰에게 지식의 의미는 그것의 결과가 무엇이냐에 있다. 이는 결과가 도출되는 방식에 있어서 학계가 갖는 관심과 대조된다. 이는 실제 사건에서 사용되지 않는 정보는 수사관들에 의해 제외된다는 것을 의미하지만, 반대로 과학자들은 범죄성을 이해하고 추후 효과적인 절차를 발전시키는 데에 대한 가치 여부를 결정하기 위해 그것에 주목하게 된다.

Canter(1995)는 요크셔 리퍼 수사와 관련해서, 지리적 프로파일링의 잠재력을 보여 준 Kind(1987)의 작업으로부터 이에 대한 사례를 제시한다. 그러나 그의 보고는 '리퍼'가 체포된 이후에 나온 것이어서 수사에는 활용되지 못하였다. 따라서 미래의 잠재력을 인식하기보다는, Kind의 책에서는 전혀 언급되지 않았던 지리적 프로파일링의 가능성이 Canter(1995)에 의해 재발견될 때까지 영국 경찰은 수년간을 기다려야 했다.

수사상 사용 가능한 정보에 대한 과학자들과 경찰관들 간의 업무 교류에 있어서, 이러한 관점 상의 차이점들이 장애가 되기도 한다. 사법기관 요원들은 관련된 것들이 정보를 증거로 전환되는 데에 도움이 되지 않으면 과학자들이 이러한 정보를 활용하도록 하는 데에 소극적이었다. 심지어 아직도 각 사건의 핵심 문제는 유죄 판결로 이끌게 될 증거를 찾는 것이라고 믿으면서, 해결된 사건들로부터 정보를 연구하는 것에 대한 중요성을 인식하지 못하는 경찰관들이 있다.

이어지는 장들에서 보겠지만, 경찰은 그들의 기록을 채워 줄 많은 형태의 방대한 정보를 수집한다. Canter와 Alison(2003)은 이러한 정보의 수집을 강화하고 효율적으로 사용하도록 하는 것이 경찰 수사와 관련된 과학을 발전시키기 위한 핵심적인 도전 목표라고 주장하고 있다.

과학적 방법 vs. 적법 절차

훈련받은 경찰관들의 관심은 필연적으로 법과 법의 적용에 초점이 맞추어져 있다. 이는 그들의 활동 모두가 점검되어야 하며 성공적이어야 한다는 우려와 연결되어 있다. 그들은 그들의 활동을 법적 절차와 관련해서 평가한다. 따라서 행하는 모든 것이 실제적으로 법정에서 발생하는 것을 견뎌 낼 수 있기 위해 '적법 절차(due process)'로 알려진 것을 고려할 필요가 있다.

반대로 학자들은 경찰이 향유할 수 없는 호화스러움이라 할 수 있는 지적 자유에 근본적인 헌신을 한다. 과학자들은 대안적 가설들을 검증하고 과학적 방법의 규율에 대응하여 그들의 성공을 평가하도록 훈련되어 있다. 과학은 흔히 실패로부터 학습함으로써 앞으로 나아간다. 두 문화를 구분하는 지식의 본질에 대한 접근법은 법적 과정에 대한 상이한 관계성의 결과이다.

경향 vs. 사례

법적 결과에 초점을 두게 되면 개별 사건에 대해 그리고 그 사건에 적용된 절차의 성공여부를 강조하게 된다. 이것은 경찰을 각별히 취약하게 만들어서, 특이하며 일회성의 사건들에 근거하여 의사결정을 하도록 한다. 많은 사람이 정식 훈련 없이는 개연성을 이해하는데에 어려움이 발생한다는 상당한 증거가 있으며, 따라서 경찰이 자신들의 경험을 통해 기억하는 특정 사례에 맞추기 위해서, 특히 그 사례들이 일반적인 통계적 경향에 반하는 경우에 일반적 패턴의 중요성을 간과하는 것 같다.

사회학자들은 사례연구를 할 때조차도, 일반적인 행동패턴으로부터 형성된 틀 내에서 그리고 이전 연구에서부터 도출된 폭넓은 경향 안에서 연구를 진행한다. 이들은 자신들이 발견한 경향이 전개하고 있는 이론들의 논리와 일관성을 갖고 있는 통계적 개연성과 방법들에 대해 편안함을 느낀다.

공표 vs. 비밀유지

학술지에 글을 기고함으로써 과학적 이해의 발전을 유지하는 것의 중요성은 많은 수사관들에게는 생소한 이야기인 듯하다. 많은 사람들이 경찰 문화의 '방어성향(defensiveness)'에 대해 이야기하고 있으며, 증거를 손상시킬 것 같은 사람들에게 정보를 숨기고 탐지 또는 발각을 피하려고 이러한 특성을 이용하는 것이 수사관들에게는 전반적으로 흔한 습관이다.

대중은 가장 하급 경찰관에게서 상당한 범위의 재량을 기대하고, 경찰관들은 진지하게 받아들여진다면 믿음을 가지고 이러한 재량을 행사해야 한다는 것을 빠르게 배운다. 흔히 공표와 동료들의 논의 과정이라는 것이 학문적 자유의 부작용일 수도 있는 학문적 무질서를 오히려 개선한다는 사실을 경찰관들은 이해하지 못한다.

직접 현재의 사건을 해결하거나 검거를 하는 것은 의욕적인 경찰관에게 매우 직접적인 경력상의 이점이 될 수도 있다. 따라서 마치 개인적으로 직접적인 이익이 될 것처럼 사건과 관련된 정보를 경찰관 자신이 독점하려는 압박이 있게 된다. 반면에, 경찰관이 학문적 인식이 경력상의 이점이 될 수 있는 상태에 있다면, 학문적 협력관계에 매우 적극적이며 개방적일 것이다.

학자들은 흔히 과학적 근거에 의한 정보를 경찰과 공유함으로써 발생되는 이점을 경찰관이 즉각적으로 알게 될 것으로 생각하고 자신들의 낮은 역동성은 크게 문제되지 않는다고 생각한다. 경찰관들에게 경찰 외부에 대한 이러한 개방성은 위험할 수 있으며, 또한 꼭 직접적인 경력상의 이점이 발생하지 않을 수 있다.

장기 vs. 단기

전반적으로, 경찰의 목적은 이곳 그리고 지금이라는 개념으로 표현되는 경향이 있지만, 학술 생활은 좀 더 여유롭게 진행될 수 있다. 대중은 경찰에게 행동을 원한다. 학술 분야는 대학과 과학 실험실들이 존재해 온 지난 오백여 년에 걸쳐 작은 변화만을 경험한 반면, 대중 생활에서 역할을 해 온 경찰에게는 지난 150여 년 동안 업무의 기본적인 과정들에서 큰 변화를 겪었다. 본질적인 특성상 사법기관들은 대중의 염려에 대응해야 하며, 변화하는 공공 기관 및 다른 조직들과 함께 해야 하지만, 학자들은 2000년 전에 그리스 철학자들이 해 왔던 논쟁을 계속하면서, 상아탑에서 생존할 수 있다.

경찰과 학문적 업무의 매우 상이한 맥락에서 나타나는 결과들 중 다른 하나는 경찰이 쉽게 노출되는 압박감이다. 범죄와 경찰 활동은 정치적 의제에 매우 중요한 것이며, 경찰력이 선거직 정치인들로부터의 압박에 반응해야 할 필요가 너무도 직접적이기 때문에, 현재의 정치적 우려에 대한 인식은 적어도 경찰 고위계층의 효율성에 있어 핵심적이다. 하지만 전통적으로 학자, 특히 과학자들은 이러한 부담에서 여유로웠다. 과학자들이 정기적으로 신문에 보도되는 사건들에 대해 알고 있는 것과 비교하여, 경찰관들은 과학계의 애매한 논쟁의 경향에 대해서 아는 것이 적은 것 같다.

이러한 분석이 시사하는 것은 학문적/과학적 공동체와 경찰 조직은 서로가 필요한 존재라는 것이다. 이들 사이의 차이점들은 상이한 기관들의 전반적인 임무에 의해 발생하며, 항상 이와 일치한다. 학계는 경찰의 관점 일부를 받아들여 이점을 얻고, 경찰은 학자들로부터 학문적·과학적 지원을 필요로 하고 있다. 따라서 두 문화가 대체로 사회에 제공할 무엇인가를 가지고 있지만, 건설적으로 협조할 수 있도록 서로 더 잘 이해하게 된다면 커다란 이점이 있게 된다. 보다 효율적인 경찰 활동이 도출되고, 범죄성에 대한 온전한 이해가 발전될 수 있는 것은 바로 이들 문화 간의 상호작용, 일종의 다른 종(種) 간 출산(miscegenation) 같은 것에서부터이다.

시스템 통합 vs. 전문가 의견

의사결정 지원 시스템의 발전은 경찰을 돕는 '전문가' 의견이 어떻게 심리학자들과 전체 수사 과정 사이에 보다 통합된 개입의 길을 열어 주고 있는가를 보여 주고 있다. 경찰 수사에서 심리학적 지식의 활용에 대해 추정하는 보통의 유형은 전문가가 조사에 개입하는, 말하자면 셜록 홈즈(Sherlock Holmes)가 보여 준 것 같이, 수사에서 직접적으로 상호작용하는 것이다. 전문가와 수사관 간의 일대일 접촉은, 범죄 소설에서 좋아하는 것처럼, 전 세계적으로 '프로파일러'의 활용을 통해 경찰 활동에서 그 길을 찾아 왔다. 여기에는 Copson(1995)이 이러한 기여에 대한 연구에서 지적한 것처럼 일정한 가치를 가지고 있지만, 매우 한정적이다.

보다 더 생산적인 유형(보다 상세한 검토는 Canter, 1995)은 과학적 심리학이 원칙과 절차를 구성해서 이로부터 수사 실행의 일부가 되는 과정들이 발전되어 가도록 하는 것이다. 여기에는 '영웅적인 프로파일러'가 주인공이 되는 드라마는 없다. 이것은 또한 일단 시스템이 구축되면 '전문가'가 필요하지 않게 된다는 것을 의미하기도 한다. 따라서 이러한 유형의 발전을 약화시키는 개인적이고 상업적인 압박이 있으나, 수사심리학이 뿌리를 내리면서 기반을 확고히 해 나가고 있는 부분이다.

여기에서 심리학적인 범죄자 프로파일링에 대해 근본적인 문제가 제기된다. 경찰 수사관들이 프로파일링에 활용하는 범죄 행동의 측면들과, 범죄자 신원확인과 추적에 도움을 주는 범죄자들의 특성들에 대한 평가가 가능한가? 이들 사이의 가치 있는 관련성이 입증될 수 있는가? 이러한 점들이 바로 수사심리학의 중심에 있는 의문점들이다.

수사심리학자가 가지고 있는 의문점

수사심리학은 형사 또는 민간의 수사 실행과 관련된 심리학의 모든 분야를 포괄한다. 수사심리학의 초점은 범죄 탐지가 효과적이고, 법적 절차의 진행이 적절하도록 범죄 행동들이 검토되고 이해되는 방법들에 맞추고 있다. 따라서 연구자들이 탐구하는 근본적인 심리학적 의문점들은 사회 및 행동과학 연구의 가장 핵심에 있으며, 이 책의 나머지 부분은 이러한 의문점을 해석하고 답을 제시할 것이다. 따라서 이 책을 통해서 좀 더 자세히 우리가 다루게 될 주요 심리학적 의문점들을 정리해 보는 것은 유용한 일이다.

현저성

가설과 수사상의 가능성들을 생성하고 이들 중에서 선별하기 위해서는, 형사들과 다른 수사관들은 수사하고 있는 범죄에 개입한 범죄자의 행동에 대한 이해에 의지해야만 한다. 그들은 획득한 정보를 명료하게 만들어 주는 범죄자의 전형적인 행동 양식에 대한 개념 또는 모형을 가지고 있어야 한다. 따라서 연구의 중심이 되는 의문점은 행위적으로 중요한 범죄의 단면들, 즉 어떤 대상 범죄에 내재하는 현저한 심리학적 과정들을 드러나게 하는 데에 주로 사용되는 단면들을 규명하는 것이다.

Canter와 Youngs(2003)는 이러한 중심적인 심리학적 의문점에 대해 좀 더 상세하게 논의하였다. 그들은 검토 대상인 범죄의 현저한 특징들을 설정할 필요성에 주목하였다. 어떤 범죄에 대한 관점을 설명하려 시도할 때, 그 범죄의 여러 상이한 측면들이 고려될 수 있으며, 이는 과학적 논쟁이 발전되기 이전에 범죄 특징들 중 어느 것이 행위적으로 중요한지를 결정해야 하는 문제가 제기된다. 이러한 특징들은 신뢰할 만한 경험적 발견들이 형성될 수 있는 기반을 제공하는 정보를 수반한다는 점에서 중요하다.

현저성을 결정하는 것은 많은 정보 회상 영역에서의 유사성과 함께, 흔히 인식하고 있는 것보다 훨씬 복잡한 사안으로 밝혀지고 있다. 그것은 행동들의 기저율(base-rates)과 병행 발생성의 특징뿐 아니라 특정 범죄유형에 전형적인 행동 패턴의 이해를 필요로 한다.

일관성

　과학적 발전의 한 부분으로서 특정될 필요가 있는 현저한 특성들의 한 측면은 이러한 특성들이 상이한 맥락에서도 충분하게 일관성을 갖느냐, 즉 범죄에 대해 사고하고 해석하며 또한 다른 범죄들과 비교하기 위한 기초를 형성할 수 있느냐 하는 것이다. 일관성의 형성은 간단하지 않다. 여기에는 자료 원천의 취약성으로서, 특히 몇몇 경우들에서는 어떤 특징들은 기록되지만 다른 경우에는 누락되는, '무작위성'이 있다. 자료에 대한 이러한 문제들을 다루기 위해, Canter와 Alison(2003)이 논의한 것처럼, 경찰과 다른 범죄와 관련된 원천에서 얻게 되는 정보들의 분류에 초점을 맞춘 다양한 방법론들이 등장하고 있다.

　다음 장들에서 범죄적 일관성의 다소 다른 두 가지 측면을 다룰 예정이다. 하나는 범죄에서 나타난 행동으로부터 범죄자의 생활양식의 다른 측면들까지의 일관성이다. 이것은 범죄에 개입된 전문성처럼, 일회성 범죄의 몇 가지 측면들이 범죄자의 교육 수준에 대한 시각을 형성할 수 있게 한다. 따라서 여기에서 의문점은 범죄 행동의 어떤 특성들이 개인적 배경과 개성의 어떤 측면들과 일관성을 갖는가에 대한 것이다.

　상당히 상이한 일관성의 또 다른 형태는 동일인에 의해 범해진 서로 다른 범죄 사이에 있는 것이다. 이는 흔히, 다소 유연하게, 범죄자의 '수법(modus operandi: M.O.)'이라고 지칭된다. 여기에서의 의문점은 어떤 개인의 공격 행동의 특성들이 상황, 별개의 범죄, 그리고 심지어 다른 형태의 범죄들에 걸쳐서 일관성을 갖느냐에 있다. 후자 형태의 일관성에는 확인되어야 할 많은 측면들이 있지만, 당장은 수사심리학의 핵심에서 이것의 중요성에 대해 알아야 할 필요가 있다. Green, Booth와 Biderman(1976)은 수법에 정확한 정의를 부여할 수 있으며, 행동과학 통계들이 특징적인 범죄 패턴들을 확인하는 데 도움이 되도록 응용될 수 있다고 주장하였다.

발전과 변화

　일관성에 대한 고려는 범죄자의 연쇄 행동의 가능한 변화라는 배경에 반하는 것이 될 것이다. 약간의 다양성은 인간이 살아가는 과정의 자연스러운 측면이다. 따라서 지속적으로 변화하거나 범죄의 행위 궤적이 일정 형태의 경력 발전을 보여 주는 범죄자들 또는 범죄 행동이 비교적 시간이 지나도 안정적인 범죄자들이 있을 것이다. Youngs(2004)가 탐구한 것처럼, 이러한 사안들은 사람에게 있어서 무엇이 지속적이거나 가변적인가에 대한 일반적인 성격 연구 논문들에서 논의된 것들과 매우 유사하다. 따라서 일관성의 가능성에 관한 모든 연구들이 범죄자 프로파일링을 위한 과학적 근거 발전에 중심이 되고 있다.

범죄자의 특성이 무엇인가에 대한 의문점은 법과학적 증거들, 즉 사건과 관련된 혈흔, 섬유 또는 지문이 없는 상황에서 보통의 범죄자와 범죄를 연결시키는 실무적인 문제 중 하나이다. 비록 범죄연계가 일반적인 성격 연구 저술의 범주에 들어가는 주제이지만(Shoda, Mischel and Wright, 1994), 지금까지 범죄연계에 관한 연구는 매우 드물었다(다음과 같은 흥미 있는 연구들이 나오고는 있다; Woodhams, Hollin and Bull, 2007; Woodhams and Toye, 2007). 경찰 수사에 대한 도전적 문제는 성격 문제의 반대로 비쳐질 수 있다. 심리학자들은 항상 사람을 대상으로 하며 이 사람이 여러 다른 상황에서 어떠한 점이 일관적인지를 알고 싶어 하지만, 경찰 수사관들은 범죄사건이라는 상황의 다양성을 대상으로 하며 보통의 범죄자를 지목하기 위해 이들 사건으로부터 어떤 일관성을 도출해 낼 수 있느냐를 알아야 할 필요가 있다.

일관성은 개인으로서 보다는 범죄집단 내에서 담당하거나 지정된 역할에서 더욱 흔하게 발견될 수 있다. 범죄자들의 집단, 팀 그리고 연결망의 밑바탕이 되는 사회적 과정들은 이들의 형성의 기초를 제공하는 범죄 행동과 주제에 있어서의 일관성에 관해 많은 것을 보여 줄 수 있다. Wilson과 Donald(1999)의 연구에서 매우 명료한 사례가 제시되는데, 이들은 '치고 빠지기(hit and run)' 강도 팀 내에 부과된 상이한 역할들을 연구하였다. 예를 들어, 도주 차량 운전 임무를 부여받은 범죄자는 대부분 차량 관련 범죄로 유죄 판결을 받은 경력을 가지고 있음을 보여 주고 있다. 반대로 사람들의 접근을 막는, 또는 방해가 될 만한 사람들을 통제하는 임무가 주어진 범죄자—흔히 '덩치(heavy)'로 지칭되는—는 대부분 일종의 폭력성 범죄로 유죄 판결을 받은 경력을 가지고 있었다. 집단 과정에 대한 다른 연구들도 유사한 일관성을 보여 주기 시작하고 있다(Porter and Alison, 2006).

사회적 역할과 범죄 시도의 형태 사이에 나타나는 일관성을 발견하는 것은 범죄 행위의 실제적 행동들에 대한 연구를 통해서 나타나는 일반적인 주제적 모형들과 맥을 같이하고 있다. 이들은 범죄자의 일생에서 범죄성이 담당하는 특정 역할을 인식하는 범죄 행동의 일반 모형을 지지한다. 더욱이 범죄성의 유형이 범죄자의 특별하고 비정형적인 측면이 아니라 범죄자의 일반적 생활양식의 내재적이며 자연스러운 부분이라는 관점을 지지하고 있다.

추리

가능한 범죄 유발자에 대한 추리(inference)는 수사 순환도(앞에서 논의한)를 구성하는 데에 중심적인 역할을 하기 때문에, 수사심리학에서 추리의 도출은 핵심적인 도전으로 표현된다. 여기에서 우리는 추리에 대한 검토가 통합된 심리학적 의문점들의 집합을 내포하고 있다는 것을 이해할 필요가 있다.

범죄자 분류/구분

비록 범죄자의 일관성이 수사상 추리의 경험적인 기초를 가진 모형을 위한 출발점 중의 하나가 될 수 있으나, 실무적으로 이러한 모형들을 사용하기 위해서는 범죄자들을 분류하는 지표가 필요하다. 부분적으로 이것은 범죄자들이 보통 범죄 행동 양식에 있어서 전문성이나 재능을 가지느냐 여부에 대한 범죄학 내부의 논쟁을 반영한다(예, Britt, 1994; Youngs, 2001). 그간의 연구들은 범죄자들이 범죄 형태의 여러 측면을 대다수의 다른 범죄자들과 공유하고 있으나 각 개인의 보다 독특한 측면들도 있음을 보여 주고 있다. 이것이 바로 범죄와 범죄자들 사이의 구별을 위한 생산적인 기초를 제공하기 위해 사용되는 흔치 않은 구별 특성들이라 할 수 있다.

이 흔하지 않은 특성들이 결합하여 범죄 행동의 '방식(style)' 또는 '주제(theme)'로 간주될 수 있는 것을 만들어 낸다. 따라서 이러한 상이한 방식들을 분류하기 위한 모형들을 생성하는 것은 수사심리학의 초석이 된다. 분류 모형들은 형사 소설에 전형적인 특별한 개별 단서에 관심을 갖기보다는 추리 모형에서 사용될 수 있는 범죄를 분류하는 주제들을 조직화하는 방법들이기 때문에, 수사심리학적 접근법은 어떤 범죄 행동이 신뢰할 수 없는 방식으로 기록되거나 상황 요소 때문에 발생하지 않을 수도 있다는 것을 인식하는 것이다. 그러나 범죄자의 방식 중 지배적인 특성을 가리키는 일부 행동들은 몇몇 중요한 특성과 강하게 관련되어 있을 수 있다.

주제를 바탕으로 범죄자들을 분류하기 위해 가장 꼼꼼하게 발전된 경험적 모형들은 Canter와 Fritzon(1998)의 방화범에 대한 연구이다. 그들은 방화의 4가지 방식을 규정하기 위해 Shye(1985a)의 행동의 행위체계 일반 모형(action system general model of behaviour)을 사용하였으며, 유사한 행위체계 주제를 나타내는 행동들과 특성들 사이에는, 예상했던 것처럼, 매우 강한 통계적으로 의미 있는 상호 관련성이 있음을 보여 줄 수 있었다. 따라서 우리는 다음 장들에서 범죄 행동 주제가 어떻게 확인되고 그것이 무엇을 함축하고 있는지를 좀 더 자세히 살펴볼 것이다.

수사심리학의 방법론

일련의 연구방법들, 이론에 대한 접근법들과 자료 수집, 그리고 분석 도구들은 다음과 같은 수사심리학의 중심 의문점들에 답하는 데 있어 특별한 의미를 가진다. 즉, 어떻게 연구 대상들이 정의되는가, 선택된 방법론들의 적용을 위한 함축된 의미들의 고려, 그리고 양적 발견들을 상세히 설명하기 위한 실제 사건 자료들의 사용 등이다. 서론을 통해서 제시된 몇 가지 일반적인 요점들이 이 책의 나머지를 위한 준비에 도움을 줄 것이다.

학생들과 일반 대중이 설문지를 작성하거나 실험에 참여하게 되어 얻게 되는 대부분의 심리학의 일반 자료들은 사실상 수사와 관련된 많은 사안들에 대해 적합하지 않다. 대신에 수사관과 경찰들이 활용하는 정보들과 비슷한 자료들이 수집되어야 하며, 다른 심리학 영역에서는 흔하게 찾기 힘든 이러한 자료 유형의 사용에 대한 수요가 많다. 여러 가지 측면에서 이것들은 역사학자, 사회학자, 고고학자 또는 인류학자들이 사용하는 자료들에 훨씬 더 가까운데, 이는 이러한 자료들이 기록된 정보 또는 현행 사건들의 보고서로 구성되는 경향이 있기 때문이다. 여기에는 무엇이 사용 가능한지 그리고 이를 가지고 무엇이 행해질 수 있는지에 대한 법적·윤리적 제한이 있을 것이다. 그러나 다음 장에서 우리가 살펴볼 것처럼, 만일 어디를 조사해야 하는지를 알고, 자료를 얻기 위한 적절한 경로에 대해 알고 있다면, 연구를 위해 사용될 대단히 많은 자료들이 있다는 것을 알게 된다.

연구 전략

연구 활동을 설계하는 데 있어서 심리학 분야에서 전형적인 실험실 연구를 피하는 경향이 있다. 흔히 행동 패턴에 대한 명료하고 일관성 있는 설명을 제공하는 연구들은, 아마도 '서술적'이라고 생각되겠지만, 새로운 연구 분야에서 매우 가치가 크다. 범죄 패턴이 어디에서나 같을 것이라고 보장할 수 없기 때문에 매우 넓은 범위의 상이한 조합들에서 도출된 모형들 또한 중요하다.

하나의 자료 조합을 가지고 수행된 연구가 다른 시간 및 장소에서 범해진 모든 유사한 상황들에 대해서까지 신뢰할 만하게 일반화할 수 있는 결과를 보여 줄 것으로 추정할 수는 없다. 대상이 연쇄 살인범들의 표본이든, 횡령을 범한 사람이든 또는 일련의 공격에 연루된 테러범에 대한 것이든 간에 말이다. 따라서 모든 연구가 중요하다. 만일 한 연구가 동일한 분야의 이전 연구와 같은 결과를 얻게 된다면, 도출된 양상에 대한 신뢰성을 높여 주게 되며, 만일 결과가 다르다면 우리의 이해를 풍부하게 하기 때문에 이 또한 매우 흥미로운 결과일 수 있다.

더욱이 자료를 정리하는 것은 합리적으로 구축될 수 있는 심리학 이론의 정리를 위해 직접적이며 깊이 있는 함의를 가지고 있다. 만일 이론이 한 사람이 상황적 조치에 대해 취하는 능동적 해석과 목표 지향적 행동에 관한 것이라면, 연구는 그 사람의 내부 과정을 탐구해야 한다. 이러한 것들은 연구의 대상인 각 참여자들의 말과 행동의 단면들 사이에 있는 상호 관련성으로부터 핵심적으로 발전한다. 이것은 연구방법론에 있어서, 어떻게 연구가 조직되고 자료가 취합되는지를 포함하여, 인간 본성에 대한 기본 가정을 중요하게 강조한다. 이것은 어떤 심리학적 연구에 대해서도 가장 도전적인 역설이다. 사람에 대해서 우리가 무엇을 발견할 수 있는가는 우리가 어떻게 그것을 찾아낼 것인가에 접근하는 방법에 달려 있다. 따라서 수사심리학자들이 사용하는 방법론들은 자료에 대해 최소 조합의 가정을 부여하며, 가능한 한 솔직하게 원천 자료들을 나타내려 한다.

범죄와 범죄자를 넘어서

수사심리학자들이 직면하고 있는 과제들은 범죄와 경찰 수사에만 한정되어 있는 것은 아니다. 많은 이론과 방법론들이 필연적으로 심리학의 다른 영역들에서 발전되고 있는 이론들 및 방법들, 그리고 관련된 다른 사회과학과 연관되어 있다. 가장 대표적인 예는 '범죄자들의 지리(criminals' geography)'에 대한 것으로 여기에 사용된 모형들은 1850년대의 유행병 발발로 거슬러 올라갈 수 있다(Canter, 2003 참고). 범죄자들과 이들의 범죄에 대한 분류는 사회심리학에서 개발된 방법론들에 의존하며 개인적 일관성에 대한 성격이론에서의 논쟁과 연관되어 있다(예, Shoda et al., 1994). 그리고 면담작업은 기억이론들과 인지적 취약성에 대한 임상심리학 토론에서 직접적으로 도움을 받는다(Gudjonsson and MacKeith, 1988 참고). 따라서 수사라는 맥락에서 진행되는 이러한 주제들에 대한 연구가 그들이 연관되어 있는 분야로 회귀할 것이라는 점은 피하기 어렵다. 이론, 방법론 그리고 응용의 소통은 확실히 한 가지 방향으로만 이루어지지는 않을 것이다.

수사심리학(IP)이 차이점을 갖는 것은 문제해결에 대한 초점에 있다. 이것이 심리학의 많은 다른 영역들과 관련된 범죄자 탐지와의 관계 속에서 나타나고 있는 접근법을 만들어 내며, 범죄자 중심을 벗어나 가치 확장적인 심리학을 행하는 방법들을 설계한다.

이론과 실제의 연결: 앞으로의 전개

수사심리학이 응용과 수사 과정들과의 통합으로 확대되고 있기는 하지만, 이에 대한 대표적인 도전과제는 체계적이고 과학적인 심리학의 영역 내에서 확고하게 자리를 잡는 것이다. 이는 많은 연구들이 오랫동안 임상심리학에서 목적으로 두었던 행위 연구의 형태를 취하거나 과학자 겸 실무자를 만들어 내려고 시도하는 형태를 가지고 있다는 것을 의미한다(Shapiro, 2002). 일부는, 비록 기회주의적이거나 심리학적 이론과 방법의 기초를 거의 갖지 못한 것처럼 들리지만, 심지어 실용적 심리학이라는 특이한 표식을 이 도전과제에 붙이려 시도하여 왔다.

학문 분야의 본질을 특징짓는 표식을 찾는 것은 부분적으로는 많은 심리학자들이 과학 및 과학적 방법론의 단편적인 관념에 굴복하는 것으로부터 유발된 취약성 때문이다. 그러나 경찰 업무에 대한 진정한 도움뿐 아니라 범죄 수사 그 이상의 기여를 위한 기회들이 생겨난다는 것은 많은 심리학의 관례들을 뛰어넘고 있다는 것이다. 또한 여기에는 수사심리학을 발전시키려는 연구가 '범죄자 프로파일링'의 궁극적인 응용 활동의 장단점으로부터 성장하였다는 도전적인 사실이 있다. '프로파일'의 발전 배경은 수사 활동에 기여하는 행동과학의 본질 및 이에 제기된 요구에 대한 많은 통찰력을 제공한다. 이에 대해서는 다음 장에서 논의할 예정이다.

요약

매우 다양한 수사 절차의 모든 측면에 대한 심리학의 기여에 바탕이 되는 주요 의문점들이 소개되었다.

- 이러한 의문점들은 무엇이 고려되어야 할 행동 패턴의 중요한 측면들인지를 규명하는 데, 즉 현저성에 뿌리를 두고 있다.
- 이러한 특징들은 범죄자들을 분류하는 방법을 발전시키기 위한 기초이다.
- 이것은 관련성이 경험적으로 형성되어 온 범죄들과 범죄자들에 대한 체계적인 추리가 가능하도록 한다.

수사심리학은 특수한 추론 능력에 기초하여 범죄를 해결하는 외롭고 통찰력 있는 개인의 개념을 넘어서서, 수사에 심리학적으로 기여하는 것이다. 이것은 경찰 업무에 대한 심리학적 기여의 시작에 불과하지만, 흔히 현실보다는 소설에서 더 많이 반영되어 왔다.

범죄 행동과 범인탐색 과정들에 대한 과학적인 심리학 연구가 발전되어 가면서, '프로파일러'에 대한 소설 속 이야기에서 표현된 것보다 더 많은 해결해야 할 의문점들이 출현하고 있다. 이들은 다양한 상황에서 범죄자에 대해 무엇이 일관적인가에 대한 생각을 요구하며, 또한 다양한 성장 및 학습 과정들로 인해서, 그리고 어떤 특정한 상황에 의해 유도된 변형 때문에, 범죄자의 행동들이 시간이 가면서 어떻게 변화하는지를 다루어야 하는 과제도 있다.

도전과제가 너무도 대단해서 범죄와 관련하여 가치를 갖는 방법론들과 이론들은 아마도 많은 다른 영역에서도 유용할 것이다. 따라서 수사심리학적인 접근법은, 산업이나 신제품 개발에서의 안정성처럼 매우 다양한 사안들과 관련되면서, 범죄와 범죄자에 대한 고려 이상의 중요성을 갖는다.

 비록 수사심리학이 새롭고 빠르게 발전하는 분야이지만, 수사심리 부서(IP unit)를 운용하고 있는 이스라엘과 남아프리카의 경찰 등에서는 이를 이미 인식하고 있다. 수사심리학은 그 시작을 살펴보면, '범죄자 프로파일링'으로 대중적으로 알려진 과정을 확인할 수 있다. 이러한 활동들의 시작과 발전에 대한 이해는 수사심리학을 완전하게 이해하는 데에 필요하며, 따라서 이어지는 장에서 이러한 활동의 출현을 살펴볼 것이다.

📂 추가로 읽을거리

서적

Brewer, N. and Williams, K.D. (eds) *Psychology and Law: An Empirical Perspective*, Guilford, London.

Canter, D. (1995) *Criminal Shadows,* HarperCollins, London.

Canter, D. and Zukauskiene, R. (eds) (2008) *Psychology and Law: Bridging the Gap*, Ashgate, Aldershot.

Feldman, P. (1993) *The Psychology of Crime*, Cambridge University Press. Cambridge.

Wiley InterScience에서 발간하는 학회지『수사심리학 및 범죄자 프로파일링(Journal of Investigative Psychology and Offender Profiling)』은 현 연구와 학습에 주요 자료임.

논문

Canter. D. (2004) Offender profiling and investigative psychology. *Journal of Investigative Psychology and Offender Profiling, 1*, 1-15.

Canter, D. (2008) Psychology and the criminal process, in *Criminal Psychology* (ed. D. Canter), Hodder Education, London.

Dowden, C., Bennell, C. and Bloomfield, S. (2007) Advanced in offender profiling: a systematic review of the profiling literature published over the past three decades. *Journal of Police and Criminal Psychology, 22*(1), 44-56.

Muller, D.A. (2000) Criminal profiling: real science of just wishful thinking? *Homicide Studies*, 4(3), 234-64.

Youngs, D. (2008) Psychology and investigations, in *Criminal Psychology* (ed. D. Canter), Hodder Education, London, 177-92.

📝 토론과 연구를 위한 질문

1. '범죄자 프로파일러'의 활용을 포함하고 있는 범죄 소설을 읽고 다음에 대해 생각해 보시오.
   (a) 프로파일러의 주장에 대해 무슨 증거가 제시되고 있는가? 프로파일러는 자신이 제시한 의견을 어떻게 뒷받침하고 있는가?
   (b) 만일 당신이 프로파일러가 심리학자일 것으로 추정된다는 것을 알지 못했다면, 그의 행동이나 의견 중에서 그를 심리학자로 믿도록 유도한 것에는 무엇이 있는가?
   (c) 프로파일러가 사건을 해결하기 위해서 어떤 기여를 하는가? 만일 그가 개입하지 않았다면, 수사가 어떻게 전개되었을까?
   (d) 당신은 만일 실제 상황이었다면, 프로파일러가 행하는 것을 제한하는 어떤 법적 제약에 대해 알고 있는가?

2. 당신의 일상생활 중에서 어떤 측면이 타당하게 일관적인가? 만일 당신이 범죄를 범한다면, 이러한 일관성에 대한 지식이 어떻게 당신이 범인이라고 특정하는 데에 도움이 될 것이라고 생각하는가?

3. 이 장의 시작 부분에 있는 인용문에서, 올즈가 정신의학자가 어떻게 경찰에 의해 활용될 수 있는지에 대해 언급한 것을 주목하시오. 그는 왜 "우리 모두가 경찰 절차 매뉴얼 대신에 Freud와 Jung을 읽고 있을 거야."라고 말하지 않는가?

4. 당신이 아침 식사를 하는 것에 대해 다른 사람과 비교해 보시오. 당신의 아침 식사 습관 중에서 어떤 측면들이 당신과 타인의 아침 식사를 하는 방식을 구분하는 데에 특별하게 중요하다고 생각하는가?

5. 만일 당신이 돈을 구해야 하고, 유일한 방법이 불법적인 수단에 의한 것이라면, 어떻게 하겠는가? 당신이 선택한 방법이 당신에 대해서 그리고 당신이라는 사람의 유형에 대해서 알려 주고 있다고 생각하는가? 당신이 선택한 범죄 방법을 당신과 매우 다른 유형이라고 생각하는 사람의 방법과 비교해 보라. 남성과 여성의 선택을 비교하는 것도 특별히 흥미로울 수 있다.

학습 목표

1. 탐색에 관련된 핵심 과정들이 무엇인지를 이해할 수 있다.

2. '프로파일링' 신화의 왜곡된 부분을 확인할 수 있다.

3. 심리학과 수사 사이의 관계에 대한 역사적 배경을 상세히 알 수 있다.

4. '범죄자 프로파일링'의 기원에 대해 논의할 수 있다.

5. 프로파일의 초기 사례들을 평가할 수 있다.

6. 추리의 의미를 이해할 수 있다.

개요

탐색은 관찰된 것을 활용하는 데 있어서 가장 기본적인 것으로서의 기술과 한발 더 나아가서 분류와 함께 많은 상이한 과정들을 포함하고 있다. 이 과정들은 또한 범죄자에 대한 추리를 발전시키는 첫 번째 단계로 비추어질 수도 있다. 이러한 과정들은 마녀의 특성들에 대한 과거의 기술, 신체적 특성에 기초하여 사람들을 분류하고자 하는 이후의 제안들, 그리고 이들 특성의 하위 조합으로부터 범죄성을 추정하는 것 등에 의해 묘사되고 있다. 비록 일탈의 징표들을 규명하려는 과거의 시도들이 근본적으로 결함을 가지고 있지만, 수사심리학이 실제로 출현하게 된 방향을 가리키고 있다.

수사심리학의 출현에 있어서 중요한 과도기적 단계는 '범죄자 프로파일(offender profile)'로 알려진 범죄자에 대한 윤곽 또는 묘사의 구성이다. 미지의 범죄자에 대한 기술은 범죄가 이를 범한 범죄자를 드러나게 해 줄 수 있는 것에 관한 추리에 기초하고 있다. 이러한 추리를 위한 기초와 이에 관한 연구에서 내포하고 있는 넓은 함의들은 수사심리학이라는 혁신적인 과학으로 향하는 길을 열어 주었다.

심리학과 수사

탐색의 과정

범죄자에 대한 이해와 이에 따른 수사에 대한 종국적인 기여에 있어서 역사적 발전은 수사 과정의 여러 단계에 반영되고 있다. 예를 들어, 수사는 항상 주의 깊은 기술을 필요로 하지만, 이것은 또한 범죄자를 연구하는 데 있어 역사적으로 가장 첫 번째 단계였다. 수사가 보다 정교해지면서 좀 더 진전된 절차들이 포함되었으나, 이 진전된 절차들은 단지 최근에야 주목을 받게 되었다. 그러나 효과적인 수사를 위해서 다음의 것들이 항상 필요하다. 또한 이들이 내포하는 심리학적 쟁점들이, 암묵적으로라도 나타나게 된다.

수사관들이 수사 과정에서 수행할 필요가 있는 절차들은 다음과 같이 요약할 수 있다.

1. 기술(description): 수사관들은 범죄에서 중요한 것이 무엇인지 알고, 관찰한 것을 효과적으로 기록하는 것이 필요하다.
2. 분류(classification): 어떤 종류의 범죄를 취급하고 있는지, 그리고 다른 범죄들과 어떻

게 관련되어 있는지를 인식할 필요가 있다.

3. 효과적인 추리(effective inference): 가능한 한 많은 과학적 증거들에 기초하여 관찰한 것으로부터 가치 있는 추리를 도출해 낼 수 있어야 한다.

4. 범죄자들과 그들의 행동에 대한 지식(knowledge of criminals and their actions): 관찰은 범죄자들이 어떻게 그리고 왜 행동하는지에 대한 이해로부터 정보를 얻을 필요가 있다.

5. 효과적인 결정들(effective decisions): 추가적인 정보를 탐색하고 가능한 행동들 중에서 선택을 위해, 스스로 도출한 추리를 사용하는 방법을 알고 있을 필요가 있다.

이 5가지 과정은 수사관들이 과거에 행해 온 것의 발전 단계로 간주될 수 있다. 우리가 이제 보게 될 것처럼, 과거의 수사관들은 기술을 직접적으로 다루었으며, 어떤 체계적인 분류 절차 또는 범죄 행동에 대한 과학적 연구 없이 유추하였다. 반대로 현재의 수사관들은 자신들의 결정을 지원하고 효과적인 추리들을 도출해 내도록 도움을 주는 일련의 컴퓨터 도구들을 가지고 있다. 이러한 추리들은 점차적으로 많은 범죄와 범죄자들에 대한 연구에 의해서 정보를 얻게 된다. 따라서 이 장과 다음 장에서 수사심리학의 기원을 검토하면서, 이 다섯 단계를 통한 역사적 발전을 살펴볼 것이다.

대중 매체 신화를 넘어서

'프로파일링(profiling)'에 대한 대중 매체의 가상적인 이야기들은 너무도 폭넓게 접할 수 있고, 이로부터 흔히 많은 사람들이 수사심리학에 대해 갖게 되는 첫 개념을 형성하기 때문에, 직접적으로 이런 신화들을 규명하고 잠잠해지도록 해야 할 필요가 있다. 불행하게도 이들 신화 중 많은 것들이 사실로 받아들여질 뿐만 아니라, 의욕적인 학생들이 '프로파일러(profiler)'라는 직업을 추구하는 데 있어 현실에 대한 왜곡된 시각을 갖도록 한다. '프로파일링' 신화의 가장 왜곡된 측면들은 (a) 20세기 후반에 만들어진 것이라는 점, (b) 이것의 출현이 다른 과학적 발전과는 거리가 있었다는 점, 그리고 (c) 이것이 근본적으로 '프로파일'을 만들어 내는 사람의 지적인 능력에 좌우되는 예술이라는 점이다.

이어지는 역사적 고찰에서 보여 주는 것처럼, 모든 이러한 측면들은 프로파일링을 범죄 수사의 폭넓은 과정과는 차별되는 활동으로 생각하는 데에 뿌리를 두고 있다. 그러나 그와는 반대로, 프로파일링의 발전이 실제로는 수사관 업무의 체계화를 이끄는 과정이었으며, 지금 새로운 응용적이며 증거에 근거한 전문적인 분야로서 출현하고 있는 수사심리학이라는 행동과학을 위한 기반을 조성하는 과정이었음을 보여 줄 것이다.

역사적 배경

1단계: 기술

행동으로부터 사람에 대해 추리를 하려는 시도의 초기 기록은 아마도 전반적으로 그들의 특성과 직접적으로 관련되어 있다고 추정되는 독특한 행동들의 기술에 의존하여 왔다. 이러한 추정은 결코 검증되지 않았으나, 자기-증거(self-evidence)로 생각되었다. 예를 들어, 구약성경에는 유대인 지도자 기드온(Gideon)이 자신의 군대가 냇물로 내려가 갈증을 해소할 때에, 냇가에서 물을 마시면서 무릎을 구부리지 않고 손으로 떠서 마시는 사람들을 선발했다고 기록되어 있다.

기드온은 전통적인 유대인들은 무릎을 꿇는 것을 받아들일 수 없는, 이교도적인 행동으로 간주한다는 믿음에 근거하면서, 무릎을 꿇는 자들은 전념을 다해 전투에 임하지 않을 비밀 우상 숭배자들이라고 판단하였다. 우리는 기드온의 가설에 대해 어떤 강력한 증거도 가지고 있지 않다. 어떤 점에서는 냇가의 둑이 그다지 높지 않아서 무릎을 구부리는 것이 다소 편리할 수 있었는지는 알지 못한다. 기드온은 그가 선정하는 사람을 관찰한 행동 중 한 측면을 선택하였으며 자신의 결정을 이끌어 가도록 했다. 이 기술은 기록되었고, 그로부터 도출된 결론은 의문 없이 받아들여졌다.

이와 유사하게, 셰익스피어(Shakespeare)의 작품에서 줄리어스 시저(Julius Caesar)는 카시우스(Cassius)의 마른 몸을 보고 이렇게 직접적인 결론을 내놓는다.

> 내 주위에는 살찐 사람들이 있으면 좋겠소.
> 머리를 잘 빗고 밤에 단잠을 자는 사람들 말이오.
> 저기 카시우스는 마르고 굶주린 표정을 하고 있소.
> 그는 생각이 너무 많아. 저런 자는 위험하거든.
>
> (William Shakespeare, *Julius Caesar*, 1막 2장)

드러난 것처럼, 시저가 카시우스를 믿지 않는 것이 물론 적절했었지만, 주장의 보편성은 확실히 의문점을 안고 있다!

기술이 자연적으로 그리고 어쩔 수 없는 함의를 가지고 있다고 가정하는 접근법은 오늘날 탐정소설에서 '추론'이라고 흔히 언급되는 것에서 계속되고 있다. 잘 알지 못하는, 게다가 과학보다는 소설을 더 많이 읽은 학생들은 '추론적 프로파일링'에 대해 이야기하는 것으로 이해하겠지만, 물론 터무니없는 이야기이다. 이 맥락에서 추론이란 단지 관찰이 내포하고 있을 수 있는 것에 대한 하나의 짐작일 뿐이다. 기드온이 한 것처럼 어떤 주장을 발전시키거나 셰익스피어가 시저를 통해서 보여 준 것처럼 커다란 확신을 가지고 범주별로 합의를 기술하는 것이 가능할 수도 있지만, 추가적인 증거가 없이는 아직 추측일 뿐이다. 시저가 말한 것처럼 마른 사람은 모두 믿을 수 없다고 생각하는가? 아니면 살찐 사람이 잠을 잘 자는 경향이 있는 것이 사실인가? 이러한 '프로파일링'을 뛰어넘도록 하는 수사심리학의 중심축은, Canter(1994)가 설명한 것처럼, 범죄자의 가려진 부분(shadows)을 해석할 수 있도록 하는 입증된 원칙들이 발전된 것이다. 입증된 원칙들을 세우는 것은 소설을 쓰거나 프로파일러의 자서전들이 당신을 믿게 만드는 것보다 훨씬 어려운 일이다.

그럼에도 이러한 사례들은 수사심리학과 경찰 수사의 첫 번째이자 근본적인 요소에 관심을 기울이도록 이끌어 가며, 주의 깊은 관찰을 해야 할 필요성을 보여 준다. 더욱 중요한 점은 고려되는 현저한 특성들이 어떤 상황에서나 관찰될 수 있는 모든 가능한 것들로부터 나온다는 것을 밝힐 필요가 있다는 점이다. 애석하게도 과거에는 초점을 맞추어야 하는 관찰한 것들이 의미하는 것과 현저한 특성들이 무엇인지를 건너뛰어 바로 결론을 내려 왔다. 그들은 관찰한 것으로부터 가치 있는 추리가 도출될 수 있는 복잡한 과정들을 풀어 보지도 않았다.

검증되지 않은, 그러나 대중적으로 받아들여진 믿음에 기초하여 결론을 바로 얻으려는 것의 위험성은 15세기 중반부터 300여 년 동안 유럽을 휩쓴 마녀사냥에서 특히 명백하게 보여 준다. 이것들이 바로 검증되지 않고 증명되지 않은 프로파일이 얼마나 위험할 수 있는지에 대한 유익한 표본이다.

유럽의 마녀사냥

Cyriax(1993)는 1450년에서 1750년 사이에 어림잡아 9백만 명의 여성들이 마녀로 지목받아 살해당했다고 추산한다. 이 사건에 있어서 주요 실행자들은 누가 마녀인지를 확인하는 데에 도움을 주는, 현재는 프로파일로 인식되고 있는 것을 발전시킨 '마녀 사냥꾼들(witch finders)'이었다([글상자 2-1] 참조). 이것이 시저와 기드온이 개인 특성에서부터 믿을 수 없는 사람들을 구분한 것처럼 관찰될 수 있는 사람의 특성들의 조합이며, 마녀라는 것을 암시하기 위해 택해진 특성들의 조합이다. 이 중 일정 부분은 이러한 기술이 사람의 직접적인 측면이 아닌 사안들, 가장 독특하게는 '주변 지역에 불임'의 존재와 같은 사건으로부터 유래되었다. 이는 범죄 현장 정보와 유사하며, 이러한 기술은 '남자의 능력을 훔치는' 누군가가 그곳에 있다는 암시로 간주되었다.

글상자 2-1	마녀의 특성

- 나이 든 여성
- 빈곤한 환경
- 마을 어귀에서 생활
- 약초 의학 지식 소유

- '악마의 표지' (둔감한 지점)
- 남자의 능력 탈취, 주변 지역에서 불임 유발
- 많은 양의 남성 성기를 수집하여 새장이나 상자에 보관

출처: Cyriax(1993); Kramer and Sprenger(1971); Ruiz(2004).

그러나 마녀 프로파일에서 강조하는 것은 그녀가 마녀라는 것을 증명하기 위해 선택되는 사람의 특징에 있다. 이것은 어떤 종류의 여성이 마녀가 될 것 같은가에 대한 고정관념에서 초래되었다. 이러한 고정관념은 마술의 존재를 받아들이며, 선정된 특징들이 악마에게 사로잡혀 있다는 것을 보여 준다는 당시의 미신과 복잡한 믿음 체계에서부터 형성되었다. 여성의 특징들은 다른 사람과 그녀를 구분하고, 그녀의 유죄를 지적하는 독특한 특징들로 비추어졌다. 마녀에 대한 고정관념은 현 시대에 사용하는 '프로파일링'의 개념과는 활용에 있어서 약간 다르다. '마녀 사냥꾼'들은 누군가가 마녀라는 것을 증명하기 위한 증거로서 프로파일을 사용하였으며, 매우 유사한 방식으로 유죄의 증거로서 프로파일을 도입하려는 시도가 지난 십여 년에 걸쳐 법정에서 수시로 있어 왔으나, 다행히도 우리의 현대적인 사법 시스템은 이러한 정황적 증거를 채택하는 데에 매우 주저하여 왔다.

비록 악마의 형태를 규정하고, 악한 인간을 인식할 수 있는 특성의 목록을 작성하는 것이 부적절하다 해도, 과정의 체계화는 범법자를 규정하기 위해 수사상 활용될 수 있는 보다 객관적인 특성들을 일반화하려는 첫 번째 단계로 볼 수 있다. 신뢰할 만한, 그러나 아직도 오류가 있는 마녀들에 대한 특징들의 목록화는 마녀사냥이 더 이상 받아들여지지 않는 때에도 범죄자에 대한 프로파일에서 모방되어 왔으나, 아직도 전반적으로 모든 범죄자에 대해 경험적으로 온전한 목록 작성은 나이 든 여성이 주변의 남성들의 정기를 훔쳐갈 수 있다는 가능성만큼이나 믿기 어려운 것이 사실이다.

2단계: 분류

과학적 시도에 있어서 관찰과 특성들의 목록 작성을 넘어서는 다음 단계는, 흔히 분류학(taxonomy)으로 알려진, 관심을 두는 특징들을 분류하고 분류 도식을 구축하기 시작하는 것이다. 사람들 사이의 차이점에 대한 고려와 이로부터 범죄성을 고찰하는 분류 시스템의 적용은, 19세기에 중요성을 인정받으면서 모든 과학 영역에서 실행되어 온 분류법으로부터

강한 영향을 받으며 성장하였다. 1859년 Darwin은 그의 세상을 바꾼 저서『종(種)의 기원 (On the Origin of Species)』에서 하나의 중심적 과정, 즉 진화가 다양한 동물 종들의 출현을 설명할 수 있는 것임을 보여 주었다. 오래지 않아 1869년에는, Mendeleyev가 다양한 화학적 요소들이 원자(atom)의 비중에 의해 설명될 수 있는 체계적인 구성으로 조직화될 수 있음을 보여 주었다. 따라서 이 시기는 과학자들이 자신들이 분류하고 있는 사물들에 대한 깊은 이해를 줄 수 있는 현상들만을 적절하게 분류할 수 있다고 믿는 시대였다.

인류학자들은 이러한 흐름을 이해했으며, 그들 대다수가 사람들을 다양한 집단 및 하위 집단에 효과적으로 지정함으로써 사람들과 문화의 다양성을 이해할 수 있다고 믿었다. 이를 위한 가장 기본적인 것은 사람의 신체적 외형이었다. 따라서 선도적인 인류학자들은 호모 사피엔스(homo sapiens)가 그들의 신체 측정치에 의해, 특히 머리와 골격에 의해 얼마나 다르게 서로 간에 구별될 수 있는지를 특정하는 데에 많은 노력을 기울였다.

다윈주의(Darwinism)의 단순한 관점에 영향을 받으면서, 이는 아직도 일부 현재의 진화심리학에서 나타나고 있지만[이에 대한 완벽한 토론은 Rose and Rose(2000)를 참조], 19세기와 20세기 초 범죄학에 관심을 갖고 있는 학자들은 일부 인류가 해부학적으로 동물과 더 가까이 있는 호모 사피엔스의 하위 집단에 지정될 수 있다고 주장하였다. 따라서 그들은 이러한 유사성으로부터 사람들이 그들의 행동과 도덕성에 있어서 보다 동물에 가까운 것이 틀림없다는 추론을 이끌어 내었다. 다시 말해, 범죄자들인 사람들은 그들의 심리, 생각 그리고 행동에 있어서 보다 초기의 인간 진화 단계로 유전적으로 회귀된다는 것이다.

이는 많은 부분에서 매우 혼란스러운 논쟁거리였다. 아마도 이에 대한 가장 커다란 난제는 동물이 범죄를 저지르지 않는다는 것이었다. 따라서 범죄자들이 동물과 더 비슷하다는 주장은 소유자가 누구인지 아는 물건을 훔치는 것과 먹이를 찾는 것 사이에 어떤 유사점이 있다고 주장하는 것이다. 또한 어떤 신체적인 특징들, 말하자면 커다란 원숭이나 침팬지에게서 볼 수 있는 특징들이 있다는 생각은 매우 잘못된 것이다. 왜냐하면, 인간과 비교했을 때 인간이 아닌 영장류들의 전반적인 해부 구조에 많은 근본적인 차이가 있기 때문이며, Mark(2002)는 인간과 다른 영장류 사이의 유사성에 관한 주장에 대해서 명확하게 반박을 제기하고 있다. 또한 초기 인류 사회는 천여 년 동안 매우 평화로웠음을 보여 주는 상당한 증거들이 있다.

그러나 이러한 혼란은 자신들이 범죄성을 설명할 수 있고 범죄자의 신체적 특성들이 범죄 행동들과 연결되어 있다고 생각했던 인류학자들을 저지시키지는 못하였다. 이러한 쟁점에 대한 초기 탐구자인 Moriz Benedikt는 1881년에『범죄자의 뇌에 관한 해부학적 연구 (Anatomical Studies upon Brains of Criminals)』를 출간하면서, 범죄자들은 다른 사람들과 매우 다른 뇌를 가지고 있으며, 인간은 뇌의 해부학적 구조와 생리적 발달에 따라 행동하고, 생각하고, 느끼고, 욕망을 표출한다고 주장하였다(Benedikt, 1881; Henry and Einstadter, 1998). 물론 현대의 신경과학은, 비록 항상 더 조심스럽고 다소 많은 객관적인 증거를 가지고 있기는 하지만, 동일한 핵심 주장을 따르고 있다.

뇌가 사고와 감정에 영향을 미치며, 따라서 성격이나 개성에까지 영향을 미치는 신체의 가장 중요한 기관이라고 인식하게 하는 일련의 발견들이 의학 분야에서 있어 왔다. 이 생각은 비록 아리스토텔레스에 의해 2,500여 년 전에 처음으로 제안되었음에도, 18세기에 들어설 때까지 보편적이지 못하였다. 19세기 해부학 연구의 발전과 함께 다양한 개인들의 골격상의 차이를 확인하는 것이 점차적으로 가능해졌으며, 골격의 차이가 뇌 형태의 차이를 반영한다는 관점이 나타나게 되었는데, 이로부터 성격 특성이 골격의 형태에서부터 추론될 수 있다고 믿게 되었다. 이것이 골상학(phrenology)이라고 불리며 폭넓은 지지를 받게 된 학문 영역을 낳았으며, 비록 오래전 신뢰성이 떨어졌음에도 오늘날까지 대중적인 호응을 받고 있다.

이 생각은 사람의 해부학에 대한 다른 영역들로까지 확대되어, 특히 얼굴과 인상(관상)학까지 포괄하게 되었다. 이것이 범죄자는 얼굴이 다르게 생겼다는 주장을 불러일으켰으며, 1871년에 출간된 『새로운 관상학 또는 성격의 표시(New Physiognomy or Signs of Character)』라는 책에 자세하게 소개되어 있다. 이러한 경향은 오늘날에도 일부 지속되고 있으며, 마른 사람이 위험하다는 시저(Caesar/Shakespeare)의 생각으로부터 명료하게 직접 이어져 온 것이다.

골격 또는 얼굴의 모양이 범죄성의 측면을 반영한다는 믿음으로부터 이러한 주장이 역전될 수 있으며 그들의 신체적 특징들을 검토하여 범죄자들을 식별할 수 있다고 생각하기까지는 오래 걸리지 않았다. 많은 사람들이 한 개인이 범죄자이냐 아니냐를 식별하는 것이 가능하다는 것뿐 아니라 상이한 형태의 범죄를 범한 자들이 서로 간에 생리적으로 다를 것이라는 점도 주장하게 되었다(Dugdale, 1877; Hooten, 1939; Lombroso, 1876; Lombroso-Ferrero, 1911; Talbot, 1898).

헝가리인 정신병리학자, Lipot Szondi 박사(1952)는 한 단계 더 나아가, 심리적 배경과 범죄 경력과 함께 사람들을 배열한 사진들 중에서 어떤 사진을 선택하는지를 확인함으로써 일탈의 형태를 확인할 수 있다고 주장하였다. 답변자들은 어떤 사진을 선호하는지 답변하도록 요구받게 되며, 이때 자신들과 동일한 일탈 양태를 가진 사람을 선택한다고 추론하고 있다. 이 실험은 비록 효과에 대한 증거를 아직 찾아내기 어렵지만, 아직 몇몇 국가에서는 유효하다.

Cesare Lombroso

비록 역사적 관심일 뿐이지만, 범죄자 유형론과 프로파일에 대한 접근법을 개척한 Cesare Lombroso와 Ernst Kreschmer의 공헌을 생각해 보는 것은 가치 있는 일이다. 왜냐하면, 이들이 흔히 FBI 프로파일러들의 첫 세대에 영감을 준 것으로 인정받고 있기 때문이다 (Blau, 1994; Brussel, 1968; Ressler and Shachtman, 1992; Teton, 1989).

글상자 2-2
Lombroso(1876)의 살인자 프로파일(Lombroso-Ferrero, 1972)

1. 매부리코
2. 두툼하고 튀어나온 입술
3. 작은 퇴행성 턱
4. 검은 머리, 콧대 위로 이어지는 덥수룩한 눈썹
5. 수염이 적거나 아주 없음
6. 나이와 관계없이 주름이 많음(비록 30대일지라도)
7. 보통 사람들보다 4, 5배나 예민한 미각
8. 냉소적인 태도, 가책이 완전히 부족함
9. 문신을 하고 있을 높은 가능성
10. 옷 입는 것에 중요성을 두지 않고, 의복이 대개 더럽고 낡음

출처: Welch and Keppel(2006)에서 인용

언급한 것처럼, 이탈리아에서 의사 수업을 받은 Lombroso는 다윈의 진화론을 종의 발달 뿐 아니라 상이한 유형의 사람들의 탄생에도 적용 가능한 것으로 보는 움직임에 속하였으며, 이들 다양한 유형 중 일부는 그들이 초기 동물적 선조와 더욱 가깝다는 생각에서 다른 사람에 비해 근본적으로 더 원시적이라 생각하였다. 그의 복합적인 생각은 또한, 범죄자의 다양성 사이에 있는 차이, 예를 들어 강간범들, 절도범들 그리고 살인자들을 구분하는 것이 가능하다고 제안하였다. 이것은 범죄자들의 귀에서부터 피부의 성질까지 모든 부분에서의 차이를 포함하며, 그들이 사용하는 비속어와 문신의 종류에서의 차이점까지 제시하였다 (Lombroso-Ferrero, 1911, 1972) 이들 중 일부를 [글상자 2-2]에서 보여 주고 있다.

Lombroso의 생각은 범죄자들이 상이한 범죄 형태의 하위 집단으로 분류된 특정 계층 출신이라는 믿음—아직도 많은 범죄성 토론에 퍼져 있는 생각—에 근거한다. 그러나 그는 유일한 특성에 전반적으로 초점을 맞추거나 특정 범죄자에 대한 이해를 발전시키려는 시도 보다는 상이한 범죄자와 범죄 행동 유형들을 논의하는 방향으로 과학적 과정을 이동시

컸다.

Lombroso의 제안이 처음 출판되고 얼마 되지 않아, 선도적인 영국 외과 의사인 Charles Goring(1923)이 현대 통계학의 창시자 중 한 명인 Karl Pearson과 함께 8년 넘는 기간 동안 영국 교도소 재소자 3,000명 이상을 검사하였다. 그는 이들 재소자에 대해 Lombroso가 주의를 기울였던 모든 신체적 특성들을 조심스럽게 측정한 후에, 이 자료들을 재소자들과 동일한 연령대의 옥스퍼드와 케임브리지의 준법적인 졸업생들을 측정한 것과 비교하였다. 그의 결론은 완벽하게 직접적이며 분명하였다. "범죄자들에 대한 측정 통계 및 신체적 비정상의 출현과 관련하여, 우리의 통계는 준법적인 계층에서 나타난 통계와 놀랄 만한 일치성을 보여 주고 있다. 우리의 필연적인 결론은 신체적 범죄자 유형은 없다는 것이다(Goring, 1923: 173)"

다양한 여타 연구들도 유사하게 부정적인 결과를 얻었다. 더욱이 우리의 유전학에 대한 이해는, Mark(2002)가 상술한 것처럼, 이제 사람의 신체적 특성을 결정짓는 것이 무엇이든 간에 그 사람의 특성의 다른 측면들을 결정지을 수 있는 것에 결코 필연적으로 관련되어 있지는 않다는 것을 명확히 하고 있다. 게다가 한 사람이 어떻게 생겼는가를 반영하는, 키와 몸무게, 기형성의 결여 그리고 일반적 건강상태 등과 같은 신체적 특성들은—그리고 많은 약한 기형들—모두 사회적 상황과 환경에 의해 영향을 크게 받는다.

현대 범죄학의 상당 부분(예: Sutherland, 1978에 의해 윤곽이 잡힌 것처럼)은 범죄자들이 흔히 특정 사회 경제적 배경으로부터 유도되고 있음을 보여 준다. 따라서 Lombroso의 이론에 대한 진화론적·유전학적 기초는 항상 사람들이 살고 있는 환경과 혼동을 겪는다. 그러나 그러한 환경들은 범죄자에게만 독특한 것은 아니다. 좋지 않은 배경을 가진 모든 사람이, 그들의 환경 때문에 낡은 옷에 주름이 가득한 피부를 가졌다 해도, 살인자가 되는 것은 아니다.

Lombroso의 업적에 있어서 가장 근본적인 결점은 범죄자들이 상이한 하위 집단, 특히 그가 '태생적 범죄자(born-criminals)'라고 부르는 부류의 사람들이라는 기본적인 가정이다. 이러한 생각이 아직 범죄자들에 대한 대중적인 생각의 상당 부분을 점유하고 있지만, 모든 사람이 적당한 상황이 주어지면 가장 폭력적인 범죄자가 될 수 있다는 가능성을 무시하고 있다. 이것은 범죄자들이 인류의 상이한 하위 집단이라는 점을 전제로 한다. 이로 인해, 특정 문화적 또는 인종적 하위 집단 출신의 사람들을 다른 하위 집단 출신들과 같은 방식에서 인간이 아니라고 보는 인종주의적 관점에 비유될 수 있다.

지적한 바와 같이, 많은 초기 프로파일러들(예, Brussel, 1968; Ressler and Shachtman, 1992; Teton, 1989)이 자신들의 프로파일링 활동이 사람들을 분류하고 얼마나 범죄자가 다른 사람들과 다를 수 있는지를 보여 주려 한 Lombroso의 시도에서 영향을 받은 것으로 생각하고 있기 때문에, Lombroso 이론의 이러한 약점들은 중요하게 고려되어야 한다. 따라서 이러한 초기 프로파일러들이 Lombroso의 사상 뒤에 숨은 함축적인 진화론적 생각들을 포용하지는 못하고 있는 것으로 볼 수 있지만, 다양한 범죄자 하위 조합들에게 상이한 특성들이 있을 가능성에 대해 그들이 유사한 가정을 하고 있을 가능성이 매우 크다.

그러나 Lombroso와 FBI 프로파일러들 간의 큰 차이점은 그가 자신의 접근법을 과학에 적합한 방식으로 적용하려 했다는 점이다. 그는 범죄자들을 측정했고, 그들 사이를 비교하였지만, Goring과 Pearson(Goring, 1913)이 그의 생각을 입증하기 위해 사용했던 일종의 명료성과 통계적 정확성 없이 이것을 했을 뿐이다. 우리가 이제 볼 것처럼, 초기 프로파일러들은 실제 이보다 더 비과학적이었다. 그들은 범죄자들의 특성이 범죄자와 그들의 행동에 관한 일반적인 연구에서부터보다는 범죄 현장 정보로부터 직접적으로 추론될 수 있다고 가정하였다. 따라서 만일에 그들이 프로파일링을 Lombroso의 일반적 이론에 단순하게 의지하는 대신에 그의 방법론을 좀 더 주의 깊게 따르고 발전시켰다면, 그들의 작업이 더욱 많은 결실을 거두었을 것이라고 주장되고 있다.

Lombroso의 이론과 연구들의 명백한 결점과 오류들에도 불구하고, 사람의 유형을 찾으려는 그의 열정은, 비록 그가 제시한 특정 특성들이 신뢰할 만한 유형들을 보여 주지는 못하였지만, 만일 다른 방법으로 수행되었더라면 그러한 특성들에 대한 탐구가 결실을 맺을 수 있었을 것이라고 많은 사람들이 믿도록 이끌었다. 따라서 그는 사람들을 그들의 신체적 특성들에 따라 분류하고, 이러한 특성들과 그들의 성격 사이의 연결점을 찾으려는 다른 시도들에게 길을 열어 주는 데에 도움이 되었다. 성격이 범죄성과 직접적으로 관련되어 있다는 그 이상의 가정을 함으로써(우리가 다음 장에서 살펴볼 것처럼, 논리적이지도, 타당하지도 않은 비약) 이러한 시도들이 사람들의 전반적인 신체적 형태를 기반으로 유형을 구분한 Lombroso의 이론을 뛰어넘어 전개되곤 하였다.

Ernst Kretschmer

비록 Lombroso가 지난 세기의 대부분 동안 범죄자들의 신체적 특성에 대한 논의를 시작하기는 하였지만, 신체적 형태가 기질과 성격에 관련되어 있다는 생각은 오랜 과거로 거슬러 올라간다. 현대 의학에 상당한 기초를 제공한 갈레노스(Galen)는 약 서기 200년경에 일찌감치 네 가지 유형의 사람들이 있음을 주장하였다. 그가 사용한 분류들은 아직도 영어 번역본으로 읽히고 있는데, 담즙형(choleric)-감정 표현이 급한 사람, 점액형(phlegmatic)-현대 용어로는 '느긋한' 사람, 우울형(melancholic)-분위기 있는 사람, 그리고 사교적이며 외향적인 낙천가(sanguine)라고 불리는 유형이다. 갈레노스는 이들 각각이 전형적으로 특별한 체형을 갖는다고 생각했지만, 정확하게 이들 체형이 무엇에 근거하고 있는지에 대해서는 그다지 명확하게 서술하지 못하였다.

많은 사람이 갈레노스의 생각을 발전시키려 시도했지만 독일의 정신과의사 Ernst Kretschmer가 1910년 그의 책『Körperbau und Character』―영문으로는『골격과 성격 (Physique and Character)』(1925)―에서 조심스럽게 연구한 신체 유형의 체계를 발표하고서야 가능했으며, 이 책에서 그는 Lombroso의 이론 일부를 좀 더 발전된 단계로 진전시켰다. Kretschmer는 정신과 의사로서 다양한 형태의 정신 질병에 대해 흥미를 가지고 있었으며, 체격의 유형과 정신병 환자의 유형 간의 관계성을 보여 주려 하였다. 그는 범죄성 또한 일종의 정신질병이라는 가정하에 범죄자를 특징짓는 데에 이러한 체형 분류가 사용될 수 있다는 방향으로 주장을 펼쳐 나갔다(이 시기에는 사람들이 동성애가 질병이라는 생각으로 의사의 치료를 받으러 가는 시기였다는 것을 잊지 말 것).

Kretschmer의 범죄자 유형론은 신체적 특성, 성격 유형 그리고 범죄성 간에 높은 상관관계가 존재한다고 본 Lombrso의 생각과 매우 유사하였다. 큰 차이점은 Kretschmer가 갈레노스의 의견에 영향을 받아, 얼굴 또는 두개골의 특성보다는 신체 유형에 초점을 맞추었다는 점이다. 그의 범죄 유형과 신체 유형에 대한 요약을 보면, 처음에는 그의 생각이 얼마나 흥미로운지를 보여 주지만, 동시에 자세히 읽어 보면 많은 내적인 모순을 내포하고 있으면서 얼마나 애매하고 혼란스러운지에 대해서도 보여 준다([글상자 2-3] 참고).

글상자 2-3 Kretschmer의 체격 유형론

순환병질성 성격 (Cycloid personality)	정신분열성 성격 (Schizoid personality)	발육부전성 성격 (Dysplastic personality)
- 체격 좋고 부드러운 체형 - 정상과 비정상 사이에서 혼란함 - 자발성과 정교함 부족 - 대부분 비폭력적인 재산 범죄를 범함	- 대부분 운동선수 같은 근육질 체격 - 일부는 마르고 가냘프기도 함 - 정신분열병질 - 폭력적인 범죄 유형 범함	- 혼합된 형태 - 매우 감성적이며, 흔히 스스로 통제하지 못함 - 대부분 성범죄 또는 치정 범죄를 범함

출처: Kretschmer(1925), Schmalleger(2004), Welch and Keppel(2006)에서 인용

그의 연구에 있어서 큰 문제점은 체격 유형과 정신질병에 대한 그의 정의가 많은 왜곡을 불러왔다는 점이다. 즉, 그가 원하는 결과를 얻기 위해 자신의 관찰을 자신도 모르게 편향시킬 가능성이 있었다는 것을 의미한다. 그는 또한 특정 환자들의 환경이나 상황에 대해서,

그리고 그것이 그가 얻은 결과에 어떻게 영향을 미칠지에 대해서는 고려하지 않고 있다. 따라서 비록 그의 견해가 다른 사람들에 의해 취해졌다 하더라도—대표적으로 미국 심리학자 Sheldon의 『인간의 지도(Atlas of Men, 1954)』—오늘날 대부분의 전문가들은 체격 유형과 성향 사이의 관계를 잘 설정된 것으로 생각하지 않는다.

　　신체 유형과 범죄성 유형의 연관성에 관한 믿음에 어떤 근본적인 결점이 있든 간에, 많은 초기의 프로파일러들은 프로파일을 준비할 때에 이러한 방법에 의존하는 것이 옳다고 생각하였다. 예를 들어, Ressler는 프로파일에서 Kretschmer의 신체 유형을 사용하였다고 주장하였으며(Ressler and Shachtman, 1992), Brussel(1968: 33) 역시 Kretschmer의 작업을 바탕으로 1957년에 미친 폭파범(Mad Bomber)에 대한 프로파일을 구성하였다고 말하였다. 범죄 현장을 근거로, Brussel은 미친 폭파범이 편집증에 시달리고 있다는 믿음을 갖게 되었다. 정신병원에서 행해진 1만 명의 환자에 대한 Kretschmer의 연구에서 편집증에 시달리는 환자의 85%가 근육질 신체 유형을 가지고 있다고 보고하고 있는데, 이로부터 Brussel은 미친 폭파범이 대칭적 근육질을 가졌을 것이라는 결론을 내렸다(Brussel, 1968: 32-33). Brussel의 접근에서 중요한 발전은 그가 일반적인 임상적 분류에서 도출한 정보를 특정 사건에 적용하기 위해 사용하였다는 점이다. 비록 그가 의존한 정보가 세밀한 검토에서 허점을 드러내었음에도 불구하고, 이 사건에서는 그가 도출한 결론이 우연히 정확하게 맞아 들어가는 행운을 가졌었다. 보다 중요한 것은 그가 관련 있다고 생각했던 분류 체계를 찾기 위해 사용하였고, 그가 발견할 수 있었던 결론을 이끌어 내었던 그의 연구적 방법론이다. 이러한 과정에서 그가 수사심리학의 기초를 쌓게 된 것이다.

'프로파일링'의 출현

　　수사관들은 비록 주의를 기울일 필요가 없다 하더라도, 다른 사람들이 제공한 지침을 항상 기꺼이 고려할 의사를 가지고 있다. 조언자들은 흔히 보다 경험이 많은 형사들이거나 특별한 전문성을 가진 사람, 특히 의학자들이며, 이 전문가들은 흔히 범죄자의 특성에 대해서 또는 어떻게 범죄자를 탐지하거나 체포할지에 대해 그리고 자백하도록 유도하거나 유죄를 도출하도록 할지에 대해 이야기할 의지를 가지고 있다. 심리학과 정신의학의 발전과 함께 경찰은 점점 더 전문가들에게 도움을 구하고 있다.

　　20세기 중반, 사람의 특성들에 대한 요약이 '프로파일'이라는 이름으로 대중에게 알려졌는데, 특히 신문에서 유명인들에 대해 자주 묘사하였다. 이 전에는 혼합된 용어가 사용되었는데, 제2차 세계대전 중인 1942년에 미국의 전략지원실(Office of Strategic Services) 소속

William J. Donovan 대령이 아돌프 히틀러(Adolf Hitler)에 대한 보고서를 위해 심리분석가 Walter C. Langer에게 접근하여 필요한 것에 대해 다음과 같이 언급하였다.

독일 상황에 대한 현실적인 평가. 만일 히틀러가 계속한다면, 그가 어떤 종류의 사람이며, 그의 야망이 무엇이고, 독일 국민들에게 어떻게 비추어지고 있는지, 그리고 주변인들과는 어떻게 지내는지, 그의 배경 등 말입니다. 특히 그의 심리적인 상태, 그러니까 그가 이런 짓을 하도록 만드는 것이 무엇인지 가능한 한 많이 알고 싶습니다. 더불어 상황이 그의 의도와 반대로 간다면 어떤 짓을 할지도 알고 싶습니다……

(Langer, 1972: 3-10)

Donovan이 요청한 것은 로마 장군들이 군사 작전을 계획하는 데에 도움을 받으려고 적군의 지휘관에 대한 기술(description)을 준비한 모음집과 유사한 것이었다. 만일 당신이 오늘날 인용되고 있는 Langer가 만들어 낸 기술을 보았다면, '아돌프 히틀러 프로파일'이라고 부르는 이유를 알 것이다. 비록 '프로파일'이라는 단어는 1940년대의 토론 어디에서도 존재하지는 않지만 말이다. 오늘날 히틀러에 대한 그러한 기술의 창작이 한 사람의 심리적·행동적 특성에 대한 분석으로 정의되는 '프로파일링'으로 불리고 있다. 이 정의는 '프로파일링'이라는 용어가 단지 범죄자들과만 관련해서가 아니라, 어느 맥락에서든 사람에 대한 묘사를 의미하는 것으로 사용될 수 있음을 명백하게 보여 준다.

아마도 범죄자와 관련하여 '프로파일링'이라는 단어의 사용은 1970년대 미국 전역의 다양한 사법기관들에서 시작되었지만, 1970년대 중반 버지니아주 콴티코에 있는 FBI 연수원의 행동과학팀 실무교육(FBI's Behavioral Science Unit running training courses), 특히 '범죄자' 또는 '성격 프로파일링'이라는 이름으로 개설된 교육에서 진정한 힘을 얻었다. 그러나 1988년 Thomas Harris가 콴티코 방문을 계기로 집필한 『양들의 침묵(the Silence of the Lambs)』이 세계적인 베스트셀러가 되었을 때, '범죄자 프로파일링'이라는 용어가 대중적 관심의 대상이 되었다.

자서전, 신문 기사, 실제 사건 취급 잡지, 학문적 논문과 증가하는 과학적 연구들에서 프로파일링에 대한 서술들이 증가한 이후로 '범죄자 프로파일링'과 관련된 활동에 여러 상이하고 중복된 이름들을 만들어 내었다(글상자 2-4를 보라).

글상자 2-4 때때로 '범죄자 프로파일링'의 의미로 쓰인 용어들

응용범죄학(applied criminology)

범죄 평가(crime assessment)

범죄 현장 분석(crime scene analysis)

범죄 현장 평가(crime scene assessment)

범죄자 행동 분석(criminal behavioural analysis)

범죄 수사 분석(criminal investigative analysis)

범죄자 성격 프로파일링(criminal personality profiling)

범죄자 프로파일링(criminal profiling)

범죄 현장 분석으로부터의 범죄자 프로파일링(criminal profiling from crime-scene analysis)

지리-행동 프로파일링(geo-behavioural profiling)

지리적 프로파일링(geographic profiling)

지리학적 프로파일링(geographical profiling)

지리학적 범죄자 프로파일링(geographical offender profiling)

수사 범죄학(investigative criminology)

수사 프로파일링(investigative profiling)

수사심리학(investigative psychology)

성격 프로파일링(personality profiling)

정신의학 프로파일링(psychiatric profiling)

심리학적 프로파일링(psychological profiling)

이 외에 이 용어들의 다양한 조합

용어의 과잉으로 나타난 혼란은, 몇몇 사람에게는 프로파일링이 범죄의 본성과 범죄가 범해진 방식에 대한 분석에 기초하여 범죄자를 특정하는 방법이라기보다는 경험에 근거한 가벼운 행동으로 인식된다는 사실 때문에 더욱 악화되었다(Teton, 1995). 여기에서 범죄자가 '식별'되면, 필요한 것은 범죄가 '실행된 방식'에 대한 검증이다. 범죄자에 관한 기술을 발전시킬 아무런 암시는 없다. 과제는 단순히 범죄자를 식별하는 것이며, 범죄 행동이 어떻게 검증되었는지 또는 어떤 근거에서 검증이 유익할 수 있는지에 대해 아무런 설명도 없다.

여기에서 강조하는 것은 활용 가능한 모든 것이 범죄 현장에서 나온 정보일 때 범죄자를 특정하려고 노력하는 것에 있다. 이는 Langer가 히틀러에 대해서 한 것처럼 '무엇이 그가 이런 짓을 하도록 만드는지'에 대해 기술하는 것과는 다소 다르며, John Faye가 『경찰 백과사전(The Police Dictionary and Encylopaedia)』에서 기술한 것과도 상반된다.

심리학적 프로파일(Psychological profile): 개인에 의해 행해진 행동 분석에 기초한 개인의 성격과 특성에 대한 기술. 기술은 연령, 인종, 성별, 사회경제적 위치와 혼인 관계, 교육 수준, 체포 경력, 범죄 현장과 관련하여 거주 지역 그리고 어떤 성격상 특성을 포함하게 된다. 프로파일은 특정 개인을 일반 대중으로부터 구별 짓는 독특성의 특성 패턴에 기초한다. 범죄 행동과 관련해서, 이러한 패턴은 상처, 사용된 무기, 사망의 원인, 사체의 위치 등에 대한 전반적인 분석에서부터 추론한다.

(Faye, 1988: 271-272)

아마도 좀 더 시적으로 보면, 알려지지 않은 범죄자에 대해 추리를 하는 과정은 범죄에 남겨진 심리학적 흔적들을 해석하는 것으로서 비춰질 수 있다. Canter(1994: 4)는 다음과 같이 말한다.

범인은 그의 발자국에서 그가 어떤 신발을 신고 있었는지 드러나게 될 것이며, 그의 혈액형은 현장에 남겨진 체액에서 특정될 수 있을 것이다. 그러나 물리적 흔적들처럼 심리적인 흔적, 즉 어떤 종류의 사람인지를 나타내는 숨길 수 없는 행동 패턴 또한 남기게 된다……그것들은 실험실로 가져와서 현미경 아래에서 해부해 볼 수는 없다. 이것들은 이를 남기고 간 범인과 의심할 바 없이 연결시켜 주는 그림자와 같은 것이지만, 움직이고 변화한다. 또한 항상 어디에서 나온 것인지 명확하지 않을 것이다. 그러나 이것들을 확정하고 해석할 수 있다면, 범인의 그림자가 수사관이 어디를 보아야 하고 어떤 종류의 사람을 찾아야 하는지를 보여 줄 수 있다.

(Canter and Gregory, 1994에서 재인용)

움직이는 그림자 영상은 프로파일이 범죄자를 특정한다는 Teton의 확신에 찬 주장과는 대조적으로 프로파일을 도출하는 것의 문제점들을 부각시킨다. Canter의 경고는 사실상 '프로파일'이라는 용어의 본래의 사용을 유지하는 데에 있다. 초기 사용 방식의 하나는, 측면에서 보이는 장소 또는 물체들의 모습에 대한 Blount의 1965년도 기술이다(Oxford English Dictionary, 2004). 이 사용법은 '소묘(데생) 또는 테두리'라는 뜻의 이탈리아 고어(古語) 'profilo'에서 유래되었는데, 이는 '실, 가닥'이라는 의미의 라틴어 filum에 근원을 가지고 있다. 따라서 용어의 최초 사용은 '프로파일'이 물체의 완전한 기술이 아니라 물체의 가장 독특한 특징을 포착해 내는 윤곽 묘사이다. 이런 의미에서 한 사람의 두드러지는 측면들의 묘사 또는 구두 요약 기술이라는 특성을 가지고 프로파일이 사용되기 시작한 것이다. 다시 말해서, 장황한 생애 기록이라기보다는 어떤 사람인 것 같다는 설명인 것이다. 이러한 의미에서 'profile'과 'profiling'이라는 용어는 가는 실 또는 윤곽으로부터 범죄자의 독특한 특성의 집약이라는 의미로서 대중적으로, 특히 경찰 업무의 맥락에서 방향을 찾게 된다.

추리의 중요성

프로파일의 묘사적인 특질은 강조할 필요가 있는 측면이다. 이것들은 윤곽, 즉 완전한 3D 영상이 아니라 한 사람의 독특한 특성을 나타내 주는 것이다. 그러나 부가적인 중요한 측면을 함축하고 있기도 하다. 그것은 범죄에 대해 알려진 것에서부터 추리된 것이라는 점이다. 따라서 아돌프 히틀러 또는 최근의 할리우드 스타에 대한 내력을 기술한 것과 '범죄자 프로파일링' 사이에는 중요하고 근본적인 차이가 있다.

대중적인 시각에서 언론인이나 정신분석가가 중요한 사람으로 생각하는 경우에는 프로파일에서 기술하고 있는 사람은 알려져 있는 사람이다. Walter Langer는 히틀러와 가깝게 지냈던 사람들을 인터뷰하고, 히틀러의 자서전을 읽고, 이런 것들을 통해서 그가 묘사하고 있는 사람에 대해 1만 1,000페이지 이상의 정보를 수집할 수 있었다. 유사하게, 대중 스타에 대해서 글을 쓰는 언론인은 그 스타의 친구와 가족 또는 아마도 개인적인 기록에 접근할 수 있거나 그와 직접 인터뷰할 수도 있을 것이다. 이 중에 어느 것도 '범죄자 프로파일링'에서는 불가능하다.

이러한 프로파일의 중심 목적은 앞서 Canter(1994)의 말에서 인용한 것처럼 알려지지 않은 범죄자, 즉 "수사관이 어디를 조사해야 하고 어떤 유형의 사람을 추적해야 하는가?"에 대해 말해 주는 것이다. 그래서 프로파일은 범죄자에 관한 추리로부터 생성되는 가설이다. 그리고 추리는 수사관들의 활용 가능한 정보로부터 생겨나며, 어디서, 언제 그리고 어떻게 범죄가 범해졌으며 누구에게 행해진 것인가와 같은 세부적인 사항들에서부터 나온다. Shakespeare의 줄리어스 시저는 '마르고 배고프게' 보이는 자는 위험하다고 주장할 때 추리를 하고 있는 것이지만, 결국 카시우스에게서 보이는 모든 것이었다. 경찰 수사에 있어서 추리는 활용 가능한 모든 것이 정보라는 점 때문에 특히나 어렵다—Canter(1994)의 범죄자의 그림자. 이는 곧 범죄자 프로파일을 만들어 낸다는 것이 단순하게 어떤 사람에 대해서 알려진 것들을 정리하는 언론인의 업무와는 같지 않다는 것을 의미한다. 그것은 범죄 행위 동안에 발생한 것들로부터 어떤 함축적인 것들을 유의하게 이끌어 낼 수 있는지를 규명해 내는 과학적 노력이다.

이러한 추리를 도출해 내는 것은, 모든 상황에서 모든 범죄자에게 적용할 수 있도록 잘 형성된 일반적인 원칙들이 없기 때문에 어떤 새로운 영역의 행동과학이 안고 있는 모든 도전과 강점 그리고 약점을 가지고 있다. 이는 어떤 물질의 속성들을 400년의 연구에서부터 확신을 가지고 도출해 낼 수 있는 물리학 같은 자연과학 분야와는 다르다.

수사심리학과 범죄자 프로파일링

범죄자 프로파일링에 대한 폭넓은 대중적 관심에도 불구하고, 범죄자에 대한 추리가 신뢰할 만하게 형성될 수 있는 방법을 정립하려는 첫 시도가 취해진 것은 21세기 들어와서이다. 개별적인 조언자들과 '프로파일러들'의 경험을 뛰어넘어서, 신뢰할 만한 추리 과정을 발전시키려는 과학적 탐구가 수사심리학이라는 새로운 분야를 생성하였다. 이어지는 내용들에서 우리가 살펴보게 될 것처럼, 프로파일링 과정이 진정한 과학적 연구 분야의 한 부분이라는 것을 인식함으로써, 심리학이 경찰 수사에 제공할 수 있는 폭넓은 기여들 속에 그 위치를 차지하고 있는 것을 확인할 수 있을 것이다.

따라서 비록 수사심리학 발전을 위한 원동력이 범죄자 프로파일을 도출해 내는 가능성에 의해 시작된 잠재성이었다 하더라도, 수사심리학을 '범죄자 프로파일링'과 동일시하는 것은 잘못된 것이다. 후자는 범죄자의 특성들에 대해 경험 있는 경찰관이 추측해 가는, 상대적으로 비정형화된 활동이며, 콴티코의 FBI 연수원에서 1980년대에 교육 과정으로서 전성기를 구가했던 것이다. 수사심리학은 범죄와 범죄자들을 이해하는 데에 도움을 주기 위해 매우 다양한 심리학적인 측면들에서 도출되었으며, 따라서 법 집행의 모든 분야에 기여하는 폭넓은 학문 분야이다.

요약

비록 '범죄자 프로파일링'이라는 용어가 인기 영화들과 〈CSI〉, 〈NYPD Blue〉, 〈Millennium〉, 〈Profiler〉, 〈Law and Order〉, 〈Missing without a Trace and Cracker〉 및 최근의 〈Fitz and Numb3rs〉, 〈Wire in the Blood〉 등과 같이 유명한 TV 드라마들을 통해서 가장 현저하게 대중의 관심을 끌었지만, 범죄 수사에 대해 정보에 근거한 조언을 제공하는 전문가의 활동은 성서 시대까지 거슬러 올라갈 수 있다. 이러한 조언은 필연적으로 범죄자와 그들의 행동에 대한 지식과 추정에 의존하여 왔다. 따라서 20세기 후반 체계적인 연구와 발전을 시작한 뚜렷한 활동영역으로서 '범죄자 프로파일링'의 출현은 오랫동안 형사들의 업무 수행에 있어서 진화되어 온 한 단계로서 가장 유용하게 이해된다. 이것은 완전하게 꽃핀 과학으로서의 수사심리학을 향한 길의 과도기적 단계이다.

실행된 범죄로부터 범죄자들에 대해 추리를 하는 것은 형사들이 항상 의존해 왔던 과학과 그 근원을 함께 한다. 그러나 물리학, 화학 및 생물학 발전의 핵심 맥락처럼 범죄자에 대한 심리학적 추리는 언제나 그 시대의 심리학 이론들에 의해 가장 크게 영향을 받아 왔다. 초기에는 검증되지 않은 추정과 미신적 믿음 이외에 이러한 추리에 대한 근거가 없었다. 뭔가 잘못된 짓을 저지른 사람과 관련되어 있을 것으로 믿게 하는, 겉으로 드러난 특성들로부터 그 행동을 저지른 사람을 확인하는 과정은 역사를 통해서 만연되어 왔으며, '마녀'사냥에서 절정에 달하여, 아직도 인종주의적 믿음과 여타의 고정관념 속에 살아 있다. 한 사람의 어떤 독특한 특성이 그 또는 그녀의 유죄를 지칭하는 것이라는 단순한 믿음은 다양한 유형들로 사람을 분류하려고 시도한 의학과 관련된 생물학 및 사회과학에서 연구가 진전되면서 변화하였다. 이러한 유형론들은 다양한 인간의 특성들 간의 연관성, 가장 현저하게는 머리 또는 신체 형태와 성격 간의 연관성에 대한 추론을 형성하기 위해 사용되었다. 각각의 사람들이 특정 유형에 해당될 수 있다는 제안은 어떤 유형의 사람이 특정 유형의 범죄를 범할 수 있을 것이라고 생각하도록 길을 열어 주었다. 이것이 잘 알려진 사람에 대한 기술에서 이미 생성된 것과 유사한 방식으로, 알려지지 않은 범죄자에 대한 윤곽을 묘사하도록 하였다. 이러한 프로파일이 20세기 중반부터 언론에서 일반적으로 사용하여 왔다.

수사관들은 언제나 범죄를 해결하고 법정에서 유죄를 입증하는 데에 도움을 받기위해 각 시대의 과학에 의존하여 왔다. 20세기를 통해 확산된 심리학 및 관련 행동과학들과 함께 형사들이 19세기에, 그리고 지금도 마찬가지로 화학과 의학 분야 전문가들에게 의존하는 것처럼 심리학 및 관련 분야의 전문가들의 의견과 접근법에 의존하기 시작하였다. 따라서 많은 가상의 이야기들에서 묘사하고 있는 것처럼, 프로파일러를 어떤 별다른 전문가 유형으로 추정하는 것은 잘못된 것이다. 프로파일링의 과정은 범죄 행동들과 경험들에 대한 어떤 통찰력을 보이는 사람들과 수사관들 간의 상호작용 속에서 존재하는 선구자들의 긴 역사 없이 갑자기 나타난 것은 아니다. 또한 경찰 업무의 많은 다른 분야에서의 발전과 동떨어져 출현한 것도 아니다. 사실 이어지는 내용들에서 자세히 언급하겠지만, '범죄자 프로파일링' 과정에 대한 발전적인 생각의 방식은 수사의 많은 분야의 체계화와 함께하였다.

사람들을 다양한 유형들에 지정하려는 초기의 시도에는―그것이 1500년대의 마녀사냥이든, 1900년대의 편집증적 성격이든 간에―많은 약점이 있었다. 이러한 약점들 중 일부는 의심할 바 없이 범죄자에 대한 현시대의 추측에 뿌리를 두고 있다. 그러나 가장 근본적인 약점은 모든 그 또는 그녀의 행동들을 어느 한 유형에 신뢰할 만하게 지정하는 것이 너무도 어렵다는 것이다. 게다가 특정한 현상을 유발하는 기제에 대한 이해를 구축하는 유사한 과정이 과학에는 언제나 있어 왔다. 이들은 흔히 '이론들' 또는 '모형들'로서 생각되며, 현대 심리학의 기반이다. 그러나 이들은 역시 망설임 속에 근원을 가지고 있으며, 특별하게 유익한 과학자들의 활동이 과거에 항상 있었던 것은 아니다. 이에 대해서는 다음 장에서 살펴보도록 한다.

추가로 읽을거리

서적

*The Malleus Maleficarum*은 www.malleusmaleficarum.org에서 이용 가능함

Mary Gibson과 Nicole Hahn Rafter가 번역한 Cesare Lombroso의 『범죄자(Criminal Man)』는 듀크 대학교 출판부에서 2006년 출간되어 구입 가능함(http://books.google.com/books)

Ellis, Havelock (1901) *The Criminal*은 Elibron Classic으로 이용 가능함

Canter, D. and Alison, L. (eds) (1997) *Criminal Detection and the Psychology of Crime*, Ashgate, Dartmouth.

Harcourt, B.E. (2007) *Against Prediction: Profiling, Policing and Punishment in an Actual Age,* University of Chicago Press, Chicago. (이 책의 선택이 의아할 것이지만, 이 책은 무엇이 단세포적인 범죄자 프로파일링에 의해 유발된 현시대의 마녀사냥으로 간주될 수 있는지를 살펴보고 있다.)

토론과 연구를 위한 질문

1. 무엇이 프로파일링이란 용어의 근원인가? 이 근원들이 범죄자 프로파일링에 대해 어떤 함의를 가지고 있는가?
2. 왜 범죄자 프로파일링 과정을 묘사하는 수많은 용어들이 있는가?
3. 왜 '기술(description)'이 범죄자 프로파일링에 있어서 그토록 핵심적인 단계인가?
4. 마녀의 프로파일에는 어떤 오류가 있는가? 오늘날에도 유사한 종류의 프로파일이 있는가?
5. 사람들의 모습에서 그들의 성격적 특성들을 말할 수 있는가?
6. 범죄자들이 그들의 모습에서 구분될 수 있다는 Lombroso의 주장에서 주요 약점들은 무엇인가?
7. 당신이 알고 있는 사람들 속에서 갈레노스(Galen)의 유형분류를 응용할 수 있는가?
8. 사람들을 하나의 또는 다른 유형에 지정하는 데에 문제점이 있는가?
9. 범죄자 유형에 대해 자신의 분류법을 제시할 수 있는가?
10. 왜 분류법이 프로파일링의 과학을 위해서 중요한가?

제3장

정보를 가진 형사의 등장

이 장에서는……

- 학습 목표
- 개요
- 의학적 기여
- 사실에서 허구로, 다시 사실로
- 연역법과 귀납법의 구분
- 역순 진단
- 연쇄 살인범
- 토막 살인범 잭
- 추측을 넘어서
- 요약
- 추가로 읽을거리
- 토론과 연구를 위한 질문

학습 목표

학습 목표

1. 능동적인 경찰 수사에 개인들이 더욱 기여할 수 있도록 이끌어 온 과학의 발전을 이해할 수 있다.

2. 가능성 있는 용의자에 대해 추론을 하고 그러한 추론들을 평가하는 몇 가지 사례를 제시할 수 있다.

3. 주요 문학작품 인물들이 기여한 부분의 가치에 대해 논의할 수 있다.

4. 연역법과 귀납법의 차이를 구분할 수 있다.

5. Conan Doyle과 Thomas Bond가 제공한 '토막 살인범 잭(Jack the Ripper)'의 프로파일에 대한 이론적 기초를 평가할 수 있다.

6. '역순 진단'이라는 용어가 의미하는 것에 대해 이해할 수 있다.

개요

19세기 전반에 걸쳐 진행된 과학의 급속한 발전은, 사법조직 밖에 위치한 많은 개인들이 경찰 수사에 기여할 수 있도록 이끌어 왔다. 그들은 대개 의사들이었으나 상상력이 풍부한 작가들, 특히 에드거 앨런 포(Edgar Allen Poe)와 아서 코난 도일(Arther Conan Doyle)도 포함되어 있었다. 이 조언자들은 범죄를 해결하고자 하는 수사관들을 지원해 줄 수 있는 범죄와 범죄자에 대한 여러 측면을 추론해 내기 위해서 범죄 세부사항에 대한 주의 깊은 고찰과 사람에 대한 그들의 지식을 이용하였다. 비록 그들이 경찰을 위해서 작성한 보고서들의 내용들이 당시 주요 범죄들의 해결로 이어지지는 않았지만, 20세기 프로파일링을 위한 기초를 마련하였으며, 결론적으로 현재의 수사심리학을 위한 길을 열어 놓았다.

의학적 기여

앞 장에서 우리는 범죄성에 대한 고찰 및 가능한 범죄자 식별에 적용되는, 개인적 다양성에 대한 연구들에서 도출된 체계적인 기술 및 분류의 일부 사례들을 보았으나, 이는 '범죄자 프로파일링'의 발전과 그로부터 시작된 수사심리학의 발전으로 이어지는 단지 하나의 길이었을 뿐이다. 똑같이 중요한 다른 길은 경찰 수사에 대한 창의적인 기여를 통한 것이었다.

이러한 기여는 제2장에서 우리가 다루었던 보다 넓은 범주화의 문제들보다는, 인간 행동에 대해 많이 생각한 사람들로부터 시작되었다. 이러한 활동을 위한 중심 추진력은 19세기에 이루어진 급속한 의학의 발전이었다. 의료인들은 그들의 학문을 과학에 기초한 것으로 보았으나, Lombroso 또는 Kretschmer와는 달리, 환자와 매우 직접적인 일상 접촉을 가지면서 기꺼이 개인의 현재 행동을 그들의 추론의 시작점으로 고려하려 하였다. 흥미롭게도, 소설에서 창의적 도약과 현실적인 활동들 사이에 상당한 상호작용—아직 우리와 함께하고 있는—이 있었다.

따라서 현재의 심리학적 기여로 이어지는 이 경로는 수사의 세 번째 요소와 범죄 행동 과학의 발전을 향한 한발 앞선 진전을 반영한다. 이는 관찰과 이들 관찰을 이해하는 데에 적합한 도움을 주는 범주화에 대한 지식으로부터 효율적인 추론을 만들어 내려는 시도이다. 이러한 추론들은 가능한 한 많이 과학적 증거에 기초하고 있어야 한다.

사실에서 허구로, 다시 사실로

보다 많은 정보에 기초한 범죄자 추리의 발전은 19세기 중반에 이루어진 범죄 수사의 괄목할 만한 발달과 함께한다. 빅토리아 여왕 재위 초기, 영국과 유럽의 수사관들은 미신과 편견에 의해 수사를 하였지만 현대에서는 논리와 사실을 훨씬 더 고려하여 수사하는 것으로 발전하였다. 그러나 과학 발전의 영역에서 흔한 경우처럼, 특히 범죄 수사에 대한 과학의 적용에 있어서 소설가들은 자신들의 작품의 소재가 되었다고 주장하는 현실 세계의 대상보다 앞서 나갔다. 1841년 여름, 메리 로저스(Mary Rogers)의 사체가 뉴욕 인근 허드슨강에 떠올랐다. 이는 명백한 살인이었고 피해자는 매력적인 젊은 여성이었기에 빠르게 나쁜 소문들이 돌았다. 이처럼 흥미로운 피해자와 잔인한 살인의 결합은 대중의 대단한 관심을 불러일으켰으며 많은 세세한 이야기들이 널리 보도되었다.

Edgar Allan Poe

젊은 작가 Edgar Allen Poe는 이 범죄에 푹 빠져서 신문기사들을 세밀하게 살펴보았다. 그는 자신의 작가적 상상력이 느릿느릿한 경찰이 해결하지 못하는 이 사건을 해결할 수 있다고 믿으면서, 파리에서 「메리 로제 미스터리」라는 제목의 글을 집필하였고, 몇 년 후에 그는 이 글을 쓴 의도를 명확히 하는 프롤로그를 덧붙였다.

> 젊은 여인, 메리 세실리아 로저스는 뉴욕 인근에서 살해당했다. 비록 그녀의 죽음이 강렬하고 오랜 흥밋거리를 유발하기는 했지만, 이것에 쏠려 있는 수수께끼는 이 글이 쓰이고 출판된 현재(1842년 11월)까지도 해결되지 않고 있다. 여기 파리 여점원의 운명에 대한 것으로 가장하여, 여타 부분은 단순히 비슷하겠지만, 중요한 부분은 실제 메리 로저스 살인 사건의 사실들을 매우 상세하게 따랐다. 따라서 가상 소설 위에 세워진 모든 주장들이 실제에 적용 가능하며, 진실에 대한 수사가 목적이었다.
> [Edgar Allan Poe의 『메리 로제 미스터리(The Mystery of Marie Roget)』(1850), http://eserver.org/poe/mystery_of_marie_roget.html, 2009년 5월 10일 자료]

비록 많은 부분에 있어서 실제 사건에 대한 책상머리 고민이기는 하지만, 그의 글이 최초의 현대 수사 소설로 인식된다는 것은 흥미로운 일이다. Poe는 살해 방법과 어떤 단서들이 발견되었는지 등에 대해 자세하게 살펴보면서 가설을 제시하고 이를 반박하거나 지지하는 증거들을 찾으려 하였다. 예를 들어, 피해자의 다양한 물건들이 어떻게 특정 위치에 놓이게 되었는지에 대해 경찰에서 광범위한 토론이 있었다. 경찰은 저항하던 중에 물건이 떨어졌다고 추정했지만, Poe는 이 물건들을 자세히 살펴보면 이와 같이 될 수 없다고 주장하고 있다.

> 그리고 이제, 소지품들이 상당히 인위적으로 정리되었음을 보라고 권유하고 싶소. 윗돌에는 페티코트(속치마)가, 두 번째에는 실크 스카프가 놓여 있고, 양산, 장갑 그리고 '메리 로제'라고 이름이 새겨진 주머니 손수건이 흩어져 있었소. 이것은 소지품들이 자연스럽게 놓여 있기를 바라는 과민하지 않은 사람에 의해 자연스럽게 만들어진 정돈일 뿐이오. 그러나 그것은 결코 자연스러운 정돈이 아니오. 땅 위에 놓여 발밑에 짓밟힌 것들을 보는 것이 낫겠소.

그는 공개된 모든 자료들을 살펴본 후, 경찰의 자살이라는 발표나 심지어 그녀가 사랑의 도피를 했고 사체는 그녀가 아니라는 제안을 비웃으며, 살인이 범죄조직에 의해 자행되었다고 결론을 맺었다. Poe는 매우 체계적인 상상력이 필연적인 결과를 이끌어 내는 범죄의 고찰로 이끈다는 것을 입증하고자 하였다. 경찰은 Poe가 사무실에 앉아서 그들을 능가하는 시도를 한 것에 불쾌해했으며, 그가 결코 경찰이 보유한 모든 세부사항에 접근하지는 못하였기 때문에 누가 범죄를 자행했느냐에 대한 그의 결론이 상당히 잘못되었다고 보는 일반적인 생각들이 놀라운 것은 아니다. 그러나 불행하게도 대중의 상상을 자극했던 많은 범죄들에서처럼, 메리 로저스 살인 사건은 해결되지 못하였으며, Poe의 추측들은 아직도 가능성으로 남아 있다.

범죄 현장에 대한 강도 높은 조사의 재현과 그로부터 결론을 도출하려는 시도에 있어서 중요한 것은 범죄를 수사하는 데 있어 훨씬 더 과학적이고 체계적인 접근의 출현이 생생한 추진력을 제공한다는 점이다. 목격자가 누구를 보았는지 알아내고 용의자를 고문해서 자백을 받아 내거나, 범죄자가 어떻게 생겼는지에 대한 일반적 견해를 만들어 내려 하기보다는, Poe는 사건의 사실에서부터 절차를 계획하고 가능한 한 그 사실들을 고수하려 하였다. 그는 자신의 예술적 감각으로 그 사실을 이해하려고 노력하였다. 그는 범죄자들의 행동 패턴에 대한 일부 지식을 이용하였으나, 이는 잘 정립된 사실이라기보다는 추측인 경우가 많았다. 예를 들어, '메리 로제 미스터리' 사건에서 비열한 범죄자가 손수건을 가지고 있었는지에 대한 흥미로운 토론이 있다. 그러나 많은 접근법상의 약점에도 불구하고, Poe가 범죄 수사에 대한 보다 과학적이고 체계적인 접근을 위한 토대를 마련한 것은 분명하였다.

Dr. Joseph Bell

Poe의 추리 소설은 다른 소설 작품들의 중요한 선구자가 되었다. 그에 못지않게 유명한 수사관의 이름을 묻는다면 가장 먼저 언급하게 될 이름으로 거장 아서 코난 도일(Arthur Conan Doyle) 경(sir)의 창작물인 셜록 홈즈(Sherlock Holmes)가 있다. 그러나 그의 능숙한 탐정은 완전히 소설적 창작은 아니었다. Conan Doyle이 말하고자 했던 것처럼, Holmes는 그가 19세기 중반 에든버러(Edinburgh)에서 의학을 공부할 때의 실제 교수인 Joseph Bell 박사를 모델로 하였다(Orel, 1991). 1882년 Bell 박사에게 보낸 편지에서, Conan Doyle은 다음과 같이 쓰고 있다.

> Sherlock Holmes는 당신을 모델로 한 것이 무엇보다 확실합니다. 모든 종류의 극적인 상황에 그(셜록 홈즈)를 세울 수 있는 이점이 있지만, 그의 분석 작업은 당신이 외래환자 병동에서 보여 준 결과에서 조금도 과장되지 않았다고 생각합니다.
>
> (Hall, 1983)

Joseph Bell 박사

교사이자 법정의 의학감정사이며 탁월한 외과 의사였던 Joseph Bell 박사는 간호사들을 위한 첫 교육 과정 중의 하나를 개설하기도 하였다(Liebow, 1982). 이러한 모든 전문가 활동에서, 그는 환자에게서 발견할 수 있는 것에 대한 주의 깊은 관찰의 결정적인 중요성을 강조하였으며, 이러한 관찰의 함축된 의미에 대한 고찰을 세분화하였다. 이러한 고찰은 질병과 세상사에 대한 그의 백과사전적 지식에 의해 가능하였다. 그것은 단지 관찰이 아니라 수년간 의사로서 취득한 그의 기억 속에 쌓인 정보였으며, 그가 보고 들은 것으로부터 그와 같은 강력한 결론을 이끌어 낼 수 있었다. 따라서 그는 젊은 Conan Doyle에게 세밀한 지식이 결합된 관찰이 범죄를 탐색할 때 훨씬 더 강력한 사고의 방식을 위한 기반이 될 수 있다는 것을 보여 줄 수 있었다.

우리가 기억해야 할 중요한 점은 Bell 박사는 지리, 방언, 은어, 말과 행동의 패턴 그리고 문신이나 다른 시각적 표시와 같은 정보들을 알고 있었기 때문에 환자의 질병에 대한 타당한 결론과 진단을 내리기 위해 그가 만나는 환자에 대한 관찰을 사용할 수 있었다는 점이다. 이는 흥미롭게도 Conan Doyle이 그의 회고록에서 보여 준 사례에 묘사되고 있다(Orel, 1991).

"그래, 자네는 군에서 복무를 했군."

"아 네, 그렇습니다."

"제대한 지 오래되지 않았군?"

"네, 그렇습니다."

"하일랜드 연대?"

"네, 그렇습니다."

"부사관이었고."

"네, 그렇습니다."

"바베이도스에 주둔했었군."

"네, 그렇습니다."

"남자를 보게." 그가 설명을 한다. "그 사람은 공손한 사람이지만, 모자를 벗지 않았어. 그들은 군대에 있지 않아. 하지만 퇴직한 지 오래되었다면 보통의 예절을 배웠을 거야. 그는 권위적인 느낌을 가지고 있고, 확실히 스코틀랜드 출신이야. 바베이도스에 대해서는, 그의 질병은 상피병(elephantiasis)인데 서인도 제도 질병이지, 영국은 아니야." 왓슨이 듣기에 이것은 매우 놀랄 만한 일이었지만, 설명을 다 들은 후에는 충분히 명료해졌다. 그러한 특징을 공부한 후에, 내가 차후에 스스로의 장점으로 사건들을 해결하는 과학적인 형사를 구상하려 할 때, 그의 방법들을 사용하고 확대하는 것은 놀라운 것이 아니었다.

(Hall, 1993: 79; Liebow, 1982: 132-3; Orel, 1991: 5-6)

Bell 박사가 군대에서의 행동 패턴과 영국 식민지들에 상피병이 유행한 것에 대한 지식을 가지고 있는 것에 주목해 보자. 그는 '권위적인 느낌'과 결합되어 환자가 보여 주는 정중함이 부사관 계급까지 올라간 군인이라는 점을 보여 주고 있다는 지적 도약을 하고 있다. 계속되는 질문들 또한 생각해 볼 가치가 있을 것이다. 만일 Bell 박사가 첫 번째 질문에 부정적인 답변을 들었다면, 그는 환자가 최근에 군대에서 퇴직했다는 추정을 낳은 다른 질문들을 뒤이어 하지 않았을 것이다.

다른 사례는 1956년 『란셋(Lancet)』*에 실린 논문에서 Emory Jones가 제시한다. Jones 역시 Bell 박사의 학생이었으며, 그가 구상할 수 있는 흥미로운 추리들을 기록해 두었다.

작은아이를 데리고 한 여인이 나타났다. 조이 벨이 "좋은 아침."이라고 말하자, 그녀도 인사를 하였다.

"번트아일랜드에서의 여행은 어땠어요?"

"좋았어요."

---

* 『The Lancet』 또는 『Lancet』: 1823년 Thomas Wakley가 창간한 영국의 의학 저널(역자 주)

"인버리스 로우로 올라가며 좋은 시간 보냈어요?"

"네."

"큰아이는 어떻게 한 거예요?"

"리스에 있는 여동생 집에 있어요."

"아직도 리놀륨 공장에서 일하고 있어요?"

"네, 그래요."

"보게나. 그녀가 내게 아침인사를 할 때, 난 그녀의 파이프(Fife*) 식 억양에 주목했다네. 그리고 자네도 알듯이 파이프에서 가장 가까운 지방이 번트아일랜드거든. 자네는 그녀의 신발 밑창 주변의 붉은색 진흙을 보았을 테고, 에딘버러 반경 20마일 내에서 그런 진흙은 식물원에만 있지. 인버리스 로우 거리가 식물원과 인접해 있고 리스에서 여기로 오는 가장 가까운 길이거든. 자네는 그녀가 들고 온 코트가 그녀와 함께 온 아이가 입기에는 너무 크다는 것을 봤을 테고, 그녀가 집에서 두 아이와 함께 나왔다는 것을 알 수 있었지. 끝으로 그녀가 오른손 손가락에 피부병을 가지고 있는데 그것은 번트아일랜드에 있는 리놀륨 공장 근로자들의 특징이지.   (Hall, 1983)

여기에서 다시, Bell 박사의 지역 지리와 토양 조건에 대한 지식이 그 지역에 있는 공장의 근로 조건과 연관된 질병에 대한 지식뿐만 아니라 그가 순간의 관찰에서 얻은 간단한 결론들과도 함께 연결된다.

Sherlock Holmes

Sherlock Holmes의 가상적 활동에서 예를 든 것들과 Bell 박사에 대한 일화들의 유사점들은 쉽게 눈에 띈다. 예를 들어, Holmes는 그의 조력자 왓슨(Watson) 박사와의 대화에서 다음과 같이 말한다.

두 사람을 관찰하자마자, "나이 든 군인, 내 생각에는……."이라고 셜록이 말했다. "그리고 아주 최근에 제대했어요." 형이 말했다. "인도에서 복무했군." "그리고 부사관으로." "왕실 기갑부대, 내가 보기에." "그리고 홀아비이고." 놀란 왓슨은 그가 이미 알고 있었다고 생각하면서, 그것들에 대해 설명을 요구했다. "확실해." 셜록이 말했다. "저런 태도, 권위적인 표현, 그리고 햇볕에 탄 피부 등을 보면 군인이고, 사병보단 높고, 인도에서 돌아온 지 얼마 되지 않았다는 것을 아는 게 어려운 일은 아니지."   (Liebow, 1982: 133)

---

* 파이프(Fife): 영국 스코틀랜드의 지방 주(州), 주도는 글렌로시스(Glenrothes)(역자 주)

Holmes의 추리는 항상 실제로 실현 가능한 것보다 다소 평범함을 넘어서서 조금 앞서가지만, Bell에 대한 일화가 보여 주는 추론을 하고 있다. 그럼에도 불구하고 이러한 사례들은 환자의 상태와 무슨 병을 앓고 있는지를 적절히 추리하는 데 있어서, 해부학과 의학에 대한 지식뿐만 아니라 일상적인 행동 패턴에 대한 지식과 환자에 대한 주의 깊은 관찰로 얻을 수 있는 가치를 보여 준다. 사실을 파악하고 이로부터 적절한 결론을 도출한다는 점을 강조하는 사례가 Sherlock Holmes의 유명한 대사 중 하나에서 멋지게 표현되어 있다.

> "이건 정말 오리무중이야." 내가 말했다. "그것이 무슨 뜻인지 자네는 알겠나?" "나도 아
> 직 자료는 없어. 자료를 갖기 전에 이론을 세우는 것은 결정적인 실수가 되지. 생각 없이 사
> 실에 맞는 이론 대신에 이론에 맞추기 위해 사실을 왜곡하는……."
>
> 『보헤미아의 스캔들(A Scandal in Bohemia)』(1891) 중에서

사실은 직접적인 관찰로부터 대부분 획득된다. 그래서 Sherlock Holmes와 Bell 박사는 흔히 '관찰의 달인'이라고 묘사된다. 그들이 무엇을 관찰했는지에 집중하게 되지만, 이는 그들이 관찰한 것에서 얻은 감각을 과소평가하는 일이다. Holmes가 자주 인용하는 "자네는 보지만, 관찰은 못해."(『보헤미아의 스캔들』에서)라는 말은 팔에 걸고 온 코트 또는 행동하는 방식이라는 단순한 사실에서 아이의 크기나 군인 경력에 대해 해석적인 관찰을 이끌어 내는 것과 같이, 보인 것에서 유출해 내는 감각을 실제로 강조하고 있다. 이것이 본 것을 관찰로 바꾸는 지식이며, 이해이다.

Conan Doyle에게 커다란 인상을 준 것은 바로 의사 교육에서 얻는 해부학, 생리학, 화학적 지식과 함께 과학적으로 기초한 의학의 출현이었으며, 그래서 그가 Sherlock Holmes를 쓰기 시작했을 때, 용감한 영웅 또는 초자연적인 힘을 가진 사람이 아니라 가능한 자료를 이용하는 과학자의 특성을 중심 성격으로 한 것이다. Sherlock Holmes는 몇 개의 단서나 여타의 것들로부터 의미를 도출해 낼 때마다 그의 친구이자 조력자인 Watson 박사에게 추리의 근간을 설명한다. Holmes가 도출해 낸 결론에는 항상 청자(Watson)를 명확하게 해 주는 논리(적어도 보기에는)가 있다. 논리를 명시하는 것이 무엇보다도 결론을 인상 깊게 하며 결론을 지지하도록 도움을 준다.

연역법과 귀납법의 구분

Holmes의 추론 과정은 범죄 수사에 대한 과학적 접근을 위한 기초를 제공한다. 이러한 접근이 어떻게 작용하는지를 이해하기 위해서는 앞 장에서 다룬 두 가지 다른 과정들, 즉 연역과 귀납에 대한 구분을 명확히 하는 것이 중요하다. 과학은 귀납적 추론들을 보충하기 위해 연역법을 사용하는데, 다음과 같이 작용한다.

"모든 검정 새들은 백조이다."라는 말을 생각해 보라. 만일 내가 지금 검정 새를 보고 있다면 그것이 백조라는 것은 논리적 연역이다. 그러나 나의 처음 명제가 잘못되어서 백조가 아닌 많은 검정 새들이 있다면, 나의 연역은 또한 틀린 것이다. 첫 명제에 잘못이 있을 때 내가 보고 있는 검정 새가 백조라는 연역은 단지 추측일 뿐이다. 백조에 해당하는 검정 새의 비율과 실제로 백조의 독특한 특색인 다른 특성들을 아는 것이 귀납적 과정의 기초이다. 이 책에서 귀납법은 항상 세부적인 사실들로부터 일반적인 원리를 추론해 내는 것으로 정의된다. 다시 말해서, 백조에 대해 알려진 많은 사실을 살펴봄으로써 또는 범죄적 맥락에서 특정 형태의 범죄를 저지른 범죄자들을 살펴봄으로써(실증적 연구의 과정), 몇 가지 일반적 원리들이 형성될 수 있으며, 이것이 나타나는 여러 새로운 사건, 즉 새로운 범죄에 대한 추리를 위해 사용될 수 있다.

Joseph Bell 박사는 진단하면서 주목해야 하는 핵심 증상들을 그의 학생들에게 주의시킬 때, 이러한 귀납적 논리의 사용을 보여 주고 있다. 관찰과 주의 깊은 기술은 중요한 시작점이지만, 어떤 과정이 관찰된 사실들을 도출했는지 그리고 진행 중인 이러한 과정들을 보여 주는 경험적 증거가 없다면, 단순한 연역 자체는 마녀 추적자의 오류로, 또는 Lombroso와 Kretschmer와 같은 잘못된 과학으로 이끌 수 있다.

역순 진단

Conan Doyle은 또한 범죄자 프로파일링의 도출에 중요한 상상적 도약을 제공하였다. Bell 박사는 히틀러의 프로파일을 작성한 Langer 박사처럼 그가 결론을 도출하고자 하는 대상이 어떤 사람인지를 알고 있다. 환자가 자신 앞에 서 있고 질문에 답할 수 있으며 신발에 묻은 진흙이나 표현 방식에 의해 정보를 드러내고 있다. Langer는 히틀러를 만난 많은 사람들을 인터뷰하였다. 이들이 진단하고 있는 사람은 현존하고 있었으며, 추리는 사람에서부터 그들의 행동까지였다.

Sherlock Holmes는 실제로 역순 진단을 내리곤 하였다. 그는 자신의 앞에 있는 범죄자에게 만족하지 않았다. 실제 상황처럼, Conan Doyle의 가상세계에서 활용 가능한 모든 것은 범죄자가 남겨 놓은 단서들이다. 그는 이러한 행동을 한 사람에 대한 관점을 형성하기 위해서 범죄 당시의 행동과 흔적으로부터 역순 방향으로 추적해야 했다. 그는 Bell 박사보다 인상적인 무엇인가를 하는 것이 필요하였으며, 범죄자의 중요한 특성을 제공하기 위해서는 범죄 현장에 남겨진 흔적으로부터 추적하기 위해 범죄와 범죄자에 대한 그의 지식과 이해를 이용해야 했다. 이것은 질병에 대해 알고 있으면서, 누가 고통을 겪게 될 것인가를 역순 진단하는 것과 같다.

그러므로 모든 과학적인 범죄 수사에서 하나의 중요한 과정은, 그리고 수사심리학의 발전에서 핵심적인 단계는 범죄자에 대해 현재 알려져 있는 것을 숙고하고, 경찰 수사와의 관련성에 대해 경험에 기반한 연역을 해 나가기 위해 그 지식을 사용하는 것이다. 아마도 Conan Doyle이 Sherlock Holmes 이야기를 집필하던 시기인 19세기의 의학과 관련된 자연과학의 발전을 감안한다면, Bell 박사와 Conan Doyle과 같은 일부 의학자들이 우리가 지금에 와서 '범죄자 프로파일링'의 첫 서광으로 인식하는 형태로 경찰 수사에 지침을 제공하기 시작했던 것이다.

실제 수사에 미친 Conan Doyle의 공헌에 대한 고찰에서, Costello(1991)는 작가가 충고한 적어도 28가지의 사례들을 확인하였다. 재미있는 하나의 사례는 Conan Doyle이 한 남자가 전처와 후처를 연속해서 살해했다고 생각한다며 경찰에게 연락한 것이었다. Conan Doyle은 후처의 사망 이후 남편의 실종에 특히 흥미를 가지고 있었는데, 런던 경찰국에 다음과 같이 글을 보냈다. "그를 추적하는 일에 인력을 좀 더 배치하면 어떨까요? 만약 이들의 죽음이 단순한 우연의 일치가 아니라면, 이 사건은 끝나지 않은 것입니다. ……상상할 수 없이 무자비한, 부모에게 잡아먹힐까 봐 도망친 강꼬치고기(pike)만큼이나 탐욕스러운 인간이라는 생물을, 당신은 다루어야 할 것입니다."(1991: 41) 경찰이 이처럼 우아하게 쓰인 충고에 관심을 가졌는지에 대해서는 기록이 없다.

연쇄 살인범

연쇄 살인이 한 범죄자와 연결되어 있을 때, 특히 이 범죄자가 피해자와 사전에 접촉이 있었다는 점이 나타나지 않아 '낯선 사람에 의한 살인'으로 간주된다면, 대중의 큰 걱정과 관심이 쏠리게 되고 결론적으로 범인을 신속하게 찾아내기 위해 할 수 있는 모든 것을 다 하도록(그리고 할 수 있는 것을 다하는 것으로 보이도록) 경찰은 큰 압박을 받게 된다. 이것이 바로 수사관들이 범죄자 행동에 대해 특별한 지식을 가진 사람들로부터 조언을 기대하고 제공받는 경우이다. 그러므로 이런 수사 과정에 범죄자 프로파일러를 초치하는 것이 일반적으로 놀라운 일은 아니다.

연쇄 살인범에 대한 이러한 관심과 흥미는 연쇄 살인범을 찾는 많은 대중 영화에 의해 널리 묘사되어 왔다. 〈Silence of the Lambs〉〈Copycat〉〈Taking Lives〉〈Murder by Numbers〉〈Along Came A Spider〉〈Kiss the Girls〉〈The Bone Collector〉〈Kalifornia〉〈Seven〉 그리고 이외의 많은 영화들이 모두 이러한 내용들을 보여 주고 있다. 이들은 거의 예외 없이 줄거리의 기본으로서 '범죄자 프로파일'을 사용하고 있다. Canter(2004a)가 지적한 것처럼, 연쇄 살인범에 대해서 가지는 매력은 아마도 무작위로 누군가를 선택할 수 있는 파괴적인 인간에 대한 개념에 의해 유발되는 불안과 어느 정도 관련이 있다(다음 장에서 보듯이 실제 연쇄 살인범과는 다르지만). 사람들은 이러한 불안을 허구 이야기들의 탐구를 통해서 다루려 한다. 그러나 살인의 극적인 힘과 줄거리 전개를 지속하는 데에 나타나는 의미들이 과소평가되어서는 안 된다. Shakespeare의 햄릿(Hamlet) 마지막에 무대에는 몇 구의 시체가 남아 있는가? 그의 희곡 『맥베스(Macbeth)』에서는 몇 명이나 되는 사람이 죽임을 당하는가?

널리 읽히는 신문이 있는 한, 현실에서도 역시 연쇄 살인범들이 주요 기사를 장식하며, 그들을 추적하기 위해 많은 노력을 한다. 피해자와 용의자 사이에 뭔가 알려진 관련이 있을 것 같은 유사한 수의 단독 살인들에 들이는 노력을 훨씬 넘어선다. 이러한 흥미와 관심은 매우 많은 연쇄 살인 사건들에 잘 기록되어 있지만, 현대의 첫 연쇄 살인범으로 간주되는, '토막 살인범 잭(Jack the Ripper)'으로 알려진 사건보다 더한 것은 없다. 1888년, 런던의 화이트채플(Whitechapel) 지역에서 다섯 또는 그 이상의 여성을 살해한 이 범인—아직도 알려지지 않은—의 가능한 특성에 대해 경찰에게 조언한 많은 사람들의 기록이 있다. 이들 중에는 Conan Doyle도 포함되지만, 당시의 주도적인 응용 인간 과학이 의학이었기 때문에 대체로 이 조연자들은 법원을 위해 때때로 부검 시술에 참여했던 의학자들이었다. 그들은 수사에서, Sherlock Holmes 혹은 가상의 프로파일러들과 같은, 통합된 역할을 가지고 있지 못했다. 수사 활동 자체도 오늘날 당연한 것으로 생각되는 과학적인 지원이 결여되었기 때문에 훨씬 미흡했다. 따라서 그들이 이러한 일에 사용한 지적인 접근은 실제 수사에서 성공하는 경우가 부족했음에도 불구하고, 가치는 인정되어야 한다.

토막 살인범 잭

1888년 8월 31일에서 11월 9일 사이에 적어도 5명의 여성이 매우 비상식적인 그러나 유사한 방식으로 살해당하였다. 대도시에서 많은 연약한 여성 피해자들을 짧은 시간 동안에 살해한 살인범은 오늘날과 같이 큰 뉴스거리였다. 특히 피해자들의 시신이 훼손되어 있었기 때문에 범인은 '토막 살인범 잭'이라는 별명이 붙게 된다. 문맹률의 급속한 감소는 보다 많은 사람들이 신문을 사고 있다는 것을 의미했으며, 대중 시장을 겨냥한 출판물들은 판매에 도움이 될 이야기들을 찾아 서로 경쟁하였다. 따라서 지금은 연쇄 살인범으로 인정되는 자가 런던 중심가에서 여성들을 살해하려 마음대로 돌아다닌다는 것이 명확해졌을 때, 대중의 흥미를 부추기는 글들과 추측들이 더욱 과잉되게 나돌게 되었다. 살인범이 결코 체포되지 않았다는 사실로 인해 사건에 대한 수백 권의 책, 그리고 셀 수 없이 많은 영화들과 함께 오늘날까지 이 범죄가 생생히 전해지고 있다. 이는 또 미해결 살인 사건들에 대한 수많은 수사의 동기를 제공하면서 수사관들의 관심을 끌어 왔다(가장 최근에 Keppel et al., 2005). 이 수사에 도움을 주기 위해 아마도 처음으로 기록된 범죄자 프로파일이 만들어졌기 때문에 토막 살인범 잭에 대한 추적과 초기 프로파일 간의 연결고리에는 어떤 시적인 정의가 있다.

Conan Doyle의 토막 살인범 잭 프로파일

Sherlock Holmes 이야기의 작가는 토막 살인범 추적에서 제외되기를 원하지 않았으며, Costello(1991)와 Orel(1991)에 따르면, 그는 범인의 특성을 다음과 같이 추측하였다.

- 미국에 가 본 적이 있다.
- 그는 교육을 받았으며, 싸구려 노동자는 아니다.
- 그는 글을 쓰는 데 익숙하다.
- 외과 수술에 대해 약간의 지식이 있을 것이다.
- 아마도 의심을 사지 않고 여성에게 접근하고 도주 시 추적을 피하기 위해서 여성처럼 옷을 입을 것이다.
- 그의 이름이 적힌 편지나 그를 추적할 수 있는 서류들이 있을 것이다.
- 경찰에 보낸 편지에 손으로 쓴 부분의 복사본이 신문에 공개되어야 한다. 그러면 누군가 글씨체를 알아볼 수 있을 것이다.

우리는 이 추정에 대한 근거를 가지고 있지는 않지만, 유명한 작가가 그가 여자처럼 옷을 입었을 것이라고 주장함으로써 탐정 소설에 쓸모 있는, 범죄자를 위한 영특한 속임수를 만들어 낼 준비가 되었다는 점이 특히나 흥미롭다. 또한 그는 일반 대중의 협조를 구하기 위해, 오늘날 많은 나라들에서 경찰의 표준 실행 방법으로 쓰이는 대중 매체를 이용하여 범죄자를 식별하는 방법을 경찰에게 충고하고자 하였다. 그가 언급한 편지들은 분명히 살인자가 경찰을 조롱하기 위해 보낸 것이었다. 흥미롭게도 그것들은 영국 북부, 런던에서 200마일 떨어진 곳에서 발송된 것이었으며, Canter(2004)가 언급한 중요 용의자들 중 한 명이 편지를 보낸 장소 근처인 리버풀(Liverpool)에 살고 있었다. 따라서 Conan Doyle의 제안은 확실히 일부분 성공 가능성을 가지고 있었다.

Thomas Bond 박사의 토막 살인범 잭 프로파일

그러나 또 다른 저명한 의학자 Thomas Bond는 토막 살인범 잭에 대해 보다 통찰력 있는 프로파일을 제공하고 있는데, 아마도 가장 초기에 알려진 살인범 프로파일로 간주될 수 있을 것이다. 이러한 추측들은 1990년대 말에 공개된 영국 내무성의 자료, '런던 화이트채플 지역의 토막살인 사건에서의 런던 경찰'과 함께 대중에게 알려지게 되었다. 이 자료들에서 경찰과 함께 다양한 법적 역할들, 특히 검시관으로서 활동했던 의사에 의해 편지가 발견되었는데, 이 편지는 1888년 11월 14일 소인이 찍혀 있으며, 아마도 화이트채플 살인자의 다섯 번째 피해자인 메리 제인 켈리(Mary Jane Kelly)가 살해된 다음으로 보인다.

Bond 박사는 켈리 살해 현장을 방문하였으며, 종국적으로는 그녀에 대한 부검을 시행하였다. 그는 또한 동일인에 의해 살해당한 것으로 판단되는 네 명의 다른 피해자들에 대한 조사 보고서를 볼 수 있었다. 이 정보에서 그는 범죄와 살인범의 가장 가능성 있는 특징들에 대해 다음과 같이 추측하였다.

살인범은 신체적으로 강건하며, 냉정하고 겁이 없는 자임에 틀림없다. 공범이 있었다는 증거는 어디에도 없다. 내 생각에 그는 살인적, 호색적 광기의 주기적인 공격성에 사로잡힌 사람임에 틀림없다. 사지 절단의 특성은 사람이 성적인 조건, 음란증(satyriasis)으로 불리는 상황에 있다는 것을 보여 준다. 물론, 살인 충동이 보복적 또는 음울한 심리 조건에서 발전되었거나 종교적 광기가 근본적인 질병이었을 가능성이 있으나, 난 이 중 어느 한 가정이 가능하다고 보지 않는다. 외형에서 살인범은 말이 없는 온순한 사람으로, 중년 나이에 깔끔하고 점잖게 옷을 입는 사람일 가능성이 크다. 난 그가 망토나 코트를 입는 습관이 있으며, 손이나 옷에 묻은 피가 보인다면 거리에서 시선을 피하기 어려울 것이라 생각한다.

살인범이 내가 묘사한 것과 일치하는 사람이라면, 그는 고독하고, 기이한 습벽을 가지고 있을 것이며, 정규 직업 없이 적은 수입이나 연금 같은 것에 의지하는 사람일 것 같다. 아마도 그의 성격과 습관을 조금은 알고, 그의 심리가 올바르지 않다고 의심을 하고 있는 점잖은 사람들과 살고 있을 것이다. 그러한 사람들은 망설임을 극복할 만한 보상이 있지 않다면, 아마도 귀찮은 일이나 악평이 두려워 경찰에게 의혹을 통보하려 하지 않을 것이다.

(Rumbelow, 1987: 140-141에서 인용)

이것은 아마도 범죄의 본질에서 도출된 범죄자의 특성에 대한 첫 기록일 것이다. 비록 1세기 전에 기록된 것이지만, 오늘날 작성된 것처럼 아직도 쉽게 이해될 정도로 '프로파일'의 모든 구성요소들을 포함하고 있다. 사실 오늘날 일정 형태의 '성격 장애(personality disorder)'(예, Blackburn, 1993 참조)의 진단에 포함되는 음란증과 성적 광기와 같은 진단적 범주를 제외하고는, Bond 박사에 의해 제공된 묘사들은 지난 몇 년간 작성된 많은 성적 살인범들에 대한 프로파일에서 발견되는 것과 매우 유사하다(예, Ressler, Burgess, and Douglas, 1988을 보라).

더욱이 많은 사람들이 지적한 것처럼(예, Blau, 1994), Conan Doyle의 탐정 소설은 경찰 외부에서 수사에 도움을 주는 전문가의 가능성에 많은 영향을 주었다. Blau(1994)는 현대 프로파일에서 발견된 몇 가지 특징들이 Sherlock Holmes에 의해 처음 기록되었는데, '범죄자는 범죄 현장에 돌아온다.'와 같은 것이라고 말한다. 확실히 1970년대 초반, 수사관들에게 범죄자에 대한 심리학적 충고의 제공은 다음 장들에서 보게 될 미국(Reiser, 1982)과 영국(Canter, 1994)에서는 일반적이었다.

Bond 박사의 범죄 현장과 관련 자료들에 대한 분석은, 초기 수사관들이 관찰 단계에서 기소의 단계로 도약할 만한 정보에 근거하지 못하였던 한계를 넘어서게 하였기 때문에 범죄자 프로파일링의 발전에 중요한 이정표라 할 수 있다. 이 보고서는 광범위한 유형으로 사람들을 분류하려는 초기에 시도된 것들이 가진 부정확한 일반화와는 달리, 범죄에만 특정된 것이었다. 그러나 그는 음란증, 즉 '남성에게 있어서 과잉되고, 비정상적이거나 통제 불가능한 성적 행동, 욕구 그리고 흥분상태'로 정의될 수 있는 것에 대해 그 시대의 의학적 분류법에 따라 설명하려 하였다. 그러나 만일 토막 살인범이 사지 절단에서 성적으로 흥분되는 것으로 느낀다고 생각하지 않았다면, 공격의 목적이 피해자를 사지 절단하는 것이라는 Bond 박사의 주장에 별다른 변수가 없었을 것이다.

Bond 박사의 제안은 또 다른 기여도 하고 있다. Bond 박사가 하고 있는 것의 일부분은 직접적인 관찰에서 도출할 수 있는 범죄 정황에 대한 명확하고 중요한 설명을 준비하는 것이다. 이는 아마도 수사에서 이후에 많은 방식으로 사용될 것이며, 오늘날에도 범죄를 고찰하는 우리에게 도움을 준다. 그러나 그는 또한 어떻게 범죄자가 경계심을 유발하지 않으면서 피해자에게 접근을 하고 눈에 띄지 않게 도주할 수 있는가를 생각하고 있다. 상처들을 관찰하고 공격 특질을 고찰함으로써 그는 범죄자의 성격에 대한 관점을 형성하였다. 그러나 그는 무엇이 알려져 있고 관찰 가능한가를 기술할 때, 그리고 사실을 넘어서서 추측을할 때에 명확하게 하려고 주의를 기울였다. (이것이 경찰에게 조언하는 많은 사람이 오늘날 배울 수 있는 훌륭한 과학적 실행에 대해 주목하는 것이다.)

추측을 넘어서

Edgar Allan Poe는 1841년 초 범죄의 세부적인 것들에 조심스럽게 주목하는 것이 다른 곤혹스러운 사건들을 이해하는 데에 수사관들에게 도움을 줄 수 있다는 것을 보여 주었다. 이로부터 47년이 지난 토막 살인범 잭 시점에서, Thomas Bond와 같은 의학자들이 잔혹한 살인 사건 이후 수일 내에 범인의 특성에 대해서 정보에 근거한 의견을 기꺼이 제공하였다. 그들은 Conan Doyle의 위대한 탐정, Sherlock Holmes에게 너무도 잘 투영된 통찰력을 반영하고 있다. (Sherlock Holmes의) 돋보기가 오늘날까지 세부적인 것에 대한 주목의 중요성을 보여 주는, 형사 업무를 대표하고 있는 것은 우연이 아니다.

19세기와 20세기 초에 나타나기 시작한 것은, 비록 Bell 박사처럼 범상치 않은 사람의 현명한 추리에도 불구하고 내포하고 있는 의미를 결코 직접적으로 보여 주지 않는 많은 사실들이 있다는 깨달음이다. 경찰에게 조언을 희망하는 전문가들은 현명한 추론만으로는 충분하지 않다는 것을 알게 되었다. 몇 가지의 귀납 과정들이 필요하며, 그에 따라 많은 사례들의 결론들이 새로이 발생하는 사건들에 적용될 수 있는 일반적 원칙들을 제공하도록 정제되어야 한다. 이러한 원칙들의 정립은 상상한 것이 아니라 실제 범죄자들과 그들의 행동에 대한 지식에 기초되어야 한다. 보다 완전하게 범죄자들을 이해하려는 이와 같은 노력이 수사를 발전시키는 또 다른 구성요인이다.

요약

토막 살인범 잭의 추적을 도와주기 위해 Thomas Bond 박사가 작성한 세부적인 보고서는 범죄 중에 발생했다고 그가 생각하는 것, 그리고 경찰이 범인을 발견하는 데에 도움을 주는 범죄자의 특성이라고 생각하는 것들에 대한 것으로, 체계적인 설명을 제공하기 위해서 범죄 현장에서 수집한 자료들과 부검 자료를 가지고 의사가 어떻게 기여할 수 있는가를 완벽하게 보여 주고 있다. 결론적으로, 이 보고서는 범죄에 대한 세부 정보와 인간 행동에 대한 지식에 주로 기초할 수 있는 추리 간에 존재하는 상호작용을 보여 주고 있다. 행동과학이 발전하는 단계에서는 추리가 추측과 거의 같은 수준이었지만, 이러한 전문적 기여들의 힘에 대한 믿음이 증가하는 단계였다. 정보에 기초한 연역의 힘에 대한 믿음에 큰 자극을 준 것은 범죄 소설, 그중에서도 가장 두드러진 것이 Sherlock Holmes였다. 그러나 법집행기관에 대한 행동과학의 기여가 보다 생산적으로 발전하기 위해서는 범죄자들과 그들의 행동들에 대한 보다 더 세부적인 이해가 필요하다.

🗁 추가로 읽을거리

서적

Arthur Conan Doyle의 『셜록 홈즈의 모험(The Adventure of Sherlock Holmes)』은 많은 구성에서 대단히 유용하다.

토막 살인범 잭에 대해서는 Donald Rumbelow의 저서를 참고할 것

Summercale, K. (2008) *The Suspicious of Mr. Whicher*, Bloomsbury, London은 현대 형사 업무의 출현에 대해 읽기 좋은 책이다.

논문

Gross, H. (1997/1962) Certain qualities essential to an investigator, in *Criminal Detection and the Psychology of Crime* (eds. D. Canter and L. Alison), Ashgate, Dartmouth, 5-10.

🖉 토론과 연구를 위한 질문

1. Edgar Allan Poe는 왜 가상 이야기를 쓰는 것처럼 Mary Rogers 살인사건에 대해 글을 썼다고 생각하는가?

2. Sherlock Holmes 이야기를 읽어 보라(『A Scandal in Bohemia』가 활용하기에 좋음).
   (a) Holmes가 사용한 중심 연역법을 확인해 보자
   (b) Holmes가 이러한 연역을 구상해 내는 근거는 무엇인가?
   (c) Holmes가 가지고 있는 특별한 지식의 근거는 얼마나 되는가?
   (d) 그중에 순수한 논리는 얼마나 되는가?
   (e) Holmes의 연역은 어떤 조건하에서 잘못될 수 있는가?

3. 현대 과학의 어떤 발전이 Holmes에게 도움이 되었는가?

4. Bell 박사와 Sherlock Holmes의 인용문들을 읽고, 그들이 관찰한 것에 대해 어떤 다른 해석이 이루어질 수 있는지를 생각해 보라.

5. 토막 살인범 잭에 대한 프로파일을 발전시키기 위해 Thomas Bond 박사가 이끌어 내고 있는 폭력적인 범죄 행동의 과정은 무엇인가?

6. Bond 박사와 Conan Doyle의 토막 살인범 잭에 대한 프로파일 간에 있는 유사점과 차이점은 무엇인가? 왜 이러한 유사점과 차이점이 있다고 생각하는가?

제4장

프로파일링의 시대와 수사심리학을 향한 길*

> 유명한 과학자가 연구실에서 학생에게 소리쳤다. "자네 여기에서 뭐하고 있는 거지? 자네는
> 아무것도 몰라. 아무것도 이해하지 못하고 아무것도 하는 것이 없어. 자네는 변호사가 되는 게 낫
> 겠어."
>
> (S. Goldschmidt, *Rechtestudium und Prüfungsordnung*, 1887)

이 장에서는……

- 학습 목표
- 개요
- 범죄 행위의 이해
- 수사 조언의 출현
- FBI 행동과학부
- 수사심리학의 출현
- 요약
- 추가로 읽을거리
- 토론과 연구를 위한 질문

* 이 장과 앞 장들에 나온 다양한 프로파일에서 제시된 특성들의 목록은 Welch와 Keppel(2006)이 제공한 훌륭한 요약에 크게 의존하고 있다.

학습 목표

|||||||||||||||||||||||||||||||||||||||||||||||||||||||||||||||||||||||||||||||||||||||||||||||||||||||||||||||||||||||

1. 수사심리학의 발전을 이끌고 있는 주요 연구 영역들에 대해 논의할 수 있다.

2. Vidocq와 Gross와 같은 학자들이 정보에 근거한 탐색의 발전에 기여한 부분을 평가할 수 있다.

3. 20세기 초반 범죄학자들과 범죄심리학자들의 주요 업적의 일부를 기술할 수 있다.

4. 피터 쿠르텐(Peter Kurten)이 제공한 '미친 폭파범'과 '보스턴 교살자' 프로파일을 평가할 수 있다.

5. 학문 자체로서의 수사심리학의 출현에 있어서 주요 단계들을 파악할 수 있다.

6. '할리우드 효과'가 의미하는 것이 무엇인지 이해할 수 있다.

개요

앞선 내용들에서 살펴본 행동과학(behavioural science)의 발전 및 수사관들의 증가하는 정교함과 함께 범죄자들과 그들의 행동을 직접적으로 연구하는 것이 큰 가치가 있다는 인식도 증가하였다. 이는 어떤 경우(특히 Vidocq의 경우)에는 수사관 자신들이 범죄자였기 때문에 범죄자였을 때의 경험에서부터 나온 것이다. 이러한 실제적 활용은 제11장에 FBI가 사기 사건 수사에 도움을 줄 수 있는 사기꾼을 채용한 것에 대해 기술하고 있는 것처럼 오늘날에도 계속되고 있다. 이는 수사관들이 직접적으로 조언을 구하는 길을 열었으며, 특히 '뒤셀도르프 흡혈귀(Dusseldorf Vampire)' 혹은 '보스턴 교살자(Boston Strangler)' 사건처럼 기묘한 사안들에서 활용되었다.

애초에 매우 이례적인 사건들에 대한 관심은 정신의학으로부터 시작되었으며, 범죄 행동에 대한 정신분석적 해석에 매우 강한 흥미를 보여 왔다. 이 초기 '프로파일들'은 커다란 대중적 관심을 받았지만, 살인자를 검거하는 데에 있어서 그들의 역할을 자세히 살펴보면 그 영향은 매우 제한적이었다. 아마도 범죄 행동에 대한 보다 체계적인 고찰의 기초를 마련했다는 점과 FBI 행동과학부를 배출한 콴티코의 FBI 교육원에 개설된 훈련 과정의 발전에 용기를 주었다는 점이 장기적으로 의미를 부여할 수 있는 것들일 것이다.

이 부서에 대한 전 세계적 관심은 그들의 업무에 대한 가상적 이야기들에 의해 크게 부풀려진 것이다. 이것이 런던 경찰국이 런던에서 발생한 연쇄 강간 살인에 대한 핵심 수사에서 심리학 교수 David Canter의 도움을 구하도록 하였으며, 경찰이 이 사건 수사에 대한 Canter 교수의 성공적 기여에 대해 보도한 것이 수사심리학이라는 새로운 분야의 발전을 위한 기반이 되었다고 할 수 있다.

범죄 행위의 이해

범죄의 세세한 점을 관찰하고 일반적인 상식에서 구체적 내용을 추론하는 것은 수사에 도움이 될 수 있다. 이는 특히 현재의 다양한 범죄자들에 대해 효과적으로 이해하게 되는 정보를 가지고 있다면 말이다. 그러나 성공적인 연역적 추론에 핵심적인 추가 과정이 있다. 범죄자들과 그들의 행동에 대한 깊이 있는 지식을 발전시키는 것이다. 실제 범죄자들에 대한 상세한 연구 과정은 앞 장들에서 탐구된 여타의 다소 거리가 있는 생각들과 함께 발전되어 왔다.

이단자를 체포하는 방법과 같이 범죄자들과 그들의 책략에 대한 지식을 사용하는 것은 적어도 성서의 외경(the Apocrypha of the Bible)으로까지 거슬러 갈 수 있다. 선지자 다니엘 (Prophet Daniel)이 벨(Bel)의 사제들이 그들의 신이 봉인된 신전에 남겨진 제물을 실제로 먹고 있다고 믿도록 고레스(Cyrus)* 왕을 기망하는 것을 어떻게 보여 주는지에 대한 이야기가 있다. 이것은 아마도 최초로 기록된 탐정 이야기로서, 다니엘이 거짓 사제들이 저지르고 있는 계략을 알고 있었음을 보여 준다. 신전이 밤에는 닫혀 있었지만, 다니엘은 사제들이 아침이면 신기하게도 사라지는 음식에 접근할 수 있는 숨겨진 길이 있다는 것을 알았다. 그래서 그는 밤에 신전이 닫히기 전에 비밀리에 신전 바닥에 재를 흩어 놓았고, 아침에 재 위에 남겨진 발자국들이 신전으로 통하는 숨겨진 길을 알려 주었다.

다니엘은 그가 사제들의 기망 행위에 대한 확실한 증거를 가지고 있을 경우에만 오직 고레스 왕을 납득시킬 것임을 알고 있었다. 그는 범죄자들이 그들의 범죄를 어떻게 범하는지에 대한 이해로부터 도출한 가설을 발전시켜야 했으며, 재를 흩어 놓음으로써 이 가설들을 시험하기 위한 준비를 하였다. 여기에서 우리에게 핵심적인 것은 다니엘이 사제들의 불법 행동들에 대해 어느 정도의 지식 또는 이해를 가지고 있었다는 점이다. 이 지식이 그가 단순한 의혹을 넘어서고 미신과 우상 숭배에 도전하려는 일반적 욕구를 초월할 수 있도록 하였다. 이 지식이 그가 사라진 제물에서 관찰된 사실들을 넘어서 사제들이 분명히 무엇인가 하고 있다는 것에 대해 어떤 생각을 발전시킬 수 있도록 하였다.

이것을 달리 보면, 범죄 과정에 대한 경험이 다니엘로 하여금 그가 관찰한 것에 대해 추리를 할 수 있도록 하였다. 또한 그가 다루고 있는 사람들이 아마도 '기망하는 사제들'의 범주로부터 끌어낸 자들이라는 개념에 의존하였지만, 관찰과 범주화만으로 그가 행동 계획을 세울 수 있게 하는 강력한 추리를 가능하게 하는 것은 아니다. 중요한 것은 범죄 과정에 대한 그의 이해였다. 이러한 범죄자들과 그들의 행동에 대한 이해가 항상 형사 업무의 의미 있는 부분이었으며, 형사들이 범죄를 수사하는 시간 동안 쌓아 온 경험의 핵심이다. 그러므로 이것이 형사들이 행동과학에서 얻을 수 있는 어떤 조력에 있어서 중심적인 역할을 하였으나, 어떻게 범죄가 범해지는지에 대해서 한 형사가 다른 형사에게 전달해 주는 일화의 수준을 넘어서게 된 것은 최근의 일이다. 이러한 체계화가 가능해지기 전에는, 수사 과정에 제공할 것을 가장 많이 가지고 있는 사람은 바로 범죄에 대한 경험이 가장 많은 형사였다. 따라서 초기의 일부 해박한 형사들이 한때는 범죄자들이었다는 사실이 놀라운 일은 아니다.

---

* Cyrus 2세(고대 페르시아): 성경에서는 히브리어 발음에 가까운 '고레스'로 표기하여, 이 책에서는 이를 따름. (역자 주)

François Eugene Vidocq(1775~1857)

François Eugene Vidocq는 정보에 근거한 수사의 발전에 영향을 끼친 가장 주요한 사람들 중의 한 명이다. 그는 경미한 범죄자였으며, 처음에는 정보원으로, 그리고 나중에는 정식 경찰관으로서 프랑스에서 많은 경찰 수사에 범죄자로서의 과거를 이용하였다. 실제로 그는 오늘날에도 많은 유사성을 가지고 있는 형사 업무의 전반적인 과정을 구성하는 데에 큰 영향을 주었다. 제복을 입지 않은 경찰 부서, '형사'에 대한 생각, 그리고 범죄 연결망의 일부분이 되는 '잠입(undercover)' 경찰관의 활용 등에 대한 생각들이 바로 그에게서부터 나왔다(Edwards, 1977; Rich, 1935; Stead, 1953). 그는 또한 범죄 혐의가 있거나 범죄를 범했다고 알려진 사람에 대한 기록을 유지하는 것의 가치를 보여 주었다.

이로부터 그는 누가 범죄자들인가, 그리고 그들의 행동 패턴은 어떠한가에 대한 상세한 설명을 위한 준비 작업을 마련하였는데, 범죄자들의 믿음과 미신에 대한 상세한 목록들까지 다루고 있다. Edwards(1977)는 일종의 신봉하는 정보에 대해 Vidocq의 자서전([그림 4-1] 참조)에서 발췌한 재미있는 사례를 들려준다.

형사들(Surete)과 정복 경찰관이 주중 다른 날에 비해 금요일에 할 일이 없었는데, Vidocq는 범죄자들이 본격적으로 금요일에 일을 시작하는 일이 없기 때문이라고 말했다. 범죄자가 범행을 위해 집을 나서다 길에서 처음 만나는 사람이 신부이면 적어도 24시간 동안 범행 계획을 연기하는데, 이러한 규칙은 천주교 신자들뿐 아니라 개신교, 유대인 그리고 무신론자들에게서도 볼 수 있다. 그리고 처음 마주치는 사람이 수녀이면, 일주일은 범행을 미뤄야 한다. …… 만일 길에서 쇳덩이를 보고 줍게 되면, 그의 범행은 결코 실패하지 않는다. 그리고 만일 살인을 계획하였으면, 살인자는 범행 전날 밤을 자기 아내가 아닌 여자와 함께 보내야 하지만, 강도를 범하기 전에는 아내나 동거녀와만 침실에 들 수 있다. …… 사기꾼은 돈을 사취하기 3시간 전에는 술을 마시지 않으며, 똑똑한 강도는 범행 전에 항상 캐러웨이(caraway) 맛이 나는 물 한 잔을 마신다.

(Edwards, 1977: 93-4)

[그림 4-1] François Eugene Vidocq
출처: http://mtholyoke.edu/courses/rschwart/hist255/popcorn/vidocq.html

Vidocq는 또한 효과적인 수사의 다섯 번째 요소를 제시하였다. 도출된 추리를 어떻게 이용하는지, 그리고 형사들이 취해야 할 행동들 중에서 선택할 수 있는 추가 정보를 찾아내는 방법을 알아야 할 필요성이다. 그는 용의자가 누구인지를 알아도 수사를 멈추지 않고, 그들이 기소되어 법정에 서기 전까지 그들에 대해 알 수 있는 것들을 가능한 한 많이 확보하기 위해 감시하에 두었다. 그의 회고록에 "나는 모든 전문적인 절도범들, 여자든 남자든 간에 그들에 대해 가능한 한 많이 알아내는 데에 관심이 있다."(Rich, 1935: 405)라고 말하고 있다. 이러한 관심은 추가적인 수사에 도움이 되었을 뿐 아니라, 법정에서 명백한 유죄 판결이 내려지도록 하였다.

이러한 점에서, Vidocq는 사건이 법정에 제출되어야 하는 마지막 단계까지 종합적으로 생각하는 것의 중요성을 인식함으로써 경찰 절차에 영향을 미치는 진전된 발걸음을 내딛고 있었다. 다니엘은 왕에게 증거를 내보여야 할 필요성을 알고 있었지만, 심지어 오늘날에도 경찰에게 조언을 하려는 많은 사람이 유죄 판결을 보장하는 증거를 보유하는 것이 중요하다는 점을 깨닫지 못하고 있다. 범죄자를 특정 유형에 지정하는 것은 배심원들 앞에서는 별다른 가치가 없다. 범죄의 독특한 특성에 주목하는 것은 형사들이 범죄자에게 좀 더 가까이 가도록 하겠지만, 특정인이 유죄라고 법관을 확신시키지는 못할 것이다. 따라서 수사에 대한 어떠한 조언도 법정에서 직접적으로 사용이 가능한 적절한 정보를 습득하기 위해 실제적인 가능성들에 주의하는 것이 필요하다.

잠입 경찰관으로 시작했던 사람으로서는 특이하게, Vidocq는 다작의 작가가 되었다. 그는 다른 형사들에게는 정보를 제공하는 책을 썼으며, 일반 독자들을 위해서는 회고록을 썼다. 그의 경험과 작품들은 조국 프랑스 이외의 많은 국가들에서 사복형사 부서, 예를 들어 1854년 뉴욕 형사국, 영국 최초의 전문 경찰관(Bow Street Runners)과 런던 경찰국 형사대 등을 창설하는 계기를 제공하였다(Edwards, 1977: 170-1; Rich, 1935; Stead, 1953).

그러나 형사들이 범죄자들의 행동방식을 이해하고 직접적인 정보를 획득하기 위해 범죄자들과 가까이 관여하는 것은 전문적인 훈련과 안전한 과학적 기반 없이 행해질 때 항상 위험이 뒤따른다. 그중에서도 편향과 부패는 중요한 위험 요소이다. 밀렵꾼으로 변신한 사냥터 관리자는 자신의 판단을 과신하는 경향이 있었으며, 객관적이고 편향되지 않은 의견을 제시하기보다는 상황에 대한 자신들의 견해에 맞추기 위해 기꺼이 사실을 변형시키려 한다. 또한 정보원들을 활용하는 것에서도, 경찰관들은 도움이 될 것으로 생각한 사람들에 의해서 부패해지거나 한계를 넘게 되는 현실적인 위험성이 있었다. 형사 부서들이 처음 창설된 것이었기 때문에, 이러한 문제들이 다양한 수사 부서들의 역사 속에서 발생하여 왔다. 초기 런던 경찰국 형사대의 역사에서, Begg와 Skinner(1992: 76)는 다음과 같이 쓰고 있다. "보고도 못 본 체할 수 있는 것과 허용할 수 없는 적극적인 범죄자 옹호 간의 차이가 모호해졌다. 타협을 위한 기회가 너무도 크다."

Begg와 Skinner(1992)는 초기 런던 경찰국 범죄 수사국에서 있었던 많은 문제를 보고하고 있는데, 사실 초기에 형사 부서들 중에서 이러한 문제들로부터 자유로운 곳은 없었다. 흔히 그들은 창설된 후 수년 안에 폐쇄 되었다가 후에 훨씬 나아진 통제가 실행에 옮겨진 후에야 다시 개설되곤 하였다. 그러나 그들의 활동이 법의 테두리 안에서 신뢰를 받을 수 있었던 것은 조심스럽게 형성된 집행 법규들에 의존하고 나서부터였으며, 이때부터 경찰의 수사 절차가 검증 가능한 과학적 방법들에 따라 정보를 취득해야만 하였다.

Hans Gross(1847~1915)

전적으로 본능적인 기지와 개인적 경험에 의존했던 Vidocq와는 달리, 형사 업무에 심리학에 대한 보다 상세한 이해가 결합된 것은 오스트리아 법률가이자 치안 판사인 Hans Gross가 『범죄심리학(Criminal Psychology)』(Gross, 1911)을 발간하면서부터이며, 이 책은 곧 여러 언어로 번역되었다. 그는 범죄자와 그들의 행동, 그들의 습관에 대한 정보를 발전시켜야 한다는 점에서는 Vidocq와 많은 부분에서 견해를 같이하면서, 가능성 있는 범죄자에 대한 이해를 발전시키기 위해 범죄 현장의 상세한 것들을 사용하여 범죄적 하위 문화와 그들이 어떻게 행동하는지에 대해 모든 것을 아는 것의 중요성을 강조하였다. 나아가 범죄를 어떻게 수사하여야 하는지에 대한 생각의 방식들을 설계함으로써 보다 발전된 단계로 이 모든 것을 이끌었다.

그는 자신의 『범죄심리학(Criminal Psychology)』을 논술하면서, 빠르게 발전하고 있는 많은 과학 분야들 중에서도 심리학을 가장 중요하게 활용하였다. 이는 우리가 범죄에 대해서 어떻게 알 수 있는가, 그리고 범죄를 수사하고 용의자들을 기소하는 것에 대해 어떻게 결정을 내릴 것인가에 대한 폭넓은 관점들을 형성하였다. Gross는 그중에서도 목격자와 관련된 정보들을 평가하는 데에 중점을 두었다.

이것이 우리의 근본적인 원칙이 되도록 하자. 우리 범죄학자들은 중요 정보 원천인 목격자에게서 관찰보다 추리를 훨씬 많이 받아들인다. 그리고 이러한 사실이 우리의 작업에서 생겨나는 많은 실수들의 원인이기도 하다. 증거 축적에 있어서 반복해서 우리가 학습하고 있는 것은, 오직 순수한 감각에 의한 지각으로서의 사실만이 현출되어야 한다는 것, 추정은 법관의 사안이라는 점이다. 그러나 우리는 단지 원칙에 복종하는 것으로 보일 뿐이다. 사실과 감각에 의한 지각으로 지적하는 대부분이 정당화된 판단일 뿐이며, 이들이 비록 가장 정직한 믿음에서 현출된다 하여도 궁극적인 진실을 제공하지는 못하고 있다.

(Gross, 1911: 16)

수사의 기초가 되는 모든 정보가 신중하게 평가될 필요가 있다는 명확한 관점이 범죄와 범죄자에 대한 Gross의 전반적인 생각을 통해 이어진다. 그는 전체적인 수사와 사법 절차들을 실증적 과학에 근거를 두어야 하는 노력으로 보고 있다. 이는 수사 실행자들이 과학자들로부터 범죄 현장과 어떤 관련 있는 정보들을 가능한 한 신중하게 기록하는 방법을 배워야 할 뿐 아니라, 항상 기록하는 것이 가지는 외적 의미와 함의를 평가하는 방법을 배워야 한다는 것을 의미한다. 이는, 예를 들어 범행을 부인하는 범죄자가 자신의 행위를 이야기할 때 '우리'에 대해 언급하는 것이 그가 범죄 집단의 한 구성원임을 보여 주는 것으로 지적할 수 있듯이, 한 사람이 사용하는 단어들에 대해 주의 깊게 고찰해야 한다. 그는 표정과 손동작의 가능한 해석에 대해 길게 언급하면서, 현재 우리가 '비언어적(non-verbal)' 소통 수단이라고 부르는 것에 대해서도 탐구하고 있다.

이러한 고찰들을 통해 Gross는 범죄에 연결될 수 있는 사람의 모든 측면을 생각하게 되었으며, 범죄자들이 그들의 삶을 어떤 방식으로 살아가는지에 대한 설명을 발전시켜 나가게 되었는데, 이것들이 수사와 기소에 직접적인 관련성을 가지고 있다.

> 진짜 범죄자는 대부분의 다른 사람들과는 다르다. 이러한 차이가 크고 중요하다는 것은 습관, 단일 특성, 만족하지 못하는 경향 등 어느 하나 때문에 범죄자가 되는 것은 아니라는 정황에서 추정되는 것이다. 만일 한 사람이 절도범이라면, 그가 우발적인 절취 욕구 상태에서만 달라진 것이며, 그 외에는 올바른 사람처럼 보인다고 주장되지는 않을 것이다. 절도 성향 외에, 우리는 그를 정직한 일을 싫어하고, 도덕심이 부족하며, 마주쳤을 때 예의범절에 무관심하고, 진실한 종교를 가지지 않은 사람으로 지목할 수 있다는 것을 우리는 알고 있다. 간단히 말해서, 절도 성향은 한 사람을 절도범으로 만들기에 필요한 많은 매우 특징적인 자질들과 혼합되어야 한다.

> (Gross, 1911: 16)

이처럼 범죄성의 모든 측면을 검토하려는 접근법은 그의 사후에 영어로 발간된 저서 (Gross, 1934)에서 결국 범죄자들이 차이를 보이는 방식들에 대해 고려하도록 하였다. 그는 어떤 범죄자에게 전형적인 것이 되는 행위 패턴을, 그리고 이것이 범죄자들을 식별해야 하는 형사들의 업무에 얼마나 유용한지를 강조하고 있다.

> ……거의 모든 사건에 있어서, 절도범은 가장 중요한 그의 경로 행적, 말하자면 절도를 범한 방법을 남겨 둔다. 모든 절도범은 거의 자신과 떼어놓을 수 없는, 그리고 완전하게 없앨 수 없는, 심지어 때로는 초심자들조차도 어려움 없이 지적해 낼 수 있는 특징적인 방식 또는 수법을 가지고 있다. 그러나…… 단지 훈련되고, 지식을 가지고 있으며 열성적인 관찰

자만이 절도범을 특징 짓는 미묘하지만 명확한 특징들을 구별해 낼 수 있으며, 이들로부터 중요한 결론을 도출해 낼 수 있다.

(Gross, 1934: 472)

이를 넘어선 중요한 단계는 이러한 차별적인 행동방식들이 범죄자의 다른 특성에 대한 추리를 제공하는 데에 사용될 수 있다는 것을 깨닫는 것이었다.

그가 속해 있는 업종에 따라 다양한 방법들 간의 차이를 주목해 보라. 열쇠공은 자물쇠 자체에 덤벼들려 할 것이고, 목수는 옷장이나 테이블을 만든 목재를 대상으로 할 것이다. 열쇠공은 만능키(master key)로 자물쇠를 열려고 할 것이며, 만일 이것이 불가능하면 자물쇠를 내려칠 것이다. 목수는 자물쇠에 손대지 않고 테이블 윗부분을 들어올리려 하거나 돈 통을 제거하려 할 것이다. 또는 그는 판자들의 조임에 관심을 돌리거나, 문의 경첩에 박힌 못을 빼내려 할 것이다. 간단히 말해서, 각 직업군은 스스로의 방식으로 일을 하며, 한 계층의 노동자가 어떤 일을 하면, 전문가는 어떤 계층인지를 바로 알아낼 수 있다.

(Adam and Adam, 1934: 481)

Gross는 범죄 현장을 추리가 구성되는 정보의 근원으로 간주하는 것이 가능함을 보여 주었으며, 관찰자가 적합한 세부 사항에 주목하면서 이로부터 추리가 신뢰할 만하게 도출될 수 있도록 이해하고 있어야 함을 보여 주고 있다. 사실상 그는, 범죄의 특정 측면들과 범죄자의 특정 특성들 사이에 존재하는 관계에 대한 가설을 세우고 있다. 그는 이러한 관계를 제안하는 데 있어 자신의 광범위한 경험에 의존하고 있는데, 오늘날의 과학자들처럼, 범죄자의 행위와 범죄자 특성들 사이에 제시된 관계성이 수사에서 활용할 만큼 충분하게 일관성을 갖고 있으며, 또한 실제로 발생했다는 것을 보여 주기 위해서 조심스럽게 선정된 사례들을 가지고 체계적인 검사가 수행되어야 할 필요성에 주목하였다. 그러나 이러한 연구 방식은 한참이나 세월이 흐른 20세기가 되어서야 실행되기 시작하였다.

범죄심리학

범죄자들에 대한 이해의 모든 발전이 경찰과 능동적으로 관련된 것들로부터 시작되었다고 생각하는 것은 잘못된 것일 수 있다. 범죄학(criminology)과 법정심리학(forensic psychology)의 전 분야는 20세기 전반에 걸쳐 발전하였으며, 이들 중 상당 부분은 범죄 예방, 특히 범죄자를 관리하고 교화시키려는 시도를 통한 범죄 예방에 관심을 가지고 있었다. 예를 들어, Bowlby(1949)는 44명의 심각한 청소년 범죄자들의 특성들과 절도는 범하지 않고 아동상담소(child guidance clinic)에 의뢰된 집단을 비교하였다. 그는 어린 나이에 애정을 덜 받은 아동들이 통제집단에 비해서 의미 있게 비행적이었으며, 또한 아동들이 정신적으로 문제가 있는 부모를 가지고 있거나 부모와 떨어져 있거나 혹은 공개적으로 적대감을 드러내는 부모와 함께하는 경우가 높다고 보고하고 있다. Burt도 같은 해에 유사한 비행성에 대한 설명을 내어 놓고 있다.

> 계수에 의해 판단한 결과, 다음이 우리가 검토한 다양한 조건들의 중요성의 서열임을 증명하고 있다. (1) 정당하지 않은 훈육, (2) 특유의 본능, (3) 일반적인 정서적 불안정, (4) 심각하기보다는 가벼운, 소위 콤플렉스를 유발하거나 그에 의해 유발되는 병적인 정서 조건들, (5) 악행 또는 범죄와 관련된 가족력, (6) 후진성(backwardness) 또는 아둔함 같은 지적장애들, (7) 모험에 대한 열정과 같은 유해한 흥미 등.

Burt와 Bowlby의 이러한 결론들은 그 시대의 전형적인 비행성의 '프로파일'로서 사용될 수 있었으며, 경찰 수사에서 초점을 두고 사용될 수 있었다.

Gehnert와 뒤셀도르프 흡혈귀

Gross에 의해 발전된 개념들은 범죄의 세부 사항들로부터 범죄자들의 특성에 대한 자료를 얻기 위해 도움을 찾고 있던 독일 경찰에게 영향을 주었다. 1929년 뒤셀도르프(Düsseldorf) 주변에서 많은 강력 사건과 살인이 발생하자 독일 경찰은 용의자를 찾기 위한 도움을 찾게 되었는데, 많은 단서들과 힌트들을 가지고 있었음에도 어떠한 가시적인 혐의자도 확보하지 못하고 있었기 때문이었다.

뒤셀도르프 경찰은 범죄와 피해자들이 증가하고 있는데도 자신들은 정지해 있다는 것을 발견하고는, Ernst Gehnert 교수를 초빙하여 '뒤셀도르프 흡혈귀' 또는 '뒤셀도르프 괴물'로 알려진 자를 찾는 데 도움을 요청하였다. 후에 밝혀진 것처럼, 피의자 피터 쿠르텐(Peter Kurten)은 1980년대 그의 어린 시절부터 살인을 저질러 왔으나, 그가 복수의 강간범, 흡혈귀, 살인자 그리고 방화범으로 가장 악명을 떨친 곳은 뒤셀도르프였다(Berg and Godwin, 1993). 쿠르텐의 범죄들 중 상당수는 검거 후에 그의 자백이 있기 전까지 발견되지 않았었다.

Gehnert 교수는 살인자의 특성들을 다음과 같이 요약하였다.

- 살인자는 뒤셀도르프에 익숙하다.
- 공격 이전에 피해자들에게 접근하면서 얻은 친근함의 수준이 그가 주변 사람들에게 친

근하고 심성이 좋은 것으로 인식되고 있다는 것을 말하며, 주변 사람들은 결코 그를 의심하지 않을 것이다.

- 그는 공격에 있어서 극단적인 잔인함을 보인다.
- 그는 정신 병력을 가지고 있으며, 성적으로 비정상이다.
- 그는 미쳤음이 틀림없다.

(Welch and Keppel, 2006)

이것은 40년 전 Bond 박사의 '토막 살인범 잭(Jack the Ripper)'에 대한 프로파일과 같이 용의자를 검거하는 데에 별다른 도움이 되지 못했다. 결국 사회를 공포로 몰아넣었던 살인사건들에 쿠르텐이 연루되어 있다는 것에 도움을 준 것은 1930년에 그의 아내의 역할이었다. 그녀의 주장은 범행 이후에 생존자가 경찰에게 쿠르텐에 대해 진술한 것에 의해 입증되었으며, 1931년 그에 대한 재판은 국제적인 관심을 불러일으켰다(Jenkins, 1994). 48세의 쿠르텐은 9건의 살인, 7건의 폭행으로 기소되었으며, 60건이 넘는 추가 범죄들에 연루되어 있었다. 그는 수없이 많은 젊은 피해자들을 살해하고, 칼로 베고, 고문하고 훼손한 가학 성애자로 밝혀졌다.

범죄자가 그의 범행을 저지른 방식에 대한 Gehnert의 추리는 적절했다. 특히 살인자가 정신적으로 비정상이라는 추정을 이끌었던 범죄의 특이성과 일탈된 본성에 대한 이해는 상이한 범죄 행위 행태를 유발하는 과정들에 대한 Gehnert 자신의 지식에 의존한다. 그러나 정신이상의 개념과 범죄에 있어서의 명백한 가학성을 혼동한 것은 실수였다. 타인에게 상처를 입히면서 즐거움을 얻는 것에서 나타나는 특이한 일탈성은 '정신이상'의 핵심인 일상적인 현실과의 명확한 연결의 부재와는 필연적으로 또는 항상 연관되어 있는 것은 아니다. 실상 범죄자가 지역에 익숙하고 그의 등장이 위협적이지 않다는 추정은—둘 다 어떻게 그리고 어디에서 범죄가 범해졌는지로부터 도출된 이성적인 추정들—살인자가 보통의 그럴싸한 사람으로서 다른 사람들에게 자신을 보여 줄 수 있다는 점을 이야기하고 있다. 정신이상자가 이러한 특성들을 가장하는 것은 쉬운 일이 아니다. 쿠르텐의 범죄에 있어 핵심은 피에 대한 그의 욕구이다. 알려진 그의 범죄들은 피에 젖어 있었고, 그는 자신에게 마지막으로 즐거운 순간을 준다는 이유로 자신이 처형될 때 몸에서 솟구치는 피의 소리를 들을 수 있는가를 의사에게 물어보았다고 보고되고 있다(Berg and Godwin, 1993).

수사상 조언의 출현

Vidocq, Gross 그리고 정도가 약하지만 Gehnert까지 경찰 수사에 대한 이후의 심리학적 기여에 이르는 길을 제공하고 있다. 그러나 수사상 조언에 있어서 그들의 방식은 우리가 앞선 내용에서 살펴본 다른 방식들과는 중요한 차이점이 있다. 그들 중 어떤 것도 Kretschmer 또는 Lombroso와 같이 명확하게 설정된 범주화의 틀을 가지고 있지 않다. 그러나 그들은 주의 깊은 관찰의 중요성과 이러한 관찰을 정보에 근거하여 명료화해야 할 필요성을 강조하고 있다. 직접적인 연구와 관찰로부터 범죄자를 이해할 필요성을 강조하면서도, 추측과 간접적인 이야기들에만 의존하지 않도록 한 것은 그들의 공헌이다. 더불어 그들은 수사가 범죄자의 가능한 특성들을 단순히 묘사하는 것을 넘어서 보다 앞으로 진전될 수 있는가에 대한 방법을 제안함으로써, Bond 박사와 Conan Doyle처럼 수사에 대한 지원을 끌어내려는 초기의 시도를 이어갔다.

난해한 사건들, 특히 범죄자의 행동들이 이해하기에 매우 기이하고 어려운 사건들에서 경찰이 전문가들에게 조언을 구하는 사례들은 제2차 세계대전 이후 가속화되었다. 결과적으로 경찰은 어떤 정신적 질환 형태를 가진 범죄자에 대해 경험을 가지고 있는 정신과 의사들에게 눈을 돌리게 되었으며, 아마도 이 조언가들 중 전후 가장 유명한 사람은 뉴욕 정신과 의사인 James Brussel 박사일 것이다.

Brussel과 '미친 폭파범'

1940년대와 1950년대를 걸쳐 16년 이상, 사제 폭탄이 뉴욕의 많은 지점들, 즉 그랜드 센트럴 터미널, 펜실베이니아역, 라디오 시티 뮤직 홀, 뉴욕 공립 도서관, 포트 오소리티 터미널 및 미국 라디오 방송사(RCA* building) 등에 설치되었다. 폭발물들은 심지어 극장의 덮개 속에도 감추어져 있었다. 폭파범은 신문사들에게 편지를 보냈는데, 1951년 10월 22일에 뉴욕의 『헤럴드 트리뷴(Herald Tribune)』에 보낸 편지에는 블록체(목판 글씨체)로 다음과 같이 쓰여 있었다.

> 폭탄은 나에게 비겁한 행동을 한 에디슨 회사(Consolidated Edison Company)**가 정의의 심판을 받을 때까지 계속될 것이다. 난 다른 모든 방법에 이미 지쳐 버렸다. 나는 폭탄을

---

* RCA: Radio Cooperation of America(역자 주)
** Consolidated Edison Company: 미국의 전력회사(역자 주)

가지고 다른 사람들이 나를 위해 정의를 외치도록 하겠다.

경찰은 이러한 폭파행위에 대한 정보를 비교적 조용히 유지하였으나, Brussel 박사를 초빙하자 그는 누군가 폭파범을 알아보는 사람이 있는지 보도 매체를 이용하자고 제안하였다. 일반적으로 폭파범이 에디슨 회사에 대해 분노하고 극단적으로 억울해하고 있다는 점은 인식하고 있었지만, Brussel은 이러한 단순한 생각에 약간의 새로운 방식을 가미한 것이다.

그는『정신이상 범죄 사례집(Casebook of a Crime Psychiatrist)』에서 폭파범에 대한 묘사 이면에 있는 자신의 생각을 다음과 같이 설명하고 있다. "그자의 행동을 살펴보면서, 난 그가 어떤 종류의 사람일지를 추론하였다"(Brussel, 1968: 4). 폭파범이 보낸 편지 글씨들에 대한 정밀한 검사와 그의 행동들에 대한 다른 정보들로부터 Brussel은 다음과 같은 특성들을 제시하였다.

- 남성(왜냐하면 대부분의 폭파 기술자들은 남성이므로)
- 금속 작업, 도관 기술 및 전기 관련 지식을 가지고 있다.
- 에디슨 회사에 의해 부당한 대우를 받았으며, 이로 인해 만성적 질병을 얻었다.
- 점진적인 이상증, 편집증을 앓고 있으며, 지속적이고 만성적인 정신이상증을 가지고 있다.
- 병적으로 자기중심적이다.
- 남자든 여자든 친구가 없고, 고독한 자이다.
- 균형 잡힌 체형을 가지고 있으며, 뚱뚱하지도 마르지도 않았다.
- 중년의 나이이다(질병의 발병과 폭파 행위 기간을 볼 때).
- 좋은 교육 수준, 그러나 고등학교 졸업 정도이며, 대학 교육은 아닐 것이다.
- 미혼이며, 아마도 성 경험이 없을 것이다.
- 남성적 권위를 불신하고 경멸한다. 아버지를 미워할 것이다.
- 어머니의 사망 또는 이별로 인해 어머니에 대한 사랑의 오이디푸스 콤플렉스 시기를 경험하고 발전시키지 못했을 것이다.
- 혼자 살거나 어머니 대신의 여성 친척과 살고 있을 것이다.
- 코네티컷주(Connecticut)에 살며, 슬라브족이고, 정통 가톨릭을 믿으며 성당에 다닌다.
- 참하고 약해 보이며 깨끗하게 수염을 깎는다.
- 조용하고 공손하며, 꼼꼼하고 기민한 성격이다.
- 심장병, 암 또는 결핵과 같은 만성 질병을 앓을 것이며, 아마도 심장병일 것이다.

• 잡혔을 때 두 줄 단추 형식의 옷을 입고 있을 것이다.

(Brussel, 1968: 30-46)

사실상 여타의 많은 경우와 마찬가지로, 폭파범을 체포할 수 있도록 이끈 것은 Brussel이 제공한 훌륭한 묘사들이 아니라, 에디슨 회사의 성실한 경리사원 앨리스 켈리(Alice Kelly)였다. 그녀는 신문 보도를 읽고는 회사 직원 자료들을 주의 깊게 살펴보기로 결정하고, 특히 건강에 심각한 문제가 있는 직원들을 찾아보았다. 회사는 보상 요구를 하면서 이전에 협박을 한 직원들에 대한 특별 자료를 보관하고 있었다. 이것으로 1931년에 공장에서 부상을 입은 조지 메테스키(George Metesky)에게 관심을 두게 되었다. 그의 파일들 속에 폭파범이 경찰에 보냈던 무기명 편지들에 쓰인 말들과 유사함을 가지는 서신들이 있었으며, 이로부터 경찰이 그를 추적하고 유죄를 받도록 하였다.

언론은 후에, 회사 측에서 오해라고 해명했지만, 경찰이 에디슨 회사의 자료들에 대한 검토가 제지당했었다는 말을 했다고 보도하였다. 따라서 비록 Brussel이 제안한 것들의 상당수가 매우 정확한 것으로 판명되었지만, 중요한 점은 수사관들이 처음부터 폭파범이 불만을 품은 직원이라는 추정을 했다는 점이다. 이는 폭파범이 실제 편지들에 쓴 내용과 그가 폭발물을 설치한 장소들로부터 도출된 것이다. 실상 Brussel에 의해 자주 언급되는, 폭파범이 단추가 달린 옷을 입고 있을 것이라는 사실은 그의 나이 또래 세대의 남자들 대부분이 입고 있던 것에 대한 기술에 불과하다. 메테스키가 자신의 어머니에 대한 오이디푸스 콤플렉스적인 애정을 가졌을 것이라는 점도 앨리스 켈리가 불만을 품은 직원들에 대한 세부 기록을 열심히 찾아본 것보다 폭파범을 찾는 데 더 유용하지는 않았다.

보스턴 교살자: 전문가의 이견

범죄자 규명을 위한 기초 자료로서 전문가 의견이 갖는 위험성과 미지의 범죄자들의 특성을 추정하기 위한 다양한 접근법의 확대는 1960년대, Brussel이 보스턴에서 발생한 대형사건 수사에 다시금 초빙되었던 시기에 더욱 명확해진다. 1962년 중반부터 1964년 초반 사이에 13명의 여성들이 잔인하게 강간당한 후에 살해되었다. 살인범은 '보스턴 교살자(Boston Strangler)'로 알려졌다(Brussel, 1968; Petherick, 2004).

범행은 피해자의 연령과 성적 행동 및 폭력의 형태에 있어서 매우 다양한 방식으로 실행되었다. 이로 인해 수사관들은 한 명 이상의 범인이 있을 가능성을 고려하면서, 다른 한편으로는 수사를 지원할 사람들을 찾았다. 수사관들은 1964년 4월, 전문가 집단에게 이 사건을 의뢰하였으며, 여기에 Brussel 박사도 합류하였다.

전문가 집단은 대체로 두 명의 별개 살인자들이 있다는 경찰의 견해를 지지하였으며, 다음과 같은 범인들의 특성들을 제시하였다.

- 수법의 변화에서 알 수 있는 것처럼 두 명의 별개 살인자이며, 두 명 모두 남성이다.
- 한 남성은 오직 나이 많은 여성들만을 목 졸라 죽인다.
- 한 살인자는 동성애자이며 젊은 여성들에게 초점을 두고 있다.
- 두 사람 모두 가르치는 직업을 가졌다.
- 그들은 혼자 살고 있다.
- 그들은 계획된 휴일에 살인을 한다.
- 성적으로 억제되어 있다.
- 나약하고 다정하지 않은 아버지와 잔인하며 유혹적인 어머니로부터 받은 어린 시절 정신적 외상의 산물이다.

(Brussel, 1968; Cyriax, 1993; Newton, 2000)

Brussel은 단지 한 명의 살인자가 있으며, 살인을 저지르면서 얻은 경험에 따라 그의 행위가 변화하고 있다고 믿으면서 다른 전문가들의 의견에 동의하지 않았다(Brussel, 1968). 그는 결론적으로 범인은 다음과 같은 특성을 가지고 있다고 주장하였다.

- 한 명의 범인이 범죄를 통해 성숙하고 성장하면서 그의 범행 패턴이 변화하고 있다.
- 젊은 피해자들에게 자신의 어머니에 대한 정신분열적 감정을 전이시키고 있다.
- 피해자들의 거주지 인근에서 범인의 피해자들에 대한 접근이 위협적이지 않다. 그는 피해자들과 친근해져서 초대를 받았거나, 그가 설문조사 또는 수도관 점검 등과 같은 그럴싸한 이유로 피해자들의 문을 두드렸을 것이다.
- 범인은 피해자가 그에게 등을 돌렸을 때 공격했을 것이다. 그가 이것을 그에 대한 거부의 표현으로 보고 있기 때문이다.
- 그는 편집적 정신분열 환자이다.
- Kretschmer의 연구와 교실에 의해 보여 준 힘을 바탕으로, 그는 균형 잡히고, 근육질형이며 힘이 좋은 남자이다.
- 20세 후반 또는 30세 초반의 나이이다.
- 그는 보통 사람으로 그다지 부각되지 않는, 뒤편에 머무르는 사람으로 묘사될 수 있다.
- 그는 주의 깊고 말쑥하며 깨끗하게 수염을 깎는 깔끔한 사람으로, 결코 지문이나 다른 단서를 남기지 않을 것이다. 그는 손톱도 깨끗하고 단정하게 옷을 입는다.

- 항상 머리를 정성들여 잘 빗어 정돈하며, 여성들도 그의 머리를 질투할 것이다.
- 이성과의 관계에 집착하기 때문에, 여성들이 그를 거부하기보다는 그의 매력에 끌리기를 원한다.
- 이탈리아계 혹은 스페인계이다.
- 평균 또는 그 이상의 지능이다.
- 미혼이며 혼자 지내는 사람이다.

수차례 폭력으로 이전에 유죄 판결을 받았던 것으로 알려진 강간범이 추가 성폭행으로 1964년 11월 체포되었다. 그의 이름은 앨버트 드살보(Albert DeSalvo)였다. 그는 정신병원에 수용되었고, 그곳에서 정신과 의사에게 자신이 보스턴 교살자라고 말하였다(Brussel, 1968; Cyriax, 1993; Frank, 1966). 이 자백과 그의 이전 범죄들과 살인 간의 유사성으로 인해 수사관들은 드살보가 보스턴 교살자라고 인정하고 더 이상 수사를 진행하지 않았다. 드살보와 Brussel이 제시한 묘사 간의 유사성도 경찰이 드살보가 살인자라고 믿게 하는 중요한 역할을 한 것으로 인정되었다.

앨버트 드살보는 실제로 몸이 탄탄하고 근육질이었으며, 체포 당시 30대 초반이었다. 또한 이탈리아인으로 보통의 모습을 하고 있었으며(Brussel, 1968), 매우 단정하고 깔끔하였다. Brussel(1968)은 그가 깨끗하고 잘 자른 손톱에 단정하게 머리를 빗어 넘긴 모습을 하고 있었다고 보고하고 있다(Brussel, 1968: 161). 그는 확실한 이성애자이면서 성적 정복을 떠벌리기도 했다(Brussel, 1968; Cyriax, 1993; Newton, 2000). 그러나 Brussel의 예측과는 반대로, 드살보는 함께 사는 아내와 자녀들이 있었다. 결론적으로 Brussel이 결론을 얻은 근거와 그들이 의존해 왔던 정도가 아직은 의심의 여지가 있다.

Welch와 Keppel(2006)이 지적한 것처럼, 드살보는 결코 보스턴 교살자로서 공식적으로 기소되지 않았으며, 따라서 Brussel이 제기한 제안들의 직접적인 검증도 없었다. 또한 1973년 다른 죄수에 의해 드살보가 살해당하면서 그의 추가적인 책임 검증이 가능하지 않음을 의미한다(Cyriax, 1993; Frank, 1966). 따라서 보스턴 살인에 대한 수사에 대해, 그리고 Brussel에 의해 제시된 프로파일에 너무 큰 신뢰가 주어진 것이 아닌가 하는 많은 의문점들이 계속하여 제기되었다(Sherman, 2003). 사실상 2001년 새로운 DNA 검사에서, 마지막으로 알려진 피해자에게서 검출된 정자가 드살보의 것이 아님이 지적되었다(Sherman, 2003).

영국: Patrick Tooley 박사

'범죄자 프로파일'의 역사에 대한 Brussel의 공헌은 그의 자서전을 통해서 자세히 기록되어 있으며, Canter(1995)가 보고한 것처럼, 1960년대 후반에 정신의학자들이 범죄자 치료 프로그램에 관여하고 법정에서 피고의 적합성에 대한 증거를 제공하는 것이 넓게 퍼져 있어서 수시로 가능한 용의자의 특성들에 대한 견해를 요청받곤 하였다. 이 중 하나의 교훈적인 사례가 켄트(Kent)의 그레이트 라인 공원(Great Line Common)에서 살해당한 수잔 스티븐(Susan Stevenson)의 살인범을 찾기 위해 경찰이 도움을 요청하여 Patrick Tooley 박사가 보여 준 역할이었다.

Tooley 박사는 다음과 같이 언급했다.

> 범인은 20세에서 35세 사이로, 아마도 기소 전력이 있는 사이코패스(psychopath)일 것이다. 일반적으로 그가 수차례 기소되었을 것이라는 점, 최초 범행 연령이 어릴 것이라는 점, 아마도 특수한 가정에서 성장하였을 것이라는 점, 육체 노동자일 가능성이 높고, 실직 상태이거나 직업이 자주 바뀔 것이라는 점 등은 그의 기록으로부터 예측할 수 있다. 이전의 기소 경력은 불법적인 성관계, 음주, 절도 그리고 폭력 등을 포함할 것이다.
>
> 아버지가 없고, 구속적이고, 성적으로 고상한 체하며, 아들에게 헌신하지만 그를 망쳐버리는 어머니가 있다. 범인은 이를 싫어하며, 여성을 향한 혐오적 콤플렉스를 가지고 있다. 그런데도 그는 여성과의 관계를 원하지만, 정상적인 접근을 하지 못한다. 개방된 공간에서도 사회적으로 섞이지 못하고 혼자 배회한다. 훔쳐보기는 하지만, 거의 외설적인 노출을 하지는 않는다.
>
> (Tullett, 1987: 155)

살인자 피터 스타우트(Peter Stout)가 체포되었을 때 이러한 말들이 일반적으로 정확한 것으로 판명되었다. 스타우트는 19세의 독신으로 혼자서 오랫동안 산책하고 다른 사람들과 쉽게 섞이지 못했다. 그의 양친은 사망하였으나, 아버지는 그가 싫어하는 주정뱅이에 남을 괴롭히는 사람이었고, 반면에 어머니는 자녀들의 사랑을 받았었다. 14세에 피터 스타우트는 성폭행으로 기소되었으며, 10세 때에는 남색 미수 범죄의 피해자였다(Tullett, 1987).

그러나 이러한 Tooley 박사의 수사에 대한 공헌은 부각되지 못하였다. 영국 경찰은 10여 년 후에 David Canter 교수를 만나기 전까지는 이러한 통찰력의 잠재적인 효력을 알아채지 못했다. 유럽에서 발명된 것에 흔히 있는 일이지만, 대서양의 한쪽 편에 근원을 가지고 있는 개념이 다른 한쪽에서 뿌리를 내리고 발전되기 위해서는, 부수적인 대중적 관계성과 이러한 발전에 대한 언론의 관심과 함께 기다림이 필요하며, 이후에 유럽으로 되돌아와 잠재성이 결국에 받아들여지고 더욱 발전된다.

FBI 행동과학부

주요 사건에 대한 공헌을 통해 '범죄자 프로파일링'을 발전시킨 장본인으로 인정받고 있는(Egger, 1999; Petherick, 2004) Howard Teton은 그가 본 Brussel의 성공사례들로부터 큰 영향을 받았음을 명확히 하였다. 그는 Brussel을 현대에 있어서 프로파일링의 '첫 실천자(first practitioner)'이자 '이 분야의 진정한 개척자'라고 지칭하였다(Teton, 1995: 476). Teton은 1972년 버지니아주 콴티코에 있는 FBI 교육원에 교육과정을 개설하여 범죄 수사에 행동과학을 통합시키려는 움직임에 선구자가 된다.

미국에서 규모가 큰 수사의 한 부분으로서 '범죄자 프로파일링'이 자리 잡게 된 것은 FBI 요원들과 다른 사법기관 요원들을 위한 교육과정으로부터이다. 행동과학부(Behavioral Science Unit)의 초기 과제는 연쇄 살인범에 초점을 맞추고 있었는데, 이는 많은 다양한 범죄 현장과 매우 특이한 행동이 범죄자에 대한 추리를 하기 위한 중요한 기초를 제공하였기 때문이다. 이처럼 연쇄 살인에 초점을 맞추는 데 있어서, Brussel의 정신의학적 그리고 다소 정신분석학적인 방향이 강한 영향을 끼쳤다는 점에 주목해 보는 것은 흥미로운 일이다. 그들은 Vidocq와 Gross가 오래전 지적했던 것보다 일상적인 수사에 대한 기여 가능성을 과소평가하는 경향이 있었다.

그러나 FBI 행동과학부의 중요한 측면은 그들이 전에는 명확하게 그 진가를 인정하지 못했기 때문에 수사에 더욱 공헌하기 위해서는 연쇄 살인범을 연구할 필요가 있다는 것을 깨달았다는 점이다. 그들은 따라서 일부 연쇄 살인과 연쇄 성범죄로 기소된 자들과 인터뷰를 실행하였으나(Ressler et al., 1986), 이것들은 아직 완전하게 분석되거나 발표되지 않은 다소 비공식적인 논의 수준이었다. 대신에 이것들은 사법기관 요원들에게 조언을 할 때, 그리고 행동과학부의 초기 요원들의 자서전에 흥미로운 사례로 사용되었다(예, Douglas and Olshaker, 1997; Ressler, Burgess and Douglas, 1988). 게다가 비록 이 인터뷰들이 많은 학자들에 의해 비판을 받았음에도, 다른 사람들이 개인적 경험을 넘어서는 것의 중요성과 실제 실증적 연구의 잠재성을 인식하도록 해 주었다. 따라서 이 작업은 수사심리학의 출현에 매우 중요한 단계였다.

FBI 부서는 자신들의 범죄자 행동분석이 각 사례들과 일반적인 범죄자를 연결시키는 데에 사용될 수 있음을 명확히 하고, 사법기관 요원들이 따라야 하는 수사 활동 체계에 대한 제안을 준비하여 경찰 수사에 대한 기여의 기반을 넓혀 나갔다. 이러한 조언자 역할이 매우 의미 있었기 때문에, 최근에는 FBI 교육원의 교관들은 자신들을 '프로파일러'보다는 '행동수사 조언자'로 불리기를 선호한다.

그들의 주장에 대한 증거를 확보하려는 일반적인 지향성 때문에, FBI는 그들의 수사에 대한 기여도를 평가하기 위한 여러 가지 프로젝트를 추진하였다. Teton은 1981년에 이중 첫 번째 것을 지휘하였는데, 이는 행동과학부가 지도하였던 193건의 사건들을 검토하는 것이었다. 그는 사례 중 45%가 해결되었으며, 77%의 사건에서 '프로파일'이 범인을 추적하는 데에 가치 있는 도움을 준 것으로 수사관들이 진술하였다고 보고하였다. 또한 17%의 사건에서 FBI의 수사 기여가 실제 용의자를 확인하는 데에 도움을 주었다고 보고하였다(Teton, 1995: 476). 그러나 이어진 연구들에서는 기여의 정확성 또는 효과성에 있어서 '전문적인' 프로파일러들, 형사들, 심리학자들 그리고 대학생들 사이에 별다른 차이가 없음이 발견되었다(Pinizotto and Finkel, 1990). 따라서 수사관들에 의해 초빙된, 상당한 정보와 지식을 가지고 있는 조언자는 누구나 수사에 유용한 기여를 할 수 있지만, 단순히 교육을 받고 제시할 수 있는 의견의 수준을 넘어서는 조언을 위해서는 훨씬 더 강한 연구적 기반이 필요하다는 가능성이 남아 있다.

콴티코 FBI 교육원의 수사관들은 초기 프로파일러들의 감각적 성공을 넘어설 필요성에 대해 잘 알고 있었다. 그들은 분명해지고 있는 체계적인 자료 수집을 위한 가능성을 보완하기 시작하였다. Welch와 Keppel(2006)은 다음과 같이 언급한다.

> 샘 휴스턴 주립대학교(Sam Houston State University)의 1981년도 학회 이후에, 그리고 Pierce Brookes와 Robert Keppel의 노력에 자극받아, FBI는 폭력성 범죄 억제 프로그램(Violent Crime Apprehension Program: VICAP)을 개시하였다. VICAP는 정보 공유와 사건별 연계를 통해서 요원들을 지원하는, 특정 폭력성 범죄의 특징들을 컴퓨터로 종합한 데이터베이스이다(Howlett, Hanfland and Ressler, 1986). 기술적 발전이 범죄 현장 분석과 수사를 지원하는 VICAP과 살인수사 추적 시스템(Homicide Investigation Tracking System: HITS)과 같은 컴퓨터화된 프로그램의 개발을 이끌어 왔다.
>
> (Keppel and Weis, 1993)

데이터베이스의 개발 및 이를 범죄들과 관련짓고 수사에 지침을 제공하는 데에 사용하는 것은 지난 20여 년 동안 전 세계의 많은 사법기관 요원들에게는 일반적인 활동이 되었다. 그러나 아직도 이들 사법기관들이 이러한 데이터베이스의 연구 잠재성을 인식하고, 경험적 연구로 이끌어 가는 경우는 비교적 드물다. 비록 연구자들과 경찰 기관들 간의 이러한 상호 작용에 가속도가 붙기 시작하였지만, 이를 위한 추진력의 상당 부분은 수사심리학의 출현으로부터 성장하였다.

수사심리학의 출현

1980년대 중반까지, 전 세계적으로 경찰 사회는 버지니아주에 있는 FBI '프로파일러들'에 대해 폭넓은 관심을 갖고 있었다. 1982년부터 1986년 사이에 런던에서 일련의 강간과 살인이 발생하였을 때, 경찰은 생존 피해자들의 진술과 범죄 행위의 세부적인 것들, 혈액형 등을 토대로 모두를 공통된 범죄자와 연결하였으며, 이에 따라 범죄자의 행동이 함축하고 있는 것들에 대해 조언을 해 줄 사람을 찾았다. David Canter(1995)가 이야기하고 있는 것처럼, 경찰은 화재와 다른 비상 상황에서의 인간 행동을 연구한 그의 초기 작업들 때문에 그를 찾아오게 되었고, 수사를 도와줄 수 있는지에 대해 다소 강압적인 형태로 의뢰를 하였다. "또 다른 살인이 일어나기 전에 범인을 체포하도록 도와줄 수 있습니까?(Canter, 1995)"

Canter가 당시에는 범죄자 또는 그들의 치료에 대한 연구에 직접적인 관여를 하지 않고 있었음을 지적할 필요가 있다. 그는 실제 세계의 여러 분야들, 특히 사람들의 경험과 물리적 환경의 활용에 대한 사회심리학의 응용에 대해 경험을 가지고 있는 사회심리학자였다(Canter, 1977 참조). 이는 Canter(1995)가 묘사한 것처럼, 자기 스스로 이 일을 처리해 나가야 한다는 것을 의미하였다. 그는 폭력성 범죄의 특정 맥락에서 나타나는 원칙들의 변형을 검증할 수 없는 상태였지만, 기본 원칙들로부터 작업함으로써 그가 할 수 있는 최대한의 도움을 주어야 했다. 경찰은 그의 수사에 대한 기여가 도움이 된다는 점을 인정하고 나서야 그가 경찰 기록에 접근하도록 개방하였고, 그의 가설을 검증하고 또한 이 책의 중심이 되는 이론들과 모형들을 발전시키는 순수한 연구 수행의 시작을 허용하였다.

Thomas Bond부터 James Brussel까지, 그 이전에 유사한 상황에 있었던 사람들의 작업의 단계에 대한 상세한 지식 없이, 단지 FBI 교육원에서 수행된 작업의 대략적인 윤곽만을 가지고 Canter는 범행에서 일어난 것들의 상세한 점들을 검토하기 시작하였다. 그는 범인이 범행에서 드러낸 상호작용의 형태가 다른 상황에서는 그의 특성들이 될 것이라는 점을 사회심리학자로서 추리하였다. 그러나 그처럼 오랜 기간 동안에 일련의 범죄를 저지르는 행동은 그 자체로서 범인의 행동에서 수사에 유용하게 쓰일 수 있는 어떤 발전을 유발하였을 것이라는 가정을 가능하게 하였다. 이 가정은 범인이 수년 동안 강간을 한 후에 살인이 발생했다는 사실에 의해 뒷받침되었다.

그는 이에 대해 다음처럼 이야기하고 있다.

주변 상황을 어떻게 지각하는지에 관심을 가지고 있는 환경심리학자(environmental psychologist)처럼, 어떤 내포된 절차 같은 것이 있는 것으로 보였다. ……1982년에 하나의 한정된 지역에서 일련의 강간이 발생하였고, 1984년에 좀 더 넓은 지역에서 몇 건이 더 있었다. 그리고 1985년과 1986년에 좀 더 넓은 지역으로 퍼져서 몇 건이 더 있었다 …… 실제로 더 멀리에서 발생한 3건의 살인이 있었다. 경계를 따라 발생하는 살인들 그리고 …… 가장 초기의 범죄 영역에서 벗어나는 움직임 등에서 이 과정에 어떤 발전이 있다는 것이 확실한 듯하였다. 우리가 행동의 세부적인 것들을 볼 때에도 역시 심리적 발전이 있는 것 같았다.

초기 범죄들은 두 사람에 의해서 실행되었다. 이것들은 주말에 발생한 경향을 갖는데, 범인 중 한 명은 다소 후회하는 것 같고, 경우에 따라서 강간한 것을 피해자에게 사과하였다. 이후의 범죄들은 주중에 발생하는 경향을 갖는데, 한 명의 범인에 의해 범해지며, 훨씬 더 단호하고 계획적인 것으로 나타났다. 이는 범죄 생활, 그리고 관련된 범죄 행동에 대한 발전하는 전념의 가능성을 시사한다. 그러한 심리적 발전은 범죄들의 넓어지는 지리 환경에 반영되어 있는 것 같다. 따라서 우리가 생각해야 하는 것은 초기의 범죄들이 이후의 것들에 비해 거의 초보적인, 이렇게 표현해도 되는지 모르지만, '쾌락적인' 그리고 전념하지 않으며, 덜 단호하고, 확실히 경험이 적은 것 같다는 점이다. 만일 그것이 사실이라면, 그래서 우리가 범죄들을 뒤로 추적한다면, 우리는 결국 범인들이 범행을 시작한 1982년의 3건의 범죄에 의해 한정된 지역에 대한 생각을 가지게 될 수 있을 것이다. 그 지역 내에서, 내 생각에는, 아마도 그들은 일상적인 행동의 한 부분인 것처럼 행동하면서, 무슨 짓을 하고 있는지 충분히 생각하지 않았을 것이다. 그래서 나는 1982년에 런던 북서부 킬번(Kilburn) 지역에 근거를 두고 있었던 사람을 찾을 것을 경찰에게 조언하였다.

(Canter, 2003의 허가에 의해 재구성)

지역에 대한 언급에 더하여 Canter는 젊은 여성을 강간하고 살해한 자는 아마도 여성에 대한 폭력 전력을 가지고 있을 것이며, 매우 선정적인 성격의 소유자이고 그렇게 알려져 있을 것이라고 조언하였다. 그는 또한 강간범에 대한 일반적인 정보와 범인의 행동에 대한 피해자들의 묘사도 사용하여, 범인이 20대 후반이며, 대중과 접촉하지는 않는 반숙련형 직업에 종사하고, 한두 명의 가까운 친구하고만 관계를 갖는 유형이라는 점을 지적하였다. Canter는 범인이 상당한 성 경험을 가지고 있을 것이며, 아마도 1983년 전후에 알려지지 않은 범죄로 인해 경찰에 의해 체포되었던 사실이 있을 것이라고 조언하였다(Canter, 1985).

프로파일
• 1983년 초기 범죄들이 발생한 지역에서 거주
• 반드시 성적인 것과는 관계없는 폭력으로 1983년 10월 이후에 체포된 경력
• 아내/여자 친구와 거주-자녀 없음
• 20대 중반
• 밝은 색 머리
• 5피트 9인치
• 오른손잡이
• A형
• 반숙련형
• 대중적 접촉 없음
• 한두 명의 가까운 친구들 이외에 고립적인 생활

[그림 4-2] 아내를 폭행한 혐의로 체포되었을 때 찍은 존 더피의 사진

모든 이러한 가설들은 용의자들 중 한 명인 존 더피(John Duffy, 그림 4-2)가 경찰 기록에 있게 되면서 중요하게 여겨지게 되었으며, 경찰의 관점에서는 단지 그가 별거 중인 아내를 칼로 위협하여 폭행하고 강간한 사실 때문에 주목하였다. 그를 용의선상에 올려놓은 것이 이것 때문이었지만, 당시 일부 경찰관들은 이것이 단지 가정폭력일 뿐이라 생각하였으며, 결혼한 사이에 있는 몸싸움이어서 이러한 사람이 연쇄 강간과 살인을 저지를 것으로 볼 수 없다고 생각하였다. 결과적으로 그들이 찾고 있던 사람이 여성과 어떤 폭력적인 유형의 관계가 있었던 전력을 가지고 있을 것이라는 조언이 특정 용의자를 경찰이 다시 생각하도록 해 주었다(Canter, 1995).

더피가 실제 Canter가 범죄 현장들의 위치에 대한 분석에서 도출해 낸 지역에 살고 있었음이 밝혀졌으며, 경찰은 존 더피에 대한 감시를 시작하였고, 그가 어디를 돌아다니는지, 그리고 어떻게 여성을 주시하고 따라가는지에 대한 정보를 얻게 되었다. 그는 또한 범죄가 있었던 지역에서도 발견되었다. 그가 체포되었을 때, 경찰은 유죄를 확신하는 매우 강한 법정 증거를 발견하였다. 더피는 실제 1982년 3건의 강간 사건이 발생한 시기에 발생지 세 곳의 중간에 살고 있었다.

주요 수사에 대한 이러한 기여의 성공 때문에 Canter는 많은 다른 사건 수사에 참여하도록 요청받았다. 그러나 사회심리학자로서 그는 단지 과거의 실수들을 반복하고, 지식과 정보에 기반한 의견 제시에 안주하는 것을 주저하였으며, 효과적인 과학적 분야가 정립될 수 있는 광범위한 연구 활동들이 실행되어야 할 필요성을 보았다. 많은 경찰 수사에 대한 그의 보람 있는 기여가 범죄와 범죄자들에 대한 정보와 자료들의 축적이 가능하도록 하였으며,

이로부터 더욱 많은 연구들이 촉발되었다(Canter, 1995, 2004; 또한 Canter의 제자들 및 동료들의 작업 중 선별된 것에 대해서는 Youngs, 2009를 보라).

프로파일링 활동의 범위 확대

'범죄자 프로파일링'을 다룬 많은 작가들은 초기 FBI 요원들에 의해 제기된 주장을 따르고 있는데, 이러한 유형의 조언은 단지 명백한 성적 행위와 관련되거나, 또는 범죄자의 심각한 정서적 장애를 반영할 뿐이다(Teton, 1989). 이는 전형적으로 성적 살인과 연속된 강간을 의미하는 것으로 받아들여진다. 또한 프로파일이 필연적으로 임상적인 심리 상담실과 정신병적 진단 범주들의 유형적 접근에 의존한다는 추정을 이끌게 된다.

그러나 비록 프로파일이 아직은 연쇄 살인과 강간 사건들에 대해 제공되지만, 심리학적 논의가 적용 가능한 것으로 간주되는 범죄 유형들이 급속히 확대되고 있다. 이는 다음 장에서 좀 더 명확하게 볼 것이다. 수사에 대한 심리학적 기여는 강도와 사기, 협박과 절도, 아동 학대와 상점 절도를 거쳐서 방화부터 테러까지 전체에서 진행되고 있다. 이는 활용 중인 모형들에 대한 정신건강 전문가들의 점유를 느슨하게 하도록 도움을 주었으며, 또한 단독 범죄자를 초월하여 범죄자들의 사회적 연결망과 관련된 사회심리학적 과정들에 대한 고찰의 발전을 격려하여 왔다(Canter and Alison, 1999).

수사심리학은 다양한 범죄들을 탐구하지만, 미지의 범인에 대한 가설적인 묘사를 만들어 내는 것 이상의 더 많은 방식으로 기여한다. 이러한 기여들은 어느 범죄에서든 의미 있는 것이 무엇인가에 대한 규명으로부터 성장하였으며, 그 자체로 흔히 실무적인 함의들을 가지게 될 것이다. 현저한 특성들은 인터뷰 전략뿐 아니라 범죄 현장 검증까지도 안내할 수 있다. 더욱이 일단 범인의 특성을 고찰하기 위한 모형들이 적절하게 구성되면, 용의자들을 도출하고 우선순위를 정하는 데 도움을 주는 경찰 시스템과 통합될 수 있다. 여기에는 또한 범인에 대한 어떤 프로파일 없이도 큰 의미를 가질 수 있는 범인의 다음 행동이 무엇일 것인지를 예측하는 과제가 있다.

요약

언급한 것처럼, 범죄 수사에 대해 심리학자들이 제공할 수 있는 기여에 대한 대중의 인식은 연쇄 살인범들에 대한 일반적인 흥미에서부터 성장하였다. 이 극악무도한 살인자들은 도시 괴담의 소재가 되었다. 그들은 가상적인 범죄 드라마의 중심이 되었으며, 사실로 발생하면 언론의 1면 장식을 보장하고 있다. 그들은 악의 정수를 전형적으로 보여 주고 있으며, 정신이상의 가장 어두운 부분을 상징하고 있는 것 같다. 반복해서 살인하는 사람의 이미지에 의존하는 부담 때문에, 아마도 그 이미지가 왜곡되고 환상과 조작이 본질에 관한 사실들을 흔하게 감추어 버리는 것이 놀라운 것은 아닐 것이다.

진실을 대체하는 연쇄 살인범에 대한 대중의 믿음의 대부분은 버지니아주 콴티코에 위치한 FBI 교육원의 행동과학부의 연구 기록들에 근원을 두고 있다(Ressler et al., 1986; Douglas and Olshaker, 1997; Ressler, Burgess and Douglas, 1988; Ressler and Shachtman, 1992). 할리우드가 가지고 있는 FBI에 대한 매력이 그들의 가치를 뛰어넘는 현금을 FBI 요원들의 생각에 지불하게 하고 있다. 유명한 영화배우들에게는 혼란스럽고 잘못 알려진 견해들을 반복하는 인용구들이 주어지고 있고, 결과적으로 알래스카(Alaska)부터 잔지바르(Zansibar)에 걸친 전 세계의 시청자들은 그러한 확신과 명확한 권위를 가지고 말해지는 것이 진실임이 틀림없다는 잘못된 인상을 받게 된다.

이러한 '할리우드 효과(Hollywood effect)', 즉 극적인 장면과 함께 잘 장식된 개인의 의견과 이로 인해 부적당한 가치를 부여받는 의견들로부터, 연쇄 살인범에 대한 수많은 말들이 생겨났다. 제13장에서 논의된 것처럼, 이러한 일반적인 말들 중에 어느 하나도 상세한 과학적 숙고를 견디어 내지 못한다. 예를 들어, 연쇄 살인범들이 평균적인 지적 능력을 훨씬 뛰어넘는다고 생각하기 때문에, 흑인 혈통 출신이라고는 생각되지 않고 있다. 연쇄 살인 현상은 20세기 후반까지는 사실상 존재하지 않았던 거의 전형적인 미국적인 것으로 표현된다. 연쇄 살인범들은 오직 자신과 동일한 인종의 피해자만을 공격하는 것으로 주장되고 있으며, 강한 성적인 요소가 항상 나타나는 것으로 추정된다. 그중에서도 가장 특이하게, 연쇄 살인의 저변에 있는 복합적인 과정들의 조합은, 만일 '조직적인 또는 조직적이지 않은(organized or disorganized)' 것으로 다소 애매하게 양분한다면, 단순한 것으로 축소될 수 있다(Ressler et al., 1986).

제13장에 연쇄 살인에 대한 이러한 모든 주장들이 거짓임을 명백히 하는 연구들이 보고되고 있다. 이러한 주장들은 체계적 연구의 첫 번째 장애물에서 걸려 넘어지고 있다. 전 세계의 신문들의 가장 기본적인 읽을거리조차도, 연쇄 살인이 매우 상이한 형태로 전 세계에서 발생하며, 매우 다양한 종류의 사람들에 의해 범해지고 있음을 보여 주고 있다. FBI 요원들의 '연구'에서 나온 주장들은 연구 자체가 특히나 많은 흠결을 담고 있기 때문에 거짓이다. 어떤 다른 맥락에서도, 그처럼 잘못 진행된 연구들의 결과들은 출판되지 않았었다. 이러한 주장들이 그처럼 널리 알려진 것은 오직 대중 매체와 할리우드가 연쇄 살인의 악마를 다루고자 하는 갈망 때문이다.

FBI 요원들이 '범죄자 프로파일링'을 만들었던 초기 활동들의 약점은 그들이 실행했던 내용의 필연적인 결과이다. 그들은 주요 임무가 범죄를 해결하는 문화의 부분이었지, 학문적 연구자들의 여유로우며 고찰하는 환경의 부분이 아니었다. 이러한 '가서 잡아와(go-get-em)'의 환경에서는 무엇이든지 활용 가능한 것을 사용하고, 당시에 최상인 것으로 생각되는 것을 제시하는 것이 자연적이다. 비록 결론을 도출해 낸 정보가 매우 한정적이라도 말이다. 이는 수사심리학의 적용에 있어서 현재까지 사실이며, 탐색적 연구들로부터 얻은 비교적 한정된 발견들이 경찰 조사에 대해 원자료의 타당성을 뛰어넘는 지침을 제공하기 위해 붙잡혀 있을 뿐이다. 따라서 모든 관련분야가 전통 속으로 떠밀려 가지 않고 장기간의 가치를 갖지 못하는 떠도는 말이 되지만 않는다면, 조사에 기초한 그리고 증거를 도출하는 연구들의 계속된 발전이 반드시 필요한 것이다.

추가로 읽을거리

서적

DeNeve, D. and Campbell, J.H. (2004) *Into the Minds of Madmen: How the FBI's Behavioral Science Unit Revolutionised Crime Investigation,* Prometheus Books, New York.

Douglas, J.E,, Burgess, A,W., Burgess, A.G. and Ressler, R.K. (2006) *Crime Classification Mannual A Standard System for Investigating and Classifying Violent Crimes,* 2nd edn, John Wiley & Sons, Inc., San Francisco.

Keppell, R. (ed.) (2004) *Offender Profiling: Readings in Crime Assessment and Profilng,* London, Thompson/Custom Publishing.

Ressler, R.K., Burgers, A.W., Douglas, J.E. et al. (1986) Sexual killers and their victims: indentifying patterns through crime scene analysis. *Journal of Interpersonal Violence, 1*, 288-308.

Youngs, D. (ed.) (2009) *The Behavioural Analysis of Crime: Studies in Investigative Psychology in Honour of David Canter.* Ashgate: Aldershot, UK.

논문

Canter, D. and Youngs, D. (2003) Beyond offender profiling: the need for an investigative psychology, in *Handbook of Psychology in Legal Contexts* (eds R. Bull and D. Carson), John Wiley & Sons, Ltd. Chichester, 171-205.

Douglas, J.E., Ressler, R.K., Burgess, A.W. and Hartman, C.R. (1986) Criminal profiling from crime scene analysis. *Behavioral Sciences and the Law, 4*(4), 401-421

Muller, D. (2000) Criminal profiling: real science of just wishful thinking? *Homicide Studies, 4*(3), 234-264.

Rizinger, D.M. and Loop, J.L. (2002) Three card Monte, Monty Hall, modus operandi and 'offender profiling': some lessons of modern cognitive science for the law of evidence. *Cardozo Law Review, 24*, 193-285.

🖎 토론과 연구를 위한 질문

1. 왜 잠입 경찰관들은 부패에 빠지기 쉬운가?

2. '도둑을 잡는 도둑(a thief to catch a thief)'이라는 말을 사용하는 데 있어 무엇을 조심해야 하는가?

3. 만일 1811년 파리에서 사용했던 것과 동일한 절차를 현재 주요 도시에서 사용하려 한다면 Vidocq가 어떤 어려움들을 경험하였을까?

4. 수법(M.O.)과 습관 사이에는 어떤 차이점이 있는가?

5. 당신의 행동들 중 어떤 것에 대해서 당신이 특징적인 수법을 가지고 있다고 말할 수 있겠는가?

6. Gehnert 교수가 뒤셀도르프 흡혈귀를 미쳤다고 생각한 이유가 무엇이라고 생각하는가?

7. Gehnert 교수에 의해 제공된 프로파일 중에서 살인범을 찾는 데 도움을 주는 것으로 경찰이 직접적으로 사용할 수 있는 것들을 구별할 수 있는가?

8. 왜 이 책에서 우리가 '프로파일' '프로파일링' 및 '프로파일러'라는 단어들에 인용 부호를 사용하고 있는가?

제**2**부

기본 원리

범죄 행위 연구 및 범죄자에 대한
추리를 위한 모형틀

경찰관 롱(Long)을 칼로 찌르는 윌리엄 샙웰(William Sapwell)

출처: The New Newgate Calendar ⓒ The Folio Society Ltd 1960

제5장

범죄성의 분화도

이 장에서는……

학습 목표

1. 범죄 행위로부터 범인을 추리해 내는 과정(또한 A→C 방정식을 풀어 가는 것으로 알려진)에서의 복합적인 것들을 설명할 수 있다.

2. 추리가 도출되는 범죄 변형의 계층구조 내에서 상이한 수준들을 규명할 수 있다.

3. 범죄성의 분화도를 기술하고, 범죄 행위에서의 차이점들이 어떻게 구성되는가에 대해 우리에게 이야기하고자 하는 것을 설명할 수 있다.

4. 추리 모형으로 통합될 필요가 있는 범죄자 행동에서 발전과 변화의 잠재적인 형태들을 이해할 수 있다.

개요

수사심리학(IP)은 범죄 행위에 대한 핵심적인 과학적 의문점들을 확인하고 설명함으로 써, 초기 '범죄자 프로파일링'의 정보에 근거한 추측을 초월하여 나아가고 있다. 수사심리학 은 수사와 범죄자를 이해하는 데에 특별한 관련성을 가지는 의문점들에 초점을 맞추고 있 다. 모든 이러한 의문점들은 A → C 방정식과 관련되어 있으며, 범죄 행위와 범죄자의 특성 사이에 있는 관련성이다.

이러한 방정식의 중심에(→로 표시되는) 범죄와 범죄자에 대한 다양한 추리를 만들어 내는 과제가 있다. 추리는 수많은 다양한 방식으로 발전될 수 있지만, 그 핵심은 논의를 통해서 얻어진 전제로부터 도출된 결론이라는 점이다. 그리고 이러한 논의 과정의 또 다른 측면들 이 부가될 수 있지만, 중요한 시작점은 전제가 가치가 있어야 한다는 점이며, 과학적 맥락 에서 이것은 논의 형성의 기반이 되는 실증적 결과들이다.

수사심리학의 현장 응용은 이러한 모형들에 더욱 복잡한 문제들을 추가하게 된다. 이는 범인의 특성에 대한 주장들이 아니라, 아마도 범죄들이 연계되어 있는지 여부, 수사상 수색 을 위해서 실제 공간 또는 가상의 기록 공간 중 가장 유익한 방향은 어떠한 것인지, 또는 가 가호호 방문조사는 어디에서 실행되어야 하는가에 대한 것 등이다.

실증적으로 추리를 도출하는 것이 왜 기대하는 것처럼 간단하지 않은가에는 많은 이유가 있다. 그중 하나가 범죄성의 계층구조와 관련되어 있다. 일반적인 불법성으로부터 범죄에 서 일어나는 것들의 자세한 세부사항까지, 범죄 행위의 어떤 규모에서 추리가 도출되는가, 그리고 서로 다른 수준에서 형성된 추리들이 어떻게 상호작용할 수 있는가를 결정하는 것 이 필요하다.

일단 범죄의 규모에 초점을 두게 되면, 고찰하고 있는 행위에 대해 무엇이 현저한 것인가 를 특정하는 것이 필요하다. 이러한 현저성은 범죄 행위에 영향을 주는 다양한 과정들로부 터 분리되어서는 특정될 수 없으며, 유사한 사건들에서 발생한 것을 배경으로 해야만 특정 될 수 있다. 어떤 사건 또는 행위의 희귀성은 현저성을 특정하는 데 도움을 주는 측면이다. 이 외에 다른 하나는 특별히 구별되는 사건의 주제이다. 이것들이 모든 계량적인 과정들을 특징짓는 양적·질적 차이점이 된다.

범죄의 질적·양적인 측면들의 조화는 분화도(radex)로 알려진 모형으로 개념화할 수 있 다. 분화도는 범죄들이 서로 차이를 갖게 되는 주요 방식들을 함축하며, 따라서 매우 다양 한 범죄 행위와 흔하게 나타나는 범행의 독특한 특질을 강조하기 위해 사용된다. 이 모형은 비록 모형 내 사례들이 독특하더라도, 모든 가능성을 포괄하고 있다.

대부분의 사람의 행위가 발전과 변화의 주체가 된다는 인식이 보다 복잡성을 추가하게 된다. 이것은 추리의 가능성을 배제시키는 것이 아니라 보편화될 A와 C 변수 간의 단순한 실증적 관련성을 산출해 내는 것의 매우 현실적인 어려움을 지적하려는 것이다. 모든 특별한 상황에 직접적인 관련성을 갖게 되는 실증적인 증거를 활용할 가능성은 극히 낮은 것 같다.

따라서 수사심리학은 범죄자의 행위와 경험에 대한 이론들과 모형을 발전시킴으로써 정보를 근거로 한 추측을 뛰어넘게 된다. 비록 이러한 모형들이 자료들과 개별 사건들에 의존하지만, 시간과 공간을 넘어서 유의미한 그리고 새로운 실증적인 결과들이 사용 가능하게 됨으로써 발전과 개선을 할 수 있는 추리를 가능하게 한다.

A→C 방정식

1990년대에 범죄자 프로파일링의 사용이 증가하면서 범죄와 범죄자들에 대한 이전의 고찰에서는 인식하지 못했던 심리학 내 많은 근본적인 의문점들에 관심이 쏠리게 되었다. 이 의문점들은 앞에서 언급한 것처럼, 범죄에서의 '행위들'이 어떻게 범죄자의 '특성들'과 관련되어 있는가에 대한 수사심리학의 핵심적인 의문점들에 요약되어 있다. 행위들(또는 변수 A)은 어디서(where), 언제(when) 그리고 어떻게(how) 범죄가 범해졌는가를 포함하며, 특성들(또는 변수 C)은 수사 과정이나 법정 절차에서 가치를 가질 만한 범죄자의 모든 측면을 담고 있다. 이들 관계가 A → C 방정식으로 요약될 수 있다(Canter, 1993).

비록 이 관계가 엄격하게 수학적 의미의 '방정식'은 아니지만, 이러한 단순한 공식화에 의해서 좀 더 느슨한 의미를 함축된 상태로 유지하는 데에 도움이 된다. 방정식의 한 부류로서 관계성을 생각하는 것은 무엇이 수사심리학의 핵심적인 의문점들인지에 대한 논의를 단순화시킨다. 이는 또한 이러한 방정식에 의해 함축된 관계들을 실증적으로 규명하려는 과정에서 생겨나는 많은 도전과 복잡성들을 명확히 하는 데 도움이 된다. 그러나 하나의 방정식 조합으로서 문제를 특정화하는 것이, 프로파일링에 있어서 반드시 순수하게 수학적이거나 통계적인 방법이어야 한다는 것을 의미하는 것은 아님을 강조해야 할 것이다. 상황은 전혀 반대이다. 우리가 수사에 대한 심리학적 기여를 위해 과학적 기반을 구축하려는 희망을 품고 있다면, 이들 방정식을 해결하는 데 포함될 수 있는 것이 무엇인지를 연구함으로써 좀 더 개념적이며 이론 유도적인 접근들을 사용해야 한다는 점이 명확해진다.

표준적 관계

A→C 방정식에 내재된 도전들을 이해하기 위한 시작점은 A→C 함수가 단순한 일대일의 관계형태를 거의 갖지 않는다는 점을 인식하는 것이다([글상자 5-1]을 보라; Canter and Youngs, 출판 중, d). 예를 들어, 범인의 나이를 범죄자가 단서를 남기지 않기 위해서 얼마나 주의했는가에 따라 판단할 수 있는 것은 아니며, 또한 무기의 사용에 의해서도 결코 아닌 것처럼, 무기의 사용이 범인이 수감되었던 경험이 있었는지에 대한 단일한 표식이 결코 될 수 없다. 그보다 훨씬 더 복잡한 것들이 A가 C와 관련된 방정식들 속에 있다.

**글상자 5-1 하나의 단서가 항상 하나의 특성을 예측하는 데 사용될 수 없는 이유
(Canter and Youngs, 출판 중, d에서 인용)**

표준 방정식들은 단일 단서로부터 특성들을 추리하는 형태로서 '프로파일링'에서 일부 중요한 문제점들을 강조한다.

- 두 영역 간의 관계는 특정한 예측 변수들의 조화와 연결시키는 특정한 기준 변수들의 형태를 취한다.
- 같은 행위는 일관된 기초 위에서, 하나 이상의 특성을 가리킬 수 있다.
- 같은 특성이 다른 행위들로부터 추론될 수 있다. 예를 들어, 극단적인 폭력성은 경험이 없는 또는 경험이 아주 많은 범죄자에 의해 범해지는 강도 범죄에서 나타날 수 있다. 반대로 강간과 강도 둘 다 침입 절도 전과를 포함하는 범죄 전력을 갖는 경향이 있을 것이다.
- 같은 행위가 다른 맥락에서 또는 범죄자의 범죄 진행 과정의 다른 지점에서 상이한 특성들을 나타낼 수 있다. 예를 들어, 단독범에 의한 총기 휴대는 집단 범행 사건의 공범으로서 총기를 휴대하는 것과는 다소 다른 개인임을 보여 준다. 다른 예로서, 촉매제의 사용은 젊은 방화범에 있어서 평균 이상의 지적 능력임을 보여 주지만, 좀 더 경험이 있게 되면 덜 그렇게 보인다.
- 어떤 한 예측 변수(행위)의 변화는 다른 예측 변수와 기준 변수(특성) 또는 기준 변수들의 집합과의 관계를 불안정하게 할 수 있다.
- 관련성 있는 변수의 배제 또는 실제 불필요한 것들의 포함은 A와 C 변수들 간의 관계를 왜곡할 수 있다. 예를 들어, 어떻게 절도가 시작되는지를 아는 것은 맥락에 포함된 모든 다른 행위들을 조합하는 중요한 행위 변수일 수 있다. 또는 심각한 인적 피해와 재물 손괴 양상이 약물에 취한 무모한 범인을 보여 줄 수도 있지만, 만일 범행의 위장된 계획이라면, 이는 다소 다른, 아마도 특별히 악한 범인을 지칭할 수도 있다.
- A 집합에 있어서 작은 모순된 변화들 또는 특정 변수들의 포함은 C 집합에서의 비중을 근본적으로 변화시킬 수 있다. 따라서 예를 들어, 목격자나 피해자가 확신하지 못하는 행위를 제외시키는 것은 범인에 대한 상당히 다른 묘사를 초래할 수 있다.

이러한 복잡성은 '표준 방정식'(Tabanick and Fidell, 1983: 146)으로 생각될 수 있는데, 이는 [글상자 5-2]에서 보여 주는 것처럼 두 개의 변수 집합들 사이에 존재하는 관계성을 의미하며, 여기에는 특성들 또는 다른 범죄 행위들의 혼합과 관련되어 있는 범죄 행위들의 혼합 상태가 항상 존재한다. 따라서 관계성은 행위 변수의 조합과 특성 변수들의 조합 사이에 존재하는 것이다.

글상자 5-2 범죄 표준 방정식을 나타내는 기술적 설명

이 방정식의 한쪽 편은 범행에 대한 정보에서 파생된 변수들로서, 수사관들이 활용 가능한 것들이다. 다른 쪽은 경찰 조사를 용이하게 하는 데에 가장 유용한 범죄자의 특성들이다. 따라서 만일 $A_1 \cdots n$ 이 범죄자의 n번째 행동을 나타내고(예, 시간, 장소 그리고 피해자 선정을 포함하는), 그리고 $C_1 \cdots m$은 범죄자의 n번째 특성을 나타낸다면, 실증적 의문점은 다음 형태의 방정식에서 비중의 가치($F_1 \cdots n$과 $F_1 \cdots m$)를 설정하는 것이다.

$$F_1A_1 + \ldots + F_nA_n = F_1C_1 + \ldots F_mC_m$$

만일 그러한 표준 방정식들이 어떤 범죄의 하위 집합에 대해 설정될 수 있다면, 경찰 수사를 위한 강력한 기초뿐 아니라 범죄 행위에 대한 흥미로운 심리학적 의문점들을 불러일으키게 될 것이다.

수학적 개념에는 방정식에 대한 많은 해결책이 있다. 다시 말해, A 비중들의 다양한 결합이 그만큼 유효하게 C 비중들의 다양한 결합을 일으킨다. A들을 C들에 연계하는 어떤 자료 집합 속에는 하나가 아닌 많은 가능한 관계들이 있다. 정확하게 예를 들어 보자면, 이는 하나의 행동 패턴이 한 젊은이에게는 긴 범죄 전력을 가지고 있는 것으로, 또는 이와 유사하게 나이 많은 자에게는 별다른 범죄 전력을 가지지 않는다는 것으로 나타날 수 있다. 어떤 사례에서 하나의 관계가 다른 것에 비해 더 강할 수 있지만, 이를 규명하기 위한 연구가 필요하며 충분하게 상세한 자료가 활용 불가능할 수도 있다.

그러나 '방정식'은 프로파일링 문제를 다루기 위한 직접적인 방법을 제공하기보다는 프로파일링이라는 문제의 본질을 나타내는 보다 유용한 표현의 형태, 즉 비유 또는 은유로서 생각하는 것이 가장 좋은 것 같다. 전반적인 '표준 방정식' 개념은 어느 하나의 변수에 발생한 작은 변화가 전체적인 결과에 영향을 미칠 수 있음을 보여 준다. 고찰하고 있는 범죄들의 범위 또는 피해자의 연령, 범죄들을 검토하면서 소모한 시간의 길이 등에 있어서 나타나는 변화가, 예를 들어 범죄 경력 같은 것에 대해 매우 다른 예측을 산출하도록 할 수 있다.

이러한 중심 문제들과 관련하여 두 가지 관련된 방법이 있다. 하나는 변수 A와 C 간의 연결을 교차 입증하는 많은 연구를 진행하는 것이며, 다른 하나는 안정된 관계에 대한 자기 발견적 탐구(heuristic search)를 이끌게 될 이론적 관점들에 더 큰 신뢰를 부여하는 것이다. 두 가지, 즉 실증적 접근법과 개념적 접근법은 모든 과학적인 활동 속에서 행해짐에 따라 서로에게 도움을 주지만, 단기적으로는 개념적 접근법이 보다 비용 효율적인 것으로 나타난다.

이것은 우리가 이론 생성을 용이하게 하는 실증적 절차들을 강조해야 한다는 것을 의미한다. 대규모로 그리고 다량을 고속 처리하는 자료 분석은 항상 개별적인 사안들에 대한 적용성에서 한계가 있을 것이다. 그러나 만일 그러한 분석들이 폭넓게 관련성을 가지는 원칙, 모형 그리고 이론들을 수립하도록 도움을 주어서 우리가 어떤 특정한 자료 집합의 한계를 초월하도록 한다면, 단순히 특정 자료 집합 안에서 무슨 일이 있었는지를 이해하도록 도와주는 것보다는 수사심리학 분야 전반의 발전에 기여하게 될 것이다.

수사상의 추리　•

A–C 방정식과 이에 답하기 위해 우리가 도출한 모형들의 핵심에 추리 과정이 있다. A→C 방정식들의 중간에 있는 →는 추리가 A와 C 사이의 가능한 관계성에 관해 만들어 진다는 것을 함축하고 있다. 이 중에서 가장 명확한 것은 범죄의 단면들로부터 초래되는 범죄자의 특성들에 대한 추리이다. 그러나 보통의 범죄자에게 범죄를 연결시키는 것은 'A_n → A_m 방정식'(n은 행위의 한 집합이며, m은 다른 집합)으로 생각될 수 있는 추리이다. 또한 관심의 초점이 되는 범죄 또는 범죄자의 측면들에 대한 확인─우리가 '현저성'이라는 주제로 탐구하게 될 사안─을 다루는 범죄 실행에 관한 모든 문제점에 집중된 핵심적인 추리들이 있다.

추리를 하는 데에는 많은 방법들이 있다. 실상, 추리들이 어떻게 만들어지는가에 대한 연구에 사용되는 전반적인 논리의 영역이 있다. 그러나 일반적으로 그것들은 항상 '만일 ~ 그래서(if ~ then)' 문장의 형태로 단순화될 수 있는 주장으로 생각될 수 있다. 예를 들어, '만일' 근무일 중에 범죄가 발생하면 결론은 '그래서' 범죄자가 해고될지도 모르는 고정된 직업을 가지고 있지 않다는 식으로 도출될 수 있다. 이런 주장은 항상 주장에 대한 논리를 지원하는 일정 형태의 '보증'을 필요로 한다. 이 사례에서, 그러한 보증은 만일 한 사람이 직장에서 해고되면 주목받게 될 것이고, 이것이 범죄에 대한 증명으로 이끌게 되는 의문점들을 유발할 수 있다는 점이다. 따라서 해고되지 않을 자들만이 범죄를 저질러 왔을 것으로 보지만, 쉽게 알아볼 수 있는 것처럼 그러한 보증은 문화 또는 직업 상황에 대한 추정 속에 포함되는 것이며, 이것이 의혹 없이 받아들여질 수 있기 전에 일정한 경험적 검증이 필요하다. 예를 들어, 자영업자 혹은 업무를 위해 여행 중인 사람의 부재(不在)는 주목받지 않을 수도 있다.

이러한 주장들의 본질을 세심히 살펴봄으로써, 범죄자 프로파일링과 범죄 행위의 이해를 과학적 기반 위에 세우는 것이 얼마나 도전적인 일인지를 더욱 직접적으로 알 수 있다. 주장을 구성하는 데 있어서 세부적으로 고려해야 할 것들, 그리고 그로 인해 추리를 구성하는 데에 무엇이 포함되어야 하는가는 [글상자 5-3]에 있다. 적어도 주장에 대한 여섯 가지의 다양한 구성요소가 있음을 알 수 있다. 이것은 사건이 특별한 특질의 집합을 가지고 있어서 특정 유형의 사람에 의해서 저질러졌다고 단순하게 주장하는 것보다 '만일 ~ 그래서' 과정에 훨씬 많은 측면들이 있음을 보여 준다.

글상자 5-3 추리와 주장

추리를 도출하는 방법은 많다. 철학자 Stephen Toulmin(1958)은 추리가 담을 수 있는 요소들을 이해하는 데에 도움을 주는 주장들을 설명하기 위해 정돈된 도형 모형을 개발하였다.

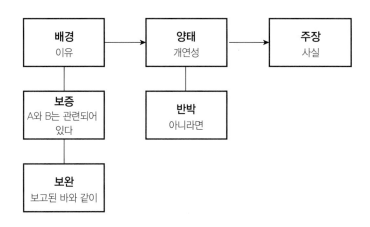

이것은 '프로파일' 연구를 포함해서, 많은 분야에서 유용하다(Alison et al., 2003). 이 모형은 다음과 같은 것들을 보여 주는 데에 사용된다.

- 범인이 알아볼 정도로 '조직적인' 사람일 것이라는 주장(claim)은 ~에서 비롯된다.
- 살인 범죄 현장이 '정돈'되어 있는 것이라는 배경(grounds)은 ~ 때문이다.
- '정돈된' 범죄 현장과 '조직화된' 범죄자 사이의 관계에 의해 보증된(warranted)…….
- 이 관계의 양태(modality)는 매우 높은 개연성이 있다고 추정된다.
- 범죄 현장이 '정돈된' 것으로 지정될 수 있는가에 대한 명확성의 결여에 의해 반박되지(rebutted) 않는다면.
- 이전 연구들에 의해 보완되는(backed) 이러한 모든 것들

> 이 6가지 요소들 각각은, 다음 장들에서 보게 될 것처럼 논란의 여지가 있다. 그러나 이러한 방식으로 추리 과정을 분석하는 것은 역시 중심 사안들을 정의하는 탄탄하고 매우 명확한 방법을 가질 필요가 있음에 주목하도록 한다—앞선 사례에서 '조직적인'과 '조직적이지 못한'의 의미. 만일 이것이 불가능하게 되면, 반박이 전체적인 주장의 기반을 약화시키게 된다.

단단한 vs. 느슨한 짝지음

수사의 한 부분으로서 추리를 해 나가는 과정을 고찰해 보는 데 있어서, 추리의 정확성이 얼마나 다양해질 수 있는가 하는 것에 주목할 필요가 있다(Canter and Youngs, 출판 중, d). 예를 들어, 강간에서 사용된 통제의 일반적 수준에서부터 어떤 군대 근무 경력을 추론하는 것이 가능할 것이다. 그러나 여기에는 피해자를 통제하기 위해 특별하게 사용한 매듭이 특정 군사 훈련과 관련이 있다는 것처럼, 역시 좀 더 정확한 상응성이 있을 수 있다.

동시에 어떤 두 변수들 간의 상응성의 강도는 다양할 수 있다. 강한 관계성의 예로는 만일 강간범이 피해자를 강간하기 위해 집에 침입해서 소유물 일부를 빼앗았다면, 그 범인이 사전에 침입 절도 경험을, 그리고 그에 대해 유죄 판결을 받았을 것이라는 높은 개연성이 있다는 것을 보여 주는 것이다. 그러나 거주자가 있는 주거지에 들어가기 위한 침입 절도범의 준비성은 단지 매우 약하게 이전의 범죄 활동과 관련되어 있을 것이다.

정확도와 강도에 있어서 이들 변화의 조합은 단단하거나 느슨한 짝지음 중 하나라는 폭넓은 개념 속에서 이해될 수 있는 함수(mappings)를 생성한다. 함수가 정확하고 강한 관계성을 가지는 곳에서는 짝지음이 단단하며, 두 가지가 미흡한 곳에서는 느슨하다.

느슨한 짝지음은 범인이 범죄를 저지를 때 탐지를 피하기 위해서 조작한 특별한 예방책들을 통해서 드러나는 범죄 전력에 대해 이야기할 때 예측될 수 있다. 범행에 있어서의 주의성과 범죄 경험 간에는 폭넓은 관련성이 있을 수 있다. 이에 대한 명확한 예는 일상적인 젊은 기회주의적 범죄자가 지문을 남기지 않으려는 주의를 기울이지 않았을 때일 것이다. 이미 자신의 지문이 경찰 시스템에 있다는 것을 아는 범죄자는 그러한 증거를 남기는 것에 대해 대단한 주의를 기울였을 것이다. 그러나 개인의 범죄 전력의 특별한 측면들과 과학 수사적으로 특정 지식을 가지고 있는 행동들 사이에는 다소 단단한 짝지음이 있을 수 있다. 따라서, 예를 들어 물리적 공격 성향을 가진 강간범들은 언어적 협박을 통해서 피해자들을 강압하는 자들에 비해서 그들의 범죄 전력에 보다 더한 폭력성을 가지고 있을 것으로 예상할 수 있다. 다음 장에서 우리는 추리가 발전되어 가는 방식들을 고찰할 것이지만, 모든 추리가 항상 단일한 단서가 바로 특별한 특성적 다양성과 연결된다(=)는 것에서 나오는 것은 아니라는 것을 기억해야 한다([글상자 5-1]을 보라).

물론 짝지음이 단단할수록, 즉 관계성이 더욱 정확하며 더욱 강할수록, 경찰 수사에서 더욱 즉각적인 응용이 가능하며 범죄자들의 행위에 대한 상세한 모형들로 더욱 쉽게 구성될 수 있다. 그러나 느슨한 짝지음들은 이론의 주요 개념적 기준들을 명확히 하는 데 있어서, 그리고 경찰 수사에 일정 형태의 지침을 부여하는 데 있어서 아직은 큰 가치를 가지고 있다고 할 수 있다(Canter and Youngs, 출판 중, d). 예를 들어, 가장 폭력적이고 명백하게 공격적이며 충동적인 범행들이 범인에게 친근한 지역 인근에서 범해진다는 징후들은 단지 '느슨한 짝지음' 관계에서일 것이다. 그러나 만일 수사를 진행하기 위해 한정된 자원들이 있다면, 언제나 그렇듯이, 이러한 일반적인 발견이 제시하는 것은 경찰의 관심을 끌 수 있는 보다 널리 퍼진 가능성들보다는 지역 조사, 가옥별 탐문 그리고 지역주민들에 의해 제공된 제안들을 추적하는 것에 강조점을 두어야 한다는 점이다.

범죄 변형의 계층구조

아마도 논란의 가장 핵심적인 부분은 가상적인 공식에는 항상 깊이 포함되면서, 실제 이야기에서는 흔히 무시되는 것이 무엇인가에 있다. 이는 실제로 고찰되고 있는 사안들의 실제적 구성 요인들이 무엇인가를 명확히 하는 것이다. 이에 대한 좋은 묘사가 실제로 '조직적인' 범죄가 무엇을 의미하는지, 그리고 얼마나 명확하게 '비조직적인' 것과 구별될 수 있는가이다. 우리는 이어지는 내용들에서 이러한 종류의 의문점으로 계속하여 돌아갈 것이다. 왜냐하면 만일 우리가 추리의 근간이 되는 범죄 행위의 구성요소들에 대한 이러한 기본적인 정의들과 기술들에 대해 명확히 하지 않으면, 논리적 정당성을 가지거나 가치 있는 논거를 세울 희망이 없기 때문이다.

추리를 구성하기 위한 시도에서 범죄성의 어떤 측면을 고려해야 할 것인가를 특정하는 첫 번째 단계는 탐구가 일반성의 어느 수준에서 진행될 것인지를 결정하는 것이다. 예를 들어, 범죄자가 절도범 또는 방화범이라기보다는 침입 절도범이라는 것은 단순히 범행의 유형일 것이다. 또는 관심의 초점이 되어야 하는 것은 창문이 어떻게 강제적으로 열렸는지에 대한 특정 세부 사항들일 것이다. 이것이 단지 행위가 범죄이냐 아니냐를 고려하는 가장 낮은 수준의 확장에서부터 매우 특정적인 행동의 상세한 부분들에 초점을 맞추는 가장 높은 수준까지, 무엇이 범죄 행위의 다양한 확장 수준들로 생각될 수 있는가를 고찰할 필요성으로 이끈다. 따라서 이제 무엇이 범죄 분류의 계층구조로 가장 잘 여겨지겠는가를 살펴볼 것이다.

범죄들 간에는 가능한 구분의 단계가 있다. 가장 일반적이며 높은 수준에서, 우리는 범죄가 합법적인 어떤 행위에 반하여 범해졌다는 사실 사이에 존재하는 차이점을 고려할 수 있다. 일단 우리가 한 행위가 범죄이냐 아니냐의 일반적인 수준으로 보면, 한쪽 끝에 있는 일반적인 합법과 불법의 문제로부터, 내포된 정확한 행위들의 매우 상세한 검증의 기초 위에서 사건들을 구별하려는 고려까지, 변형의 연속체(또는 우리의 사다리에서 좀 더 위 단계)가 있게 된다. [그림 5-1]에서 보여 주는 것처럼, 이러한 연속체를 따라 많은 지점들을 확인하는 것이 유용하다.

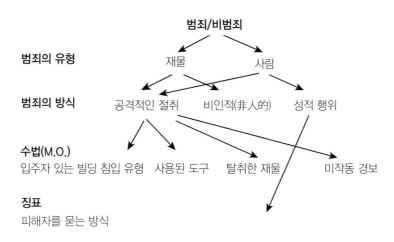

[그림 5-1] 범죄 분류의 전형적인 빈도들

어떤 것이 범죄를 구성하는가 여부를 결정하는 것은 아마도 첫 눈에 알 수 있는 것처럼 쉽지 않을 수 있다. 불법적인 것으로 간주되어야 하는가 여부에 대해서는 심지어 심각한 범죄들에 대해서도 다른 의견이 있다. 해외에서 온 학생이 자신이 하는 말이 자명하다고 믿으면서, 매우 침착하게 "물론, 남편이 아내를 강간하는 것은 불가능해."라고 말하는 것에 대해 대학원 과정 학생들 대부분의 얼굴에 나타난 경악을 보았을 때와 같은 예에서 나타난다. 심지어 오늘날 영국에서는 매춘부들도 자신들에 대한 공격적 행위 없이도 강간으로 간주할 수 있다고 말하며 경찰에게 신고한다. 실상 영국과 미국 법원이 결혼 내 그리고 피해자의 직업과 관계없이 강간의 가능성을 수용한 것은 아주 최근의 일이다.

이는 범죄로 간주되는 어떤 행위들의 집합을 고려함에 있어서 어떻게 그리고 왜 범죄로 간주되는가, 그리고 누구에 의한 것인가를 명확하게 할 필요가 있음을 의미하는 것이다. [글상자 5-4]에서 논의하듯이, 범죄는 심리학적으로 정의되는 것이 아니라 법적으로 정의된다. 이는 범죄자에 대한 범죄의 의미, 그리고 범죄자의 가능한 특성들과 그(그녀)가 다른 유사한 범죄를 범했을 것인가에 대해 큰 함의를 가질 수 있다. 이것의 또 다른 명확한 사례는 보험사기이다. 많은 사람들이 보험 청구를 과장하는 것을 범죄로서 간주하지 않는다. 결과적으로 누가 그러한 범죄를 범하는가, 그리고 어떻게 예방할 수 있는가와 같은 일종의 심리학적 분석은 대부분의 사람들이 범죄라고 인정하는 절도와 같은 사건들에 대한 생각과는 다소 다르게 가고 있다.

글상자 5-4 범죄자란 누구인가

모든 범죄심리학의 출발점은 범죄가 사회-법적인 개념이지, 심리학적 개념이 아니라는 점을 인식하는 것이다. 하나의 행동이 범죄가 되는 것은 행동 자체의 고유한 특질 때문이라기보다는 법 또는 사회에 의해서 정의된다는 사실이다. 따라서 만일 우리가 범죄 행위와 이를 유발하는 저변의 과정들을 이해하려고 하면, 그러한 과정들을 조명하는 법적 정의는 볼 수 없게 된다.

비록 범죄 행위들이 가지고 있는 공통적인 심리학적 기초가 사회의 규칙들을 침해하려는 개인의 선택에 의해 특징지어지지만, 범죄는 다양하고 다채로운 인간 행동을 포괄한다.

순수한 법적 정의에서 벗어나, 범죄 행위를 매우 복합적인 목적들에 접근하기 위한 사람과 물질들의 상호관계 모형으로 이해할 필요가 있다. 이것이 범죄 행위들 간에 심리적으로 의미 있는 구분 방법들을 발전시켜야 할 필요성으로 이끈다.

따라서 범죄자에 대한 추리는 어떤 부류의 사람이 범죄를 저지르는가를 고찰하는 데에서 출발한다(〈표 5-1〉을 볼 것). 범죄학 저술은 범죄자가 만들어지는 것에 관한 이야기들로 가득 차 있다. 본질적으로 대부분의 범죄자는 남성이며, 십 대 중후반이고([그림 5-2]를 보라), 또한 범죄 대부분이 범죄 환경, 특히 범죄자 가족에서 성장한 사람들에 의해 범해진다. 그들은 대개 잘 교육받지 못하고 평균보다 다소 낮은 지능을 가지고 있다. 이것은 범죄자에 대한 이해와 그들에 대한 추리가 구성돼야 하는 것과 배치되는 배경이다. 그래서 흔히 범죄자들의 어떤 하위요소가 '전형적 범죄자'로서 생각될 수 있는 것과 어떻게 다른가에 주목할 필요가 있다.

〈표 5-1〉 범죄자의 일반적 특징

특징	연구결과

연령	**영국 국립 통계청 자료**
	• 범죄 최빈도 연령 = 17(남), 15(여)
	• 여성보다 남성 범죄자의 비율이 약간 높은 것(59% 대 56%)은 21세 이상
	• 35세 이상의 사람들, 특히 여성의 경우에 유죄 판결 또는 주요 범죄로 기소되는 비율이 매우 감소
	• 2005년 남성 범죄자에 있어서, 15세가 다른 연령층에 비해 가장 많은 유죄 경고를 받았으며, 19세는 가장 많은 유죄 판결을 받음. 여성 범죄자들 중에는 14~15세가 가장 경고를 많이 받았고, 가장 유죄 판결을 많이 받는 나이는 16세
	
	미국 FBI 2007년 공식 범죄 보고서
	• 연령별 검거(총 10,698,310)
	  - 15세 이하: 4.3%
	  - 18세 이하: 15.4%
	  - 21세 이하: 29.5%
	  - 25세 이하: 44.4%

성별	**영국 국립 통계청 자료**
	• 남성이 여성보다 범죄를 더 범함
	• 2002년에 영국 전체의 남성 범죄자들은 4대 1 이상의 비율로 여성의 수를 넘어섬
	• 2006년에 영국 전체에서 142만 명의 범죄자가 유죄 판결을 받았으며, 이 중 80%가 남성이고, 7%가 18세 이하였음
	
	미국 FBI 2007년 공식 범죄 보고서
	• 성별 검거(총 10,698,310)
	  - 남: 75.8%
	  - 여: 24.2%

인종	**미국 FBI 2007년 공식 범죄 보고서**
	• 인종별 검거(총 10,656,710)
	  - 백인: 69.7%
	  - 흑인: 28.2%
	  - 인디언 또는 알래스카 원주민: 1.3%
	  - 아시아인 또는 태평양 섬 주민: 0.8%

범죄의 계층

범죄 분류 수준에서 첫 단계로는, 범죄의 포괄적 계층에 대한 문제가 있는데, 예를 들어 특정 사람을 대상으로 하는가 또는 기관을 대상으로 하는가와 같은 것들이다. 이는 또한 폭력적인 범죄자와 재물범죄자 사이의 비교와 같은 범죄의 하위 조합에 대한 의문점을 포함한다. 많은 연구들이 여러 범죄를 저지르는 사람들 사이의 가장 명확한 구분 중 하나로 그들이 절도와 같은 재물에 대한 범죄를 범했는지, 폭력 또는 성폭행 같은 사람에 대한 범죄를 범했는지로 나누고 있음을 보여 준다(Farrington and Lambert, 1994). 사람과 재물범죄 사이의 구분이 중요하지만, 그것이 항상 그렇게 간단한 것은 아니다.

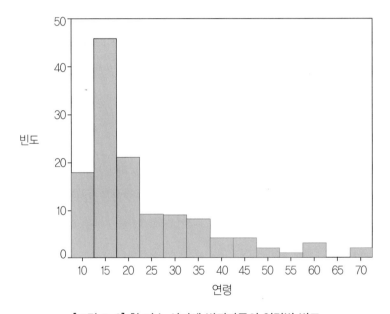

[그림 5-2] 첫 기소 시기에 범죄자들의 연령별 빈도

강도(robbery)를 예로 들어 보자. 본질적으로, 법적 용어로는 폭력이나 폭력적인 위협을 포함하는 절도가 '강도'로 알려져 있다고 명시하고 있다. 비록 '가중된 주거침입 절도(aggravated burglary)로 알려진, 거주민과 마주친 상황과 겹치는 부분이 있기는 하지만, 강도와 주거침입 절도는 구별된다. 따라서 강도는 재물을 취득하는 것을 우선적인 목적으로 가진, 명확히 하자면 '재물에 대한 범죄(crime against property)'로 간주될 것이며, 또한 재물을 절취당하는 개인에 대한 공격 행위, 명확히 하자면 '사람에 대한 범죄(crime against the person)'에 있는 강하고 직접적인 대인관계적 요소를 포함한다. 방화(arson)도 그 경계 영역이 처음 보는 것만큼 명확하지 않은 또 다른 사례이다. 만일 방화가 주거침입 절도를 숨기

기 위해 시도되었다면 이는 명확하게 '재물'범죄이지만, 개인에 대한 보복 행동이라면 아마도 사람에 대한 범죄로 생각되어야 할 것이다. 범죄의 세부적인 것들이 이러한 구분에 도움이 될 것이다.

대인범죄와 대물범죄의 구분은 수사상의 추리를 위해 중요한 함의를 가지고 있다. 이는 특히 다른 사람들과 어떻게 관련되어 있는가라는 관점에서 사람들 사이에 존재하는 중요한 차이점들에 대한 잘 정립된 심리학적 발견들 때문이다. 가장 잘 알려진 성격 구분은 내향성과 외향성 단면의 어느 한쪽 끝이 높게 나타나는 사람들 사이에 대한 것이다. 외향적인 사람은 사회성 있고 타인과 관계를 맺을 준비가 되어 있는 것처럼 보이고, 내향적인 사람은 확실히 파티에 가는 것보다는 좋은 책을 읽는 것을 좋아한다. 보다 직접적으로 관련된 차이점은 Little(1983)의 잘 알려지지 않은 연구와 그의 개인 목표 개념에서 찾아볼 수 있다. 그는 여기에서, 일부 사람들의 삶은 좀 더 명백하게 물질적인 것을 내포하는 목표에 전념하지만, 다른 사람들은 사람과 관련된 목표에 전념하고 있음을 보여 주고 있다(Little, 1983).

이것이 대물범죄자들이 모두 내성적이며, 폭력으로 기소되는 사람들은 사람 지향적인 인생 목표를 가지고 있다고 이야기하는 것은 아니다. 그러나 대물 및 대인 범죄 간의 차이점은 인간 경험의 다른 영역에도 양립되는 것이 있다는 것을 가리키고 있기 때문에, 세상을 영위하는 방법들의 보다 깊은 측면들을 반영하고 있는 것 같다.

이에 대한 생각 중에서 한 가지 생산적인 것은 대물범죄가 확실히 개인의 외부에 있는 결과들과 관련되어 있다는 점이다. 부와 물질의 소유는 개인적 욕구의 표현일 수 있지만, 사람의 외부에 있는 것이다. 반대로 폭력성과 공격성은 범죄자가 느끼는, 뭔가 내부에 있는 것을 해소할 목적을 가지고 있다. 이것은 폭력성을 '도구적인 것과 표현적인 것'으로 나눈 Fesbach(1964)의 구분과 같다. 우리는 넓은 의미로 모든 범죄에 대해 이것을 일반화시킬 수 있다.

어떤 범죄들에서는 외부로 나타난 피해자가 없다고 주장한다. 이러한 '피해자 없는' 범죄들은, 예를 들어 불법 약물을 소지하거나 무면허 운전과 같은 주행 위반 등을 포함한다. 이것들이 타인에게 영향을 주는 범죄로 발전될 가능성을 갖지만, 그 자체로는 단지 그 범죄를 경험하는 사람만이 저지를 수 있는 범죄이다. 이것은 따라서 사람이나 재물을 목표로 하는 범죄와는 다소 다른 것이다.

글상자 5-5 **논의 주제: 동기**

동기가 필요한가?

모든 범죄 소설에서, 법정 절차와 경찰이 사건에 대해 또는 그들이 취해야 하는 조치에 대해 논의할 때에는 필연적으로 범죄 '동기'에 대한 고찰로 진행된다. 사실 FBI 범죄 분류 지침은 범죄를 동기에 기초하여 분류하고 있다고 주장한다. 그러나 동기가 의미하는 것은 무엇인가? 여기에서 범죄들 사이의 차이점을 고찰하는 데 있어서 '동기'와 같은 유령을 내세울 필요가 없다는 점이 지적되어 왔다.

동기라는 개념을 사용하는 것에는 많은 문제점이 있다.

- '동기'라는 용어는 많은 상이한 의미들로 사용될 수 있다.
  - 설명: "그가 나를 죽이기 전에 내가 그를 죽여야 했어요."와 같은 경우
  - 목적: "의료보험에 지불할 돈이 필요했어요."
  - 범인이 제시하는 이유: "그것은 사고였어요."
  - 범인이 인지하지 못했을 수도 있는 무의식적인 충동 또는 심리적 과정: "그의 어머니가 자살했기 때문에 그는 여자를 싫어했다."
  - 범죄가 일련의 행동들의 부분인 경우: "우리는 모두 취해서 웃고 있었어요."
  - 범죄에 형태와 의미를 부여하는 서술: "난 다른 사람들이 나에게 난폭하게 굴도록 두지 않아요. 그래서 그를 교육해야겠다고 결정했어요."
- 사람들의 행위에 대한 이유가 무엇인지 우리가 어떻게 알겠는가? 사람들은 자기 자신을 알지 못한다.
- 대부분의 인간 행위는 단지 하나의 '동기'에 의해 유발되지는 않는다. 당신은 왜 이 책을 읽고 있는지 설명할 수 있는가? 단지 하나의 이유만이 있는가?
- Mills(1940)는 우리가 동기라는 생각을, 무엇인가가 발생한 이유를 진정으로 이해할 수 없을 때 사용하는 경향이 있다고 설득력 있게 주장하여 왔다.
- 흔히 '동기'는 일련의 행위들을 구체화하는 암시적 서술을 의미하기 위해 사용된다. 그래서 아마도 그 서술을 명시적인 것으로 만들려 노력하는 것이 더 나을 것이다.

그래서 일부 범죄를 '동기 없는(motiveless)' 것으로 고찰하는 것이 이해가 되는가? 아니면 우리가 왜 그런 범죄들이 발생했는지 설명할 수 없다는 것을 의미하는가?

범죄의 유형

넓은 계층 범주에 범죄들을 지정하는 것은 범죄를 법적 정의와 가까운 방법으로 생각하는 것과는 다소 다르다. 우리는 '범죄 유형'이라는 용어를 주거침입 절도, 무장 강도 그리고

살인과 같이 법에 근거한 구분과 유사한 분류를 위해 남겨 둘 것이다. 그러나 우리가 언급한 것처럼, 범죄의 법적 정의와 경찰 기록에 등재되는 방식은 범죄자의 상세한 행위들이나 범행의 중요한 심리적 특성들과는 가깝게 일치하지 않는다. 예를 들어, 주거침입 절도의 다양한 유형들에 대해서 주거지와 상가 침입 절도, 가중된 침입 절도, 위장 침입 절도(범인이 침입을 위해 공적인 일을 사칭하는 경우)부터 침입 절도 중에 발생한 재산상의 피해와 이외의 다른 종류들까지, 수십 가지의 다양한 경찰 분류표가 있을 것이다. 그러나 만일 우리가 범죄의 함의들을 이해하려 한다면, 심리학적 분석을 위해 가치 있는 충분한 구분을 제공하면서도 관련 없는 세부 사항들에 초점을 맞춤으로써 행동의 윤곽을 가리지 않는 목록을 만들기 위해 경찰 범주들을 함께 조합하는 것이 흔히 필요할 것이다.

따라서 비록 범죄 유형이라는 넓은 주제하에 범죄와 범죄성에 대한 연구들을 구성하는 것이 얼마간의 가치를 갖는다 하더라도 법조문에 단지 하나의 구성요소만을 갖는 범죄의 단순한 또는 단일한 하부 집합은 존재하지 않을 것이다. 범죄 유형은 항상 특별한 목적에 합당하도록 연구자들 혹은 수사관들에 의해 창조될 것이다. 이것은 범죄성에 대한 이해를 발전시키는 핵심이 되기 때문에, 범죄 유형에 대해 생각해 보기 위해 조직화된 틀을 제공하는 것은 범죄와 범죄성에 대한 근본적으로 새롭게 생각하는 방법의 첫 관문이다. 우리는 범죄성의 계층구조에 대한 검토를 끝내고 이것으로 다시 돌아올 것이다.

행동 패턴: 범행의 방식

행동이 충동적이고 기회주의적인 범죄자들과 범죄를 좀 더 주의 깊게 준비하는 범죄자들 간의 비교와 같은 범죄 행동의 패턴에 대한 의문점들이 범죄 유형보다는 좀 더 구체적인 수준에 있다. 여기에서 살펴볼 것은 해석 가능한 집단 나누기를 구성하는 병행 발생 범죄 행동들을 확인하는 것이다. 이는 아마도 범행의 방식으로 간주될 수 있을 것이며, 수사심리학 연구의 주요 초점이다. 이어지는 장들의 상당 부분에서 범죄 행동들의 병행 발생의 패턴을 탐구할 것이다.

수법(M.O.)

행동들 중에서 다소 보다 논쟁적인 하위 구조는 비교적 비일상적이며 특정 범죄자의 전형적인 것으로서 간주될 수 있는 것들이다. 비록 수법(modus operandi: M.O.)이라는 용어가 다소 모호하지만, 행동 패턴과 구분하는 정도의 구체성에는 적합할 것이다.

M.O.라는 용어는 매우 폭넓게 사용되고 있으며, 이것이 모호성의 이유 중 하나이기도 하

다. 어떤 저자들은 보다 깊이 관여된 정의를 내려서 이를 이해하려고 노력한다. 그들은 수법이 범죄를 성공적으로 실행하기 위해 필요한 범죄자의 행동을 이야기한다고 주장한다. Turvey(1999)는 수법이란 범죄의 성공적인 이행을 보장하고 도주를 가능하게 하면서, 범죄자의 신원 보호라는 목적에 사용되는 것으로 정의하여, 이를 상세히 설명하고 있다(Turvey, 1999: 152).

비록 범죄가 범죄자의 전형적인 행동들로 구성되어 있을지라도 명확한 기능적인 목적들 중 어느 것도 가지고 있지 않은 범죄의 많은 측면들이 있다는 점이 불행하게도 가장 단순한 범죄에 대한 초보적인 고찰에서조차 드러난다. 예를 들어, 만일 침입 절도범이 집이 비어 있다는 것을 확신하지 못하여 집에 있는 누구든 해치울 각오를 하고 있다면, 비록 이것이 수법의 일부가 되기 위한 어떤 명확한 의도들을 충족하지 못하더라도, 범죄자의 행동 패턴의 중요한 측면들이 될 것이다. 실제로, 많은 사건들에서 범죄자의 행위 목적이 무엇인지가 명확하지 않다. 따라서 무엇이 일어났는지에 초점을 두기보다는 왜 어떤 일이 일어났는지를 해석하는 데 의존하는 범주화 도식을 가지게 됨으로써 정확하게 숨겨진 것이 무엇인가를 특정하는 데에 불확실성이 존재하게 되는 것이다. 이는 [글상자 5-5]의 논의에서 보여준 것처럼 '동기'라는 개념의 사용과 유사하다.

수법은 따라서, 범행의 일반적인 '방식'보다 더욱 구체적인, 예를 들어 특별한 유형의 무기가 사용되었는지의 여부처럼, 흔히 행동 패턴으로서 생각될 것이다(Lobato, 2000). '방식'에 대한 우리의 생각과 중복된다는 것은 행동 패턴에 관한 많은 연구들에서 저자들이 수법이라는 용어를 사용할 것임을 의미한다. 따라서 우리는 수법(M.O.)이 특별한 행동 패턴에 대한 대중적인 용어라는 점을 인식하는 데에 있어 이러한 혼란을 감수하는 법을 배워야 할 것이다.

징표

어떤 범죄에 있어서 해당 범죄 또는 범죄자에게 독특한 가장 뚜렷한 행위들의 집합은 징표(signature)라는 용어로 표현할 수 있을 것이다. 비록 범죄 행위와 직접적으로 병행할 수 없는, 글로 쓰인 '서명'과 같은 매우 두드러진 특징들과 정확함을 내포하고 있지만, 다양한 연구들(Keppel et al., 2005)에서 이 용어를 사용하였다. 범죄자가 범죄에서 자신에게만 독특한 매우 명백한 흔적을 남기는 것은 매우 흔하지 않은 일이며, 더욱이 범죄자가 자신이 범하는 모든 범죄에서 어떤 독특하게 뚜렷한 행동을 한다는 것이 사실상 흔하지 않다는 문제가 있다. 따라서 범죄자에 대한 일종의 행동 지문(behavioral fingerprint) 같은 것을 발견한다는 것은 극히 드문 일이다. 『양들의 침묵』에서처럼 전화카드 혹은 박각시나방을 남기는 것은 소설을 흥미롭게 하려고 한 것이지만, 현실에서는 일어날 수 없는 일이다. '조디악 킬러 (Zodiac Killer)'가 신문사에 보낸 퍼즐에서처럼, 그러한 일이 발생하는 아주 특이한 경우에는 이러한 '징표'가 대중의 지식이 될 것이고 다른 범죄자들이 혼란을 더하기 위해 이를 모방할 수도 있다는 위험이 있다.

징표 행위가 어떤 규칙성을 가지고 관찰될 수 있는 유일한 맥락은 범죄가 언어의 사용, 특히 협박 편지 혹은 사기 문서들을 통해서 범해졌을 때이다. 이러한 글에는 어떤 특이한 점, 즉 특정인에게 독특하게 나타나는 기이한 철자 오류들 또는 문법적 오류가 있을 수 있다. 그러나 우리가 반복해서 보게 될 것처럼, 고찰되는 글의 양태들이 여러 사람에 의해 공유되지 않는다는 점이 항상 중요한 징표결정의 필요조건이 된다. 예를 들어, 우리가 자문을 제공한 사건에서, 문제되는 내용의 작성자가 'although' 대신에 'all though'라고 쓰는 이상함이 있다는 점을 언어 전문가가 지적하였다. 그러나 인터넷을 한 번만 훑어보면 이것이 그 사람에게만 독특한 것이 아님을 알 수 있다.

다차원 모형들

비록 [그림 5-1]이 계층구조의 개념적 수준을 보여 주고는 있지만, 이것이 함축적으로 의미하고 있는 선형 배치는 과잉 단순화된 것이다. 이것이 범죄 행위의 각 패턴에 특별한 수법 특성들의 집합이 있고, 그에 따라 일부 범죄 행위 패턴의 집합들이 범죄의 각 유형에 특정되어 있다는 것을 가리키는 것은 아니다. 많은 실증적 연구들이 이들 다양한 수준의 특별함이 복합적인 방법으로 상호작용할 수 있다는 점을 보여 주고 있다. 예를 들어, 범죄학 저술들은 범죄자가 어느 하나의 특별한 유형의 범죄에 전문가일 필요는 없다고 지적한다 (Piquero, Farrington and Blumstein, 2003). 결론적으로, 자신의 범죄를 실행하기 위해 준비를 하는 범죄자와 단지 손에 잡히는 것을 이용하는 범죄자 사이의 차이점이 범죄가 강도였는가 아니면 침입 절도이었는가에서 언급되는 차이점보다 적절할 수 있다. 요컨대 이것이 어떤 특정한 범죄에 관한 기술을 다차원적으로 만들어 가고 있는 것이며, 정확성의 다양한 수준들은 단순한 계층구조보다는 범죄를 묘사하기 위한 차원들의 내적 관련성의 집합으로 간주될 수 있다.

대중적인 일화적 범죄 사건 출간물들뿐만 아니라 한정된 연구 저술들에서 매우 구체적인 행동 패턴에 초점을 맞추는 것은 부분적으로 이들 다차원적 사건들 내의 많은 문제들과 답할 수 없는 의문점들 때문이다. 일부는 범죄자들의 다재다능함, 즉 다양한 방법들로 혼합된 범죄를 범할 가능성과 관련이 있다. 또 일부는 일반적으로 무엇이 실제로 범죄에 대해서, 또는 범죄의 특별한 부분 조합에 대해서 전형적인 것인가에 관해 존재하는 한정된 지식과 관련이 있다. 이러한 것들이 무엇이 특정 범죄 또는 범죄자의 전형적인 것으로 또는 특성으로서 간주되어야 할 것인가에 대한 의문을 불러일으킨다.

이러한 복잡한 구조는 전체적으로 검증하기가 극히 어렵다. 그래서 연구자들은 이 계층구조의 수준들 중 어느 하나에 항상 초점을 맞추어 왔다. 예를 들어, 범죄자와 비범죄자 또는 폭력적 범죄자와 비폭력적 범죄자 간의 차이를 검토하는 많은 연구들이 있다(예, Canter and Ioannou, 2004; Farrington, 1995; Farrington et al., 2001; Stephenson,1992). 상이한 유형의 범죄들 중 유죄인 것들 사이의 차이점을 비교하는 사례는 드물다. 범죄 유형에 따라 나타나는 성격 차이에 대한 Eysenck(1987)의 연구는 흥미로운 예외이다. 비록 범죄 유형 내의 행위적 변형으로 인해서 그의 발견이 단지 어떤 차이점들의 대략적인 표식을 제공할 수 있을 뿐이라고 그 자신이 지적하고 있지만 말이다. 다음 장에서 보겠지만, 현재 방화 또는 살인과 같은 특정 범죄들에 있어서, 범행 방식 차이들과 상호 관련된 범죄자 특징에 관한 많은 연구들이 있다. 그러나 추리를 발전시키기 위한 시작점은 누가 범죄를 범할 것 같은가 하는 관점에서 범죄들이 어떻게 서로 차이가 있는가를 이해하는 것이다.

범죄 변형 모형

복잡한 다차원적 문제들을 다룰 때는 어떻게 개념적인 사안들이 시각적으로 표현될 수 있는가를 생각해 보려고 노력하는 것이 유용하다. 시각 정보를 인식하는 인간 능력은 항상 복잡한 주장들 혹은 수학을 다루는 능력보다 매우 높게 발전되고 있다[어떻게 이 능력을 사용해야 하는지에 대한 재치 있는 이야기는 Roam(2008)을 볼 것]. 지금 논의하고 있는 범죄들 사이의 차이점에 대해 생각할 때, 우리는 시각적 표현의 한쪽에 사람에 대한 범죄를 놓을 수 있다. 여기에는 강간과 같은 성폭행을 폭력성 범주 내에 놓는 것도 적절하겠지만, 단순하게 살인과 폭력으로 지칭할 수 있다. 다른 쪽에는 강하게 재물과 연결된 그리고 직접적으로 사람에 대한 공격을 포함하지 않는 범죄들을 놓을 수 있으며, 이는 방화와 절도를 가지고 보여 줄 수 있다.

만일 우리가 범죄가 개인적이고 감정적인 이익을 위한 것인지, 또는 어떤 도구적 목적을 가지고 있는지를 매우 넓은 개념 속에서 좀 더 생각해 본다면, 폭력과 방화는 개인적이며 감정적인 성질 때문에 함께 놓을 수 있고, 절도와 살인은 보다 객관적인 초점을 가지고 있다는 점에 동의할 수 있다. 이것이 〈표 5-2〉에서 보여 주는 것과 같은 4개의 분류법이다.

〈표 5-2〉 범죄 유형(types) 간의 일반적인 관계 형태

	사람	재물
감정적	폭력	방화
도구적	살인	절도

〈표 5-2〉는 직접적인 실증적 검토의 여지가 있는 범죄성에 대해 많은 다양한 가정들을 담고 있다. 이 가정들은 우리 표의 한 칸에 있는 범죄를 저지른 범죄자는 즉시 옆 칸에 있는 범죄를 저지를 가능성이 있다는 가정을 전제로 하고 있다. 따라서 우리는 살인죄로 유죄 판결을 받은 사람은 방화보다는 폭력 전과를 가지고 있을 가능성이 더욱 크지만, 방화범들은 절도 혹은 폭력 전과를 가지고 있을 가능성이 있다고 가정하게 된다.

이 견해는 이 책의 남은 부분에서 계속해서 반복하여 언급될 분석의 형태에 너무도 중요하기 때문에 여기에서 제안하고 있는 것에 대해 상술할 가치가 있다. 주장의 핵심은 실체들, 이 경우에는 범죄들 사이의 개념적 유사성들이 실제는 병행 발생(co-occurrence)을 반영한다는 점이다. 우리의 가설은 범죄들이 범죄자들의 범위를 넘어서서 서로 연관되어 있다는 것이다.

이러한 연합성은 우리의 A → C 방정식에서 '→'의 한 형태이다. 따라서 우리가 앞에서 시작한 매우 단순한 사례에서, 표는 사실상 범죄들이 서로 관련되어 있을 것이라는 전체적인 추리의 조합을 제안하고 있는 것으로, 많은 가설적 추리들이 제시되고 있다. 예를 들어, 살인이 발생하면, 범인이 사전에 폭력 전과가 있을 것이라고 가정하는 것이다. 만일 우리의 실증적 연구가 이것을 지지하지 못한다면, 우리는 〈표 5-2〉가 요약하고 있는 모형을 변화시켜야 하며 다른 자료들을 더 검증해야 한다.

〈표 5-2〉의 목록은 단지 4개 범죄의 가장 간략한 단순 사례일 뿐이다. 여기에서 중요한 사안들을 보여 주기 위해서는 좀 더 긴 목록을 취하는 것이 유익하다. 〈표 5-3〉은 행동 연구에서 사용하기 위해 흔히 구분되는 주요 범죄 유형들에 대한 지표이다. 그러나 각 연구자는 상이한 체계를 사용하는 것 같다. 예를 들어, 운전 범죄는 전반적으로 제외되거나 다양한 성범죄들은 훨씬 많은 차별성이 주어진다. 그러나 목록은 대인 및 대물범죄 사이의 구분이 목록의 양 끝단에 있는 범죄에 대해서만 명확하게 유지될 수 있다는 점을 보여 주는 데 사용되고 있다. 침입 절도와 절도는 명확하게 직접적으로 재물과 관련되어 있으며, 사람과의 관련성은 결코 포함하지 않는다. 폭력, 성범죄, 살인은 사람에 대한 공격 행위이며 어떤 재물의 측면을 포함할 필요가 없다. 그러나 이미 언급한 것처럼 강도는 폭력성을 가진 절도 또는 침입 절도이므로, 두 가지 형태의 범죄들 사이에 위치하는 것으로 생각될 수 있다.

방화 또한 우리가 본 것처럼 아동이 자신이 다니는 학교에 불을 놓은 것과 같이 일부 추

상적 의미에서는 재물에 대한 공격이 될 수 있으며, 또는 감정적인 보복 행동이 되는 개인에 대한 보다 직접적인 공격이 될 수도 있는 매우 상이한 범죄 유형들을 포괄하고 있다. 따라서 비록 재물이 방화에서 가장 심각한 손상을 받지만, 이 범죄는 자체의 심리적 의미의 개념에서는 폭력성 행동들에 더 가까이 위치함을 발견할 수 있다.

〈표 5-3〉 주요 범죄 유형들

침입 절도	약물 관련
절도	방화
강도	폭력
사기	성범죄
차량 운행 관련 범죄	살인

차량 운행 관련 범죄들은 불법 주차부터 사망 사고까지 전체를 포괄하지만, 범주화 과정에 의해 이들은 또한 차량 절도에 포함될 수도 있다. 이것들은 실제 재물에 대한 욕구 혹은 사람에 대한 공격을 내포하고 있지 않은, 범죄자의 매우 개인적 측면들의 산물인 범죄들로 보이기 때문에, 항상 연구자들에 의해 다른 범죄들과는 구별된다. 또한 범죄자의 감정 상태의 직접적인 산물일 수 있다. 여기에는 흔히 알코올 중독처럼 행동에 영향을 미치는 한 사람의 매우 특별한 특성이 있을 수 있다.

이러한 개인적 가능성들은 일부 범죄 유형들이 실제로 범죄자에 의해서 범죄자에게 범해진다는 인식을 이끌어 낸다. 이것들은 때로 '피해자 없는 범죄'로 불리지만, 결과에 대한 다소 좁은 시각일 것이다. 약물 소지 및 판매처럼, 모든 약물 관련 범죄들 또한 이러한 모형들의 부분이 될 수 있으나, 범죄의 세부적인 것들에 따라 좌우될 것이다.

범죄들 간 변형 모형

이러한 고찰은 가장 재물 관련적인 것부터 가장 사람 지향적인 것 사이에 범죄들의 단순한 순서 매기기란 없다는 것을 보여 주며, 그보다는 다양한 범행 유형들이 있게 된다. 적어도 세 개의 유형을 찾아볼 수 있는데, 재물 취득과 관련된 것, 타인에 대한 행위와 관련된 것 그리고 세 번째로 범죄자의 어떤 개인적 측면들에 관계된 것이다. 어떤 특별한 범죄는 명확하게 무엇으로 구성되어 있는가에 따라 하나 이상의 유형들에 의존할 수도 있다. 예를 들어, 방화는 불을 놓으면서 개인이 얻는 흥분 때문에 실행되거나 타인에 대한 보복의 행동으로 행해질 수 있다. 유사하게 차량 운행 관련 범죄는 차를 절취하며 얻는 흥분의 표식일 수도 있고, 절취한 차를 팔아서 얻을 수 있는 금전과 직접 관련될 수도 있다.

그러므로 〈표 5-3〉에 있는 범죄들 간의 관계를 [그림 5-3]에서처럼 범죄 목표와 관련된 세 개의 넓은 행위 유형에 따라 범죄들을 배분한 개념 순환도상의 위치들로 대신하는 것이 더욱 적절하다. 순환도는 최소에서 최다까지 범죄들의 단순한 순서 매김은 없지만, 연속성이 어느 지점에서든 시작이 가능하며 순환하고 있다는 것을 암시하고 있다. 이는 보완적이고 반대되는 색깔들을 설명하기 위해 흔히 사용되는 색상환(circle of colors)과 비슷하다. 그에 대한 단순한 순서는 없으나, 논리적으로 어떤 시작점으로부터 같은 장소로 돌아가게 된다. 예를 들어, 붉은색에서 시작하면 오렌지색을 통해 노란색으로 갈 수 있다. 노란색으로부터 갈색과 녹색을 통해 청록색과 청색까지 가며, 이어서 자주색을 통해서 붉은색으로 돌아간다. 우리는 이들 색에 대해서 따뜻하거나 찬 것 또는 자연적이거나 그렇지 않은 것이라고 생각할 수 있으며, 이들을 다른 연속성으로 정리할 수 있다. 그러나 모든 화가가 이해할 수 있는 순환적 순서 짓기에 대한 논리는 있다. 음악적 재능에 대해서 보면, '5도권(circle of fifth)'이라고 알려진 것이 이와 유사한 특질을 가지고 있다. 따라서 우리는 경험을 표현하는 이 순환도 방식이 많은 맥락에서 가치를 가지고 있다는 점을 인식할 수 있다.

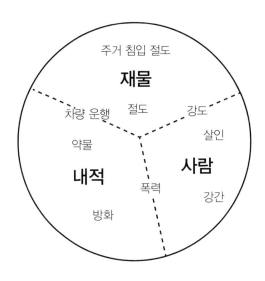

[그림 5-3] 범죄들 간 변형 모형

범죄 행위들의 병행 발생

〈표 5-2〉에서 보는 것처럼 일부 모형틀 내에서 범죄 행위들의 구조는 처음 나타났던 것만큼 간단하지 않을 수 있다는 점이 드러난다. 더욱이 〈표 5-3〉의 대물범죄부터 대인범죄까지의 단순한 순서는 기대한 만큼 실증적으로 합당하지 않을 수 있다. 따라서 이들 상이한

범죄들 사이에 어떤 실제적 연계성이 있는가에 대한 중요한 의문점들이 생기게 된다. 〈표 5-2〉와 [그림 5-3]의 모형들은 어떤 범죄 행위들이 실제적인 측면들을 공유하는지에 주목하여 직접 검토를 가능하게 하는 상호 관련성 가설들의 집합으로서 가장 적합하다고 평가되고 있다.

이 모형들은 두 가지 가정에 기초하고 있다. 하나는 범죄자들이 전형적으로 하나의 범죄보다는 더 많은 범죄를 저지른다는 점이다. 비록 이 가정에 기초한 많은 추리들과 여타 연구들의 적용이 범죄자가 단 하나의 범죄만을 범했을 때에는 주의해서 다루어져야 하겠지만, 이 가정은 대체로 타당하다. 다른 하나는 개념적으로 서로 유사한 범죄들은 특징을 공유하는 범죄자들에 의해서 전형적으로 범해진다는 것이다. 따라서 이것들이 서로 유사한 것으로서 생각되어야 하는가 여부에 대한 실증적 검증이 바로 범죄들의 병행 발생이다. 명확하게 하자면, 병행 발생은 다양한 범죄와 범죄자들에 걸쳐서, 같은 사람에 의해서 실행되는 범죄들의 하위 집합이 있을 것이라는 의미이다. 동일한 용의자가 범한 일련의 범죄들이 있는 사례들 대부분에서, 이들 범죄의 병행 발생이 범죄성 모형들의 이어지는 분석과 발전을 위한 기초로 사용될 수 있다.

다음 장들에서는 경찰 자료망의 강점과 약점, 그리고 범죄 행위에 대한 범죄자들의 자기 보고서를 가지고 작업하는 것이 유용하다는 것을 논의할 것이다. 후자는 기소되지 않은 많은 범죄들을 포함하는 경향이 있기 때문에 범행에 대한 보다 완벽한 설명을 가능하게 한다. 따라서 범죄들의 병행 발생을 고찰하고 바탕이 되는 구조를 확인하기 위한 유용한 기초가 된다. 자신들의 범죄 행위들에 대한 비밀 설문지를 완성하도록 요청하여 범죄자들의 자기 보고를 검증하려는 많은 연구들이 있어 왔다(Junger-Tas and Marshall, 1999). 기소된 심각하지 않은 범죄는 보고하고, 기소되지 않은 심각한 범죄에 대해서는 축소 보고하는 것 같다고 Youngs, Canter와 Cooper(2004)가 언급하고 있지만, 범죄자들의 답변이 실제로 기소되었던 범죄와 관련되어 있다는 상당한 증거가 있다(Youngs, 2001). 이러한 연구들은 우리가 범죄성 모형들의 발전에 대한 설명을 좀 더 가능하게 한다.

범죄자 차이 연구

범죄자들 스스로가 제공한 범죄 행위에 대한 연구는 이론적으로뿐 아니라 실제적으로 큰 가치를 가지며, 스스로가 보고한 범행 수단들의 합리적인 타당성과 신뢰성도 정립되어 왔다(예, Farrington, 1973; Farrington et al., 2001; Hindelang, Hirschi and Weis, 1981). 이들 연구 중 하나가 Youngs(2004)가 보고한 것으로, 이러한 연구가 어떻게 수행되는지에 대한 세부적인 것을 이해하는 것은 유용한 일이며, 연구들의 장점과 단점이 보다 전반적으로 평가될 수 있을 것이다.

그녀는 보호관찰소, 교도소, 소년원 재소자 및 일반인 207명(14~28세)을 대상으로 조사하였다. 이 중 90%가 적어도 한 번의 범죄 기소 전력이 있었으며, 어린 나이부터 연루되어 있었다(평균 첫 기소 연령이 15세). 연구 당시 그들의 평균 나이는 19세였다. 거의 절반이 10회 이상의 기소 전력을 보고하였으며, 12.2%가 40회 이상을 보고하였다. 많은 수가 가족의 범죄 전력을 보고하였으며, 1/4가량이 적어도 부모 중 한 명이 기소 전력을 가진 것으로 보고되었다. 그리고 거의 2/3는 학업 기록이 없었으며, 따라서 실험 대상자들이 영국의 범죄자들의 전형적인 특성들 상당수를 드러내고 있었다(Youngs, 2004).

Youngs는 다양한 형태의 범죄성 및 일탈성과 관련된 45개 문항으로 구성된 자기 완성형 설문을 준비하였다. 문항들은 Furnham과 Thompson(1991), Elliot과 Ageton(1980), Nye와 Short(1957), Hindelang, Hirschi와 Weis(1981) 그리고 Shapland(1974)가 사용한 것들을 기초로 하였다.

설문지는 범죄 및 일탈 행동 그리고 사건에 대해 기술하는 문장들로 구성되었으며, 응답자들은 그들이 범한 이러한 행동들의 빈도를 '전혀 없다-한두 번-몇 차례-여러 차례-매우 자주(50회 이상)'의 단계에 따라 응답하도록 하였다. 범죄성에 대한 일반적인 이해를 발전시킬 목적으로 초기에는 45개의 행위들 각각을 범한 적이 있는지 또는 전혀 범한 적이 없는지에 따라 이분법적으로 응답하도록 하였다.

설문지는 교도소 또는 보호관찰소 안전 규정이 허용하는 범위 내에서 큰 집단으로 구성하여 무기명 작성하도록 하였다. 일부 기관들은 개인적으로 설문지가 주어져 작성하도록 하였으나, 보통은 3개의 집단으로 구성하였다. 응답은 타인에게 노출되지 않도록 주의를 기울였으며, 각자 개인 시간에 작성하도록 하였다. Youngs는 일부 읽기 또는 이해에 어려움을 겪는 재소자를 도와주었다.

45가지 자기 보고식 범죄 및 일탈 행동들 내에는 범행의 유형들을 드러내려는 많은 방법들이 있다. 이 과정들은 대상자들로부터 받은 응답들 중에 병행 발생의 바탕을 이루는 의미 있는 구조를 찾는 것으로 구성되어 있다. 가장 공통적인 것은 일부 요인분석의 형태이며(요인분석은 일반적으로 Spearman, 1904에 기원한다. 보다 상세한 사용법 논의는 Harman, 1976을 보라), 다른 연구자들은 클러스터 분석(집락 분석) 형태를 선호한다(Tryon, 1939). 이 절차들은 다른 연구들에서 논의된 많은 약점을 가지고 있지만(Grimm and Yarnold, 1995 참고), 범죄적 맥락에서 드러나는 중요한 약점은, 이 절차들이 연구가 진행되면서 근본적인 구조에 대한 우리의 이해의 발전을 용이하게 하지 못한다는 점이다. 이것들은 이들(절차) 스스로가 표현하는 구조의 형태에 제한되는 경향이 있다.

다차원 척도법

많은 수사심리학 연구들에서 생산적인 또 다른 접근법이 발견되었는데, 이것이 바로 다차원 척도법(Multi-Dimensional Scaling: MDS) 유형이다(예시는 Canter and Fritzo, 1998; Canter and Heritage, 1990; Salfati, 2000을 보라). 범죄와 범죄성에 대한 연구를 위한 다차원 척도법의 가치는 서리 대학교(University of Surrey)에서 David Canter와 동료들에 의해 처음으로 확인되었으며, 현재는 세계의 많은 연구팀들이 선택 분석에서 이를 채택하고 있다(예, Gerard, Moemont and Kocsis, 2007). 다차원 척도법은 요인분석 및 클러스터 분석법과 기초적인 공통 수학식을 공유하고 있으며, 항상 폭넓게 유사한 결과들을 제공하지만, 강한 시각적 방식으로 변수들 간의 관계를 보여 주는 이점이 있다. 요약하자면, 변수들을 개념적 공간 속의 지점들로 표현하기 때문에 변수들 간의 연계가 강할수록, 다차원 척도법상에서 이들을 표현하는 점들이 더 가까워진다. 많은 연구들이 최소 공간 분석법(Smallest Space Analysis: SSA-I)으로 알려진 비계량적 다차원 척도법을 특별히 사용하여 왔다(Lingoes, 1973). SSA-I의 특별한 능력은 지리적 공간 속의 거리 순위로서 병행 발생의 순위 순서를 표현하는 데에서 나온다(따라서 이를 '비계량' 다차원 척도법이라 부른다). 이는 절대적인 가치보다는 비교 차이를 강조하기 때문에 공간적 표현이 쉽게 해석되도록 하는 경향이 있다. 또한 이 기법은 특별히 높거나 낮은 절대 빈도를 생성하는 특별한 사례들에서, 분석이 편향에 민감해지지 않도록 한다. 최소 공간 분석법(SSA)의 기술적 설명은 [글상자 5-6]에 있다.

글상자 5-6 최소 공간 분석법(SSA)의 기능 설명

최소 공간 분석법(SSA; Lingoes, 1973)은 비계량적 다차원 측정 절차로서, 만일 모든 변수들 상호 간의 관계가 검증된다면 바탕이 되는 행동의 구조 또는 체계가 가장 쉽게 평가될 수 있는 것이라는 가정에 근거하고 있다. 그러나 모든 변수들 간의 정제되지 않은 수학적 관련성의 검증은 해석하기 어려울 것이기 때문에, 이 관계의 기하학적(시각적) 표현이 만들어진다.

본질적으로, SSA를 사용할 때, 귀무가설은 검증되는 변수들이 서로 이해할 수 있는 관계를 갖지 않는다는 것이다. 다시 말해서 강간범의 행동을 예로 생각해 볼 때, 피해자의 반응에 따라 행동을 변화시키는 범죄자들은, 피해자에게 말을 걸고 공격 행위에 대한 반응을 표현하도록 피해자를 부추기는 자들과는 동일하지 않을 것이다. 이 두 변수들이 모두 피해자와 어떤 관계를 시작하고자 하는 욕구를 표시하기 때문에 서로 관련이 있을 것이라는 것은 상식적인 가정이지만, SSA는 이 가정뿐 아니라 변수들 각각이 다른 모든 변수들에 대해 가지는 관련성에 의해서 제시되는 다른 가능성들 모두에 대해서까지 검토를 가능하게 한다.

비록 SSA의 해석을 위한 일련의 가설들을 제공하는 배경 이론들이 흔하게 있겠지만, SSA의 사용은 연구 중에 있는 영역의 요소들과 이들 간의 관계, 즉 영역 안에 존재하는 체계에 대한 가설의 생성을 가능하게 한다. 다시 말해, SSA는 향후 연구들에 집중하기 위해 사용될 수 있는 결과로부터 어떤 지침들이 존재하는가를 보여 주도록 도움을 주는 데 있어서, 가설 검증 및 체험적 가치 검증으로서 가장 훌륭하게 고려될 수 있다.

따라서 SSA는 통계적으로 파생된 기하학적 공간에서 거리에 따라 변수들 간의 상관관계를 표현하는 수많은 절차들 중의 하나이다. 이것은 오래전에 처음 사용되었지만(Guttman, 1954), 최근에 컴퓨터 개발로 인해 일반적인 사용이 용이하게 되었다. Guttman(1968)이 언급한 것처럼, SSA는 다른 접근법들을 다차원 측정법과 비교했을 때 가장 작은 차원성의 해결책을 산출해 내기 때문에 이처럼 불리고 있다. 이는 우선적으로 이 기법이 절대적인 가치보다는 근본적인 상관관계의 순위 순서에 따라 실행되기 때문이다.

SSA 프로그램은 모든 변수들 간의 상관관계 또는 다른 연계 계수를 계산하며, 이후 이들 상관관계들의 순위 순서를 계산하는데, 이 경우에 자료 행렬(matrix)의 세로 열이 우리가 사용하는 변수들이다. 보통 이것들은 내용 분석 과정에서 추론된 행동 범주들이다. 이 행렬의 가로 행들은 개별 사건 또는 범죄들이며, 첫 단계는 모든 변수들(세로 열) 상호 간의 상관관계를 입증하는 것이다. 이는 모든 이러한 상관관계들을 기록하는 또 다른 행렬을 산출한다. 왜냐하면, 변수 A와 변수 B의 상관관계는 변수 B와 변수 A의 상관관계와 같기 때문에, 모든 다른 변수와 상관관계를 갖는 모든 변수의 행렬은 대각선을 따라 대칭 상(mirror image)을 갖는 것으로 간주될 수 있으며, 흔히 삼각 행렬로 언급된다.

변수들을 표현하는 점들을 가지고 항목의 공간 표현을 형성하기 위해 사용되는 것은 이들 상관관계 계수, 즉 상관관계의 순위 순서에 반대로 관련되어 있는 점들 사이의 거리의 순위 순서이다. 기하학적 표현에 대해 조정이 시행되는 반면에, 거리의 순위 순서와 상관관계에 지정된 순위 순서 간의 비교가 반복된다.

두 개의 순위 순서가 더 가까워질수록, 기하학적 표현과 원 상관관계 행렬 간 '적합성'이 더 좋아진다. 또는 이것은 기술적으로 '스트레스'가 더 낮아진다고 언급된다. 반복은 가능한 한 최소의 스트레스가 달성될 때까지 미리 지정된 차원들의 수(number) 안에서 계속된다. 소외 계수(coefficient of alienation)라 불리는 스트레스 측정(자세한 내용은 Bog and Lingoes, 1987을 보라)은 반복적인 절차를 끝마치는 데에 사용되는 기준으로서 컴퓨터 연산식 내에서 사용된다. 따라서 이것은 변수들의 내적 상호 관련성이 상응하는 공간적 거리에 의해 표현되는 수준의 일반적 표식으로 사용될 수 있다. 소외 계수가 작으면 작을수록 적합성, 즉 원 상관관계 행렬에 대한 구성의 적합성이 더 좋아진다.

그러나 Borg와 Lingoes(1987)가 강조한 것처럼, 표상이 얼마나 좋은가 또는 나쁜가의 의문에 대한 단순한 답변은 없다. 이는 변수들의 수, 자료의 오류의 양, 해석 틀의 논리적 강도 등의 복합적인 조합에 좌우된다.

SSA 배열에 있어서, 넓은 개념으로, 두 변수들이 보다 높게 상호 관련되어 있을수록, SSA 공간에서 이 변수들을 표현하는 점들이 더 가까워질 것이다. 배열은 변수들 사이의 관계에 따라 발전되었으며, 어떤 특정의 '차원' 또는 축과 변수들의 관계로부터 발전된 것이 아니기 때문에, 결과적인 기하학적 표시의 축들의 공간 내 방향은, 비록 점들 사이의 관계는 반복 가능하게 결정되지만, 자의적이다. 따라서 점들(지역)의 패턴은 기저를 이루는 직각 차원을 추정할 필요 없이 직접적으로 검토될 수 있다.

SSA의 지역 구조 검토를 통해 변수들을 분류하는 방법들을 위한 증거를 검증하는 것은 단면 이론(facet theory)으로 알려진 연구 접근법의 일부이다(Canter, 1985). '단면들(facets)'은 전반적인 변수 유형들의 범주이다. 이들을 표현하는 점들의 공간적 근접성은 실제 사건들에서 병행 발생을 통해 나타나는 것처럼 이 변수들 사이의 중요한 근본 차이들에 대한 검증을 제공하며, 이로써 '단면들'이 실증적으로 지지되는가 여부에 대한 검증이 된다. 따라서 SSA 표시는 변수들 간 관계들의 구조에 대한 가설들을 검증하고 발전시키기 위한 기초를 제공한다.

단면 가정은 근접성의 원칙을 사용함으로써 다소 자의적인 '그룹 짓기' 제안들을 초월하며(Foa, 1958; Guttman, 1965; Shye, 1978), 단면 내 요소들이 기능적으로 관련되어 있을 것이기 때문에, 이들의 존재는 상응하는 실증적 구조에 반영될 것이라고 적시한다. 다시 말해, 동일한 단면 요소들을 공유하는 변수들은 보다 높은 상관관계를 가질 것이며, 동일한 요소를 공유하지 않는 변수들보다 다차원 공간에서 더욱 가까이 함께 나타나야 한다.

근접성 개념은 일반적인 지역 가설로 확장될 수 있다. 공통적으로 단면 요소들을 가지고 있는 항목들은 공간의 같은 지역에서 발견될 것이다. 마찬가지로 매우 낮은 내적 상관관계를 가진 변수들은 비유사성을 보이면서 구성도(plot)상 다른 지역에 나타날 것이며, 동일한 단면 요소의 귀속 관계는 나타나지 않을 것이다. 지역에 있는 변수들이 공통적으로 가지고 있는 것에 대해 명확한 기술이 가능하게 된다면, 다차원 공간에서 인접한 지역성은 단면 요소의 매우 특정적인 확인 요인이 된다. 물론, 가설 생성의 탐색적 단계가 단면들의 형성으로 이어졌거나, 또는 문헌이 단면들을 제시했을 때, 인접 지역들의 존재는 가정된 단면들의 강하고 정확한 평가방법으로 사용될 수 있다. 또한 과학적 반복실험의 일상적 과정들이 실행될 수도 있다.

점이 매우 적은 또는 전혀 없는 SSA 구성도의 영역들 또한 관심의 대상이다. 이와 같은 사례들은 자료가 부족한, 혹은 사실상 누락된 단면 요소들을 보여 주는 것일 수 있다. 이어지는 연구들은 이러한 누락된 요소들의 존재 검증을 위한 새로운 자료를 가지고 실행될 수 있다. 이러한 방법으로 단면들에서 특정화된 공식적 이론과 지역적 근접성에서 나타난 실증적 구조 사이의 내적 작용이 자료들의 원 집합 내에 포함되지 않은 사건들을 확인하게 할 수 있다.

좀 더 명확히 하기 위해 반복하자면, 다차원 척도법(MDS)에 있어서 이론적 공간의 각 점은 다양한 변수를 표현하는데, 이 경우에는 범죄자가 특별한 범죄를 범했다는 것을 보고하였는지 여부를 말해 준다. 공간적 구성에서 두 점이 서로 더 가까워질수록, 서로 간의 연계가 더 높아진다는 것으로, 이 경우에는 병행 발생의 빈도가 더 높아진다는 것이다. 범죄에 대한 대부분의 연구에서(예, Canter and Fritzo, 1998; Canter and Heritage, 1990; Salfati, 2000), 자카드 계수(Jaccard coefficient)가 병행 발생 측정에 사용된다(Jaccard, 1908). 이것은 두 변수의 모든 발생의 비율에 대한 어떤 두 변수 사이의 병행 발생 비율을 측정한다.

단면 접근법

가설들을 검증하거나 발전시키기 위해, 최소 공간 분석법(SSA) 배열을 시각적으로 검토하여 변수들 간의 관련성 패턴을 결정한다. 변수들을 나타내는 점들의 배열은 또한 직접적인 검토를 가능하게 하므로, 앞으로 다른 분석에 의해 검증될 수 있는 변수들의 조합들 간의 가능한 구분에 대한 가설들이 생성될 수 있게 한다. 변수들 간의 관계 구조는 점들의 배열에 반영되며, 따라서 Youngs(2004)의 연구에서처럼 지역들은 범행의 패턴 또는 '방식'을 표현한다. 이들 지역에 대한 실체적인 해석은 단면 이론 접근법(facet theory approach)을 채택하고 있다(예시는 Canter, 1985; Shye et al., 1994를 보라). 이 접근법 내에서 모든 변수는 단면들로 알려진 몇 가지 기본적인 개념적 차이의 숫자 관점에서 분류된다(Guttman, 1982). '단면'이라는 용어는 그리스어 '얼굴(face)'에서 유래하였다. 기술되는 어떤 실체들의 단면들에 대해 언급함으로써, 우리는 그들을 바라보는 다양한 방법들을 생각하게 된다. 예를 들어, 어떤 행동의 예외성이 한 범죄의 하나의 단면이 될 수 있으며, 두 번째 단면은 우리가 고찰하고 있는 네 개의 지배적인 상호작용 모형에서 도출될 수 있다. 한 행동의 이들 두 개의 다른 단면들은 어떤 체계적인 방법으로 관련되어 있어야 하며, 이러한 일련의 접근법들의 검증 가능한 모형을 생성할 수 있게 하는 연구에 대한 매우 생산적인 접근법이 있다.

의문시되는 현상의 구분을 위한 기초로서 이들 단면에 대한 증거는, 단면들(요인들)을 묘사하는 상호 배타적이며 포괄적인 범주들의 집합이 공간의 상이한 인접 지역들 내에 위치되는 지점에 존재하는 것으로 간주 된다.

Youngs의 연구에서 SSA-I에 의해 표시된 범죄 행위의 구조를 [그림 5-4]에서 보여 주고 있다. 표식들은 45개 행위들의 간략한 요약들이다. 이와 관련된 전체 항목들은 〈표 5-4〉에서 볼 수 있다. 선들(lines)은 단면 이론의 원칙들 내에서, 해석을 돕기 위해 연구자들에 의해 결론으로 도출된 배열 위에 그려진 것이다([글상자 5-7]을 보라).

해석을 위한 핵심적인 원칙들은 흔히 '지역성 가설'이라고 지칭된다. 이것은 유사한 의미들을 가진 항목들이 배열 내에서 함께 더 가깝게 위치할 것이며, 일부 항목들이 다양한 항목들과 그들의 의미적 측면들을 공유할 수 있다는 점, 또는 항목이 표현된 방식에서 경미한 변화가 있게 되면 구성도에서 이것이 약간 다른 부분에 위치할 것임을 의미한다는 점을 인정하고 있다. 따라서 구성도는 명확하게 배열에서 드러나지 않는 한 군집 혹은 차원이 아닌 지역의 개념에서만 해석될 수 있다.

지역은 경계선에 의해 표시되므로, 이들 선이 지역 사이의 경계들을 지칭한다는 것을 명심하는 것이 중요하다. 이 선들은 구성도 전반에 있는 점들의 의미 변화에 주의를 끌기 위한 것이며, 예를 들어 회귀선에 의해 생성되는 것만큼 엄격한 지표를 의도하는 것은 아니

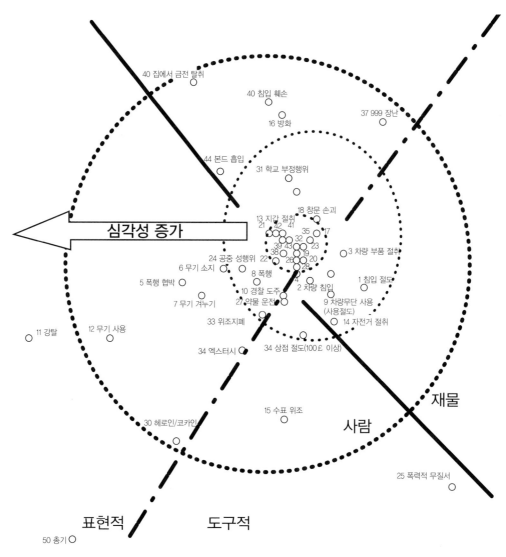

40 집에서 금전 탈취

40 침입 훼손

37 999 장난

16 방화

44 본드 흡입

31 학교 부정행위

18 창문 손괴

13 지갑 절취

심각성 증가

35
17

32
39 43
38
23

24 공중 성행위   19 20

3 차량 부품 절취

6 무기 소지   8 폭행

5 폭행 협박

26 28

2 차량 침입

4

1 침입 절도

10 경찰 도주

7 무기 겨누기

27 약물 운전

9 차량무단 사용
(사용절도)

33 위조지폐

14 자전거 절취

11 강탈

12 무기 사용

34 엑스터시

34 상점 절도(100£ 이상)

재물

15 수표 위조

사람

30 헤로인/코카인

25 폭력적 무질서

표현적   도구적

50 총기

[그림 5-4] 범죄 행위들의 최소 공간 분석. 핵심 변수들을 위한 전체 항목 기술은
〈표 5-4〉를 보라. 그림에 있는 숫자들은 〈표 5-4〉의 항목들을 가리킨다.

출처: Youngs (2004). 허가에 의해 재구성

다. 사실 경계선에서 멀리 있는 점들은 지역을 정의하는 데 있어서 '좀 더 순수한' 것으로 기
대되는 것에 반해, 경계선의 특성상 경계의 어느 한쪽의 의미에 의존하게 되는 경계에 가까
운 점들이 있을 수 있다. 요인 분석에 익숙한 사람들은 경계로부터의 거리를 '요인 부하'의
증가로 생각할 것이다. 통상적인 추론 통계가 좀 더 편한 사람들은, 경계의 명확성과 경계
가 임의적일 개연성(p value)의 감소와 유사하게 주의를 끄는 구분의 명료성에 대해 생각할
것이다.

〈표 5-4〉 Youngs(2004, 2006)가 사용한 45개 범죄행위 양태들

	전체 행위/항목	분석 표식
1	주택, 상점, 학교를 무단 침입하여 금전이나 원하는 것을 탈취했는가?	침입 절도
2	물건을 탈취하기 위해 잠긴 차에 침입했는가?	차량 침입
3	소유주의 허락 없이 차의 휠 캡, 바퀴, 배터리 또는 다른 부분을 탈취했는가?	차량 부품 절취
4	돈 지불 없이 10~100파운드 사이의 물건을 탈취했는가?	상점 절도(10파운드 이상 100파운드 이하)
5	돈이나 원하는 물건을 주지 않으면 폭행하겠다고 협박했는가?	폭행 협박
6	싸움에서 사용할 목적으로 칼날, 잭크 나이프 또는 기타 무기를 휴대했는가?	무기 소지
7	진심이라는 것을 알도록 하면서, 타인에게 칼, 총기 또는 기타 무기를 겨누었는가?	무기 겨누기
8	치료가 필요할 정도로 심하게 타인을 폭행했는가?	폭행
9	소유자의 허락 없이 모르는 사람의 차량을 사용했는가?	차량 무단사용
10	싸움이나 다툼을 통해 경찰로부터 도주하려 시도했는가?	경찰 도주
11	타인으로부터 금전을 탈취하기 위해 물리적 힘(팔을 비틀거나 숨 막히게 하는 행위)을 사용했는가?	강탈(mug)
12	물건을 빼앗기 위해 봉, 칼 등 흉기를 사용했는가?	무기 사용
13	소유주가 없는 사이에 지갑에서 물건(혹은 지갑 전체)을 절취했는가?	지갑 절취
14	돌려줄 생각 없이 모르는 사람의 자전거를 탈취했는가?	자전거 절취
15	다른 사람의 이름으로 서명한 수표를 사용하려 했는가?	수표 위조
16	의도적으로 건물에 불을 점화하였는가?	방화
17	상점에서 값을 지불하지 않고 5파운드 미만의 물건을 탈취하였는가?	상점 절도(5파운드 미만)
18	빈집 또는 거주자 없는 건물의 유리창을 손괴하였는가?	창문 손괴
19	절취된 물건인 것을 알고 구매하였는가?	장물 취득
20	범죄에 대해서 알고 있는 것을 경찰 또는 공무원에게 이야기하는 것을 거부했는가?	경찰 정보 거부
21	단지 괴롭히기 위해 모르는 사람에게 싸움을 걸었는가?	시비걸기
22	집단 폭력에 가담하였는가?	집단 폭력
23	공공장소에서 소란 행위를 하였는가?	소란 행위
24	공개적인 성행위를 하였는가?	공중 성행위
25	소요를 유발하거나 폭력적인 시위 또는 운동행사 참가하였는가?	폭력적 무질서
26	마리화나를 흡연하였는가?	마리화나
27	음주 또는 약물 중독 상태에서 운전하였는가?	약물 운전(Dr/Drive)
28	처방 없이 최면성 진통제(진정제/barbiturate or downer) 또는 각성제(speed or upper)를 복용했는가?	진통제/각성제
29	엑스터시를 복용했는가?	엑스터시
30	헤로인 또는 코카인을 복용했는가?	헤로인/코카인
31	학교 시험에서 부정행위를 했는가?	학교 부정행위
32	실수로 건네 준 거스름돈을 반환하지 않았는가?	초과 거스름돈

33	위조지폐(fake money)를 기계에 사용했는가?	위조지폐
34	값을 지불하지 않고 100파운드 이상의 고가품을 탈취했는가?	상점 절도(100파운드 이상)
35	16세 미만의 연령으로 상습 음주를 하였는가?	16세 미만 음주(u/16)
36	주택, 상점 학교 또는 다른 건물에 무단 침입하여 물건을 부수거나 다른 피해를 유발했는가?	피해 유발
37	장난 신고를 했는가?	999 장난
38	도로에서 폭죽을 발사했는가?	폭죽 발사
39	의도적으로 버스, 기차, 지하철을 표 없이 이용했는가?	무임 승차
40	돌려주지 않고 집에서 남의 돈을 탈취했는가?	집에서 금전 탈취
41	의도적으로 거리에 쓰레기를 투기했는가?	쓰레기 투기
42	모르는 사람을 화나게 하거나 모욕하였는가?	비지인 모욕
43	학기 중에 학교에 가지 않았는가?	무단결석
44	본드 또는 용제(예, 수정용 시너)를 흡입하였는가?	본드 흡입
45	범죄에 사용될 총기를 사용하거나 휴대하였는가?	총기

출처: Youngs, Canter et al. (2004). 허가에 의해 재구성

글상자
5-7 **단면 접근법(The Facet Approach)**

Louis Gutterman(1916-1987)
*이 사진에 대해 Manabe 교수에게 감사한다.

 그의 나이 24세에 태도 측정을 위한 'Gutterman 척도(Scale)'를 개발한 Louis Gutterman은 과학이 얼마나 효율적으로 발전하고 '법칙'으로서 간주될 만큼 충분히 일관된 발견을 해 나갈 수 있는지에 대한 그의 이론을 정교화하는 데에 대부분의 경력을 바쳤다. 그는 자신의 접근법을 단면 이론(facet theory)이라 불렀다(Guttman, 1950).

 이 이론의 핵심은 어떠한 과학적인 법칙들도 네 가지 요소, 즉 (a) 주요 개념들과 이들 간의 관계를 특정하는 정의 체계, (b) 관찰된 자료 내 관계성의 집합 또는 '구조', (c) 개념 정의 체계와 관찰된 구조 간의 일정한 규칙적 상관성, 그리고 (d) 왜 그러한 상관성이 있어야 하는지에 대한 이유 또는 설명이 있어야 한다는 것이다.

 이 모형틀(framework)을 이용하여 수많은 법칙들이, 그중에서도 특히 태도, 지능 그리고 복지의 영역에서 수립되었다.

이 법칙들은 전형적으로 두 개의 요소를 가지고 있는데, 첫째, 연구되는 실체들이 비-부정적으로 상관되는 경향을 갖게 될 조건을 특정짓는 '첫 번째 법칙'으로, 예를 들어 일반 물체에 대한 모든 태도 또는 정답·오답을 가지고 있는 모든 질문에 대한 반응들 같은 것이다. 둘째, 일부 실체들의 집합이 다른 실체들의 집합보다는 상호 간에 더 높이 관련되어 있게 되는 조건을 특정하는 '두 번째 법칙'으로, 예를 들어 사물들에 대한 정서적 반응들은 실제 행동에 대한 것보다도 서로 간에 더 높은 상관관계가 있을 것으로 예측된다는 것이다. 또는 숫자적 계산을 요구하는 질문들에 대한 답변들이 말의 의미를 다루는 질문들에 대한 답변보다 상호 간에 더 상관관계를 가지고 있을 것이라는 점이다.

지능, 태도 등과 같이 다양한 하위 집합들로 분류될 수 있는 많은 비-부정적으로 관련된 항목들의 영역 내에서, 실체들의 초점 수준의 측면들과 Gutterman이 주요 논문에서 '분화도(radex)'라고 부른 하위 집합들에서의 차이들을 관련 짓는 의미 있는 구조가 있음이 발견되었다(Gutterman, 1954). 이것은 Gutterman(1968)이 개발한 최소 공간 분석법(SSA)을 사용하여 밝혀졌다. 따라서 단면 이론을 이용하는 연구자들은, 비록 단면 이론의 필수적인 요소들은 아니라 할지라도, 최소 공간 분석법 그리고 관련된 다차원 척도법 절차를 사용하는 경향이 있다.

단면 이론과 관련된 방법론들에 대한 추가적인 참고 자료는 제16장과 이 장의 끝에 제시하고 있다.

이 구성도를 이해하기 위해, 구성도의 중앙에 있는 두 종류의 범죄, 값싼 물건 상점 절도와 무단결석을 살펴보자(〈표 5-4〉의 항목 17과 43). 이러한 것들 중 하나를 했다고 보고하는 사람은 역시 다른 것도 했다고 보고하는 경향이 있다는 명백한 표시이다. 이것은 학교 무단결석이 흔히 상점 절도에 빠져 버릴 것이라는 통상의 경험과 잘 어울린다. 그러나 무단결석이 적어도 이 표본에서는 매우 흔하게 총기와 관련되지는 않는 것 같다. 왜냐하면, 총기 관련 행위의 위치가 이 구성도의 좌측 밑 부분, 즉 중심부와는 떨어져 있기 때문이다.

좌측 아래쪽에 가까운 범죄들을 좀 더 보면, 명백하게 폭력을 내포하는, 즉 싸움에 개입되는 것, 누군가를 폭행하는 것, 폭력행사를 위협하는 것, 습격하는 것, 무기를 휴대하거나 겨누는 것뿐만 아니라 총기를 소지하는 것 등의 그룹 짓기를 보여 주고 있다. 이들 모두는 '사람에 대한 범죄'로서 고려되는 것들을 제시하고 있다. 여기에서 이해가 필요한 것은 우리가 이들 범죄를 그들의 공간상 근접성 때문에 이것들을 그러한 방식으로 해석하고 있다는 것이다. 예를 들어, 총기 소지는 강력 범죄에 직접 개입되지 않는다면, 무기 판매와 같은 상업적 거래의 일부가 될 수 있었다. 그러나 이것이 폭력행사를 위협하는 것 그리고 보다 명백하게 폭력성을 포함하는 다른 행위들과 가깝게 병행 발생하고 있기 때문에, 이를 타인을 향한 폭력성을 함축하고 있는 것으로 해석하는 것이 합리적인 것 같다.

설문 항목들이나 분류 범주가 전체적으로 애매하지 않은 것이 없다는 것 때문에 해석의 논점이 문제점을 갖게 되며, 이로 인해 항목들이 다양한 의미들을 포괄할 수 있다. 해석 과정은 가능한 의미들 중 어느 것이 우월한 것으로서 채택되어야 하는지를 결정하려 모색한다. 그래서 최소 공간 분석법(SSA)과 같은 다차원 척도 배열(MDS configuration)을 이해한다는 것은 항상 두 가지 활동이 혼합되게 된다. 하나는 선험적인 의미에 의존하는 것으로, 유사한 의미를 가진 항목들이 가까이 함께 있다는 것을 통해서 구성도가 이들을 반영하고 있는지를 보는 것이다. 두 번째이자 보완적인 과정은 구성도에서 가까이에 있는 또는 멀리 있는 다른 항목들을 통해서 항목들의 해석을 위한 정보를 제공하는 것이다.

최소 공간 분석 결과의 지역을 해석하는 이러한 과정은 모든 다차원 척도 사용의 특징이지만, 연구 대상 변수들 사이의 근본적인 관계에 대한 제한된 정보를 제공하는 수치표를 산출하는 다른 통계적 접근법들과는 다소 다르다. 반복하여 다시금 명확히 하자면, 이러한 지역적 해석의 형태는 만일 변수들이 약간 다르게 기술되었을 때, 예를 들어 우리가 무기의 유형이나 범죄에서의 사용을 다르게 특정했다면, 그 변수가 살짝 다른 위치에 있을 것이라는 생각에 기초하고 있다. 항목들은 결과적으로 배열의 당해 지역에 있을 수 있었던 가능한 모든 유사 항목의 대표로서 취급된다. 우리는 마치 개념적인 색깔 원에 우리가 청록색이나 초록 같은 특정 색조로 부를 것을 결정하는 것처럼, 이들을 그 지역이 무엇인지를 이해하기 위해 사용하고 있다.

따라서 우리는 모든 지도에서처럼, 항목들이 세부적인 해석에 따라 한 지역 또는 다른 지역에 해당하는 것으로 해석될 수 있는 경계 조건들이 있을 것이라고 예상하면서, 변수들이 해당하는 지역을 이해하려고 시도한다. 예를 들어, 최소 공간 분석법에서, 방화 행위는 '싸움'과 '16세 미만 음주' 가까이에 있다. 그러므로 폭력성의 측면으로서 또는 보다 일상적인 파괴주의(vandalism)와 관련된 행동으로 해석될 수 있다. 최소 공간 분석법 내에서 지역적 구조가 형성될 수 있는 것은 단지 병행 발생 패턴에 대한 이해를 높이는 것에 의해서뿐이다. 그런 후에 핵심 검증은 그러한 구조가 다른 자료 조합을 가지고도 반복되는지 여부에 대한 것이 된다.

해석의 보다 일반적인 수준에서는, [그림 5-4]의 공간의 지역들이 세 가지 단면들이 결합된 행위를 반영하는 것으로 보일 수 있다. 첫 번째 단면은 공간을 행위의 초점 또는 표적에 따라 지역들로 나눈다. 구성도의 위쪽 우측 절반에는 어떤 재물 형태에 대해 행해진 행위들이어서, 예를 들어 피해를 유발하기 위한 침입, 자전거 절취 같은 행동들이 그 지역에 있다. 초점이 재물보다는 사람과 관련된 행위(폭행의 협박, 총기 사용 또는 휴대)는 구성도의 아래쪽 좌측 절반에 있다. 그리고 약물 사용 행위는, 표적이 자기 자신이기 때문에 사람 지역 내에 해당하는 것으로 생각된다. 흥미롭게도, '수표 위조'는 재물만을 위한 지역보다는 다소 사람 지역 내에 해당하고 있다. 이는 이 행위가 무작위 기관으로부터 절취한 것이라기보다는 보다 개인적인 행동이라는 가정과 일치한다. 재물-사람 구분에 대한 예외가 일부 발견될 수 있으며, 이 예외 항목들은 추가 조사가 필요하지만, 구성도 내의 일반적인 주제는 명확하다.

공간의 다른 지역들은 초점과 독립적으로, 행위에 반영된 근본적인 실행 형태에 따라서 구분될 수도 있다. 두 가지 실행 형태로 구분될 수 있는데, 표현적(expressive) 형태와 도구적(instrumental) 형태이다. 표현적 형태를 반영하는 행동들은 구성도의 위쪽 좌측 부분에 위치하는데, 예를 들어 빈 건물에 침입하여 피해 유발, 방화, 공개적인 성행위 같은 것들이 이 지역에 있다. 이들 행동에 있어서는 특별한 행동 실행 자체가 우선적인 목적이며, 행동들 스스로 보상하는 것이다. 이런 행동들은 따라서 어떤 목적 또는 필요의 직접적인 표현으로 이해될 수 있다.

구성도의 아래쪽 우측 부분에서 발견되는 행동들은 보다 실행의 도구적인 형태를 반영한다. 표현적 행동들과 정반대로, 도구적 행동들은 스스로의 보상을 위해서가 아니라 어떤 이차적인 목적을 달성하기 위해 실행된다. 이 지역은 수표 위조, 상점 절도(100파운드 이상), 침입 절도와 같은 행동들을 포함한다. 차량 무단 사용은, 응답자에 따라서 영구적인 차량 절도로 해석될 수도 있겠지만, 역시 이 지역에 해당한다. 흥미롭게도, '소요를 유발하거나 폭력적인 운동 행사 또는 시위에 참석하는' 행동 또한 도구적 지역에 해당한다. 이는 이러한 폭력성이 다른 형태의 폭력과는 다소 다른 사전에 계획되었다는 특질을 가지고 있음을 시사한다.

세 번째 단면은 개념적 공간을 동심원으로 분리한다. 이 단면은 심각성 또는 심리적 강도의 관점에서 중심으로부터 주변으로 공간의 순서를 정하며, 보고된 개입의 빈도에 있어서 많은 정도로 반영된다. 안쪽 원에는 높은 빈도의 행동들, 즉 표본의 70% 이상이 적어도 한 번 이상 범한 행동들이 위치하며, 바깥쪽으로 이동하면서 행동들은 더욱 심각해지며 각각의 행동을 범했다고 보고한 표본의 비율은 감소한다. 주변 원은 표본의 30% 이하가 범한 행위들로 구성되며, 심각하고 강력한 범죄를 포함한다. [그림 5-4]가 보여 주듯이, '심각성(seriousness)' 단면은 다른 단면들을 가로지르고 있다. 이것이 행동방식은 달라지지 않지만 범죄적 개입은 일반화되는 중심핵을 만들어 내면서 이들 단면을 조절하는 작용을 한다. 심각성 또는 강도가 증가하면서, 특별한 방식의 범죄 행동이 표현적-재물, 표현적-사람, 도구적-재물 및 도구적-사람 주제와 관련하여 나타난다.

근본적인 유인요소(이득)

이 작업을 보다 더 확장해 보면, Youngs(2006)는 이러한 침해 행동들의 넓은 패턴들이 Bandura(1986)의 사회적 인지이론(social cognitive theory)에서 기술된 인간 행동에 대한 다양한 근본적인 유인요소(fundamental incentives/gains)를 반영하고 있음을 보여 준다. 상이한 범죄 행위들은 이러한 근본적인 유인요소들에 대한 상이한 이득의 조합을 제공한다. 그녀는 자신이 탐구한 범죄 행위들의 구분을 위한 기초로서 세 가지 일반적인 행위적 유인요소들을 밝히고 있다.

그중 하나는 권력 또는 지위 유인요소(power or status incentive)로서, 타인을 통제하려는 욕구에 대한 것이다. 범죄적 맥락에서, Youngs는 폭력과 폭력에 대한 위협은 이러한 형태의 이득을 획득하려는 시도의 수단들을 표시한다고 주장한다.

감각적 유인요소(sensory incentive)는 새롭고 즐거우며 자극적인 경험에 대한 욕구와 따분함을 포함하는 반대되는 경험의 회피이다. Youngs는 이를 달성하려는 범죄적 수단들은 재물의 손괴와 다른 파괴주의적인 행동들을 포함한다고 주장한다. 그녀는 감각적 자극은 또한 '반항적' 행동들로부터 유발되기 때문에 많은 지위 비행들과 경미한 법규 위반들이 감각적 범죄 패턴의 일부로 생각되어야 한다고 주장한다.

세 번째 패턴은 물질적(금전적) 유인요소(material or monetary incentive)에 연계되어 있다. Bandura는 이것이 원하는 것이 무엇이든지 획득하는 능력과 특정 물건을 소유하는 것에 대한 것이라고 주장한다. Youngs의 말처럼 범죄적 맥락에서는, 이득의 획득이란 일정한 형태를 통해 타인으로부터 이득을 취하는 것을 의미하는 일련의 행동들의 근거를 이 유인요소가 제공하게 된다.

따라서 범행 패턴의 변형은 범죄자가 추구하는 이득에서의 차이들을 반영하고 있다고 주장된다. 이것은 차례로 대리 경험 및 인지적 요인들과 연계되며, 범죄 전문화와 다재다능함의 패턴에 대한 이론적 기초를 제공한다.

범죄성의 분화도

'유형'을 넘어서 '주제'로

범죄의 병행 발생의 일반적 대표성이란 어떤 개별 범죄자가 범죄의 하위 집합을 구성하는 모든 가능한 일탈 행위들을 범하는 것으로 생각될 수 있다는 것을 의미한다. 이 하위 집합 중의 일부는 많은 다른 범죄자들의 하위 집합들과, 그리고 다른 일부는 비교적 적은 수와 중첩될 것이다. 최소 공간 분석법(SSA) 배열은 범죄의 별개 유형을 형성하는 완전히 분리된 범죄 행동의 집합은 없다는 것을 보여 준다. 따라서 범죄자 또는 범죄들을 제한된 수의 유형들 중 하나에 지정하는 것은 항상 과도한 단순화라는 것이 뒤따른다.

한 세기 이상 동안 사람들이 차이를 드러내는 방식들을 연구한 심리학자들은 사람들을 별개의 유형이라는 관점에서 분류하려는 시도의 부적합성 문제로 고심해 왔다. 그들의 연구는 많은 독특하고 비교적 독립적인 성격 측면들에 있어서 각자의 수준에 따라 사람을 묘사하는, 근본적인 성격 차원들의 발견으로 이어져 왔다. 이들 분류 중에서 가장 잘 알려진 것은 Eysenck의 연구들(1980)에서 나온 것들로서, 이는 '외향성-내향성'과 '정상성-신경성'을 포괄하고 있으며, 최근에는 독립된 선형 차원들의 단순화된 가정을 필요로 하지 않는 보다 복합적인 모형들이 등장하였다(Plutchik and Contel, 1997).

앞에서 암시했듯이, 이러한 논의를 이해하기 위해 우리는 색을 분류하는 문제와 비유해 볼 수 있다. 색은 사실상 무한의 다양성 속에 있으나, 이들을 묘사하기 위해서 어떤 평가 기준이 필요하다. 이들 평가 기준은 색의 전체 범위를 포괄해야 하며, 사람들이 기준을 이해하기에 충분하도록 뚜렷해야만 한다. 예를 들어, 색들을 단지 얼마나 많은 회색을, 그리고 청록색을 담고 있는지를 근거로 차이를 두려 하는 것은 도움이 되지 않을 것이다. 색들 사이의 많은 차이점들은 이 구도 속에 수용될 수 없으며, 많은 사람이 실제 청록색이 무슨 색인지에 대해 불명확해할 것이다.

다른 접근법은 색을 푸른 정도, 붉은 정도, 노란 정도 등의 차원들에 따라 분류하는 것이다. 실상 많은 컴퓨터의 색상 조작 체제(colour manipulation system)는 이러한 차원적 접근법을 사용한다. 이 세 개의 색조들이 모든 색을 처리하고 있으며, 색맹이 아닌 사람들에게 매우 분명한 의미를 가지고 있다. 외향성과 신경성 같은 성격 차원 또는 공간적, 수리적 그리고 언어적 능력 같은 지능에서의 심리학적 비교는 확인된 차원들을 따라 복합적인 위치에서 사람을 묘사하려고 한다. 색상에 이름을 붙이는 것처럼, 수많은 연구들이 무엇이 성격 또는 지능의 중요한 차원인지를 결정하는 데에, 그리고 어떻게 그것들이 가능한 한 명확하게 측정될 수 있는지를 특정하는 데에 집중하기 시작하였다.

그러나 차원적 접근법이 일정한 가치를 가지고 있지만, 범죄에 적용될 때에는 이것이 명확하게 나타날 수 있도록 사용하는 데 있어서 여러 난점들이 발생한다. 이는 색상 비유로 되돌아가 보면 더욱 명확해진다. 색상들은 독특한 차원들에 따라 지각되는 것이 아니라, 다소 간 서로 섞여 있다. 다양한 오렌지색이 붉은색과 노란색 사이에 있으며, 올리브와 아보카도 색조들이 노란색과 청색 사이에, 청록색들이 초록과 청색 사이에 그리고 자주색과 핑크색은 청색과 붉은색 사이에 있는 것 등이다. 사실 그림을 그리는 것과 같은 어떤 목적에 대해서는, 정의된 차원, 예를 들어 청록색, 마젠타색(짙은 자주색), 노란색 등과 같이, 그들이 알려진 대로 '중간'색 또는 '보조'색을 고려하는 것이 더 유용하다. 하나의 축의 조합에서 다른 조합으로의 변환은 이들이 모두 계속되는 색상 순환도[화가 Albert Munsell(1960)에 의해 처음 지정된 것처럼]에 서로 병합되어 있기 때문에 가능하다. 색상 순환도의 존재가 이러한 순환의 중심점들을 정의하는 가치를 부인하지는 않지만, 이들이 독립된 차원으로서 취급되기

보다는 다른 조합들이 이들로부터 쉽게 파생될 수 있는 강조점 또는 주제들로 취급된다.

이 모든 것은 [그림 5-4]에서 보여 주고 있는 범행의 동심원에 대해 생각해 봄으로써 설명 될 수 있다. 중앙원은 대부분의 범죄자들이 포함되는 범죄들을 포괄한다. 이는 이 범죄들이 대부분의 다른 범죄들과 병행 발생을 공유하기 때문에 중심에 있는 이유이며, 그들은 기초 색상들 모두를 혼합해 포함하고 있는 흑회색이다. 경계에 있는 범죄들은 서로 간에 그리고 가장 일반적으로 범해지는 범죄들로부터 가장 상이한 것들일 것이다. 이들은 색상에 자신 들의 특색을 부여하는 독특한 색조들처럼 '더 순수'하다.

따라서 범죄성의 일반적으로 '중심되는' 형태가 범죄자들을 '유형'에 지정하기 위해 사용 된다면, 흑백사진에서 색상이 다른 물체들이 모두 유사한 색으로 보이는 것처럼, 대부분의 범죄자들은 유사할 것이며, 분류되는 유형들이 거의 없을 것이다. 그러나 보다 특정된 특징 들이 선정된다면, 일반적인 기준에 의해 유사한 것으로 간주되는 동일 범죄자들이라 할지 라도 보다 구체적인 기준과의 관련 속에서 다른 것으로 간주될 것이다.

우리가 색상 비유로 돌아가 보면, 색상들이 매우 많은 색조들, 즉 남청색, 분홍색, 자주색, 아보카도색 등을 포함하고 있는 것을 볼 수 있다. 이는 '순수' 색상이 있는 드문 경우를 제외 하고는 독특한 유형들의 색상에 대해 이야기하는 것이 타당하지 않다는 것을 의미한다. 그 러나 아직도 일련의 붉은색들 또는 푸른색들에 대해 이야기할 수 있다는 것은 매우 유용하 다. 이 '기초' 색상들이 우리의 논의에 초점을 부여하고 있으며, 혼합된 또는 합성 색상들을 이해하는 데에 도움을 준다. 범죄성을 개념화하는 데에도 동일한 사실이 적용된다. 그러나 어떤 범죄를 구성하는 '기초 유형'이라는 관점에서 범죄들을 논의하는 대신에, 범행을 구성 해 가는 '주제'에 대해 생각하는 것이 더욱 타당하다. 이들 주제가 어떤 특별한 범죄에 관해 묘사하고, 이해하고 추리를 하는 데에 도움을 준다.

예를 들어, 주택을 강제로 침입하여 거주자를 공격하는 침입 절도는 핸드백을 탈취하기 위해 피해자를 가격하는 길거리 날치기(street mugging)와 사람 없는 창고를 침입하는 것과 많은 공통점을 가지고 있다. 매우 폭력적인 성폭행도 다른 폭력적인 공격이나 명백한 폭력 이 발생하지 않은 성희롱(sexual abuse)과 많은 부분을 공유한다. 따라서 좀 더 앞으로 나아 가기 위해서는 주도적인 주제를 특정하는 데에 유용한 이러한 행동들을 확인하고 묘사하는 것이 필수적이다. 이 주제들은 범죄자들과 그들의 행동들 사이에 있는 변형들을 개념화하 는 데에 도움을 주지만, 이들을 독립적인 차원으로서 간주하는 것은 비생산적일 것이다. 더 욱이 이들을 순수 유형들로 간주하는 것은, 마치 색상들이 단지 순수한 붉은색, 노란색, 초 록색 또는 파란색만 있을 것으로 생각하도록 하는 것처럼 잘못 유도해 나가는 것이 될 것이 다. 따라서 색상 순환도 비유와 같이, 범죄 행위 방식에서의 차이점들은 범죄의 독립적인 차원이라기보다는 전반적인 범죄자 구분 체계 모형(systemic model of criminal differentiation)

상의 다양한 주제별 강조점의 형태를 취할 것으로 예상할 수 있다.

범죄자 구분의 분화도 모형

범죄성의 '핵심'에서 도출된 주제들에 대한 이러한 숙고는 범죄자들의 행동방식의 다양성이 범죄자 행동의 두 가지 측면에서 나타나는 차이점들의 산물이라는 범죄자 구분의 개념적 모형을 생성한다. 첫째, '주제적 단면'에 의해 기술되는데, 행동의 질적 측면에서의 차이점들이다. 예를 들어, 현재 사례에서, 범죄의 대상이 재물이냐 혹은 사람이냐의 관점, 그리고 표현된 감정의 정도의 관점에서 이들에 대해 생각해 왔다. 둘째, '특수성 단면'에 의해 기술되는데, 고찰되는 범죄성 영역 전반에 나타나는 범죄의 일반성과 반대되는 특수성에 있어서의 차이점들이다. 많은 연구들이 이 두 과정이 어떻게 상호작용을 해서, 보다 일반적인 행동들은 변화되지 않고 유지되면서 모든 범죄에 공통적인 경향을 갖는 행동들의 하위 집합을 형성하는 반면에, 범행 방식의 질적인 변형들은 보다 특수한 행동들과 관련하여서 나타나고 있는가를 보여 주고 있다.

Guttman(1982)은 이 모형을 사람들 사이의 많은 차이의 형태들에 대한 매우 효과적인 집약으로 인식하면서, 분화도(radex)라는 이름을 붙였다[지능 분화도(radex of Intelligence), Guttman, 1965; 복지 분화도(radex of wellbeing), Levy and Guttman, 1975) 참조]. 분화도는 양적·질적 단면들로 구성되어 있으며, [그림 5-4]에서 묘사된 다트판, 즉 유사 표적 구조를 만들어 낸다. 수사심리학에서 범죄성의 분화도는 (a) 범죄의 특수성에서의 양적인 변형, 즉 범죄의 희귀성 및 범죄가 관련되어 있는 심리적 과정들의 특이성과 관련되어 있다. 그리고 (b) 범죄 행위의 대상과 관련된 범죄적 주제에서의 차이와 이것이 강한 공격적 요소들을 가지고 있는지 여부로 구성되어 있다.

분화도는 Youngs와 Canter(출판 중, a)가 논의한 것처럼, 범죄학 저술 내의 범죄적 전문성 또는 다재다능성에 대한 논란에 매우 유용한 설명을 제공한다. 일부는 범죄자들이 특별한 유형의 범죄에 대해 초점을 맞추고 있는 전문가라고 주장하는 반면에, 다른 이들은 범죄자들은 엄격하게 말해서 일반적이며 다재다능하다고 주장한다(Soothill et al., 2000). 분화도는 실제 모든 범죄자가 양쪽에 모두 해당되고 있음을 보여 주고 있다. 그들이 서로 공유하는 범죄의 어떤 형태가 있는 반면에, 범죄자들의 다양한 하위 집합에 따라 비교적 독특한 범죄들도 있다.

발달과 변화

추리를 하려 할 때에 범죄자 구분 모형이 갖는 한 가지 근본적인 약점은, 한 사람이 범죄를 범하는 방식이 비록 일관성의 배경이 있음에도 불구하고, 시간에 따라 변화할 것이라는 점이다. 그러나 이들 변화의 기반을 이해할 수 있다면, 이 변화들을 추리 과정을 강화하기 위해 사용할 수 있다. 그러므로 우리가 범죄성에 대한 이해를 발전시킴에 따라, 인생 전반에 걸쳐 범죄자들 내의 변형의 바탕을 이루는 주요 과정들을 규명하는 것은 필수적이다.

여기에는 많은 형태의 변화가 있다. 이 변화는, 한사람이 범죄를 범하는 방법이 시간에 따라 변하고 또한 범죄자도 변할 것이기 때문에, A → C 연결고리를 규명하는 데에 중요한 복잡성을 추가한다. 그러나 이것이 추리를 하는 것의 가능성을 부정하거나 감소시키는 것이 아니라 오히려 그 반대이다. 만일 이러한 변화들의 기초가 이해될 수 있다면, 추리 과정을 강화하기 위해 이것들이 사용될 수 있는데, 이는 Canter와 Youngs(2003)에 의해 확인된 것들을 정교화한, 이어지는 변화 형태들에서 볼 수 있다.

반응성

범죄자의 행동들은 그 또는 그녀가 대면하게 되는 상황의 차이 때문에, 두 개의 다른 경우에서 같지는 않을 것이다. 이들 상황에 대한 이해와 범죄자가 어떻게 이들에 반응하였는가는 그 사람의 대인관계 유형 또는 상황 반응성에 대한 추리를 가능하게 한다. 이것은 수사 활동을 위한 함의를 가지게 된다.

성숙성

모든 생물에게 삶의 기간을 거쳐 발생하는 신체적 · 심리적 성장과 소멸은 범죄자들과 직접적으로 관련되어 있다. 청소년기에 가뿐히 수도관을 타고 올라갈 수 있는 젊은이는 50대 때에는 그것을 할 수 없을 것이다. 성숙도란 근본적으로 나이에 따른 사람의 신체상의 생리적 변화 과정이다. 어떤 것이 특정 나이의 사람에게 전형적인가, 즉 성적 행위 또는 신체적 유연성 같은 것에 대한 지식은 범죄를 저지르는 사람의 성숙도에 대한 관점을 형성하기 위해 사용될 수 있다. 예를 들어, 일반적인 남성의 성적 행위의 나이별 분포([그림 5-5]를 보라)를 성폭행으로 유죄 판결을 받은 사람들의 나이 분포([그림 5-6]을 보라)와 비교해 보자. 이들 그래프 모양의 유사성이 어느 정도 성적 활성도가 강간범의 행위의 한 측면일 것이라는 점을 보여 주고 있다.

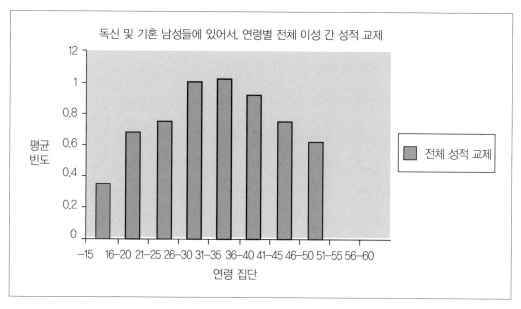

[그림 5-5] 상이한 연령 집단들의 독신 남성들의 전체적인 성적 교제를 보여 주는 그래프

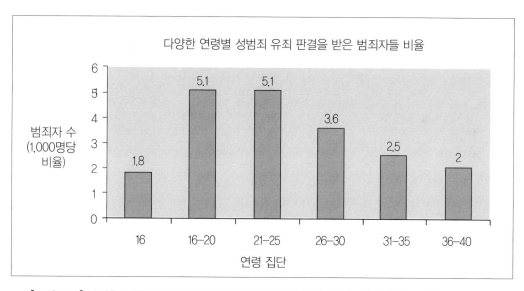

[그림 5-6] 다양한 연령 집단별 성폭행으로 유죄 판결을 받은 범죄자들의 수를 보여 주는 그래프

출처: Soothill, Francis et al (2000). 허가에 의해 재구성

인지적 발달

인지적 발달은 한 개인의 이해도가 진화하는 과정이다. 이것의 한 사례가 범죄를 위한 조건을 어떻게 만들어 내는가에 있어서 전문성이 증가하는 것이다. 특히 사기범죄가 그 예이다. 그러나 어떻게 취약한 여성을 찾아내고 통제하는가에 대한 그들의 이해가 발전하는 연

쇄 강간범 또한 이것의 한 예이다. 범죄에 있어서 그러한 전문성의 증거는 범죄자들이 도달한 발달의 단계에 대한 추리를 하는 데에 도움을 주며, 실제 그들의 범죄가 앞으로 변화하게 될 진로를 보여 주기 위해 사용될 수 있다.

학습

학습(learning)이란 이전 행위들의 결과에 의해 유발되는 변화를 말한다. 학습 이론가들이 행위는 일반적으로 경험에 의해 형성된다는 것을 보여 준 것과 같이, 대부분의 범죄자들은 초기 범죄 행위로부터 학습할 것이다. 예를 들어, 그의 첫 피해자를 통제하는 데에 어려움을 겪은 범죄자는 이어지는 범죄 행위에서는 매우 확실한 억제 수단을 사용할 것임을 예상할 수 있다. 실상 범죄자들에게 있어서, 특별히 독특하며 잠재적으로 부정적인 행위의 결과들(교도소처럼)이 범죄적 맥락에서 강력한 변화의 과정을 만들어 내기도 한다. 이것의 추리적 함의는, 행위가 하나의 범죄에서 다음 범죄로 어떻게 변화하여 가는가에 대한 논리를 이해함으로써 범죄와 일반 범죄자들을 연결 짓는 것이 가능하다는 점이다.

학습 과정 중 일부는 익숙함의 형태, 그 이상일 것이다. 마치 길을 잃은 후에 돌아오는 길을 알게 되는 것처럼, 실제 범죄 상황에 의해 유도되는 변화들이다. 이것은 우리가 제8장에서 보게 될 것처럼, 범죄자 활동의 지리 개념과 관련해서 특히 중요하다.

또한 구체적인 범죄 교육 또는 훈련 과정에 의해 유도되는 변화도 있을 것이다. 이는 일정한 지시를 필요로 하는 무기의 사용에 의해 설명될 수 있다. 폭발물과 여타 기기들이 범죄자의 특별한 발달 단계를 지적해 주거나, 또는 그렇지 않을 수 있는 테러 행위들에서 더욱 확실한 의미를 가진다.

경력

범죄자들로부터 예측할 수 있는 가장 일반적인 변화의 형태는 합법적인 경력과 유사성을 가진 것으로 볼 수 있는 것이다(예, 범죄자 하위 집단과 문화 내에서 보이는 변경된 위치에 따른 변화). 이는 마치 도제(견습), 중간관리자, 지도자 그리고 은퇴와 같은 단계들을 내포한다. 불행하게도 범죄학 저술들은 흔히 '범죄 경력(criminal career)'이라는 용어가 내포하고 있는 은유를 무시하면서, 단순히 한 사람이 범한 일련의 범죄들을 의미하는 것으로 사용하고 있다(예, Farrington, 1986).

또한 범죄 경력이라는 개념은, 때때로 '직업적인 범죄자', 즉 전적으로 범죄로 먹고 사는 사람에 대한 개념과 혼동된다. 결과적으로 범죄자들에 대한 경력 유추의 유용성에 대한 이해는 기대하는 것보다 훨씬 못하다. 여기에는 보다 심각한 범죄가 심각하지 않은 범죄 경력을 가진 사람에 의해 범해지며, 결론적으로 범죄가 더욱 심각할수록 범죄자는 더 나이가 많은 것 같다는 일부 지적들이 있다. 그러나 일반적으로 가지고 있는, 심각하지 않은 성범죄가 심각한 성범죄들의 전조가 된다는 가정은 실증적 증거들에 의해 그다지 지지받지 못하고 있다.

문화적 변화

사회 발전에서부터 초래되는 중요한 변화들도 있다. 증가하는 안전 예방책들이 범죄자들이 자신들의 행동을 변화시키도록 유도한다. 예를 들어, 최근에 제조된 대부분의 차량들은 열쇠 없이 시동을 걸기에 매우 어렵게 만들어진 안전장치를 장착하고 있다. 이것들은 흔히 브레이크에 발을 올려놓아야 하는 것과 같은 다른 조건들도 필요로 한다. 이러한 것들이, 차를 몰고 도주하는 것을 확실히 하기 위해서는 차량을 절취하는 범죄자들이 소유자를 통제해야만 하도록 유도한다. 폐쇄 회로 TV(CC-TV)는 범죄자들이 과거에는 하지 않았던, 자신들의 얼굴을 가리기 위해 후드를 입도록 하였다.

요약

우리가 관여한 한 강간 사건 조사에서, 피해자는 자신을 공격한 사람이 오른손에는 길다란 손톱을 가졌으나, 왼손 손톱은 매우 짧은 것을 명확하게 기억하였다. Sherlock Holmes의 감각과 Bell 박사의 관찰들에 있는 그의 원천과 교감하면서, 우리는 일부 기타 연주자들이 일부러 손톱을 이러한 상태로 유지하고 있음을 기억하며 매우 기뻐하였다. 따라서 수사관들이 특히 여성을 상대로 폭력적 성향을 가진 것으로 알려진 기타 연주자를 찾는 데에 모든 노력을 기울이면 되지 않겠는가? 다행히도, 우리는 그 결과를 형사들에게 강요하지 않았다. 실제로 강간을 저지른 범인이 확인되었을 때, 그는 타이어 제거하는 일을 하고 있었으며, 그가 일하는 특별한 방식이 길고 짧은 손톱들을 만들어 내었던 것이다.

범죄자의 특별한 특징을 직접적으로 지칭하는 것으로 유일한 단서를 사용하는 것은 탐정 소설에서 선호하는 것이며, 많은 극단적인 내용들에서 이러한 방식을 취하여 왔다. Frank Tallis(2008)의 최근 범죄 소설에서는 특히 흥미로운 일이 일어난다. 이 소설은 Sigmund Freud의 연구가 유명해지던 시기의 빈(Vienna)을 배경으로 하고 있으며, 소설의 등장인물 중 한 명인 리버만(Libermann)이 프로이트의 학생으로 등장하여, 프로이트의 생각들을 재치 있고 다소 단순화시켜서 단서들을 해석한다. 이들 단서 중 하나가, 조연급인 좀머(Sommer)가 줄거리의 중심부에 있는 죽음 이후에 곧 계단에서 떨어져서 다리가 부러졌기 때문에 인터뷰를 할 수 없다는 점이다. 리버만은 이 사고를 수사에서 자신을 제외시키려는 좀머의 무의식적인 바람에서 나온 결과라고 해석하면서, 가능한 한 빨리 그를 인터뷰하기로 결정한다. 이것이 줄거리를 진전시키지만, 잠시 생각해 보면 좀머의 사고에 대해, 프로이트식 해석에는 적합하지 않지만 많은 다른 가능한 해석들을 불러일으킨다.

이들 두 가지, 실제와 가상의 사례들은 하나의 세부적인 것에서부터 한 사람에 대한 추리를 도출해 내는 것이 갖게 되는 중심적인 문제를 보여 준다. 그런데도 이것이 흔히 '범죄자 프로파일링'의 핵심으로 여기지곤 한다. 'Sherlock Holmes' 식 추리 유형이 왜 거의 가치가 없는지에 대한 다양하고 많은 이유들이 있다. 따라서 과학적인 기반을 갖춘 수사심리학을 발전시키기 위해서는, 수사에 기여하는 데 있어서 이러한 '단서=특징' 접근법을 뛰어넘는 것이 필수적이다. 범죄를 이해하는 데에 도움을 주는, 그리고 어떤 특별한 범죄를 묘사하기 위해 의존할 수 있는 폭넓은 추리 모형들이 개발되어야 할 필요가 있다.

이 장은 분화도 모형이 범죄 행위를 이해하고 수사에 기여하기 위한 기초를 제공하면서, 범죄와 범죄자들을 연구하기 위한 상당한 실증적 지원을 하는 모형틀을 어떻게 제공하는지를 보여 주었다. 이 모형은 범죄 행위의 조합들이 범죄를 구분하고 독특한 변수들에 주의를 집중시키게 하는 주제로서 인식될 수 있음을 보여 주고 있다. 이러한 방법에 의해서, 어떠한 불법 행동의 독특성도 확인될 수 있으며, 이는 범죄의 초점이라는 관점, 즉 사람에 대한 것이냐 아니면 순수하게 이득을 위한 것이냐에 대한 구분을 가능하게 한다. 범행의 정서적, 특히 공격적 특질에서의 다양성 또한 일반적인 분화도 모형으로 연계시킬 수 있다.

이 모형틀은 범죄로부터 도출될 수 있는 범죄자에 대한 추리를 위한 일차적인 기초를 제공한다. 가장 직접적인 형태로는, 이것이 범죄자가 어떤 다른 종류의 범죄를 범했을 것인가에 대한 추리가 되며, 게다가 범죄자의 독특한 특성이 무엇일 것인가에 대한 고찰을 위한 방안을 제시하고 있다. 이러한 고찰들은 범죄들로부터 도출된 범죄자의 특성들에 대한 추리들이 된다.

이러한 추리들은 대부분의 범죄자에게 전형적인, 넓은 특성들로부터 범죄의 단계들과 범죄 행동의 패턴, 즉 범행의 유형으로까지, 보편성의 많은 수준에서 실행될 수 있다. 다음 장들에서는 이러한 추리가 특정성의 상이한 수준들에서는 어떻게 기능하는지에 대한 설명을 발전시켜 볼 것이다. 그러나 이 장에서 논의한, 시간에 따라 범죄자들이 변화하는 방식에 대한 부분은 보다 역동적인 범죄 다양성 모형에 대한 필요성을 지적하고 있으며, 다음 장에서 이에 대해서도 다룰 것이다.

추가로 읽을거리

서적

Brog, I. and Shye, S. (1995) *Facet Theory: From and Content*, Sage, London.

Canter, D. (ed) (1985) *Facet Theory: Approaches to Social Research*, Springer-Verlang, New York.

Shey, S., Elizur, D. and Hoffman, M. (1994) *Introduction to Facet Theory: Content Design and Intinsic Data Analysis in Bebaviorural Research*, Sage, Thousand Oaks, CA.

논문

Canter, D. (1983) The potential of facet theory for applied social psychology. *Quality and Quantity*, *17*, 35-67.

Shey, S. (1998) Modern facet theory: content design and measurement in behavioral research. *European Journal of Psychological Assessment*, *14*(2), 160-171.

Youngs, D. (2004) Personality correlates of offence style. *Journal of investigative Psychology and Offender Profiling*, *1*, 99-123.

Youngs, D. (2006) How does crime pay: the differentiation of criminal specialism by fundamental incentive. *Journal of investigative Psychology and Offender Profiling*, *3*(1), 1-20.

Youngs, D., Canter, D. and Cooper, J. (2006) The facets of criminality: a cross-modal and cross-gender validation. *Behaviormetrika*, *31*(2), 1-31.

토론과 연구를 위한 질문

1. 수법(M.O.) 개념의 폭넓은 사용이 많은 혼란과 애매함을 초래하고 있다. 이것이 정확하게 무엇을 의미하며, 어떻게 이것을 특정할 수 있는가? 이를 좀 더 진전시키기 위해, 수법 개념의 사용을 포함하고 있는 학술지 논문들을 찾아보고, 다른 학문 분야들의 상이한 용법과 비교해 보라.

2. 침입 절도의 일부로서 창문을 통해 집에 들어가는 것과 같은 범죄 행동을 생각해 보라. 이 행동의 의미가 어떠한 조건하에서 변경되겠으며, 그 행동으로부터 범죄자에 대해 성립되는 추리에 어떻게 영향을 미치겠는가?

3. 심리학적 관점에서, 비행기 납치(aeroplane hijacking)는 별도 유형의 범죄로 고려되어야 하는가, 아니면 현재의 범주들 중 어느 하나에 해당하는가?

4. 당신이 현재 어떤 범죄를 어떻게 범할 것인가와 비교하여, 똑같은 유형을 10년 젊은 나이에는 어떻게 범하였을 것인지를 검토해 보라.

5. 범죄자의 경력이 어떻게 전개될 것인가? 이에 대한 어떤 증거가 있는가?

제6장

범죄의 개인적 서사

이 장에서는……

학습 목표

1. 범죄 이야기의 중심에 있는 역할들이 범죄자의 범죄에 어떻게 의미를 부여하는지 이해할 수 있다.

2. 범죄자들이 자신들의 전체적인 범죄 줄거리 내에서 스스로에게 지정하는 역할을 통해 자신이 범한 행동들을 정당화하고, 행동의 파괴적인 결과들을 자신의 마음속에서 중성화시키는 그들의 방식을 알 수 있다.

3. 범죄자 스스로의 작인을 탐구하고 그 행동을 이해하는 수단을 제공함으로써 범죄자의 개인적 서사의 의미를 논의할 수 있다.

4. 경찰 수사의 여러 측면들, 예를 들어 면담, 범죄 연계, 그리고 가능성 있는 혐의자들에 대한 추리 등에서 범죄자 개인의 서사에 대한 충분한 이해를 통해 수사의 이점을 얻을 수 있다는 점을 알 수 있다.

5. 범죄자들이 스스로를 어떻게 보고 있는지를 특징짓는 네 가지 주요 범죄자 서사를 설명할 수 있다.

개요

인생 이야기들은 마치 소설 혹은 문학 이야기들처럼 줄거리(plots), 배경(setting), 장면들(scenes), 주제(theme)뿐 아니라 등장인물들과 그들의 역할이라는 관점에서 분석될 수 있다. 이러한 이야기들은 주인공이 전체적인 맥락 안에서 취하는 역할을 반영하면서, 다른 주제들에 빠져 버린 것처럼 보일 수 있다.

전개되는 개인적 이야기 속에 자신의 관점을 포함시켜 가는 과정을 '내적 서사(inner narrative)'라고 지칭한다. 따라서 이번 장은 범죄자의 인생 이야기와 범죄 속의 특정한 에피소드를 통해 범죄자 스스로 지각하게 되는 역할에 대한 고찰을 통하여 '범죄자 서사(criminal narratives)'라는 견해를 탐구할 것이다. 사례들은 여러 범죄자들로부터 발췌하였으며, 이 범죄자들의 이야기들은 많은 다양한 범죄성의 형태들을 통해서 반복된 네 가지 주요 주제들 중 하나에 해당하는 것들이다. 이들은 그들의 역할을 보는 것에 따라 다음과 같이 요약될 수 있다.

- 피해자(풍자적 서사, irony narrative)
- 영웅(탐색, quest)
- 전문가(모험, adventure)
- 보복(비극, tragedy)

이들 범죄자 서사는 피해자에게 지정된 특별한 역할들을 함축하고 있다. 피해자(풍자) 서사에서는 사람 역할로, 전문가(모험) 서사에서는 물건 역할로, 그리고 영웅(탐색) 및 보복(비극) 서사에서는 피해자의 다양한 변화들을 매개체 역할로 암시하고 있다.

서사들을 인물들이 살아가는 드라마로서 생각한다면, 이들 드라마가 전형적으로 따라가는 대본을 생각하면 간단하다. 따라서 범죄 행위 대본의 고찰이 결론적으로 이 장을 마무리 짓게 된다.

글상자 6-1 **'로미오와 줄리엣' 살인**

2005년 11월 이른 시간에, 노샘프턴셔(Northamptonshire)에서 33세의 병원 방사선 촬영기사 가빈 홀(Gavin Hall)이 집 위층에서 아내와 다른 딸이 자는 동안에 네 번째 생일을 앞둔 자신의 딸 아멜리아(Amelia)를 살해하였다.

그는 아내가 유부남 판사와 불륜이 있다는 것을 알고는 매우 괴로워하고 있었으며, 딸과 함께 자살하기로 결정하였다. 그는 항우울제로 그녀를 잠재우고는 클로로폼으로 질식사시켰다.

그는 법정에서 살인하기 전에 한 말을 다음과 같이 진술하였다.

> "우리는 하늘에 대해 이야기했습니다. 그리고 더 이상 눈물과 슬픔이 없을 것이라고 이야기했습니다. 그것은 마치 로미오와 줄리엣 같았습니다. 우리는 제정신이 아니었고, 매우 괴로웠습니다."

아내 조앤(Joanne)에게 쓴 편지에도, 홀은 자신들의 두 딸이 사랑받을 수 있는 곳으로 데리고 가겠다고 하였다.

*추가 정보: http://news.bbc.co.uk/1/hi/england/northamptonshire/6103118.stm

범죄성의 서사

[글상자 6-1]에 보고된 사건은 아버지가 자신의 딸을 살해하는 데 있어서 자기 역할을 어떻게 생각하였는지에 대한 극명한 사례이며, 우리 문화의 필연적인 부분으로 잘 알려진 이야기와 관련하여 그가 자신과 자신의 행동을 보고 있는 냉혹한 사례이다. 이것은 범죄자의 작인(作因, agency)을 이해하는 강력한 방법이 서사적 관점에 의존하는 것이라는 점을 보여 준다. 이로부터 개인의 인생 이야기가 문학작품 구성처럼, 줄거리, 배경, 장면들 그리고 주제뿐 아니라 등장인물들과 그들의 주요 역할들로 분석될 수 있다는 견해가 발전되어 왔다.

McAdams(1988)는 심리학에서 서사적 접근법에 가장 특출한 학자 중 한 명이다. 그는 인생 이야기들이 친밀함(또는 소통)과 능력(또는 작인)이라는 주제들에 따라 조직된다고 제안한다. 친밀함이 높은 사람들은 "따스함, 가까움 그리고 소통 교환의 경험에 대한 반복적인 선호 또는 준비 상태"(McAdams, 1988: 77)를 표현한다. 조력자, 애인, 상담자, 보호자 그리고 친구가 공동의 주제가 될 수 있다. 반대로 권력을 가진 사람들은 자기 보호와 자기주장에 대해 자주 이야기한다. 그들은 성취, 물리력 그리고 행동에 대한 필요성을 표현한다. 이것은 "환경에 대해 영향을 미치고 강하다고 느끼는(강력한, 작인적) 경험에 대한 반복적인 선호 또는 준비 상태"(McAdams, 1988: 88)를 나타낸다. 작인적인 인물들은 강압적이며 대단한 결정력과 추진력을 가진 스승, 아버지, 권위자 또는 현자 등일 수 있다.

범죄자 서사

Canter(1994)는 처음으로 서사 이론을 이용하여 범죄 행위를 탐구하였다. 그의 책 『범죄의 그림자(Criminal Shadows)』에서, 그는 "범죄자는 행동을 통해서 자신이 인생을 어떻게 살려고 선택하였는지를 말해 준다. 도전들은 그의 파괴적인 인생 이야기를 반영하고, 범죄가 그처럼 의미 있는 부분으로 작용하게 되는 줄거리를 보여 주는 것이다…."(Canter, 1994: 299)라고 말하였다. 범죄 행위는, Canter(1994)가 '내적 서사'라고 부르는 개인적 이야기들에 대한 깊이 있는 분석과 이해를 통해서, 그리고 그러한 서사들을 특징적인 역할과 행위들에 연결시킴으로써 이해가 가능하다.

전개되는 개인적 이야기 속에 자신(self)에 대한 관점을 내포하는 과정, 즉 개인의 '내적 서사'는 범죄 행위의 여러 측면을 설명하는 데에 도움을 준다. 이것은 목적이 명확하게 재산상의 이득에 있지 않은 범죄, 또는 극단적으로 높은 위험이 있는 범죄를 설명하는 데에 도움을 줄 뿐만 아니라, 비범죄적인 행위의 많은 측면들을 이해하는 데에서도 가치가 있으며, 심지어 심리치료의 주요 형태를 형성하기도 하였다.

범죄자 서사의 삽화는 범죄자들의 행위에 대한 통찰력을 제공함에 있어서 그들의 힘을 보여 주는 데에 도움을 준다. 화이트칼라 범죄자는 앞서 있었던 모욕에 대한 보상을 얻는 자로서, 즉 자신을 교묘한 악당이라기보다는 의도하지 않은 피해자라고 볼 수 있다. 범죄 집단의 구성원은 다른 사람들이 인식하는 부정직한 깡패라기보다는 멋진 지도자 또는 전문적인 강인한 사람으로 자신을 볼 수도 있다. 어느 것이나 이야기 과정의 중심에 있는 역할들은 범죄자들의 삶에 의미를 부여하지만, 이것들이 단지 사적이고 개인적인 것은 아니다. 이것들은 사회적인 모체에 포함되어 있으며, 범죄자가 타인과 맺는 관계 속에서 지지받고 정제된다. 이것들은 또한 범죄자가 참여하는 넓은 문화 속에 현존하는 적대자와 주인공이라는 개념과 관련되어 있다. 이것이 범죄자가 자신과 동료들의 시각에서 그가 실행한 행동들을 정당화하고, 이런 행동들의 파괴적인 결과들을 마음속으로 중화할 수 있도록 한다.

서사적 관점의 또 하나 중요한 측면은, 앞선 장들에서 논의한 것처럼, 법과 범죄에 대한 일상적 담론이 범죄자가 한 사람으로서 능동적이며 의식적으로 개입하는 것에 큰 비중을 둔다는 점이다. 이것은 범죄자를 성격의 측면들 또는 호르몬의 과정들로 분석하는 것이 아니라, 그를 하나의 활동적인 동인(agent)으로서 취급한다. 따라서 이 관점과 연결 짓는 것은 수사심리학자들의 책무이다. 이를 위해, 우리는 앞 장에서 설명한 범죄의 분화도가 무엇을 함축하고 있는지에 대해 더욱 이해할 필요가 있다. 왜냐하면 비록 분화도 모형이 범죄들 간의 많은 상이한 관계성들에 대한 강력한 축약이기는 하지만, 명확하고 역동적인 특질이 결핍되어 있고 심리적 풍부함에 있어서 한계가 있기 때문이다. 또한 이 관점은 범죄자가 세상을 보는 방식과의 직접적인 관계를 과소평가한다. 범죄성에 대한 대부분의 설명에서와 같이, 범죄자가 무엇을 했는지만 고찰하는 것은 범죄자 내부의 작인과 행동에 대한 이해를 연결 짓는 데 실패하게 된다. 범죄자의 개인적 서사를 탐구하는 것이 이 관계를 연결 짓는 하나의 길이다.

최근에 많은 연구자들이 범죄성의 이러한 측면들을 탐구하기 시작하였다. 예를 들어, Maruna(2001)는 범죄 행위에 대한 진정한 이해는 오직 이런 서사에 대한 깊은 분석을 통해서 가능하며, 특히 사람들이 어떻게 범죄를 그만두는지를 이해하는 데에 유용하다고 주장한다. 그는 범죄자들의 개인적 서사는 스스로 자신들의 행동이 수용될 수 있고 '범죄적'이지 않은 것으로 생각하도록 유도한다고 지적한다. 또는 그들이 관습을 파괴하는 규칙들에 의해 살아가는, '법외(outlaw)' 집단의 일부가 된 것을 마음껏 즐길 것이라고 언급한다. 따라서 이들 범행의 서사들은 사회적인 모체 내에 자기 정체성을 심어 놓는다. 사회적 구성주의 관점에서, Berger와 Luckman(1991)은 다음과 같이 지적하고 있다.

정체성은 사회적 과정들에 의해 형성된다. 일단 확고해지면, 그것은 사회적 관계들에 의해서 유지되고, 변화되고, 또는 심지어 개조된다. 정체성의 형성과 유지, 양자에 수반되는 사회적 과정들은 사회 구조에 의해 결정된다. 역으로, 유기체의 상호작용, 개인의 의식, 그리고 사회 구조에 의해 산출된 정체성들은 특정 사회 구조상에서 반응하며, 이를 유지하고 변화시키거나 심지어 개조한다.

(Berger and Luckman, 1991: 194)

Vygotsky(1978)는 정신적 기능은 사회적 생활에 의해 모양이 갖추어지며, 그 내에 위치한다고 지적한다. 이러한 사회문화적 접근법은 대인관계 접촉이 어떻게 개인적·정신적 과정들의 형태를 만들어 가는지를 강조한다. 이는 또한 범죄성이 상이한 연대로부터 출현한다는 Sutherland의 결정적인 주장의 자연주의 심리학의 결과로서 비추어질 수도 있다(예, Sutherland and Cressey, 1974를 보라). 심리학자들에게 Sutherland의 범죄학은, 범죄자의 사회적 연결망에 의해서 형태가 갖추어지는 것에는 단지 범죄자의 행동뿐 아니라 범죄자가 자신의 세계를 보고 스스로를 이해하는 전체적인 방식까지 포함된다는 것을 의미한다. 다른 모든 인식과 같이, 범죄자의 인식은 사회적으로 위치한다. 따라서 어떤 범죄자의 사회적 맥락은 범죄자의 자기 정체성이 결정 되는 방식과 연관성을 가진다.

Maruna(1999)는 이러한 범죄성의 사회적 구성에 대한 함의들을 한 단계 더 발전시킨다. 그는 범죄 행위에 대한 범죄적 '유전자'의 존재, 신경정신적 손상, 형질들 또는 여타의 병원성적 설명을 위해 제시되는 것들에서 압도적인 다수의 개인들이 범죄 행위를 중지한다는 사실이 다루어져야 한다고 주장하면서, 대부분 범죄자들의 경력에 있어서 확고한 것은 없다고 강조한다. 매우 많은 사람들이 범죄를 그만둔다는 사실은 범죄성에 대한 설명으로서 제기되는 안정된 특성 이론에 대해 심각한 문제를 제기한다. 대신에 Maruna는 서사적 관점이 개인의 삶의 역동적 특성을 변화시키는 것, 즉 정체성이 각 개인의 '이야기 흐름'의 산물로서 형성되는 방식을 설명하는 데에 도움을 준다고 주장한다. 이러한 내면화된 자서전적 서사는 개인의 삶에서 일관성과 의미를 고취하는 데 도움을 주기 위해 계속적으로 진화한다. 이러한 '자기에게 말하기'(Burner, 1987) 과정들은 사건에 명확한 형태를 부여하는 역량을 가지고 있으며, 개인과 사회적 환경 사이의 상호작용이라는 결과로 이어진다. 이러한 정체성의 연합 구축은 사회적 환경에 의해 형성되기 때문에, 비록 개인들이 자신들의 정체성을 발전시키는 경로가 왜곡되고 파괴적일지라도 명확하게 병원성 진단기준을 포함시키지는 않는다. 범죄 조장적인 사회화(criminogenic socialization) 과정들은 Maruna가 지적한 것처럼 '진공 상태에서 창조되는 것'이 아니라, 각 개인의 사회적 세계의 기회들에 의해 구체적인 형태를 갖추게 된다.

McAdams(1988)는 인생 이야기들은 청소년기 후반에 그 모습을 형성한다고 주장한다. 이러한 관점은 대부분의 범죄자들이 10대 후반에 자기 자신을 범죄 인생으로 몰아넣거나, 혹은 그러한 경력을 시작하는 것을 피하려 한다는 사실과 일치한다(Canter, 1994). 많은 폭력 행위들은 일탈자들이 정체성을 찾는 시기에 분출되는 것 같다. 이는 아마도 왜 그렇게도 많은 범죄들이 10대에 의해 범해지는가에 대한 이유 중 하나일 것이다. 미래 범죄의 관점에서 청소년은 어떠한 서사가 지배적인 것이 될 것일지를 결정하는 중요한 시기이다.

McAdams는 또한 다른 중요한 점에도 주목하였다. 인생 이야기들은 혼란스럽거나 명료할 수 있으며, 또는 그가 언급한 것처럼 '잘 형성되거나 혹은 잘못 형성'될 수 있다. 잘못 형성된 인생 이야기에서는 보다 많은 긴장과 혼란이 있을 것이다. 잘못 형성된 이야기들은 매우 분파된, 아마도 갈등적인 서사들로 분리될 수 있을 것이다. 이들은 또한 중심적인 특성이 비교적 작은 사고를 경험하는 사건들에 의해 극적으로 변화될 수 있다. "아마도 폭력적인 범죄자들이 살아가는 서사의 숨겨진 본성에 대한 단서가 여기에 있는 것 같다. 그들의 지배적인 서사는 대부분의 사람이 무시하는 사건들에서 혼란스러워하고 민감하게 반응한다(Canter, 1994: 307-8)."

폭력적인 범죄자들의 서사는 그들의 초기 시기에 왜곡되는 것 같다. 성장하는 아동이 자신의 정체성과 어떤 인생 이야기가 적합한지에 대해 확신하지 못할 때, 그(그녀)는 흔히 폭력과 착취와 관련된 주변 서사들에 영향을 받을 가능성이 있다(Canter, 1994). Canter(1994)는 범죄자들은 한계 지워진 사람들이라고 주장한다. 그는 폭력적인 범죄자의 한계 지워진 서사들은 피해자를 결코 사람이 아닌 것으로 다루는 공통적인 요소를 공유한다고 지적한다. 다시 말해서, 피해자들은 범죄자가 스스로에게 말하는 이야기 속에서 굴종적이며 착취당하는 역할로 지정된다.

경찰 수사를 위한 함의

이 모든 것이 단지 사회과학자들에게만 흥미를 끄는 것처럼 다소 추상적인 것으로 들리겠지만, 범죄자들의 개인적 서사에 대한 완전한 이해를 통해 경찰 수사의 많은 측면들에서 이점을 얻을 수 있다. 범죄자들이 자기 자신을 어떻게 보는지를 아는 것은 그들을 면담(interview)할 때 그 가치를 가질 것이다. 면담은 면담자에 의해 질문이 주어지는 것이라기보다는, 관련 있다고 생각되는 이전의 사건들을 지적하고, 피면담자에게 면담자들이 이해하고 있는 세부적인 것들을 제시하여, 그들로부터 그들이 수행한 역할을 이끌어 내도록 구성될 수 있다. 지배적인 서사의 출현은 범죄자들이 자기 자신을 마치 언제나 영웅적인 것으로 보는 것처럼, 또는 피해자가 되는 그의 느낌을 내비치는 것처럼 명확할 수 있기 때문에, 범죄 전반에 걸쳐 펼쳐진 서사적 과정은 범죄를 일반 범죄자들에게 연결시킬 수 있다는 점에서 가치가 있게 된다. 그러나 가장 중요한 역할은 아마도 그의 행동들 속에 함축되어 있는 서사들에 대한 이해로부터 범죄자의 특성을 추리하기 위한 기초를 제공하는 데에 있다. 우리가 보게 될 것처럼, 이것은 실증적 검토와 발전의 여지를 가진 추론의 모형틀에 반영된다.

Frye의 신화 이론

심리학에서 서사 접근법의 핵심은 [글상자 6-1]에서 묘사된 자신의 딸을 죽인 아버지의 사건에서처럼, 암묵적으로 또는 명시적으로 우리 모두가 우리 자신과 우리 행동들에 의미를 부여하는 문화 속에서 사용 가능한 이야기 흐름에 의존한다. 따라서 생겨나는 의문은 범죄자들이 어떤 종류의 이야기로 살고 있는가 하는 것이다.

Polkinghorne(1988)과 McAdams(1988)와 같은 일부 서사 심리학자들은 모든 인생 이야기들의 가능한 구조들은 그 다양성에 한계가 있다고 주장한다. 그들은 문학 작품들에 관한 연구들, 특히 Frye(1957)가 『비평 해부(Anatomy of Criticism)』에서 자세하게 논의한 4가지 전형적인 이야기 형태들과 중요한 관련성에 주목하고 있다. 그는 아리스토텔레스의 『시학(Poetics)』에서 선례를 채택하여, 모든 이야기들은 그가 '신화적 원형들(mythic archetypes)'이라 부른 네 개의 주요 형태들, 즉 '코미디(comedy)' '낭만(romance)' '비극(tragedy)' 그리고 '풍자(irony)' 중 하나를 취하고 있다고 주장한다. Kevin Murray(1985)는 한국 배경의 의학팀 영화인 〈M.A.S.H〉를 이용해 Frye의 '코미디'(오늘날에는 아마도 로맨스 코미디라고 부를 것이다)와 일치시키고 있다. Murray는 Frye가 '로맨스(낭만)'(모험으로 더 잘 이해될 것이다)라고 부른 것은 〈스타워즈(Star Wars)〉에 의해 대표된다고 주장한다. 〈엘리펀트맨(The Elephant Man)〉은 고전적인 비극이며, 〈몬티 파이튼 브라이언의 인생(Monty Python's Life of Brian)〉은 '풍자'의 전형이다.

보다 최근에 Booker(2004)는 7가지의 기본 줄거리들이 있다고 제안하였는데, 이들의 바탕이 되는 것은 이야기가 행복한 결말이냐 아니냐 하는 근본적인 차이이다. 이것은 비극을 서사의 다른 하위 집합에 두며, '괴물 퇴치하기' '인생 역전' '탐색'과 같은 모험과 위험을 무릅쓰는 이야기들은 분리하여 발전시키고 있다. 여기에서 후자는 〈반지의 제왕(Lord of the Rings)〉에 의해 가장 완전하게 표현되고 있다. 이러한 탐구들은 McAdams(1988)의 지배력이라는 중심 주제와 일치하며, 다양한 형태들에서 권력을 추구한다. Frye가 코미디 서사들로 보고 있는 것은, 『신데렐라(Cinderella)』가 분명한 사례인데, McAdams가 친밀감 추구(흔히 '사랑'이란 개념 속에 반영되는)로 요약한 것과 더욱 관계가 있다. 따라서 신화들 중 일부는 개인을 개인적 목적들을 성취하기 위해 세상에 맞서는 능동적인 역할—McAdams의 관점에서는 작인적인—에 위치시킨다. 만족스러운 결말로 특징지어지는 낭만과 코미디에서는 가장 현저하게, 주인공이 자신의 행동들을 통해서 어떤 해결책을 달성하게 된다. 반대로 비극과 풍자에서는, 중심 등장인물이 환경에 반응하는데, 풍자적으로는 사회에 대한 일반적인 동요를, 비극에서는 신과 다투는 것으로 표현된다. 이러한 관점에서, 개인적 서사들의 지배적인 축(axis)은 전문가가 되는 것, 기존의 기술들을 사용하는 것, 당신이 하고 있는 것을 아는 것으로부터, 타인의 약탈에 반응하면서 어떤 다른 방법으로는 작동할 수 없는 피해자가 되는 느낌으로까지 진행한다.

Frye와 Booker 모두 창작된 가상 이야기들에 관심을 두고 있으며, Frye는 특히 가상 이야기가 항상 실제 삶보다 더욱 정돈되고 보다 명확하게 구성되어 있다는 그의 관점에 관심을 끌기 위해 노력해 왔다는 점이 강조되어야 한다. Polkinghorne과 McAdams는 한 사람이 자신의 삶을 생각하는 방식이 가상의 이야기와 비슷할 것이라는 제안을 위해 지적인 도약을 하고 있다. 따라서 우리는 만일 범죄자의 행동들 사이에서 인식 가능한 서사들의 하위 조합이 있다는 점을 주장하려면, 조심스럽게 진행해야 한다. 그러나 Frye의 모형틀은 범죄자들의 서사에 대해 생각해 볼 수 있는 흥미로운 근거를 제공하고 있다.

Frye의 주장에서 특별히 흥미로운 것은 그가 "서사 과정의 기본적인 형태는 순환적인 운동"(Frye, 1957: 158)이라고 주장한 점이다. 이로부터 그는 [그림 6-1]과 같이, 그의 4가지 주도적인 신화들이 서로 관련되어 있는지에 대한 품격 있는 모형을 도출하고 있는데, 사계절에 대한 비유에 의해 이 연속체를 도출해 내고 있다. Frye의 본래 용어를 사용하자면, 봄이

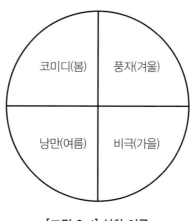

[그림 6-1] 신화 이론

부여된 코미디는 낭만의 여름을 낳으며, 여름은 비극, 즉 가을을 유도할 수 있다. 이것은 다음으로 겨울과 같은 풍자로 쇠락하게 될 것이다.

이 구조는 강한 역동적 특질을 가지고 있다. 그것은 무엇이 각 서사 원형을 다음 단계로 나아가게 하는가이다. 따라서 이것은 우리가 이전 장에서 순환도(radex)를 고려할 때 살펴본 형태인 '순환적 순서'이다. 이것은 한 유형이 다른 유형과 합쳐진 여러 혼합형이 있지만, 어떤 활동 영역 내에는 지배적인 주제가 있음을 함축하고 있다. 이 주제가 Frye의 신화들 중 하나를 반영하는 것으로 가정되며, 문학 작품에 대한 깊은 연구에서 유래된 이 모형들이 범죄성의 맥락 내에서 실증적 검증에 직접적으로 개방되어 있는 형태를 취하고 있다는 것을 깨닫는 것은 흥미로운 일이다.

범죄자 서사에 대한 실증적 연구

문학 비평 내의 서사적 관점들을 고려하면, 이 주제에 대한 심리학자들의 체계적 또는 양적인 연구가 거의 없다는 점이 놀라운 일은 아니다. 당신은 어떻게 서사처럼 복잡한 것을 구조화된 설문지 형식으로 특성지을 수 있겠는가? 물론 할 수 없겠지만, 범죄자의 인생 이야기에 대한 개방형 설명에 의해 보충된, 주의 깊게 정리된 설문지를 통해서 개인적 서사의 핵심을 포착하는 것은 가능하다. 뭔가 흥미로운 결과를 낳고 있는 이러한 일을 하는 한 가지 방법은 사람들이 범죄를 범하는 동안에 갖게 되는 자신이 맡은 '역할'에 대한 생각을 탐구하는 것이다(Canter, Kaouri and Ioannou, 2003).

피해자 또는 영웅, 전문가 또는 복수자의 역할 속에서 당신 자신을 보는 것은, 당신이 특별하게 펼쳐진 이야기 흐름의 일부가 되었다는 것을 의미한다. 따라서 이러한 역할들은 매우 복잡한 과정들을 생산적으로 요약해 놓은 것이다. 이들 과정의 복잡성은 자신이 개입된 범죄에 대한 스스로의 이해를 묘사하고, 일반적인 그들의 삶의 맥락 속에 이것을 담아내도록 요청받는 개방형 면담으로부터 도출될 것이다. 개방형 응답들은 체계적으로 다루는 것이 극히 어렵고, 정제된 주제들로 발전시키는 데 도전을 받게 된다. 이것은 특히 '잘못 형성된' 서사를 가진 것으로 예측되는 범죄자들로부터 자료를 얻을 때는 사실이지만, 설문 응답들과 조합하면 유익한 패턴들을 파악하는 것이 가능하다.

그렇지만 범죄자 서사의 이러한 모든 탐구에 있어서, 이전의 서사 심리학과 많은 문학 비평과의 일부 근본적인 차이가 인식되어야 할 필요가 있다. 서사적 관점은 빈번하게 매우 효과적으로 법규를 준수하는 시민들에 대한 고찰에 적용되어 왔다(McAdams, Josselson and Lieblich, 2006 참조). 그러나 범죄적 맥락에서는 여러 가지 방식들에서 비효과적일 뿐 아니라, 당연히 법을 준수하지 않는 사람들을 전형적으로 다루고 있다. 그들의 행동은 흔히 선천적으로 파괴적인 형태를 가질 수 있지만, 결과에서부터보다는 행위자의 관점에서 이해할 필요가 있다. 이것은 때때로 서사들의 방향을 바꾸어 버린다. 이것이 취하는 가장 명백한 형태는 Frye가 '낭만(romance)'이라 부른, 친밀감에 의해 주도되는 서사들에 대해 생각할 때이다. 폭력적인 범죄자에게 '친밀감'은 사랑 이야기가 전형적으로 취하는 부드러운 형태들이라기보다는 공격, 보복 또는 심지어 강간과 같이 보일 것이다.

주도적 서사의 응축으로서의 역할

수감되어 있는 범죄자들에 대한 최근의 주요 연구는 범죄를 범할 때 스스로에게 지정한 역할 탐구를 통해 범죄자들의 개인적 서사에 대한 연구가 가능하다는 것을 보여 주고 있다(Canter, Youngs and Ioannou, 2009). 이들은 Canter, Kaouri와 Ioannou(2003)의 초기 연구에서 개발한 설문을 발전시켰으며, 이 설문은 범죄자들 면담과 그들이 범죄를 실행하는 동안에 스스로가 인식한 역할을 탐구하여 도출된 것이다. 각 질문은 범죄자의 자신에 대한 이해의 표시들과 함께 일정 형태의 서사를 암시하도록 구성되어 있다. 이렇게 구성된 설문지는 〈표 6-1〉에 있다.

역할 설문지는 71명의 남성 범죄자들에 의해 완성되었는데, 각각 그들이 잘 기억할 수 있는 범죄를 범할 때에 어떻게 느꼈는가를 기술하기 위해 이것을 사용하였다. 범죄는 보통 그들이 현재 수감된 이유였으며, 그들은 또한 범죄 중에 무슨 일이 일어났는지 직접 작성하여 기술하도록 요청받았다.

이전 장에서 지적한 것처럼, '역할 설문지'에 대한 응답의 구조를 탐구하는 유익한 방법은 최소 공간 분석법(SSA)을 실행하는 것이다. 여기에서 가설은 도출된 구조가 Frye의 신화들

〈표 6-1〉 범죄자들이 범죄를 범하는 동안 행동함에 따라 자신을 보는 역할을 표시하기 위해 사용된 설문지

		절대 아니다	거의 아니다	보통 이다	그렇다	매우 그렇다
1.	나는 전문가 같았다.	1	2	3	4	5
2.	나는 그것을 해야 했다.	1	2	3	4	5
3.	그것은 재미있었다.	1	2	3	4	5
4.	그것은 옳은 일이다.	1	2	3	4	5
5.	그것은 흥미로웠다.	1	2	3	4	5
6.	그것은 모험 같았다.	1	2	3	4	5
7.	그것은 통상의 일이다.	1	2	3	4	5
8.	그것은 통제되고 있었다.	1	2	3	4	5
9.	그것은 흥분되는 것이었다.	1	2	3	4	5
10.	나는 일을 하고 있었다.	1	2	3	4	5
11.	내가 무엇을 하고 있는지 알았다.	1	2	3	4	5
12.	그것은 해야 할 유일한 것이었다.	1	2	3	4	5
13.	그것은 임무였다.	1	2	3	4	5
14.	그 외 아무것도 문제되지 않았다.	1	2	3	4	5
15.	나는 힘이 있었다.	1	2	3	4	5
16.	나는 어쩔 수가 없었다.	1	2	3	4	5
17.	그것이 나의 유일한 선택이었다.	1	2	3	4	5
18.	나는 피해자였다.	1	2	3	4	5
19.	나는 무슨 일이 일어났는지 혼란스러웠다.	1	2	3	4	5
20.	나는 인정을 바라고 있었다.	1	2	3	4	5
21.	나는 단지 그것을 끝내고 싶었다.	1	2	3	4	5
22.	무슨 일이 일어나든지 나는 신경 쓰지 않았다.	1	2	3	4	5
23.	일어난 일은 운명일 뿐이다.	1	2	3	4	5
24.	모두 계획대로 되었다.	1	2	3	4	5
25.	나는 멈출 수가 없었다.	1	2	3	4	5
26.	내가 그것의 일부가 아닌 것 같았다.	1	2	3	4	5
27.	그것은 남자다운 일이었다.	1	2	3	4	5
28.	나에게, 그것은 일상적인 하루 업무였다.	1	2	3	4	5
29.	나는 보복을 하려고 노력하고 있었다.	1	2	3	4	5
30.	일어난 일에 특별한 것은 없었다.	1	2	3	4	5
31.	나는 나의 것을 돌려받고 있었다.	1	2	3	4	5
32.	내가 위험하다는 것을 알고 있었다.	1	2	3	4	5
33.	나는 그것이 일어날 것을 항상 알고 있었다고 생각한다.	1	2	3	4	5

과 어떤 흥미로운 관련성을 가지고 있을 것이라는 점이다. 이 신화들이 문학 연구들에서 초래되었고 범죄성을 강조하지 않는다는 점을 감안한다면, 우리는 매우 가까운 관련성을 기대하지 못할 것이다. 더욱이 설문지의 항목들이 소설에 관한 연구에서부터가 아니라 범죄자들 자신의 이야기들에서 유래되었기 때문에, Frye의 글에 요약된 것들과 다소 다른 강조점들을 보일 것으로 예측할 수 있다.

범죄자 서사 주제

[그림 6-2]는 수감자들에 의해 완성된 역할 설문에 대한 최소 공간 분석법의 흥미로운 결과들을 보여 주고 있다. 여기에서 가장 명료한 것은 주도적인 수평축이 왼쪽의 '피해자'의 역할과 오른쪽의 '전문가' 사이를 구별하고 있다는 점이다. 수직축은 다소 미묘한 구분을 짓고 있다. 밑부분은 '복수' 변수들에 의해 특징지어지며 다른 것은 상관하지 않고 범죄를 범하는 것이다. 반대로 위쪽의 변수들에서는 범죄자가 자신이 실제로 그 사건의 일부가 아니고, 범죄가 전혀 특별한 것이 아닌 것으로 느꼈다고 보고하는 영웅적인 허세를 표현하고 있다. 우리가 살펴볼 것처럼, 이들이 상이한 범죄자 서사들을 압축한 네 가지 주요 역할들, 즉 피해자, 전문가, 복수자 그리고 영웅을 표현하고 있다.

이 배치도의 구조는 가설 검증과 탐구하고 있는 자료들에 대해 연구자들의 이해가 더욱 발전될 수 있도록 한다는 점에서 이 접근법의 효과를 잘 표현한다. 예를 들어, 배치도 표면에서 "그것은 해야 할 유일한 것이었다."라는 지문은 "나는 멈출 수가 없었다."와 다소 유사한 것을 의미하는 것일 수 있지만, 구성도상 이들이 분리되어 있다는 점과 다른 지문들과의 근접성은 이들 지문을 응답자들이 해석하는 방식에 있어서 차이점이 있다는 것을 드러내도록 한다.

"나는 멈출 수가 없었다."라는 지문은 두 개의 지문, "나는 인정을 바라고 있었다." 및 "그것은 임무였다."와 가깝다. 이는 멈출 수가 없다는 것에 내재하는 능동적 탐색을 보여 준다. 그래서 외부로부터의 수동적인 조작이라기보다는 어떤 결말을 성취하기 위한 능동적인 '임무'이다. 반대로, 범죄가 '해야 할 유일한 것'이라는 것에 동의하는 것은 그것이 '유일한 선택' 및 '그 외 아무것도 문제가 아님(nothing else mattered)'에 가까이 위치하게 되며, 동일한 영역에 있는 보복 및 내 것을 돌려받음이라는 개념과 흥미롭게 일치하는, 보다 반발적인 역할을 시사하는 것 같다. 보복과 운명의 지문들은 '피해자'가 되는 느낌에 중심을 둔 지문들이 속한 영역의 경계와 가까운 것으로 보일 수 있다. 이것은 보복과 관련된 지문들이 피해자의 지위에 일부를 의존하며, 또한 범죄자들이 보는 것처럼 선택의 여지가 없다는 느낌 일부에 의존하고 있음을 설명하는 데에 도움을 준다.

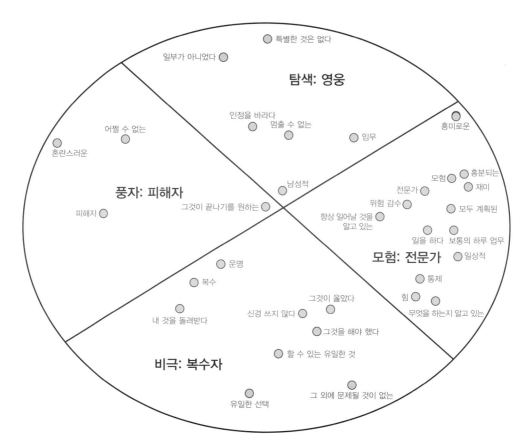

[그림 6-2] 역할 설문지에 대한 71명의 수감자의 응답을 최소 공간 분석한 결과

　지문들 중 상당수는 그들이 범죄자들의 삶에 얼마나 적절한지를 나타내는 구성의 오른쪽 영역을 형성하는데, 왜냐하면 그들은 비슷한 문제에 대해 이야기하는 매우 많은 상이한 방법들을 산출하고 있기 때문이다. 이 지문들은 모험적인 위험 감수의 다양한 측면들을 포착하고 있는데, 오른쪽 아래 부분에는 좀 더 직접적으로 일상적인 일의 측면들을 갖는 특징이 있고, 오른쪽 윗부분은 이러한 과정의 흥분과 관련되어 있다. 여기에서 다시 경계 지점에 있는 지문들이 특별히 흥미롭다. 예를 들어, 임무 중에 있는 것과 연관된 역할을 주목해 보라. 이미 언급했듯이, 이것은 응답자가 단지 하는 일을 그만둘 수 없었다거나 흥미로운 모험의 의미를 가지고 있는 것으로 해석될 수 있다.

　이러한 모든 탐구는 최소 공간 분석(SSA)의 해석이 범죄자가 쓸 수 있는 상이한 주제들을 이해하려 노력하는 것에 대한 체험적인 모형들이라는 점을 보여 주는 데에 기여한다. 이들 해석은 어떤 면에서는, 앞으로의 연구들에서 정교해질 수 있는 일련의 가설들이다. 그러나 현재의 경우에서는 그러한 비교가 우리에게 범죄자들의 서사들에 대한 좀 더 풍부한 통찰력을 주는지 여부를 결정하기 위해 Frye가 제공한 모형들과 비교될 수 있다.

신화와 관련된 역할들

풍자: 피해자

구성도의 왼쪽 부분에는 풍자 서사의 표현으로 이해될 수 있는 역할 묘사들이 있다. 이것은 아무것도 이해되지 않은 인생 이야기이며, 규칙도 없고 문제되는 것도 없다. 이 개념은 '어둡고 부패하며 폭력적인 세상'을 특징화한 영화의 장르 또는 유형과 같은 것을 의미한다. 느와르(noir) 영화에서 흔히 발견되는 외견상으로 거친 인물들이 풍자에 대한 Frye의 견해를 대표하는 것 같다. 그의 풍자에 대한 정의는 에이론(Eiron)* 또는 자기 비하자(self-deprecator)로서 소크라테스(Socrates)에 뿌리를 두고 있다(Frye, 1957: 172). 이러한 삶에 대한 일반적인 모형들은, 이 영역에서 보이는 혼란(혼란스러운)과 무기력(어쩔 수 없는)의 관점에서 수행된 역할에 대한 범죄자 이야기를 생성한다. 보통의 사회적·도덕적 규칙이 적용되지 않는 세상의 관점을 고려하면, 무력감의 확장은 사건에서 사실상 주된 피해자가 범죄자라는 전도된 개념이 되어 버릴 것이다('피해자'). 이것은 비록 일부 사건들에서는 중복되어 나타나겠지만, 인근 영역에서 보이는 어떤 사람이 잘못되었다는 분노의 유죄 판결이라기보다는 풍자에 특유한 일반화된 무력감이다. 피해자가 되는 역할은 근본적으로 부정적인 감정과 연계되어 있다. 이들은 단지 무(nothingness)로 흩어져 버리고 확실히 행복하지 않은 종말을 가리킨다.

이것은 자신이 완전히 아들의 비행에 휘둘려 버렸다고 보는 한 수감자와의 인터뷰 사례 A에 나타나 있다. 모두가 그가 무엇에 연루되었는지에 대한 혼란스럽고 어쩔 수 없는 이해의 부족에서부터 나왔다. 피해자 서사의 징표들은 그가 책임이 있다고 생각하는 사람, 즉 그의 아들이 교도소에서 먼저 벗어났다는 범죄자의 언급에 의해 또한 강하게 표현된다.

---

* 에이론(Eiron): 그리스 희극에 등장하는 세 명의 고정 인물 중 한 명(역자 주)

| 사례 A |

범죄자가 어쩔 수 없는 혼란을 표현한 피해자 서사(46세)

난 의붓아들을 고물상까지 운전해 주기로 되어 있었는데, 아들이 마권판매소에서 멈춰 달라고 했어요. 나는 마권판매소로 운전해 가서 차 안에서 기다렸어요. 아들이 방망이와 돈 가방을 들고 뛰어왔는데, 무장 강도를 한 것이었어요. 아들이 차에 타자, 난 차를 몰기 시작했어요. 내가 "너 무슨 짓을 한 거야!"라고 소리치자, 그는 "차를 몰아요. 아빠, 어서요!"라고 소리쳤어요. 운전을 하면서, 나는 소리를 치고 돈은 사방으로 날아가고 있었어요. 경찰이 차로 쫓아오고, 헬리콥터도 따라오고 있었어요. 추적하고 사이렌을 울리며 25분간 뒤쫓아 왔는데, 내가 가는 곳마다 경찰이 따라와서, 내가 잘못된 길로 들어섰어요. 차량 저지 기둥에 부딪히고, 난 도망쳤어요. 경찰에 체포돼서 난 7년형을 그리고 아들은 5년형을 받았어요. 아들은 유죄를 인정했지만, 난 그런 일이 일어난 것을 몰라 무죄를 주장해서 추가로 2년을 더 선고받았어요.

난 마권판매소에 가지 않았을 거예요. 아들이 방망이를 옷소매에 가지고 있어서, 난 무엇을 하려고 하는지 몰랐어요. 난 떠나 버렸어야 했어요. 하지만 애 엄마가 곤욕을 치를까 봐 그럴 수 없었어요. 어쨌든 곤욕을 치렀어요. 아들이 그가 한 짓에 대해 사과했어요. 그 아이가 그 짓을 했는데 나보다 먼저 나갔어요. 헌데 그가 그런 짓을 또 나에게 했어요. 난 아파트를 가지고 있는데 그가 그곳에 마약을 숨겨 두고 있었어요. 그는 5년형을 받고 난 4년형을 받았어요. 그리고 다시 그 아이가 나보다 먼저 나갔어요. 이건 내가 아니에요, 무장 강도와 마약 소지. 가끔 운전 위반으로 벌금을 받기는 했어도, 난 마약에 손대지도 않았고 마권판매소에 가지도 않았어요.

모험: 전문가

풍자적인 것과는 달리, 전문가 역할은 기본적인 '모험' 서사(Frye가 '낭만'이라 부른 것)를 드러내는 역할들로 구성된 구성도의 오른쪽 부분이다. 이것은 태양의 절정, 여름과 승리 단계의 원형이다. 영웅의 위대한 공적, 절정 그리고 낙원으로 들어가는 이야기들이 이 신화적 원형의 징표이다. 낭만에서 인생의 측면은 3단계로 구성된 성공적인 사냥, 또는 어떤 희망하는 마지막으로의 순례로서 설정된다. 예비적인 작은 모험과 함께하는 위험한 여행, 그리고는 대개 영웅 혹은 그의 적 중 한 명이, 또는 둘 다 죽어야 하는 일종의 전투, 그리고 나서 결국에는 영웅의 행복. 주인공은 승리하는 전체적인 인생 여정을 보여 주기 위해서 역경을 극복하고 새로운 도전을 통제하는 영원히 움직이는 모험가이다. 그(그녀)는 환경이 계속해서 변화하고 새로운 도전들이 계속해서 발생하는 인생에서 길고 어려운 여행을 시작한다. 범죄적 맥락에서는, 이것이 다른 사람과의 효과적인 대인관계와 환경의 지배를 통해 만족과 기쁨을 얻는 기회로 비추어지는 범죄와 일치한다.

이 부분의 역할들은 환경의 통제와 지배가 만들어 내는 역량감과 힘을 포착한다('통제하에 '권력(힘)' '무엇을 하는지 알고 있는'). 자신들이 담당하고 있던 역할에 대한 범죄자의 이야기, 그리고 '모험' '홍분되는' '재미있는' 그리고 '위험을 감수하는'과 같은 활동은 모험 서사의 중심이 되는 외부 환경들의 지배에서부터 나온다. 동시에 인생 도전들을 이겨 내려는 조용하고, 감정 자제적인 접근법이 '일을 하는 것' '보통의 하루 업무' '계획된 모든 것' 그리고 '일상적인' 역할들의 관점에서 그들의 활동에 대한 범죄자들의 묘사에 의해 표시되어 진다.

사례 B는 모험 서사에 전형적인 것으로서, 흔히 침입 절도와 강도범들에 의해 제공된다. 여기에는 '직업인'이 되었다는 확신에 찬 느낌이 명확하게 표현되어 있다. 그는 자신의 전문성이 지적되는 것을 즐거워하면서, 어떻게 경찰들의 기대를 좌절시켰는지, 그리고 CCTV를 피할 필요를 알고 있었던 것을 언급하고 있다. 이러한 모험의 홍분은 그가 "이것에 대해 이야기할 때면 홍분된다."라고 느끼는 정도로 직접적으로 언급되어 있다.

| 사례 B |

통제하는 것의 기여와 이것이 어떻게 홍분과 관련되는지를 보여 주는 모험 서사:
절도와 강도로 유죄 판결을 받은 23세 범죄자

가게에 들어가서 5천에서 1만 파운드 정도 되는 시계 걸이를 집어 들고는, 판매원에게 이것들 좀 보겠다고 하고는 바로 나왔어요. 난 돈 때문에 그것을 팔려고 했는데, 마약 때문이 아니라 멋진 옷들을 사려고요. 가끔은 훔치려는 의도를 가지고 나가지만, 또 가끔은 좋은 것이 보이면 그냥 훔쳐요. 아니면 다음에 가요. 나 혼자 하면 지역에 남아 있고, 누군가와 같이 하면 런던이나 요크 같은 도시로 나가요.

계획은 차에서 세우는데, 공범들이 어디에서 나를 기다릴 것인지, 차를 어디에 주차할 것인지, 그리고 내가 어느 쪽으로 도주해야 하는지 등을 상의해요. 나를 절대 못 따라와요.

난 그것에 대해 이야기할 때면 홍분이 돼요. 범행을 준비하고, 돈을 챙겼을 때, 그리고 좋은 옷을 샀을 때를 생각하면 아드레날린이 꽉꽉 나와요. 난 뛸 때 항상 웃어요. 웅웅 거리는 소리, 그건 귀찮은 것이지만. 가게에 손님이 없으면 뛰어나오지만, 손님이 있으면 걸어 나오다가 뛰어요. 그러고는 차에서 생각해 봐요. 이게 일어난 거야? 그리고 그것을 가지고 있는 것을요. 길가에 차를 세우고 도주로를 계획해요. 걸어서 가지, 차를 타고 있을 것이라고 생각도 못해요. 난 차를 타면 안전한 느낌이 들어요.

난 보통 비싸지만 작은 것을 택해요. 뭔가 숨기고 도망칠 수 있는 거요. 돈을 친구와 나누고 주말 동안 파티를 하는 거예요. 난 작은 것으로는 잡혔지만, 큰 것들은 아니었어요.

계획 세우는 데 5분밖에 안 걸려요. 왜냐하면 그곳으로 가서 주변을 살피고, 훔치고, 떠나고 …… 만일 주변을 돌아다니면, CCTV에 잡혀요.

비극: 복수자

구성도의 아래쪽 중앙에 함께 묶인 역할들은 영웅이 운명에 압도당하는 Frye의 비극 서사와 가까운 것으로 쉽게 이해될 수 있다. 비극에는 비극적인 영웅을 사악한 종말로 몰아넣으려 하는 격노한 신들 또는 위선적인 악당들이 있다. 위험과 인생의 모순을 피해야 하면서, 주인공은 일반적으로 비관적이며 애매모호한 태도를 갖는다. 거기에서 그는 고통과 즐거움, 행복과 슬픔이 항상 섞여 있음을 발견한다. 반복되는 감정들은 슬픔과 공포이다. 그는 응분의 대가를 받는 피해자로 지각되며, 비극에서 '기이한 피해자'는 인생의 파멸까지 따라오는 피할 수 없는 위험들을 직면한다. 비극에는 '추락'의 이야기들, 즉 신과 영웅의 죽음, 난폭한 죽음, 희생 그리고 고립 같은 것들이 포함된다. 고전적인 비극에서 영웅은 자연적인 질서로부터 어떤 근본적인 부분에서 자신이 분리되어 있음을 발견한다. 분리는 자연의 불균형으로 향하고, 균형의 회복은 비극적인 영웅의 몰락이다. 오이디푸스(Oedipus)처럼 비극적인 영웅은 최고의 자부심을 가지고, 열정적이며 원대한 생각을 갖고 있었겠지만, 이러한 기이한 기질이 보통 사람들로부터 그를 분리시키고 그를 궁극적인 종말로 이끌게 된다. Frye(1957)는 "비극은 공포스러운 정의감(영웅이 추락해야만 하는)과 애처로운 잘못됨의 느낌('그가 추락해서 너무 안됐어.')에 대한 청자의 역설적인 조합에서 유발된다."(Frye, 1957: 214)라고 말한다.

따라서 비극 서사는 부당하게 취급받고, 빼앗기고 혹은 학대받은 사람의 피할 수 없는 보복의 이야기이다. 주인공은 여기에서 보여 준 '할 수 있는 유일한 것' '그것을 해야만 하는'에서 드러난 것처럼 이러한 잘못에 보복하는 것 외에는 다른 선택이 없다. 이것은 분노한 복수의 이야기이며, 범죄자는 '자신의 것을 돌려받는 것'이다. 서사는 주인공이 옳고 그의 행동들이 정당하다는 확신에 의해 이끌어진다('유일한 선택'이며, '그것이 옳은' 역할에 사로잡혀서). 사람들은 그의 반응에 대해 그것은 '운명'이라고 믿으면서, 비난하지 않는다. 이것은 '기이한 피해자'로서의 자신만의 의미에 대한 자기중심적인 느낌을 포착하고 있는 것이다. 이러한 보복 이야기가 모든 비극에서처럼 종국적으로 파멸을 맞는 것은 주인공이 가지고 있는 선택의 결여와 마치 '그 외에 문제될 것이 없는'처럼 진행되는 그의 필요성에 의해 표시된다.

사례 C의 이야기는 비극의 징표인 정당화를 보여 준다. 범죄자는 비록 종국적으로는 재난으로 이끌어 가지만, '단지 그렇게 할 수밖에 없었을 뿐임을 그가 알게' 하는 것이 옳은 일인 것처럼, 자신의 행동들을 보고 있다. 이 서사에는 자신의 무릎에 모르는 사람의 이빨 자국이 있는 살인범이 이야기하는, 너무도 냉담하게 묘사된 폭력 인생에 대한 완전한 몰입이 있다. 많은 사람들은 이 사람을 이른 시기부터 비극적인 인생 역경에 있는 사람으로 또는 '일어나기를 기다린 재난'에 처한 사람으로 기술할 것이다.

| 사례 C |

범죄자가 다른 행동 방법을 볼 수 없었고 그 행동이 전부였던, 그 외에 문제될 것이 없다는 비극적 서사: 살인으로 유죄 판결을 받은 26세 남자

난 살인을 해서 여기에 있어요. 폭력과 성폭행 같이 다른 자잘한 범죄들도 있어요.

난 그 집에 들어가서 술을 마시고 있었고, 피해자는 내 친구들의 여자 친구들 중 한 명의 흉을 보고 있었어요. 난 '그건 옳지 않아.'라고 생각했어요. 그 여자아이들 중 한 명을 여자 친구로 둔 남자애가 거기 있었어요. 내가 그에게 "너, 저 친구에게 뭐라고 이야기하는 것이 좋겠어."라고 했어요. 그가 그렇게 하지 않아서, 내가 일어나 의자에 있는 피해자를 때리기 시작했어요. 잘 기억나지 않는 부분들이 있어요. 얼마 동안 때린 후에, 난 그를 욕실로 데리고 가서 욕조에 물을 채우고는 그에게 물에 빠져 죽든가 아니면 내가 너를 죽여 버릴 거라고 말했어요. 내가 약 한 시간 동안 그를 칼로 찔렀어요. 난 아무런 무기도 가지고 다니지 않아요. 난 문제를 일으키려 하지 않는다고요. 그건 내가 사는 방식이 아니에요. 난 문제를 피하려고 노력해요. 그 칼들을 어디에서 구했는지 기억나지 않아요.

그런 짓을 한 이유는 단지 그가 내 친구들에 대해서 말한 것 때문에, 그에게 그렇게 하면 안 된다는 것을 알려 주려던 거예요.

이후에 나가서 바퀴 달린 통을 집으로 가지고 들어왔어요. 난 그에게 욕조에서 나와서 통에 올라가라고 했고, 그가 바닥에 넘어졌어요. 한 20분 정도 그렇게 있었어요. 난 그가 죽었다고 생각했어요. 죽지 않은 것을 알고는 난 목 뒤를 다시 칼로 찌르고, 통에 집어넣었어요. 위에 백유 (white spirit)를 뿌리고는 불을 붙이고, 통 안에 있는 그를 수로까지 끌고 내려갔어요. 내가 발로 그 통을 차자, 그가 물로 떨어졌어요. 그가 소리를 질러서, 난 벽돌을 집어서 입 닥치라고 머리를 내리쳤어요.

난 아파트로 돌아가서, 옷을 빌려 입고는 혼자 나가 버렸어요. 이것이 엉망이 된 나의 밤이에요. 술집 기도들이 일이 없을 때 몰려가는 클럽에서 그 기도를 봤어요. 그가 전에 내 다리를 부러뜨렸는데, 그와 싸움을 시작했고, 발판 같은 것으로 머리를 때리고 발로 몇 번 찼어요. 그날 밤 어디에서 잤는지 기억을 못하겠어요. 이틀 후에 자수해서 경찰서에 있는 거예요. 내가 온통 멍이 들어서 경찰이 의사에게 보였는데, 그가 내 무릎에서 이빨 자국을 발견했어요. 그것은 피해자나 기도의 것이 아니었어요. 다른 사람의 것 같아요.

탐색: 영웅

구성도의 위쪽 중심에 있는 역할들은 Frye가 '코미디'라고 부른 또는 사랑 이야기로 좀 더 명확하게 이해될 수 있는 기본적인 서사 주제와 그다지 쉽게 상응하지는 않는다. 코미디 소설에서, 중심인물들은 보통 진정한 사랑, 행복 그리고 타인과의 삶에 있어서 안정감을 추구하는 젊은 영웅이며, 이는 환경적 · 사회적 장애들로부터의 간섭과 제약들을 최소화함으로써 성취된다. 그들은 단순하고 순수한 즐거움을 찾고, 일반적으로 낙관적이며, 그들이 경험하는 반복적인 감정들은 보통 긍정적인, 기쁨과 만족 같은 것들이다. 그들은 분노와 죄책감에서 자유로우며, 지상에서 그들의 이야기에 행복한 끝을 제공할 기회가 주어진다.

아주 소수의 범죄 활동들을 제외하고는 어느 것도 그러한 행복한 동화의 결말 속에 전체적으로 포함되는 것을 생각하기는 어렵다. 대신에 서사들이 압축되어 있는 다양한 로맨스 형태들을 Booker(2004)가 발전시킨 것을 볼 필요가 있다. 그의 영웅적 탐색에 대한 생각, 『이상한 나라의 앨리스(Alice in Wonderland)』처럼 은유적인 '여행과 복귀'는 일부 범죄자들의 범죄적 행동들을 이해하기 위한 적절한 서사적 모형을 제공할 것이다.

구성도의 위쪽 중심에 있는 역할들은 영웅적인 탐색에 있는 사람의 관념과 일치하고 있다. 범죄자들은 자신들의 행동을 그렇게 행동하도록 유도하는(멈출 수 없는) 올바른 '임무'의 일부로서 이해한다. 범죄적 맥락에서, 이 임무는 그의 남성다운 명예(남성다움)를 방어하는 형태를 취할 것이다. 그래서 범죄자는 불명예스럽다고 느끼게 되면, 그의 자존심은 결과들이 있기를 요구하는데, 결과란 존경을 획득한다는 관점에서 범죄자에 의해 만들어지는 것이다(인정을 바라다). 이러한 서사의 중심에 있는 허세와 우발성이 '특별한 것은 없다'와 같은 행동들의 묘사에 드러나 있다. 이 유형의 환상적이고 비현실적인 특질은 '그것의 일부가 아니었다.'라는 역할 묘사 내에 암시되어 있다.

이 범죄자 서사 형태는 사례 D에서 주어진 이야기에 나타나고 있다. 응답자는 매우 난폭한 폭행으로 종신형을 선고받았다. 그는 〈OK 목장의 결투(Gunfight at the OK Corral)〉처럼 자신이 저지른 범죄를 기술하고 있다. 어머니에 대한 모욕에서 상처받은 자신의 남성다운 자존심을 회복하기 위해서, 그는 피해자를 기다려서 공격하였다. 그러나 설문지에서 그가 '그것을 해야만 하는'에 동의한 것처럼, 그의 서사에서 마치 어떤 커다란 임무의 일부인 것처럼 "무슨 일이 일어나든, 일어나라."고 말했으며, 실제 책임을 지지 않았다. 비록 그가 그것은 "사실은 앙갚음은 아니었다."고 말했지만, 그의 분노에 과거가 있다는 것은 그의 말에서 명백하며, 그가 "아무런 준비도 하지 않았다."고 주장했지만, 그는 실제 잔인한 무기를 만들었고 피해자를 기다렸다. 그는 술을 마셨고 하루 종일 '마약을 흡입해서' 이미 현실 감각을 잃어버리고, 고조된 상태에 있었다. 그는 모욕감을 완화하고 폭력에서 되돌아올 수 있을 것으로 생각하는 것 같았지만, 이어지는 이야기가 얼마나 취약한지를 이제 깨닫고 있다.

| 사례 D |

'탐색' 서사: 남성다운 임무를 수행 중에는 멈출 수 없다는 것의 의미를 보여 주고 있다. 의도적인 중상해(GBH*)로 유죄 판결을 받은 24세 남자

엄마가 이웃집에 사는 남자친구와 문제가 있었어요. 그가 엄마에게 압박을 가하고 괴롭혔어요. 난 그가 가족 친구라고 생각하곤 했는데, 그는 같이 술을 마시자고 귀찮게 하면서, 브랜디 술병과 물건으로 계속해서 그녀의 문을 두드렸어요. 내가 어릴 때는 그와 축구를 하기도 했어요. 엄마는 그가 무슨 짓을 했는지를 내게 말했고, 난 그 앞에서 맹세를 했어요. 무엇인가 대가가 있을 것이라고요. 그것이 진정으로 앙갚음은 아니었기 때문에, 뭔가 준비하지는 않았어요. 그 일이 일어난 저녁에 난 6시간 동안 마약을 하고 하루 종일 술을 마시고 있었어요. 그가 친구와 함께 내 방에 들어왔는데, 그가 들어올 때까지는 기분이 매우 좋았었어요. 그가 "네 엄마는 어쨌든 창녀일 뿐이야."라고 했어요. 난 내 친구에게 때가 된 것 같다고 이야기했고, 그는 당구 큐를 가져와서 반으로 잘랐어요. 나는 당구알 두 개를 양말에 넣어서는, 친구의 차에서 같이 기다렸어요. 내가 그를 다치게 하기를 원했고, 그들이 밖으로 나오면 그에게 달려갈 예정이었어요. 무슨 일이 일어나든, 일어나는 거예요. 바닥에서 실랑이가 있었고 피해자가 도망가려 했어요. 내가 그보다 먼저 일어나서 5, 6차례 때렸어요. 피가 온 사방에 있는 것을 보고 때리는 것을 멈췄어요. 그가 일어나서는 나를 죽이겠다고 말해서, 그를 다시 쫓아가기 시작했어요. 하지만 그가 아파트 문으로 들어가 버렸어요. 난 화가 나서 씩씩 데다가, 내가 무슨 짓을 했는지, 그리고 피에 범벅이 돼 있는 것을 깨달았어요.

3년 반 이후에 가석방이 가능한 종신형을 받았어요. 이런 일이 없으려면, 그짓을 하지 말았어야 했어요. 어쨌든 좋지 않은 것이었고, 지금 난 여기에 있고, 내 아이들은 아버지 없이 있어요. 아버지가 주변에 없다는 게 어떤 느낌인지 난 잘 알아요. 내 자신에게 약속했어요. 아이들을 위해서 거기에 있을 거라고, 내 머리 속에는 그 생각밖에 없어요. 약속을 지켜야 했는데, 어쨌든 한 주에 한 번 아이들이 나를 보러 이곳으로 와요.

범죄자 서사에서 피해자 역할

이들 상이한 서사들은 범죄자를 위한 역할 뿐 아니라 범죄에서 피해자에게 역할을 부여하는 것까지 포함한다. 이것은 특히 폭력적인 범죄와 성범죄에 대한 우리의 이해에 있어서 중요하다(제12장과 제13장을 보라). Canter(1994)는 범죄자가 그의 피해자에게 지정하는 많은 특별한 역할들을 확인해 주고 있다. 이 역할들은 범죄자가 범행을 실행하기 위해 그가 필요로 하는 통제를 유지하려는 방식에, 그리고 범죄자가 피해자를 다루는 대인관계적인 유형

---

* GBH(Grievous Bodily Harm), 영국에서 중상해(역자 주)

에 있는 다양성의 산물이다. 여기에서 Canter는 피해자의 3가지 중심 역할들, 즉 사물로서의 피해자(victim as object), 매개체로서의 피해자(victim as vehicle) 그리고 사람으로서의 피해자(victim as person)로 단순화한 복합 모형틀을 산출해 낸다.

모험 서사 내에서, 범죄자는 사건에 대한 그의 능숙한 지배력의 일부로서 단순히 피해자를 통제하려고 한다. 범죄자는 전적으로 그의 목적을 달성하는 데에 초점을 맞추며, 피해자는 상관이 없다. 단지 그가 원하는 것을 할 수 있게 허락하도록 강압적으로 조정되는 그 무엇이다. 피해자는 단지 감정 또는 의미가 없는 사물일 뿐이다.

풍자 서사들에서는, 범죄자가 자신의 공허감을 처리하기 위한 왜곡된 시도 속에서 피해자와 일정 유형의 친밀감을 찾는다. 초점 없고 의미 없는 감각의 선상에서, 친밀감을 성취하려는 시도는 학대적이고 강압적인, 즉 수용 가능한 사회적 행위 밖에 있는 피해자 취급에 의존한다. 피해자는 여기에서 온전한 인간, 사람으로서의 의미를 갖는 인간으로서 인식된다.

'매개체' 역할로서의 피해자라는 상이한 형태들이 비극과 탐색 서사들 내 피해자들에게 지정되어 있다. 비극적 범죄자에게 피해자는 자신의 보복을 받아 내는 표적으로서의 상징적 역할을 한다. 따라서 피해자의 인간성에 대한 충분한 공감 또는 인식이 있기 때문에, 피해자와 그의 반응들을 이용하여 범죄자가 자신의 복수심을 달성할 수 있다. 탐색에서 범죄자에게는, 피해자에 대한 공격이란 복수에 대한 것이 아니라 자신의 보다 큰 영웅적 임무의 한 부분이다. 피해자는 자신의 욕구를 표현하기 위한 매개체인 것이다. 비록, 사물 역할의 피해자와 달리, 피해자가 범죄자를 위해 사용되는 목적의 중요한 부분이라는 인간성에 대한 인식이 있다 하더라도, 초점은 전적으로 범죄자의 표현에 맞추어져 있다.

각본과 서사

소개된 서사 모형은 '각본'이라는 개념을 탐구하는 심리학 내의 영향력 관점과 중요한 관련이 있다(Abelson, 1981). 결국, 한 사람이 담당하는 역할들은 그가 사람들과 사건들의 연속선 사이에 존재하는 관계를 결정짓는 일종의 각본에 따르고 있다는 것을 함축하고 있다. 이야기 줄거리는 특별한 연속성을 따르며, 어떻게 전개될 것인가에 대한 잘 형성된 예측이 있게 된다. 범죄적 맥락에서 이러한 각본들이 사용될 것으로 예측되기 때문에, 범죄자들이 자신의 역할이 무엇인지에 대해 생각하는 것에 따라 강도, 강간 또는 살인을 실행하는 특별한 방법이 있을 것이라고 생각하게 될 것이다. 비록 그들이 무엇을 해야 하는지에 대해 의식적으로 생각하지 않더라도, 그들의 행동들은 '다음에 일어나는 것'에 대한 기대에 의해 형태지어질 것이다.

많은 연구들에서 Canter와 동료들은 생명을 위협하는 환경의 바탕을 이루는 암시적 각본들을 고찰하는 것의 가치를 보여 주었다(Canter et al., 1990; Donald, 1993, 1995; Donald and Canter, 1990, 1992). 이들 연구의 의미는 사람들이 심지어 극단적으로 도전적인 상황에서조차 이미 존재하는 역할과 행동 패턴에 얼마나 얽매이는지를 보여 주고 있다는 점이다. 따라서 범죄자들 또한 자신들의 행동을 일반적으로 사용되는 이야기 줄거리와의 관계 속에서 형태를 지을 것이라고 예측할 수 있다.

Wilson과 Smith(2000)는 그들의 인질극 논의에서 각본의 일반적인 유용성에 대한 흥미로운 함의를 제시하고 있다. 그들은 각본의 예측되는 규칙을 파괴하는 것이 참여자들에게 특별한 힘을 줄 수 있음을 지적하고 있다. 그들이 제시한 것은 다음과 같다.

> 테러범들의 입장에서, '허세 부리기(bluffing)'는 규칙 파괴의 한 유형이다. 사례들은 특별한 인질이 없음에도 있는 것처럼, 또는 설치하지 않은 폭발물이 빌딩에 있는 것처럼 행동하는 것을 포함하고 있다. 1984년 테헤란(Teheran)에서 비행기 납치범들이 보여 준 거짓 강인함이 아마도 비행기 습격을 유도한 요인이었을 것이다. 실제 미국인을 살해하여 사체를 활주로에 던져 버린 후에, 그들은 두 명의 쿠웨이트인을 살해한 것으로 위장하였다. 이들을 비행기 내로 데려와 몸에 '케첩'을 뿌린 후에, 증거 사진을 찍도록 기자들을 불렀다. 이란 보안군에 의한 이어진 구출 작전에서, 보안군이 허세 부리기를 되돌려 주었다. 의사로 위장한 보안군 요원 한 명이 승객을 돌보라는 요청에 따라 비행기에 탑승하였고, 다른 두 명도 청소부로 위장하여 탑승한 후에 테러범들을 무장해제시켰다.
>
> (Wilson and Smith, 2000: 147)

어떤 범죄를 고찰하는 데 있어서, 범죄를 형태 짓는 각본들은 범죄자의 행동을 유발한 과정들이 무엇인가를 이해하는 데에 도움을 주는 가치 있는 관점이 될 뿐 아니라, 범죄자가 살아가는 암시적인 서사들을 명확히 하는 데에도 도움을 준다. 이것이 결과적으로 범죄자가 스스로를 어떤 사람이라고 생각하는지, 그리고 그의 행동의 심리학적 근원이 무엇인지에 대한 추리가 가능하도록 길을 열어 주게 될 것이다.

요약

이 장에서는 다소 혁신적이고 도전적인 모형틀이 범죄자들과 그들의 범죄를 고찰하기 위해 제시되었다. 범죄자들이 의식적인 행동을 실행하고 있으며, 이것들이 단지 그들의 유전적 형질과 환경의 산물만은 아니라는 것을 인식하기 위해 문학에 대한 연구에서 의견들이 도출되었다. 다른 사람들과 마찬가지로, 범죄자들도 그들이 중요한 역할을 수행하는 어떤 종류의 서사를 형성함으로써 그들의 삶을 이해하고 있다는 것을 제시하고 있다. 이러한 이야기 줄거리는 또한 그들의 피해자들에게도 역할을 지정하고 있다.

이야기들이 취할 수 있는 원형들의 주요 공식들 중 하나를 따라가 보면, 범죄자들의 개인적인 서사들이 4개의 신화적인 주제들, 즉 풍자, 모험, 비극 그리고 탐색 중 어느 하나에 의해 주도되고 있다는 점을 말해 주고 있다. 이들 각각이 범죄자에 의해 만들어지는 다양한 유형의 진술들 또는 주장들과 연계되어 있다. 피해자, 전문가, 복수자 그리고 영웅이라는 범죄자의 중심 역할들은 범죄적 맥락에서 이 서사들의 표현을 이해하는 정보를 제공한다. 이들 역할에 대한 실증적 연구는 범죄자들에게 그들이 잘 기억하고 있는 범죄를 저지를 때 어떤 느낌이었는지를 묘사하도록 함으로써 가능한 것으로 증명되었다.

이러한 서사들의 바탕을 이루는 주제들은 또한 범죄자 서사 내에서 피해자에 대한 특별한 역할들을 함축하고 있다. Canter(1994)의 피해자의 역할 모형틀의 관점에서, 풍자 서사는 피해자에게 사람의 역할을 지정하고 있으며, 모험 서사는 사물 역할을 내포하고 있다. 반면에 매개체 역할로서의 피해자의 상이한 변형들은 비극과 탐색 내에 포함되어 있다.

소개된 서사 모형 역시 주어진 상황 속에서 적절한 행동 진행을 결정하는 데에 범죄자에 의해 사용되는 '각본'이라는 개념과 중요한 관련성을 가지고 있다. 모든 것을 종합해 보면, 여기에서 소개된 모형틀은 범죄자에 대한 추리를 발전시키고, 능동적인 동인으로서의 범죄자와 직접적으로 맞물려 있는 앞으로의 연구를 위한 가정들을 생성하기 위한 풍부한 일련의 가능성들을 제공하고 있다.

추가로 읽을거리

서적

Canter, D. (1995) *Criminal Shadows*, HarperCollins, London.
Crossley, M. L. (2000) *Introducing Narrative Psychology: Self, Trauma, and the Construction of Meaning*, Open University Press, London.
Laszlo, J. (2008) *The Science of Stories: An Introduction to Narrative Psychology*, Routeldge, London.
McAdams, D.P. (1997) *The Stories We Live By: Personal Myths and the Making of the Self*, Guilford Press, London.

논문

Bruner, J. (1987) Life as narrative. *Social Research*, *54*(1), 11-32.

Canter, D., Grieve, N., Nicol, C. and Benneworth, K. (2003) Narrative plausiblity: the impact of sequence and anchoring. *Behavioral Sciences and the Law, 21,* 251-267.

Canter, D. V. and Ioannou, M. (2004) Criminals' emotional experiences during crimes. *International Journal of Forensic Psychology, 1*(2), 71-81.

Canter, D., Kaouri, C. and Ioannou, M. (2003) The facet structure of criminal narratives in *Facet Theory: Towards Cumulative Social Science* (Eds. S. Levy and D. Elizur), University of Ljubljana, Faculty of Arts, Center for Educational Development, Ljubljana.

🗒 토론과 연구를 위한 질문

1. [글상자 6-1]에 제시된 사건을 검토하고 어떤 형태의 서사를 축약하고 있는지 논의해 보라. 여기에서 살인자에 대해 우리에게 무슨 이야기를 하고 있는가?

2. 어떤 범죄 영화 또는 소설을 생각해 보라. 논의된 주도적인 서사들 중 어느 것을 그 줄거리가 따르고 있는가? 중심 범죄자가 전반적인 줄거리 속에서 맡고 있는 역할은 무엇인가? 당신은 이러한 역할을 묘사하는 말이나 행동의 사례를 제시할 수 있는가?

3. 범죄자의 내재적 서사를 포착하고 범죄자가 스스로를 어떤 역할을 하는 것으로 보고 있는지를 특정하기 위해 설문지를 생각해 보라. 만일 당신 자신의 삶을 파악하기 위해 그러한 설문을 개발한다면, 어떤 유사점들과 차이점들을 갖게 되겠는가? 당신의 경험과 당신과 관련된 사람들의 경험을 파악하기 위해 그러한 설문지를 개발한다면 어떤 사건들을 고려해야 할 필요가 있으며, 무슨 문제들에 직면하게 될 것인가?

4. 〈표 6-1〉의 설문지에서 하나의 질문을 택해서 그 질문이 함축하고 있는 범죄자 이야기 줄거리를 논의해 보라. 그러한 서사에서 그들의 삶은 어떤 종류의 범죄와 범죄자들을 보게 될 것이라고 예상되는가?

5. 사례 A~D 중 하나 또는 모두를 검토해 보라. 어떤 각본이 이들 사례의 각각에 내포되어 있는가?

행위 패턴의 발견과 프로파일 구성

학습 목표

1. 수사심리학이 범죄 행위들의 패턴에 어떻게 초점을 맞추는지를 이해할 수 있다.

2. 행위적인 현저성의 함의를 알 수 있다.

3. 일관성 원칙들을 알 수 있다.

4. 수사상 추리를 위한 이론적 기초를 논의할 수 있다.

5. '프로파일링'의 한계를 인식할 수 있다.

6. 추리 기제들의 행위체계 모형들을 구분할 수 있다.

7. 추리 과정들에 대한 서사적 해석들을 이해할 수 있다.

개요

모든 종류의 범죄들은, 그것이 침입 절도, 방화, 강도, 사기 또는 살인이든 간에 많은 상이한 형태를 취할 수 있다. 세분화된 행동들은 하나의 침입 절도 또는 살인을 다른 침입 절도 또는 살인과 매우 다르게 만들 수 있다. 따라서 만일 우리가 범죄에 대해 좀 더 세부적인 이해를 형성하고, 범죄자들에 대해 보다 구체적인 추리를 발전시키려 한다면, 범죄 내의 행동들을 좀 더 가까이 살펴보는 것이 필요하다.

범행 방식에서의 차이에 대한 포괄적인 기초 개념이 다양한 범죄자 서사들의 형태와 통합되어 있는 Shye의 행위체계 모형(action system model)의 관점에서 제안되면서 이로부터 4가지 범죄 행동 모형이 제시되고 있다. 즉, 전문가의 적응적 모험, 영웅의 표현적 탐색, 피해자의 통합적 풍자 그리고 복수자의 보수적 비극이다. 범죄 분화의 이러한 서사적 행위체계(Narrative Action System: NAS) 모형은 범죄 행위 유형들에서 그리고 범죄의 다양한 형태들 내에 존재하는 변형들의 근거를 제시하고 있다.

추리 과정들은 범죄로 이어지는 다양한 경로들에 뿌리를 두고 있을 것이다. 즉, (a) 개인의 인지적 또는 기질적 특성들의 측면들, (b) 대인관계적 상호작용들, (c) 그들이 한 부분으로 속하게 되는 하위 문화 및 사회적인 학습 과정들, 또는 (d) 개인의 정서적 특질들이다. 이러한 경로들은 서사적 행위체계의 4가지 행동 모형을 반영하게 되며, 이들 각 모형은 상이한 추리 과정들을 고찰하기 위한 모형틀, 즉 행동이 특성과 관련될 수 있게 하는 다양한 기제를 제공한다. 상이한 추리 형태들은 범죄 행동들의 특별한 서사적 행위체계 모형에 따라 가장 생산적일 수 있다. 따라서 서사적 행위체계 추리 모형은 범행에 대한 정보로부터 범죄자들에 대한 추론을 발전시키기 위한 포괄적인 기초, 즉 범죄 구분 및 범죄 추리 통합 모형을 제공한다.

범죄 행위

앞 장들에서 우리는 주로 범죄의 다양한 계층 및 유형에 관심을 두었다. 한 개인이 침입 절도 또는 강간을 범하는가 여부는 그 사람의 본성과 그가 개입되어 있을 다른 범행의 형태들에 대한 함축적 의미를 가지고 있다. 그러나 범죄성에 대한 우리의 이해를 좀 더 깊게 하기 위해서는 어떤 범죄에서 실제 무엇이 발생했는가를 좀 더 가까이 보는 것이 필요하다.

'행위(action)'라는 개념은 '행동(behavior)'으로서 무엇이 일어나는가를 묘사하기보다는 범죄에서 무엇이 진행되는가를 묘사하기 위해 일반적으로 선호하는 개념이다. '행동'이 단지 운동 움직임을 의미할 수 있는 데 비해, 행위는 의도를 내포하고 있다. 사람에게 피해를 준다는 것은 행위이지만, 주먹으로 때리는 것은 행동이다. 흔히 유형적 이유들로 인해 이 개념들을 상호 교환적으로 사용하지만, 우리가 기계적인 행동에 대해서보다는 무엇이 행해지고 있는지의 의미를 염두에 둔다는 점을 항상 기억해야 한다.

범죄자가 결정해야 하는 문제들

심리학적으로 보다 풍부한 방법으로 범죄 행위들에 대해 생각하기 위한 생산적인 시작점은 무엇이 어느 정도 범죄자의 통제하에 있는가를 고찰하는 것이다. 비록 가장 단순한 범죄가 발생하여도, 범죄자는 〈표 7-1〉에 있는 목록처럼 의식적으로든 아니든 간에 많은 선택을 해야만 한다. 범죄의 모든 이러한 측면들은 범죄를 이해하는 데에 도움을 주며 사법기관의 활동에 기여하도록 사용된다면 검토되고 점검되어야 한다.

〈표 7-1〉 범죄자가 결정해야 하는 문제들

1. 언제 범죄를 범할 것인가: 시간, 주중의 하루, 한 해 중 어느 시기
2. 어디에서 범죄를 범할 것인가: 일반적인 구역, 정확한 위치
3. 대상은 무엇인가: 사람, 재산, 물건
4. 얼마나 계획을 세우고 준비할 것인가
5. 어떻게 범죄를 시작하는가
6. 범행을 실행하는 형태: 예, 공격적, 기만적
7. 범행의 주요 목적을 달성하기 위한 전술; 예, 무기, 도구 사용
8. 피해자와의 관계 형성: 회피, 무시 또는 공격
9. 범죄 행위들이 탐지될 가능성을 통제할지 여부
10. 범행을 어떻게 결말지어야 하는가?

〈표 7-1〉의 항목들을 취합해 보면, 범행의 많은 측면들이 범죄자와 그(그녀)의 행위들에 대한 의미 있는 정보를 가지고 있음을 보여 준다. 이것들은 범죄자의 능동적 작용을 고찰하고 그의 범죄성이 무엇인지에 대해 좀 더 깊은 이해를 매우 타당하게 도출해 내고 있음을 드러낸다. 이것이 우리가 앞선 장들에서 생각했던 범죄의 계층 또는 유형에 대한 보다 넓은 문제들을 넘어서도록 해 주며, 어떤 특정 범죄의 하위 집합의 의미를 보다 깊게 파고들 수 있도록 해준다.

우리는 범죄 행위들을 다룰 때 많은 도전에 직면한다. [글상자 7-1]에 기술된 침입 절도를 생각해 보라. 가장 즉각적인 도전은 무엇을 살펴보아야 하는지를 결정하는 것이다. 여

글상자 7-1 **이 범죄의 두드러진 특성은 무엇인가?**

토요일 아침 이른 시간에, 맨체스터(Manchester)에 있는 2층집의 1층에 침입 절도가 발생하였다. 절도범은 경보 장치를 파손하고 아래층 창문을 통해 침입하였으며, 집을 어지럽히지 않고 현금과 보석류를 훔쳐 갔지만, 지문을 남겼다. 집에 있는 큰 전기용품들은 절취하지 않았다. 절도범이 막 도주하려는 순간에 거주자와 마주쳤으며, 여성의 얼굴을 몇 차례 격하게 가격한 후에 도주하였다.

기에는 너무도 많은 범죄에 대한 측면들이 있다. 연구자에게처럼, 경찰관에게 도전이란 범죄자에 대한 추리를 도출하는 것과 가장 관련이 있는 특성들을 확인하는 것이다. 따라서 의문점은 침입 절도에서 실행된 것들 중 어떤 측면들이 범죄자에 대해 무엇인가를 보여 줄 수 있는가에 있다.

침입 절도의 모든 측면이 이 범죄를 실행한 개인에 대해 동일하게 드러내는 것은 아닐 것이다. 예를 들어, 그가 거주자에게 발견되었을 때 단지 도주한 것이 아니라 다가가서 위협을 했다는 사실을 고려해야 하는가? 절취한 것이 무엇인지 혹은 절취하지 않은 것이 무엇인지에 대해 좀 더 주의를 기울여야 하는가? 대부분의 사람들이 일하지 않는 요일의 아침이었다는 점이 의미가 있는가? 경보 장치를 파손한 것에 대해서는? 어떤 특별한 중요성이 있는가?

무엇이 관련이 있는지를 결정하는 것은 단순한 일이 아니다. 범죄자에 의해 재물에 가해진 피해는 그(그녀)에 대해 무엇인가를 우리에게 말해 주고 있지만, 어떤 방식으로 시작하였는지, 또는 무슨 요일에 발생했는지에 대해서도 말하고 있는가? 기꺼이 폭력을 사용하려는 범죄자의 태도가 수사심리학자들에게 중요한 고려사항이 되겠지만, 주택보다는 연립주택의 1층을 선택한 것은 중요하지 않은가? 여기에는 너무도 많은 의문점들이 있어서 연구 계획이나 경찰 조사에서 무엇에 주목해야 하는지, 그리고 무엇을 무시해도 되는지에 대해 논의하기 위해 많은 시간을 소비하게 될 것이다. 흔히 형사들은 특별히 의미 있는 것으로 갑자기 떠오르는 범행의 한, 두 개의 측면들, 말하자면 폭력이나 범행 시간으로 건너뛰어서, 이들 특성을 바탕으로 추리를 구성하려고 진행할 것이다. 유사하게, 연구자들은 가장 흥미롭거나 사회적으로 중요한 것 같다는 생각 때문에 범죄에서 일어난 폭력에 초점을 맞추려 할 것이다. 그러나 이러한 다소 자의적인 방식으로 범죄의 측면들을 선택하는 것은 많은 이유에서 수사를 크게 잘못 이끌어 갈 수 있다.

일부 지역에서는 경찰이 범죄에서 무엇이 발생하였는지에 관한 세부적인 가능성을 탐구하는 것에 주목하고 있다. 그들은 심지어 침입 절도처럼 비교적 보통의 범죄들에서조차 발생했을 것들을 매우 세부적으로 기록하는 데에 상당한 노력을 기울이고 있다. 점점 더 전 세계적으로 범죄자들이 무엇을 하는지에 대한 세부 사항들을 기록하고 있는 매우 폭넓은 데이터베이스가 구축되어 있다. 〈표 7-2〉는 3년이 넘는 기간 동안 특정 지역에서 발생한 모든 침입 절도들에 대해 전체 범죄들을 통해서 나타난 행동들의 빈도들과 함께 영국의 주요 경찰관서들에 의해 전형적인 방법으로 기록된 행위들의 목록을 제시하고 있다.

〈표 7-2〉 경찰 데이터베이스에 침입 절도들에 대해 기록된 행위들의 빈도

묘사	빈도	비율
정돈된 물색을 하다.	3,636	28.6
정돈되지 않은 물색을 하다.	3,063	24.1
창문으로 들어가다.	2,709	21.3
문으로 들어가다.	2,686	21.1
날카로운 기구	1,368	10.8
무딘 기구	1,332	10.5
범죄를 범하기 위해 기어오르다.	1,225	9.6
잠금 장치를 뚫고 들어가다.	939	7.4
재물을 운반하기 위해 가방을 이용하다.	653	5.1
보안 경보가 작동하다.	411	3.2
들어가기 위해 도구를 이용하다.	273	2.1
용의자에 의해 출구가 준비되다.	233	1.8
가구를 강제로 열다. 예, 서랍, 책상	220	1.7
출입구 외의 건물 부분을 손상하다.	210	1.6
용의자가 문을 확보하다. 예, 잠그거나 가로막다.	185	1.4
성냥이나 전등 등으로 빛을 비추다.	175	1.4
용의자가 범행 동안에 위협을 가하다.	167	1.3
열쇠를 사용하다.	135	1
창살을 뚫고 들어가다.	122	0.9
술을 마시다.	106	0.8
경첩을 뚫고 들어가다.	92	0.7
계산대를 털다.	87	0.7
용의자를 확인할 수 있는 특정 단어를 사용하다.	87	0.7
보안 시스템을 피하다. 예, 선 절단.	74	0.6
용의자가 커튼을 치다.	74	0.6
현장에서 용의자가 음식물을 먹다.	66	0.5
용의자가 범죄 현장에서 몸을 가리다.	63	0.5
화장실 또는 다른 곳에 용변을 보다.	62	0.5
용의자가 현장에서 담배를 피우다.	54	0.4
용의자가 침대를 사용하다.	47	0.4
공범이 있다.	45	0.3

안전장치를 강제로 열다.	36	0.3
창틀 접착제가 제거되다.	30	0.2
피해자를 협박하다.	28	0.2
범죄적 손상: 예, 범죄 현장에 페인트 칠 혹은 낙서	28	0.2
계량기를 강제로 열다.	22	0.1
보안등을 무력하게 하거나 파손하다.	21	0.2
용의자가 전화기를 조작하다.	18	0.1
범행 전에 약물을 복용하다.	18	0.1
피해자가 신체적으로 공격 받다.	15	0.1
망보는 사람이 있다.	13	0.1
음향기기/TV를 용의자가 틀다.	11	0.08
보안 카메라를 작동하지 않게 하거나 파손하다.	11	0.08
보안등이 작동하다.	9	0.07
용의자가 옷을 갈아입다.	5	0.03

〈표 7-2〉에서 일부 행동들은 '정돈된 물색' '정돈되지 않은 물색' 또는 '창문 혹은 문으로 침입'과 같은 매우 일반적으로 기록되는 것일 수 있다. 반대로 범죄자가 '옷을 갈아입다' 또는 'TV를 틀다'와 같은 행동들은 매우 특이한 것이 사실이다. 따라서 표는 이 모든 정보를 가지고 대체 무엇을 해야 할지에 대해 경찰이 직면한 어려움을 풀어 나갈 수 있도록 한다. 범죄자의 행위의 적절성을 결정하는 것은 개별 행동들이 일어난 사건에 대한 전반적인 이해를 필요로 한다. 일부 행동은 상황 자극에 단지 직접적인 반응으로 발생하기 때문에 범죄자에 대해 우리에게 말해 주는 것이 제한적일 수도 있다. 예를 들어, 침입방법이 중요한 것인가, 또는 이 방법이 단지 창문이 열려 있었기 때문에 선택된 것인가? 범행의 일반적인 형태와 반대로 진행된 명백하게 이상한 행동들은 특별하게 의미 있는 것인가? 경보 장치를 파괴할 만큼 충분한 경험을 가진 범죄자가 지문을 남겼다는 사실은 중요한 것으로서 아니면 우연으로 간주되어야 하는가? 우리는 단지 발생한 행동들에 초점을 맞추어야 하는가, 아니면 범죄자가 중요한 것을 하지 않은 것이 있는가? 범죄자가 어떤 도구도 휴대하지 않은 것이 의미가 있는가?

Youngs(2008)에 의해 논의된 것처럼, 여기에서 매우 중요한 요점은 범죄의 각 측면에 다양한 형태의 검증과 분석의 여지가 있다는 점이다. 위치가 독특한 것인지 여부를 결정하는 방식은 우리가 시간의 함의를 이해하는 것과는 다소 다르다. 어떤 잠재적 피해자와 관련된 행동은 탈취된 재물에 대한 고려와는 다소 다르게 평가되어야 할 것이다. 사실 고려의 범위와 내포된 함의가 잠재적으로 매우 복잡하기 때문에 범죄자의 행위들을 이해하려는 즉흥적인 시도는 요점을 잃게 되는 위험으로 가득하다.

범죄 활동에 대한 어떤 폭넓은 모형틀을 가지지 않고서는 고찰을 위한 사안들의 선정이

자의적이게 된다. 이러한 선정이 어떤 경우에는 통찰력 있는 것일 수 있지만, 다른 경우에는 잘못된 방향으로 이끌 수 있다. 범죄 활동의 한 부분을 이루는 행위적 맥락을 알지 못한다면 어떤 통찰력의 기초를 아는 것이 불가능하며, 또한 한 경우에서의 성공 또는 실패가 차후에 발생하는 유사한 범죄와 관련되어 있는지 여부를 아는 것이 가능하지 않게 된다. 사실상 한 범죄를 다른 것과 유사하게 만드는 것이 무엇인지를 명확하게 하는 것은 범죄들이 다양성을 갖게 되는 여러 방식들에 대한 일정한 지식을 필요로 한다. 다시 말해서, 실제에 적용될 과학적 원칙들이 없으면 각각의 수사는 수사심리학을 생성하기 위한 자료를 집적하지 못하는 일회성 탐구가 된다.

현저성

핵심적인 연구 의문점은 행위적으로 중요한 범죄들의 단면들, 즉 어느 범죄에든 내재되어 있는 현저한 심리적 과정들을 보여 주는 데 있어서 가장 유용한 단면들을 규명하는 것이다. 우리가 범죄들의 현저한 측면들을 식별하는 데에 관심을 두는 것에는 다음과 같은 이유들이 있다.

- 범죄를 범하는 데에 개입된 심리적 과정들에 대한 탐구의 일부로서
- 많은 범죄들을 한 범죄자에게 연결시키기 위해
- 범죄 예방 전략을 발전시키기 위해
- 범죄자가 보다 폭력적인 그리고/또는 심각한 범죄로 옮겨 가는지 여부를 밝히기 위해
- 일련의 가능한 용의자들로부터 누가 가장 진범인 것 같은지를 구별하기 위한 기반으로서
- 배심원에게 사건 설명의 기초가 되는 범죄의 핵심에 대한 명확한 이해를 발전시키기 위해

범죄자와 범죄 행위 분석의 여러 가능한 활용에 있어서 이들 각각은 관련 정보에 대해 다양한 요구들을 하게 된다.

현저성을 특정하는 것은 정보 회상의 많은 영역들에서와 같이 흔히 인식되는 것보다 훨씬 복잡한 것으로 알려져 있다. 이제 살펴 볼 것처럼, 기준율의 결정과 범죄들에 걸쳐 나타나는 행동들의 병행 발생에 대한 연구뿐 아니라 어떤 특정 범죄 유형의 전형적인 행동 패턴을 이해하는 것까지 필요로 한다.

범죄 행위의 패턴에 전형적인 행동은 사실상 범죄 계층상의 하위 집합을 정의하거나, 심지어 어떤 범죄가 발생했는지를 명확하게 하는 방법이다. 동의 없는 성적 행위는 강간의 전형적인 행위이며, 강간을 강도로부터 구별되도록 하겠지만, 한 유형의 강간을 다른 것과 구분하는 데에는 도움을 주지 못한다. 이러한 경우를 위해서, 우리가 행위적 패턴에 대해 좀 더 알아야 할 필요가 있다. 이러한 행위적 패턴들은 범죄의 종류들, 예를 들어 범죄들이 재물에 대한 것인지 아니면 사람에 대한 것인지와 같은 것을 구분하는 데에 도움을 주지만, 성폭행의 형태들 같은 범죄의 유형을 구분하는 데에 더 많은 도움을 줄 것이다.

법적인 초점이 더욱 구체적일수록 행위들도 역시 더욱 특별하게 뚜렷해지는 것 같다. 그럼에도 불구하고 우리의 고찰에서는 이들 두 측면을 분리해서 유지하는 것이 유용하다. 왜냐하면 이들이 상이한 수사 자료의 검증 형태들을 암시하기 때문이다. 예를 들어, 법적인 특별성은 범죄성의 형태를 결정하면서, 범죄 전력과 범죄자들의 재능에 대한 검증으로 우리를 이끈다. 반대로 행위들이 보다 구체적일 때 우리는 범죄자 행동의 보다 특징적인 측면들로 이동한다.

이 모든 것들이 한 범죄를 다른 범죄와 구분하려 할 때 범죄의 어떤 측면이 적절하다고 여겨지는지를 이해하는 것의 중요성을 가리킨다. 범죄들 사이의 변형 가능성이 있는 측면의 역할을 이해하지 못하고서, 젊은 여성이 개입되어 있는지, 피해자에게 개인적 의미를 가지는 물건들이 절취되었는지, 집에 강제로 들어갔는지 등과 같은 과잉된 가능성들에서 끌어낸 범죄의 어떤 측면을 활용하는 것은 너무 단순한 생각이다. 의미 있는 행위들을 확인하는 것은 심리학적으로 범죄가 무엇에 대한 것인지를 이해하는 것으로부터 나온다.

현저성 역시 범죄자의 행동들이 얼마나 독특한가에 따라 좌우된다. 예를 들어, 대마초 흡연과 같은 행동이 전반적인 범죄자 생활방식에 전형적인 것인지, 또는 단지 사람이 없는 집을 절취하거나 금으로 된 보석만을 훔치거나 청바지를 입은 젊은 여성만을 공격한 것처럼 보다 구체적인 행동들이 범죄 행위들 중 구별되는 측면인지 등이다.

[글상자 7-2]의 침입 절도 내용에서, 비록 현금 절취가 잠재적으로 범죄자를 드러나게 하는 것으로서 생각될 수 있지만, 대부분의 침입 절도범들에게 전형적인 것이기 때문에 상당한 차별적인 가치는 없을 것이다. 따라서 침입 절도의 유형들을 구별하는 추론을 구성하는 데 있어서 유용한 것, 또는 침입 절도를 보통의 범죄자에게 연결시키는 것은 하나의 행동이 아니다. [글상자 7-2]에 있는 강간 사례는 두 명의 모르는 사람들이 보고 있음에도 불구하고 폭행을 계속하는 결정을 보여 주고 있다. 성폭행의 이런 행위가 얼마나 전형적인가, 혹은 이것이 피해자 진술의 진실성에 대한 의문들을 불러일으키는가?

글상자 7-2 **이 범죄의 두드러진 특성은 무엇인가?**

다음은 16세 소녀 K로부터 받은 경찰 정보 보고 내용이다. 이 범죄의 두드러진 특징은 무엇인가?

　　K는 하이스트리트(High Street)에서 오후 4시 30분에 버스에서 내렸고, 벌써 집에 늦었기 때문에 서둘렀다고 말하였다. 그녀는 용의자가 다가올 때 다른 버스를 타기 위해 길을 가로질러 건너고 있었고, 용의자는 "실례합니다."라고 말하면서, 그녀에게 질문을 하려 하였다. 그녀는 늦었기 때문에 계속 길을 갔으며, 팔을 뻗어 그녀의 오른 팔목을 잡는 용의자를 무시하고 있었다. 그러자 용의자는 그녀를 거리에 있는 초록색 문 쪽으로 그녀를 당겼으며, 문 안으로 당기려 하였다.

　　모르는 여성이 가로막고는 그녀에게 괜찮은지 물었다. 피해자가 그 남자는 모르는 사람이고 자신을 만지려 한다고 말하자, 그 여성이 도움이 필요하냐고 물었다. 피해자는 그 여성에게 필요하지 않다고 대답하였다. 그녀는 용의자를 떼어버릴 수 있다고 느꼈기 때문이다. 그러자 그 여성이 떠나버렸다.

　　피해자는 열려 있는 앞문으로 강제로 들어갔다. 이 문은 다른 문으로 통해 있었고, 계단으로 연결되어 있었다. 그녀는 강제로 2개 층의 계단을 올라가서 문들이 있는 복도로 가게 되었다. 그녀는 허리를 잡히고 소리를 지르지 못하게 입이 가려져 있었다. 계단 2층에서 그들은 두 번째 사람을 만나게 되었다. 그 장소에서 일하는 것처럼 보이는 남자가 사무실에서 나왔다. 그가 무슨 일이냐고 묻자, 용의자는 아무 일도 없으며 피해자는 그의 딸이고 놀이를 하고 있다고 말했다. 그러자 이 두 번째 남자는 사무실에서 그의 일을 했다.

　　피해자는 복도를 따라 있는 문들 중 하나로 끌려갔다. 그녀는 단지 왼쪽에 있는 문이라는 것만을 말할 수 있을 뿐, 어느 문인지 정확하게 지적할 수 없을 것 같다고 하며, 문에 대해서 상세하게 묘사할 수 없었다. 용의자는 열쇠로 문을 열고, 그녀가 원룸이라고 설명한 곳으로 들어갔다.

　　여기에 그녀는 감금되었고, 용의자는 목욕탕에서 아랫도리를 벗어 버렸다. 그런 후 피해자를 침대에 강제로 엎드리게 하였다. 그녀의 속옷은 벗겨져서 발목까지 내려졌으며, 교복은 들어 올려지고, 용의자가 항문 성교를 하였다. 그는 이런 식으로, 그가 그녀에게 피가 난다고 말할 때까지 거의 한 시간을 삽입하였다. 그는 속옷을 올려도 된다고 한 후 그녀에게 절대 돌아오지 말라고 하면서 방 밖으로 밀어내 버렸다.

　　그녀는 그 장소를 뛰어나와 버스 정류장으로 갔다. 그녀가 버스 티켓을 주머니에서 꺼내려 할 때, 전에 없었던 35파운드가 주머니에 있는 것을 발견하였다. 그녀는 용의자 것이라고 생각해서 돌려주려 가려 생각했지만, 무서워서 돌아왔다.

　　그녀는 집에 가서 왜 늦었는지 어머니에게 말하기가 무서워서, 치과 예약이 있었다고 말하였다.

전형성

대부분의 범죄들에서 발견될 수 있는 특정 종류의 행동들은 전형적인 것으로 간주될 수 있다. 그러나 이들은 또한 보통은 어떤 연구적 맥락에서 그리고 법률에서 그의 정의를 유도하는 범죄의 측면들이다. 예를 들어, 성적인 행동을 포함하는 과격한 폭력은 성폭행 또는 강간으로 분류될 수 있다. 따라서 성폭행으로 분류된 모든 범죄가 동의 없는 성적 행위들을 포함하고 있다는 것을 발견하는 것은 놀라운 일이 아니다. 그러나 다른 연관된 행동들, 즉 피해자 통제와 같이, 범죄를 실행하기 위해 필요한 행동들이 있다. 이들 모두를 함께 취하는 것이 범죄의 전형적인 하위 집합이 무엇인가에 대한 설명을 제공할 것이다. 우리가 보게 될 것처럼, 무엇이 범죄의 전형적인 것이냐를 특정하는 것은 흔히 연구 계획을 위해 중요한 시작점이 되는, 실증적일 뿐 아니라 개념정의적인 의문점이 된다.

기준율

범죄들을 통해 나타나는 행위들의 빈도는 현저성을 이해하기 위한 실질적인 시작점이 된다. 이를 흔히 기준율(base rates)이라고 칭한다. 이것은 관련성 있는 어떤 것이 발생할 수 있는 기본적인 비율이다. 예를 들어, 범죄들 중 90%가 남자들에 의해 범해진다. 따라서 범죄 현장에서 도주하는 것을 본 것이 한 남자로 지목된다면, 범죄를 이해하는 데에 크게 도움이 되지 못한다. 반대로 여성이 개입되어 있다는 정보는 다른 고려사항의 통로를 열어 준다. 경찰은 흔히 기준율의 중요성을 간과한다. 예를 들어, 『범죄의 그림자(Criminal Shadows)』(Canter, 1994)에서 기술한 맨체스터의 원룸 학생 연쇄 강간의 경우에, 경찰은 초기에 범죄자가 학생들을 표적으로 하고 있다는 점은 주목하고 있었지만, 맨체스터의 그 지역에서 원룸에 사는 대부분의 젊은 여성들이 학생들이었다. 이러한 기준율이 의미하는 것은 범죄자가 특정 직업을 가진 피해자가 아닌, 많은 잠재적이고, 취약한 피해자들이 있는 지역을 표적으로 삼고 있었다는 점을 보다 쉽게 추정할 수 있다는 점이다.

희소성이 그 자체로 그것이 발생했을 때 행위의 중요성을 보장하는 것은 아니다. 정확히 얼마나 자주 행위가 있는지에 대한 단순한 숫자 산정은 주의해서 고려되어야 한다. 드물거나 혹은 일반적인 행위의 중요성은 가지고 있는 의미에 따라 좌우된다. 예를 들어, 일반적으로 50회에 걸친 대마초 흡연은 무장 강도를 50회 한 것과 심리적으로 동일하지 않다. 따라서 빈도는 범죄들의 원인으로서가 아니라 범죄들을 구분하기 위한 가능성의 징후로서 간주되는 것이 가장 옳을 것이다.

이 모든 것은 한 범죄의 현저한 특징들에 대한 결정이 단순히 정의 또는 직관적 통찰의 문제가 아니라 실증적인 문제라는 사실에 추가된다. 특별한 범주의 범죄 행위의 기준율에 대한 지식은 특정 범죄를 이해하는 데에 특히 중요한 특성들을 탐구하기에 앞서 가지고 있어야 할 핵심요소이다.

상황 요인

또 다른 핵심요소는 범죄의 환경이다. 상황의 특별한 측면들은 어떤 종류의 활동들을 훨씬 가능성 있게 혹은 필요한 것으로 만들 수 있다. 예를 들어, 은행 강도는 일정 무기 없이 실행하기에 어려운 범죄이지만, 침입 절도는 보통 피해자를 피하기 때문에 무기가 중요한 필요조건은 아니다. 따라서 무기를 휴대하는 것은 우리에게 범죄자에 대해서 각각의 상황에 따라 상이한 것을 이야기해 주고 있으며, Youngs(2008)은 이를 '상황 불안정성(contingency destabilisation)'이라고 부르고 있다. 유사하게, 다른 사람이 사는 가정 내 침실에서 범행을 저지른 강간범은 피해자를 조용하게 하려 시도할 것으로 예상이 되지만, 인적이 없는 숲 속을 혼자 걷는 여성을 공격한다면 그러한 요구는 하지 않을 것이다.

상황적 영향의 문제는 범죄 행위들의 의미를 고려하는 데 있어서, 특히 피해자의 반응까지 고려한다면, 하나의 잠재적인 지뢰밭과 같다. 하나의 해결책은 범죄자가 대부분의 통제력을 가지고 있거나, 상황에 의해 최소한의 영향만을 받을 것 같은 범죄의 측면들에 초점을 맞추는 것이다.

여기에는 경우에 따라 알코올 혹은 약물의 영향하에 있는 범죄자의 내적 변형이 있다. 사실상 약물 중독자들은 전형적으로 그날의 첫 번째 약을 구하기 위해 적은 돈을 훔치는 단순 절도를 저지른다고 말하고 있다. 그 후에 일단 약물을 구하여서 어느 정도 통제감을 갖게 되면, 그들은 좀 더 많은 양을 살 수 있는 보다 심각한 범죄를 범하게 될 것이다. 따라서 그들은 최근에 얼마나 약을 복용했느냐에 따라서 상이한 정서적·심리적 상태에 있게 될 것이다.

이러한 범죄자 내적 변형은 범죄 및 범죄 기회들의 특별한 상황과 상호작용을 하겠지만, 모두 범죄자와 그가 처한 상황과의 상호작용에 집중되어 있으며, 이들 상호작용 자체와 범죄자가 선택한 상황이 범죄자 행동의 전형이 될 것이다. 따라서 범죄자 프로파일링에 대한 일부 논평들이, 예를 들어 최근에 나온 Alison과 Kebbel(2006)의 매우 짧은 논고에서처럼, 상황 요인들의 영향이 범죄 행위 분석에서 경찰 수사에 기여할 가능성을 현저히 감소시킨다고 이야기하는 것은 기이한 점이다. 만일 우리가 상황의 예상치 못한 변화 또는 우리들 기분의 큰 변화에 의해 내몰리게 되면, 우리는 아무것도 성취할 수 없게 될 것이다. 범죄자들도 다른 사람들처럼 그들이 통제할 수 있을 것이라고 생각하는 상황을 흔히 선택한다. 사실상 Nee와 Meenaghan(2006)의 흥미로운 연구가 보여 주는 것처럼, 일부 범죄자들은 자신들의 영역에서 전문가로 간주될 수 있다. 전문성의 일부는 그들이 범죄를 범하기 위해 선택한 상황의 우연성을 관리하는 것 또는 자신들의 심리적인 상태를 다루는 것을 포함하여, 전개되는 상황을 다루는 기술들로 구성된다.

상황 요인의 역할은 이것을 범죄 활동의 일부로서 취급하는 연구들에서 처음 나타나기 시작하였다. Goodwill과 Alison(2007)은 범죄자의 활동들에서 나타나는 계획의 양은 범죄자의 가능한 나이를 추리하기 위한 기초로서 피해자의 나이와 상호작용한다는 점을 보여 주고 있다. 다시 말해, 그들은 연구에서 피해자의 나이와 범죄자의 나이 사이의 관계가 가지는 함의를 이해하는 것은 범죄의 다른 측면들이 어떻게 이 관계에 영향을 주는지에 대한 고찰을 통해 정보를 획득할 필요가 있다고 주장하고 있다.

상호작용

범죄의 상이한 측면들이 상호작용하는 방법의 문제는 범죄자들의 행위들을 이해하는 데 있어 반복되는 걱정거리이다. 범죄의 각 측면들을 마치 다른 것들과 독립적인 것처럼 다루는 것은 의미를 오도할 가능성이 매우 크다. [글상자 7-1]의 침입 절도 상황에서 우리는 경보가 작동 불능하게 되었지만, 지문이 남겨진 것의 조합에 주목하였다. 각각을 개별로 점검하기보다는 이러한 특성들의 혼합 형태로 고려하고 있다. 조합은 개별적인 각 행위보다 더 많은 것을 우리에게 말해 준다. 물론 이를 이해하기 위해서는, 경보 장치가 얼마나 정교하였는가와 같은 상황뿐 아니라 침입 절도범이 이러한 두 가지 행위들을 보이는 경우가 얼마나 일반적인가와 같은 기준율이 고려되어야 할 필요가 있다. 이상적으로는 이것이 맥락까지도 고려하게 되어, 만일 지역 사람들이 경보가 울릴 때 알아차리기 때문에 그 지역의 침입 절도범이 경보 장치를 작동 불가능하게 만들었는지 여부를 우리가 알게 될 것이다.

추리의 기초

범죄자들은 행동에 일관성이 있는가

때때로 수사상 추리 과정이 범죄자 행동의 일관성에 의존하고 있다고 추정되지만, 전적으로 그렇지만은 않다. 물론 만일 범죄자가 구별되는 범행 방식을 가지고 있으면서 하나의 범죄와 다음의 범죄 간에 사실상 동일한 방법으로 행동한다면, 이것이 그의 행동들로부터 수사에 도움을 주게 될 어떤 가능성을 도출하기 위한 행동들의 범주화 과정을 단순화하게 된다. 그러나 다른 행동과 구별되는 범죄의 독특한 측면들이 있고 하나의 '징표(signature)'와 같은 것으로 간주될 수 있다면, 비록 이것이 특정 범죄자의 모든 범죄에서 발견되지 않더라도 추리 도출을 위해 이용될 수 있다. 또한 특별한 범죄자에게 연결된 하나 또는 그 이상의 범죄들의 현저한 측면들이 있을 수 있는데, 이것들은 비록 완벽하게 일관적이지 않다고 하더라도, 어떤 관련성의 특성을 드러낸다. 종합해 보면, 이러한 고찰들은 비록 문제를 용이하게 해 주기는 하지만, 행동상 일관성이 연쇄적인 범죄들로부터 추리를 도출하기 위해 필수적인 것은 아니라는 점을 보여 준다. 역으로, 만일 범죄자가 어떤 행동들에 있어서 전적으로 일관적이지만 그 일관성이 많은 다른 범죄자들과 공유할 수 있는 것이라면, 가능한 많은 용의자들로부터 그 범죄자를 선정하는 데 있어 특별히 유용한 추리를 제공하도록 도움을 주지는 못한다. 범죄자들의 행위 패턴들의 공통성과 차이성을 위해 제안된 모형을 [그림 7-1]에서 보여 주고 있다.

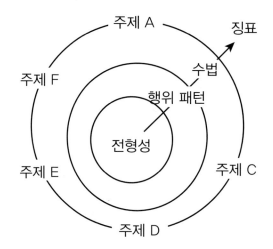

[그림 7-1] 범죄 행위들에 있어서 변형들의 도식적 표현

행동이 일반적으로 일관적인 정도는 심리학에서 상당한 논란의 주제가 되어 왔다. 사람들이 어떻게 행동하느냐에 대한 이러한 논란은 Allport(Allport and Allport, 1921)와 Cattell(1946)과 같은 특성이론가들에 의해 제안된 일종의 기질적 또는 성격적 경향들에 의해서라기보다는, 상황의 제약에 의해 결정된다는 Mischel과 그의 동료들(예, Mischel, 1968)의 주장에 의해 이끌려 왔다. 사실, 환경심리학의 근원들 중 하나는 자신들이 '행동 배경'이라고 지칭하는 것, 즉 행동이 발생한 환경을 연구한 Barker와 그의 동료들(예, Barker and Gump, 1964)의 작업이었음을 언급할 필요가 있다. 그들은 이것이 개인적 차이를 연구하

는 것보다 더욱 효과적으로 인간 행동을 이해하고 예측하는 데에 도움을 줄 것으로 생각하였다.

수사적인 맥락에서는, 기회와 환경들이 범해지는 범죄의 유형을 결정할 것이기 때문에, 특별한 행동 또는 행동이 실행되는 방법이 범죄자의 성향만큼이나 맥락의 기회 측면들로부터 상당 부분 기인할 것이라는 가정이 가능할 것이다. 이러한 관점은 실제로 어느 범죄자든지 매우 광범위한 방식 속에서 매우 다양한 유형들의 범죄 중 하나를 범할 수 있으며, 어떤 범죄자도 자신의 행동에 기초하여 다른 범죄자들과 구별될 수는 없다고 주장한다. 폭력적이고 명확하게 감정적인 범죄에 있어서, 범죄가 단지 기회주의적으로 보일 뿐 아니라 이러한 범죄들이 충동적이며 무계획적인 행동 상태에서 범해지기 때문에 이러한 비일관성이 가정될 수도 있다. 이러한 범죄들에 대해, 사람들은 아마도 그들의 특징적인 충동성 이외에, 특성들의 어떠한 측면도 드러나지 않을 것 같은 비구조적인 방법으로 반응한다고 가정할 것이다. 따라서 범죄를 위해 선택된 장소는 범죄자의 삶의 다른 측면들과 별다른 관련을 갖지 않는 무계획적인 곳이라고 예상될 것이며, 이와 유사하게, 그들의 피해자들도 아무런 특별한 의미를 갖지 않을 것이라 예상될 것이다.

그러나 이러한 기회주의와 충동성의 과정들에 의해 암시되는 범죄 행위의 완벽한 비일관성은 실증적 연구에서 아무런 지지를 받지 못하고 있다. 오래전 1976년에 Green은 그가 침입 절도범들의 수법(M.O.)이라 부른 것이 절도범의 연속적인 범죄들을 구분하기 위해 사용될 만큼 충분히 일관적이라는 점을 보여 주기 위해 집락 분석(cluster analysis)과 다차원 척도법(multidimensional scaling)을 사용하였다. 보다 최근의 연구에서는 범행 방식의 일관성에 대한 직접적인 탐구들이 개인의 이어지는 범죄들을 실행하는 일부 행위들에 있는 규칙성을 보여 주고 있다(예, Bennell and Canter, 2002; Canter, Goodwin and Youngs, 2006; Salfati and Bateman, 2005; Goodwill and Alison, 2005; Grubin, Kelly and Brunsdon, 2001을 보라). 게다가, 심지어 형사 업무 역사에 대한 짧은 고찰을 통해서도 많은 범죄들이 흔히 범죄자의 수법(M.O.)이라고 지칭되는 행동들의 일관성 때문에 법의학적 증거가 없이도 해결되거나 동일한 범죄자에게 연결되었다는 것이 드러나고 있다. 따라서 비록 특정 범죄자의 행동들에서의 변형에 대한 가능성이 항상 존재하더라도, 그것이 너무 커서 어떤 추리도 범죄자들의 행동을 아는 것으로부터 도출될 수 없다고 추정되어서는 안 된다.

보통의 범죄자들에 대한 성공적인 행동연결을 보여 주는 연구들은 그러한 행동들 내의 일정 수준의 일관성에 의존하는 경향이 있었다(예, Canter, Haeritage and Kovacik, 1989; Santtila, Junkkila and Sandonabba, 2005). 제5장에 기술되어 있는 것처럼, 범죄의 유형 수준에서 Youngs, Canter와 Cooper(2004)는 개념화된 그리고 적절하게 분석된 경우, 구체화된 경향들이 범행 전력들 내에서 식별될 수 있음을 보여 주고 있다. 범죄적 맥락에서 이러한 발견들은 성격-상황주의 논쟁과 관련하여 일반적인 행동의 안정성을 탐구한 Shoda와 동료들의 연구들에 의해 지지받고 있다(예, Cervone and Shoda, 1999; Shoda, 1999). 그들의 연구들은 행동이 상황의 심리적인 속성들이 유사한 곳에서 일관적임을 보여 주고 있다. 따라서 우리는 아마도 덜 유사한 많은 상황들에서보다는 범죄를 저지르는 동안 범죄자의 행동들에서 더욱 많은 일관성이 있을 것으로 예상할 수 있다.

혼히 일관성은 개인에게서보다는 그가 수행하는 역할 또는 범죄 집단 내에서 지정된 역할에서 발견될 수 있다. 다음 장들에서 살펴보게 될 범죄자들의 소집단, 팀 그리고 연결망들의 바탕을 이루는 사회적 과정들은 범죄 행위뿐 아니라, 이들의 토대를 제공하는 주제들에서의 일관성에 대해 많은 것을 보여 줄 수 있다. 이것의 명쾌한 사례는 Wilson과 Donald(1999)의 연구로서, '치고 빠지기(hit-and-run)' 침입 절도팀들에게 부여된 다양한 역할들을 검토하였다. 예를 들어, 도주용 차량 운전 임무를 부여받은 범죄자는 차량과 관련된 범죄에 대한 이전의 기소 전력을 가지고 있을 가능성이 가장 크다는 점을 보여 주었다. 반대로 시민이 가까이 오는 것을 막는 임무 또는 범죄를 방해할지도 모르는 사람들을 통제하는 임무를 지정받은 범죄자, 소위 '덩치'로 지칭되는 자는 어떤 형태의 폭력적인 범죄로 기소되었을 가능성이 가장 컸다.

한 가지 흥미로운 가능성은 지속적으로 비일관적인 범죄자, 즉 항상 범죄들을 저지를 때 다른 방법으로 행동하는 사람이다. 이러한 경우에, 범죄자의 일반적 서사 내의 기능적 또는 직업과 관련된 활동보다는 개인의 성격, 그가 생활해 온 비범죄적인 삶의 종류 그리고 도전과 전환으로서 범행에서 가능한 역할에 관해 우리에게 무엇인가 말해 주는 것은 바로 그 비일관성이다.

범죄자들의 행동은 비범죄적 행동들과 일관되는가

우리는 동일한 사람에 의해 범해진 하나의 범죄와 다른 범죄 사이에 존재하는 일관성 또는 행위의 유사성에 대해 논의하였다. 관련된 일관성의 다른 형태는 범죄 내 행동들과 범죄자의 삶의 다른 측면들 사이에 존재하는 것이다. 폭력적인 범죄 전력을 가지고 있고 사회적 상호관계에서 공격적인 것으로 알려진 은행 강도 '덩치'는 그의 삶에 대해 일관된 패턴을 보여 주고 있다. 이 사람은 아마도 자신에게 행해진 잘못에 대해 지속적인 복수를 필요로 하는 일종의 비극으로서 자신의 삶을 보고 있는 사람인 것 같다. 이것은 따라서 개입된 폭력의 본성처럼, 일회성 범죄의 일부 측면들이 사람들이 용의자를 어떻게 인식할 것인지에 대한 관점을 형성하는 데에 사용될 수 있게 된다.

사회적 역할과 범죄적 노력의 형태들 사이의 일관성에 대한 이러한 발견들은 제6장에서 소개된 일반적 서사 모형들과 조화를 이룬다. 이들은 범죄성이 범죄자의 삶에서 행하는 특정 역할을 인식하는 일반적 범죄 활동 모형을 지지한다. 더욱이 이것은 인용된 연구들에서 고찰된 종류의 범죄자들에 대해 범죄성의 양식은 인생의 어떤 특별하고 비전형적인 측면이 아니라 범죄자의 일반적 생활방식의 내재적이고 자연적인 부분이라는 관점을 지지한다.

일관성 또는 전이

범죄자들의 행위나 그들의 여타의 삶 사이에 있는 일정 형태의 일관성을 찾으려는 것은 어떻게 범죄성이 발생하는가에 대한 대중적 관점과 화합되지 못하고 있으며 이는 다른 많은 혼란스러운 대중적 관점들처럼, Sigmund Freud의 저술들에 그 뿌리를 두고 있다. 이것은 범죄 행위가 전이 활동(displacement activity)의 형태, 즉 심리적 결함들에 대한 카타르시스적 반응이라는 관점이다. 이러한 관점은 범죄자의 범죄 활동이 그의 일상적인 활동들과 현격하게 다르기 때문에 이 두 가지가 연결되는 과정들은 반비례로 작용할 것이라고 예측하게 된다. 가장 기본적으로, 이것은 돈이 없는 사람은 돈을 획득하기 위해 훔칠 것이라는 생각이다. 좀 더 심리적으로 보면, 자신의 억압되고 감추어진 분노를 표현하는 방법으로 지독하게 폭력적인 범죄들을 저지르는 유순하고 소심한 사람의 개념이다. Stephenson(1992)이 다소 세부적으로 표현한 것처럼, 상세한 분석에서는 이러한 관점에 대한 지지를 발견하기 힘들다.

범죄자들은 평범한가

범죄자들은 '보상'가설에 내재하는, 어떤 내적인 개인적 갈등들을 다루고 있다는 추정은 흔히 범죄자들을 사회의 다른 구성원들과 심리적으로 다른 개체로 보기 위해 좀 더 앞서 나아간다. 이것은 19세기의 일반적인 관점이었으며, Ellis의 1901년 저서 『범죄자(The Criminal)』에 반영되어 있다. 제2장에서 논의한, 범죄자에 대한 신체 유형들 그리고 다른 명시적인 구분 특성을 찾으려는 모든 노력은 범죄자들이 '평범'하지 않다는 믿음을 반영하고 있다. 이 견해는 아직도 일부 범죄자들과 다른 사람들 사이의 생화학적 또는 신경학적인 차이점에 대한 오늘날의 많은 탐구들의 바탕을 이루고 있다. 그러나 일관성 관점은 이러한 추정들을 다소 다른 시각 속에 두고 있다. 이것은 범죄 행동들을 일반적인 행위의 보다 극단적인 측면들을 반영하는 것으로 보고 있다. 근본적인 수준에서 보면, 범죄자들은 단지 그들이 법규를 좀 더 어기는 한도 내에서 사회의 다른 구성원들과 다르며, 심리적인 면에서 그들을 사회의 다른 사람들과 구분되는 특별한 무엇인가가 있다고 추정하지는 않는다. 예를 들어,

그들이 보통 사람들보다 좀 더 충동적이고 전형적으로 교육을 받지 못했을 수 있지만, 이러한 차이점들은 일반적으로 보통의 대중 내에도 항상 있다. 따라서 범죄자로 간주되지 않는 사람들 사이에도 많은 변형들이 있는 것처럼, 범죄자들 사이에도 변형이 있을 것이다. 그들 중 일부는 정신적으로 장애가 있을 것이며, 이는 사람들 중 어떤 표본 내에서도 그러하다. 그리고 일부는 내향적일 것이며, 또 일부는 좀 더 외향적이고 이러한 식이다.

오히려 범죄 행위는 보통의 심리 과정들과 행위 모형들의 관점에서 이해될 수 있음이 지적되고 있다. 이는 아동 상대 성범죄에 대한 Bennell과 동료들의 연구(2001)에서 명확하게 그려지고 있다. 그들은 아동에게 접근하는 방식, 폭력의 유형과 수준, 성행위의 유형 그리고 일반적인 피해자 처리 등의 행동들을 포함하는 19개 범죄 행동의 발생을 검토하였다. 이 연구자들은 자율, 적대, 통제, 사랑이라는 성인-아동 간 전통적인 상호작용들에서 그려지는 성범죄에서의 행동 유형들을 발견하였다(예, Schaefer, 1959, 1997). 예를 들어, 표출된 범행 유형 하나는 보다 표준적인 통제형의 성인-아동 간 상호작용을 명확하게 보여 주고 있는 폭력, 협박 그리고 항문 삽입과 같은 행위들을 포함하고 있다. 유사하게 어떤 범행 유형은 성범죄의 맥락에서 Schaefer의 사랑형의 성인-아동 상호관계를 반영하는 것으로 이해될 수 있다. 이것은 선물을 주고 범죄자가 아동에게 구강 성행위를 하는 등의 행동들에 의해 표현된다. 이처럼 기이하다기보다는 보통의 상호작용들의 적절성이, Bennell과 동료들(2001: 155)이 아동 학대는 '성인과 아동 사이에 존재하는 보다 관례적인 관계 과정들의 학대적이고 조작적인 변형'으로 구성된다고 결론짓도록 하였다. 유사한 맥락에서, Porter와 Alison(2004)은 집단 강간범들의 범행을 특징짓는 대인관계적 행위는 대인 간 상호관계의 일반적 패턴의 극단적인 형태로 이해될 수 있음을 보여 주고 있다.

비정상적이기보다는 정상적인 행동 모형들이 범죄 행동 이해에 적합하다는 개념은 수사심리학의 핵심 원칙들 중 하나이다(Canter 1994, 1995). 범죄자들은 그들이 어떻게 행동하고 또는 어떻게 세상에 반응하는지에 대한 폭넓은 심리적 영향의 관점에서는 일반 대중과 질적으로 다르게 비춰지지 않는다. 물론, 범죄 행동들은 평범한 행동의 극단적이거나 왜곡된 형태이겠지만, 거의 변화 없이 이들을 표준적인 심리 체계에 연결시키는 것이 가능할 것이라고 주장되고 있다.

일부 경우들에서 범죄자가 정신적으로 질병을 가질 가능성이 범죄 행동이 기이하고 예측 불가능한 현상일 것이라는 관념과 혼동되어서는 안 된다. 이들에게 있어서 그들의 범죄 행동의 측면들은, 그들의 비범죄적 행동들에서처럼, 임상적 또는 정신병리적 모형들 내에서 이해 가능한 것이라는 점이 확실하다. 그러나 오늘날 범죄 방식에 대해 정신병리적 진단이 강한 영향을 준다는 일관된 증거는 없다.

현재 정신질환이 범행 장소, 범죄에서 얻고자 하는 것 또는 범죄자가 취하는 접근방법 등에 대한 근본적인 결정을 좌우하는 보다 평범한 과정들을 저해한다는 주장에 대해서는 지지가 거의 없다. 확실히 범죄 행동이 정신질환의 단순하고 직접적인 표현이라는 견해는 적절하지 않은 것 같다. 정신질환이 있는 범죄자와 없는 범죄자 모두에 대해서, 수사심리학의 관점은 범죄 행동들이 보통의 범위 내에서 이해될 수 있다는 것이다. 왜냐하면, 범죄들은 법적 규칙의 체계 내에서 정의되며, 따라서 범죄는 이들 규칙의 파괴로 정의되기 때문이다. 그래서 일관성 원칙의 주요 함의 중 하나가, 범죄자가 되는 것이 사람의 삶의 한 측면이 되는 경향이 있다는 점으로 이어진다. 다시 말해, 어떤 빈도를 가지고 범죄를 범하는 사람들은 많은 사회 규칙들을 파괴하는 것으로 예측할 수 있다.

사이코패스

이 일반적인 관점에 주의를 기울여야 할 필요가 있다. 범죄심리학에는 '사이코패스 성격장애(personality disorder of psychopathy)'라 불리는 것에 대해 많은 논의가 있어 왔다([글상자 7-3]을 보라). 사이코패스(psychopathy) 범죄자들의 행위는 확실히 극단적이며 매우 흔하게 명료한 범죄적 요소들을 가지고 있다. 이들은 가책의 부족과 쉬운 거짓말로 특징 지어지며 때때로 그들은 매우 폭력적일 수 있지만, 표면적으로는 흔히 매력적이기도 하다. 따라서 '사이코패스' 진단을 받은 사람들은, 비록 평범함의 극단에 빈번하게 위치하기는 하지만, 범죄자들이 '평범'한 것으로 간주되어야 한다는 일반적인 원칙에 반하는 것처럼 보인다.

그러나 사이코패스로 분류된 사람들이 현실과의 접촉 밖에 있는 것은 아니며, 일상적인 의미에서 '정신적으로 병이 있는' 것은 아니라는 점이 확실하다. 다른 사람을 다루는 그들의 방법들이 극단적이지만, 그들은 세상이 자신들에게 의미하는 개념 속에서 행동한다. 따라서 비록 그들이 이어지는 장들에서 우리가 고찰하고 있는 것의 범위를 확장시키기는 하지만, 범위 밖에 있는 것은 아니다.

글상자 7-3 사이코패스

사이코패스는 타인과의 효과적인 상호작용 능력의 심각한 결여, 병적인 거짓말, 양심의 가책 또는 죄의식의 결여, 냉혹함, 공감의 결여, 낮은 행위 통제력, 무책임, 충동성 등으로 특징지어지는 성격장애의 심리적 구성 또는 형태이다. 사이코패스들은 타인의 감정을 고려하지 않으며, 사회적 의무감에 대한 완전한 무시, 그리고 지속적인 정서적 연대 형성의 곤란 등을 가지는 개인들로 정의된다. 그들은 타인을 통제하고 자신들의 이기적인 필요를 충족시키기 위해 매력, 조작, 위협, 폭력을 사용하는 포식자들이다. 사이코패스들은 타인을 이용하는 데 있어 이기적이고 냉정하며 양심의 가책이 없다. 그들은 흔히 충동적이며 만성적으로 불안정하고 반사회적인 생활방식을 갖는다(Hare, 1991, 2003).

사이코패스 유형은 Hare의 사이코패스 점검표-개정판(Psychopathy Checklist-Revised: PCL-R)을 사용하여 가장 일반적으로 평가된다. 점검표는 20개 항목으로 구성되어 있으며, 각 항목은 3점 척도(0=전혀 아님, 1=가능, 2=적용됨)로 채점된다. 공식적인 '기준 점수(cutoff score)'는 없지만, 대부분의 연구에서 20점 이상의 점수가 사이코패스로 판정하기 위해 사용된다. PCL-R에 대한 요인분석은 이것이 두 가지 요인으로 구성되고 있다고 지적하고 있다. 첫 요인은 사이코패스의 대인관계적 그리고 정서적 결여를 기술하고 있다(예, 병적인 거짓과 가책의 결여). 두 번째 요인은 생활방식과 반사회성을 평가한다(충동성과 청소년기 일탈 같은 것들). Hare(2003)는 두 가지 요인과 4가지 단면들(대인관계, 정서, 생활방식, 반사회성)로 구성된 계층적 모형이 강한 실증적 지지를 받고 있다고 주장하였다.

사이코패스 점검표-개정판(PCL-R) (Hare, 1991, 2003)

계층적인 2개 요인, 4개 단면의 PCL-R 모형 항목들

[요인 1: 대인관계/정서]

단면 1: 대인관계	단면 2: 정서
좋은 언변/피상적인 매력	가책 혹은 죄책감 결여
과잉된 자기 존중감	피상적 정서
병적인 거짓말	냉정/공감 결여
기망적/조작적	책임감 수용 실패

[요인 2: 사회적 일탈]

단면 3: 생활방식	단면 4: 반사회성
자극 필요성/따분함에 취약	낮은 행위 통제력
기생적 생활방식	이른 행동상의 문제들
현실적인 장기 목표 결여	청소년기 일탈
충동성	가석방 철회
무책임성	범죄적 재능

요인 혹은 단면에 포함되지 않은 항목

난잡한 성적 행위

많은 단기성 결혼 관계

Hare(2003)가 일반 대중 중 약 1%가 사이코패스라고 추산하고 있는 반면, Cooke(1998)은 영국의 수용자 중 8~22%가 사이코패스 수준이라고 보고하고 있다. Coid(1992)는 폭력적인 수용자 중 77%가 사이코패스적임을 발견하였다. FBI 보고서에 따르면, 1992년에 전체 경찰관 살해 중 44%가 사이코패스에 의해 범해졌다(Hare, 1993). 사이코패스 유형은 특히 강간범 표본들 내에서 높게 나타나고 있는데, 피해자를 살해한 연쇄 또는 단순 강간범 중에서 43%로 높게 나타나고 있다(Hare, 1993). 따라서 예상하는 것처럼, 사이코패스 유형은 불균형적으로 범죄자들 사이에서 나타나고 있다.

사이코패스는 또한 다른 범죄자들과 구별된다. 그들은 이른 나이에 범죄를 시작하며, 다양한 범죄들을 저지르고, 일단 석방되면 빠르게 재범을 하는 것으로 나타나고 있다(Hare, 2003). 사이코패스의 재범률은 매우 높은 것으로 연구결과가 보고되고 있으며, Serin과 Amos(1995)는 범죄자 299명에 대한 연구에서, 비사이코패스들이 단지 약 25%만이 재기소되는 반면, 사이코패스들은 65%가 3년 이내에 또 다른 범죄로 기소되었음을 발견하였다. 비슷한 맥락에서, Vein, Quincey, Rice와 Harris (1995)는 재기소율에 있어서 비사이코패스들이 20%뿐인 데 비해, 사이코패스들은 석방 이후 6년 이내에 약 80%에 달한다고 보고하고 있다.

단순한 실증주의를 넘어서

모든 범죄와 모든 범죄자가 다르다는 것은 반복하여 언급할 가치가 있다. 따라서 우리가, 예를 들어 창문을 통해 침입한 모든 침입 절도범이나 범죄를 저지를 목적으로 소지한 칼을 사용한 모든 살인범을 묘사하는, 실증적이며 과학적으로 개발된, 그리고 상세하지만 포괄적인 '프로파일'을 만들어 낼 수 있을 것 같지는 않다.

원칙적으로, 모든 다양한 종류의 범죄자 특성들과 모든 유형의 범죄에 대해서 가능한 다양한 범죄 행동들 사이의 관계에 대해 수많은 분석들을 시행하는 것은 가능할 것이다. Farrington과 Lambert(2007)처럼 비이론적인 방법, 즉 단순히 경험적으로 A-C 관계를 설정하려는 시도를 통해 프로파일링 공식의 결정에 접근했던 연구들도 있다. 그러나 어떤 포괄적인 지도적 모형틀이 없는 실증적 관계들의 누적은 어떤 특정 자료 집합의 기이한 변화에 대해 다소 무계획적이고 극단적으로 예민하다. 이것은 부분적으로 관련성의 고전적인 본질(제5장을 보라)의 산물이므로, 하나의 범죄 행동의 변화가 범죄 사건에 의해 암시되고 있는 특성들의 전체적인 패턴을 변화시킬 수 있다. 따라서 프로파일링 등식에 대한 해결책을 발전시키는 데 있어서 근본적인 문제점은 어떤 관계의 바탕을 이루는 과정들의 실질적인 본질을 확인하는 것이다. 제6장에서 발전시킨 서사 모형틀은 이러한 방향의 시작이다.

여기에서 주장되고 있는 것은 어떤 특정한 범죄 혹은 일련의 범죄들에 대해 응용될 수 있는 일반적인 원칙들과 과정들의 필요성이다. 이들이 결합하여, 범죄에서 무엇이 발생하는지, 그리고 무엇이 실제적이며 실행상의 유용성을 갖는지에 대한 이해에 기여할 수 있다. 이것은 실제로 '이론' 혹은 '모형'이 '자료를 초월해' 가는 방법이라는 견해를 사용하고 있으며(Burch, 2006), 단순히 어떤 특정 연구의 반영 또는 단일 분석이나 특별한 자료 집합의 결과가 아닌 원칙들을 도출해 내는 방법이다.

따라서 추리를 위한 기초는 개인들 간의 차이를 탐구하는 이론들, 성격 차이 이론들 또는 개인의 변형 형태들에 대한 이론들, 그리고 어떻게 사람들이 범죄자가 되어 가는지에 대한 이론들에서 찾아볼 수 있다. 이러한 이론들을 검토하고 추리 문제에 적용될 수 있는 방법을 고찰하는 것은 유용하다. 그러나 범죄 행위에 우리의 초점을 유지함으로써, 우리는 이러한 범죄성에 대한 설명들이 실제로 범죄자들이 하고 있는 것이 무엇인지에 대한 모형들과 어떻게 연결될 수 있는지를 이해하게 될 것이다.

범죄 구분의 행위체계

일반화를 위한 어떤 특별한 자료들의 집합을 뛰어넘어서며, 보다 진전된 관계성들에 대한 탐색을 지원하는, 그리고 범죄와 범죄성을 고찰하는 데에 매우 유용한 것으로 보이는 하나의 모형들은 바로 행위체계 접근법(action system approach)이다.

행위체계 모형은 Parsons(Parsons and Shills, 1951)의 사회심리적 체계들에 대한 탐구에서 유래하였다. 그들의 연구는 인공두뇌 연구와 사회적·심리적 과정들을 상호작용 체계로 모형화하려는 관련 시도들에 근거를 두고 있다. Parsons와 동료들은 모형의 난해함과 중심 개념들의 실행에서 나타나는 어려움에 대해 많은 비난을 받았으나, Shye(1985b)가 실증적 연구를 직접적으로 가능하게 하는 행위적 작용체계에 대한 탄탄하고 비교적 단순한 개념화를 발전시켰다.

Parsons의 시작점은 모든 생명체는 핵심적으로 다음과 같다는 것이다.

- 생존하기 위해서 주변의 것들과 상호작용해야 하는 '개방성(open)'을 갖는다.
- 서로 간에 구별되도록 상이한 본질들을 내포하지만, 상호 간에 인식 가능한 관계를 갖도록 조직화되어 있다. 즉, '구조화되어(structured)' 있다.
- 시간에 따라 이 요소들 내에, 그리고 그들의 관계들에 있어서 일정한 안정성을 갖는다.

이러한 특성을 갖는 모든 체계는 '행위체계'로 간주된다. Shye는 행위체계의 정의는 유기체가 관여하는 모든 사건이 그 사건의 출현의 원천과 실현의 위치를 갖고 있을 것이라는 점을 함축하고 있다고 주장한다. 더욱이 근원은 체계의 내부 또는 외부에 있을 것이며, 표현 또한 그러할 것이다. 이는 네 가지 가능한 사건의 형태들을 낳게 된다.

- 내부적 근원-외부적 실현(internal source-external actualization): 체계 내부에서 출현하여 외부에서 실현되는 사건들—shye가 표현적 모형(expressive mode)이라 칭했으며, 흔히 체계의 개별 측면들을 반영한다.

- 외부적 근원-외부적 실현(external source-external actualization): 외부에서 출현하여 외부로 표현되는 사건들—적응적 모형(adaptive mode), 전형적으로 환경의 물리적 측면을 형태 짓는 데에 초점을 둔다.
- 내부적 근원-내부적 실현(internal source-internal actualization): 체계 내부에서 출현하고 실현되는 사건들—통합적 모형(integrative mode), 개인 내부적 과정들과 관계되어 있다.
- 외부적 근원-내부적 실현(external source-internal actualization): 체제 외부에서 출현하고 내부에서 표현되는 사건들—보수적 모형(conservative mode), 문화적 의미를 지닌다.

범죄 행위체계

여기에서 매우 흥미로운 함의는 상이한 모형들이 상이한 형태들의 범죄 행위와 범죄에 대한 설명들을 반영하고 있다는 점이다. Canter와 동료들은 범죄 행위에 적용할 때 그러한 접근법의 유용성을 보여 주었다. 그들은 행위체계 모형을 방화에 대한 설명과 구별에 있어서 주도적인 이론들과 연결시켜서 이를 더욱 발전시켰으며, 많은 상이한 이론적 관점들과 조합하는 데 있어서의 힘을 보여 주었다.

'표현적'(본질적인 의미의)인 것과 반대로, 도구적인 목적을 가진 범죄로서 널리 인용되는 차이점은, 개인에 대한 충격에 관심을 갖는 통합적이며 보수적인 모형들(integrative and conservative modes)과 환경에 대해 외부적으로 지향되어 도구적인 것으로서 더 잘 이해되는 적응적인 그리고 표현적인 행위모형들(adaptive and expressive action modes) 사이의 구분에 있어서 분명하다. 여기에서 Fesbach(1964)가 처음 사용한 '표현적'이란 용어가 함축하고 있는 의미는 행위체계적 의미와는 상응하지 않는다는 점을 주목할 필요가 있다.

개별적/개인적 기제들과 사회적/대인관계적 기제들을 구분하는 범죄 이론들은 다른 방법으로 행위체계와 관련되어 있다. 사회적/대인관계적 이론들은 개인 외적인 요소들에 대한 응답인 적응적 그리고 보수적인 행동 모형들과 더욱 쉽게 관련되어 있는 반면, 보다 개인적으로 지향된 범죄성 이론들은 인간 내부에 근원을 가지고 있는 표현적이며 통합적인 모형들과 조화를 이룬다.

〈표 7-3〉 범죄 이론들 및 Fesbach의 구분과 관련된 행위체계 모형

	표현적(Fesbach, 1962)	도구적(Fesbach, 1962)
개인적 이론들	통합적	표현적
대인관계적 이론들	보수적	적응적

따라서 정립된 범죄 모형틀에 대한 관계와 폭넓은 범죄 이론들은 범죄적 맥락에서 행동 모형들을 재정립하며, 범죄적 기능 작동 또는 유형의 상이한 형태들에 대한 새로운 통찰력을 제공하는 방법으로 이들을 함께 이끌어 가고 있다.

- **통합**적 모형은 개별적으로 초점을 두는 표현적 요인들을 가지는 기능 작동 모형으로 정의된다. 이것은 범죄 대상과 범죄자 간의 상호작용들이 개인적 의미 또는 '유사-친밀감'을 갖는다는 점을 암시한다(Canter, 1995 참조).
- 반대로 적응적 모형은 사회적이며 대인관계적이지만, 개인이 세상과 타인으로부터 직접적인 이득을 추구하는 도구적인 활동이다.
- 범죄적 맥락 내에서 보수적 모형은 본질적으로 도구적이며, 가장 일반적으로 지배적인 목표로서 타인의 조작을 포함하는 대인관계적 과정들을 반영한다.
- 표현적 모형은 보복이라기보다는 개인적 사안들의 표출 또는 표현으로서 타인을 목표로 삼는다. 타인에 대한 명시적인 적대감은 이러한 범죄적 기능 작동의 차별적 모형의 전형적인 표현이다.

방화 사례

이들 포괄적인 행위체계 모형들이 만들어 내는 범행 방식들의 차이점들은 구체적인 도해를 통해 가장 쉽게 이해된다. 가장 명료한 것들 중 하나가 230명의 방화범에 대한 Fritzon, Canter와 Wolton(2001)의 연구로서, 이는 Canter와 Fritzon(1998)의 이전 연구를 발전시킨 것이다. 이들은 최소 공간 분석법(SSA)을 실행하여 방화(arson)에 대한 경찰과 소방대의 기록으로부터 46개의 특성들을 분류하였으며, 이것은 [그림 7-2]에 나타나 있다. 최소 공간 분석법은 행위체계 측면에서 확실히 해석에 적합하다. 근원과 실현 양자가 외향적인, 적응적 모형에 의해 생성된 범행 방식은 행위가 어떤 도구적인 목적을 위해 외부 환경의 측면들을 변화시키려는 시도로 나타나는 것이다. 전형적으로 이들은 어떤 다른 범죄 실행의 증거를 숨기려는 의도를 가진 방화이거나 보험사기 목적의 방화들일 것이다.

다소 다른 형태의 범행은 표현적 모형(내적 근원, 외적 실현)에 의해 생성된다. 여기에서 행위는 보다 표현적인 목적을 위해 환경에 영향을 주려는 시도이다. 이것은 전형적으로 사람에게 의미 있는 건물에 대한 공격으로 나타나는 방화로서 나타날 것이다.

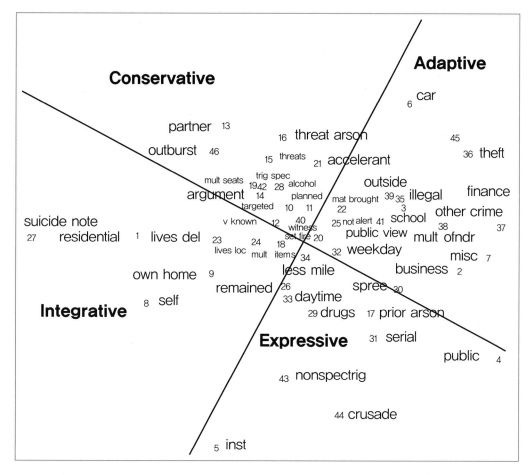

[그림 7-2] 230개 방화 사건들의 46개 특성들에 대한 최소 공간 분석법

출처: Fritzon and Canter (2000). 허락에 의해 재구성

　보수적인 모형에 의해 생성된 범행 형태는, 행위의 근원은 외적이지만 실현은 내적인 것으로서, 행위가 어떤 외적인 요소 혹은 사람에 의해 형성된 혐오적인 내적 상태를 교정하려는 의도로 나타나는 것이다. 의도하는 효과는 누군가에 대한 복수를 통해서 자기 자신에게 향하여 있다. 이것은 보복의 형식으로서, 특정 개인을 공격 표적으로 삼는 방화의 바탕이 된다.

　통합적 모형(내적 근원, 내적 실현)은 정서적인 고통 상태에 대한 반응으로서 자신을 표적으로 삼고 공격하려는 의도를 가진 범행 형태로서, 흔히 자살 기도적인 방화 형태 등과 같이 자기 파괴적으로 표현된다.

　행위체계 모형은 4가지 행위 모형들의 단순한 구분보다는 앞서 있다. 모형들의 기본적인 정의는 [그림 7-3]에 묘사된 것처럼 관념적 공간의 지역들로서 표현될 수 있는 개념적인 상호관계성을 형성한다.

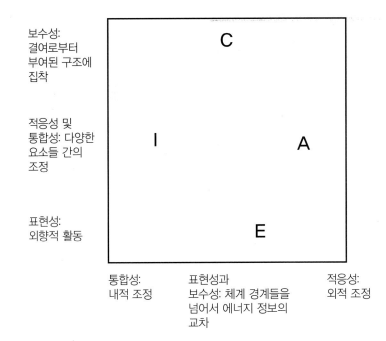

보수성:
결여로부터
부여된 구조에
집착

C

적응성 및
통합성: 다양한
요소들 간의
조정

I   A

표현성:
외향적 활동

E

통합성: 표현성과   적응성:
내적 조정   보수성: 체계 경계들을   외적 조정
                넘어서 에너지 정보의
                교차

[그림 7-3] 지리-공간적 근접성에 의해 표현된 행위체계의 작용 모형들 간의 개념적 상호관계들

이 그림에서 통합적 모형은 적응적 모형과 상반되며 표현적 모형은 보수적 모형과 상반되는 것으로 가정되기 때문에 어떤 연구에서도 반대쪽의 모형들보다는 인접한 모형을 반영하는 변수들 사이에서 더 높은 상관성이 나타나게 된다. 더욱이 표현적 모형 및 보수적 모형은 적응적 모형 및 통합적 모형의 산물들로 생각될 수 있으므로, 후자들이 전자들에 비해 더 높은 상관관계를 갖는 경향이 있다. 이것은 통합적 모형과 적응적 모형 간격보다 표현적 모형과 보수적 모형이 서로 더 간격이 크게 벌어진 상태를 보여 주는 [그림 7-3]에 나타나 있다.

[그림 7-2]의 최소 공간 분석법의 단순화된 형태는 [그림 7-4]에 나타나 있으며, 테러 행위를 포함한 다양한 다른 자료 집합들로부터 파생된 것이다(Fritzon, Canter and Wilton, 2001). 이것은 원형보다는 타원형으로 표현된다. 다시 말해, 개념적 차이가 가장 확실한 것이 표현적 모형과 보수적 모형 사이라는 것이며, 보수적인 행동들이 내적인 흡수라면, 표현적 행동들은 외적인 분출이라는 것이다.

범죄자 특성들과의 연결

이 모형의 강점은 방화가 보여 주는 주도적인 모형으로부터 추리될 수 있는 범죄자의 특성들을 가정하기 위해 모형이 제공하는 기회 속에서 드러나고 있다. 이것은 범죄 현장 정보로부터 범죄자 특성들을 도출하려는 증거에 기초한 모형들에 대한 수사심리학적 접근법의 중심에 있는 '프로파일링 공식'을 정교화하는 데 있어서 과학적 기초를 제공한다. 따라서 예를 들어 방화 사건에서, 강력한 적응적 모형을 나타내는 사람들은 아마도 쉽게 드러나는 범죄 전력을 가지고 있을 것이라는 가정이 가능하겠지만, 통합적인 모형의 사람들은 정신질환 전력을 가지고 있을 가능성이 더욱 크다.

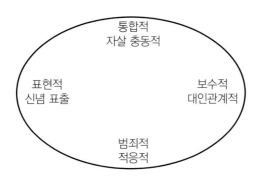

[그림 7–4] 실증적 연구에서 도출된, 방화와 테러에서의 행위체계
모형과 주제 모형 사이의 관계에 대한 도식적 표현

Fritzon, Canter와 Wilton(2001)은 방화범들의 특성을 분석하여 이러한 가정들을 탐구하였으며, 그들을 구별하는 주요 주제들을 확인할 수 있었다.

- 적응적: 일탈자. 이들은 사전에 범죄 활동으로 인해 경계를 받고 있는 범죄자들이며, 항상 가정 또는 학교 등에서의 문제점 때문에 관련 기관들의 주목을 받는다.
- 표현적: 반복적인 방화범. 이들은 방화를 타인을 다루는 그들의 방식의 유의미한 측면으로 보는 자들이다. 결과적으로 방화를 위해서 직장 또는 학교처럼 일상적인 일일 활동들로부터 '사라져 버리는 것'뿐 아니라 화재 경보 신고전화를 하는 것에 반영된다.
- 통합적: 정신질환 전력. 이 주제는 근본적으로 비통합적인 것으로 비춰지며, 방화는 사람의 자기 파괴적 감정에서 출현한다. 자살 시도와 정신질환 전력은 이 주제 내에서 강하게 내적으로 연결된다.
- 보수적: 실패한 관계. 여기에서 방화는 방화범에게 중요한 사람에게 영향을 미치려는 직접적인 수단으로 비추어진다.

따라서 핵심 가정은 범죄자 특성들과 관련된 행동 모형들이 그들과 가장 유사한 행위적

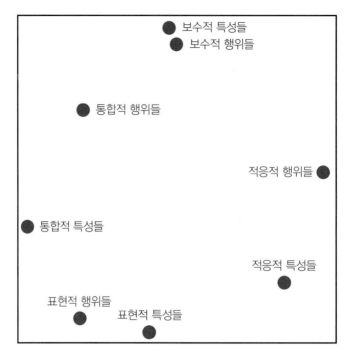

[그림 7-5] 방화 행동들과 특성들에 대한 최소 공간 분석

작용 모형들과 가장 가깝게 관련되어 있을 것이라는 점이다. 4개 특성 각각과 4개 행위 주제들 각각에 대한 점수를 도출함으로써 Fritzon, Canter와 Wilton(2001)이 [그림 7-5]에 나타난 것처럼 이러한 가정의 힘을 보여 주는 것이 가능하였다. 행위와 특성들 사이의 관계는 상정된 모형을 반영하는 것으로 보일 수 있다. 따라서 [그림 7-5]는 A → C 공식이 실제 자료를 가지고 어떻게 나타날 것인가에 대한 삽화로 생각될 수 있다.

각각의 행위 변수들은 동일한 행위체계 모형을 가진 특성 변수와 함께 하나의 지역을 구성한다. 더욱이 표현적 및 보수적 모형들은 적응적 및 통합적 모형들보다 서로 간에 더 떨어져 있다. 이 연구는 따라서 수사심리학 연구를 발전시키기 위한 기준을 제공하며, 실용적인 가치뿐 아니라 직접적인 이론적 함의를 가지고 있다. 방화의 표적을 인지함으로써, 논리적인 일련의 추리들이 범죄자의 특성들에 대해서 만들어질 수 있다.

행위체계로서의 서사

행위체계 모형들은 행동에서의 핵심 차이점들을 행위의 원천에 그리고 그 행위의 효과 또는 실행이 지향되는 곳에 존재하는 것으로 본다. 일단 서사적 개념에서, 이러한 차이들이 범죄자와 그리고 자신의 역할에 대한 스스로의 해석과 관련되어 있는 범죄행위적 측면들과, 표적 및 욕구하는 영향과 관련된 또 다른 측면들이라는 것을 우리가 인식하게 되면, 범죄자 서사들이 필연적으로 특정 활동체계 모형들을 암시하고 있을 것이라는 점이 명확해진다. 그리고 제6장에서 서술된 모험, 비극, 탐색 그리고 풍자 서사들, 각각이 기능 작동의 핵심 행위체계 모형의 정교한 산물로서 이해될 수 있다(Canter and Youngs, 출판 중, d).

모험 서사는 그 안에서 인생이 환경 지배를 위한 기회로서, 그리고 만족감과 실재하는 보상(핵심 범죄 역할='전문가')을 주인공에게 제공하는 효과적인 상호작용으로 비춰지게 된다. 모험 서사에 의해 표출되는 행위들은 물질적 이득의 획득(외적 효과)을 위한 노력과 기술의 직접적인 교환들로서, 환경 속에서 그들의 사용 가능성에 의해 촉진된다(행위의 외적 원천). 이 서사에 대한 근본적인 작용 모형은 따라서 적응적 모형이다.

비극 서사는 상처를 바로잡기 위해 복수를 추구하는(핵심적인 '복수' 역할로 전형적인 모습을 보여 주는) 것으로 운명 지어진, 잘못된 또는 불행한 영웅의 이야기이다. 이러한 역할의 수용에 바탕을 이루는 것은 작용의 보수적인 행위체계 모형이다. 행동은 보복으로서 잘못된 것에 대한 범죄자의 반응(외적 원천)이지만, 행동의 실제 표적이 자신이든 또는 타인이든 간에, 고려하는 것은 단지 자신과 한 개인의 내적 상태(내적 효과)에 대한 충격과 함께할 뿐이다.

탐색 서사는 세상 속 사건들과 상황에 자신의 의지를 부가함으로써 명예를 회복하기 위해(핵심 '영웅' 역할에 의해 전형화), 자신의 남자다움의 표현으로서 영웅적으로 추구하는 임무에서의 개인을 묘사한다. 따라서 탐색 서사 내에서는 바탕이 되는 행위 방향이 외향적이며, 외적 환경의 측면들을 변화시키려는 것을 목적으로 한다. 이 행위는, 외적인 잘못에 대한 반응이라기보다는, 비극에서와 같이 범죄자 자신의 특권 의식 속에 그 근원을 가지고 있다. 탐색 서사를 추구하는 개인의 근본적인 작용 모형은, 따라서 표현적 모형이다(Canter and Youngs, 출판 중, d).

풍자 서사는 무엇도 확실하지 않고 규칙도 없는(핵심 '피해자' 역할에 의해 축약된) 일반화된 무기력과 의미 없음의 서사이다. 이 서사적 역할을 실행함으로써 특징지어지는 범죄들은 통합적 사건들일 것이다(Canter and Youngs, 2009). 의미 없고 무감각한 세상 속에서 오직 욕망하는 충격은 자기 자신에 대한 것일 것이며(내적 실현), 만일 아무것도 문제되지 않으면, 유일한 어떤 행위의 근원 또는 촉발은 내적인 공허함과 필요감일 것이다(내적 원천).

이것이 범죄 구분의 통합된 서사적 행위체계 모형(narrative action system model)을 생성하며, 그 안에 4가지 범행 방식이 핵심 역할, 행위체계 모형 및 범죄 서사의 관점에서 명확하게 확인된다.

- 영웅의 표현적 탐색
- 전문가의 적응적 모험
- 복수자의 보수적 비극
- 피해자의 통합적 풍자

추리의 형태: 추리의 서사적 행위체계 모형을 향하여

'프로파일링' 신화는 미지의 범죄자들의 꼼꼼한 세부 사항들, 즉 그들이 두 줄 단추 양복을 입을 것인지 혹은 픽업트럭을 운전할 것인지 등에 대한 거의 신통력 있는 제안들을 함축하고 있다. 흔히 이것들은 기준율로부터의 단순한 추정이거나 영감을 받은 추측들이다. 잘못된 추측들은 보고되지 않기 때문에, 모든 추측이 정확하다는 인상을 갖게 된다. 보다 과학적인 접근법은 범죄 활동으로부터 추리를 도출하는 것의 복잡성을 인식하고 있다. 그러나 근본적으로 과학적 관점은 우리의 추리가 기초하고 있는 관련성들이 어떻게 그리고 왜 존재하는지를 이해하고 설명할 수 있도록 도와주는 이론 또는 모형을 필요로 한다.

심리학적 설명들은 범죄 행위들을 특성들과 연결시킬 수 있는 다양한 일관성의 과정들 또는 형태들에 대한 관심을 이끌어 왔다(〈표 7-4〉를 보라).

〈표 7-4〉 수사심리학 일관성의 주요 형태들

설명	추리 과정	행동 모형	서사	중심 역할
개인주의적-정서적	특성들이 행위의 원인이 된다.	통합적	풍자	피해자
사회적: 대인관계적 상호작용들	대인관계적 맥락이 행위들과 특성들을 연결시킨다.	보수적	비극	보복
사회적: 하위 문화적/경험적	하위 문화적 맥락이 행위들과 특성들을 공유한다.	적응적	모험	전문가
개인주의적-기질적이며 인지적	행위들이 곧 특성이다.	표현적	탐색	영웅

도출될 수 있는 이러한 범주의 추리 유형들을 구체화하는 것이 모든 범죄 현장으로부터 각각의 유형의 추리가 가능할 것이라는 점을 함축하고 있는 것은 아니다. Canter와 Youngs가 지적한 것처럼(출판 중, d), 추론 가능한 특성들의 유형은 범죄 행위를 뒷받침하는 심리적 과정의 유형에 의존한다. 단순하게는, 매우 공격적인 범죄가 범죄자의 대인관계 방식에

대해 우리에게 무엇인가 말해 줄 수 있지만, 지적 능력도 역시 보여 줄 것이라는 추정은 오류일 수도 있다. 이러한 인식이 우리가 추리 과정의 상이한 형태들에 대한 포괄적인 모형을 발전시킬 수 있도록 특성들과 행위들을 결부시키기 위한 분리된 과정들을 초월하여 나아가도록 한다. 이것은 범행 방식에 있어서의 차이점들에 대한 서사적 행위체계 모형과 통합되어 있으며, 어떤 유형의 추리가 서사적 행위체계 범행 방식들 중 무슨 유형과 관련하여 가능할 것인지를 보여 준다(〈표 7-5〉를 보라).

〈표 7-5〉 추리의 서사적 행위체계 모형

일관성	중심 추리들
지능적	지적 능력
정서적	정서적 상태
대인관계적	피해자의 역할
도구적	기법들
경험적	법의학적 접촉
범죄 실행	전력
공간적	위치

공식적인 추리 모형을 발전시키기 위한 시작점은 범죄 행위를 지배하는 강조점들을 규명하는 것이며, 이러한 변형들로부터 추리를 발전시키기 위해서는 이들이 포함되어 있는 작인이 정교해질 필요가 있다. 범죄자의 행위를 특성과 연결시키는 것은 범죄자의 능동적 역할이다. 이들의 중심에 있는 범죄적 서사와 핵심 역할들은 이 작인에 대한 이해를 발전시키는 특별히 흥미로운 방법을 제공한다. 이것은 4가지 주요 서사 형태, 즉 범죄적 맥락에서 전문가(모험), 영웅(탐색), 복수자(비극) 그리고 피해자(풍자)로 지칭될 수 있는 형태들을 고찰하는 것이 유익하다는 발견에 의존한다. 앞에서 설명한 것처럼, 이들 각각은 서로 다른 지배적인 행위모형을 함축하고 있으며, 이에 따른 서사적 행위체계 모형을 생성하게 된다.

각각의 서사 모형을 주의 깊게 고찰해 보면, 비록 어느 하나가 특정 범죄에 대해 주도적이기는 하지만, 어떤 범죄를 위한 A → C 논리가 도출될 수 있는 특별한 형태의 일관성의 구체화를 이끌어 내게 된다. 비록 모든 범죄가 모든 이러한 처리 모형의 일부 측면을 내포하고 있지만, 특정 범죄에 주도적인 하나가 가장 중요한 추리들을 발전시키기 위한 초점이 될 것이라는 점이 강조되어야 한다. Canter와 Youngs(출판 중)는 수사상 추리들을 위한 가장 생산적인 과정이 다음과 같다고 제안하고 있다.

- 자기 자신을 도전을 극복하는 탐색에서의 영웅으로 생각하는 범죄자들에게 특별히 관련되어 있는 행위들과 특성들 사이의 인지적 및 기질적 일관성들. 이러한 범죄의 표현적 측면들은 범죄자가 가지고 있는 사회적 그리고 기타 기법들을 포함하여, 그가 세상에 대처하기 위해 가지고 있는 접근법과 가장 명확하게 관련되어 있을 것이다. 이는 또한 그의 일반적인 생활방식과 흥미들, 예를 들어 생존주의 오락에 대한 흥미 같은 것에서 드러나게 될 것이다.
- 도구적 및 경험적 일관성은 자기 자신을 모험 속의 전문가로 생각하는 범죄자의 직무특정 자질 및 능력과 관련되어 있다. 이러한 방식으로 범죄를 저지르는 범죄자의 행위들에서 드러나는 도구적 사안들은 범죄자의 범죄 전력과 범죄적 접촉들의 측면들을 지칭할 수 있다.
- 대인관계적 일관성은 범죄자가 타인을 어떻게 다루느냐의 문제로, 타인에 의한 모욕감을 보상받기 위해 노력하는 비극적인 삶을 자신이 살고 있다고 느끼는 사람들과 특히 관련되어 있다. 범죄의 대인관계적 특성은 범죄자의 사회적 관계들과 관련된 것으로 예상되며, 일부 사건에서는 성별을 지칭할 수도 있다.
- 정서적 일관성은 풍자 서사에서와 같이 특히 인생이 감당할 수 없고, 자신이 무력하며 혼란스럽다고 믿는 범죄자들과 관련된다. 범죄의 정서성은 범죄자들의 심리적 상태와 관련되어 있으며, 또한 흔히 그의 나이와 관련된다.
- 공간적 일관성은 앞서 다룬 모든 일관성들은 다양한 방법으로 범죄 장소에 그리고 제 8 장에서 논의될 것처럼, 범죄자가 기반을 두고 있는 장소에 대해 가지는 함의와 관련되어 있다.

요약

- 범죄로부터 추리를 이끌어 내는 데 있어서, 범죄자가 직접적으로 선택한 행위들이 가장 유용할 것이다.
- 추리 도출은 범죄의 두드러지는 측면들, 즉 행동에 있어 중요한 행위들을 규명하는 것에 의존한다. 독특성은 전형성과 행위들의 기준율 발생과 관련된 사안들에 의해 영향을 받는다. 독특성을 결정하는 것 역시 어떤 행위가 영향을 받는 환경에 대해, 그리고 행위들 간의 상호작용들의 중요성에 대한 이해를 필요로 한다.
- 추리를 가능하게 하는 범죄 행위에는 충분한 일관성이 있다.
- 범죄 행위 방식은 전이 활동의 형태를 표현한다기보다는 개인의 비범죄적 측면들 및

그의 행위와 일치할 것이다.

- 정신질환 범죄자들의 특별한 예외와 함께, 범죄 행위의 개인적 패턴은 특별한 비정상적인 행위 모형들을 필요로 하기보다는 보통의 심리적·사회적 과정들의 관점에서 이해될 수 있다.
- 행위체계 모형틀은 범행 방식들의 차이점들을 이해하기 위한 기초를 제공한다.
- 상이한 범죄 서사들은 특별한 행위체계 모형들을 암시하고 그와 일관성을 갖는다. 이에 따라 범죄 구분의 서사적 행위체계 모형이 정교화될 수 있다. 이것이 4개의 범행 방식들, 즉 (a) 영웅의 표현적 탐색, (b) 전문가의 적응적 모험, (c) 보복자의 보수적 비극 그리고 (d) 피해자의 통합적 풍자로 구분하고 있다.
- 범죄자 서사들은 개인의 측면들을 그들의 범죄 행위들과 연결시킬 수 있는 능동적인 기본 과정들을 제공한다.
- 그 결과 추리를 위한 서사적 행위체계 모형이 제시된다. 이것은 특정 범행 방식에 따라 상이한 추리 경로를 조명한다.
  - 인지적 및 기질적 일관성에 기초한 추리들은 범죄의 표현적 탐색 형태들에 있어서 중요한 것으로 인정된다.
  - 도구적 및 경험적 일관성은 적응적 모험 범죄 모형에서 가능한 추리를 용이하게 할 것이다.
  - 대인관계적 일관성은 범죄의 보수적인 비극 형태와 관련하여 가장 생산적인 추리들의 근거가 된다.
  - 개인주의적 정서 요인들에 있어서의 일관성은 범죄의 통합적인 풍자 형태들에서 가장 생산적일 것이다.

📂 추가로 읽을거리

서적

Parsons, T. (1968) *The Structure of Social Action: Weber*, Free Press, New York. A digital version is available via Google books.

논문

Almond, L., Duggan, L., Shine, J., and Canter, D. (2005) Test of the arson action system odel in an incarcerated population. *Psychology, Crime and Law*, *11*(1), 1-15.

Canter, D. and Fritzon, K. (1998) Differentiating arsonists: a model of firesetting actions and characteristics. *Legal and Criminological Psychology*, *3*, 73-96.

Fritzon, K., Canter, D. and Wilton, Z. (2001) The application of an action systems model to destructive behaviour: the examples of arson and terrorism. *Behavioural Sciences and the Law*, *19* (5-6), 657-690.

Shye, S. (1985) Non-metric multivariate models for behavioural action systems, in D. Canter (Ed.) *Facet Theory: Approaches to Social Research*, Spiniger-Verlag, New York.

Shye, S. (1989) The systemic life quality model: a basis for urban renewal evaluation. *Social Indicators Research*, *21*, 343-378.

✏️ 토론과 연구를 위한 질문

1. [글상자 7-1]과 [글상자 7-2]에 기술된 범죄들을 생각해 보라. 동일한 사람에 의해 범해질 수 있는가? 〈표 7-2〉에 있는 10점 척도를 이용하여 유사점들과 차이점들을 탐구해 보라.

2. 제5장에서 논의했듯이, 수법(modus operandi 또는 M.O.)이라는 개념이 가상적인 범죄 이야 기들과 형사들의 실제 활동들 양자에서 널리 사용되고 있다. 비록 이 라틴어 구문이 '실행 방법(method of operating)'이라는 의미를 가지고 있고, 범죄별로 다양할 수 있지만, 보통 어느 범죄자가 가진 성격 패턴과 범행의 방식을 의미하는 것으로 이해된다. 그러나 정확하게는 어떻게 이러한 '패턴과 방식들'이 명확하게 정의되고 구분될 수 있는가? 〈표 7-1〉에 나열된, 범죄자가 영향을 미칠 수 있는 범죄의 10가지 측면들을 생각해 보고, 이것들이 어떻게 수법(M.O.)에 반영될 수 있는지 검토해 보라. 혹은 수법(M.O.)이 어쩌면 심리학 연구에서 사용되기에는 너무 모호한 일반화된 개념이라는 것을 암시하고 있는가?

3. 한 범죄자와 다른 범죄자의 범죄 행위들에 왜 전체적인 유사성이 존재하지 않을까? 이것은 어떤 함의를 가지고 있는가?

4. 서사적 행위체계 모형들이 어떻게 당신이 선택한 범죄에 대한 범행 패턴에 있어서 차이점을 산출하게 될지를 생각해 보라. 상이한 범행 방식들과 관련해서 어떤 추리들이 가능할 것 같은가?

5. 왜 당신은 방화에 관한 연구가 범죄 행위체계들에 대한 연구에서 일부 가장 명확한 결과들을 낳고 있다고 생각하는가?

지리적 범죄 심리학

이 장에서는……

학습 목표

|||||||||||||||||||||||||||||||||||||||||||||||||||||||||||||||||||||||||||||||||||||||

1. 범죄자의 공간 행동을 묘사할 때 사용되는 '근접성'과 '형태학' 개념들이 의미하는 것을 이해할 수 있다.

2. 범죄 지리학을 이해하려는 행위적 접근법과 인지적 접근법을 비교하고 대조할 수 있다.

3. '경로 추종' 접근법과 '심적 지도' 접근법을 평가할 수 있다.

4. 일상화된 활동들과 지리적 행동의 합리적 선택 이론들을 설명할 수 있다.

5. 범죄자의 공간적 활동 연구에 대한 '위치성' 주제의 타당성을 인식할 수 있다.

6. 범죄자의 범죄 위치 선택에 영향을 주게 될 주요 요소들 중 일부를 확인할 수 있다.

7. '중심 영역' 개념을 이해할 수 있다.

8. 서사 이론이 어떻게 범죄자들의 심적 지도들을 설명하는지를 이해할 수 있다.

개요

범죄자가 활동하는 장소를 형태 짓는 원칙들은 범죄의 모든 측면을 함축하는 서사에 대한 고찰을 통해서 설명될 수 있다. 서사들은 결국 물리적 맥락을 가지고 있으며, 개인적인 삶의 이야기는 사건들이 발생하는 위치들에 의해서 구획이 지어진다. 공간 속에서 어떻게 그러한 사건들이 전개되는지는 부분적으로 줄거리의 본질에서 도출된다. 예를 들어, 모험 서사가 하나의 고정된 지역에서 발생하는 것은 드문 일이다. 다양한 이야기들은 이러한 유형의 드라마가 계속 전개되도록 상이한 배경들을 필요로 한다. 그와 달리 보복이라는 충동적 행동 또는 기회주의적 표적들을 찾는 서사는 제한된 영역을 포괄하며 특정 영역에 초점을 두고 있는 듯하다. 이 모형틀은 범죄 위치들이 어떻게 범죄자들의 삶과 관련되어 있는지에 대한 고찰을 가능하게 한다.

범죄자의 범죄적 삶과 비범죄적 삶을 통합시키는 일반적으로 언급되는 모형틀은 일상화된 활동들과 범죄자들이 따르는 관련 경로들을 강조한다. 범죄 기회들에 대한 이러한 초점들은 일상생활의 부분으로서 이해되고 있지만, 범죄자들이 자신들의 삶을 개인적 관점에 따라 구성한다고 보는 수사심리학의 관점은 범죄에 대한 그들의 내적인 기회 모형에 더 강조점을 둔다. 이것은 그들이 주변 환경에 의해 형성된 수동적인 학습보다는 능동적으로 찾을 것이라는 시각이다. 그러한 관점은 범죄자가 어디에 살며, 어디에서 범죄를 실행했는지에 대한 지도 같은 표상들을 탐구함으로써 알게 된다.

범죄 위치 선택의 두 가지 주요 측면, 즉 근접성(propinquity)과 형태학(morphology)은 이것들이 어떻게 범죄자의 개인적인 서사에 의해 형성되는가를 고찰하는 데에서 나타난다. 전자는 범죄자의 삶에 있어서 주요 장소, 즉 집 또는 소재지와 범죄 위치들과의 가까움을 말하고 있으며, 후자는 가능한 범죄 위치들에 대한 내적인 심적 지도의 반영이라 할 수 있는, 범죄들의 분포에 대한 패턴 또는 전반적인 기하학적 구조를 탐구한다.

범죄자 공간 행동의 모형 구성을 가능하게 하는 것은 경찰의 자료 소통을 지원하는 방법 때문에 특별한 수사적인 가치를 갖는다. 따라서 이것은 많은 수사 전략들에 대해 직접적인 조력을 제공한다. 그러한 모형들은 또한 경찰 수사를 위한 정교한 결정 지원 체계를 발전시키기 위한 기틀을 마련한다. 그러나 실제로 효과적이기 위해서는 어디에서 범죄가 발생하였는지를 표시하는 지도상의 점을 넘어서 보는 것, 그리고 범죄자를 어떤 주어진 위치로 이끌어 온 과정들을 이해하는 것이 중요하다.

글상자
8-1
범죄자가 어디에 거주하는가?

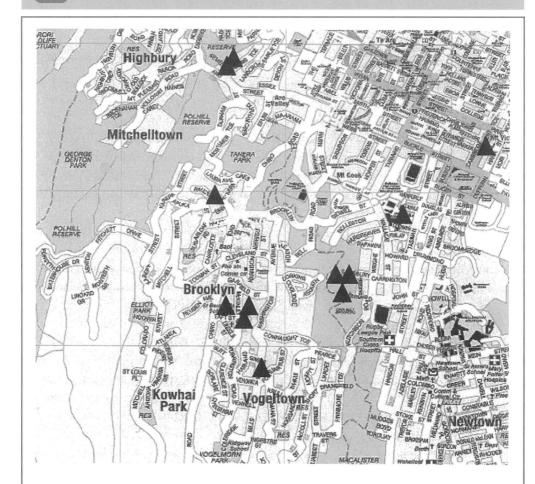

　삼각형은 폭력적인 범죄꾼이 목격된 위치를 가리킨다. 당신은 그가 어디에 살고 있을 것인지 판단할 수 있는가? 지도에 나타난 지역 내인가? 당신은 왜 그러한 결론에 이르렀는가? 그의 실제 거주지는 이 장의 끝에 표시되어 있다.

(분석과 사건 세부사항에 대해 Samantha Lundrigan에게 감사한다.)

범죄자의 공간 사용 모형화

　최근 수년 동안에 나타난 수사심리학의 가장 흥미롭고 생산적인 영역들 중 하나는 어디에서(where) 범죄가 발생하는지를 탐구하는 것이었다. 범죄 위치들은 단순히 어떤 특별한 범죄 활동을 위한 기회의 결과일 뿐이거나, 혹은 범죄자 특유의 형질에 기인한 것이라고 예상할 수 있다. 적어도 많은 사람들은 범죄자들이 범행을 위해 선택한 장소가 그들의 삶의 다른 측면들, 특히 그들이 사는 장소와 같이 중요한 정보와 확실한 연결성을 갖지 않도록 주의한다고 추정하여 왔다. 그러나 범죄자들의 범행 위치들의 거리와 분포에 대한 일련의 주목할 만한 일관된 발견들이 많은 연구들로부터 도출되었다(Canter와 Youngs, 2008ba에 의한 것처럼). 이러한 일관성의 이론적·실제적인 중요성은 사람들이 어떻게 그들의 환경을 활용하는지에 대한 고찰, 그리고 이것이 그들이 범죄를 저지르는 장소에 대해 가지는 함의에 있어서 가치가 있다는 점을 보여 주고 있다.

범죄 위치를 고찰하기 위한 시작점은 그들이 알고 있건 모르고 있건 간에, 범죄자들이 범죄를 저지르는 장소에 대해 어떤 종류의 능동적 선택을 하고 있다는 추정이다. 모든 이러한 고찰들을 살펴보면, 범죄자가 범죄를 저지르는 장소에 대해 어떤 영향력을 가지고 있다는 생각을 얻게 된다. 또한 범죄 위치는 전체적으로 무작위적이지 않다고 추정된다. 비록 이것이 순간적인 자극의 돌출이라 하더라도, 그 자극이 가해졌을 때 범죄자가 있던 위치에서 자극이 있어야만 한다. 진정한 무작위성은 범죄자가 다양한 위치에 무작위로 있을 때에만 가능하다.

이러한 묵시적 선택들로부터 표출되는 패턴들은 반드시 범죄자의 어떤 의식적 통제하에 있는 것으로 추정되지는 않는다. 범죄자가 인식될 수 있는 지역을 회피하거나, 특정 대상이 가능한 지역을 찾는 것에 대한 의식적인 선택은 있을 수 있지만, 범죄의 공간적 기하학구조를 어떻게 형성하는지, 그리고 이것이 범죄에 대해서 무엇을 보여 주고 있는지 등은 보통 범죄자가 생각하는 것이라 하기 어렵다. 심지어 충동적·비계획적 범죄가 고유한 위치선택을 불러일으키기도 한다. 이러한 선택의 기반은 무엇일까? 범죄자가 어떻게 범죄들이 저질러진 장소들에서 나타나고 있는 행위적 패턴들을 발전시킬 것인가? 이러한 것들이 범죄자의 심리적 과정들에 대한 의문이라는 점을 강조할 필요가 있다. 그것들은, 비록 차이가 있지만, 환경 범죄학에 대한 일반적인 관심과 관련되어 있다(Hirshfield and Bowers, 2001과 같은 책에서 검토된 것처럼).

범죄 지리학을 연구하는 범죄학자들은 범죄가 발생한 장소의 전반적인 분포에 관심을 둔다. 이것은 범죄자가 사는 경향이 있는 지역들의 종류에 대한 검토를 포함하고 있으나, 그들이 다루는 정보는 범죄성의 전반적인 총합에 대한 것이다. 이 연구는 지역들의 유형을 식별하는 데에 가치가 있음이 증명되었다. 예를 들어, 범죄 위험이 가장 심한, 흔히 범죄 '집중 지점(hotspots)'(Sherman et al., 1989 참조)이라 불리면서, '이웃 방범(Neighborhood Watch)'과 같은 경찰 활동 및 제도들을 이끌어 갈 수 있는 가치를 가진다. 그러나 이것은 이 장에서 초점을 맞추고 있는, 개별 범죄자의 행동을 탐구하는 것과는 다소 다르다.

환경 학습의 대조적 모형: 경로 추종 또는 심적 지도

사람들이 어떻게 공간적 활동 패턴을 구축하는지에 대한 두 가지 다소 다른 기본적인 모형들은 어떻게 학습이 이루어지는가에 대한 20세기 중반의 논의에서 찾을 수 있다. 비록 이러한 초기 작업은 미로에서 길을 찾는 실험용 쥐들에 대한 연구에 뿌리를 두고 있지만, 나타난 일반적 원칙들을 보면 범죄자 공간 활동 모형화에 대한 전반적인 접근법들을 식별하기 위한 유용한 모형틀을 제공하고 있다.

주변 환경을 다루기 위한 학습이 이루어지는 방법에 대한 논란은 흔히 Hull(1943)과 Tolman(1948) 사이의 논쟁으로 특징지어진다. 비록 이러한 주장들이 특정 심리학자들의 이름에 연결되고는 있지만, 그들은 실제 심리학에 있어서 두 개의 다른 전통을 설명하고 있다. 또한 범죄자들의 위치선택 모형들을 제안하는 사람들이 자신들이 만들어 내고 있는 심리학적 추정을 명확히 분류하지 못하고(심지어 깨닫지도 못하고) 있지만, 이들 서로 다른 전통은 아직도 범죄 지리학에 대한 논의를 위한 기초가 되고 있다.

본질적으로 Hull(1943)은 학습이 경험에서부터 직접적으로 유래되는 일련의 습관들의 형성에 기초하고 있다고 제안하고 있다. Hull에게는, 환경에 대한 일종의 내적인 심적 표상을 형성할 필요가 없었다. 필요로 하는 것은 일상화된 행동의 조합을 만들어 내는 것이었다. 이것은 학습 과정을 많은 여정을 통해서 습득되는, 연결된 행위 조합으로 보고 있다는 점에서 근본적으로 행동주의적이다. 반대로, Tolman(1948)은 개인이 자신이 직면한 경험을 초월하는 선택을 할 수 있도록 하는 내적 표상들(심적 지도)의 발전에 대해 주장하였다.

그들의 주장을 상세하게 고찰해 보면, Tolman과 Hull이 '습관 학습(habit learning)'과 '지도 학습(map learning)'의 대립이라는 과잉 단순화된 형태보다는 인간 학습의 고찰에 대한 더욱 미묘한 방법들을 가지고 있었음을 알게 된다. 또한 그들 사이의 폭넓은 차이가 범죄자들의 공간적 활동 모형들 간의 차별화에 대해 생각하는 방법들을 제시하고 있다. 두 접근법 모두 전반적으로 범죄자들이 취하는 범죄 위치가 기회주의적이라기보다는 인식 가능한 논리를 가지고 있으며, 결코 무작위적이지 않다는 점에 의존하고 있다.

Hull과 Tolman의 논쟁은 다소간의 가치를 가지고 있다. 경로 추종과 심적 지도 관점들 각각이 상이한 조건하에서 또는 어떤 환경들의 조합 안에서 적용되는 것으로 나타나고 있다. 그러나 각각은 상이한 위치선택의 측면들에 관심을 두고 있다. 따라서 범죄자들이 자신들의 집 혹은 다른 거점과 멀지 않은 곳을 범행에 최적이라는 범위 개념을 갖는 경향으로 이끄는 근접성의 과정들과 가장 어울리는 Hull의 행동적 접근법에 대해 생각하는 것은 도움이 된다. 이와 달리, Tolman의 심적 지도 접근법은 전반적인 범죄 위치들의 형태학, 즉 범죄들이 발생하는 장소의 일반적인 패턴, 구조들 혹은 기하학적 구조에 관심을 두고 있다.

행동 접근법과 근접성

그다지 인정받지 못하고 있지만, 기존의 범죄 지리학 이론들은 몇 가지 심리학적인 핵심 관점들에서 진행되었다. 적어도 암묵적으로 북미에서는, 특히 Brantingham과 Brantingham (1981)에 의해 선호되는 모형은 Hull의 모형으로서, 범죄자가 익숙한 경로를 따라 움직이며 이로부터 범죄 가능성들에 대해 학습한다는 가정을 바탕으로 한다. '범죄로의 여정(journey to crime)'이라는 개념이 출현한 것은 이 관점에서부터이다. 범죄자의 공간적 의사결정은 기존의 경로들 및 실제 여정들과 매우 강하게 관련되어 있다고 추정된다. 이러한 모형틀 내에서 범죄자들이 이용하는 실제 거리들과 도로들이 주안점이 된다.

Brantingham과 Brantingham(1981)은 범죄자가 주거지 주변의 지역에 대해서 갖는 친근감에 대한 고찰을 발전시켰다. 그들은 '행위 공간'에 관심을 두면서, 직업과 여가 경험들을 포함시켰다. 이것은 범죄자가 잘 알고 있는 도로들과 교차점의 연결망으로 구성된다.

일상화된 활동

범죄자에 대한 행위 공간을 제안하는 데 있어서, Brantingham과 Brantingham(1981)은 범죄를 범죄자가 관여하는 다른 활동들의 부산물로 보았다. 이는 본래 Cohen과 Felson(1979)에 의해 발전된 것으로, 범죄를 자신이 잘 알고 있는 일일 생활공간 내에서 취해지는 기회들로 보는 '일상 활동 이론(routine activity theory)'으로 알려져 왔다. 중심 가정은 범죄자가 그들의 일상적인 적법한 활동들, 예를 들어 친구를 방문하고, 직장이나 쇼핑을 가고 여가를 보내는 일 같은 것들에서 범죄의 가능성을 배우거나 이를 찾게 된다는 것이다. 최근에 Wiles와 Costello(2000)는 침입 절도범들 및 차량 절도범들과의 인터뷰에서 Brantingham 부부의 초기 추정을 지지하는 결과들을 보고하였다. 인터뷰 대상들은 심지어 범죄를 위해 자신들의 거주지로부터 일정 거리가 있는 곳으로 이동하는 경우에도, 그 지역들에서 그들이 접촉하는 것들에 의해 영향을 받게 되었다고 보고하였다. 범죄자의 공간 행동에 대한 일상 활동 설명은 보통 범죄의 대상 또는 피해자 선정 단계를 설명하는 방향으로 나아갔다. 이 접근법은 비범죄적 활동 중에 피해자와 대상의 형태에서 '기회'를 발견하는 것에 초점을 두고 있다.

예를 들어, 일상 활동 이론은 범죄자가 사체를 남겨 둘 장소를 확인해야 하는 살인의 사체 처리 단계, 특히 비면식 연쇄 살인의 경우에서도 동일하게 적용될 수 있다고 주장한다. 차이점은 범죄의 시간적 단계에 있다. 잠재적 범죄자가 실제 범죄자가 되고, 적절한 표적이 위치해 있으며 범죄가 실행된다. 범죄자에게 탐색은 피해자 탐색으로부터 처리 장소 탐색으로 이동한다. 이러한 동일한 주장들은 범죄의 다른 공간적 측면들, 즉 절취한 물건들을 숨겨 둘 장소 또는 납치한 피해자를 가두어 둘 장소 등에 적용될 수 있다.

합리적 선택

범죄자가 결정한 것에 더욱 믿음을 주는 일상 활동에 대한 또 다른 강조점은 범죄성에 대한 '합리적 선택(rational choice)' 해석법으로서, Cornish와 Clarke(1986)에 의해 제기되었다. 본래 이것은 공간 행동에 직접적으로 적용된다. 여기에서 핵심 전제는 범죄자가 선택을 하는 범죄의 어떤 단계에서든 한쪽의 증가하는 기회/더 큰 보상과 다른 쪽의 시간, 노력 그리고 위험 비용들 사이에서 비교형량을 보인다는 것이다. 가장 기본적으로, 범죄자가 거주지로부터 더 멀리 떨어질수록 위험과 비용이 더욱 커지게 되며, 따라서 이득의 증가 또한 기대된다는 주장으로 이어진다. 범죄의 위험 또는 비용은 범죄자가 체포되게 되면 받게 될 공식적인 처벌과 연관되어 있다. 범죄 행동의 이득은 범죄의 순수 보상으로서, 물질적인 이득뿐 아니라 정서적 만족과 같은 무형적 이득까지 포함한다. 예를 들어, 연쇄 살인범은 범죄로부터 자신을 떨어뜨려 놓기 위해서, 또는 자신의 어떤 정서적인 만족(이득)과 연관되어 있는 특정 지점에 도달하기 위해서 피해자의 사체를 처리할 장소를 거주지와 거리를 두려 할 것이다. 그러나 체포의 위험(비용)은 그가 이동할수록 증가할 것이다.

'합리적 선택' 모형은 사실 의사결정이 비용과 이득 사이의 관계분석의 결과라는 경제 모형의 형태이다. 모든 단순한 경제 모형들과 같이 근본적인 가정은, 의사결정자가 비용과 이득에 대해 완벽하게 알고, 대안들 중에서 단순한 논리, 즉 '합리적' 선택을 하고 있다는 것이다. 최근에, 경제학자들은 심리학자들이 항상 알고 있던 것을 깨달았다. 사람들은 그들의 행동에 대해 대안과 결과들에 대해 완벽한 정보를 가지고 있는 것은 아니며, 비정서적인 결정을 내리는 것도 아니다. 2002년에 경제학 분야에 심리학적 연구에서 얻은 통찰력을 통합시킨 것으로 노벨상을 수상한 Daniel Kahneman에 의해 선도된 것으로, '행동 경제학(behavioural economics)'으로 알려진 새로운 영역이 출현하였다(최근에 Thaler and Sunstein, 2008에 의해 대중적인 형태로 재검토되었다). 이것은 판단이 단순히 합리적이지만은 않은 모든 방법을 강조하고 있다.

Bennett과 Wright(1984)는 제한된 합리성 개념이 범죄자의 공간 행동을 가장 잘 설명한다고 제안하면서 범죄 활동과 관련하여 이러한 견해들을 선점하였다. 여기에서 범죄자들이 범죄에서 고려해야 하는 모든 관련된 것을 매번 비교형량을 한다고 가정하지는 않지만, 의사결정의 논리와 명백하게 관련되지 않은 다른 요소들(감정, 동기, 기회 지각, 알코올, 타인의 영향, 위험에 대한 태도)이 이를 대체하곤 한다. Bennett과 Wright는 범죄자들이 그 시점에서 합리적으로 보이는 대로 행동하지만, 하나의 경우에 합리적인 것으로 지각되는 것이 다른 경우에는 그렇지 못할 수도 있다는 결론을 내리고 있다. 그러나 Kahneman의 연구들은 범죄자들의 의사결정 과정에 일반적인 편향이 있을 것이기 때문에 결정의 '합리성'이 범죄자가 생각하는 그대로가 아닐 수 있다고 주장한다.

일상 활동과 합리적 선택의 통합

제한된 합리성 제안은 범죄 장소 선택에 있어서 어떤 무작위적인 과정을 내포한다. 이는 범죄자들이 범죄를 저지르는 지역을 통해서 체계적으로 움직일 것으로 예측되지 않는다는 것을 의미한다. 이것을 합리적 선택 접근법과 함께 이끌어 냄으로써, 실행 영역은 친근성의 중심 영향이 효과를 가지고 있는 범위이지만, 장소 선택에 있어서 일정한 무작위성을 도입하는 주관적인 요소들이 함께 할 것으로 가정될 것이다. 일상 활동이 주도적인 영향을 가지고 있는 한, 거주지(home/base)와 흔히 사용하는 경로가 중심적인 역할을 할 것이며, 합리적 선택이 주도적일 때는 이득 접근에 내포되는 위험과 같은 범죄 장소의 실제적 특질, 그리고 적당한 피해자 또는 재물처럼 범죄 장소가 제공하는 이득을 위한 기회들이 우선이 될 것이다.

그러나 범죄자들의 선택에 대한 이러한 모든 고찰은 범죄를 위한 기회와의 제한된 접촉 및 이에 대한 지식들에 관심을 갖게 한다. 이것은 범죄자들이 자신들이 친숙한, 가장 특이하게는 자신들이 거주하거나 본거지로 하는 장소와 가까운 곳에서 범죄를 저지를 것이라는 가능성을 강조하게끔 한다. 이것이 범죄자의 지리적 활동을 특징짓는 주요 원칙들 중 하나인 근접성, 특히 거주지와의 가까움을 형성하게 된다. 서사적 관점에서 이것은 많은 범죄자들의 매우 제한된 개인적인 이야기의 줄거리를 묘사하는 것이며, 그들에게 있어서 일상의 환경은 그들이 이동하는 장소에 대한, 그리고 그들이 탐색할 가능성들에 대한 제약으로서 작용한다.

위치성

범죄 활동의 바탕을 이루는 행위적 · 인지적 과정들에 대한 이러한 고찰들은 범죄들이 독특한 위치성을 갖는다는 점을 추정하게 한다. 이것이 침입 절도범이나 강도에게는 확실한 추정인 것 같지만, 예를 들어 만약에 범죄가 전화 또는 인터넷에서 행해지는 사기로 구성되어 있다면 보다 의문이 생기게 된다. 그러나 물리적 개념에서 특정된 지리적인 위치가 결여된 이러한 범죄들의 사례가 있지만, 그럼에도 의미 있는 공간적 패턴들을 표출한다(Canter,

2005). 이러한 범죄들은 범죄자가 사용하는 '가상의(virtual)' 또는 인지적인 공간에 존재한다. 예를 들어, 범죄자가 단지 지역 번호로 전화를 하거나 또는 인터넷을 통해서 사기 행위를 범하더라도, 사기범은 거짓 계좌를 개설하기 위해 지역 은행을 이용할 것이다.

'위치성'의 문제는 또한 특정 범죄와 연계된 다른 장소들이 많이 있을 때 더욱 복잡해진다. 예를 들어, 살인 사건에서 피해자와 처음 접촉하는 지점, 즉 피해자가 납치된 장소, 피해자가 살해된 다른 장소, 그리고 살인자가 사체를 처리한 또 다른 장소가 있을 것이며, 심지어 옷이나 훔친 물건들이 버려진 장소도 있을 수 있다. 이들 모든 장소는 수사를 하는 사람들의 관심을 끌며, 이들 사이의 관계도 그러하다. 이 모든 것들이 범죄자가 기반을 두고 있는 장소와 또한 어떤 체계적인 관계를 갖고 있을 수 있다.

범죄자의 기점의 위치성은 더욱 복잡하다. 일반적으로 그곳은 범죄자가 사는 곳 또는 적어도 밤에 주로 잠을 자는 곳으로 추정된다. 그러나 관련 문제들의 핵심이 범죄자가 어디에 사느냐가 아닐 것이기 때문에, '기점(base)' 또는 '정착점(anchor point)' 개념이 흔하게 사용된다. 범죄자는 '고정된 거주지가 없는' 방랑자일 수도 있고 또는 친구나 연인의 집에서 밤을 돌아다닌 것일 수도 있다. 범죄자들은 또한 하나의 기점으로서 주점이나 클럽을 활용할 수도 있으며, 혹은 그들이 살고 있는 곳보다는 마약을 공급받는 장소와 직접적으로 가까운 곳에서 범죄를 저지를 수도 있다. 이러한 모든 가능성들과 여타의 것들이 범죄자 공간 행동을 설명하고 모형화하려는 시도에 대한 도전이 된다.

글상자 8-2 범죄 장소 선택

범죄 행동을 이해하는 데 있어서 근본적인 추정은 범죄 장소들이 무작위적이지 않다는 것이다. 물론 전체적인 지리학과 심리학은 인간 행동이 어떤 패턴과 구조를 가지고 있다는 전제에 기초하고 있지만, 범죄 장소에 대한 지리적 패턴에 대해 확정적이고 체계적인 탐구를 하게 된 것은 최근의 일이다.

또한 그러한 패턴이 단지 범죄 혹은 광범위한 사회적 과정들에 대한 기회의 기능일 뿐은 아니라고 추정되어야 한다. 여기에는 어디에서 범죄를 저지를 것인지에 영향을 주는 범죄의 가능성을 다루는 특정한 개별 범죄자의 방법 중 몇몇 측면들이 있어야 한다.

당신 자신의 (아마도 비범죄적인) 활동 장소를 생각해 보라. 어떤 종류의 패턴을 보이게 될까? 당신의 고정된 '정착점', 예를 들어 당신이 잠자는 곳, 당신이 일 혹은 공부를 하는 곳, 당신이 식사를 하는 곳, 휴식하거나 쇼핑하거나 친구를 만나는 곳 등과 어떻게 관련되어 있는가? 이 장소들 주위에 어떤 범죄를 위한 기회들이 나타나고 있는가?

정식 지도를 참고하지 않고, 당신 삶에 있어서 이러한 중요한 장소들에 대한 약도를 그려 보라. 그리고 실제 지도와 당신의 것을 비교해 보라. 당신의 약도와 실제 지도 간의 차이점들이 당신과 당신의 활동에 대해 무엇을 보여 주고 있는가?

감퇴 기능

범죄 위치선택 모형의 한 가지 중요한 구성요소는 범죄자들이 집에서 멀어질수록 범죄를 덜 범하는 것 같다는 제안이다. Turner(1969)가 30년에 걸쳐서 관찰한 거리와 범죄 빈도 사이의 관계는 '거리 감퇴(distance decay)'로 알려져 있다. 이러한 이름은 [그림 8-1]에서 보듯이 거주지로부터의 거리와 표본의 빈도 간의 관계에 대한 종합적인 요약을 특성짓는 경향이 있는 부적(-) 지수관계 때문이다. 이러한 지리적인 감퇴 기능의 존재는 Jarvis(1850)에 의해 제기되었으며, Hunter와 Shannon(1985)이 분명히 하였듯이 연구 초기부터 연구자들은 많은 자원들과 지리적 사안들이 감퇴 기능이 취하는 형태를 변형시키며, 경사도의 기울기와 경사도 내 변형에 영향을 미친다는 점을 알고 있었다.

범죄적 맥락에서, Turner(1969)는 또한 잠재적으로 거리 감퇴를 특정지을 수 있는 일단의 기능들이 있다는 점을 지적하였다. Eldridge와 Jones(1991)는 상이한 기능들의 행위적 함의를 지적하면서 이것을 상세하게 고찰하였다. 예를 들어, 거주지가 범죄자의 활동에 매우 강한 영향을 미칠 수 있으며, 이런 경우에 이 기능이 매우 급격하고, 즉 감퇴가 빠르게 진행되는 것으로 예측되기도 한다. 또는 범죄자가 기반을 둔 지역이 거리 감퇴가 매우 느리게 진행되는, 매우 피상적인 기능을 이끄는 보다 넓은 영역일 수도 있다는 점이다. [그림 8-1]은 Canter와 동료들(2000)이 이러한 문제들에 대한 그들의 고찰의 일부로서 탐구한 19개 기능의 한 조합을 보여 주고 있다. 이들 기능의 실제적이며 기술적인 함의는 제16장에서 다룰 것이다.

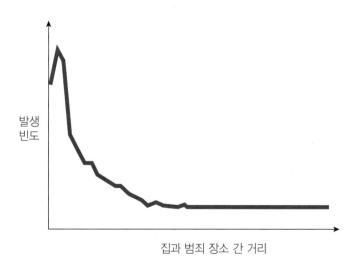

[그림 8-1] 감퇴 기능의 전형적인 빈도

자원, 기회 그리고 범죄 범위

또 다른 중요한 맥락 기준의 조합은 심리적인 것, 그리고 범죄자가 활용할 수 있는 다른 자원들과 관련된 것들이다. 이것들은 범죄자로서의 경험과 자신의 활동을 지원하기 위해 사용할 수 있는 것 모두를 반영하고 있다. 범죄자가 더 많은 자원을 가질수록 더 멀리 이동하는 것 같지만, 여기에는 어떤 노력에 상응하는 이익의 균형이 있을 것이다. 이 균형은 범죄자의 활동 초점에 의해 조정된다. 만일 그가 특정 유형의 사람 또는 사물을 목표로 한다면, 이것이 그의 지리적 패턴을 왜곡할 것이다. 이것은 자신의 내부적 압박에 반응할 필요를 느끼는 자들과는 반대로, 일련의 흥미로운 사건들에서 성공을 찾고 있는 범죄자의 서사들 사이에 있는 더 큰 차이점으로서 비추어질 수 있다. 범죄의 목표를 선정하는 것이 그의 모험에 있어서 범죄자를 더 멀리 그리고 넓게 이끌 수 있지만, 그에 비해 정서적으로 개입된 범죄자는 거주지와 훨씬 가까이에서 실행하는 것 같다. 정서성은 상이한 범죄 유형들 내에서 그리고 그 사이에서 인식 가능한, 많은 형태들을 취하고 있다.

모든 이러한 요소들―개인적 자원들, 익숙함 그리고 기회 및 범죄에 대한 서사적 유발인자들―이 대부분의 연쇄 범죄자들이 편안한 범위의 영역에서 그리고/또는 거주지로부터 넓은 거리에서 범죄를 실행할 것이라는 예측으로 연결된다. 이것은 [그림 8-2]에서 보여 주는 사례처럼, 범죄자들이 이동하는 평균 거리와 각 범죄자의 (활동) 범위에 대한 직접적인 고찰에 의해 표현될 수 있다.

이러한 범위의 존재에 대한 추가적인 검증은 범죄자가 이동하는 최대 거리를 최소 거리와 상관 짓는 것이다. 거주지로부터의 최소 거리가 짧은 범죄자들은 짧은 최장 거리를 갖는

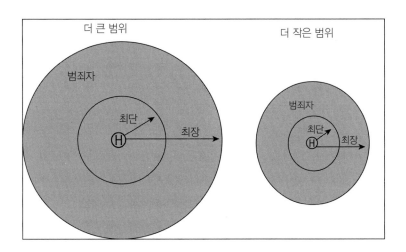

[그림 8-2] 범죄자의 독특한 범위에 따라 범죄에 대해 어떻게 가장
짧고 가장 긴 거리가 관련될 수 있는지에 대한 묘사

가? 그렇다면 반대의 경우는 어떤가? [그림 8-3]은 한 조합의 범죄자들에 대한 그러한 상관 관계를 보여 주고 있다. 이것은 범죄자들이 그들을 특징짓는 영역 크기에서 실제로 행동하고 있음을 지칭하는 매우 강한 상관관계를 보여 주고 있다.

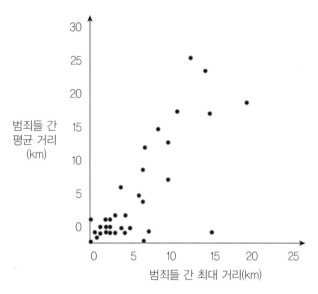

[그림 8-3] 연쇄성 요인이 어떻게 범죄 범위에 대한 견해를 높이 지원하는 경향이 있는지를 보여 주는 범죄들 간 평균 및 최대 거리 사이의 상관관계. 45명의 연쇄 강간범들(r=0.8)

범죄 위치의 인지적 접근법 및 형태학

범죄위치 선택을 형성하는 일상화된 활동과 이성적인 의사결정을 강조하는 견해에서 는 사람들이 장소에 대한 이해를 능동적으로 구성하는 방법들에 대해 비교적 적은 중요성 을 부여하고 있다. 이러한 모형틀은 사람들이 장소들이 서로 어디에서 관련되어 있는지에 대한 전반적인 생각을 갖기보다는 경로와 여정과의 관계에서만 활동한다고 추정하는 경 향이 있다. 일상 활동 이론은 환경과의 관계에 있어서, 범죄자가 비범죄적 활동들을 펼치 는 동안에 환경이 보여 주는 것에 의해 단지 범죄에 대한 기회를 알게 될 뿐이라는, 범죄자 를 다소 소극적인 역할에 둔다. 비록 Brantingham과 Brantingham(1981)이 사람들이 어떻 게 도시를 인식하는지를 탐구한 Lynch(1960)의 독창적인 연구를 직접 인용하여 범죄자들의 '심적 지도(mental maps)'의 중요성을 언급하기는 했지만, 그들의 범죄자 공간 패턴 모형은 Canter(1977)에 의해 분명하게 체계 지워진 환경의 인지적 표현 과정이 갖는 심리적 함의에 대해서는 인식하지 못하고 있다.

반대로, Canter에 의해 가장 용이하게 기술되고 있는 유럽식 관점은 범죄자가 범죄 기회에 대한 자신의 심적 지도에 기초하여 선택을 한다는 Tolman주의적 관점을 명백하게 취하고 있다. 여기에서 이론적 관점은 범죄자가 돌아다니고 범죄를 저지름으로써 한 지역에 대한 지식을 습득한다는 것이다. 범죄자는 지역을 따라 기회가 있는 경로를 학습할 뿐만 아니라, 자신이 방문한 지역들 사이의 간격을 메우게 될 그 지역의 심적 지도를 만들어 낸다. 우리 모두와 같이, 범죄자들은 결코 실제로 가 보지 않고 단지 주변만 가 보았다 하더라도, 어떤 장소들이 어떠할 것 같은지에 대한 개념을 갖게 될 것이다.

다시 말해, 범죄자가 단지 연계된 경로의 조합을 알기보다는 활동의 영역 또는 지역에 대해 어떤 개념을 갖고 있다는 가정이다. 범죄자들은 자신들의 범죄와 관련된 특정 경로에 대해 명확한 개념을 갖지 않을 수도 있으나, 일반적 장소들에 대한 생각, 그리고 그곳에 가기 위해 이동이 필요한 폭넓은 방향에 대한 생각은 가지고 있다. 더욱이 이들은 범죄자가 가지는 일반적인 인지적 표현의 일부이기 때문에, 다른 범죄자들의 의견이나 제안들, 심지어 교통수단이나 다른 지도에 대한 고려 등을 포함한 많은 상이한 요인들로부터 영향을 받기 쉽다.

물론 내재된 위험에 대한 범죄자들의 이해는 범죄장소를 구체화하는 데 도움이 된다. 이러한 관점에서는, 정확한 여정이 한 위치/지역에서의 범행의 가능성 및 범행이 갖는 함의에 대한 전반적인 지식보다는 중요성이 약하다. 이 관점은 범죄가 실행될 장소에 대해 구조 또는 형상에 대한 생각, 즉 일상 활동 관점에서 주도적인 근접성의 문제들을 뛰어넘는 형태학을 추가한다.

이 '심적 지도' 접근법의 한 가지 특별히 중요한 결과는 범죄자의 범죄 위치들의 공간적 분포를 모형화하는 주도적인 방법으로서, 그의 추정상의 경로와 함께 범죄로 향한 범죄자의 실제 여정을 고려할 필요는 없다는 것이다. 모형화가 필요한 것은 지역과 기회들에 대한 전반적인 개념화 과정이다. 따라서 중요한 것은 위치들의 비교 지점이며, 위치들 사이의 직선[흔히 '유클리드식(euclidian)' 혹은 '까마귀 비행(crow flight)'이라 불린다.]거리가 위치들을 표현하는 효과적인 방법이다. 이것은 사람들이 어떻게 장소를 이해하고 인식하게 되는지에 대한 Canter(1977)의 탐구에 크게 의존한다. 그는 인간의 내적인 주변 환경 모형에 기여하는, 두 가지 상호작용하는 심리적 과정들이 있다고 강조한다. 하나는 정보를 부호화하는 과정이며, 이것은 심상에 다양한 형태의 왜곡을 이끌게 된다. 두 번째는 사람들이 주변 환경을 능동적으로 이용하는 방법으로서, 이들이 함께 개인이 의존하는 내적 모형, 즉 '심적 지도'를 낳는다. 이것은 사람들이 자신의 개인적 서사를 실현하기 위해 사용할 수 있는 지속적으로 개선시킨 배경이다.

심상 또는 '지도'는 능동적인 정보의 저장과 수동적인 환경 단서의 활용성 간의 상호작용에서 유래한다. 형성된 심상은 사람들이 무엇이 가능하다고 생각하는지, 그리고 그 가능성이 어디에 있는지에 영향을 미친다. 이것은 발전하는 순환적 과정이다. 주변과의 직접적인 상호작용은 차례로 사람의 개념을 구체화한다. 그 결과 사람들이 다양한 것을 하는 장소는 부분적으로 그 사람이 가능하다고 알고 있는 것과 장소의 산물이다. 그들의 경험은 그들이 가능하다고 알고 있는 것을 구체화한다. 이것이 범죄자들이 범죄를 위한 가능성을 탐구해 감에 따라, 그들의 '일상 활동들'을 초월하게 하는 역동적인 과정일 것이다. 범죄자가 범죄를 위한 기회를 선정하는 것은 바로 이러한 역동성으로부터 나온다.

내적 지도: 범죄학적 인지 지도 제작

범죄자들이 범죄를 범하는 장소들에 대해서 갖는 정신적 표상에 대한 연구는 거의 없기 때문에, 개인적 범죄 장소 선택에 대해 앞에서 개괄적으로 설명된 가정들은 아직은 철저하게 검증되어야 한다. 이러한 한계는 부분적으로는 범죄자들의 핵심적인 주관적 · 내적 · 정신적 표상에 대한 탐구가 지독히도 어렵기 때문이다. 그러나 이러한 어려움이 심리학자들과 여타 사회과학자 및 행동과학자들로 하여금, 사람들이 세상과의 비범죄적인 교류를 인지적으로 구성하는 방법에 관한 근사치조차도 얻지 못하도록 하지는 못하였다. 폭넓게 사용되는 한 가지 흥미로운 절차에 있어서 과학적 근원을 도시설계사 Kevin Lynch(1960)에게 의존하고 있다. 그는 도시들에 대한 정신적 표상 또는 스스로 부른 것처럼 '이미지'를 탐구하는 방법으로서 사람들에게 도시 지도를 스케치하도록 요구하는 기법을 사용하였다. 보스턴, 저지 시티, 로스앤젤레스에 대한 그의 초기 연구에서는 주로 사람들이 왜곡되고 제한적인 지도들을 그린다는 점 때문에 다른 사람들에게 그가 이끄는 대로 따라오도록 권하였다. 이들 왜곡과 한계는 사람들이 주변 환경과의 교류를 형상화하는 인지적 과정들의 지표로 볼 수 있다.

범죄자들에 의해 제작된 심적 지도들을 고찰해 보면, 범죄자들이 자신의 지리적 경험의 표상 속에 상징화하기 위해 재생 또는 선택하게 되는 세부적인 것들에 관해 흥미로운 의문점들이 생기게 된다. 이것들이 자신의 주변을 자세히 고찰한 것을 표시하고 있는가, 아니면 범죄를 범할 장소들을 선택하는 데 있어서 무계획적이고 기회주의적인 접근을 표시하는가? 물론 범죄의 본성은 환경이 범죄자에 의해 어떻게 개념화되는지와 관련되어 있다고 예측될 수 있다. 침입 절도처럼 특별한 장소와 가깝게 묶여 있는 범죄들은 강간처럼 취약한 피해자를 찾을 가능성을 따르는 범죄보다는 더 강한 지리적 구조들을 가지고 있다고 가정할 수 있다. 더욱이 어떤 범죄들은 특정 창고를 표적으로 하는 것처럼 장소 특정적일 수 있다. 이들 모든 경우에서 범죄 장소 선정을 반영하는 어떤 정신적 표상을 범죄자가 가지고 있는지, 그리고 결과적으로 자신이 범하는 범죄의 지리적 초점을 강화하는 데에 도움이 될 것인지 여부에 대한 의문이 발생한다.

물론 오래전에 세부적인 것들이 묘사되었고(Canter, 1977) 그리고 이후에 Kitchen(1994)에 의해 매우 정교하게 설명된 것처럼, 심리적 모형들을 오직 '개략적인 지도'에 근거하도록 하는 것에는 많은 방법론적인 어려움들이 있다(Canter, 1977). 작성자의 기술로 인해 왜곡된 지도를 그릴 수 있고, 실행의 본질을 이해하는 능력이 지도 제작 훈련과 관련되어 있을 수 있으며, 또한 세부적 지시의 정확성이 큰 영향을 미칠 수도 있다. 그러나 어떤 특별한 지역에 대해 "기억으로부터 지도를 그려 보라."라고 요청받았을 때, 응답자의 개념적 체제의 중요한 측면들이 그들이 그리려고 선택한 것, 그리고 그들이 그것을 어떻게 그리려고 선택하는가에 의해서 표현된다는 점에는 별다른 의문이 없다.

'지도를 그리라'는 지시들은 지도 작성 과정에 대한 일정한 이해를 추정하고 있다. 영국의 교육 체제에서, 아동들은 학교 과정을 통해서 그러한 연습들을 하게 된다. 7세 혹은 8세에 자신들의 교실에 대한 지도(또는 좀 더 정확하게는 계획)를 그려 보라거나, 학교까지의 경로를 그리라고 요청받는 것으로 시작한다. 따라서 영국 범죄자들이 어린 나이부터 무엇이 필요한지에 대해 어느 정도 알고 있다고 추정하는 것에는 이유가 있다. 실제 몇몇 탐구들에서, 비록 자신들의 범죄 활동과 관련하여 지시를 따라야 하는 것이 도전적이라는 것을 알고 있었지만, 누구도 지시를 이해하지 못하지는 않았다.

따라서 "당신이 범죄를 범한 곳을 표시하는 지도를 그려 보시오."라고 요청함으로써, 자신들의 범죄와 범죄를 범한 장소에 대해 범죄자들이 생각하는 방식을 이해하기 위한 상당한 가능성이 드러난다. 이어서 그러한 탐구 결과들에 대한 일정한 묘사들이 뒤따른다. 이들은 이러한 연구 노선에 대한 잠재력을 표시하며, 현재 이러한 결과들이 다른 연구자들이 이를 좀 더 발전시키도록 자극할 것이라는 희망 속에서 이러한 방법론을 위한 가능성의 지표로서 제시되고 있다.

Canter와 Shalev(2008), 그리고 Canter와 Hodge(2000)는 앞에서 언급된 비범죄 집단들에 대한 연구를 계속하면서, 주변 상황에 대해 범죄자들이 가지는 정신적 표상을 탐구하였다(Canter, 1977; Downs and Stea, 1977). 그들은 범죄자들에게 자신의 범죄 지역에 대한 '심적 지도'를 그려 보라는 요청을 통해 범죄 장소들을 선정하기 위해 사용하는 전략을 연구하였다. 이와 같은 심적 지도 접근법은 범죄자가 사용하는 다양한 위치 결정 과정들을 보여 주었다. 또한 우리가 이제 좀 더 자세히 살펴볼 것처럼, 충동적이며 기회주의적인 전략들에 의해 특징지어지는 것들로부터 주의 깊게 계획된 것들까지 다양한, 이들 공간적 행위의 표상들 내에서 상이한 개인적 서사들이 드러날 수 있는 방법을 보여 준다.

영역 중심성

범죄가 범죄자의 일일 활동들의 필수적인 부분일 때, 그들이 그려 낸 개략적인 지도는 그들이 자신이 있는 지역이 어떻게 구성되어 있다고 보는가에 대한 표식으로 볼 수 있다. 이 것은 [그림 8-4]의 D의 지도에서 확실하게 볼 수 있는데, 젊은 상습 침입 절도범에게 이례적인 것은 아니다. 그의 집은 지도의 중간에 있지만, 오른쪽에 있는 그랜드 유니언 운하(Grand Union Canal)가 그가 그리려고 선택한 지역을 매우 명확하게 경계 지어 주고 있다. 범죄를

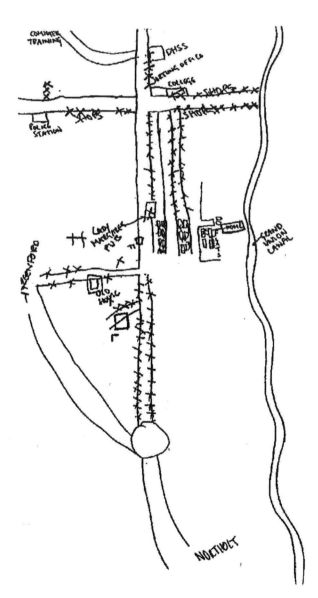

[그림 8-4] 범죄들을 범한 장소에 대한 D의 약도.
그의 집의 중심성과 범죄 지역에 대한 심적 제한을 보여 주고 있다.

범하기 위해 모험을 하지 않을, 사람이 살지 않는 지역에 대한 매우 직접적인 표상이다.

반대로, D의 집 주변 지역은 어느 정도 자세하게 표시되어 있다. 독특한 장소들, 흥미롭게도 지도의 중심을 형성하고 있는 지역 주점, 그가 복지수표를 받는 DHSS* 사무실, 그리고 경찰서(Police Station) 등이 그의 아파트가 있는 지역을 나타내는 고층건물들과 함께 모두 표시되어 있다. 그러나 특별하게 주목할 만한 것은 그가 침입 절도를 범한 장소들, 조심스럽게 십자 표시를 한 지점들에 대한 기억이다. 많은 십자 표시들이 그가 그의 집에서 DHSS 사무실까지 오가는 주요 경로에, 그리고 그가 자신의 영역의 경계라고 정의한 중심 도로 연결 지점을 향해서 바깥쪽에 확실하게 표시되어 있다.

D의 지도는 범죄 기회로 밀집된 세상을 보여 준다. 그의 범죄 지점을 표시한 십자 표시들은 우연하게 그곳에 위치해 있는 것은 아니다. '낡은 집(old house)' 주위로, 그리고 경찰서로 가는 길에 십자 표시가 적은 패턴은 그가 실제 지점들을 조심스럽게 표시했음을 보여 준다. 그가 침입 절도한 거의 모든 가정 혹은 상점들이 위치한 거리 또한 많은 십자 표시가 있어서 양편의 모든 장소에 침입한 부지런함을 보여 주고 있다. 이 지도는 절도범에게 있어서 쉽게 접근할 수 있는 모든 재물이 범죄 활동을 위해 가능한 표적들임을 보여 준다. 그러나 이것은 또한 그가 알고 있는 한정된 세상, 그의 익숙함, 경찰서, DHSS 사무실 그리고 운하에 의해서 경계 지어진 세상이다.

때때로 D와 같은 젊은 침입 절도범들은 모든 건물에 대해 그곳에 설치된 특별한 형태의 보안장치 또는 침입 경보들을 자랑스럽게 표시하면서, 훨씬 더 자세하게 지도를 그리기도 한다. 이들에게 약도는 그들의 행동을 구성하는 작업 계획을 보여 준다. 그것은 그들이 과거에 무엇을 하면서 즐겼는지뿐만 아니라 미래에 사용할 행동 계획으로서 간주될 수 있다.

개인적 서사를 위한 배경

이미 지적한 것처럼, 직접적인 경로 경험과 범죄를 위한 기회들 모두에 의존하는, 그러나 필요한 행동들에 대한 가능성을 제공하는 데 있어서 장소들이 어떻게 서로에게 관련되는지에 대한 내적 모형의 능동적인 발전을 포함하는 접근법은 범죄 장소들을 개인적 서사를 위한 배경으로 생각한다. 사실이든 가상이든, 모든 이야기들은 그 힘과 의미를 물리적 맥락으로부터 도출하며, 개인적인 인생 이야기들은 사건이 발생한 장소들에 의해 경계 지어진다. 공간 속에서 어떻게 그러한 사건들이 전개되느냐 하는 것은 부분적으로는 줄거리의 본

---

* DHSS(Department Health and Social Security): 영국의 보건 사회보장부(역자 주)

질에서부터 유래한다. 예를 들어, 모험이 하나의 고정된 지역에서 일어나는 것은 드문 일이다. 다양한 사건들은 극(drama)이 계속해서 전개되게 하려고 상이한 배경들을 필요로 한다. 다시 말해서, 충동적인 보복 행동 또는 기회주의적인 표적을 찾는 것 등은 초점이 맞추어진 본질 때문에 제한된 영역을 포괄할 것이며, 특정 지역에 집중되어 있을 것이다. 이런 모형틀이 범죄 장소들이 어떻게 범죄자들의 삶과 관련되어 있는지에 대한 고찰을 가능하게 한다. 이어지는 심적 지도들은 범죄자의 범죄성의 바탕을 이루는 세 가지 다른 형태의 개인적 서사들이 어떻게 매우 다른 공간적 패턴들을 만들어 낼 수 있는지를 보여 준다.

영웅적 임무

흥미로운 것은 [그림 8-5]의 J가 그린 그림으로, 그는 14세부터 헤로인 습벽을 가지고 있었다. 그는 영국 전역에 걸쳐서 마약 거래, 침입 절도, 차량 절도 등 다양한 범죄 경력을 가지고 있다. 그는 침입 절도 한탕을 위해 종종 집을 떠나 24시간 이상을 보내곤 하였으며, 범죄를 저지르기 위해서 지방 도로를 따라 먼 거리를 여행하였다. 이러한 활동들에 대한 지도를 그리는 것은 누구에게나 매우 부담스러운 일이다. 따라서 J도 그의 범죄 활동 중 표현할 일부 측면들을 선택해야 했다. 그는 장소들 간 연계에 대해서는 아무런 표시도 없는 특정 장소들의 약도들을 많이 그리려 하였으며, 아마도 범죄 활동들에 대한 자신의 무계획적인 접근의 무엇인가를 보여 주려 한 것 같다.

[그림 8-5]는 특별히 가리키는 것이 있다. 보이는 것처럼, 그는 차량 추적에서 특별히 위험한 순간에 위에서 바라보는 시각을 그리려고 선택하였다. 그는 지도 위에 '대부분 지역의 곳곳에서 많은 차량 추적'이라고 썼다. 그림은 바퀴 자국(skid mark)과 심지어 경찰차 위의

[그림 8-5] 지도 1: J의 범죄 지도. 경찰에게 쫓기는 것에 대한 흥분을 보여 주고 있다.

숫자까지 매우 강조하고 있다. 그림은 J가 추적 중에 느끼고, 그의 범죄 활동의 바탕이 되는 '임무'의 중요성을 표현하는 데에 쓰인 흥분을 포착하고 있다.

J의 '지도'는 또한 생각과 느낌의 위치적 특질을 표현하려는 시도의 은유적 특질을 표시하고 있다. 지도가 어떤 정밀성에 대한 시도가 있는 것 같을 때에는 이것을 명심할 필요가 있다. 그것은 실제로 경험을 재구성하려는 목적을 가진 상징들의 한 집합일 뿐이지만, 상징들에서 지리적인 교차 표식은 항상 많은 다른 심리적 연계에 대해 언급하거나 감추고 있을 것이다. 물론 범죄자들이 마치 로르샤흐 잉크 반점 검사(Rorschach inkblot)처럼 '투영(projective)' 기법으로서 제작한 도면들을 다룰 때에는 주의를 기울여야만 한다. 그러나 Lynch(1960)가 강조했던 것처럼, 약도와 관련된 도면들은 흔히 형성된 이미지와 연계된 감정과 개념화를 탐구하면서, 보다 확장된 신문을 위한 유익한 초점으로서 기능한다. 따라서 J의 도면은 약도에 대한 가장 빈약한 시도조차도 자신의 범죄 및 선택한 표적들과 자신의 관계성에 대한 중요한 측면들을 강조하고 있음을 보여 주는 데 기여하고 있다.

전문가

[그림 8-6]은 마치 여러 지점을 들려야 하는 여정에 대해 메모를 하는 배달원에 의해 그려진 것처럼 일련의 경로들뿐인 지도를 보여 주고 있다. 지도 위의 이름들은 영국 북부의 작은 마을과 도시들의 이름이다. 숫자들은 주요 시내 고속도로[혹은 영국에서 고속도로(motorway)로 불리는 것으로, M6, M65로 표시]를 지칭하는 것들이다. 시간은 리버풀(Liverpool)의 거점으로부터 걸리는 여행 시간이다. 비록 F에게는 그것이 상점들에 배달하는 것이라기보다는 상점 절도를 하러 가면서 그녀가 이용하는 경로들이었지만, 어떤 의미에서 이 그림이 나타내는 것은 직장 통근 시간표이다.

그녀에게 잘 아는 백화점에서 절도하는 것은 사람들이 그녀에게 주문한 물건들을 수집하기 위해서 행하는 직업이었다. 그녀는 자신이 원하는 것들을 가지고 있다는 것을 알고 있는 잘 알려진 연쇄점들을 선택했으며, 보안 상태가 훨씬 느슨한 것을 이유로 작은 도시들에 있는 곳들을 선호하였다. 7명의 손자를 둔 그녀는 '사업상'을 제외하고는 그녀의 지도상의 장소들을 거의 방문하지 않았다. 그녀는 절도를 범하려는 상점 인근의 중앙 주차장에 차량을 주차하고, 다른 상점으로 옮길 때면 물건을 차에 두고 갔으며, 이후에는 집으로 바로 돌아왔다.

F에게 범죄 현장의 심상은 절도 가능한 작은 도시들의 연결망을 통해서 분포된 기회들의 집합이다. 전국의 연쇄점들에 원하는 물건들이 있을 것이라는 믿음은 단지 그녀가 알

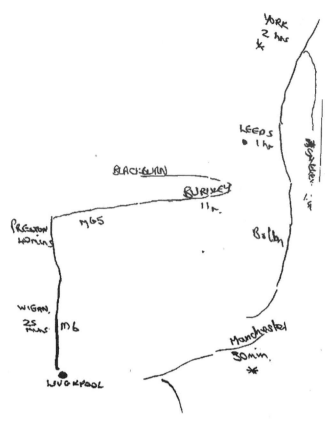

[그림 8-6] 지도 2: 리버풀 주변의 작은 도시에 있는 연쇄점에서 절도를 하기 위해 이용한
경로들에 대한 F의 '심적 지도'. 범죄 경로에 대한 그녀의 초점을 보여 주고 있다.

아야 할 필요가 있는 것이 작은 도시에 울워스(Woolworth's)* 또는 막스 앤 스펜서(Marks &
Spencer)**가 있는지 여부뿐임을 의미한다. 만일 그렇다면, 특별한 지역 이름이 표준화된 활
동 패턴을 함축한다. 그녀는 심지어 그녀가 수년간의 절도 행위를 통해서 개발한 표준화된
순서에 따라 상점에서 물건을 절취하곤 하였다.

　F는 자신의 거점이 되는 리버풀에 대해서나 그녀의 집에서 고속도로로 연결되는 도로에
대해서는 세부적인 것들을 제시하지 않고 있다는 점도 주목할 필요가 있다. 그녀는 그저 그
곳에서 나와서 범죄 지역으로 가는 도로를 가기 시작했다. 실상 그녀는 자신의 지역 상점에
서는 결코 절도를 범한 적이 없다고 진술하였다. 부분적인 이유로는 그녀가 '작업'에서 '쉬
는' 날에만 집에 가기 때문이며, 또한 만일 적발되면 지역 골프클럽 회원권을 잃을 위험을
감수하고 싶지 않아서였다.

---

* 울워스(Woolworth's): 저렴한 가격의 소매점 형태 슈퍼마켓 체인(역자 주)

** 막스 앤 스펜서(Marks & Spencer): 영국의 의료품(衣料品)을 판매하는 소매업체(역자 주)

범죄로 향하는 경로들

    이들 다양한 심적 지도들의 한 가지 매우 흥미로운 함의는 자신의 거주지가 매우 독특한 초점인 범죄자들과 일부 이동 경로가 주도적인 초점인 자들 사이에 넓은 차이가 있다는 점이다([그림 8-7]을 보라). 만일 범죄로 향하는 주도적인 축선이 있으면, 그 지점들은 회귀 공식에서처럼 어떤 선을 따라서 놓여 있다고 예측된다. 이는 또한 지도상에 보이는 범죄 패턴에 대해서도 그러하며, 이곳들은 중심 도로의 영향이 명확한 곳이다. [그림 8-8]과 대조해 보면, 범죄 분포가 범죄 가능성에 대한 자신의 심적인 표상에 훨씬 더 기초하고 있는 범죄자를 보여 주고 있으며, 다음 사례에서 보게 될 것처럼, 그가 자신의 범죄 영역 내에 기점(base)을 가지고 있을 것임을 암시하고 있다.

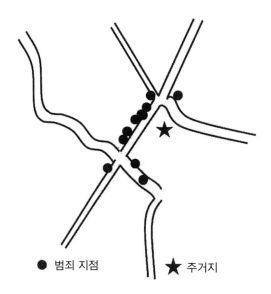

● 범죄 지점 ★ 주거지

[그림 8-7] 도로에 의해 세워진 축에 범죄들이 위치하고 있는 침입 절도범의 사례

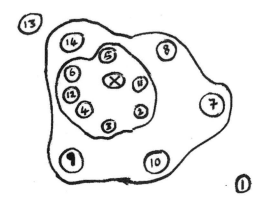

[그림 8-8] 지도 3: 영국의 한 도시에서 P가 거리를 걷다 만난 여성들을 강간한 위치 표시

자기중심적 '피해자'

　범죄가 범죄자의 삶을 접수한 모든 포괄적인 구동체가 되었을 때에는, 범죄자들이 그린 약도는 범죄자가 세상과 관계하는 방법을 주도하는 것을 보여 주고 있다는 의미에서 섬뜩할 수 있다. [그림 8-8]은 20대 남성이 그린 것으로, 그가 수개월 동안에 처음 본 14명의 여성들을 강간했던 장소들을 표시하고 있다.

　P는 시간적 순서에 따라 자신의 범행 장소들을 표시하는 데에 어려움을 겪었을 뿐 아니라, 이들을 공격하는 기간 동안의 집 위치를 '×'로 표시하고 있다. 불안해하는 것은 아니더라도, 이 도식적 패턴이 Canter와 Larkin(1993)이 영국 남부에서 있었던 연쇄 강간범들의 범죄 장소들에 기초하여 제작한 모형을 얼마나 유사하게 반영하고 있는지를 보는 것은 놀라운 일이다. 거주지(집)는 확실히 P의 지도의 개념적 중심에 있다. 그는 또한 그의 첫 범행은 집에서 다소 멀지만, 범행이 계속되면서 집 주변의 더 가까운 곳에서 발생하는 과정을 잘 알고 있으며, 하나의 선으로 경계를 그리고 있다. 그는 6번째 범행 이후에 11번째와 12번째를 위해 다시 돌아오기 전까지 좀 더 확대된 곳으로 움직였으며, 그가 체포된, 집에서 더 가까운 14번째 장소에서 범행을 범하기 전에, 13번째 범행을 위해서 다시 멀리 움직였던 것을 보여 주고 있다.

　여자친구를 처음 강간한 이후에, 그는 기차역에서 내려 집으로 가는 여성들을 따라갔으며, 범행을 목격할 사람이 없는 지역으로 여성들이 걸어갈 때 공격하였다. P에게 그가 사는 도시 주변의 전 지역은 자신이 활보할 수 있는 지역이 되었으며, 자신이 발각되는 경우에는 한 지역에서 다른 지역으로 이동하였다. 연속적인 순서는 그가 확실히 다른 곳으로 옮기기 전에는 인근 지역에서 결코 두 번 이상의 범행을 저지르지 않는다는 것을 보여 준다. 그는 그렇게 하는 것에 대해 잘 알고 있었고, 자신이 앞서 범죄를 범하여서 경찰이 기다리고 있는 지역으로 되돌아왔기 때문에 체포되었다고 느끼고 있었다.

　P의 지도에 강간 지점들과 자신의 집 이외에 다른 세부사항이 없는 것은 이들 범행이 그의 존재를 정의하는 데에 얼마나 중요한 것이 되었는지를 보여 준다. 그는 자신이 좋아하고, 피해자를 발견할 수 있는 어느 곳으로든 이동할 수 있었다. 장소에 대해 중요성을 부여할 수 있는 유일한 것은 그가 그곳에서 범행을 했느냐 여부인 것 같다. 이러한 구조 내에서, 그는 범죄를 자기 집의 위치와 관련짓는 경계 개념을 가지고 있는 것 같다. 이것은 비록 그가 첫 번째 범행과 다른 범행들 사이에 넓은 간격을 두고 있지만, 그가 알려지지 않은 지역으로 옮겨 왔다는 것을 잘 알고 있었다는 느낌을 준다.

가상 지도의 가치

여기에 소개된 사례들은, 범죄자들이 범죄를 범한 장소에 대해서 가지고 있는 심적 표상들을 탐구한다면, 범죄 활동을 좀 더 완전하게 이해할 수 있는 방법들을 묘사하기 위해 선정되었다. 어디에서 범죄를 범하였는지에 대해 지도를 그려 보라는 요청이 범죄자들의 범죄에 대한 접근에 대해 일부 흥미로운 통찰력을 갖게 한다는 점을 보여 주고 있다. 그러나 다른 배경정보 없이는, 그들이 직접 그린 약도들이 매우 잘못된 방향으로 유도할 수도 있겠지만, 범죄자의 생활 방식과 범죄 경력을 탐색하는 신문을 위한 초점으로서는 아주 훌륭하다.

비록 범죄자의 마음속에 무슨 일이 있는지를 탐구하는 것의 어려움에도 불구하고, 그들의 심적 표상들에 대한 간략한 검토를 통해 일반화된 범죄 지도를 채워 주는 다른 면들이 그들의 마음속에 있다는 것을 알게 된다. 이런 지도는 많은 사람들의 연합된 활동의 산물이므로, 그들이 자신들의 범죄의 지리적 배경을 어떻게 보고 있는지를 알지 못한다면, 지도 제작자들이 만들어 낸 지도들은 단지 범죄자들의 행위의 효과들에 대한 비교적 피상적인 설명으로 비춰질 수 있을 뿐이다. 이들 지도들은 단지 그들에게 무슨 일이 일어났는지에 대한 간접적인 힌트만을 준다.

실상 지도 제작자들의 지도와 '심적 지도'의 묘사 사이에 있는 왜곡은 누군가의 공간적 인식, 특히 범죄자들의 인식이 자신들의 범죄 장소에 영향을 미치는 왜곡을 어떻게 구체화하는지에 대한 문제를 추가로 보여 준다. [그림 8-9]는 [그림 8-4]의 D의 묘사에서 가리키는 지역에 대한 실제 지도를 보여 주고 있다. 약도는 실제 지도의 전반적인 단순화된 형태이지만, 무작위의 단순화는 아니다. 이것은 범죄 지역을 실제 지도에서 나타내는 것보다 좀 더 뚜렷한 영역으로 변형시킨다. 약도의 오른쪽에 있는 운하를 통과하는 많은 길이 있지만, 그곳은 주변에 상이한 건물들이 혼합되어 있고 범죄자에게 생소한 지역이기 때문에, 이 상습 침입 절도범은 이곳을 자신의 개인적 세계의 일부가 아닌 것으로 표시하고 있다. 침입 절도를 범하기 위해 자신의 집 주변 지역에서 활동함으로써, 그는 그 지역이 제공하는 범죄 기회에 대한 이해를 발전시켜 왔으며, 이것이 그의 활동 지역에 더욱 초점을 맞추고 정확히 하도록 도와주었다.

범죄자들의 제한된 시야와 범죄 활동을 따라 자신들의 삶을 구성하는 방법, 그리고 범죄 기회로 접근하는 경로들에 그들이 지정한 주도적인 역할들을 이해함으로써 범죄 지도를 뒷받침하는 심리적 과정들의 파악을 시작하는 것이 가능하다. 이러한 작업의 발전은 우리가 범죄자들의 심적인 지리감이 그들의 활동을 형성하는 방법뿐 아니라 어떻게 그러한 과정들

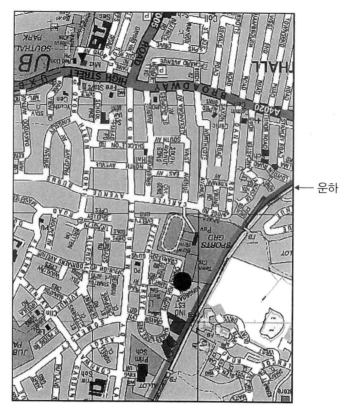

[그림 8-9] D가 [그림 8-4]에서 묘사한 지역의 실제 지도. 실제 지도와 심적 지도 사이의 유사점들과 차이점들은 무엇인가?(약도가 남쪽을 위로 두었음에 따라 실제 지도도 같은 방향으로 배치하였음)

이 우리 모두가 주변과 맺고 있는 교류를 구체화하는지를 이해하는 데 도움을 줄 것이다.

심적 완충지대

침입 절도범 D의 영역에서 운하는 심적 완충지대(mental buffers)의 명확한 예이다. 이것은 한 사람이 장소에 대해 가지는 심적 표상들이 어떻게 흔히 지리적 경험의 특별한 측면들에 의해서 크게 왜곡되는지를 보여 주고 있다. 이것은 어떻게 환경이 상징적 특질을 취하며 정서적 의미를 가지는지를 나타내는 데 도움을 준다. Barker와 Donnelly(1986)는 범죄자들이 여행한 거리를 이해하는 데 있어서 관련성의 상징적 거리에 대해 이야기하면서, 경계를 넘는 것은 넘지 않는 것보다 더 긴 여행을 하는 것으로 인식될 것이라는 점을 지적하고 있다. 환경심리학 저술(Canter, 1977에 의해 검토된)은 강, 중심 도로, 공원 및 다른 명시적인 경계들과 같은 지리적인 특성들이 어떻게 환경에 대한 내적 표상들에 왜곡된 효과를 줄 수 있는지에 대한 많은 사례들을 제공한다. 범죄적 개념에서, 이것은 다른 이유가 없다면 보통 예측되는 지점보다는 범죄 지점들과 좀 더 가까운 곳, 그러나 어떤 경계의 다른 쪽에 범죄자의 근거지가 있을 것이라는 방향으로 이끌어 갈 것이다. 이 경우에 경계는 범죄자가 범행하는 지역을 인식하는 데 있어서 일종의 '심적 장벽(mental barrier)'으로 작용한다. 그의 심적인 눈에는 이러한 울타리들이 그를 남들이 알아보지 못하도록 보호하는 장벽이다.

[그림 8-10]은 그러한 심적 완충지대의 실제적인 함의를 보여 주고 있다. 범죄자는 고층건물 지역에서 연쇄적인 성폭행을 범하였다. 그는 그 지역에 살고 있었기 때문에 어떻게 그 지역을 돌아다녀야 하는지, 그리고 그 지역이 제공하는 익명성에 대해 익숙하였다. 그러나 그의 범행 지점들은 그가 살고 있는 혼잡한 중심 도로들의 다른 쪽에 있다. 범인이 체포되기 전에 Canter(1995)에 의해 기술된 것처럼, 그가 빌딩 지역 근처, 그러나 일종의 완충지대로 분리된 지역에서 범행을 할 가능성은 경찰이 어디에서 범인을 찾아야 하는지를 이끌어 주는 기초가 되는 가정이었다. 이것은 대단히 정확한 것으로 판명되었다.

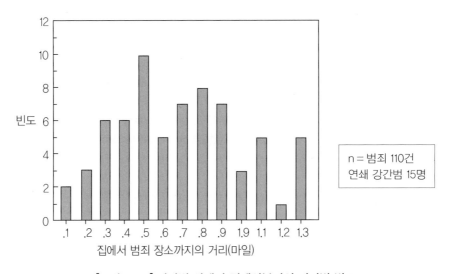

[그림 8-10] 강간범 사례의 집에서부터의 거리별 빈도

안전 지역

강간범 표본이 이동한 짧은 거리를 보다 세부적으로 보여 주고 있는 [그림 8-1]과 [그림 8-10]은 범죄자들이 흔히 집으로부터 최소한의 거리를 유지하는 경향이 있음을 보여 준다. 이것은 Turner(1969)의 연구와 일치하는데, 그는 필라델피아에서 청소년 비행자들이 자신들의 집 주변 바로 인근에서는 범죄를 저지르지 않으려 한다는 것을 발견하였다. Philip(1980)은 이러한 현상을 쉽게 알아보지 못하도록 충분히 멀리 이동하고자 하는 명백한 욕구를 통해서 설명한다. 이것은 집으로부터 1마일 이내의 거리 내에서 110건의 범죄가

발생한 것을 제시하고 있는 [그림 8-10]의 사례에 나타나 있다. 집으로부터 반 마일 내외에서 범행하지 않으려는 경향은 빈도 분포에서 매우 명백히 나타나 있다. 실상 반 마일을 넘어서면 역감퇴 효과(inverse decay effect)로 간주되는 것이 있다.

일시적 완충지대

지리적 장벽들에 의해 생성된 심적 완충지대 이외에, 범죄 장소에 대한 범죄자들의 인식에 담겨 있는 다른 제한들이 있다. 이들의 의미 있는 조합은 이전에 어디에서 범죄를 저질렀는지와 관련이 있다. 만일 범죄가 주목을 끌거나 혹은 범죄자가 목격되거나 인식될 수 있다는 가능성이 제기되면, 범죄자는 자신의 이전 범죄 장소에서 멀어지려고 노력하는 것이 당연하다. 이것은 미국의 연쇄 살인범에게서 나타난 범행들 사이의 거리를 연구한 Lundrigan과 Canter(2001)의 연구에서 보여 주고 있다. 그들의 분석은 이러한 일시적 완충지대로서 생각될 수 있는 것이 무엇인지를 탐구하기 위해 근사치를 사용하였으며, 일반적인 과정을 지지하는 것으로 나타나고 있다.

Lundrigan과 Canter(2001)는 각각의 범죄에 바로 이어서 발생한 범죄들(시간적으로 근접한 범죄들, 첫 번째와 두 번째, 두 번째와 세 번째 등과 같이)과 시간적으로 번갈아서 발생한 범죄들(첫 번째와 세 번째, 두 번째와 네 번째 등과 같이) 사이의 거리를 비교하였다. 예상한 것처럼, 범죄들 사이의 실제 시간이나 범죄 간 거리에 영향을 미칠 수 있는 요인들을 고려하지 않은 단순한 탐구에 대해서도 그들은 인접한 범죄들이 번갈아서 발생한 범죄들에 비해 더 떨어져 있다는 것을 발견하였다. 다시 말해, 전반적으로 범죄자들은 과거에 저지른 범죄보다는 가장 최근에 저지른 범죄 장소에서부터 거리를 멀리 유지하고 있다는 것이다.

약탈자

지금까지 논의된 세 가지 중요한 과정들이 범죄자들의 범죄 장소 선택에 함께 결합되면, 흥미롭고 중요한 지리적 패턴이 도출된다. 과정은 다음과 같다.

- 어떤 경로 또는 길보다는 집/거주지의 주도적인 역할
- 범행 장소 선정에 있어서 선호하는 일련의 거리 간격 특성의 존재
- 일시적 장벽들, 이에 의해 범죄자가 최근 범죄 장소로 돌아가는 것을 피하게 될 것이라는 점

사실상 이러한 범죄자들은 범죄를 위해 자신들의 거주지에서 이동하고, 그 거주지로 돌아와서는 다시 이전 범죄 장소를 피해서 거주지 주변에서 찾은 것처럼 범죄 기회를 찾아 다른 방향으로 움직인다. 이것은 커다란 이점과 실질적 가치의 특별한 배분을 불러일으키며, 그에 따라 범죄들이 연쇄 범죄자의 거주지 주변을 둘러싸게 된다([그림 8-11]을 보라). 우리가 제16장에서 논의할 것처럼, 이러한 범죄 지리 형태를 보여 주는 범죄자들의 분포가 지리적 프로파일링에 대한 주요 접근과 그러한 과정들을 용이하게 하는 시스템들의 발전을 가능하게 하고 있다.

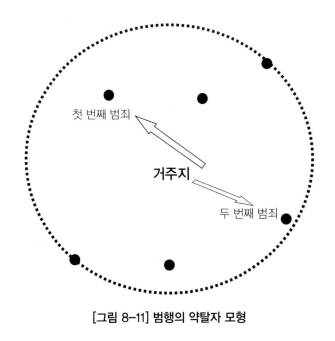

[그림 8-11] 범행의 약탈자 모형

Canter와 Gregory(1994)는 범죄들에 의해서 둘러쳐진 영역을 정의하는 가장 단순한 방법은 가장 멀리 떨어진 두 개의 범죄를 확인하고 이들을 연결하는 선을 원의 지름으로 하는 것이라고 제안하였다. 그리고 그들은 범죄자의 집이 그렇게 정의된 원 내에 있는 것으로 가정하였다. 그들은 이러한 범죄자들을 '약탈자'라고 이름 붙였다. 이 개념은 매우 넓게 받아들여져서 원이 필연적으로 범죄자의 지배 구역을 표시하기 위한 가장 정확한 기하학적 구조라고 주장하는 것이 아니라, 단지 범죄 기회들에 대한 범죄자들의 '심적 지도'를 포함하는 영역을 표시하는 가장 단순하고 직접적인 방법임을 주장한다는 점을 주목할 필요가 있다.

'약탈자적' 범죄자들 개념을 자주 언급하는 것은, Canter와 Gregory(1994)가 특별한 심리적 탐색 과정을 함축하는 것이 아니라, 단순히 '기술적' 개념이라고 강조한 점을 때로는 고려하지 않고 이 개념이 논의되고 있다는 것을 의미한다. 그들은 이 개념을 범죄자들이 범한 모든 범죄를 포함하는 원에 의해 구획된 영역 내에 집이 있는 범죄자들을 포함하는 것으로 정의한다.

다양한 연구들이 이 '원(circle)' 가설을 지지해 주고 있으며, 이러한 의미에서 '약탈자'인 범죄자의 비율은 〈표 8-1〉에서 보듯이 연구에 따라 다양하다. 오스트레일리아의 한 지역 내에서는 침입 절도 표본의 35%로부터 성범죄자들 표본의 93%까지 다양하다(Meaney, 2004). 이처럼 다양한 이유는 탐구되지 않았지만, 좀 더 많은 연구들이 진행됨에 따라 보다 명확한 그림이 가능해질 것이다.

〈표 8-1〉 다양한 연구들에서 발견된 '약탈자' 요약

오스트레일리아(Meaney, 2004)	
방화	90
강간	93
침입 절도	35
오스트레일리아(Kocsis and Irwin, 1997)	
방화	82
강간	70
침입 절도	49
영국(Canter and Larkin, 1993)	
강간	87
영국(Lundrigan and Canter, 2001)	
연쇄 살인	86
인도(Sarangi and Youngs, 2006)	
침입 절도	57
도쿄(Tamura and Suzuki, 2000)	
방화	70
미국(Warren et al., 1998)	
강간	57
미국(Lundrigan and Canter, 2001)	
연쇄 살인	87

비록 낮은 비율에서조차도, 이러한 발견들이 알려진 범죄자들의 우선순위를 정하거나 그들을 수색할 장소들의 우선순위를 정하기 위한 체계적인 기초를 제공하기에 충분한 범죄자들이 범죄 영역 내에 거주지를 두고 있었다. 이러한 '영역 중심성(domocentricity)'의 가정이 범죄자를 발견하기 위해 수색해야 할 지역의 경계 설정에 도움을 주며, 결과적으로 범죄자의 집에 중심을 두고 있는 범죄들의 일반적인 원칙은 지리적 프로파일링 체계의 핵심이 되어 왔다. 따라서 대부분의 지리적 의사결정 지원 체계들은 범죄자가 자신의 범죄 영역 내에서 범행한다는 추정에서 작동한다.

'차량 와이퍼' 패턴

'약탈자적' 범죄자들을 묘사하기 위해 기본 기하학으로 원을 사용하는 것은 초기 연구가 시작될 수 있도록 했던 과잉 단순화로서 항상 인식되어 왔다. 이것은 많은 약점을 가지고 있지만, 가장 큰 도전은 범죄자들이 어느 방향으로든 공평하게 이동할 것으로 추정함으로써 한 영역의 실제적인 지리를 무시한다는 점이다. 그러나 대중과 멀어지기보다는 대중 속으로 가는 보다 많은 여정들이 있다는 것이 이동수단뿐만 아니라 매일 매일의 경험에 대한 모든 연구들에서 일반적으로 인식되어 온 과정이다. 이러한 편향은 범행을 위해 이동할 때, 일반적으로 범죄자들이 자신들의 영역에서 비범죄적인 여정들의 전형적인 방향 속에서 이동하는 성향을 가지고 있을 가능성으로 이어진다.

이러한 가능성은 몇몇 흥미로운 연구와 실제적인 발전의 여지를 제공하고 있다. 이것이 유발하는 하나의 가설은 자신의 집으로부터 범죄 장소들 사이에 펼쳐진 각도가 완만하기보다는 날카로운 경향을 보인다는 점이다. 다시 말해, 거주지에서부터 모든 방향으로 방사형으로 펼쳐지기보다는 장소들의 대부분이 특정 방향으로, 아마도 인구가 집중된 중심과 관련된 쪽으로, 치우쳐 있다고 예측된다. 이것은 [그림 8-12]에 묘사되어 있다.

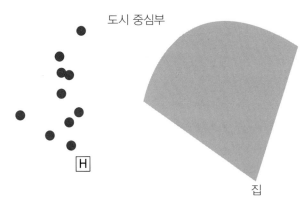

[그림 8-12] (a) 범죄 장소 예시. (b) 전형적인 '차량 와이퍼' 패턴으로 범죄들에 의해 점유된 지역

이 패턴은 Warren 등(1981)이 주장한 '차량 와이퍼(windshield wiper)' 효과로 지칭되며, 미국의 연쇄 살인범 79명의 범죄들 사이의 평균 각도에 주목한 Lundrigan과 Canter(2001)에 의해 더욱 상세하게 연구되었다. [그림 8-12]에서 보여 주듯이, 전형적인 각도는 약 60°이다. Goodwill과 Alison(2005)의 보다 최근의 연구 또한 '차량 와이퍼' 효과를 염두에 둔 실질적인 가능성을 지적하고 있다.

개연성 분석

범죄자들이 다른 여정들에 전형적인 경로를, 그리고 실제로 다른 범죄자들에게 전형적인 경로들을 따라간다는 생각은 범죄자들의 범죄 장소 선택을 모형화하는 데에 또 다른 접근법을 열어 놓고 있다. 이것은 어떤 특정된 위치에서 범죄를 범하는 기히 알려진 범죄자들이 다른 장소에 거주하고 있을 것이라는 전반적인 개연성을 고려함으로써, 범죄자가 특정 지역에 기반을 두고 있을 것이라는 개연성을 계산하는 것이다. 기존에 알려진, 해결된 어떤 장소의 범죄들에 대한 실증적 개연성들을 이끌어 냄으로써, 많은 연구자들(특히 Levine, 출판 중)이 베이지안(Bayesian) 개연성 이론*을 사용하여 특정 범죄자가 거주하고 있을 장소를 정확하게 확인할 수 있었다.

이 접근법은 상당히 실제적인 응용성을 가지고 있다. 또한 범죄자들이 그들의 지리적 행위에 있어서 서로 얼마나 유사한지를 보여 주기 때문에 이론적으로도 흥미롭다. 그러나 연구들이 이들 가능성을 유발하는 저변의 심리적 · 공간적 과정들에 대해 보다 상세한 고찰 없이 단지 개연성 분석의 결과에만 의존한다면, 이론적인 이점에는 한계가 있게 된다.

시간적 변화

공간적 행동을 설명하기 위해 제시된 두 이론은 시간에 따른 변화의 가능성을 예견하고 있다. 이들 사이의 차이점은 이러한 변화의 본질에, 그리고 왜 변화가 발생하는지에 있다. 일상 활동들은 활동들 자체가 더 먼 곳으로 이끌지 않는다면 범죄자를 한 지역에 잡아 두고 있을 것이다. 이것은 법적인 고용, 휴가 여행 또는 교제 관계를 넓혀 가는 데에서의 변화에 기인하는 것일 수 있다. 약탈자 과정을 논의할 때 거론한 것처럼, 보다 강한 인지적 관점은 경찰이나 대중이 알아볼 가능성이 증가하는 데 따른 더 큰 취약성 때문에 이러한 위험에서 회피하기 위한 변화를 포함한다. 이것은 또한 범죄 가능성에 대한 자신의 이해가 발전하는 데 따른 결과일 수도 있다. 이것의 흥미로운 사례는 전국에 있는 골프클럽에서 절도를 저지른 범죄이다. 그는 어디를 가야 할지를 어떻게 알게 되었느냐는 질문에, 단지 골프클럽 목록이 있는 지도를 구했을 뿐이라고 답하였다.

다양한 연구들이 연쇄 범죄자들의 공간적 행동에 있어서 시간에 따른 변화가 있었는지 여부를 탐구하였다. 예를 들어, 미국 연쇄 살인범들이 이어지는 사건들의 장소들 간 이동한

---

* 베이지안(Bayesian) 개연성 이론: 영국의 수학자 베이즈(T. Bayes)의 통계이론에서 유래된 공식(역자 주)

거리의 평균이 고찰되었는데(Lundrigan and Canter, 2001), 시간에 따른 범죄 영역의 규모 변화가 이동한 평균 거리에 있어서 점진적인 증가 또는 감소를 나타내고 있었다. 이들은 이동 거리에 있어서 6번째 장소를 포함하여 일반적인 증가를 발견하였으며, 범죄자가 이후에 이미 형성된 범위 속으로 되돌아가는 것으로 나타나고 있다.

전반적인 변화가 의미 있는지 여부를 알아보기 위해서, 반복된 측정들의 비모수 분산분석(ANOVA)이 사용되었다. 이 비모수 검증은 이동한 거리들이 보통의 분포 또는 심지어 대칭성 분포를 갖지 않는다는 결과를 보이고 있기 때문에 사용되었으며, Friedman의 분산분석을 사용한 분석은 유의미한 결과를 보여 주고 있다(X^2=14.95, p<0.01). 이동 거리상의 변화들 중 어느 것이 유의미한지를 확인하기 위해서는 Wilcoxon 부호 순위 검정법(matched pairs signed ranks test)이 각각의 장소들 간에 사용되었다. 이동한 거리들 간에 유의미한 차이가 발견된 지점들은 〈표 8-2〉에서 볼 수 있다.

〈표 8-2〉 시간에 따라 유의미한 변화가 발견된 배열 위치 번호들

지점 번호	유의미성
1번째, 5번째	z=-2.25, p=0.05
1번째, 6번째	z=-3.03, p=0.01
1번째, 10번째	z=-2.31, p=0.02
2번째, 6번째	z=-2.71, p=0.01
2번째, 8번째	z=-2.33, p=0.02
5번째, 8번째	z=-2.39, p=0.02
5번째, 9번째	z=-2.48, p=0.02

〈표 8-2〉가 보여 주듯이, 5번째 지점이 선택될 때까지는 유의미한 발전이 없다. 이것은 범죄자가 더욱 먼 지역으로 움직이기 전에는 그와 가장 가까운 지역들을 이용할 것이라는 점을 말해 준다. 흥미롭게도, 범죄자가 6번째 이후에는 이미 형성된 구역을 다시 이용하는 것으로 나타나고 있음에도 불구하고, 첫 번째와 마지막(포함된) 배열 장소 간에 유의미한 차이가 있다. 이것은 6번째 장소 이후에 거리가 비교적 감소함에도 불구하고 연쇄 범죄들의 범위에서는 일반적으로 증가하고 있다는 것을 지지하고 있다. 그러나 이러한 하나의 연구를 통해서 일반화하는 것에는 주의가 필요하다. 시간에 따른 이동 거리의 변화에 영향을 줄 수 있는 많은 과정들이 있으나, 이것이 모든 범죄들에 있어서 공통적으로 발생하는 것임을 보여 주는 어떠한 연구도 발표된 것이 없다.

이동한 거리에 있어서의 차이는 개인적인 발전과 세부적인 지리 정보에 따라 다양할 수 있다. 또한 범죄가 발생하는 연속선상의 직접적인 시간 기능에도 변화가 있을 수 있다. 일부 범죄자들은 연속된 과정들에 따라 보다 대범하고 모험적일 것이라고 예상될 수 있지만, 다른 범죄자들은 그들에게 익숙한 지역 내에 머물러 있는 것으로 예상될 수 있다. 이러한 다양성에 대한 고려는 아마도 지리적인 사안들보다 범죄자들의 행위와 특성들의 다른 측면들과 관련되어 있을 것이다. 범죄를 범하기 위해 이동하는 거리에 있어서의 일시적인 변화의 기저를 이루는 다른 측면들을 풀어내기 위해서는, 상당한 양의 자료들이 필요하다. 범죄자들이 찾고 있는 기회들은 이러한 여정에 역시 영향을 주는 것 같지만, 상이한 유형들의 범죄와 관련된 변수들 또한 매우 중요하다. 마약 취득을 위해 지역적으로 저지른 우발범죄는 같은 범죄자가 좀 더 심각하게 계획을 세운 잇따른 범죄와는 매우 상이하게 위치하게 될 것이다.

정서성, 범죄 유형 및 거리

범죄자가 이동하는 거리의 추가적인 측면들은 범죄의 본질 및 그들의 범죄 개입과 관련되어 있다. 우리가 살펴본 것처럼, 범죄자가 자기 자신이 복수 욕구 또는 분노 때문에 이끌려 가고 있다고 생각하는 자기중심적인 서사에 깊이 빠지게 되면, 자신이 거주하는 지역의 더욱 가까운 곳에서 범죄를 실행하는 것 같다. 이와 반대로 흥분된 탐험가형은 기회를 찾아서 더 먼 곳으로 이동하는 것으로 예측될 수 있다. 대략, 그동안 출간된 연구들은 이러한 가설들을 지지하고 있다. Rhodes와 Conly(1981)가 보여 주듯이, 범죄자들은 대인범죄에 비해 대물범죄를 범할 때에 더 멀리 이동한다. Van Koppen과 Jansen(1998)의 연구에서는 네덜란드의 재물범죄들에서 절취한 재물의 가치가 클수록 더 먼 거리를 이동했다는 몇 가지 지표가 있음을 보여 주고 있다. 미국에서는 Capone와 Nichols(1975)가 강도범들이 이동하는 거리는 그들이 탈취하는 재물의 가치와 직접적으로 관련되어 있다고 제시하고 있다. 이것은 보다 확대된 탐색 또는 특정 대상 선정이 보다 가치 높은 물건들을 절취하는 것에 관여되어 있기 때문이라는 가설 설정이 가능하다는 이야기이다. 그러나 이러한 발견들이 확실히 획일적인 것은 아니며, 재물범죄에 대한 기회들이 지역에 따라 상당히 다양하기 때문에 놀라운 일도 아니다. 이러한 변형은 공간적 패턴에 대한 맥락적 배경의 관련성에 대한 관심을 유발한다.

더욱 먼 거리는 행동 지침에 대한 보다 일반적인 전념을 반영할 수 있다. 이러한 과정은 무장 강도범들이 무장하지 않은 자들에 비해 더 멀리 이동한다는 Capone와 Nichols (1975)의 보고서에 의해 제시되고 있다. 유사한 과정들이 다른 유형의 범죄들 내에서도 나타나고 있다. 예를 들어, Fritzon(2001)은 방화에 있어서, 보다 감정적인 방화가 도구적 성격의 방화에 비해 가까운 거리에서 범해진다는 것을 보여 주고 있다. 여기에서 LeBeau(1987)의 발견 또한 매우 흥미롭다. 그는 강간범들이 차량을 이용하면, 평균 11.7마일(약 18.8km)을 더 멀리 이동한다고 보고하고 있다. 일반적인 사회의 이동성 증가가 직접적으로 범죄의 거리 확대를 이끌지는 못한다는 Wiles와 Costello(2000)의 주장을 감안하면, LeBeau의 발견은 다시 한번 전념이라는 개념에서 이해 가능하다고 할 수 있다.

범죄가 정확히 어떻게 그리고 왜 범해지는지에 대한 세부적인 것들이 단지 법적인 정의에서만 고려될 필요가 있는 것은 아니다. 예를 들어, Warren과 동료들(1998)은 상이한 방식의 비면식 강간범들이 상이한 거리를 이동한 범죄자들에 의해서 범해진다는 것을 보여 주었다. LeBeau(1987)는 강간범이 피해자에게 접근하는 방법을 고찰하여 유사한 결과를 보여 주었으며, 또한 강간범들의 범죄를 위한 여정이 불법적인 출입을 포함하는 경우에는 더 짧아지는데, 그 거리는 침입 절도 거리와 유사하게 1마일(약 1.6km) 이하로 줄어든다고 제시하였다.

이러한 범죄자 행위의 모든 측면들은 범죄의 본질과 어떻게 범죄가 범해졌는지에 대한 세부적인 것들의 고려 없이 범죄들의 위치에만 초점을 맞추는 것에 존재하는 한계에 주목하도록 한다. 범죄자의 활동에 힘을 불어넣는 암묵적 서사는 우리가 범죄성의 지리를 어떻게 탐구하고 어떻게 이해할 것인지의 보다 통합적인 부분이 되어야 할 필요가 있다. 이것이 앞으로의 연구가 확실하게 발전시켜야 할 한 방향이다.

범죄 지리 연구에 대한 도전

자료 원천의 도전

지리적 프로파일링이 범죄 분석과 탐색을 제공한다는 흥미로운 전망으로 인해 우리가 너무 멀리 나아가기 전에, 많은 중요한 주의점들이 있음을 강조할 필요가 있다. 이들 주의점 중 상당수는 지리적 프로파일링의 전반적인 영역이 실증적으로 검증된 원칙들의 발전에 기초하고 있다는 사실에서 파생된다. 제9장에서 자세히 논의할 것처럼, 이것은 범죄와 범죄자들에 대한 정보로부터 도출한다는 것을 의미한다. 그러나 문제점은 불법적인 행동들이 당연히 개방된 대중의 시야 속에 있지 않다는 점이다. 따라서 이것들은 일단 범죄가 규명된 이후에 자료로서 변화될 수 있을 뿐이다. 또한 많은 정보들, 특히 범죄자가 살고 있는 곳은 범죄자가 체포된 후에야 사용 가능할 뿐이다. 이것은 연구들의 상당수가 경찰에 신고되지 않거나 해결되지 않은 범죄들을 무시해야 하기 때문에 편향될 수 있다는 것을 의미한다.

대체로 범죄와 범죄자는 두 가지 일반적인 형태 중 한 가지 형태로 연구를 위한 자료를 제공할 수 있다. 가장 일반적인 것은 세부적인 것들이 경찰과 다양한 사법기관 또는 정부 부처들에 의해 유지되는 공식 기록의 부분이 되는 때이다. Canter와 Alison(2003)이 주장한 것처럼, 비록 이러한 기록들이 연구를 위한 상당한 가치를 가지고 있고 차후에 실용적 활용의 가치를 가지고 있다고 해도, 상세한 분석 감각을 가지고 생산되는 것은 아니다. 이것들은 보통 불완전하고, 흔히 신뢰할 수 없게 기록되어 있다. 이런 기록들의 가장 큰 약점은 공식적으로 관심을 끈 정보들만이 기록되고 온전히 세부적인 것은 이미 범죄자가 알려진 범죄에 대해서만 제시된다는 점이다. 체포되지 않은 범죄자들은 체포된 범죄자들과는 다른 행위 형태를 보이고 있을 가능성이 크다. 그러나 이러한 가능성은, 범죄자들이 충분히 범죄를 범하면 그들을 체포하게 될 것이라는 무작위적인 저인망 방식보다는 초점을 맞춘 매우 체계적인 경찰의 활동 과정을 통해서 체포된다는 것을 가정한다.

두 번째 정보 원천은 범죄자들 자신이다. 이것은 범죄자들 기억의 예측 불가한 변화에 의존하며, 또한 그들이 정당화 혹은 경고라는 방법을 통해서 유도하는, 심지어 자신들을 실제보다 중요한 범죄자로 보이도록 만드는 특별한 왜곡에 의존한다. 따라서 이러한 정보의 원천은 공식적 원천과는 다른 편향을 가질 가능성이 있다. 다행스럽게도, 이들 두 개의 정보 원천을 비교한 연구들 중에서 서로 모순되지 않는다고 지적하는 것은 거의 없으나, 자기 보고 활동들이 훨씬 엉성한 공식 기록들에 비해 명료성과 정교성을 가지는 경향이 있다.

연구방법론들의 취약점

이 분야의 연구자들이 최상의 표준에 따라 연구하고 있다는 것을 모른 척하는 것은 솔직하지 못한 것이라 할 수 있다. 안목 있는 독자라면 바로 알아챘겠지만, 인용된 다양한 연구 논문들은 강점과 약점이 혼재되어 있다. 예를 들어, 흔히 지금 매우 흥미로운 것이라고 알고 있는 정보가 보고되지 않는다. 때로는 범죄의 정확한 본질 혹은 이동한 평균 거리 등과 같은 기본적 사실들이 매우 유용한 이념들과 발견들을 담을 수 있는 연구들에서 보고되지 않기도 할 것이다. 일부 사건들에서는 과도하게 복잡한 통계들이 보다 기초적인 결과들, 즉 이론적으로 상당히 중요한 의미를 갖는 것들을 가려 버리기도 한다. 어떠한 연구나 보고서도 완벽한 것은 없다. 그러나 일관되고 깨우침을 주는 이론들과 발견들이 출현하는 것은 매우 다양한 보고서들의 강점에 의존하기 때문이다.

이 분야의 연구와 그에 대한 설명들이 취약점을 갖게 되는 데에는 많은 이유가 있다. 흔히 연구들이 직접적인 실증적 이유들을 위해 자금이 지원되기 때문에 연구자는 비교적 단순한 사실들의 조합을 탐구하는 것과 이러한 사실들을 산출하는 것에 대한 보다 풍부한 이해를 발전시키는 것 간에 균형을 맞추어야 한다. 또 다른 문제는 자료들이 실험실 연구의 순수하고 통제된 조건들하에서 취합되지 않는다는 점이다. 이것이 특이한 변칙들을 유발할 수 있다. 예를 들어, 경찰 기록들이 실제 나이보다는 하위 집단에 속하는 범죄자들이 추출되도록 한다면, 연구자는 이것을 가지고 연구하게 될 것이고, 결국 어떤 중요한 행위상의 차이점들을 도출해 내지 못하게 될 것이다. 또는 경찰의 주소지 기록이 너무 허술해서 정확한 지점이 아니라 대략적인 구역만이 표시될 수도 있을 것이다. 지리적 분석의 특히 도전적인 문제점은 경찰 기록들이 범죄를 저질렀을 때가 아니라, 범죄자가 체포되었을 때 어디에 살고 있었는지만을 기록한다는 점이다.

이러한 문제점들과 어려움들은 항상 나타나고 있었음에도, 많은 일관적이고 명확한 발견들이 생산되어 왔음에 주목할 필요가 있다. 또한 전 세계의 사법기관들이 범죄 지리에 대한 연구의 잠재적인 실질적 가치를 알게 되었으며, 연구자들도 범죄자들의 지리에 대한 연구에서 얻게 되는 것들이 인간 행위에 대한 우리의 이해에 기여하는 점에 대해 더 잘 알고 있기 때문에, 연구자와 경찰들 간의 더욱 생산적인 상호작용이 발전하고 있는 것이 사실이다. 이러한 상호작용으로부터 훨씬 신뢰할 만하고 가치 있고 상세한 정보가 출현하면서 연구의 질이 지속적으로 향상되고 있다.

연구 의제

환경범죄학자들이 주장한 범죄 활동의 패턴들과 이 장에서 논의한 범행의 개인적 패턴들 간의 연결은 반드시 탐구되어야 할 필요가 있다. 알려진 범죄자들 중 대표적인 표본의 조합된 활동 모형들을 도출하고, 이것이 특정 지역에서 발생한 범죄들의 전반적인 패턴과 어떻게 관련되어 있는지를 보여 주는 것이 가능해야 한다. 이러한 모형들은 범죄 예방을 위한 일반적인 고찰과 지금까지 구축하는 데에 어려움을 겪어 온 개별 범죄자들의 관리 사이에 놓일 가교를 가능하게 한다.

범죄의 지리적 분석이 의사결정 지원 체계를 생성하기 위해 제공하는 기회가 다양한 컴퓨터 시스템들에서 탐구되고 있다. 그러나 이들 시스템의 대부분이 차별화되지 않은 공간에서 무엇이 핵심적으로 범죄 장소의 기하학적인 혹은 개연성 분석인지에 제한되고 있다. 따라서 앞으로의 연구는 범죄 기회에 대한 더욱 온전한 탐구가 필요하다. 또한 대부분의 현 시스템들은 특정 범죄와 연계된 특별한 행동들을 고려하지 못하고 있다. 따라서 계속될 연구는 앞선 장들의 행위적 사안들과 이 장에서 탐구한 지리적 패턴 사이를 연결할 가교를 만들어 줄 것이 요구되고 있다. 이러한 방향으로의 진전은 iOPS 시스템(Canter and Youngs, 2008b)이 언급된 제16장에 기술되어 있다. 이것은 단지 범죄들의 공간적인 기하학이 아니라 지리 행동적(geobehavioural) 프로파일링에 기초한 의사결정 지원 시스템이다.

요약

특정 연쇄 범죄자의 범죄들의 공간적 분포에 대한 분석은 두 가지 넓은 과정들을 보여 주는 경향이 있다. 하나는 감퇴 기능에 의해 표현된 것처럼, 근접을 향한 성향이다. 이것은 자신들이 사는 장소와 가까운 곳에서 범죄를 범하려는 범죄자들의 편향성을 특징짓는다. 두 번째 과정은 범죄 장소들에 대한 형태론 또는 구조론으로 기술되어 왔다. 흥미롭게도 높은 비율의 사건들에서 '약탈자적' 구조가 범죄자들의 집 주변에서 실행되는 것이 발견되었지만, 강하게 축선을 따라 범행하는 자들을 포함하여, 이동하는 범죄자들 또한 많은 사건에서 나타나고 있다. 이러한 범죄자들의 지리-공간적 활동의 측면들은 그들의 범죄 활동들의 기초가 되는 다른 서사들과 일관된다. 이 서사들의 힘은 범죄자들에게 범행을 저지른 장소들에 대한 약도를 그리도록 요청할 때 잘 드러난다. 이것들은 일부 범죄자들에게 있어서 그들의 일상생활이 '일상 활동 이론'과 '약탈자' 모형에 따라 범죄를 저지르는 장소를 어떻게 형성하는지를 보여 준다. 그러나 범죄에서 흥분감과 모험을 추구하는 다른 범죄자들에게 있어서는 범죄 기회와 이에 접근하는 노선들이 그들의 범죄 지리에 다소 상이한 패턴을 부여한다.

추가로 읽을거리

서적

Brantingham, P.J. and Brantingham, P.L (eds) *Environmental Criminology*. Sage, Beverly Hills, CA.
Canter, D. (2003) *Mapping Murder: The Secrets of Geographical Profiling*, Virgin Books, London.
Canter, D. and Youngs, D. (eds)(2008a) *Principles of Geographical Offender Profiling*, Ashgate, Aldershot.
Canter, D. and Youngs, D. (eds)(2008b) *Applications of Geographical Offender Profiling*, Ashgate, Aldershot.
Chainey, S. and Tompson, L. (eds) (2008) *Crime Mapping Case Studies: Practice and Research*, John Wiley & Sons, Ltd. Chichester.
Wiles, P. and Costello, A. (2000) The 'Road to Nowhere': The Evidence for Travelling Criminals(Home Office Research Study No. 207). Available at http://www.homeoffice.gov.uk/rds/prgpdfs/brf400.pdf, accessed 28 May 2009.

Wortley, R. and Mazerolle, L. (2008) *Environmental Criminology and Crime Analysis*, Willam, Cullompton.

논문

Canter, D. and Hammond, L. (2007) Prioritising buglars: comparing the effectiveness of geographical profiling methods. *Journal of Police Practice and Research (US)*, 8(4), 371-384.

Canter, D. and Hodge, S. (2000) Criminal's mental maps. In L.S. Turnbull, E.H. Hendrix and B.D. Dent (eds) *Atlas of Crime: Mapping the Criminal Landscape*, Oryx Press, Phoenix, AZ.

Canter, D. and Larkin, P. (1993) The environmental range of serial rapists. *Journal of Environmental Psychology*, 13, 63-69.

Sarangi, S. and Youngs, D. (2006) Spatial patterns of Indian serial burglars with relevance to geopraphical profiling. *Journal of Investigative Psychology and Offender Profiling*, 3(2), 105-115.

🔖 토론과 연구를 위한 질문

1. [글상자 8-2]의 지시에 따라 당신이 그린 지도에 비해 당신이 살고 있는 지역을 알고 있는 타인이 그린 지도가 더 큰지 혹은 덜 큰지를 비교해 보라. 이것이 당신들 각자가 재물범죄를 저지를 생각으로 가게 될 지역의 차이점에 대해 무엇을 보여 주고 있는가?

2. 우리가 한 지역 주변의 길들을 인식할 때 주요 도로란 무엇인가? 이들이 우리가 범죄 장소 선택 모형을 어떻게 구성할 것인가에 대해 가지고 있는 함의는 무엇인가?

3. 시간, 이동수단 그리고 지식(장소를 알고 있는 것) 등의 자료들이 범죄자들이 범죄를 어디에서 범할 것인가에 어떻게 영향을 미치는가?

4. 상이한 유형들의 서사를 생각해보고, 계획한 행동이 발생하는 장소에 대해서 이들이 갖는 함의를 논의해보라. 이것이 범죄자 행동과 범죄 장소들 간의 관계를 이해하는 데에 어떤 관련성을 가지고 있는가?

[글상자 8-1]의 문제에 대한 해답

사이가 가장 멀리 벌어진 두 범죄를 연결하는 지름에 의해 획정된 원의 하부 절반 중심에 있는 도킹 거리(Dorking Street)에 범죄자가 살고 있었다.

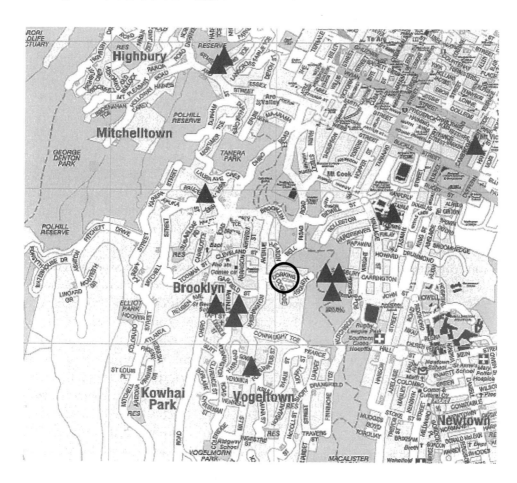

수사 정보

이 장에서는……

학습 목표

1. 경찰 수사에서 활용 가능한 정보의 양과 질에 대해 토론할 수 있다.

2. 수사 활동의 일부로 취합되는 정보에서 잠재적인 주요 오류 원천을 확인할 수 있다.

3. 인지 면담의 기초와 구성을 이해할 수 있다.

4. 목격자 증언에 의존하는 것의 문제점을 알 수 있다.

5. '자료'와 '증거' 사이의 차이점들을 이해할 수 있다.

6. 면담에 대한 PEACE 접근법을 알 수 있다.

개요

수사 혹은 수사심리학 연구를 위한 출발점이 되는 정보는 실제 사건들로부터 획득되어야 하며, 커다란 존중감과 상당한 주의를 가지고 취급되어야 한다. 신뢰성의 연속선은 가장 신뢰할 만한 증거(범죄 현장의 물적 증거들)로부터 가장 신뢰할 수 없는 것(혐의를 부인하는 용의자의 진술)까지 전개되어 있는 것으로 간주될 수 있다. 그러나 수사에서 사용 가능한 정보의 신뢰성은 추정될 수 없으며, 따라서 심리학자들에게 익숙한 자료 원천과 수사 정보는 구분된다. 경찰이 가지고 있는 진술과 법의학적 기록들은, 마치 설문지로부터 혹은 실험실에서 실험 대상으로부터 얻은 것인 양, 단순한 표면적인 가치만을 가진 것으로 취급될 수는 없다.

신뢰성 있는 증거가 되는 데 있어서 장애 요인은 초기 목격자 진술로부터 용의자 진술 및 증거가 법정에 제출되는 방법에 이르기까지, 모든 수사 단계에 존재한다. 이러한 장애 요인들 중에서 심리학적으로 의미 있는 부분은 사람들의 기억에 존재하는 문제들과 관련되어 있다. 심리학적으로 알려진 절차들, 특히 목격자, 피해자 및 용의자 면담 조사와 관련된 절차들을 활용함으로써 편향성과 왜곡 및 오류를 줄이면서, 정보의 정확성과 세밀함 뿐 아니라 신뢰성, 가치 등을 증가시키는 것이 가능하다.

수사상 면담 조사의 효율성을 향상시키기 위해 개발된 다양한 절차들은 피면담자(interviewee)의 신뢰성과 협조성의 추정 수준과 관련되어 있다. 인지 면담은 기억 향상을 지원하는 데에 중점을 두고 있으며, 주로 협조적인 목격자들을 위한 것이다. 중요한 증거로서 의미를 가지게 될 면담에 있어서, 영국에서 사용되고 있는 PEACE 접근법은 적절한 준비와 대인간 상호작용에 대해 관심을 받고 있다.

경찰과 다른 사법기관들의 업무를 통해 활용 가능한 정보들을 생각해 볼 때, 수사심리학의 전반적인 주요 관심사는 취합된 자료가 법적 절차상 사용될 수 있는 증거로서뿐 아니라, 그 결과가 수사 절차를 향상시키기 위해 환류될 수 있는 과학적 연구에 적합한 자료로서 간주될 수 있는 방법들이다. 많은 수사 과정에서 취합된 엄청난 양과 종류의 정보들은 사회과학에서는 일반적인 일종의 체계화와 정제를 통해서 이점을 가질 수 있다. 정보 관리상의 장애를 넘어서는 보다 심각한 난관은 고의적인 정보 왜곡 혹은 위조에서부터 시작된다. 이것은 다음 장에서 다루어질 것이다.

수사 정보에 있어서의 난관

신뢰성

잠재적 목격자인 P의 진술로 구성한 [글상자 9-1]의 내용은 다소 일상적이고 극적인 부분은 없는 것처럼 보인다. 그러나 국제적 의미의 사건에서는 중요하다. 경찰은 구매된 물품에 관심을 가지고 있었으며, 이는 다양한 금액이 도난당하고 두 사람이 살해당한 주요 사건과 그 물건들을 연관시키고 있었기 때문이었다. P가 일했던 상점으로 물품들을 되짚어 감으로써, 경찰은 그 물품을 판매한 사람이 누구이든지 구매한 손님을 확인할 수 있을 것이며, 그에 따라 경찰 수사를 위해 중요한 용의자를 확인하는 핵심 목격자가 될 것이라고 믿고 있었다. 따라서 P의 판매된 물품들과 구매한 사람들에 대한 기억이 재판을 진행하는 데 영향을 줄 수 있는 매우 중요한 것이었다.

 글상자 9-1 형사 A가 1998년 10월 2일에 받은 P의 진술

나는 가업으로 운영하는 잡화점을 돕고 있습니다.

1997년 9월 25일에 상점에 보관하다 판매한 물품들에 대해서 경찰관으로부터 질문을 받았습니다. 처음에는 기념품 가위들에 대해서 질문을 받았는데, 경찰관이 말하기를 1996년 11월 18일에 Y 용품점으로부터 주문에 따라 상점에 다른 것들과 함께 배달된 것들입니다. 내게 가위 손잡이를 보여 주었는데, 그 위에 특이한 디자인이 있었습니다. 난 재고품을 점검해 보고 같은 색깔에 비슷한 디자인을 가진 가위 2개를 찾았습니다. 가위들에는 Y 용품점 라벨이 붙어 있었습니다. 경찰이 내게 상점에 20개의 이 가위들이 배달되어 왔다고 했습니다. 그래서 우리가 18개는 팔았을 것이라고요. 가위의 라벨에 주문 번호 23/27/D가 보였습니다. 난 이것들을 경찰에게 팔고, 경찰이 물품에 붙여 놓을 것이라고 말한 라벨에 서명을 했습니다.

난 가위들이 가게에 배달된 날짜를 기억하지 못합니다. 경찰이 내게 보여 준 사진에서 상점에 쌓여 있는 정원용 쇠스랑을 알아보았습니다. 난 재고를 점검해서 가지고 있는 것을 알았고, 한 개를 경찰에게 판매했습니다. 난 경찰이 쇠스랑과 가위에 붙여 놓을 것이라고 말한 라벨에 서명을 했습니다. 경찰에게 내가 판매한 물품들이 언제 상점에 배달되었는지 정확하게 말할 수 없습니다만, 1996년 11월과 12월에 상점 창고에 있었던 것은 알고 있습니다.

저는 제 진술에서 언급한 물품들 중 어떤 것을 개인적으로 판매한 것을 기억하지 못합니다.

경찰이 내게 보여 준 다른 물품 사진들에서, 상점에서 판매한 것으로 아무것도 알아보지 못하겠습니다.

내 동생 T가 경찰에게 이 물품들은 한 남자에게 판매한 것을 기억한다고 할 때 나도 있었습니다. A가 재고품 중에서 그때 그 남자가 산 다른 물품들과 비슷하다고 말한 전지가위와 삽을 집어 들었습니다. 내 동생은 또 경찰에게 우리가 포장할 때 사용하는 줄과 노란색 종이를 주었습니다. 난 경찰이 이 물품들에 붙여 놓을 것이라 말한 라벨들에 서명을 했습니다.

난 1999년 1월 2일에 다시 같은 경찰관들과 면담을 했습니다. 경찰에게 내가 이전에 가게에서 팔았다고 말했던 정원용 쇠스랑 손잡이 뒤편에 검은 색으로 새겨진 여우 로고가 있다고 말했습니다. 주로 가게에서 일하는 사람은 나와 동생 T, 그리고 가끔 상점 소유주인 아버지 E뿐입니다. 아버지가 소유주이기는 하지만, 이제 70세가 되었고, 2년 전에 뇌졸중을 당한 이후에 건강이 좋지 않습니다. 사업에 있어서는 T가 상점에서 보통 판매를 하고, 난 판매와 관리를 하고 있습니다.

P의 서명

이러한 진술은 대부분의 수사의 기본이다. 이것들은 추가 정보의 추적을 가능하게 하는 사실을 제공한다. 예를 들어, P는 사실상 라인업(line-up)에서 핵심 용의자를 선별하도록 요청받았다. 그러나 진술들은 또한 그 자체로 증거이며, 유죄 주장을 뒷받침하기 위해 법정에서 사용될 수 있다.

수사는 사실상 발생한 범죄에 기초하지 않고, 무엇이 발생했는가에 대한 세부적인 윤곽을 구성하도록 도와주는 보고에 기초한다. 심각한 강도 범죄의 일부로서 흉악한 살인은 명백히 범죄이지만, 실제 수사 과정은 범법 행위라는 사건 자체에 의해서가 아니라, 사건 및 그와 관련된 문제들에 대해 경찰이 활용 가능한 정보에 의해서 진행된다.

이로부터 모든 수사 과정에서 도출되는 핵심 장애들이 발생한다. 취급되는 자료의 간접적인 특성이란 그것이 항상 부분적이며, 결코 전적으로 신뢰할 만하거나 가치가 있는 것으로 추정될 수 없다는 것을 의미한다. 정보에는 왜곡, 부적절한 첨가 그리고 누락을 통해서 생기는 커다란 불일치의 가능성이 있다. 이러한 문제 중 일부는 정보의 기록과 보관의 부적절함과 관련되어 있으며, 일부는 범죄 이후에 사건의 재구성을 필요로 하는 사람의 기억과 회상의 취약성과 관련되어 있다. 또 일부는 연관된 일부분에 대한 의도적인 왜곡과 조작이 관련되어 있다. 우리가 보통 당연히 가치를 가지고 신뢰할 만한 것으로 추정할 수 있는 과학적 활동에서 도출된 자료들과 달리, 신뢰성이 수사 정보의 필수적인 부분은 아니다. 실제로 관련된 정보가 신뢰할 만하지 않을 것이라고 흔히 추정할 수 있는 것은 대부분의 다른 연구 영역들과 비교해 보면 수사적 맥락에만 독특한 것이다.

사람들로부터의 답변을 포함하는 많은 연구 영역들에서, 초기 정보의 순수성은 당연한 것으로 받아들여진다. 시내 중심가에서 받은 답변들이 의도적으로 왜곡되었을 것이라고 생각하는 여론 조사원은 거의 없다. 과거의 문서들을 검토하는 역사가들이 문서의 작가들이 편향되었을 것이라고 예상할 수는 있지만, 예를 들어 그들이 서술한 사건 동안에 직면했을 심리적 충격이 당시에 그들의 주의를 얼마나 왜곡했는지를 생각하는 사람은 거의 없다.

[글상자 9-2]에 묘사된 것처럼, 가장 신뢰할 만한 정보로부터 최소한의 경우까지 개념적인 연속체를 마음에 두고 있는 것이 도움이 된다. 이러한 순서 배열이 실제로 지칭하는 것처럼 단순한지 여부는 심각히 고려해 볼 문제이다. 범죄 현장들은 손상될 수 있으며, 용의자들은 생각 없이 말하려 할 것이고, 피해자들이 비도덕적인 의도를 가지고 있을 수도 있는 등여러 가능성이 있으나, 일반적인 모형틀로서, 이 연속체는 획득된 정보의 가치가 어떻게 향상될 수 있는지에 대한 고민을 통해서 우리가 발전해 간다는 것을 기억하도록 해 준다.

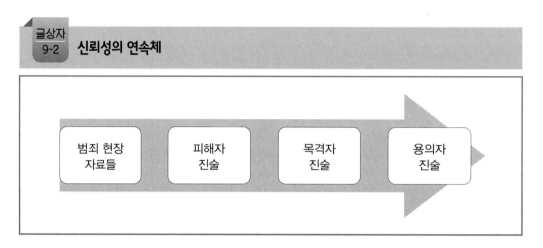

글상자 9-2 **신뢰성의 연속체**

| 범죄 현장 자료들 | 피해자 진술 | 목격자 진술 | 용의자 진술 |

증거의 장애요인

수집한 것들이 온전한 증거가 되기 위해서, 혹은 활동의 근거가 되는 관련 정보가 된다는 점을 확신하기 위해서 경찰이 넘어야 할 많은 장애요인들이 있다([글상자 9-3]을 보라). 첫 번째 장애는 초기에 범죄가 발생했을 가능성을 제기하는 현장 보고서에서부터 시작한다. 이 보고서는 누군가 보았거나 들었던 것에, 혹은 그가 경험한 것을 기억하는 것에 기초할 것이다. 여러 사람들로부터 각기 다른 보고가 있을 수 있으며, 그들 모두는 문제의 사건에 대해 상이한 관점들을 가지고 있다. 일부는 자신의 죄를 숨기거나 다른 사람을 보호하기 위해 거짓을 말하거나 왜곡하거나 혹은 정보를 감출 것이고, 혹은 단순히 경찰을 도와주지 않는 하위 문화의 일부에 속해 있거나 경찰을 돕는 것이 두렵기 때문일 것이다. 혹은 강간을 주장하는 사건에서, 오직 개입된 사람들의 진술들로부터 결정될 수 있는, 피해자가 동의했는지 여부와 같이 분명히 핵심적인 문제들도 있을 것이다. 진술의 상세한 점들, 그리고 진술이 어떻게 다른 정보들에 의해 지지되거나 도전을 받는지는 수사의 중점 탐구 대상이 될 것이다. 다시 말해, 전체 수사 과정은 범죄가 발생했는지 아닌지를 결정하는 것에 초점이 맞추어진다.

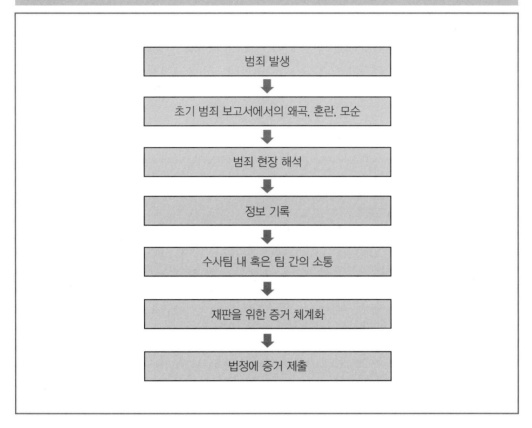

비록 전부는 아니지만, 많은 범죄들에 있어서, 장소는 사건이 발생한 곳으로 정의될 수 있다. 이 범죄 현장은, 심지어 CCTV가 무슨 일이 있었는지를 녹화하고 있을 때에도, 필연적으로 담고 있는 이야기를 포기하지 않는다. 해석은 어디에서 무슨 일이 있었는지를 가지고 구성되어야 하며, 이는 혈흔을 감식하거나 사체가 얼마나 그 장소에 있었는지를 결정하기 위해 곤충의 상태를 분석하는 것과 같이 전문가의 전문지식이 필요할 것이다. 모든 법과학 기술들이 여기에서 각각의 역할을 할 것이다. 침입 절도에서조차도, 무슨 일이 있었는지를 보여 주거나 범인의 신원을 확인하는 데에 도움을 줄 수 있는 흔적 증거나 다른 정보들이 있을 수 있다. 그러나 이와 같은 정보들 중 어느 것도 전적으로 믿을 만한 것은 아니다. 가장 확실할 것 같은 범죄 현장의 증거 원천인 지문들조차도 얼룩지거나 혼동될 수 있다. 경찰관들이 범죄 현장에 도착해서 흔적을 남길 수도 있으며, 이것은 혐의 판단에서 제거되어야 한다. 어떤 범죄들에서는 경찰관들이 너무 늦게 현장에 도착해서 이미 손상되어 버렸을 수도 있다. 만일 언론에서 사건에 커다란 관심을 가지고 있다면, 이들이 대중으로부터 만들어 내는 과잉 정보들이 경찰관들을 정리하고 확인하는 데에 파묻히게 해 버릴 것이다.

모든 활용 가능한 정보들은 사용되고 이해 가능하도록 정리되고 저장되어야 하는데, 이 과정이 정보가 잘못 기록되거나 소실되거나 혹은 누락되게 하는 커다란 난점이 될 수 있다. 차량의 색깔이 한 사람에 의해서 경찰 기록에 푸른색으로 남을 수 있지만, 다른 사람에 의해서는 남색이나 자주색으로 남을 수도 있다. 그리고 경찰의 컴퓨터 검색 장치는 이것들을 완전히 다른 차량으로 취급할 수 있다. 어떤 범죄였는지에 대해서도 다른 해석이 있을 수 있다. 예를 들어, 어떤 사람은 기물 파손이라고 볼 수 있겠지만, 다른 사람은 절도를 구성하는 것으로 판단할 수도 있다. 특정 유형의 범죄에 대한 조사들이 이러한 차이들 때문에 혼란스러워질 수 있다. 여기에는 또한 심각한 의미를 갖는 단순한 기록 실수가 있을 수 있다. 예를 들어, Canter(1995)는 6월까지 교도소에서 출소하지 않았다는 기록 때문에 2월에 발생한 범죄 조사에서 용의자가 초기에 어떻게 누락되었는지를 기술하고 있다. 다른 기록들을 자세히 검토해 보면 그 용의자는 실제 1월에 출소하였는데, 월(月)을 약자로 기록하면서 'jan.' 대신에 'jun'로 잘못 타이핑한 단순 실수가 있었다(Canter, 1995).

흔히 다양한 원천 또는 다른 사법 기관들로부터 제공된 정보를 활용할 필요도 있을 것이다. 소햄(Soham) 타운에서, 홀리 웰스(Holly Wells)와 제시카 채프만(Jessica Chapman)이라는 2명의 소녀가 살해되어 관심을 끈 사건에서 두 중심 경찰관서인 험버사이드(Humberside)와 케임브리지셔(Cambridgeshire)가 좀 더 일찍 용의자에게 접근할 수 있었는데도, 소녀들을 알고 있던 자의 용의점에 대한 정보 공유가 되지 않았었다. 많은 연구자들은 이것이 항상 무능력이나 비효율성의 문제는 아니지만, 경찰 승진이 범죄 해결을 근거로 하기 때문에 일부 경찰관들은 때에 따라서 남들보다 먼저 범인을 잡기 위해 중요한 정보를 공식 기록으로 유지하지 않는다고 보고하고 있다.

일단 용의자가 기소되어 재판에 회부되면, 경찰은 가지고 있는 정보를 법적 절차를 위해서 정리하고 준비할 필요가 있다. 이것은 흔히 원본 자료들에 접촉한 적이 없는 법률가들에 의해 수행될 것이며, 전적으로 경찰이 그들에게 제출한 것을 기초로 진행된다. 이것이 활용 가능한 정보의 또 다른 은닉과 왜곡 또는 단순한 분실을 유발할 수 있다. 어떻게 이런 일이 일어날 수 있는지에 대한 중요한 사례를 Canter(2005)가 영국의 악명 높은—비록 자살했지만—연쇄 살인범 중 한 명인 프레드 웨스트(Fred West)에 대해 기술하면서 지적하고 있다. 서류들과 다른 물품들을 취합한 것을 런던 중심가의 '공인 사무변호사'가 보관하고 있었는데, 사진들, 녹음테이프, 웨스트의 메모 그리고 다른 증거물들로 구성된 자료가 고장 난 컴퓨터 부품들을 보관하기 위해 사용되던 철제 선반에 함께 쌓여 있었다. 그곳에는 프레드 웨스트와 관련해서 선반에 무엇이 있는지를 알 수 있는 어떤 체계적인 목록이 없었으며, 추가 연구나 향후 관련 사건 소송을 위해 자료를 정리하거나 보호하는 과정도 없었다.

사건이 결국 법정에 회부되면, 자료들은 법률의 적정 절차에 따라서 법관과 배심원에게 제출되어야 한다. 예를 들어, 전문가는 전문적인 회합에서 발표해 왔던 것처럼, 자신의 의견에 도달하기 위해 무엇을 했는지에 대해 이야기하는 것이 허용되지 않는다. 대신에 다른 목격자들과 같은 취급을 받으며, 변호사가 질문한 것에만 답변해야 한다. 그러나 흔히 이러한 과정에서 전문가들이 변호사들 혹은 배심원들에게 주어진 전문성 내에서 상세한 점을 전달하는 것은 어렵다. 만일 변호사가 전문적인 세부 내용을 이해하지 못해서 가장 적절한 질문을 어떻게 해야 할지를 알지 못하게 되면, 전문가들은 자신들의 의견에 기초하여 온전하게 설명하는 것이 어렵다는 것을 알게 된다.

전체 법정 절차의 기록은, 비록 전자 기록술의 발전이 중요한 사건들에 있어서 변화를 이끌고 있지만, 공개적으로는 가능하지 않고, 대체적으로 요약된 것들이 다양한 형태로 작성된다. 사건의 결과와 범죄자에 대한 상세한 사항들은 다양한 데이터베이스와 다른 경찰 기록에 등재될 것이며, 재판 진행 과정에서 나오거나 기자들이 수집한 다른 정보들을 기반으로 하는 뉴스 보고들도 있을 것이다. 따라서 이러한 과정에서 나타나게 되는 어떤 왜곡이나 누락이 앞으로의 사건들 혹은 연구에서 사용하게 될 정보 속으로 들어가 있게 된다.

정보의 과잉

넓은 의미의 '정보'라는 개념도 경찰이 업무에 활용해야 하는 것을 정확하게 포괄하지는 못한다. 그것은 다양한 형태의 자료들, 물체들, 데이터, 통계, 기록물, 추측 또는 과정들일 것이다. 그러나 이 장에서는 단순화를 위해서 모든 이러한 것들을 '정보'라는 단어로 함축하는 경향을 보일 것이다. 그럼에도 수사 담당자들이 사용하는 정보는 그들의 조사에서 초점을 두는 현재의 사건에 대해서만은 아니다. 진행 과정에서 수많은 정보들이 무슨 일이 있었는지에 대해 실마리를 줄 수 있으며, 또한 고려 중에 있는 자료들과 이들의 법적 함의와 관련하여 용의자들이나 다른 목격자들, 전문가들 그리고 조언자들과 관련되어 있다. 예를 들어, [글상자 9-1]에 기술된 목격자 진술과 관련된 조사에서 경찰관이 P의 상점을 특정하기 위해 상점들, 재고물품, 구매 패턴들을 탐색해야 하는 배경 정보를 생각해 보라.

조사 중에 축적되는 정보의 양과 다양성은 ([글상자 9-4]와 [글상자 9-5]에 일부 주요 조사들에 대해 요약한 것처럼) 그 자체로 난관이 되기 때문에, 경찰 활동에서 가장 중요한 임무들 중 하나는 정보를 효율적으로 취급하는 것이다. 이들 매우 폭넓은 정보의 양은 양날을 가진 칼이므로 사건을 진전시키기 위해 필요한 것들이지만, 범인 검거로 이어지기 위해서는, 속담에서도 말하는 것처럼 건초 더미에서 바늘을 찾기 위해 모든 과정과 각각의 증거들을 평가해야만 하는 험난한 임무를 남겨 주게 된다. 상세한 것을 하나라도 놓친다는 것은 수사를 전적으로 잘못된 방향으로 이끌어 가게 된다는 것을 의미한다. P가 그토록 중요한 목격자인 사건으로부터의 또 다른 예는, 상세한 부분이 얼마나 중요할 수 있는지를 보여 준다. 강도 살인과 연결되어 있는 정원용 쇠스랑이 특정 색깔을 가진 여우 로고를 가지고 있었다. 용의자를 범죄에 연결시키느냐 마느냐는, 부분적으로 P가 판매한 쇠스랑에 있는 디자인의 세부적인 것이 정확하게 동일한 것으로 확실하게 기억하느냐에 달려 있다.

글상자 9-4	정보의 규모

여기에서는 잘 알려진 사건들에서 도출한 몇 가지 기본적인 수치들을 제시하고 있는데, 처리되어야 할 자료 원천들의 수를 보여 주고 있다.

- 요크셔 리퍼(Yorkshire Ripper): 1975년에 시작하여, 피터 서트클리프(Peter Sutcliffe)는 13명의 여성을 살해하고 다른 7명을 잔인하게 공격하였다. 수사 기간 동안 경찰이 17만 5,000명을 면담하여 1만 2,500개의 진술을 받았으며, 차량 1만대를 조사하고 피해자와 목격자들의 진술을 토대로 6개의 몽타주를 제작하였다.

- 질 단도(Jill Dando) 살인자: 1999년 4월 26일, 잘 알려진 TV 진행자가 런던 자택의 문 앞에서 가까운 거리에서의 총격을 받았다. 경찰이 처리해야 할 정보가 1,300건의 편지들, 1,100건의 메시지, 2,500건의 진술, 거의 200개의 CCTV 기록 그리고 아침 시간에 살인 현장 주변에서 휴대폰을 사용한 약 8만 명의 행적 등이었다. 이를 통해 경찰에게 거의 1,900명에 달하는 용의자를 신문하고, 제거해 나가야 하는 일이 남았다.

- 9·11 테러: 2001년 9월 11일에 3대의 여객기가 공중 납치되어 뉴욕과 워싱턴 시에 있는 건물로 날아들었으며, 그동안 다른 4번째 비행기는 펜실베이니아 교외의 들판에 추락하였다. 이 결과 3,000명 이상이 사망했으며 수천 명 이상의 부상자가 발행하였다. 2주 반의 기간 동안 공무원들이 10만 건 이상의 전화와 인터넷 제보를 접수하였다.

- DC 저격수: 2002년 10월의 2주 동안, 존 무함마드(John Muhammad)와 존 리 말보(John Lee Malvo)가 워싱턴 DC 주변 교외에서 무작위로 일련의 저격 사격을 자행하였다. 이후 다른 지역에서 있었던 3건을 포함하여, 연속된 총격으로 13명이 사망하였고 3명이 중상을 입었다. 시민의 협조를 요청한 이후로, 경찰은 10만 건 이상의 전화, 인터넷 제보 및 편지를 대중으로부터 받았다. 수사가 한창일 때에는 시간당 1,000건 이상의 전화가 폭주하였으며, 순간적으로 전화 시스템이 고장나기도 하였다.

- 서포크(Suffolk) 살인: 2006년 12월, 5명의 젊은 여성의 사체가 영국의 입스위치(Ipswitch) 인근 숲속 개울가에서 발견되었다. 경찰은 여성들이 사라진 지역에서 400명 이상의 운전자들을 탐문하였고, 1만 시간 이상의 CCTV 화면을 분석하고 1만 건 이상의 전화(수사 기간 동안 시간당 400건 이상)를 받았다.

> ### 글상자 9-5　경찰이 활용 가능한 정보의 유형
>
> - 생물학적 증거: DNA와 다른 생화학적·유전적 정보 획득이 가능한 혈액, 정액, 배설물과 여타 체액, 모발과 피부
> - 흔적 증거: 의류와 섬유, 토양 입자들, 식물 잔해들, 총격 잔류물, 폭발물 잔류물, 휘발성 탄화수소 (특히 예를 들어 방화와 관련해서), 곤충 또한 사체에 대한 가치 있는 지표가 된다.
> - 자국 증거: 지문, 족적, 타이어 자국 또는 필적
> - 탄환 증거: 범죄 현장 기록, 사진(경찰관 혹은 공무원이 찍은 것), 병리학자 보고서와 감식관 보고서
> - 지리적 범죄 위치
> - 연속 기록: 병원 기록, 출생, 사망, 결혼 기록 등
> - 개인적 기록: 일기, 편지, 유서, 컴퓨터 검색, e-메일 등
> - 거짓말 탐지/진실 증명 시스템
> - 목격자 진술
> - 피해자 진술
> - 정보원 보고서
> - 범죄 기록
> - 범죄 정보
> - 경찰 면담 기록

보다 덜 심각한 범죄, 말하자면 자전거 절도 같은 범죄에 있어서, 경찰이 효율적으로 기록하고 정리해야 할 필요가 있는 것은 무엇을 절취당했는가, 언제 그리고 어디서 등과 같은 것들뿐일 것이다. 주요 사건 수사, 즉 연쇄 살인 같은 것에서는 매우 많은 양의 정보가 축적되며, 경찰은 수사를 진행하고 방향을 조정하기 위해 이 정보를 사용하면서, 사건을 해결하고 증명하는 것이 필요할 것이다. 폭탄 테러와 같은 일부 사건들에서는, 전체 창고가 수집된 모든 정보를 보관하기 위해 마련될 것이며, 전담 팀이 단지 이 정보를 기록하고, 정리하고 관리하는 임무만을 위해 지정된다.

자료의 다양성

경찰이 취급해야 할 많은 정보의 필요성 중에서 우선적인 것은 자료의 큰 다양성이다([글상자 9-5]에 요약되어 있다). 각각의 상이한 자료 유형들이 관리되어야 하고, 다른 방법으로 검토되어야 하며, 상이한 기법과 평가 과정들을 요구한다. 여기에는 다음과 같은 것들이 포함된다.

- CCTV 영상 같이 범죄 현장 혹은 현장 주변에서 나온 사진 또는 여타 기록들
- 지불된 지폐 혹은 전화 통화처럼 다른 과정에 대한 기록도 있을 수 있다.
- 목격자, 피해자 또는 용의자가 사용한 컴퓨터 시스템 내에 활용 가능한 기록들이 또한 있을 수 있다.
- 흔히 범죄 목격자가 있거나, 검증을 위해 사용 가능한 범죄 결과물들이 있을 것이다.
- 면담 기록 혹은 다양한 전문가의 보고서가 있을 것이다.
- 더욱이 경찰 자료망이나 다른 기록들에 수사 활동을 위한 지침을 제공해 주는 데에 사용될 수 있는 정보가 있을 수 있다.
- 정보원으로부터의 비밀스러운 보고가 있을 것이다.
- 일단 용의자들이 파악되면, 그들에 대한 신문을 통해서 얻는 직접적인 정보, 여타 인물들로부터 획득하는 간접적인 정보, 그리고 범죄자들에 대한 핵심적인 혹은 지엽적인 정보 등 더욱 많은 잠재적 정보들이 있게 된다.
- 추가적으로, 이해되어야 하고 범죄에서 발생한 것들을 상세하게 발전시켜 나갈 진전된 행위를 이끌어 갈 다양한 전문가들로부터의 정보도 있을 것이다.

획득된 정보를 관리하고 평가하는 임무에 있어서의 난점들을 이해하고, 실제로 취합된 정보를 발전시킴으로써, 수사심리학자들이 수사를 크게 강화시킬 수 있는 과정들을 생성해 내는 것이 가능하다. 이러한 과정들은 취합된 정보의 효과적인 저장과 체계화 그리고 정제를 비롯하여, 사람들의 기억의 질을 향상시키기 위한 기술 및 진실성 연속체의 다른 한끝이라고 할 수 있는 거짓을 탐지하는 절차까지 계속되는 것이다.

용의자 우선순위 정하기

많은 조사들이 진행됨에 따라, 특히 주요 사건 수사에서는 여러 잠재적인 용의자들이 나타나게 된다. 몇 명 정도의 가능성 있는 범인들만이 등장하는 범죄 소설과 달리, 실제에서는 수사관들이 수십 명 또는 심지어 수백 명의 가능성 있는 용의자들을 점검해 나가야 한다(글상자 9-6에서 기술하고 있는 것처럼). 용의자들 각각은 우선 범행 시간에 실행이 가능했었는지 여부와 같이, 예를 들어 구금 상태에 있었던 것처럼, 단순한 것에서부터 주의 깊게 검토되어야 한다. 그런 후에 용의자가 제공한 알리바이(alibi)가 검토되어야 하며, 종국적으로 유죄의 가능성이 검증될 필요가 있다. 후자의 단계에서는 특히 수사심리학적 충고가 용의자가 범죄를 범했을 가능성에 대한 우선순위를 정하는 데에 도움을 주는 중요한 자료가 될 수 있다. 각 용의자를 찾는 데 드는 시간과 노력은 상당할 뿐만 아니라, 경찰이 그를 접촉하기 이전에

용의자가 도주하거나 중요한 증거를 훼손할 위험성도 크다. 따라서 가능한 한 효과적으로 용의자에게 접근하도록 돕는다는 것은 심리학의 의미 있는 기여가 될 수 있다.

글상자 9-6 가능한 용의자의 수

[글상자 9-4]에서 보여 준 접촉 숫자 이외에, 많은 용의자들이 항상 주요 수사에서는 고려될 필요가 있다. 몇 가지 예를 들어보면 다음과 같다.

- 철로길 살인자(The Railway Murderer): 1982~1987년에 최소한 7명의 여성이 강간을 당했으며, 이외 다수가 동일인에 의해 성폭행을 당했다. 3명의 여성이 동일 연쇄 범행들 중에 살해를 당했다. 수사 도중 한 시점에서는 용의자가 199명에 달했는데, 수사 과정의 각 다른 시점들을 종합하면 500여 명이 용의자가 검토되어야 했었다.
- 윔블던 커먼 살인(Wimbledon Common Murder): 1992년 7월 15일, 레이첼 니켈(Rachel Nickell)이 그녀의 두 살난 아들 및 애완견과 산책을 하던 중, 성폭행을 당하고 49회나 칼에 찔렸다. 경찰은 32명을 용의자로 신문하고 20명 이상을 체포하여 신문하였지만, 누구도 유죄 판결을 받지 않았다.

왜곡의 원천

Canter와 Alison(1999a)이 상세하게 기술한 것처럼, 정보와 증거를 현출시키는 조사 과정의 한 단계에서 발생하는 왜곡은 인지적·표현적·사회적·실용적 과정들에 의해 발생하는 것으로 생각해 볼 수 있다. 이들은 [글상자 9-7]에서 지적한 증거의 순서를 폭넓게 따른다. 증거가 목격자들로부터 획득되는 초기 단계들과 관련된 측면들은 대부분 심리학자들에 의해서 전반적으로 검토되어 왔으며, 후반 단계들에서는 효율적인 활용을 위해서 수사관들에 의해 증거가 어떻게 평가되고 정리되었는가에 대해 아직 검토될 것들이 많다.

예를 들어, 면담 기법의 발전은 목격자의 사건에 대한 진술에 영향을 주는 기억과 연계되어 있는 인지적 절차들에 의해 유발되는 왜곡을 감소시키는 데에 초점을 맞추고 있다. 거짓 탐지에 대한 연구 또한 거짓 진술을 유지하려는 사람에 대한 지적 부담에 대해 관심을 가지기 때문에, 지향하는 방향이 매우 인지적이다. 그러나 최근에는 면담 맥락에서 편향과 혼란을 유도할 수 있는, 사람들 사이의 사회적 과정을 검증하는 작업들이 보다 많이 진행되고 있다. 또한 일부 전문가 증언의 활용을 고려하는 과정에서, 자료가 수사관들 혹은 법원에 의해 부적절하게 사용될 수 있는 경우들을 강조하고 있다.

그렇지만 상황이 모두 부정적인 것은 아니다. 강간범의 성적 행동의 상세한 내용처럼 특별한 조건에서가 아니면 심리학자들이 일반적으로 접근하기 어려운 매우 훌륭한 정보가 획득되기도 한다. 연구자들은 자신의 연구를 위해서 강간 사건에서 정확하게 무슨 일이 있었는가에 대한 이런 종류의 정보를 얻으려고 노력할 생각을 하지는 않는 것 같다. 그러나 강간 피해자가 경찰에게 한 진술은 실제 매우 상세할 가능성이 있다.

또한 경찰 기록들은 시간, 장소 그리고 피해자에 대한 세부적인 사항과 같은 중요한 요소들을 포함할 수 있지만, 성격 검사지(personality questionnaires)에서 나타날 수 있는 범죄자의 정신적 과정들 혹은 그의 성격 특성들과 같이 심리학자들의 전문 영역에 속한 자료들은 포함하지 않는다. 동시에, 활용되는 정보가 어떤 강점을 가지고는 있지만(정보가 선서를 하고 제공되었다는 사실처럼), 실험실 연구의 조심스러운 통제하에서 수집된 자료들에서 나온 것은 아니다. 따라서 [글상자 9-8]에서 기술한 것처럼, 이런 정보는 흔히 불완전하고, 애매모호하며 신뢰할 수 없다.

글상자 9-7 일부 경찰 정보 왜곡 원천

- 인지적인 것: 주목 혹은 기억의 과정을 통해서 유발되는 왜곡들
- 표현적인 것: 어떻게 자료가 종합되었는가
- 사회적인 것: 대인관계적 교류에서 유발되는 왜곡들
- 실용적인 것: 정보의 오용

글상자 9-8 실제 사건에서 왜곡 문제 사례

- 전산화된 자료 사용의 문제점
  - 사우스 오클랜드 강간범(South Auckland Rapist). 25~35세의 남성이라는 초기 프로파일이 36세의 살인자를 나이 상한선이 제거될 때까지 용의자 목록에서 제외시킴. 또한 용의자가 여러 곳을 돌아다녔으며, 이것이 자료망에서 제대로 추적되지 못한 개연성 있음
  - 소햄 사건(The Soham Case). 헌틀리(Huntley)가 사용하기 시작한 다른 성을 경찰이 알고 있었음에도 자료망에 추가되지 못함. 또한 자료망에 헌틀리가 '연쇄 성범죄자'라는 보고가 제출되었으나, 후에 이 보고가 삭제됨
- 다른 사람들의 다른 해석: 정보가 어떻게 약화화되는지 그리고/혹은 직접적이지 않은 정보(전문 정보), 그리고/혹은 목격자 회상 또는 재인의 오류
  - 다른 사람들이 청색(blue)이라고 한 차량을 녹색(green)이라고 하는 것, 그리고 수사관들이 청색 차량을 찾고 있는 것

- 정보 공유의 문제점
  - 소햄 사건. 두 경찰관서(험버사이드와 케임브리지)가 정보(강간, 성추행, 미성년자 성행위 혐의)를 공유하지 않아서 정보의 부족을 초래

- 과다 정보의 문제점: 언론이 유발하는 과열
  - 질 단도 사건(Jill Dando Case). 많은 사람들이 관련 없는 정보들을 제공하여 이것이 다른 유용한 정보들을 오랫동안 묻혀 있게 함

- 증거 수집에서의 문제점: 범죄 현장 변형 및 의도하지 않은 오염
  - 존-베넷 램지(Jon-Benet Ramsey) 사건. 경찰관들의 범죄 현장 도착이 늦으면서 현장이 오염되고 변형됨

- 시간적 · 물리적 조건에 의해 왜곡되는 증거 및 실험실 오류. 법의학 증거의 취급 오류
  - O. J. 심슨(Simpson) 사건. 말라붙은 혈액으로 인한 수축 때문에 심슨에게 맞을 수 있었던 장갑

- 단일 용의자에게 초점
  - 잡역부 리처드 리치(Richard Ricci)에게만 초점을 맞추었던 엘리자베스 스마트(Elizabeth Smart) 사건 수사(목격자 자매가 그가 범인이 아니라고 했음에도 불구하고). 이것이 다른 용의자들에 대한 관심을 멀리하게 함

인물 식별과 목격자 증언의 취약점

진술에서 발생할 수 있는 왜곡은 단지 거짓, 기억의 간극 혹은 단순한 목격자들이나 피해자의 혼란 때문만은 아닌 것 같다. 비록 사건을 회상해서 무슨 일이 있었는지에 대한 진술을 하도록 요구받지 않고 범인이나 다른 주요 인물을 확인하는 훨씬 약한 요구가 부여되어도, 선의(善意)의 오류를 범할 가능성이 존재하게 된다. 따라서 심리학적 연구를 통해서 전통적인 '인물 식별 줄서기(identify parades)' 및 범인 신원 확인과 관련된 방법들의 타당성에 영향을 줄 수 있는 과정들을 검토하여 왔다. 목격자의 재인 과업이 적절하고 편향적이지 않다는 점을 확실히 하기 위해서 전 세계에서 경찰들에 의해 다양한 절차들이 도입되고 있다. 특히, 이 절차들은 목격자의 기억이 범죄 이후의 경험들, 예를 들어 다른 환경에서의 용의자 접촉 등에 의해 변형될 가능성으로부터 용의자들을 보호할 필요성에까지 주목하고 있다(예, Haber and Haber, 2000을 보라).

전반적으로 목격자 인물 식별은 그리 정확하지 못하다. Cutler와 Penrod(1995)는 1995년

에 '자연적인 구성'에서의 목격자 정확성에 대한 메타분석을 시행하였다. 그들이 검토한 전형적인 연구에서, 한 사람이 편의점에 들어와서 점원의 주목을 끌기 위해 어떤 기억에 남는 행동(잔돈으로 지불하는 것 같은)을 하였다. 곧 이어서 점원이 펼쳐진 사진을 보고 그 손님을 구별하였는데, 정확한 인물 식별 비율은 34~48% 범위였으며, 오인 인물 식별 비율은 34~38%였다. 이 실험의 의미는 비교적 짧은 시간 간격에서조차도 목격자가 처음 보는 사람을 확인하려고 시도할 때는 정확성만큼이나 부정확할 가능성도 있다는 점이다(Brigham et al., 1982; Naka, Itsukushima and Iton, 1996 참고).

따라서 비록 법원이 일반적으로 용의자에 대한 목격자의 인물 식별—실물로 또는 사진으로 제시된 사람들을 목격자가 인식할 수 있는지를 묻는 방식—에 크게 의존하고 있기는 하지만, 그러한 인물 식별이 안전하지 않을 수 있다는 증거들이 늘어나고 있다. 실제로 2001년에, MacLin과 동료들이 DNA 증거에 의해서 무죄임이 밝혀진 62명 중에서 52명이 잘못된 목격자 인물 식별을 근거로 수감되었음을 보여 주는 주요 검토 보고서를 출간하였다(Huff, Ratner and Sagarin, 1986; Wells et al., 1998). 이로 인해 오류 유죄 판결의 대부분이 잘못된 목격자 증언 때문이라는 믿음이 증가하고 있다(Overbeck, 2005; Rattner, 1988).

인물 식별에 있어서의 오류의 이유는 복합적이며 온전히 이해되고 있지는 않지만, 많은 학술 연구들은 혐의 사건과 인물 식별 간의 단순한 시간 간격 이외에 관련될 수 있는 여러 요인들을 지적하고 있다.

검토된 이러한 과정 중 하나는 실행에 대한 압박이다. 목격자가 인물 식별을 위해 경찰에 의해 초치되었을 때, 목격자는 경찰이 마음에 두는 용의자가 있거나 구금 중일 것이라고 추정할 가능성이 있다. 따라서 비록 사진을 보여 주거나 라인업(lineup)을 진행하는 경찰관이 강요하지 않으려고 주의를 한다고 해도, 그는 누군가를 선택해야 한다는 압박하에 있게 된다(Buckhout, 1974). 더욱이 인물 식별 상황에서 목격자는 정확하고 관찰력이 있고 도움이 되고자 하는 욕심에 의해서 형성되는 압박에 휩싸여 바보처럼 보이고 싶어 하지 않는다(Loftus, 1979)

여러 연구들 중에서, Wells(1993)는 목격자 인물 식별에 대한 라인업 진행자들의 영향에 대해 발표하였다. 그들은 다양한 언어적·비언어적 단서들을 통해서 라인업 인물들 중에 용의자가 누구인지 그리고 누가 요건에 맞는 자인지에 대한 자신들의 의견을 무심코 전달할 수 있다. 이것은 Phillips 등(1999)의 연구에서도 나타나고 있는데, 그들은 범인의 신원에 대한 라인업 진행자들의 추정을 조작하여, 이것이 목격자들의 인물 식별에 영향을 준다는 것을 보여 주었다.

이 연구들은 인물 식별의 정확성에 있어서의 취약점들뿐 아니라 인물 식별을 진행하는 과정이 목격자 자신의 선택에 대해서 갖게 되는 신뢰감에 부적절한 영향을 미칠 수 있는 방식까지도 지적하고 있다. 예를 들어, Bradfield, Wells와 Olson(2002)은 라인업 진행자에 의한 인물 식별 후 의견 제시가 목격자들에게 자신들이 정확한 인물 식별을 했다는 높은 수준의 확신을 주게 된다는 점을 발견하였다. 이는 후에 법정에서 그러한 목격자들이 더 큰 믿음을 가지고 증거를 제시할 것으로 예상되기 때문에 중요한 점이다. 또한 여기에서, Wells와 Olson(2003)는 라인업 진행자들(보통 사건 담당 수사관들)이 확인하는 피드백을 제공하는 것이 일반적이라고 지적하고 있다는 점을 다시 한번 언급할 필요가 있다. 이것은 목격자들이 자신의 인물 식별에 대해 갖는 확실성의 재인을 왜곡시키고, 더 나아가서 신뢰와 정확성 간의 관계를 혼동하는 것으로 나타난다. 이러한 효과는 사람들이 자신들의 믿음을 확인하는 증거를 찾으려는 경향에 의해서 더욱 과장될 수 있다(Kebbell and Wagstaff, 1999).

법정에서 목격자 인물 식별 연구의 사용

『미국심리학회지(American Psychologist)』는 최근에 목격자 증거를 주제로 시행한 64명의 전문가 대상 설문에서, 30개의 목격자 연구에서 도출된 현상들을 법정에서 사용 적합성이라는 측면에서 평가하도록 하였다. 전문가들 중 80%가 많은 현상들이 법정에 제출되기에 충분히 양호하다는 점에 동의하였으며, 이 '신뢰할 만한' 현상들은 질문의 구두 표현(wording of questions), 라인업 실행, 범인 식별 사진 유도 편향(mugshot-induced bias), 태도와 기대감(attitude & expectation), 신뢰 가단성(confidence malleability), 피암시성(suggestibility), 인종 간 편향(cross-race bias), 망각 곡선(forgetting curve/memory decay) 및 무의식적 전이(unconscious transference)를 포함하고 있다(Kassin et al., 2001).

그러나 학술적 연구 증거를 사용하는 것은, 이 영역의 심리학이 정돈된 강의실 혹은 실험실에 기초한 연구들에 의존한다는 사실 때문에 복잡한 문제이다. 이들은 훨씬 더 복잡한 현실 세계의 사실들을 필연적으로 반영하지 못한다. 따라서 꾸며진 사건을 선뜻 제시하거나 영상을 보여 주고 나서, 학생들은 범법자를 식별하거나 발생한 행동들을 특징짓도록 요구받는다. 대부분의 출간된 연구들이 이러한 모형을 사용하고 있으며, 목격자 진술에 대해 도출된 주요 발견들이란 그러한 연구들의 결과에서부터 나온 것들이다. 따라서 최근의 일리노이주의 폭넓은 현장 시도는, 그것이 실제 세계 적용에 대한 실험실 연구의 응용성에 대한 의문점을 제기하고 있기 때문에 특별한 의미를 가지고 있다(Wells and Olson, 2003).

일리노이 연구는 기존의 라인업 혹은 사진 제시를, 가능한 용의자들의 순차적 제시와 비교해 보려는 특정 목적을 가지고 있었다. 출간된 연구논문에서는 순차적 절차가 보다 유의미한 결과를 보여 줄 것으로 예측하고 있으나, 실제 사건들에 대한 이러한 현장 연구에서는 이러한 사항이 발견되지 않았다. 허나 실험실 연구의 순수성이 실제 경찰 수사에서 재현되기에는 너무 어렵다는 것을 발견하였으며, 이로 인해 일리노이 연구에서 발견된 결과의 확실성에 대해 논란이 계속되는 것 같다.

훌륭한 실행 제언

인물 식별 증거에서의 오류 가능성 및 이를 유발할 수 있는 과정들에 대한 현재의 이해 수준의 반응으로, 훌륭한 실행을 위한 많은 제언들이 발전되어 왔다. 이들은 어떤 절차가 고려되어야 하는지에 대해, 그리고 이러한 절차가 편향 혹은 부정확성을 유발할 가능성에 대한 기준을 제공하고 있다.

1996년 『미국심리학회지』의 법 사회(Law Society) 분야와 미국심리학회(American Psychological Association)의 41분과에서 다음과 같은 제언을 발표하였다.

- 이중 은폐 검사(double-blind testing)가 사용되어야 한다. 즉, 인물 식별 절차를 진행하는 사람은 누가 범인으로 생각되고 있는지를 모르고 있어야 한다.
- 목격자에게 범인이 나오지 않을 수 있다는 점이 사전에 고지되어야 한다.
- 비교 대상자들(distracters)은 목격자의 범인에 대한 구술 묘사에 기초하여 선정되어야 한다. 즉, 목격자가 묘사한 사람과 닮은 사람들이 용의자 식별에 등장하여야 한다.
- 확신도가 인물 식별 당시에 평가되고 기록되어야 한다.

(자세한 내용은 Wells and Olson, 2003)

유사하게, Innocence Project에서도 인물 식별 라인업을 다음과 같이 특정하고 있다.

- 순차적으로 제시(등장)되어야 한다.
- 라인업을 진행하는 사람은 실제 용의자의 존재를 알지 못하여야 한다.
- 목격자들에게 용의자가 라인업에 있을 수도, 없을 수도 있음을 고지해야 한다.
- 사진 인물 확인 라인업에서는 최소 8장의 사진이 제시되어야 한다.
- 라인업 중간에 혹은 이후에 피드백이 주어져서는 안 된다.
- 목격자들은 인물 식별을 하는 시점에서 확신하는 정도를 제시해야 한다.

이와 같은 모든 제언들은 목격자가 법정에서 피고석에 있는 사람이 그가 기억하고 있는 사람인지 여부를 지칭하도록 요구받았을 때 모두 소멸된다는 점을 주목해야 한다. 이러한 경우에 범인이라고 믿어지는 사람이 감추어질 수 없으며, 용의자가 실제로는 나오지 않았을 수 있다는 강한 표식도 없다. 또한 목격자가 실제 용의자와 혼란스러워할 다른 사람도 없으며, 법적 형식들이 목격자가 인정하고자 하는 어떠한 신뢰감의 부족도 감추어 버릴 수 있다. 따라서 피고석에 근거한 인물 식별은 목격자로부터 의견을 획득하는 가장 안전하지 않은 방법이다.

무의식적인 전이

기억은 사건과 그에 대한 회상 사이의 기간 동안 유사한 다른 사람 혹은 환경에 노출되면서 왜곡될 수 있다. 더욱이 재인은 맥락에 의해서 용이해지기 때문에, 맥락에서 벗어난 목격자는 한 사람이 익숙하다는 것을 알 수는 있지만 어디에서 그 사람을 알게 되었는지 혼란스러울 수 있다. 이것이 '무의식적인 전이(unconscious transference)'라고 개념 지어진 것을 불러일으키는 과정으로서(Loftus, 1976), 목격자는 한 사람을 본 것을 기억하지만 그 사람을 생각 중에 있는 범죄적 맥락에 잘못 지정하게 된다(Rossi et al., 1994).

Loftus(1979)가 이러한 과정에 대한 사례를 제시하였는데, 총기 위협에 강도를 당하였고, 결국 한 선원을 범인으로 지목한 철도 검표원 사건이다(Loftus, 1979). 그러나 강도를 당한 일자에 선원은 바다에 나가 있었다. 이 사건을 검토한 심리학자들에게 이 선원은 명백한 무의식적인 전이 현상의 피해자였다. 그(범인으로 지목된 사람)는 그의 얼굴이 검표원에게 가장 익숙했기 때문에 라인업에서 지목된 사람이었다. 선원은 철도역 근교에 살고 있었고, 바로 그 검표원으로부터 강도 사건 이전에 세 번이나 열차표를 구매했었기 때문이다.

Loftus(1979)는 이러한 현상을 다음과 같이 설명하고 있다.

무의식적인 전이는 인간 기억의 통합적이고 영향을 잘 받는 특성의 부산물이다. 어떤 사람에게 잠깐 노출되는 것이 후에 그 사람을 다시 볼 때 익숙하게 보이도록 하는 것으로 나타나고 있다. 예를 들어, 범죄 사건 이전에 본 우연한 인물이 사진첩에서 범인을 식별하려고 시도하는 목격자에게 익숙할 수 있다. 그 인물이 익숙하게 보이고, 그의 익숙함이 사실상 범죄보다 앞선 시간에 행해진 관찰 때문인데도, 범죄 당시에 지각하였기 때문인 것으로 해석된다. 우연한 인물에 대한 익숙한 흔적은 범죄에 대한 목격자의 기억에 통합된다. 이로 인해 무의식적인 전이는 목격자가 라인업에서 용의자를 식별할 때 진행되고, 전에 보았던 사진(예, 사진 제시 라인업) 속의 인물이 익숙하게 보일 것이다. 이러한 익숙함이 사진들로 되돌아가는 것이 아니라 범죄로 되돌아가 잘못 연관될 수 있다. 오류 인물 식별의 가능성은 이러한 상황들에서 극적으로 증가한다.

이러한 과정이 얼마나 넓게 발생하는지, 또는 이것이 표면화되는 데에 어떤 상황하에서 어느 정도의 익숙함이 필요한지는 명확하지 않다. 그러나 심리학자들은 목격자 증언을 고려할 때에 주의해야 할 과정이라는 것에는 일반적으로 동의하고 있다.

전문 증인 증언

사람들이 청각 자료를 어떻게 기억하고 인식하는지는 발전이 더딘 영역이다. 관련 연구들이 증가하고 있으며, Huss와 Weaver(1996)는 사례 연구를 통해 많은 목격자 증언의 문제점들이 기억의 원천이 시각보다는 청각인 경우에도 나타난다는 점을 지적하고 있다. 이러한 연구들은 시간에 따른 기억의 빠른 소멸 및 신뢰감과 정확도 사이의 약한 관련성 등을 포함하고 있다.

수사상 면담

최근 범죄에서 무슨 일이 있었는가에 대한 단연코 가장 일반적인 정보의 원천은 개방형 면담(open interview)이다. 경찰 면담들은 답변으로 미리 정해진 여러 응답들 중 하나를 선택하도록 허용된 규격화된 질문이 주어지는 것이 아니라는 점에서 '개방적(open)'이다[물론 단지 예/아니요 답변만이 허용된 "이 범죄를 당신이 범했나요?"와 같은 '폐쇄형(closed) 질문을 예외로 하고]. 예를 들어, 사람들의 책임 가능성에 대해 연구하는 사회학자들은 다음과 같은 폐쇄형 질문을 구성할 수 있다.

10월 18일 저녁 8시에서 10시 30분 사이에 당신은

(a) 알리바이를 제공할 누군가와 있었다.
(b) 스스로는 어떠한 범죄 활동에도 연루되지 않았으나 확증을 제시할 수 없다.
(c) 쇼핑이나 영화 관람과 같이 확증을 제공할 수 있는 다른 활동에 속해 있었다.
(d) 문제의 범죄 행위에 연루되어 있다.

모든 범죄자 면담을 통해서 표준화될 수 있는 이러한 형태의 질문이 왜 만들어지지 않는지는 흥미로운 질문이다. 가장 그럴싸한 이유는 그러한 질문에 대답할 때 거짓을 말하기가 훨씬 쉽다고 믿고 있거나, 많은 세부적인 것들이 이어져야 할 필요가 있기 때문에 "며칠 전에 당신은 무엇을 하고 있었습니까? 우리는 10월 18일에 관심이 있어요."라는 개방형 질문

을 통해서 접근하는 것이 낫다는 것이다.

그러나 질문의 대상이 거짓을 말하는 성향이 있다고 추정하기 어려운 많은 경우들이 있다. 이러한 상황에서는 규격화된 질문이 적절한가? 예를 들어, 가가호호 조사에서 사람들이 무엇을 보았는지의 핵심 요소들은 매우 조심스럽게 구성한 질문들을 모든 사람에게 제시함으로써 좀 더 쉽게 얻을 수 있을 것이다. 비록 그러한 질문들이 지금도 일부 조사 업무에서 사용되고는 있으나 흔하지 않은 이유는, 사람들이 하는 진술이 법적 절차에서 사용될 수 있는 증거가 되기 때문이다. 따라서 자료를 너무 주의 깊게 구성하는 것은 해야만 하는 답변을 제안하는 '유도(leading)' 질문이 되는 문제에 이르게 할 수도 있다.

이러한 고려의 결과로서, 수사와 관련된 일련의 주제들을 중심으로 유연하게 구성된 개방형 면담이 수사에서 모든 핵심 정보를 획득하는 특유의 방법이다. 요즈음 많은 지역에서 이러한 면담이, 비록 영상 녹화가 좀 더 일반화되고 있지만, 음향으로 녹음되어 녹취되고 있다. 과거에는 녹음이 일반적이지 않았기 때문에 흔히 동시 기록이라고 불리는 방식을 쓰거나, 말하는 것을 기록하는 다른 방법을 사용한 후에 이것을 목격자 또는 용의자가 서명할 수 있도록 진술서로 변화시키는 방식에 의존하는 인터뷰들이 많이 있었다.

전반적인 면담 과정에 대한 연구들이 많이 있으며, 최근에는 경찰 면담과 관련하여 발전되고 있다. 우리의 현재 취지에 맞추어 세 가지 측면을 고려해 볼 수 있다. 첫 번째 측면은 진술을 하는 사람이 가능한 한 많이 효과적으로 기억할 수 있도록 하는 기술과 관련되어 있으며, '인지 면담(cognitive interview)'이 이러한 일반적인 사안에 대한 인기 있는 접근법이 되어 왔다(Fisher and Geiselman, 1992; Geiselman et al., 1985, 1986).

고려되어야 할 두 번째 측면은 모든 면담의 중심에 있는 대인관계이다. 이 문제는 이러한 관계가 용의자가 조심스럽고 명확하게 사실을 이야기할 준비가 되어 있는지 여부에 영향을 주기 때문에 특히 중요하다. 물론 용의자들은 기억에 어려움을 갖기 때문에 기억과 관련된 사안들도 역시 관련될 것이다.

목격자들과 피해자들 중에는 이러한 것이 특히 중요한 하위 집단이 있으며, 이들은 취약한 면담 대상자들이라고 언급될 것이다. 예를 들어, 그들은 범죄의 공포에 의해 정신적 외상을 받은 사람들이거나, 정신 질환이 있는 사람들, 또는 다른 이유로 인해서 자신이 경험한 사실에 대해 명확하고 논리 있게 이야기할 수 없는 사람들로서, 약물 중단으로 괴로워하는 사람들 혹은 다른 원인으로 인해 낮은 지적 능력을 가진 사람 등이 그 예가 된다. 아동은 기억 과정에서 그들이 갖게 되는 어려움과 면담에서의 관계 때문에, 그리고 아동 증언의 법적 의미 때문에 또 다른 취약성의 영역을 제공하고 있다.

세 번째 측면은 수집된 진술의 타당성 평가이다. 용의자로부터 취득한 주장 혹은 진술에 어느 정도의 신빙성이 주어질 수 있는지를 아는 것이 중요하다. 이러한 타당성의 문제들은 두 가지 뚜렷한 구성요소를 가지고 있다. 하나는 거짓 탐지이다. 이것은 활용 가능한 정보, 특히 진술의 비언어적 · 준언어적 측면들을 포함하여, 정보의 모든 측면들을 기반으로 시도될 수 있다. 이러한 측면들은 수사관들에 의해서 잘 기록되지 않는 경향이 있을 것이므로, 면담 당시에만 도출될 수 있다. 음향 녹음은 비디오 녹화만큼 도움이 되지는 않지만, 연구결과는 사람들이 심지어 자신들 앞에 사람을 두고서도 거짓을 탐지하는 데에 너무도 취약해서, 이 기록 기기들이 관련된 많은 것들을 숨기게 되는 것이라고 말하고 있다(Eckman, 2001 참고).

두 번째 심리적 구성요소는 거짓 탐지가 아니라 진술이 합당한가를 확인하는 것에 대한 것이다(Canter et al., 2004). 따라서 여기에서 타당성 평가의 문제는 다른 끝으로부터 접근하는 것이며, 어떤 경우에는 더욱 유용하고 적절할 수 있다. 진술 평가에 대한 이러한 접근법들은 다음 장에서 좀 더 생각해 볼 것이다.

면담 절차

범죄 소설에서는 목격자 또는 용의자가 흔히 형사와 같이 앉아서 마치 질문의 공식과 전체적인 면담 과정이 별다른 준비를 필요로 하지 않고 훈련도 필요 없는 어떤 상식적 수준의 절차인 것처럼, 직접적인 질문에 답하곤 한다. 과거에는 그렇게 했을 수도 있지만, 전 세계의 경찰과 다른 수사기관들은 이제 면담 과정에 대한 일반적인 심리학적 이해뿐 아니라 수사 면담에 대한 특정 연구들의 결과로부터 많을 것을 배울 수 있다는 점을 깨닫고 있으며, 다양한 면담 전략들이 이러한 인식에서부터 발전되어 왔다.

경찰 면담을 위한 모형을 제공하기 위해 발전되어 온 절차들은 주로 Geiselman 등(1985, 1986)의 인지 면담(상세한 내용은 Fisher and Geiselman, 1992를 보라)처럼 기억 과정들을 용이하게 하는 것에 초점을 맞추어온 것들로부터, 거짓 탐지를 강조하는 사회적 지향성의 접근법들, 특히 IEE 기법(Frank, Yarbrough and Ekman, 2005), 그리고 일종의 자백 또는 유죄 암시를 획득하는 것을 강조하는 절차들, 즉 Inabu와 Reid(1962) 및 지지자들의 주장처럼, 면담과는 다른 '신문'의 개념과 흔히 연관되어 있는 절차들까지 다양하지만, 이들은 면담자의 기망 행위와 같은 절차들을 부추기기도 하는데, 일부는 다른 사법 관할에서 불법일 수 있다. 이러한 다양한 면담 절차들은 피면담자 고유의 신뢰성과 문제된 사건에 대한 그들의 진술이라는 연속선상의 각 지점에서 다양한 적합성을 보이게 될 것이다. 신뢰성을 좀 더 추정하는 경향의 절차들은 이 장에서 검토하며, 연속 과정의 반대쪽에 중점을 두는 절차들은 다음 장에서 검토할 예정이다.

이러한 모든 절차들은 단지 목격자들의 기억이 가능한 만큼만 효과적일 수 있다. 예를 들어, 만일 한 사람이 뜻밖에 일어난 일을 보지 못했다면, 어떤 상세한 기억을 가지고 있지 못할 것이다. Ebbinghaus(1913)의 중대한 연구 업적 이후로, 과거 100여 년 이상 다양한 연구들이 인간의 기억이 얼마나 제한적일 수 있는가를 보여 주고 있다. 수많은 요인들이 목격자 재인의 신뢰성에 영향을 주고 있음이 발견되어 왔으며, 이들은 상황 변수들 그리고 목격자 자신들과 관련된 요인들로 나누어질 수 있다.

아마도 가장 확실한 상황적 요인은 목격자가 얼마나 사건을 잘 목격했는가 하는 점이며, 주간보다는 야간에 발생한 사건에 대한 정보를 목격자들이 잘 회상하지 못하기 때문에 이 것은 빛의 조건에 의해 영향을 받을 것이다(Yarmey, 1986). 목격자들은 또한 사건의 지속시간을 산정하는 데 어려움을 가지며, 흔히 과잉 산정하게 된다(Buckhout, 1977). 다른 요인들로는 회상되는 정보의 유형을 포함한다. 예를 들어, 목격자들은 속도와 거리(Leibowitz, 1985), 색깔(Weale, 1982), 사건의 폭력성 등에 대한 정확한 판단에 곤란을 겪는 것으로 나타나고 있으며, 사건이 매우 폭력적일 때에 정보 회상이 감소된다(Loftus and Burns, 1982).

목격자 요인들로는 스트레스의 영향이 포함된다. 일부 연구들은 높은 스트레스가 회상되는 정보의 양을 감소시킨다는 결론을 얻고 있으나(예, Peters, 1988), 다른 연구들은 기억에 대한 스트레스의 영향은 없다고 주장한다(예, Deffenbacher et al., 2005; Yuille and Cutshall, 1986). 스트레스의 영향과 관련하여 한 가지 일관된 발견은 범죄 행위 중 무기의 출현은 일반적으로 목격자의 관심을 무기로 집중시킨다는 점이다(Loftus, Loftus and Messo, 1987). 목격자들의 예측 혹은 편향 또한 그들이 사건을 기억하는 방법에 영향을 줄 수 있기 때문에 (예, Allport and Postman, 1947), 선입견으로 갈등을 겪는 사건은 기억의 정확성이 떨어진다. 나이는 매우 중요한 목격자 요소이다. 아동들은 일반적으로 피암시성(suggestibility)에 취약한 면을 보이면서(Ceci, Ross and Toglia, 1987), 성인에 비해 정확성이 떨어지며, 목격자들의 기억이 고령자들에서도 감소하는 것으로 발견되었다(Yarmey, 1984). 목격자 능력과 관련한 성별 효과에 대한 연구들은 다양한 결과들을 보여 주고 있다. 예를 들어, Clifford와 Scott(1978)은 남성들이 폭력적인 사건의 세부 사항을 기억하는 데에 우수하다는 점을 발견하였으며, Powers, Andriks와 Loftus(1979)는 남성이나 여성 모두 자신들의 흥미를 끄는 항목에 더 관심을 기울인다고 말하고 있다. Yarmey(1993)도 또한 목격자 정확성에 있어서 성별 차이점을 보고하고 있다. 마지막으로, 일부 연구들은 특정한 세부 사항들이 경찰관처럼 훈련을 받은 사람들에 의해서 좀 더 쉽게 기억될 수 있음을 보여 주고 있다(Yuille, 1984).

심리학자들에게 큰 흥미를 불러일으킨 다른 실무적으로 중요한 발견은 목격자가 얼마나 신뢰성을 가지고 있는가와 그들의 진술의 정확성 간에는 매우 약한 상관성이 있다는 점이다. 이는 경찰이 흔히 확신하는 목격자에게 보다 주목한다는 점에서 중요하다. 그러나 확신은 목격자의 기억에 대해서라기보다는 목격자의 특성인 것으로 나타나고 있다(Sporer et al., 1995).

인지 면담

수사 중에 획득하는 정보의 중요한 측면들 중 하나는 그것이 가능한 한 많은 관련 세부사항들을 포함하고 있어야 한다는 점이다. 따라서 심리학자들은 획득한 정보를 극대화시키는 과정들, 특히 경찰 면담을 위한 과정들이 발전되도록 협조해 왔다. 이 과정에서, 가능한 한 효과적일 필요가 있는 두 가지 사안이 있다는 점에 관점이 모아졌다. 하나는 면담에서 응답자들이 무슨 일이 발생했는지를 기억하기 위해서 노력한다는 점이다. 따라서 기억 과정을 도와줄 수 있는 어떠한 것도 가치가 있다는 점이다. 또 다른 사안은 면담자와 피면담자 간의 관계이다. 관계가 가능한 한 지원적이고 협조적일 수 있다면, 보다 효율적인 정보가 획득될 수 있을 것이다. 인지 면담은 이러한 과정들 모두를 강화하기 위해서 개발되었다(Fishere and Geiselman, 1992; Geiselman et al., 1985, 1986). 인지 면담의 구성요소들은 [글상자 9-9]에 제시되어 있다.

글상자 9-9 인지 면담의 구성요소(Geiselman et al., 1985)

- 라포 형성
- 적극적인 경청
- 자발적인 회상 격려
- 개방형 질문
- 답변 이후에 간격
- 중간 방해 회피
- 자세한 묘사 요청
- 강한 집중 고취
- 심상의 활용을 권장
- 원 맥락의 회복
- 기억하는 자의 관점 채택
- 연결되는 질문
- 다각적인 인출 시도 권장

인지 면담은 Bartlett(1932)이 『기억하기(Remembering)』라고 이름 붙인 그의 책에서 처음으로 정립한 견해에서 직접적으로 유래하였다. 그는 인간 기억은 근본적으로 하나의 구성 과정이라는 이론을 발전시키면서, 정보는 서류 저장소(정보가 시간에 따라 사라져 버리는 곳)에서 꺼내어지는 것이 아니라 다양한 심리적 과정에 의해서 능동적으로 구성되는 것이라고 보았다. 따라서 사람들이 기억하는 것을 돕기 위해서, 응답자가 가능한 한 효과적으로 사건을 재구성하도록 돕는 절차들이 제안되었다.

많은 연구들에서 인지 면담이 전통적인 경찰 면담들보다 상세한 정보를 유의미하게 많이 도출한다는 점을 보여 주고 있다(Fisher, Geiselman and Amador, 1989). 일부 연구들은 획득된 정보가 보다 정확하고, 또한 보다 관련성 있는 정보를 얻고 있음을 보여 주고 있으나, 정확하게 관련성 혹은 정확성을 측정하는 것이 어렵기 때문에, 인지 면담의 전체적인 가치는 상황에 따라 상당히 다양한 것 같다.

인지 면담은 기억에 대한 실험 연구에서 개발되었다. 결론적으로 이것은 심리학적 연구를 위한 정리된 틀을 제공한다. 이 연구들은 전형적으로 학생으로 이루어진 청중에게 한 사건의 비디오 녹화를 보여 주고, 그 사건에 대해서 무엇을 기억하는지에 대해서 여러 실험적 조건하에서 질문하는 것으로 구성되어 있다. 그들의 기억의 양과 정확성은 상이한 조건들에서의 영향을 검사하기 위한 독립 변수들을 제공한다. 조건들 중 하나는 한 개 혹은 그 이상의 인지 면담 구성요인들이 될 것이며, 비교 조건들은 다른 면담 접근법들을 구성하고 있는 것들이 된다.

명확한 결과의 가능성이란, 실험 조건들의 여러 상이한 변형을 가지고 연구들이 실행되면서 실용적인 측면이 도출된다는 것을 의미한다. 경찰 업무 과정의 일부분으로서 실제 활용되는 절차 혹은 실제 사건과 관련된 절차들의 탐구는 매우 드물다. Clarke와 Milne(2001)가 경찰 면담의 실제 활용을 검토하였을 때, 인지 면담으로부터 얻은 개념들이 매우 드물게 사용되고 있으며, 이를 사용하려는 데에 매우 소극적임을 발견하였다. 이러한 소극성의 상당 부분은 인지 면담이 요구하는 시간과 노력의 양적인 증가에서 유발된 것이지만(더욱 간단한 모형을 개발하려는 시도에도 불구하고; Kebell, Milne and Wagstaff, 2001 참조), 보다 중요한 이유는 전반적인 접근법이 경찰 수사와 증거 탐색을 위한 요청에서가 아니라, 자료 생성을 위한 실험실 구성에서 유래하기 때문이었다.

그럼에도 이러한 절차들을 이용한 많은 연구들의 결과가 오류율의 증가 없이 인지 면담이 통제(일반 기법 사용)집단에 비해 35% 이상의 정보 증가를 보여 주고 있다는 점은 주목할 필요가 있다(Kohnken, Thurer and Zoberbier, 1994). Kebell과 Wagstaff(1999)은 이 기법의 법의학적 효과를 좀 더 자세하게 고려하여, 이 과정이 어떻게 기억의 심리뿐 아니라 사회적 및 의사소통 문제들과 관련하고 있는지를 보여 주고 있다. 예를 들어, 중간에 끼어들기, 부적절한 연속 질문 및 방식 변화—의심할 것 없이 회상에 간섭하는 기법들—가 경찰관과 목격자 간의 의사소통 흐름을 방해하는 사회적 과정이라는 점을 지적한다.

인지 면담의 가장 건설적인 측면들을 선정하려는 시도에서, 범죄 사건을 이해하는 데 있어서 맥락의 중요성에 대한 앞 선 장들의 논점들을 감안하면, 맥락 회복하기(Hammond, Wagstaff and Cole, 2006 참조)와 인지 면담의 사회적 구성요소들은 Kebell과 Wagstaff, 그리고 그들보다 앞서서 다른 학자들(Memon and Stevenage, 1996)이 집중해야 하는 사안들로서 선정한 두 가지 영역이라는 점은 의미가 있다 할 것이다. 맥락 회복하기(reinstating the context)는 목격자들을 그들이 사건에서 행한 역할로 되돌려 놓는 것이며, 전문가적인 사회적 기준을 수용한다는 것은 이끌어 내는 정보의 양을 극대화하는 것을 용이하게 하는 역할에 수사 담당자들을 위치시키는 것이다.

실제 경찰 면담에서 진행되는 것을 고찰하여 Clarke와 Milne(2001)가 지적한 것처럼, 면담에서의 주요 부분은 목격자의 서명을 받기 위해서 면담자가 진술을 받아 적는 것이다. 비록 녹음된 면담의 활용이 증가하고 있지만, 아직 마지막 결론은 법정에 제출할 수 있는 문서로 작성된 것을 획득하는 것이다. 이는 어떤 맥락에서건 좋은 일반적인 면담 실행의 여러 측면들이 지켜지지 않고 있다는 것을 의미한다. 경찰관들은 목격자가 자신이 이해하는 방법으로 진술하는 것을 허용하지 않는 폐쇄형 질문을 하는 경향이 있으며, 더욱이 면담이 흔히 면담자가 상황이 어떠했을 것이라고 믿는가에 따라 구성되면서, 획득되는 정보의 상세함과 정확성을 더욱 제한하게 된다.

많은 연구자들은, 많은 경찰관들이 목격자와는 다르게 용의자 면담에 대해서 갖고 있는 목적이 자백을 얻으려는 것이라는 점을 지적하고 있다. 그러나 연구들은 범죄자의 입장에서 인정한다는 것은 유죄를 지적하는 증거의 질과 주로 관련되어 있다는 점을 보여 주고 있다. 예를 들어, Williamson(1993)은 1,067건의 사건 분석에서 강한 증거가 있는 사건들 중 67%가 유죄를 인정하였으나, 약한 증거를 가진 사건들 중 77%는 부인하였다고 보고하고 있다. 그렇지만 증거의 중요성을 제시하기 위해 이를 축적하고 체계적으로 정리하는 것은, 어떻게 질문을 구성 하는가 혹은 면담자가 피면담자의 말을 주의 깊게 듣고 있는가 여부와 같이 특별한 측면이 아니라 전체 수사 과정의 일부라는 것이 인정되어야 한다(Bull and Milne, 2004; Kebbell, Milne and Wagstaff, 2001). 이러한 이유들로 인해, 수사 및 경찰 활동의 실제적인 면과 좀 더 직접적으로 관련되는 다른 접근법들, 그중에서도 다음에서 살펴볼 PEACE 절차 같은 것이 개발되었다.

얼굴 기억

얼굴과 다른 세부적인 것들에 대한 기억을 향상시키기 위해서 유사한 심리적 과정들을 사용하려는 시도 역시 진행되어 왔다(Koehn, Fisher and Cutler, 1999). 이 시도는 부분적으로는 사람들의 얼굴 기억이 매우 취약하다는 이유 때문에 그다지 성공적이지 못하였다. 이에 심리학자들은 얼굴이 어떻게 기억에서 재구성되는지, 그리고 이를 용이하게 하는 절차에 대한 다양한 연구에 관여하여 왔으며, 이것이 전통적인 '사진 확인' 접근법을 뛰어넘는 발전들을 이끌어 왔다. 그러나 이러한 새로운 시스템 활용을 포함하는 훈련과 효과적인 면담에 대한 지대한 신뢰는 이러한 발전들이 과학적인 발견들로부터 기대되는 활용성을 갖지 못해 왔다는 것을 의미하고 있다.

심리학적 연구는 또한 전통적인 '인물 식별 줄서기'의 타당성 향상에 상당한 기여를 하여 왔다. 다양한 절차들이 목격자의 인식 절차가 적절하고 편향성에 취약하지 않도록 전 세계의 많은 경찰 조직들에 의해 도입되었으며, 특히 이 절차들은 다른 상황에서 용의자와 마주치는 경우처럼 목격자의 기억이 범죄 사건 이후의 경험에 의해 변형될 가능성으로부터 용의자를 보호해야 할 필요성에 주목하고 있다(예, Haber and Haber, 2000을 보라).

PACE와 PEACE

1984년, 영국에서는 경찰 수사의 여러 측면들에 대한 관심이 'PACE'로 알려진 「경찰 및 범죄 증거법(The Police and Criminal Evidence Act)」, 즉 경찰 수사를 통제하는 법에 대한 검토에 이르게 하였다. 이 법은 범죄를 제압하는 영국 경찰의 권한에 대한 법적 틀을 제도화했을 뿐 아니라 이러한 권한의 실행을 위한 집행 규정들을 제공하고 있다. PACE 법의 목적은 경찰 증거가 법정에서 채택될 수 있도록 하고, 영국 경찰의 권한과 대중의 권리와 자유 사이에 균형이 형성되도록 하는 것이다. 결과적으로, 이 법은 피해자 또는 용의자 면담이 실행될 수 있는 조건을 제시하고 경찰 면담의 시각적·청각적 기록과 관련된 규정들을 제공하고 있다.

이 법은 경찰 면담을 위한 모형들과 면담자들이 효과적으로 면담을 시행하기 위한 기술을 개발시키는 데 도움을 주는 절차들의 훈련을 제공할 필요성에 주목하였다. 이러한 구조를 구성한 사람들은 인지 면담 접근법을 잘 알고 있지만, 경찰 실무 및 법정에서 증거로서 효과적으로 사용될 수 있는 정보를 획득할 필요성에 직접적으로 연결되는 시스템을 개발하고 싶어 하였다.

계획적으로 개발된 절차는 사회적 관계 혹은 Shepherd(2007)가 '대화 관리(conversation management)'라고 부른 것을 다루기 위해 목격자의 회상을 향상시키는 것 이상을 담고 있다. 실제로 라포 형성과 같은 문제들은 인지 면담의 일부로서 생각되고 있지만, 면담 과정에 대한 훈련과 개념 정의에 있어서 중심을 이루는 대인 상호관계에 대한 고려를 포함하는 절차들은 PEACE 절차에서 보다 많이 강화되어 있다.

개발된 면담 절차는 'PEACE'로 알려졌으며, [글상자 9-10]에 중심 구성요소들이 정리되어 있다. 이것은 실제 면담 이전과 이후에 경찰이 실행하는 것뿐 아니라 답변자와 관계를 유지하고, 라포를 형성하며 주의 깊게 경청하는 것의 중요성을 강조한다. 인지 면담과 뒤에서 논의할 Eckman의 접근법처럼, 핵심 질문 절차는 "당신이 기억하는 것을 말해 보세요(Tell me what you remember)."와 같은 개방형 질문에 대해 피면담자가 중간에 간섭받지 않고 답변을 하도록 격려하는 것이다.

비록 이러한 절차에 대한 훈련이 경찰 면담에 긍정적인 효과를 가지고 있기는 하지만, 다양한 연구들(예, Bull, 2002; Milne and Bull, 2002)이 아직도 경찰관들이 중간에 간섭하고 초점을 맞춘 폐쇄형 질문을 하는 경향이 있음을 보여 주고 있다. 이는 부분적으로는 무슨 일이 발생했는지에 대한 강한 추정을 하고 면담을 이러한 추정을 확인하기 위해 사용하는 경찰 문화의 특성과 면담 모형들이 상반되게 진행되기 때문인 것 같다.

글상자 9-10 PEACE 구성요소

P: 준비와 계획(**P**reparation and planning)
E: 관계 형성 및 면담의 목적과 과정 설명(**E**ngage and explain purpose of interview and process)
A: 진술: 자유 회상(**A**ccount-free recall)
C: 명료화, 의문과 결론(**C**larify, challenge and conclude)
E: 평가: 새로운 조사 방향?(**E**valuate-new lines of inquiry?)

취약한 피면담자

일부 피면담자의 취약성에 대한 인식이 여러 사법 관할에서 경찰 면담에 적합한 성인이 참여해야 한다는 법적 필요요건을 이끌어 내었다. 많은 목격자들은 그들의 나이, 정서 상태 혹은 지적 능력 등 때문에 취약한 존재로 간주될 수 있다. 이러한 목격자들은 암시에 취약하거나 면담 과정에 의해서 불안해하거나 혼란스러워할 수 있다. 따라서 특별한 면담 절차들이 이러한 사람들의 면담을 위해 개발되어 왔다. 이것들은 면담자와 피면담자 간의 관계 형성과, 질문을 잘 표현하고 답변자가 이해하는 방식으로 답변을 용이하게 하는 것 등을 강조한다.

수사 정보에 대한 연구 접근법

비반동적 수단으로서의 증거 취급

경찰 수사에서 수집된 정보는 사회과학자들이 활용하는 '비간섭적' 혹은 '비반동적'인 수단들과 유사한 것으로 생각될 수 있다(Webb et al., 1966; Lee, 2000 참고). 정보를 측정되는 하나의 자료 형태로 생각함에 따라, 심리학적 도구들의 질과 활용성 향상을 위해 탐구되어 온 많은 심리측정 주제들이 경찰 수사와 직접적으로 관련되어 있다는 점이 명확해졌다. 일정 조건에서는, 사회과학 접근법들이 수사관들이 고려하는 정보의 폭을 확대시켜 주기도 한다.

이러한 자료 획득은 Lee(2000)가 검토한 3가지 모형을 반영하고 있는데, 다음을 포함하고 있다.

- 피해자, 용의자 및 목격자 진술, 범죄자의 범죄 전력 및 기타 다양한 비밀 기록 및 공식 기록들의 검색(retrieval)
- 사진 또는 병리학자의 보고서와 범인에 의해 어떻게 범죄 현장이 훼손되었는지, 무엇을 가져갔는지 등을 포함하는 여타 기록들을 통해 범죄 현장에서 수집된(captured) 정보
- 감시와 비밀 전화 점검을 통해서 수집된(captured), 범죄자의 타인과의 유대관계 패턴의 상세한 내용들
- 경찰과 수사에 관여하는 사람들에 의해서 발견된(found), 공격적인 또는 여타 관련된 서한들(예, 유서), 용의자의 컴퓨터 파일들, 피해자와 그들의 생활방식 및 활동 패턴에 대한 정보 등과 같이 많은 자료들

자료 정리: 정제

수사에서 경찰이 취급해야 하는 자료의 양과 다양성뿐 아니라 신뢰성에 대한 의심과 잠재적인 편향 및 왜곡 가능성은 수사심리학이 기여할 수 있는 많은 기회를 부여한다. 한 가

지 매우 중요한 기여는 허위와 거짓에 대한 심리학적 탐구, 특히 수사상의 면담이라는 맥락 내에서 도출된다. 이것은 다음 장의 대부분에서 관심을 가질 만큼 매우 방대하고 흥미로우며 의미 있는 주제이다. 그러나 비록 의도적인 거짓이 없더라도, 수사심리적 절차로부터 얻은 정보가 경찰에게 가치 있게 취급될 방법들은 많이 있다.

자료들이 잠재적으로 얼마나 많이 활용 가능할 것인가를 감안해 볼 때, 놀랄 만한 한 가지 중요한 기여는 수사관들이 적절한 정보를 보다 많이 수집할 수 있도록 도와주고 있다는 점이다. 어떤 자료를 수집할 것인지에 대한 결정은 정책적 목표 때문에 특별히 세부적인 것들, 말하자면 거리 범죄 같은 것에 대해 정부와 다른 기관들이 필요로 하는 요청에 영향을 받으면서, 경찰 관습과 실무적인 면에서 수년에 걸쳐 성장하여 왔다. 흔히 일부 경험 있는 경찰관들은 자리에 앉아서 그들이 생각하기에 수집되어야 할 정보 목록을 작성하지만, 이를 위한 명확하게 중요한 계획은 없으며, 흔히 무엇이 취합되어야 하는지에 대한 상반된 요구가 있곤 한다. 예를 들어, 일부 정보는 범죄 수준과 경찰 활동에 대한 공식 보고서를 위해서 필요로 하는 반면, 다른 정보는 경찰이 어떤 조치를 취했는지를 기록하기 위해 필요하다. 게다가 어떤 정보는 의복, 또는 정확하게 어디에서 범인이 피해자를 잡아챘는지 등과 같은 추가적인 법의학적 단서들을 찾을 장소에 대한 직접적인 암시를 제시할 수 있다. 따라서 수집된 정보의 혼합이 매우 기이한 것이 될 수 있다. 우리는 경찰 조직이 일정 단계에서는 자전거 페달이 다른 색깔이며, 그 색이 무엇인지에 대해 조심스럽게 기록을 유지하면서도, 살인 피해자의 인종적 외형에 대한 직접적인 기록은 유지하지 않는다는 점을 알고 있다. 더욱이 정보 수집은 시간과 재원을 소모하는 일이다. 범죄에 대한 추가 정보를 수집하려 할 때마다, 그 과정에서 한 명의 부가적인 인력이 더 필요하다는 점이 일부 경찰 조직에 의해서 산정되기도 하였다. 현존하는 자료 관리 시스템에 따라 경찰 조직에 의해 수집된 정보의 종류는 [글상자 9-11]에 정리되어 있다.

글상자 9-11 강간 사건에 대한 전형적인 경찰 데이터베이스 기록

CR No: 0328167/07

===
==

일반 정보(general info):

IU [WH] 혐의 [강간]

요약:

최종 범죄 입력 [2007. 2. 12. 9:30]

총 - VIW [1] PROP [0] VEH [0] SUSP [1] ACC [0]

수사 세부사항:

다음은 [경찰관]에 의해 입력되었음.

이 사건은 CSU 직원을 통해서 경찰에 신고되었음. 나는 최초 전화를 받고 사파이어 팀과 접촉하였으며, 피해자에게 전화를 걸어 무용과 2학년에 재학 중인 그녀를 만나러 단과대학에 감.

VIW1(피해자)는 2학년 학생으로서, 11월 10일 친구와 함께 단과대학 정원에서 개최된 파티에 참석하였다고 설명함. 그들은 기숙사에 있는 그녀의 방에서 바로 아래쪽 구역에 있는 정원으로 갔음.

그녀의 친구는 친구 1로서, 당시에 주점에 갔으며, VIW1에게 용의자가 다가와 말을 걸었다고만 알고 있음. 대화는 가벼운 것들이었으며, 그가 이전에 이곳 학생이었다고 말했다고 그녀가 말하고 있음. 그녀는 많은 것을 기억하지 못하고 있음. 친구 1이 돌아왔고, 그 남자는 떠남. 저녁 시간 동안 그녀는 칵테일 두 잔과 진 1잔, 그리고 다이어트 콜라를 마셨음. 12시 경에 그녀는 정원 구석의 아치형 입구 밑에 있는 화장실에 갔음. 그녀가 나오자 앞서 이야기했던 남자가 그녀를 뒤에서 잡아챘으며, 기숙사 구역 뒤편의 아치형 입구 뒤에 있는 정원으로 그녀를 강제로 밀어 넣음.

그러고는 정원의 벤치로 끌고 가서 숲이 우거진 곳으로 감. 그곳에서 그녀에게 구강성교를 하도록 한 후에 강간을 함. 그는 그녀의 성기에 사정함.

그녀는 그 일 이후에 그가 어디로 갔는지 또는 무슨 일이 있었는지 기억할 수 없으며, 다음으로 기숙사 건물의 그녀의 방 밖에서 친구 1을 만난 것은 알고 있음. 그녀는 친구에게 무슨 일이 있었는지 이야기하지 않았음.

다음 월요일에 그녀는 사후 피임약이 필요하다고 학교 간호사에게 말했으며, 그녀가 처방함. 그녀는 그 이후에 구토를 하였고, 임신이 될 수도 있다고 걱정함.

CCTV가 파티가 있었던 정원 지역을 촬영하고 있으나, 용의자가 그녀를 잡아챈 아치형 입구와 강간이 발생한 정원은 촬영하지 않음. 그곳에는 저녁에 가로등이 없음.

용의자는 20대 후반에서 30대 초반의 백인 남성으로, 회색/청색 티셔츠와 진바지를 입고 있었던 것으로 묘사하고 있음. 그의 머리색은 검정색이며, 런던 지역 억양을 사용함. 건장한 체격에 피해자보다 키가 크고, 파티에서 혼자서 술을 마셨으나 취한 것으로 보이지 않음.

다음은 [경찰관]에 의해 입력되었음.

현장은 보존되지 않음. 현재 전반적인 구역 이외에 정확한 범행 장소는 찾을 수 없음.

용의자: 현 단계에서 단서 없음.

이러한 기록들이 흔히 많은 코드와 머리글자들로 쓰인 약자 형태를 갖게 된다는 점도 복잡함을 더해 준다. 이것들은 사용상 오류를 일으키기 쉬우며, 이러한 시스템에 전문적이지 못한 사람에게는 즉시적으로 의미가 전달되지 못한다. 이러한 점이 이들 정보를 연구에 사용하는 데 있어서 특별한 장애가 되며, 많은 혼란과 왜곡의 가능성을 제공한다.

수사심리학이 영향을 미치기 시작한 한 가지 분야는 어떤 종류의 범죄 행동들이 잠재적으로 하나의 범죄 유형에서 행해질 수 있는지를 고려하기 위한 모형틀을 제공하는 것에 있으며, 여기에 경찰 정보 시스템을 구축할 수 있는 행동적인 발판이 있다. 다음 장들에서 어떻게 이러한 모형틀들이 도출될 수 있는지를 보여 줄 것이다. 이들은 또한 어떤 특정한 범죄에서 수집될 수 있는 막대한 양의 정보가 일정 방식으로 정제될 필요가 있음을 보여 준다. 범죄의 모든 세부사항들을 확인하고 기억하는 것은 불가능하다. 그리고 그것이 가능하다고 해도, 어떠한 세부사항들이 관련이 있는 것인지 혼란스러울 것이다. 때때로 경험 많은 수사관들이 수백 건 혹은 그 이상의 수천 건의 살인 사건들을 수사했다고 자랑하겠지만, 그 사건들의 모든 세부적인 것들을 기억하는 것은 인간적으로 불가능하다는 것을 인식하지 못하고 있다. 수사관은 기억나는 사건들의 몇몇 독특한 측면들을 기억하고 있을 것이지만, 다른 것들은 모두 혼잡하게 섞여 흐릿해져 있을 것이다. 한 사건의 중요한 측면을 고찰하기 위한 적합한 모형틀이 없으면 기억은 매우 신뢰하기 어려우며, 기록들은 도움이 되기보다는 혼란만 줄 수도 있다.

수집 필요한 정보를 고찰하기 위한 모형틀을 소유하는 것뿐 아니라, 그러한 정보의 명확한 개요를 가지고 있는 것도 필요하다. 이러한 개요들은 어떤 특정 범죄의 의미 있는 혹은 독특한 특성들에 주목하고 있을 때 가장 유용하다. 앞선 장들에서 논의한 것처럼, '현저성'은 확실하지는 않지만, 이론적 발전과 경험적 증거를 필요로 한다.

자료 혹은 증거

수사심리학자들에 의한 정보의 이용은 일찍이 범죄학의 중심이었던 범죄와 범죄자들에 대한 공식적인 통계와는 다르다. 이 범죄학적 연구들은 범죄성의 기저를 이루는 사회적 과정들, 범죄 관리에 대한 상이한 정부 정책들의 영향, 또는 범죄 패턴에 대한 사법적 결정들의 의미 등에 대한 이해를 용이하게 하는 종합적인 수준에서 이루어지는 경향이 있어 왔다. 반대로 법정 심리학과 정신의학은 일단 사법적 절차에 들어온 범죄자에 초점을 맞추고, 그들을 '환자' 또는 '고객'으로서 생각하는 경향이 있다. 그들은 범죄성의 심리학적 설명에 관심을 가지며, 흔히 비정상적인 정신적 과정과 이들을 관련시키려 한다. 이러한 법정 심리학자들이 접하는 실제적인 과제들은 흔히 범죄자의 소송에 대한 적합성, 범행 당시의 행동 통제 능력 또는 석방될 경우에 그들에게서 나타날 위험성 등과 같은 개별적인 '환자'에 대한 판단과 관련되어 있다. 따라서 이러한 연구들을 위한 자료는 범죄자들과의 면담 및 심리 측정 절차들을 이용한 평가에 크게 의존하게 된다(Blackburn, 1993; Wrightman, 2001 참고). 물론 이것은 공식 통계를 보완해 주며, 특히 공식 범죄 보고서에서는 결코 나타나지 않는 것이 상담실에서 표출되는 범죄가 있을 것이기 때문이다. 아직 임상적인 자료들은 범죄에서 실제로 발생한 행위의 세부적인 것 혹은 수사와 관련된 것들을 획득하는 방법이라기보다는, 고객 또는 환자로서 취급되는 사람의 생활에 있어서 인지적ㆍ정서적인 측면들을 이해하기 위해 수집되는 경향이 있다.

각기 다른 관점들로 인해, 공식 통계들로부터 나오는 종합된 자료들과 개별적인 범죄자의 인지적ㆍ정서적 세부사항들은 범죄에서 실행된 행동들 및 범죄자들과 피해자들의 경험들에서부터 제외된다. 그러나 사법기관의 요원들은 흔히 범죄들의 이러한 직접적인 측면들을 가장 즉각적으로 기록한다. 더욱이 공식 통계와 임상 혹은 형사적 구성 내에서 한 사람의 존재는 범죄를 수사하는 동안 수집된 자료들의 산출물이다. 따라서 사법기관 요원들에게 활용 가능한 자료들로부터 직접적으로 도출해 내는 연구들은 다른 영역들의 관점을 보완하는 중요하고 상이한 관점들에 기여하게 될 잠재성을 갖는다.

또한 경찰 자료들의 활용은, 범죄와 범죄자에 대해 상이한 관점을 제공함으로써, 도출되는 결과들의 실무적인 적용성을 증가시키는 잠재력을 갖는다. Canter(200)가 주장하듯이, 실무자들이 일상 업무에서 사용하는 정보로부터 직접적으로 도출된 발견들이 어떤 특별하고 기이한 형태의 자료 수집에 기초한 발견들보다 훨씬 더 그들에게 명확한 이해를 가능하게 하며, 그들의 관심과도 관련이 있을 것이다. 예를 들어, 경찰관은, 훈련된 관찰자들이 학생 피험자들의 비디오 기록에서 나타난 미세한 움직임을 평가한 내용보다는, 경찰 면담에서 나타난 것들에 대한 심리학적 연구들에 더 주목할 것이다.

그러나 앞에서 다소 상세하게 논의한 것처럼, 경찰 수사에서 도출된 자료들의 활용이 어려움이 없는 것은 아니다. 극복해야 할 점은 과학적 자료들로 취급될 수 있도록 경찰 정보를 활용하여 훌륭한 과학적 측정법들의 발전을 도와줄 모형틀을 구성하는 것이다.

수사에서 활용될 정보의 정확성과 타당성의 향상에 심리학자들이 기여할 수 있는 많은 것들이 있다. 많은 공식적인 타당성 측정 기법들이 객관적인 방법이 없을 때 목격자 진술의 진실성을 평가하기 위해 개발되어 있으며, 대부분의 이 기법들은 정직한 진술은 조작된 진술과는 다른 식별 특성들을 가지고 있다는 추정에 기초하고 있다.

이러한 정보를 '자료'로 개념화하고 또 그렇게 취급함으로써, 그리고 자료가 획득된 방법들을 연구 과정으로 취급함으로써, 심리학자들이 수사 활동에 보다 폭넓게 기여할 수 있다. 이러한 방식으로 이해하는 것이 우리가 심리학적 원리들과 지식들을 수사관들이 수사를 진전시키고, 법정에서의 심리를 지원하는 데 필요로 하는 정보를 평가하고 향상시키기 위해 사용할 수 있도록 한다.

요약

과다한 범죄 소설들과 우리의 신문이나 텔레비전 보도를 채우고 있는 사건들을 보면, 범죄에 대한 정보가 필연적이며 논쟁의 여지없이 활용 가능하다고 쉽사리 추정할 수 있다. 그러나 사실 그렇지 못하다. 사체를 발견할 수 있지만, 사망이 자연적인 것인지 혹은 아닌지에 대한 상당한 논란이 있을 수 있으며, 또한 한 여인이 강간당했다고 주장할 수 있지만, 이것이 법정에서 사실로 받아들여질지에 대해서 많은 장애가 있을 수 있다. 또한 한 사람이 물건을 절취당했다고 신고할 수 있지만, 보험 청구를 확대하기 위해 절취된 것을 과장할 수도 있다. 그리고 여기에는 경찰이 무엇을 기록했는지에 대한 문제들이 있을 수 있다. 정원 창고에 침입해서 별다른 가치를 갖지 않는 도구를 절취해 갔다는 것이 어떤 경찰관에 의해서는 가중 손괴라고 기록될 수 있지만, 다른 경찰관은 절도의 한 형태로 기록할 수 있을 것이다. 기록된 세부적인 사항들은 그것을 누가 기록했느냐에 따라서 거의 확실하게 다양해질 것이다. 범죄자도 자신이 무엇을 했느냐에 대해 면담을 하는 경우에는 상세하고 객관적인 정보를 제공하기보다는 스스로를 정당화하거나 무죄 주장을 하는 방식으로 진술을 할 것이다. 이 모든 사례들은 범죄에 대해서 기록되거나 수집된 정보의 본질이 잠재적으로 문제성이 있다는 것을 보여 준다.

잠재적으로 경찰들에게 활용 가능한 정보는 매우 많지만, 매우 다양하고 신뢰성에 많은 문제점들을 가지고 있다. 이러한 정보가 수사 과정에 던져 주는 난점들은 학술 연구에 제기되는 것들과는 상이한 점들을 가지고 있다. 연구에 있어서 가장 큰 문제점은 표본 선정에서의 편향성과 자료들의 격차, 그리고 상세함의 결여라 할 수 있다. 한 범죄를 발생한 그대로 관찰할 수 있는 것은 드물다(비록 CCTV 기록이 때때로 그것을 가능하게 하기도 하지만). 연구자들은 항상 제3자(혹은 제4, 5의 인물)에 의해 사건에 대해 작성된 기록을 가지고 일을 해야 하며, 그러한 기록들은 필연적으로 선택된 것들이지만 심리학자들에 의해 행해진 것들은 아니다. 따라서 수사심리학 연구의 전반적인 본질은 범죄를 연구할 때 도출되는 자료의 순수성에 대한 이러한 문제들을 염두에 둘 필요가 있다는 점이다. 이들은 심리 측정 연구의 핵심으로 제시되는 신뢰성과 타당성의 문제들보다 더욱 근본적인 사안들이며, 자료의 건강성의 문제들이자, 어떻게 '오염된' 자료를 깨끗하게 하느냐의 문제이다.

수사관들은 자료에 흥미를 가지지 않으며, 그들에게 필요한 것은 증거(evidence)이다. 따라서 그들의 관심은 그들이 수집하는 정보의 세부적인 부분과 신뢰성에 직접적인 초점을 두게 되며, 법정에서 유죄를 이끌어 내려는 일차적인 목표에 얼마나 잘 부합되는지에 있다. 상세함은 발생한 범죄로부터 도출해 낼 수 있는 것에 중심을 두고 있으며, 이 범죄가 강간인지 혹은 성폭력인지, 1급 살인인지 혹은 과실치사인지, 절도인지 혹은 사기인지, 기물파손인지 혹은 침입 절도인지의 문제이다. 그러나 매우 중요한 모든 이들 의문점들은 "누구를 믿을 수 있겠는가?(who can be believed?)"의 문제이다.

최상의 명확한 목록을 작성하는 데 있어서 부정확한 기록, 선의의 착오, 자기 왜곡 그리고 악의적인 조작뿐 아니라 다양한 형태의 경찰 부정도 있을 수 있다. 또한 무엇을 찾고 또는 기록할 수 있는가에 대한 법적 · 윤리적 제한들도 있을 수 있다.

정보 향상

사회과학에서 행해지는 대부분의 연구는, 어떤 정보가 면담을 통해서 혹은 질문지나 실험실에서의 행동 기록을 통해서 얻어진 것이건 간에, 훌륭한 신뢰성을 바탕으로 제공되고 획득된 것이라고 추정한다. 예를 들어, 종교에 대한 자신의 태도에 대해서 익명으로 질문을 받은 학생들이 대답할 때 거짓을 말할 것이라고 추정하지는 않는다. 연구자들은 때때로 응답자들이 자신이 좋은 모습으로 표현되기를 원하기 때문에 나타나는 편향성에 주목하기도 하지만, 사람들이 의도적으로 제공하는 정보를 조작할 것이라는 추정에 기반을 두고 항상 연구 작업을 하지는 않는다. 이것이 사실 사회과학자들 입장에서는 자연적인 것이겠지만, 수사라는 맥락에서는 모든 사람이 항상 진실을 말할 것이라고 추정하는 것은 어리석은 짓으로 간주될 수도 있다. 따라서 '자료'는 모든 정보 취합 과정, 즉 처음 피해자 혹은 범죄 현장을 접촉할 때부터 사법 절차를 위해 자료들이 종합되는 방법까지, 모든 과정을 통해서 영향을 받을 수 있는 취약성을 가지고 있다.

연구 의제

경찰의 정보 인출 향상을 검토하는 대부분의 자료 연구는 실험실 방법론에 크게 의존하고 있다. 이러한 방식으로는 다소 제한된 가정 상황이 통제된 조건 내에서 탐구되며, 비록 성장을 해 왔지만, 정보를 획득하기 위해 경찰 수사에서 진행되는 실제 과정들에 대해서는 제한된 고찰이 있어 왔다. 예를 들어, 범죄 행위로부터 법정에서 그 행위에 대한 진술을 현출하는 것까지의 모든 단계들을 검토하는 것에서는 별다른 것이 진행되지 못했다. 이러한 과정까지는 많은 단계들이 있으며, 단계들 각각이 왜곡을 만들어 낼 가능성을 가지고 있다.

증거의 본질에 대한 법률과 지침서들이 이러한 과정을 관리하는 한 가지 방법이겠지만, 기억 혹은 면담 과정에 대해서 알려진 것에는 별다른 고려를 하지 않고 있다. 따라서 추가적인 연구가, 수사관들이 범죄에 대한 해석을 형성해 감에 따라 실제로 무슨 일이 일어나는가의 문제를 풀어 내기 위해서 매우 필요해진다. 이것은 범죄 행위들에 대한 연구와 병행하는, 수사적 행위에 대한 연구이다.

📁 추가로 읽을거리

서적

Bull, R., Valentine, T. and williamson, T. (eds) *Handbook of Psychology of Investigative Interviewing: Current Developments and Future Directions*, John Wiley & Sons, Ltd, Chichester.

Fisher, R.P. and Geiselman, R.E. (1992) *Memory Enhancing Techniques for Investigative Interviewing: the Cognitive Interview,* Charles C. Thomas, Springfield, II.

Kebbell, M.R. and Wagstaff, G.F. (1999) *Face Value? Evaluating the Accuracy of Eyewitness Information.* Home Office: Police Research Series Paper 102.

Loftus, E.F. (1979) *Eyewitness Testimony*, Harvard University Press, Cambridge, MA.

논문

Canter, D. and Alison, L. (2003) Converting evidence into data: the use of law enforcement archives as unobtrusive measurement. *The Qualitative Report*, *8*, 151–176. Available at http://www.nova.edu/ssss/QR/, accessed 28 May 2009.

Fielding, N. (2000) Social science perspectives on the analysis of investigative interviews. in *Profiling in Policy and Practice* (eds D. Canter and L. Alison), Ashgate, Dartmouth.

Geiselman, R.E., Fisher, R.P., McKinnon, D.P. and Holland, H.L. (1995) Eyewitness momory enhancement in the police interview: cognitive retrieval mnemonics versus hypnosis. *Journal of Applied Psychology*, *70*(2), 401–412.

Hammond, L., Wagstaff, G.F. and Cole, J. (2006) Facilitating eyewitness momory in adults and children with context reinstatement and focused meditation. *Journal of Investigative Psychology and Offender Profiling, 3,* 117–130.

Kebbell, M., Milne, R. and Wagstaff, G.F. (2001) The cognitive interview in forensic investigations: a review, in *Psychology and Law in a Changing World: New Trends in Theory, Research and Practice* (eds G.B. Traverso and L. Bagnoli), Routledge, London.

Wells, G.L. and Olson, E.A. (2003) Eyewitness testimony. *Annual Review of Psychology, 54*, 277–295.

Williamson, T.M.(1993) From interrogation to investgative interviewing: strategic trends in police interviewing. *Journal of Community and Applied Social Psychology, 3*, 89–99.

✎ 토론과 연구를 위한 질문

1. 살인에 대한 경찰 수사에서, 경찰이 신발의 유형과 크기를 확인할 수 있는 독특한 족적을 발견하였다. 경찰은 누군가 그 신발을 알아보는지 확인하기 위해 가가호호를 돌며 탐문을 하고 있다. 수사심리학자가 탐문에서 얻은 정보를 자료로서 어떻게 다룰 것인지를 경찰이 그것을 증거로서 어떻게 사용할 것인지와 비교하여 토론해 보라.

2. [글상자 9-1]의 P로부터 받은 진술의 강점과 약점은 무엇인가? 당신은 이 진술에 대해 어떤 장애 원인들이 있을 것인지 가정해 보라. 이 진술의 질적인 향상을 위해 무슨 절차들이 사용될 수 있을 것인가?

3. [글상자 9-11]에서 제시한 정보의 강점과 약점은 무엇인가? 여기에서 왜곡의 근원이 될 수 있는 것은 무엇일까?

4. 실제로 공개되었을 때, 사건에 대한 CCTV 영상에서 나온 증거의 평가에 영향을 미치는 것들은 무엇일까?

제10장
용의자 면담 및 거짓 탐지

이 장에서는……

학습 목표

|||||||||||||||||||||||||||||||||||||||||||||||||||||||||||||||||||||||||||||||||||||||||||||||||||||||||||||||||||||||||||

1. 사람들이 자신이 제공하거나 검토하는 진술에 대해서 갖게 되는 상이한 관계와 개입을 이해할 수 있다.

2. Ekman의 IEE 접근법을 개괄하고 평가할 수 있다.

3. 심리생리학적 거짓 탐지기의 활용과 그 잠재적 가치 및 취약점에 대해 논의할 수 있다.

4. 자백을 획득하기 위한 Reid 기법 사용 단계 및 이들의 법적 의미를 확인할 수 있다.

5. 허위 자백을 유도할 수 있는 일부 요인들을 개괄할 수 있다.

6. 진술 타당성 분석의 활용을 평가할 수 있다.

개요

심리학적 연구의 다른 영역과는 달리, 수사 과정에서 답변자들로부터 취득한 정보가 불완전성 혹은 선의의 편향성에서 발생하는 문제점만을 가지고 있다고 추정할 수는 없다. 여기에는 아마도 고의적인 정보의 은닉 혹은 왜곡하려는 시도가 있을 수 있다. 따라서 보다 심도 있는 수사상 면담을 위해, 즉 왜곡을 최소화하고 허위를 탐지하기 위해 제안된 많은 절차들이 있다. 거짓을 말하고 있는지 여부를 확인하기 위한 이러한 일련의 기법들은, 효율성 또는 법적 수용성에 대한 다양한 수준의 적합한 지원과 함께 심리학적 연구와 경찰 실무 모두에 다양한 근원을 두고 제기되어 왔다.

Ekman의 대인평가 향상법(Improving Interpersonal Evaluations: IEE) 절차는 거짓 혹은 허위를 시도할 때의 감정과 추정되는 징후에 대한 연구에 크게 의존하고 있다. EEG(뇌전도 측정) 절차에서 유래된 '거짓 탐지기(polygraph lie detector)'와 음성 스트레스 분석 시스템(voice stress analysis system)은 유사한 목적을 가지고 있으나, 허위 행위에 내포되어 있을 것으로 보이는 복합적인 감정들과 제한적인 관련성을 가지고 있는 정신생리학적 현상들에 의존한다. 신문에 대한 Reid 접근법은 정신생리학적 절차들에 비해 더욱 논란의 여지를 가지고 있다. 이것은 면담자가 용의자의 유죄를 확신할 때 특별히 중요한 것으로 제안되는, 자백을 획득하기 위한 적극적인 절차이다.

많은 수사 과정에서 나타나는 자백 획득을 위한 압박은 허위 자백이 발생할 수 있는 조건들에 대한 문제를 제기한다. 신문자에게 자백을 제공하는 개인의 민감성에 대한 심리학적 초점을 통해 폭넓게 사용되는 이러한 민감성의 평가법들이 만들어져 왔다. 그러나 '세뇌 (brain washing)'의 군사적 활용에 대한 초기의 관심과는 별도로, 허위 자백을 얻게 되는 사회적ㆍ제도적 압박과 절차들에 대한 탐구는 거의 없었다.

지금까지 거짓과 허위 자백에 대한 탐구는 허위 혐의(false allegation)에 대한 관련 고찰로까지 확대되지 못하였고, 오히려 무시되어 왔다. 그러나 범죄 피해에 대한 허위적인 주장이 보험사기와 강간죄 기소 문제를 유발하는 성행위에서 동의의 결여에 대한 조작된 주장처럼 매우 넓은 영역에서 검토를 위한 중요 의제가 된다는 증거들이 증가하고 있다. 이 영역에서 어떻게 진술이 그럴싸한 것으로 생각되는가에 대한 고려가 특히 배심원들이 어떻게 유죄 결론에 도달하는지를 결정하는 데 있어서 중요할 것이다. 서면 진술들은 타당성 검증을 위한 다른 종류의 분석법이 가능하며, 특히 진술 타당성 분석(statement validity analysis)을 통하여 가능하다. 익명으로 작성된 것일 때에는 작성 권한의 특정 혹은 작성자의 특성과 같은 추가 문제들이 제기된다.

극 중의 사람들: 범죄 수사에서의 설명적 역할

수사 정보를 제공하는 사람들은 그들이 진술하거나 검증하는 진술에 대해 상이한 관련성을 갖거나 개입되어 있다. 즉, 그들은 '극(drama)'에서 행하는 '역할'이 그들이 제공하는 진술에 대한 함의를 가지고 있는 것이다. 따라서 역할과 진술의 맥락을 이해하는 것은 우리가 왜곡의 가능성을 경계할 수 있도록 하며, 그러한 왜곡을 감소시키기 위한 절차를 준비하도록 도움을 준다.

사건 조사의 각 단계에서, 각 개인(조사팀의 일원, 목격자, 용의자 혹은 법정변호사 등 누구나)은 상이한 역할을 수행한다. 각 '행위자'는 다양한 개입의 정도와 범죄 진술을 전달하거나 이끌어 내는 기법을 가지고 있을 것이며, 각 개인이 사건이 발생하고 진술이 제공되는 맥락의 한 기능체로서의 역할을 '수행'할 것이다. 예를 들어, 차후에 방화로 밝혀진 화재를 목격한 사람은 단지 우연하게 개입되었을 뿐이며, 자신이 가지고 있는 사건에 대한 관점을 이야기할 때 어떤 전문적인 지식을 가지고 있지는 않다. 반대로 방화범은 개인적인 개입을 하고 있으며, 자신의 특별한 목적에 특정된 전문가 수준을 가지고 있다. 이러한 개입과 전문성의 양상은 Brown과 Canter(1985: 232)에 의해, 진술에서 어떤 특성이 강조되어야 하는지에 크게 영향을 미치는 것으로 고려되고 있다.

> ……마치 연구자가 설명 자료들을 수집하기 위한 이유를 가지고 있는 것처럼, 설명을 제공하는 사람은 이를 제공하기 위한 다양한 목적들을 가지고 있을 것이다. ……이는 한 개인이 다른 기록자들에게 자신의 진술에 대해 반드시 편견을 갖게 하거나 이를 왜곡할 것이라고 말하는 것은 아니다. 그보다는 기록자들이 상이한 목적을 위해서 상이한 내용과 구조를 취할 것이라는 것은 개인들 사이의 상호작용의 한 측면이기 때문이라는 점을 지적해야 할 것이다.
>
> (Canter and Brown, 1985: 221-42)

예를 들어, Harre(1979)는 주어진 진술의 각본 혹은 내용을 이해하고 있는 진술 유도자의 중요성에 대해 논의하고 있다. 따라서 주어진 진술이 맥락을 고려할 때만 단지 충분히 이해 가능한 것으로 보이면, 진술의 본질이 맥락의 변화에 따라 다양해질 가능성이 있다. 이러한 과정에서, 목격자가 경찰에게 제공한 진술이 어떻게 경찰이 법정에 제출한 진술과 다를 수 있는지를 인식하는 것은 어려운 일이 아니다. 맥락과 역할의 상호 의존적인 특성과 조사에 미치는 영향은, 진술 평가의 모든 단계에서 나타나는 주된 우려 사항이다.

수사 정보의 강점과 제약

경찰이 수사 과정에서 활용 가능한 정보 그리고 수사 활동의 근거로 삼는 정보의 유형에는 제약이 있게 되는데, 이러한 범죄와 관련해서 활용 가능한 정보에 대한 제약이란 무슨 일이 발생했는가, 누가 피해자인가, 또한 어디에서 그리고 언제 범해졌는가에 대한 진술만을 수사관들이 활용할 수 있다는 사실과 관련되어 있다. 비록 범인의 뒤통수나 화질이 좋지 않은 흑백 영상 정도라 할지라도 CCTV가 범죄에 대한 어떤 기록을 보여 주는 사례가 늘어나고 있지만, 범죄가 범해지는 동안 수사관들이 이를 직접 관찰하거나 범인과 직접적인 접촉을 할 가능성은 흔한 것이 아니다.

제1장에서 언급한 것처럼, 이것은 주된 관심을 가진 사람이 가까이에서 직접적으로 관찰하고 상세한 의문을 제기할 수 있는 심리학의 대부분의 영역들과는 매우 다른 부분이다. 만일 범죄에서 살아남은 피해자가 있다면, 이 피해자가 무슨 일이 있었는지에 대해서 자세하게 이야기할 수 있을 것이다. 그러나 이러한 경우에도, 피해자가 범죄 행위 동안 나타난 가해자의 내적·인지적 과정들에 대해서 신뢰할 만한 정보를 줄 수는 없을 것이다. 따라서 예측 변수들(범행의 중요한 특성들)이 범죄자의 외적인 것들에 한정된다.

기준 변수들(범죄자의 중요한 특성들) 역시, 경찰이 활동의 바탕으로 삼을 수 있는 정보가 수사 과정에서 활용할 수 있는 것으로 한정되기 때문에 제한적이다. 개인 특성과 주거지 환경에 대한 세부적인 것들이 어떤 특정 용의자에 대해 수사관들이 잠재적으로 활용할 수 있는 모든 것이다. 그러나 성격 특성, 지적 능력의 상세한 수준, 태도 그리고 공상의 세계 등은 수사관들이 파악하기에는 매우 힘든 것들이다.

이와 유사하게, 수사관이 가능성 있는 용의자를 찾아내기 위해 어느 곳을 찾아보아야 하는가에 대한 지침을 주는 것에서는, 거주 지역 또는 여가활동에 대한 정보 같은 것들이 심리학자들이 주로 고찰하는 통제의 위치 혹은 성적 집착과 같은 것보다는 더욱 즉시적인 가치를 가지는 것 같다. 추리가 수사관들에게 가치 있게 받아들여지기 위해서는 경찰이 활동의 바탕으로 삼을 수 있는 것들과 직접적으로 연결되어야 한다. 범죄자가 어디에 거주할 가능성이 있는가 하는 점은 수사관에게 유용한 정보의 좋은 사례이지만, 범인에 대한 주변 사람들의 생각, 가능한 직업 그리고 거주지 환경 등과 같은 보다 미묘한 자료 또한 가치가 있을 것이다. 그러나 심도 있는 임상적 면담을 통해서 활용 가능한 범죄자의 동기에 대한 강도 높은 정신분석학적 해석은 경찰 수사관들에게는 직접적인 도움을 주지는 못할 수도 있다. 예를 들어, 왜 이러한 범죄를 범했는지에 대한 명확한 개념을 갖지 못한 상태에서도, 질단도(Jill Dando) 살인사건에 대해서 경찰은 배리 조지(Barry George)를 체포하고 기소를 제기할 수 있었다(비록 이어지는 항소에서 증거가 불충분하다는 것이 밝혀졌지만).

많은 범죄 소설들과는 달리, 동기 또는 좀 더 정확하게 말하자면 범죄를 저지른 이유는 수사관들에게 일반적인 관심은 끌 수 있지만, 수사관들의 의사결정을 용이하게 하는 추리 생성에 도움이 될 때에만 가치를 갖게 된다. 실제로, 명확한 조사 방향을 갖지 못했을 때에만 경찰은 보통 직접적으로 가능한 동기에 대한 생각을 이용한다.

그러나 많은 사건들에서 수사상 절차는 그렇게 단순하지 않다. 수사관들은 흔히 다소 불명확한 정보를 가지고 있곤 한다. 예를 들어, 수사관들이 침입 절도 유형이 과거에 체포되었던 일부들에게 전형적인 것이라고 의심을 가질 수 있다. 혹은 살인 현장의 무질서한 상태로부터 범인이 범행을 방해받은 침입 절도범이라는 추리를 할 수도 있다. 이러한 추리들은 추가적인 정보를 찾아보려는 결과로 이어지거나, 혹은 잠정적인 용의자에 대한 체포와 기소를 포함하는 가능한 일련의 작용으로 이어진다.

글상자 10-1 자백 획득

경찰은 공원 연못 인근에서 사체로 발견된 두 소년의 살인범을 추적하고 있었다. 경찰이 결국은 어떻게 자백을 얻어 내는지에 대해 일부 알려 주기 위해 여기에 수사 담당 경찰관과의 면담을 바탕으로 한 내용을 소개한다.

경찰관은 다음과 같이 이야기를 시작하였다.

그가 전면으로 드러나지 않으면, 우리가 어쨌든 그에게 접근하는 방법을 찾았을 거예요. 가가호호 탐문을 통해서 우리는 이전에 그를 본 적이 있는 두 명의 소년들에게서 그에 대한 설명을 들었습니다. 그 아이들은 그가 누구인지 그리고 어디에 사는지 알고 있었어요. 우리는 이 소년들 중 한 명과 이야기하러 가기 15분 전에, 그가 아이들에게 가서 문을 두드리고는, "너희, 더 이상 연못에 낚시하러 가면 안 되겠다. 거기에서 살인이 있었대."라고 말한 것을 알아냈습니다.

그 소년은 그에게 경찰이 어쨌든 15분 후에 그와 이야기하러 오고 있다고 말했어요. 그는 자신의 차를 세차하고 있었지만, 경찰이 반대쪽에서 가로질러 오면서 문을 두드리자 "저와 이야기하고 싶으세요?"라고 말했습니다.

그는 아이들에게 연못으로 가는 길을 가르쳐 주었다고 우리에게 말했습니다. 그는 이것을 말할 때 목이 잠겼지만, 그 외에는 안정되어 있었습니다. 우리에게 아이들에게 길을 가르쳐 주었다는 말을 한 이후에 계속해서 세차를 했습니다.

난 그가 우선적으로 일상적인 활동을 하고 있었다는 것이 의미가 있다고 생각했습니다. 이것은 그 남자가 만약 유죄라면 실제로 유죄이고, 어떤 형태로든 책임을 감경할 주장을 할 수 없다는 것을 의미합니다. 내게 가장 놀라운 것은 그가 일상적인 활동을 할 수 있다는 이러한 측면입니다.

그 사람은 경찰에게 다가오라 하고, 그가 아는 것에 대해 이야기하지만, 그들은 그와 대응하면서 약간 거리를 두고 있었다. 이것은 그가 참견하기 좋아하는 엉뚱한 사람인지 확신하지 못하거나 아니면 뭔가 중요한 할 말이 있을 수도 있다고 생각하는 것이 혼재된 것처럼 보인다. 그러나 경찰관들은 그가 만일 무슨 중요한 할 말이 있다면, 확실하게 하기 위해 그를 적절한 시간과 장소에서 면담할 필요가 있다는 점을 알고 있었다. 그래서 그가 진술을 할 수 있는 곳으로 데려갈 차가 없다고 그에게 말했으나, 그는 경찰서까지 스스로 운전해서 갔으며, 무슨 일이 있었는지 말하려 기다리고 있었다.

그 남자의 사진들은 그에 대해 이상한 것이 없음을 보여 준다. 그는 수수한 미남형으로, 짧은 턱수염의 30대 중반으로는 젊어 보였다. 사진 하나는 짧은 바지 차림에 문에 기대어 있는 것이었다. 이것은 그의 다리에 있는 상처들을 보여 주기 위한 경찰의 사진으로, 인근에서 소년들의 사체가 발견된 덤불에서 생겼을 것으로 추정되고 있었다.

> 난 그 남자가 면담 동안에 행동한 방식이 매우 중요하다고 생각했습니다. 그는 소년들을 연못으로 보냈다는 것에 대해서 장황하게 말했지만, 목이 잠기고 땀을 흘리는 것 같았습니다. 한 순간, 일어난 일이 그에게 책임이 있다는 점이 그에게 다가올 때, 앉아 있던 책상 위로 쓰러졌습니다. 난 그가 계속 듣고 있다고 확신했습니다. 그의 호흡은 매우 정상적이었지만, 그가 일어날 때 그가 흘린 땀 때문에 자리가 축축했습니다. 난 이것이 속임수라고 생각해요. 현기증은 방어기제였습니다.
>
> 그는 낚시 이후에 선술집에 갔고 복권을 사러 가기 전에 집에 가서 씻었다고 말했습니다. 이어지는 조사에서 이 진술이 정확하고 시간이 매우 일치하는 것으로 나타나지만, 여기에서 20분 정도가 비어 있습니다. 소년들을 살해하고, 복권을 사러 가면서 살해 흉기인 칼과 망치를 유기한 시간 간격이지요. 이것들은 이후에 회수되었지만, 그가 소년들의 목을 감았던 철사는 회수되지 않았습니다.
>
> 그가 우리에게 이전에 이야기한 것은 소년들에게 연못으로 가는 길을 가르쳐 주었고, 후에 아이들을 보러 갔다는 것이었습니다. 그는 아이가 나무 위에 있었고 목에 철사를 감고 내려왔다고 말했습니다. 철사를 벗겨 내려고 하다가, 소년의 목을 졸랐고 알 수 없는 이유로 그 아이를 칼로 수차례 찔렀다고 이야기했습니다.

앞서 언급한 것처럼, 동기 부여 혹은 동기에 대한 탐구가 범죄 행위를 범죄자와 연결시키는 데에 도움을 주는 설명적 모형을 개발하려는 비정형적인 시도로서는 최고로 보인다는 점을 강조할 필요가 있다. 예를 들어, 만일 금전적 이득이 동기라면, 그러한 돈이 필요한 사람 혹은 최근에 많은 돈이 생긴 사람이 가능한 용의자라고 추정될 것이다. 그러나 재정적으로 동기화된 범죄와 연결되는 그리고 이러한 범죄를 범한 사람이 진정으로 그러한 재정적 이득을 필요로 했다는 특정 유형의 행위에 대한 명백한 실증적 증거가 없다면, 이를 근거로 만들어진 동기에 대한 해석과 추리는 추측에 불과할 뿐이다. 이러한 추측의 약점은 보험사기를 범한 사람들이 특별하게 궁핍한 재정 상황에 항상 처해 있는 것은 아니라는 점에서 나타난다. 예를 들어, Dodd(2000)는 그가 검토한 209건의 사기성 보험 청구 중에서 13%만이 재정적 어려움이 있었으며, 57%는 정상적인 수입이 있었음을 보여 주고 있다. 이와 유사하게, 강간이 성적 만족감을 얻으려는 동기에 의한 것이 아니라는 일반적으로 표현되는 시각(예, Godlewski, 1987)도 다시금 범죄로부터 얻게 되는 이득을 범죄동기, 혹은 더 나아가 특별한 유형의 사람과 등식을 형성할 수 없다는 점에 관심을 갖도록 하고 있다.

용의자

용의자가 수사상 정보의 원천인 경우에는, 그(그녀)가 의도적으로 무가치한 정보를 제공할 가능성이 상당하므로 진실을 말하도록 이끌어 가는 것이 중요한 수사 기법이다. Moston, Stephenson과 Williamson(1992)이 발견한 것처럼, 아마도 범죄자로부터 진실을 획득하는 최선의 방법은 그들의 유죄 증거를 명확하게 제시하면서 정공법으로 그들을 다루는 것일 것이다. 이 증거가 강력할수록 그들이 자백할 가능성은 더욱 커진다.

그러나 증거가 명확하지 않고 허위에 대한 의심이 있는 경우에는 거짓을 탐지하려는 시도가 중요하다. 거짓을 탐지하기 위한 많은 객관적이고 관습적인 경찰 전략들이 있으며, 이미 알려진 사실이 용의자의 주장과 상반된다면 가장 확실하게 특정할 수 있으나, 행동 혹은 심리-언어적인 거짓 단서들도 역시 유용하다. 그러나 많은 연구자들이 경찰 면담 동안 용의자의 행동 또는 언어들로부터 일반적인 거짓 징표를 찾아낼 가능성에 대해 회의적이다(Milne and Bull, 1999). Vrij와 동료들(2008)은 면담자에게서 얻는 단서에 전적으로 의존하는 것보다는 면담 절차 그 자체에서 발전시키는 것이 보다 거짓 탐지에 전향적인 방법일 수 있음을 보여 주고 있다.

다른 연구자들은 거짓을 탐지할 가능성을 향상시키거나 진실을 유도하는 면담 절차들을 구성하려는 관련 접근법을 연구하고 있으나, 이것 또한 다음에서 살펴볼 것처럼 난점들을 가지고 있다.

Ekman의 IEE 접근법

인지 면담은 기억 과정에 대한 대학 수준의 연구들에서 직접적으로 도출되었으며, PEACE 시스템은 효과적인 면담 수행을 위해 절차들에 대한 심리학적 배경을 가진 경찰관들의 고심으로부터 시작된 것이다. Ekman(2001)은 다른 접근법을 취하였는데, 약 25년간

인간 감정의 표현에 대해 체계적인 연구를 진행하였다. 이러한 연구의 한 부분으로서, 그는 사람들이 거짓을 말할 때 생성되는 감정 때문에 연구 주제들 중 일부가 거짓을 탐지하는 것과 관련성을 가지고 있다는 점을 알게 되었다. 1990년대 후반, 다양한 면담 상황들에서 효율성을 향상시키려는 기대감에 대한 이 연구의 관련성이 명료해졌으며, 특히 피면담자가 허위적인 상황에서 더욱 그러하였다. 인지 면담에 대한 폭넓은 관심은 기억 향상을 넘어서서 면담자가 이야기되고 있는 것을 평가하는 데에 도움을 주는 면담 도구를 제공하는 과정을 만들어 내기 위한 하나의 자극이 되었다.

따라서 그들은 거짓 탐지와 인간 기억의 향상에 대한 실험 연구로부터 얻은 배경 자료들과 함께, 격렬한 실제 경찰 업무에서 발생하는 일들을 검토하여 수사상 면담자들이 어떻게 훌륭하게 업무를 수행할 것인지에 대한 연구를 진행하였다. 이러한 고민들로부터 IEE(Improving Interpersonal Evaluations for Law Enforcement and National Security, 사법기관 및 국가 안보기관을 위한 대인평가 향상) 기법이 도출되었다.

인지 면담 및 PEACE 과정들처럼, IEE 접근법은 개방형 질문을 통한 진실 탐구를 강조한다. 피면담자가 비록 진실이라고 믿고 있다 해도, 사실에 대한 정확한 진술인지 여부를 탐색하는 데에 관심이 주어진다. 이러한 모형들 안에 응답자가 답변이 진실이라고 믿지 않는 가능성 또한 존재한다. 이것이 거짓 탐지를 위한 Ekman의 접근법이 의미를 갖는 부분이다.

평생에 걸친 감정에 대한 그의 연구를 바탕으로, 그는 거짓을 말하는 것이 사람에게 감정을 생성하는 경향이 있으며, 이러한 감정들은 거짓을 말하는 사람이 숨기기가 매우 어렵다고 주장한다. Ekman은 이러한 어려움은 신경정신적 구조들에서 나타나고 있는 감정 표현에 대한 진화론적 근거로부터 오기 때문에, 비록 거짓을 말하는 것을 표시하지는 않더라도 최소한 말하고 있는 것의 감정적 의미를 드러내 보이는 작은 감정 반응들의 징후를 탐지하도록 경험 있는 면담자들을 훈련시킬 수 있다고 주장한다.

수사상 중요성을 가질 수 있는 감정 관찰에 대한 Ekman의 제안 중 특별히 흥미로운 측면은, 우리가 우리의 감정을 많은 상이한 '소통 통로'를 통해서 표현하고 있다는 점이다. 말하자면, 우리의 의사표현의 준언어적(paralinguistic)이며 비음성적(non-verbal)인 측면들, 신체 표현(body gesture) 및 얼굴 표정(facial expression) 등이 잠정적으로 각각 독립적이라는 것이다. 한 사람이 슬픈 사건을 얼굴에 큰 미소를 지으며 표현하거나, 가볍게 머리를 좌우로 흔들면서 "맞아요(yes)."라고 말할 수 있다. IEE 절차가 주장하는 것은 이들 상이한 통로들 간에 불일치가 있게 되면, 말해지고 있는 것의 진정한 의미와 진실에 대해서 의혹이 제기된다는 것이다.

거짓에 있어서 감정적 반응의 일부는 거짓 정보를 만들어 내려는 인지적 부담과 관련되어 있다. 거짓을 말하는 사람은 발생한 사실을 회상하기보다는, 자신이 유지해 나가야 할 이야기를 지어내야 하며, 이를 위해서는 자신이 지어낸 이야기에 대한 명확한 기억과 질문을 받는 면전에서 지어낸 이야기를 논리적이고 일관성 있게 정교화하는 능력 등이 필요하다. 따라서 거짓을 위한 인지적·감정적 수요가 몸을 긁거나 말을 더듬고 유창하게 이야가하지 못하는 것 등의 자기 속임수 속에서 나타나게 될 것이다. 그러나 이를 연구해 온 모든 학자들은, 경찰 면담 중에 일반적으로 활용할 수 있는 행동 혹은 언어에서 나타나는 거짓의 징표는 없다는 점을 강조한다. 면담자는 응답자가 거짓을 말해야 하는 압박이 없는 상황에서도 몸을 뒤트는지, 머리를 만지는지 혹은 말하는 것을 주저하는지 등을 주목해야 할 필요가 있다. 기저선, 즉 압박이 없는 상태의 피면담자 상태에 대한 이해를 높임에 따라, 그가 이야기하고 있는 사건과 사람들에 대해 설득력 있는 진술을 지어내기 위해서 노력하고 있는 때를 특정할 가능성이 더욱 커진다고 할 수 있다. 이것을 알고 있는 면담자는 조작의 표식이라고 할 수 있는 비일관성에 대해서 혹은 추가적으로 지어낼 필요성을 피하기 위해 노력하는 징표가 될 수 있는 애매함에 대해서 매우 주의 깊게 들을 수 있다.

앞서 지적한 것처럼, 수사 면담에 대한 연구에서 발견한 가장 의미 있는 것은 범인은 명확한 유죄 입증 증거가 있을 때에 범죄 사실을 가장 잘 받아들인다는 점이다. 이것이 수사관들에게 면담에서 말해지는 것에만 의존하지 말고 그러한 증거를 이끌어 내라는 압박을 가한다. 그러나 이것은 또한 면담 자체가 그러한 증거가 어디에서 발견될 수 있는지를 특정하는 데에 매우 유용한 원천이 될 수 있다는 점을 의미하고 있다. 따라서 IEE 기법은 면담이 다른 수사 활동과 통합될 것을 제안하고 있다.

글상자 10-2   IEE 기본 원칙(Frank et al., 2006)

- 의식(awareness): 정보가 부정확할 수 있는 방식에 대한 지식
- 기저선(baseline): 응답자의 보통의 행동 양태에 대한 검토
- 변화(changes): 기저선과 다른 응답자의 반응 주목
- 불일치(discrepancies): 상이한 소통 통로를 통한 반응에서의 변형 관찰
- 개입(engagement): 라포 상태 지속을 위한 안락한 맥락 생성
- 후속 조치(follow-up): 다른 원천에서의 확증 증거 탐구

정신생리학적 거짓 탐지기

주장되고 있는 것의 진실성이 수사에 절대적으로 중요하고 확증 증거를 확보할 기회가

없는 상황에서, 일부 사법체제들은 거짓 여부를 직접적으로 탐지할 수 있다고 믿을 수 있는 절차들을 사용하고 싶어한다. 또한 많은 사람들이 거짓 진술의 징표가 될 수 있는 정신생리학적 반응들을 표출하고 있음을 보여 주는 일부 증거들도 있다. 이러한 반응들을 검사하기 위한 절차는 흔히 거짓 탐지기라고 지칭되는데, 본질적으로 이 절차는 자율 각성 시스템 (autonomic arousal system), 즉 감정 반응에서의 변화를 기록한다. 그러한 반응은 감정적으로 의미 있는 자극을 지각할 때마다 발생하며, 가장 선명한 징표는 응답자가 단지 범법자만이 알고 있는 것, 즉 '유죄 지식(guilty knowledge)' 검사로 알려진 것을 생각하도록 요구받을 때 나타난다.

보다 논란의 여지가 있는 절차는 많은 사람들이 감정적으로 의미 있게 생각하는 '통제 질문'이 범죄와 직접적으로 관련된 질문들과 구별할 수 있는 반응들을 이끌어 내기 위해서 행해지는 것이다. 그러나 이들 두 가지 정신생리학적 측정 수단들의 적용에 있어서, 가장 중요한 요소는 측정 이전 및 진행 과정에서 매우 주의 깊게 면담 절차가 구성된다는 점이다.

일반적으로 '거짓 탐지'는 유죄의 증거를 제공하는 데 있어서 보다 무죄 주장을 지원하는 데에 더욱 효과적이다(Elaad, 1999; Kleiner, 1999). 이 때문에 많은 사법체제에서 '거짓 탐지기'의 결과가 증거로서 법정에 제출되는 것을 허용하지 않으며, 그 가치는 가능한 혐의자를 제외시키는 데에 있다. 이것이 세계의 다양한 사법체제에서 거짓 탐지기가 활용되는 방식이다.

흥미롭게도, 거짓 탐지기의 능력에 대한 믿음이 이 기계의 가장 큰 가치가 될 수도 있다. Grubin(2004)이 예시한 것처럼, 성범죄자 조사에서 이들이 거짓 탐지 절차들과 관련해서 질문을 받게 되면 보호관찰 규칙을 어긴 것을 더 쉽게 용인하는 것으로 나타나고 있다. 이것이 바로 그들이 진실을 이야기하도록 유도하는 '기계'에 의해서 발각될 것이라는 믿음인 것이다.

최면, '진실 약' 펜타톨 나트륨(sodium pentathol) 사용, 음성 스트레스 분석 및 뇌의 전기적 활동 측정법의 발달과 같은 다른 절차들이 거짓 탐지를 위한 기본 방식으로 시시각각 출현하고 있다. 이들 각각이 수사에 어떤 가치 있는 기여를 할 것이라는 점에는 별다른 의심을 하지 않지만, 이들의 활용에 대한 주장은 항상 지원하는 증거들보다 너무 앞서 있다. 흔히 진행 중인 수사에 이들을 적용하는 것에 대해서 실제적인 우려뿐 아니라 인권에 대한 우려도 있다. 그러나 이러한 우려가 열광적인 옹호자들이 이러한 기법들을 매우 부적절하게 사용하려는 것을 막지는 못하고 있다. 심지어 동남아시아에서는 면담과정의 일부로서 용의자들에게 펜타톨 나트륨을 복용시키고, 최면을 건 후에 뇌파 기기를 부착하는 경우도 있다. 이러한 절차들이 혼합된 결과를 측정하는 것은 어려운 일일뿐만 아니라, 많은 사람들이 이를 고문의 한 형태로 간주하고 있다. 효율성의 결여뿐 아니라 고문이라는 도덕적 타락은 Pearse(2006)가 매우 풍부하게 논의한 의미 있는 주제이다.

신문에 대한 Reid 접근법

인기 있는 미국 연속극 〈Twin Peaks〉에 나오는 FBI 요원은 용의자가 유죄인지 혹은 아닌지에 대한 도전적인 질문을 가지고 용의자와 맞선다. 그러고는 이내 그가 무죄라는 답변에 근거하여 신뢰감 있는 결정을 내릴 때는, 대본을 쓴 작가가 Reid 기법에 대해서 분명히 뭔가 알고 있는 것으로 보인다. 자백을 획득하거나 유죄를 결정하는 과정들은 1940년대에 용의자를 다룰 때 유용한 것으로 널리 믿어져 왔던 절차를 미국 사법기관 요원들이 체계화한 것에 근원을 두고 있다(Buckley, 2006). 이후로 기법들은 더욱 발전되었으며, 수십만 명의 수사관들에게 시행된 공식화된 교육으로 변화하였다(Buckley, 2006: 190).

Reid 기법은 수사관들이 용의자 면담을 실시하는 가운데 갖게 되는 흔히 언급되는 목적, 즉 범죄 시인을 획득하는 것에 직접적인 답변을 제공한다. 이것은 앞에서 소개한 PEACE 절차 등에서 추구하는 목적인 '진실을 탐구'하는 것과는 차이를 가지고 있다. 기법의 목적에서 나타나는 이러한 차이의 이유는 부분적으로 각각의 국가들에서 증거에 대해 상이한 규정을 가지고 있는 것에 기인한다. 특히 영국 법정이 자백 증거에 대해서 취하는 매우 조심스러운 접근법과 PACE 법에 명시되어 있는 명백한 강압을 피하려는 매우 상이한 시도가 그러하다. 미국 법에서는, 예를 들어 증거를 획득하기 위한 용의자에 대한 거짓은 일정 조건하에서 허용된다. 이것은 용의자가 만일 자신에 반하는 확실한 증거가 있다고 믿으면 자백할 가능성이 더 크다는 의식이, 실제로는 그러한 증거가 없는데도 증거가 있게 생각하도록 피면담자를 속이기 위해 사용될 수 있다는 것을 의미한다. 이러한 실행이 영국에서도 받아들여지곤 했었지만, PACE 법하에서는 위법이다. 신문자들에게 용의자들을 잘못 유도할 선택을 허락하지 않는 한 가지 중요한 이유는, 수많은 허위 자백이 흔히 잘못된 면담 기법들에 의해 생성된다는 것을 법원이 알게 되었기 때문이다.

많은 비판들, 특히 영국 전문가들(예, Gudjonsson, 2006; Williamson, 2006)의 비판에도 불구하고, Reid 기법 옹호자들을 자신들이 신문하는 사람들의 인권에 완전히 무지한, 열성적이고 성급한 경찰들이라고 생각할 필요는 없다. Reid 기법 훈련을 제공하고 있는 John E. Reid 조합(John E. Reid and Association) 회장과 같은 옹호자들은 이 기법이 '개인의 권리와 법원이 정한 기준을 양심적으로 존중'한다는 점을 힘써 강조하고 있다(Buckley, 2006: 190).

Inabu와 Reid 초안(1962)에서 시작된 전반적인 접근법은 기소하지 않는 목격자 면담과 근본적으로 기소를 전제로 한 용의자 신문을 구별하는 것이다. 대부분의 법률 시스템들은 특정 기준들, 특히 용의자에 대한 신문이 어떻게 수행되어야 하는지에 대한 기준을 제안하는 이러한 구분을 인식하고 있다. 예를 들어, 1984년도 PACE 법 제5장(section V)은 경찰에 의한 신문 및 처우(Questioning and Treatment by Police)를 다루고 있으며, 실행 규정(the Codes of Practice) C와 H 조항들은 경찰관에 의해서 경찰관서에 구인된 용의자에 대한 구금, 처우 및 신문에 대한 필요 요건들을 정하고 있다. 따라서 신문을 위한 Reid의 제안은 수사관들의 생각과 법적 과정에서 현존하는 차이점들을 반영하고 있다.

　Reid 접근법은 경찰관들의 일상 업무를 위해서 경찰관들에 의해서 발전된 일련의 절차인 셈이다. 훈련에서는 모든 세부적인 것들에 대한 주의가 주어지는데, 심지어 어떻게 신문실의 의자들을 배열할 것인가, 그리고 어떻게 방해를 최소화하여 사생활 보호가 보장되도록 하는가 등도 포함한다. 과정 자체는 아홉 '단계'로 구성되며, 이 기법의 근본적인 가정은, 용의자는 확실히 유죄이며 만일 확고한 정보에 기초하여 범죄에 대해 압박을 가하면 범죄를 시인하거나 적어도 추가 수사와 실질적인 기소를 위한 기초를 제공할 만큼 범죄의 충분한 측면들을 시인할 것이라는 확신에 대해 신문자가 강한 근거를 가지고 있다는 점이다. 많은 절차들이 전 세계에 걸쳐 여러 사법기관들에 의해서 규칙적으로 사용되고 있기 때문에, Reid 기법만의 효율성에 대한 별도의 독립적인 증거를 찾는 것이 쉽지 않다.

글상자 10-3　자백 획득을 위한 Reid 기법의 주요 단계들

단계 1. 직접적이며 긍정적인 대면: 용의자에게 문제의 범죄를 그가 저질렀다는 것을 확신을 가지고 이야기한다.

단계 2. 주제 발전: 범죄의 도덕적 함의를 최소화시키려는 이유를 제시한다.

단계 3. 부인 처리: 부인을 차단하고, 용의자에게 신문자가 말하는 것을 경청하도록 한다.

단계 4. 반대 극복: 신문자는 용의자가 자신의 무죄에 대한 설명 혹은 이유로 제시하는 반대를 극복한다.

단계 5. 용의자의 주의 유도 및 고착: 용의자가 빠져나가려는 징후를 보일 때, 신문자는 심리적(필요하다면 신체적) 거리를 줄이고 용의자의 완전한 주의를 이끌도록 한다.

단계 6. 용의자의 소극적인 행태 처리: 용의자의 저항이 무너지려 할 때에는 신문자는 이해와 공감을 표시하면서 용의자가 범죄를 저지른 이유와 관련된 주제에 초점을 맞춘다. 신문자는 용의자의 체면감, 명예심 혹은 종교에 호소한다.

단계 7. 대안 질문의 제시: 용의자에게 범행에 대한 두 가지 가능한 대안을 제시한다. 체면을 살리는 것과 가혹한 혹은 냉정한 자극이다.

단계 8. 용의자에게 범죄의 다양한 세부사항을 이야기하도록 한다. 용의자가 주어진 대안 중 하나를 받아들이면, 그에 대해 보다 세부적으로 이야기하도록 요구한다.

단계 9. 구두로 제시된 자백을 서면으로 작성한다.

허위 자백

Reid 기법과, 이보다는 덜하지만 IEE 절차에 가장 큰 도전은 자신들이 저지르지 않은 범죄를 인정할 가능성이다. Leo, Costanzo와 Shaked(2009)는 최근에 허위 자백의 가능성에 의해 제기되는 도전들과 심리학적 기여가 얼마나 법정에서 가치 있는지를 검토하였다. Gudjonsson과 MacKeith(1988)는 고양된 감정 상태와 낮은 지적 능력 등과 같이 목격자들을 취약하게 만드는 것과 유사한 특성들의 결과로서, 용의자들이 면담자의 제안을 보다 기꺼이 받아들이도록 유도되면서 일부가 자신들이 저지르지 않은 범죄를 자백할 가능성에 주목하였다(Gudjonsson, 2001 참고).

이를 다루고 있는 한 가지 접근법으로, Gudjonsson이 '암시성' 측정법을 발전시켰는데, 전 세계적으로 법정에서 허위 자백 주장을 입증하기 위해 사용되고 있다(Gudjonsson, 1984). Leo, Costanzo와 Shaked(2009)가 강조한 것처럼, 이러한 것들은 개인 성향의 측면보다는 문화적 과정들의 산물일 수 있다. 예를 들어, 특정 소수 민족 집단은 경찰관과 같이 권한을 가진 사람이 자신들에게 말하는 것에 동의하는 것이 필수적이라고 생각할 수 있다(또한 Gudjonsson, Clare and Rutter, 1995 참고). 수사심리학자들은 허위 자백이 다양한 형태의 심리적·물리적 압박에 대한 반응 속에서 생겨날 수 있는 경우들을 고려하고 있다. 그러나 모든 이런 노력은 자백이 진정으로 거짓이라는 것을 확신하는 것의 실제적 어려움에 직면하기 때문에, 이러한 접근의 충격은 흔히 근거하고 있는 연구의 정당한 타당성보다는 특정 사법 체제의 선입견에 기인한다.

과거에는 허위 자백이 다소 주목받지 못하였으나, 자신이 저지르지 않은 범죄를 자백하게 되는 다양한 상황이 실제로 있다는 인식이 커지고 있다. 비록 허위 자백을 방지하기 위한 다양한 법적 절차들이 각각의 국가들에 있지만, 이에 대한 심리학적인 연구는 매우 적은 편이며, Leo, Costanzo와 Shaked(2009)가 이 중요한 주제에 대한 보다 발전된 접근을 위한 문을 열었을 뿐이다.

허위 혐의

간혹 용의자 진술의 진실성이 아니라 피해자 주장에 관심이 주어질 수 있다. 따라서 최근에 다른 사람에게 피해를 입었다는 주장이 허위일 수 있는 다양한 조건들에 대한 연구가 있어 왔다. 흔히, 그러나 언제나는 아니지만, 이러한 경우는 성 학대 혹은 성 착취에 대한 주장이다(제12장도 볼 것). 거짓을 탐지하기 위한 다양한 절차들이 이들 사례와 관련되어 있지만, 고발자가 용의자는 아니기 때문에 보다 개입적인 거짓 탐지 절차들은 거의 사용되지 않는다. 대신에 그러한 허위 혐의가 제기되는 상황을 보여 주려는 시도가 있어 왔으며, 이들을 혐의 대상 범죄의 상황에 대한 보다 철저한 검토를 위한 지침으로 사용한다(Mikkelsen, Gutheil and Emens, 1992; Tate, Warren and Hess, 1992). 그러나 이러한 절차들의 타당성은 아직 매우 의문시되고 있다.

> **글상자 10-4 강간 혹은 성 착취 허위 혐의 사유(O'Donohue and Bowers, 2006)**
>
> - 재정적 이익
> - '피해자 지위(victim status)'에서의 이점
> - 부적절한 행위 변명
> - 개인 혹은 기관에 해를 끼치는 것
> - 관계 혹은 기관 내에서 주도권 획득
> - 경험에 대한 정신적으로 장애가 있는 이해
> - 잘못된 (회복) 기억

이러한 절차들은 때때로 가장 허위 혐의를 만들어 낼 것 같은 사람의 특질에 대해 다루는데, 특정 성격이상을 가진 사람이 허위 혐의에 쉽게 빠진다는 인식을 포함하고 있다(O'Donohue and Bowers, 2006). 강취 혹은 협박과 같은 사유들은, 때때로 피해자에게 주어지는 보상 지불과 같이 직접적으로 발생되거나 혹은 피해자가 받을 수 있는 지원처럼 간접적으로 발생되는 재정적 이득 때문에 가볍게 볼 수 없다. 이것은 지방 정부에 의해서 새로운 거주지를 얻고자 하는 상황을 포함하는데, 이런 상황이 현재의 거주지에서 폭행을 당했다고 주장하도록 유도할 수 있다. 치료 과정에서 기억을 회복하면서 형성된 허위 기억이라는 보다 더 복잡한 사례 또한 '피해자'가 발생했다고 믿고 있는 허위 혐의의 원천이기도 하다. McNally(2003)의 『기억 외상(Remembering Trauma)』이라는 흥미로운 책은 정신적 외상에 대한 잘못된 기억들이 발생할 수 있는 조건들과, 몇몇 사건들에서 이것이 허위 혐의를 유도하고 결과적으로 괴로운 사법적 절차 진행을 유도할 수 있음을 매우 명확하게 보여 주고 있다.

더불어 자신들이 사실은 범인이면서도, 대중의 도움을 요구하면서 TV 인터뷰에 피해자로 나타나는 사람들에 대해서도 이야기되어야 한다. 그들의 호소를 보여 주는 비디오 웹사이트 목록은 [글상자 10-5]에 있다. 이 비디오들은 이런 종류의 사람들이 설득력 있게 거짓

을 말하는 효력을 보여 주고 있다. 이것은 이러한 호소가 얼마나 쉽게 신뢰를 얻는가를 연구한 Vrij와 Mann(2001)의 연구에 직접적으로 반영되었으며, 실험실 연구에서 조성하지 못하는 높은 심리적 압박 상황에서 조차도 거짓을 신뢰할 만하게 탐지하는 절차들을 구성하는 것이 어렵다는 것을 다시 한번 보여 주고 있다.

글상자 10-5 **허위 호소를 담은 비디오 웹 사이트**

페니 보드로(Penny Boudreau)의 딸은 2008년 2월에 실종되었으며, 그녀의 사체는 이 호소 이후 며칠이 지난 후에 발견되었다.

▶ http://southshorenow.ca/newsnowclips/play.php?vid=81

페니 보드로는 2008년 6월에 체포되었으며, 2009년 1월 유죄 판결을 받았다. 그녀의 진술은 다음 링크와 같다.

▶ http://thechronicleherald.ca/News/9010584.html

매튜 그레츠(Matthew Gretz)의 아내인 키라 시모니안(Kira Simonian)은 2007년 6월 살해되었다. 그는 몇 주 후에 다음과 같이 호소하였다.

▶ http://wcco.com/topstories/Minneapolis.police.Kira.2.369066.html

그는 43~58초 말하고, 다시 1분 38~56초 동안 말한다. 그레츠는 2007년 9월 체포되었으며, 2008년 6월에 자백하였다. 이에 대해 다음과 같이 보도되었다.

▶ http://www.kare11.com/news/news_article.aspx?storyid=513048

레아 월시(Leah Walsh)는 2008년 10월 사라졌으며, 그녀의 남편 빌(Bill)이 다음과 같이 호소한다.

▶ http://abclocal.go.com/wabc/story?section=news/local&id=6474387

그는 45~49초 말하고 다시 1분 48~55초 동안 말한다. 레아의 사체는 곧 발견되었으며, 그가 그녀를 살해했다고 자백하였다. 그의 변호사는 현재 월시가 허위 자백을 했다고 주장하고 있다.

▶ http://abcnews.go.com/TheLaw/story?id=6147680&page=1

이것은 후에 나샤 파텔-나스리(Nisha Patel-Nasri) 살인으로 유죄 판결을 받은 그녀의 남편이다.

▶ http://news.bbc.co.uk/l/hi/uk/7388731.stm

(이 목록 작성에 있어서 Clea Whelan에게 감사한다.)

서면 진술

비록 구술 언어가 갖는 많은 비구술적이며 준언어적인 측면들과 Ekman이 특별히 관심을 가진 다른 몸짓과 징표들은 서면으로 작성될 때 사라지지만, 수사 과정에서 다루는 대부분의 자료들은 서면 진술에 담기게 된다. 글로 쓰인(혹은 인쇄된) 자료는 자체의 한계에도 불구하고, 구술 언어에 쉽게 적용되지 않는 주의 깊은 분석을 위한 다양한 선택권을 제공한다. 이것은 글로 쓰인 자료의 신빙성, 실제 작성자 혹은 심지어 작성자의 특성들에 대한 고려가 될 수 있다.

일부 사건들에서는 서면으로 기록된 자료가 실제적인 '범죄 현장'이다. 이것은 강요와 협박 문서들, 모욕 혹은 명예훼손 자료 그리고 사기에서 사용되는 많은 서면들에 있어서 그러하다. 이것은 무엇을 했는지에 대한 기록이다. 만일 서면이 경찰에 의해 작성되었다면, 거의 틀림없이 왜곡이 있을 것이며, 범죄 현장 사진까지도 특정 각도에서 촬영되고, 사물들은 발생한 범죄와 촬영된 사진 사이에 변동이 있을 수도 있다. 따라서 범죄자 혹은 의심되는 피해자가 상세하고 주의 깊게 글로 작성한 자료들을 고찰하는 데에는 각각의 가치가 있다.

본질적인 진술 가치 분석

진술의 진정성을 결정하는 문제는 허위 혐의의 가능성이 있을 때에 특별히 중요하다. 피해자 주장의 진실성에 대한 평가를 가능하게 해 주는 절차들을 발전시키기 위한 많은 시도가 있어 왔으며, 이러한 절차들은 어떻게 거짓이 탐지될 수 있는지에 대한 생각에 의존하고 있는데, 이것은 말해지는 것, 특히 일어나지 않은 것에 대해 일관성 있는 말을 만들어 내는 어려움과 관련되어 있다.

가장 빈번하게 사용되는 진술 타당성에 대한 접근법은 Undeutsch가 1989년에 개발하여 진술 타당성 분석으로 알려진 것으로, 준거기반 내용분석(Criteria-Based Content Analysis: CBCA), 즉 진술의 내용에 대한 세밀한 고찰에 의존하는 절차이다. Undeutsch는 실제 사건을 바탕으로 하는 진술은 허위 주장에 결여되어 있는 어떤 특징들을 포함하고 있을 것이라는 가설을 세우고, 이 특징들을 '현실 기준(reality criteria)'이라고 불렀는데, 이후 '내용 기준(content criteria)'으로 알려지게 되었다(Steller and Kohnken, 1989).

진술 타당성 분석(SVA)의 전체 과정은 3단계, 즉 (a) 아동 목격자에 대한 규격화된 면담, (b) 준거기반 내용분석, 그리고 (c) 타당성 채점표로 구성되어 있다(Raskin and Esplin, 1991). 진술 타당성 분석은 기록된 진술의 타당성 평가를 제공하는 것이지 아동 목격자의 전반적인 신빙성에 대한 평가는 아니라는 점을 주목할 필요가 있다. 준거기반 내용분석의 기본적인 목적은 아동 진술의 특정 내용이 실제 기억을 회상하기 위한 시도에 의해서 생성된 보고의 표시인지, 아니면 창작하거나, 상상 혹은 다른 사람의 영향에 의한 결과로 나타났는지를 결정하는 것이다. 진술의 구술적인 내용은 면담을 글로 옮겨 놓은 것에 일련의 기준들을 적용하여 분석한다.

우리가 주목한 것처럼, 사건과 관련된 일련의 행동에서 개인의 역할에 초점이 맞추어지는 경향이 있다. 그러나 Tully(1999)가 지적한 것처럼, 1950년대에 Undeutsch가 열어 놓은 돌파구는 진술을 한 목격자/용의자의 배경(혹은 프로파일)에 대해서보다는 단지 범죄 설명에 대한 평가에만 집중하고 있다. 따라서 Undeutsch의 가설은 진술 제공자의 설명적 역할에 대한 판단을 하지 않는 것으로 나타나고 있다. 그러나 좀 더 자세히 보면 이것은 사실이 아니다.

Undeutsch의 기본적인 기준들(예, 상세함의 정도, 범죄자와 피해자와의 관계 세부사항, 내용적 함축)은 신뢰를 주는 일관된 '줄거리'를 구성하는 특징들과 관련되어 있다. 청자(聽者)를 납득시키는 부분은 피면담자가 자신이 이야기 내에서 담당하고 있는 것으로 묘사하는 역할이다. 예를 들어서 역할 수행자가 이야기의 배경(맥락적 내용)을 드러내지 않는다면, 이것은 만들어 내고 있다는 표식일 수 있다. 더욱이 Tully(1999)가 지적한 것처럼, 준거기반 내용분석의 발전은 진술자의 심리적 특성, 면담의 특성, 수사상 신문에 내포된 동기와 주제들에 대해 행해지는 추가적인 평가와 함께 진술 그 자체의 외형적 세부사항에 중점을 두어 왔다.

단지 내용 자료들에 대한 고찰을 넘어서는 이러한 추가된 것들은 정보의 상이한 부분들을 검토함으로써 다양한 대체 가설들의 타당성을 점검하기 위해 이용되는 것이다. 그 과정은 진술이 생성된 맥락 내에서 진술 제공자의 역할에 초점을 맞추고 있다. 그렇게 하면서, 평가를 수행하는 사람은 이야기의 세부적인 것들과 발생한 것으로 보이는 사건의 맥락 간의 일관된 일련의 관련성을 찾아가는 것이다. 예를 들어, 아동들은 성범죄 행위를 신고하기에는 아직 어떤 모형틀이 갖추어져 있지 않지만, 이 상태에서 성 행위의 상세한 것들을 정확하게 이야기하곤 하기 때문에 사정(ejaculation)을 "그의 뱀이 나에게 침을 뱉었어요."로 이야기할 수 있다.

그러나 준거기반 내용분석이 혐의의 타당성에 대해 종국적인 결론을 내리기에 충분한 기반은 아니다. 추가적인 요인들이 신뢰성 평가를 하기 위해 필요한 다른 관련된 정보 모두를 고려하여 분석되어야 한다. 이것은 타당성 점검표를 이용하여 행해진다.

글상자 10-6 진술 분석에 사용되는 내용 기준

이것은 허위 및 진실한 진술들을 구분하기 위해 선정된 19개의 준거를 포함하는 5개 범주로 구성되어 있다.

일반적 특성

1. 논리적 구조
2. 체계적이지(구조화되지) 못한 산출물
3. 상세함의 양

특정 내용

4. 내용적 함의

5. 상호작용에 대한 묘사

6. 대화의 재생산

7. 사건 도중 예측하지 못한 문제들

내용의 특이한 점들

8. 비일상적인 상세함

9. 과잉된 상세함

10. 오인된 세부사항의 정확한 보고

11. 관련된 외적인 연관성

12. 주관적인 정신 상태에 대한 진술

13. 침해자의 정신 상태 속성

내용과 관련된 동기

14. 자발적인 수정

15. 기억의 부족 인정

16. 자신의 증언에 대한 의문 제기

17. 자기 비난

18. 가해자 용서

범죄-특정 요인

19. 범행의 상세한 특성

타당성 점검표

Steller와 Kohnken(1989)은 진술 타당성 분석 적용에 있어서 평정자 간 신뢰성을 증가시키기 위해 설계된 규칙을 개발하였는데, 단지 구절 내 반복 때문에 기준 산정이 증가하지 않도록 하는 것을 포함하고 있다. 다른 한편으로는 일부 구절들이 하나 이상의 기준을 충족하고 있을 수 있다. 이것이 타당성 점검표로 알려진 것이다. 이것은 정보의 특별한 측면들을 검토함으로써 다양한 대체 가설들의 타당성을 검토하기 위해 활용된다. Steller와 Kohnken(1989)의 점검표는 [글상자 10-7]에서 보여 주고 있다.

글상자
10-7 **타당성 점검표**

심리적 특성

　1. 언어와 지식의 적정성

　2. 정서의 적성성

　3. 제안에 대한 민감성

면담 특성

　4. 제안적, 유도적 혹은 강압적 질문하기

　5. 면담의 전반적인 적절성

동기

　6. 신고 동기

　7. 최초 공개 또는 원보고의 내용

　8. 허위 보고에 대한 압박

수사상 질문

　9. 자연법과의 일관성

　10. 다른 진술들과의 일관성

　11. 다른 증거와의 일관성

출처: Steller and Kohnken(1989)

　　이와 같은 기준들은 모의실험과 현장 연구 모두에서 타당성이 입증되었다(Esplin, Boychunk and Raskin, 1988; Steller, Wellerhaus and Wolf, 1988). 이들은 기준의 존재와 결여 모두에 있어서 매우 좋은 평정자 간 신뢰성을 보여 주었으며, 기준이 허위 사건들에서 보다 진실된 사건들에서 훨씬 흔하게 발견되었다. 다른 연구들도 역시 이 접근법의 효율성을 지적하고 있다. 예를 들어, Parker와 Brown(2000)이 진실 및 허위 강간 사건들로부터 받은 43개의 면담 진술들에 대한 연구에서, 준거기반 내용분석 요인들이 두 집단(법의학 증거, 유죄 인정 및 혐의 주장 철회에 의해 입증된 것처럼)으로 구분하고 있음을 보여 주었다. 그러나 103명의 아동 성 학대 혐의 사건에 대한 네덜란드 연구에서 Lamers-Winkelman(1999)은 준거기반 내용분석 측정법과 사건 결과 사이에 매우 약한 관련성이 있다고 보고하고 있으며, 이로부터 그녀는 진술 타당성 분석이 아동들의 성 학대 주장을 평가하기 위해서 사용되어서는 안 된다는 결론을 내리고 있다.

요약

수사상 면담자들에게는 피면담자들이 명확한 진술을 할 수 있는 안락한 환경 속에서 가능한 한 명료하게 사건을 기억하도록 도움을 주는 것 이상을 해 줄 것이 요구되고 있다. 따라서 진실을 말하도록 답변자들을 격려하고, 실제로 사실인지를 특정 지을 수 있는 필요성 또한 있다. 이것은 거짓을 말할 많은 이유를 가지고 있을 용의자들을 면담하는 데에만 적용되는 것은 아니며, 목격자와 피해자에게도 적용되고, 심지어 범죄에 대해 자백을 한 경우에도 그것이 모두 진실일 수는 없을 것이다.

결론적으로 면담 진술의 진실성을 보장하고 시험하려는 다양한 절차들이 개발되어 왔으며, 계속해서 개발되고 있다. 이들 중 일부는 현재의 면담 절차에 크게 의존하고 있으며, 이러한 절차들, 흔히 '신문'이라고 생각되는 것들은 많은 법적 체계에서 인정하지 않고 있는 강압의 형태 혹은 피면담자를 심각하게 잘못 유도하는 것과 가까이 있을 수 있다. 다른 과정들은 사실을 말하지 않는 것과 연관되어 있다고 추정되는 감정적 각성이라는 형태로 나타나는 인간의 정신생리학적 반응들에 의존하고 있다. 그러나 이러한 절차들 또한 진실을 말하는 사람들을 격려하는 데에는 유용할지라도, 특히 숙달된 거짓말쟁이에게는 제한된 타당성을 가지고 있다.

정확하게 무슨 말을 했는지에 대한 상세한 분석법 또한 진실성의 양식 지표들을 이용하여 폭넓게 활용되고 있으나, 효율성에 대한 증거는 기대하는 것만큼 넓게 퍼져 있지 못하다. 대부분의 사람들이 거짓에 매우 능하며, 이를 탐지하는 데에는 빈약함이 드러났다. 따라서 진실성에 대한 최상의 검증은 사건에서 알려진 사실들과 입증된 증거들에 직접적으로 의존하고, 경찰 면담에서 도출된 모든 추리들을 경계심을 가지고 취급할 필요가 있다는 사실들이 남게 되었다.

추가로 읽을거리

서적

Canter, D. and Alison L. (2000) *Interviewing and Deception*, Ashgate, Dartmouth.
Ekman, P. (2000) *Telling Lies: Clues to Deceit in the Marketplace, Politics and Marriage*, W.W. Nortion, New York.
Granhag, P.A. and Stromwall, L.A. (2004)(eds) *Deception Detection in Forensic Contexts*, Cambridge University Press, Cambridge.

Gudjonsson, G. (1992) *The Psychology of Interrogations, Confessions and Testimony,* John Wiley & Sons, Ltd, Chichester.

Shepgerd, E. (2007) *Investigative Interviewing: The Conversation Management Approach,* Oxford University Pres, Oxford.

Vrij, A. (2008) *Detecting Lies and Deceit: Pitfalls and Opportunities*, 2nd edn, John Wiley & Sons, Ltd, Chichester.

논문

Baldwin, J.(1993) Police interview techniques: establishing truth or proof? *British Journal of Criminology, 33*(3), 325–352.

DePaulo, B.M., Lindsay, J.J., Malone, B.E. et al. (2003) Cues to deception. *Psychological Bulletin, 129,* 74–118.

Parker, A., and Broun, J.(2000) Detection of deception: statement validity analysis as a means of determining truthfulness or falsity of rape allegations. *Legal and Criminological Psychology, 5,* 237–259.

Vrij, A. (2004) Why professionals fail to catch liars and how they can improve. *Legal and Criminological Psychology, 9,* 151–181.

Vrij, A., Mann, S., Kristen, S. and Fisher, R.P. (2007) Cues to deception and abiliy to detect lies as a function of police interview styles. *Law and Human Behavior, 31,* 499–518.

📝 토론과 연구를 위한 질문

1. [글상자 10-1]에서 보여 준 자백을 도출하는 방법에서, 경찰이 활용할 수 있는 다양한 정보의 원천들은 무엇인가? 그러한 정보를 평가하기 위하여 당신은 어떻게 시작할 것인가? 발생한 일에 대한 전체적인 이야기를 발전시키고 주어진 정보의 진실성을 밝히려는 상황에서 경찰은 어떤 절차들을 사용해 왔는가?

2. 법률가들은 흔히 기소를 위해서는 목격자 증거가 피고인의 자백보다 더 중요하다고 주장한다. 심리학적 고찰이 이에 대해 어떤 설명을 제시하고 있는가?

3. 거짓 탐지를 위한 새로운 절차가 스스로의 책상을 어떻게 정리하는가를 주의 깊게 검토하는 것을 통해서 제안되었다고 가정해 보라. 이 절차가 신뢰할 수 있고 가치 있는지 여부에 대한 검토를 당신은 어떻게 시작할 것인가?

4. 구술 진술과 비교할 때 범죄 사건에 대해 작성된 서면 진술이 갖는 강점과 약점은 무엇인가?

5. 경찰이 용의자를 면담하는 방법에 대한 윤리적 · 법적 제한이 심리학적 연구에서 자백의 활용을 위해 어떤 함의를 가지고 있는가?

6. 당신과 당신의 친구들이 믿음을 줄 만한 거짓을 말하기 위해 사용할 전략에 대해 논의해 보라. 이들 전략이 어떻게 거짓 탐지를 위해 수사심리학자들이 사용하는 과정들을 방해하는가?

7. 허위 강간 주장이 만들어질 수 있는 조건을 검증하기 위한 연구를 구상하는 데에 있을 수 있는 주요 문제점들은 무엇이라고 생각하는가?

8. 앞선 장에서 다른 수사상 면담 절차들의 대부분이 주로 영국 경찰 업무에 기초를 두고 있는 데 비해서, 이 장에서는 미국에서 보다 전반적으로 보편화된 거짓 탐지 및 강화된 면담 전략들에 초점을 두고 있음을 주목하라. 왜 그렇다고 생각하는가?

9. [글상자 10-5]에서 자신들이 범한 범죄에 있어서 거짓으로 도움을 요청하는 사람들을 보여 주는 일부 웹 주소들을 제시하였다. 당신은 그들이 거짓을 말하고 있다는 징표를 특정할 수 있겠는가?

제3부

범죄 행위 프로파일링

범행 모형과 수사심리학의 적용

M'Dougal 부인을 추적하는 군중

출처: The New Newgate Calendar ⓒ The Folio Society Ltd 1960

제11장
획득형 범죄

이 장에서는 ……

- 학습 목표
- 개요
- 획득형 범죄 구분
- 유형분류의 문제점
- 침입 절도
- 침입 절도 모형 구성
- 범행 방식: 침입 절도에 대한 서사적 행위체계
- 강도
- 강도죄 모형 구성
- 사기죄 모형 구성
- 사기죄와 사기꾼 분류
- 사기죄의 서사
- 요약
- 추가로 읽을거리
- 토론과 연구를 위한 질문

학습 목표

1. 아래 사항들에 대한 이해를 통해서 각각의 사례에서 나타난 침입 절도의 상이한 범행 방식들과 개별 사례의 행위 유형들을 이해할 수 있다.

   (a) '보수적 비극(Conservative Tragedy)' 서사적 행위체계(NAS) 모형은(절도를) 물질적 이득을 최대화하는 것에 초점을 둔 효율적 범죄로 표현한다.

   (b) '적응적 모험(Adaptive Adventure)' 서사적 행위체계 모형은 절도가 발생하는 구역을 범죄자가 잘 알고 있으며, 침입할 때의 위험성을 능동적으로 관리하는 능숙한 범죄들을 보여 준다.

   (c) '통합적 풍자(Integrative Irony)' 서사적 행위체계 모형은 다른 고려 없이, 범죄자의 즉각적 필요를 해결하는 물품 획득에만 초점을 둔 범죄로 표현한다.

   (d) '표현적 탐색(Expressive Quest)' 서사적 행위체계 모형은 파괴적·충격적이며, 잠재적으로 대립하는 범죄들을 보여 준다.

2. 범행 강도의 단면을 조율하는 것은 범죄자가 피해자의 환경으로부터 획득하는 물질 등 착취 수준에서 드러나게 된다는 것을 수용할 수 있다.

3. 강도 범죄의 상이한 범행 방식들과 각각의 사례가 되는 행위 유형들을 이해할 수 있다.

   (a) '적응적 모험' 서사적 행위체계 모형은 피해자를 표적으로 관리하는, 매우 효과적인 범행을 보여 준다.

   (b) '통합적 풍자' 서사적 행위체계 모형은 무모하고 위험한 특질을 갖는 범죄들을 보여 준다. 피해자를 다루는 대인관계 방식은 폭력적인 범죄와 관련하여 묘사된, "사람으로서의 피해자"와 일관되게 나타난다.

   (c) '표현적 탐색' 서사적 행위체계 모형은 피해자를 범죄자의 주도권 표현을 위한 매개체로 보는 극적이고, 위험하고, 충동적인 범죄들을 보여 준다.

4. 다양한 유형들의 사기죄 사이에 존재하는 차이점 및 각각의 기저를 이루는 상이한 심리적 과정들을 이해할 수 있다.

개요

이 장에서는 핵심 과정으로서 금전 혹은 물건의 획득을 내용으로 하는 범죄의 다양한 형태들을 검토한다. 서사적 행위체계(Narrative Action System: NAS) 모형은 이들 범죄를 고찰하고 그들을 구분하는 데에 유용하며 합리적인 것으로 밝혀졌다. 이 모형은 이들 범죄에 무엇인가 가치 있는 것을 획득하려는 명백한 욕구를 넘어서는 많은 측면들이 있다는 것을 알게 해 준다.

많은 범죄자가 침입 절도를 범하며, 이것들이 폭력적인 범죄로 진행되곤 한다. 또한 침입 절도는 한 사람을 범죄적 생활방식에 빠져 있는 것으로 단정하게 하는 범죄로 생각될 수 있으며, 이로써 우리가 일반적으로 범죄들을 특징짓기 위해서 발견해 온 모든 상호작용 모형들을 보여 줄 것이라고 기대할 수 있다.

절취 행위 중에 폭력 혹은 폭력에 대한 위협을 포함하고 있는 강도와 폭력성이 없는 침입 절도 간의 법적 구분은 법률상에서 만큼이나 실제적 행위 개념에서는 그 차이가 명확하지 못하다. 그러나 사물이나 금전을 획득하기 위해 일부 폭력 혹은 폭력 위협을 사용하는 범죄들은 고찰되어야 할 보다 다양한 심리적 주제들을 제공한다. 금전 혹은 사물을 획득하기 위해서 타인과 상호작용하는 능동적인 역할은 이런 유형의 범죄를 위한 방법상의 범위를 제한할 가능성이 있으며, 특히 비극적·보수적 역할은 아닐 가능성이 높다.

사기는 복잡성에 있어서 침입 절도와 강도보다 한 단계 더 나아간 사회적 상호작용의 형태를 갖는다. 이와 함께, 무엇이 가능한지에 대한 지식을 활용하며, 특히 사업 경영 영역에서 혹은 그 내부에 있는 사람에 의해서 행해지는 경우에 더욱 그러하다. 이러한 사람들은 다른 형태의 범죄 활동에 명시적인 근본을 가지고 있지는 않을 것이며, 흔히 그들의 유용한 특징은 바로 그들이 활동하고 있는 맥락이다.

획득형 범죄 구분

[글상자 11-1]의 사례는 범죄자들이 돈을 구할 때, 흔히 마약 구입 시에 일어나는 일에 대한 느낌을 갖게 한다. 두 사례 모두에서 범죄자는 피해자와 상호작용이 있었다. 그러나 일부 범죄자들은 피해자와의 직접적 접촉을 피하려고 주의하는데, 예를 들어 야간에 창고에 침입하는 경우이다. 다른 범죄자들은 복합적인 사기 사건처럼, 타인의 소유물에 대한 직접적 대면 혹은 공공연한 침해와는 거리를 유지하고 범행을 할 것이다. 이러한 다양한 잠재

글상자 11-1 범죄자들의 개인적 서사

33세의 강도죄 수감자

난 술을 먹으러 나가서 완전히 취했었어요. 내 친구가 밖에 차 한 대가 고장 나 있다고 말했어요. 거기에는 3명이 있었는데, 난 경찰인 체하면서, "운전 면허증을 볼 수 있을까요?"라고 말하면서 그들에게 차 밖으로 나와서 주머니에 있는 것을 모두 내 놓으라고 했어요. 난 그들의 돈을 가지고 가 버렸어요. 준비된 것은 없었어요. 단지 경찰이라고만 말했어요. 취하지 않았더라면 그런 일은 없었을 거예요. 돈을 빼앗아서 그곳을 떠났지만, 돌아왔고 경찰이 있었어요. 난 그들을 밀치고 도망쳤어요. 일주일 후에 여자 경찰관 중에 한 명이 나를 알아봐서 체포되었어요.

22세의 강도죄 수감자

우리는 강도를 해서 하루에 500파운드를 만들었어요. 잡히는 것은 신경 쓰지 않았고, 단지 코카인 살 돈이 필요했어요. 우리는 한동안 그 짓을 매일 했는데, 결국은 잡혀 버렸네요. 그래서 이후 몇 년간은 나뻤어요. 난 15세에 정규직으로 일하고 있었어요. 매니저가 코카인을 처음 가르쳐 주어서, 돈을 마련하느라 직장에서 훔치기 시작했어요. 그래서 해고를 당했고 강도를 하기 시작했어요. 난 그 짓을 친구와 했는데, 거리에서 아무에게서 아무것이나 빼앗았어요. 휴대폰을 빼앗아서는 도망쳐서 그것을 팔았어요. 우리는 그 짓을 하는 것이 재미있다고 생각했어요. 우린 전화기 하나만 빼앗은 것이 아니라 한 번에 모두 훔쳤어요. 이젠 결코 재미있다고 생각하지 않아요. 경찰관에게서 전화를 훔치다가 잡혔어요. 사복을 입고 있었는데, 나를 뒤따라 와서는 바닥에 넘어뜨렸어요. 그가 나보다 훨씬 빨랐어요.

적 접촉은 범행 시 타인과의 접촉을 위한 범죄자들의 준비 혹은 상호관계 성향을 보여 주는 심리적 연속선상에 있는 것으로 생각된다. 단적인 예로 강도가 있는데, 범죄의 성공이 비록 사례에서처럼 속임수가 필요할 수도 있고, 혹은 단지 '잡아채서 뛰는' 것일 수도 있지만, 피해자들과의 직접적인 접촉의 효율성에 의존한다. 이와 다른 한쪽 끝에는 사기범죄로서, 접촉을 하지 않는 것뿐 아니라 흔히 타인에게 자신의 신분을 감추는 것에 의해서 이득을 취하게 된다.

사기	침입 절도	협박	특수절도	강도
상호작용을 위한 준비의 증가 →

이 연속체는 넓은 재물범죄 범주 내의 중요한 변형에 주목하고 있다. 따라서 비록 범죄 유형들의 심리적 상호 관련성에 대한 연구가 사람 관련 범죄들, 특히 폭력성 범죄를 획득형

범죄들과 비교하는 경향이 있지만, 암시적 또는 명시적인 피해자들과의 상호작용에 대한 범죄자들의 준비와 관련하여 재물범죄 내에서 그들의 차이를 탐구하는 것은 유익한 일이다. 초기 연구에서 제기된 기본적인 가정은 상이한 재산범죄 유형들 사이에 존재하는 이러한 차이점들이 대인관계 성향 및 타인과의 상호작용 방식들과 관련된 범죄자 특성에 반영될 것이라는 점이다(Young, 2004).

보다 자세한 서사적 행위체계 개념에서는, 획득형 범죄의 다양한 변형들이 다양한 기능 유형들을 표현하고 있다. 침입 절도는 물질적 이득을 얻기 위한 외부적으로 가능한 자원들의 직접적인 관리이므로, 근본적으로 '적응적 모험'이다. 사기는, 그 핵심에 있어서 '통합적 풍자'의 형태로 이해될 수 있는 일상적인 규칙과 절차의 거부, 즉 외부 세계로부터 감추어져 있는 절취 행동이다. 강도는 '표현적 탐구'에 상응하는 획득의 수단으로서 외부 세계에 대한 개인의 의지를 부가하는 것이다. 공갈 혹은 협박을 특징짓는 외부 환경에 대한 보복성 착취는 기능에 있어서 '보수적인 비극' 유형을 강조하는 획득에 대한 접근법이다. 침입 절도와 강도에 대한 묘사를 이용하여 이 장에서는 이들 근본적인 기능 모형들 내에서, 범죄 유형들 내의 범죄 행위 패턴의 차이점들이 서사적 행위체계 모형의 개념 속에서 이해될 수 있다는 것을 보여 줄 것이다.

유형 분류의 문제점

이 책을 통해서, 우리는 범죄들 혹은 범죄자들을 각기 다른 '유형들(types)'에 지정하는 것을 멀리해 왔으며, 제5장에서는 이것을 범죄와 범죄 행위들에 있어서 '주제'를 규명하는 것과 관련하여 논의하였다. 이것은 범죄 혹은 범죄자가 매우 제한된 수로 구분된 유형 중 어느 하나에만 지정되는 단순한 관점을 피하기 위한 방법이다. 범죄를 어느 한 가지 혹은 다른 유형이라고 단정 짓지 않는 것은 범죄에서 행해진 행위를 고찰하고 범죄들을 어떻게 효과적으로 상호 구분할 수 있겠는가를 고찰할 때 특히 중요하다. 따라서 다양한 유형들이 가지고 있는 중심 문제들을 검토해 볼 필요가 있다.

다른 유형과 대비해서 어느 한 유형에 지정할 때의 핵심 가정은 각 유형 내에서 특정 유형의 특성들이 규칙적으로 병행해서 발생할 것이라는 점이다. 예를 들어, 공격성의 측면으로 간주되는 모든 행동들은 '공격적'이라고 묘사된 어떤 범죄에서 발생하게 될 것이다. 만일 그렇게 지정된 범죄들이 다양한 공격적·비공격인 행동들이 혼합된 것을 포함하고 있다면, 이 범죄들을 '공격적'이라고 말할 가치가 없다. 그러나 이에 더하여, 한 유형의 특정 특성들이 다른 유형의 특정 특성들과 어떤 빈도를 가지고 병행 발생하지 않는다는 점도 가정되고 있다.

유형 분류가 유용성을 갖기 위해서는, 각 유형이 다른 유형들과 명확하게 구분되는 특성들을 가지고 있어야 한다. 혹은 다양한 유형들에 속하는 혼합적 특성이 있다면, 명확한 일련의 기준들이 한 개인이 혹은 사건이 어떻게 범주화될 것인지를 특정하기 위해 마련되어 있어야 한다. 따라서 만일 특정 유형에 범죄를 위치시키기 위해 우리가 몇 개의 공격적인 행동만을 사용하고자 한다면, 그것들이 무엇인지를 명확히 할 필요가 있다. 예를 들어, 언어적 공격성이 무시되고 단지 물리적 공격성만이 포함된다는 것이 명시되어야 한다. 따라서 본질적으로 유형 분류를 위해 다음과 같은 가정들이 핵심적으로 검토되어야 한다. (a) 각 유형 내 특성들은 서로가 일관되게 함께 나타난다. (b) 이들 특성은 다른 유형들의 특성들과는 함께 나타나지 않는다. 만일 병행 발생의 패턴과 병행 발생의 결여가 각 유형에 대해 제시된 특성들을 반영하지 않는다면, 유형 분류를 지지할 근거가 없다.

따라서 범죄들을 다양한 '유형들'에 지정하는 것의 유용성을 직접적으로 검토하는 한 가지 방법은 많은 사건들을 통해서 특성들의 병행 발생 여부를 검토하는 것이다. 통시적인 검토는 모든 연결된 특성들 사이에서 나타나는 병행 발생의 빈도가 검토되어야 함을 의미한다. 만일 이것이 순수하게 숫자적인 방법으로 취급된다면, 이는 벅찬 과업이겠지만, 이러한 병행 발생 패턴의 시각적 표현이 주요 가정들을 직접적으로 검토하기 위해 사용된다. 다차원 척도법(Multi-Dimensional Scaling: MDS) 절차들이 지리적인 공간의 거리로서 변수들의 병행 발생(이 경우에는 범죄 특성들)을 표현해 준다. 각 특성은 공간에서 한 점이며, 어떤 두 점들이 더 멀리 떨어져 있을수록 병행하여 나타날 빈도는 작아지는 것이다. 각 유형을 정의하는 특성들은 MDS 공간의 상이한 지역을 구성하는 것으로 가정된다. 앞선 장들에서 우리가 이미 보았으며 다음 장에서도 이제 볼 것처럼, 연구에서 사용된 어떤 행동들 또는 다른 변수들이 MDS 공간에서 상이한 지역을 구성하는 것은 극히 비일상적이다. 이것은 '순수한' 유형이 거의 존재하지 않는다는 것을 보여 준다. 대신에 우리가 핵심 주제를 확인할 수는 있지만, 한 가지 이상의 주제에 관여하는 행동이 있으며, 이들 주제들에 대한 해석에 주의가 요구된다.

침입 절도

범행 방식의 차이점 확인과 이로부터 나오는 수사상 추리의 가능성은 침입 절도와 관련하여 특별한 함의를 가지고 있다. 침입 절도는 대부분의 범죄자들의 범죄 전력에서 발견되는 범죄이며([글상자 11-2]를 보라), 많은 강간범들, 마약범죄자들 그리고 폭력적인 범죄자들의 초기 범죄 행위라는 공통적인 경향이 있다(Safarik, Jarvis and Nussbaum, 2002; Youngs, 2001).

따라서 침입 절도범들이 매우 복합적인 집단에 속한다는 것은 놀라운 일이 아니며(〈표 11-1〉을 보라), 수사상 추리의 가능성을 제공하는 것은 바로 범죄 행동 내에 있는 보다 세부적인 행위적 변형의 수준이다. 범죄자들은 전반적으로 어느 한 시점에 침입 절도를 범할 수 있지만, 모두가 동일한 방법을 사용하는 것은 아니다. 실제보다 심각한 범죄자 역시 침입 절도 범죄들로 인해 경찰 자료망에 기록되어 있는 것을 감안해 보면, 변형된 침입 절도 모형들이 침입 절도 수사 이상의 상당한 유용성을 가지게 된다.

그러나 침입 절도에 대한 수사심리학적인 검증은 여러 도전적 상황에 직면하는데, 이는 활용 가능한 정보가 제한적이며, 침입 절도 검거율이 매우 낮다(보통 10% 이하)는 점이다. 이것 또한 침입 절도로 신고된 것들에 대한 이야기이다. 이는 우리가 모든 범죄 중에 작은 부분만을 가지고 연구를 진행하고 있을 뿐 아니라, 검거된 범죄들이 모든 침입 절도를 대표하지 않는다는 것을 의미한다. 이와는 별도로, 경찰의 기록 절차가 제9장에서 논의된 다른 문제들과 함께, 흔히 범죄에서 진행된 사실에 대한 정보의 양을 제한하고 있다.

이러한 도전들이 주제별 차별화 접근법(thematic differentiation approach), 즉 행동이 이들이 속하는 주제의 징표로서 취해지는 접근법을 통해 수사심리학에서 처리되고 있다. 개념적으로 보면, 개발된 모형들은 차별화 모형들이며, 따라서 특별한 행동이 제시된 범행 방식의 고정된 징표라고 명시하기보다는 활용 가능한 정보들 내에서(그리고 고찰 중인 특별한 내용 또는 현상 안에서) 구별되는 패턴들의 심리학적 기초를 제공하고 있다. 주제별 차별화 접근법은 또한 범죄들을 제한된 숫자의 유형들 중 하나에 단순하게 지정하는 것과 관련된 문제점들 상당수를 감소시키고 있다.

글상자 11-2 침입 절도에 대한 주요 사실

- 침입 절도는 재산범죄 범주로 구분된다.
- 가정(모든 거주지에 대한 침입)과 가정 외(사무실, 별채, 창고 등 거주하는 소유물의 부분이 아닌 것들에 대한 침입) 침입 절도 간의 구분이 있다.
- 가중 침입 절도는 범죄자가 침입 절도를 범하는 순간에 모든 형태의 흉기로 무장하고 있는 경우이다.
- 매우 다양한 침입 절도범 특성들이 있지만, 전형적인 침입 절도범은 무직의 젊은 남성이다.
- 범죄자들 중 54%가 피해자 면식범이다(2006 영국 범죄 통계).
- 통상 절취되는 물건들은 현금, 보석류, 전자 제품, 휴대전화, 컴퓨터 및 부속 기기, DVD/CD 장치 등이다.
- 가구당 침입 절도 피해액 평균은 330파운드이다(2006 영국 범죄 통계).
- 영국 전체에서 경찰 기록상 2007/2008년도에 가정 침입 절도는 28만 704건, 가정 외 침입 절도는 30만 2,995건이다.

- 2007/2008 영국 범죄통계는 가정 침입 절도의 64%만이 경찰에 신고된 것으로 산정하고 있다.
- 침입 절도는 전체 영국 범죄 통계상 7% 및 신고된 범죄의 12%에 해당한다(2008 영국 범죄 통계).
- 전체 가정 중 약 2.4%가 전년도에 침입 절도 피해 경험이 있다(2008 영국 범죄통계).
- 다음 요인들이 범죄 결정에 영향을 주는 것으로 나타났다: 현금 필요, 만취 혹은 약물에 취한 상태, 타인/친구의 기회 제공 혹은 영향(WILES and Costello, 2000).
- 약물 남용과 침입 절도 간에 강한 관련성이 있다. Wiles와 Costello(2000)는 침입 절도범의 69%가 강한 약물 사용자라고 보고하고 있다.
- 대상 선정에 있어서 중요한 것으로 흔히 언급되는 요인들은 거주자 부재, 대상의 유인성(매력), 지역 익숙함, 대상의 가시성과 접근성, 그리고 경보 장치와 창문 시정과 같은 안전 조치 등이다.

〈표 11-1〉 침입 절도범 분포

나이	영국 내무성 통계(Home Office Statistics, %) 　학생: 9 　16~24: 48 　25~39: 28 　40세 이상: 15 미국 FBI 공식 범죄 보고(Uniform Crime Reports, %) 　15세 이하: 8.1 　18세 이하: 27 　21세 이하: 45.3 　25세 이하: 58.6
성별	미국 FBI 공식 범죄 보고(%) 　85.5 남성 Farrington과 Lambert(2007, %) 　95.4 남성
인종	미국 FBI 공식 범죄 보고(%) 　백인: 68.5 　흑인: 29.8 　인디언 및 알래스카 원주민: 1 　아시아인 및 태평양 섬 주민: 0.7 Farrington과 Lambert(2007, %) 　백인: 89 　흑인: 6 　인종 혼합: 4 　아시아인: 1

침입 절도 모형 구성

> 건물 혹은 건물의 일부에 무단침입자로 들어가서, 건물 내에서 물건을 훔치거나 훔치려 시도하면, 혹은 건물 내에 있는 사람에게 상해를 입히거나 입히려 시도하면 침입 절도죄에 해당한다.
>
> 『영국 절도법(Theft Act)』, 1968; 제9장 제1조 b)

비록 법적으로 무단침입과 절취라는 용어로 정의되어 있지만, 범죄자의 관점 및 심리학적 개념에서 침입 절도에 대한 고찰은 범행에 대해 다소 다른 이해를 제공하고 있다. 범죄자에게 침입 절도는 일반적으로 한 장소의 물질적 재산에서 이득을 얻기 위해 심리적으로 중요한 물리적 경계를 넘어서는 것이다. 이것은 물질적 획득에 대한 보다 탐구적이며 개방적인 접근으로, 특정 물건이 선정되고 취해지는 범죄와는 심리학적으로 중요한 방식에서 차이를 보인다. 또한 이러한 물질적 획득에 근접하려는 일반적인 접근법에서도 다르다. 침입 절도범들은 대결과 우월한 물리적 · 심리적 힘의 유지(강도에서처럼), 그리고 조작과 속임수(사기에서처럼), 위협(협박에서처럼) 혹은 안전 장치 및 요원들과의 머리싸움(상점 절도에서처럼) 등보다는, 전형적으로 탐구적이고 모험적이며 어느 정도 알려지지 않은 위험한 전략을 채택한다. 침입 절도가 하나의 활동으로서 범죄자에 대해 심리학적으로 무엇을 표현하고 있는가에 대한 이러한 이해는 범죄자들이 범죄를 실행하는 데 있어서 무슨 차이점이 있는지에 대해 생각하도록 한다.

외부 세계에서 가능한 것들을 탐색하고 이용하는 이러한 개념화와 일관되게, 침입 절도는 앞선 장에서 우리가 검토한 기능의 행위체계 모형의 개념에서 보면 근본적으로 '적응적(adaptive)' 범죄를 대표하고 있다. 범죄는 갖고자 하는 물건들의 외면적인 사용 가능성으로부터 유발되는 것으로, 외부적 계기들에 대한 반응이며, 그에 의해 촉발된다. 범죄자는 이러한 물건들을 획득(외면적 충격)하려는 중심적이며 기능적인(적응적) 목적을 가지고 외부 환경에 직접적으로 작용한다. 적응적 기능 모형을 진전시키는 서사는 실재적인 만족을 위해 외부 세계와 거래하는 개인, 즉 '모험(adventure)'의 서사이다. 실행되는 주도적인 역할들은 힘, 지배 그리고 능숙함을 포함하는 '전문가주의(professionalism)'의 측면들이다. 다양한 침입 절도들에서 나타나는 범행 방식들의 변형들을 이해하기 위해 필요한 것은 '적응적 모험'을 배경으로 한다.

침입 절도의 심리적 구성요소

침입 절도범들과 그들의 범죄에 대한 대부분의 범주화 작업은 유효성과 능숙함에 초점을 맞춘다. 연구 논문에서 반복되는 주제는 기술의 수준으로서, Maguire와 Bennett(1982)가 '1부 리그 침입 절도범'이라는 개념을 이용해 전형적인 것들을 보여 주고 있으며, 이는 흔히 침입 절도가 발생하는 환경과 연결되곤 한다. 예를 들어, Walsh(1986)는 견습생(novitiate, 숙달된 침입 절도범으로부터 배우고 있는 세부적인 기능적 기술이 부족한 견습생)을 약탈자(pillager, 필요에 의해 범행을 저지르며 계획은 세우지 않는 미숙련 성인 침입 절도범) 및 침입자(breaksman, 숙달된 기술자로서 미리 계획을 세우며, 스스로 훈련된 자일 것이다)와 구분한다. 유사하게, Cromwell, Olson과 Avery(1991)는 초보자, 경험자 그리고 전문가로 이어지는 일반적인 전문가주의 등급으로 설명하고 있다. 또한 Merry와 Harsent(2004: 48)는 그들이 연구한 침입 절도 행위들을 고급 기술(high craft, 인지적 능력과 질적으로 반응적이기보다는 선행적인)과 저급 기술(low craft, 반응적인 경향과 함께 계획, 지식 및 기술의 상대적 부족)로 나누고 있다.

이들 모든 유형 분류가 관심을 두고 있는 침입 절도의 기술에 대한 평가는 복합적인 시험 대이다. 부분적으로는 범죄 행위의 세련됨이 흔히 잠재적으로 사용 가능한 기술보다는 실제적으로 필요로 하는 기술을 반영할 것이기 때문이다. 예를 들어, 복잡한 경보 장치를 성공적으로 돌파하는 사람보다 덜 숙련된 자처럼 열려 있는 창문과 같이 안전 취약점을 이용하는 침입 절도범을 고찰하는 것은 당연히 적절하지 못하다. 창문이 열려 있다면 왜 경보 장치를 돌파하기 위한 기술을 사용하겠는가?

침입 절도의 기술에 대한 평가는 기술이 표상하는 것에 대한 다양한 의견으로 인해 또한 복잡하다. 기술 유형 분류의 세부사항에 있어서 연구자들은 계획, 기능적 기술, 수법 숙련도, 선행 능력, 탐지 회피, 범죄적 접촉 및 절취한 물건의 가치 등에 대해서 다양하게 언급하고 있다. 확실히 이 모든 것들은 숙련된 침입 절도의 부분이 될 것이며, 침입 절도가 무엇인지에 대한 '적응적' 개념과 일치한다. 문제는 이들이 상이한 심리적 근원, 즉 어떤 것은 경험의 반영이고, 다른 것들은 지능, 인지적 방식 그리고 개성 등의 다양한 혼합의 반영이라는 점에서 매우 상이한 심리적 과정들을 반영하고 있다는 것이다.

대신에 이러한 모든 과정들에 공통적인 것으로 이해되는 심리적 개념이 초점의 한 수준으로 제안되고 있다(Youngs and Canter, 출판 중, c). 이것은 침입 절도 행위에서 관찰된 차이점들이 범죄자가 성공적이고 효과적인 침입 절도를 완수하려는 과업에 집중하는 수준을 반영할 것이라는 생각이다. 이것은 계획 구성, 기교 및 절취한 물품의 가치 등의 변형된 측면들에서 나타날 수 있으며, 또한 불필요한 활동 혹은 위험 감수의 정도 등과 같은 침입 절도의 특성들에서 나타나는 변형들뿐만 아니라 여타 특성들을 뒷받침하고 있다. 침입 절도 실행 및 이 행동 내의 잠재적인 변형들에 대한 우리의 이해와 모든 이러한 구성요소들의 공통된 관련성은 이들이 중심 과업에 대한 범죄자들의 관심의 정도에 좌우된다.

과업에 초점을 둔 구분과 함께, 범죄를 사회적 처리과정으로 이해하는 수사심리학 (Canter, 1989)은 침입 절도 행위와 관련될 수 있는 추가적인 심리학적 구분을 제안하고 있다. Canter는 모든 범행은 폭력적인 범죄를 특징짓는 명시적인 상호관계에서부터 모든 취득형 범죄─비록 범죄시점에 피해자가 없었다 해도─의 일부가 되는 묵시적인 사회적 처리 과정까지의 범위를 가지면서, 피해자와 어떤 상호작용 형태를 구성하고 있다고 주장한다. 묵시적인 처리 과정의 존재는 때때로 재물범죄들이 범죄자에게 매우 의미 있는 대인관계에서 지향된 활동들을 포함할 것이라는 가능성을 열어 주고 있다. 이러한 주장은, 극단적으로는 개인적 집착을 대표하는 사람들을 표적으로 삼는 'Riddlesmith'* 유형 절도범에 대한 Walsh(1980)의 설명의 기저를 이루고 있으며, 또한 직접적으로 악의에 찬 파괴주의 행동인 Walsh(1980)의 '치명적 위협(feral threat)' 유형의 침입 절도들에 의해 만연된 개념 속에 명백히 나타나 있다. 피해자와 관련지으려는 시도가 침입 절도 범행의 측면들일 수 있다는 이러한 개념은 피해자가 대인적 침해에 대한 느낌을 보고하는 범죄의 영향에 대한 연구에 의해 지지되고 있다(Bennett and Wright, 1984; Brown and Harris, 1989; Korosec-Serfaty and Bollitt, 1986).

이러한 생각의 일반적인 흐름을 따라서, 침입 절도의 맥락에서 범죄자들 사이의 중요한 차이는 그들이 침입하려는 가정의 거주자를 의식적으로 알고 있는 정도와 관련될 것이라는 점이 제시되고 있다(Youngs and Canter, 출판 중, c). 근본적으로 '적응적'인 것으로 침입 절도를 개념화하는 것은, 절도의 핵심이 되는 것이 대인 간 상호관계에서의 악행의 수준이라기보다는 이러한 알고 있는 정도일 것이라는 점을 말해 주고 있다. 따라서 일부 범죄자들은 가정을 누군가의 집으로 보는 것이 아니라 하나의 건물로 보겠지만, 다른 사람들에게는 주택 소유주의 존재와 신원 사항이 더욱 중요할 것이다. 일부 사건에서는 이처럼 피해자를 알고 있는 것이 소유주가 돌아올 것이라는 잠재적인 위험성에 대한 인식을 높여 주는 것으로 나타나는 반면, 일부에게는 그들에게 충격을 주고 싶은 욕구를 생성할 수도 있다.

피해자가 집에 있을 것이라는 인식을 범죄 행위에 대한 초점 수준에서의 차이점과는 독립적으로 행동적 차이점에 대한 2차적인 근거를 표현하고 있으며, 이것이 범죄 행위들과 구별되는 범행 방식을 산출해 내는 초점 수준과 상호작용을 한다. 가능성의 범위 내에서 이것

---

* Riddlesmith: D. Walsh(1980)가 발전시킨 절도범 유형 중 표현적 절도범(expressive burglar)에 속하는 3개 하위유형 (feral threat, riddle-smith, and dominator) 중 하나로서, 절도범이 수수께끼를 내고 벽과 거울에 메시지를 남기곤 하며, 피해를 유발하는 데 있어서도 독창성을 보이는 유형으로 정의된다. 특히 이 유형은 인종, 계층 등 개인적 집착을 대표하는 사람을 범죄대상으로 한다(Canter Alson, 2000, Profiling Property Crimes, Routledge 참고).

이 침입 절도를 고찰하기 위한 모형틀을 제공하는 네 가지의 다소 상이한 주제 수준의 강조점들을 생성한다.

범행 방식: 침입 절도에 대한 서사적 행위체계

범죄의 넓은 계층분류 내에 있는 차이점을 고찰할 때, 서사적 행위체계(NAS) 구분법은 범죄가 어떤 유형의 활동이냐보다는 어떻게 범해졌는지에 있어서의 차이점을 포착한다. 그로 인해 행위의 외부적 원천은 침입 절도가 외부 환경과 범죄의 물리적인 실행을 관리하는 것에 초점을 두고 있는 것으로 표현될 것이다. 침입 절도가 어떻게 범해지는지를 뒷받침하는 내부적 원천은, 환경을 관리하는 것에는 관심이 없고, 개인의 사적이고 표현적인 목표들의 설정에 더 관심을 가지는 행위를 제시할 것이며, 위험하고 침입 절도에 도움되지 않는 이질

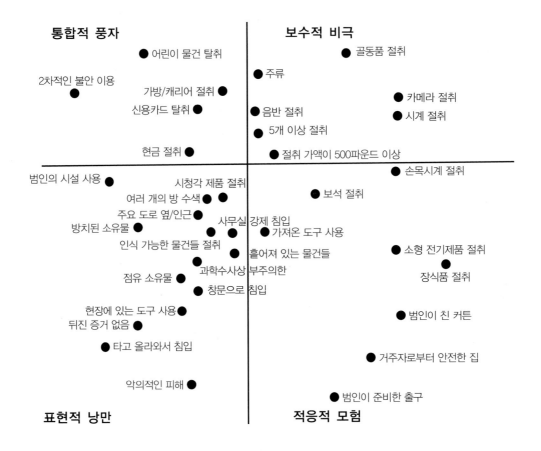

[그림 11-1] 침입 절도 행동들의 SSA

출처: Youngs & Canter, 출판중, c (Herry& Harsent, 2000에서 인용)

적인 행동을 낳는다. 이것은 과업 중심 수준에서의 구분과 직접적인 유사성을 가지고 있는 것으로 쉽게 이해될 수 있다.

이와 유사하게, 내부 또는 외부적으로 의도된 충격 사이의 '행위체계적' 차이는 범죄자가 피해자에 대해서 가지는 대인관계적 인식이라는 측면에서 해석될 수 있다. 외적 실현 또는 의도하는 충격은 범죄자가 피해자에 대한 대인관계적 인식을 가지고 있을 것을 요구한다. 이것은 만일 행동이 단순히 범죄자의 이익(내적 실현)을 위한 것이면 요구되지 않는다. 이 모형은 방화의 범행 방식들에서처럼, 우리가 침입 절도를 다양한 행위체계 모형의 측면에서 해석할 수 있도록 해 준다. 다음 부분에서 묘사된 것처럼, 이러한 범행 방식들은 각 모형과 연결된 서사를 인용함으로써 설명될 수 있다(Youngs and Canter, 출판 중, c).

이 구분적인 행위 모형들의 현출에 대한 경험적 증거는 제한된 변수들의 집합에서 유래된 최소 공간 분석법(SSA)에 주어져 있다(Merry and Harsent, 2000). 원 저자들은 자신들의 결과에 대한 서술적인 설명을 가지고 작업을 하였으나, 그것들이 이제는 침입 절도에 대한 서사적 행위체계를 묘사하는 것으로 볼 수 있다. [그림 11-1]은 영국에서 발생한 60건의 가정 침입 절도 표본에 있어서 각 행위의 발생 빈도(전체 행동 기술은 〈표 11-2〉를 보라)를 표시하고 있다.

보수적 비극

침입 절도에서 첫 번째로 뚜렷한 주제는 사유재산의 소유주 혹은 점유주에 대한 의식적인 인식은 부족하면서, 범행이 절취에 매우 집중되어 있는 곳에서 발견된다. 표적이 되는 사람에 대한 고려의 부족은 침입 절도에 대한 과업에 기초한 접근법을 더욱 강조할 것이다. 이것은 범죄의 성공적 실행을 위한 어떤 폭넓은 전략들 혹은 상황 통제보다는 기술적인 능숙함에 의존하는 간결하고 효율적인 범죄들을 생산한다. 이것이 피해자와의 심리적 무관련성이 결합되면서 거주자가 있는 구역을 회피하고, 이러한 구역과의 접촉을 최소화하는 범행 방식을 사용하게 될 것이다. 초점은 전적으로 획득될 수 있는 물질적 이득에 있게 될 것이며, 이러한 범죄들은 매우 주의 깊은 대상 선정과 높은 가치를 가진 물건을 취하는 것에 의해 특징지어질 것이라고 예상할 수 있다([그림 11-1]을 보라).

과업 초점 접근법에 내재하는 행위들의 외부적 형태와 피해자에 대한 행위의 외면적 충격에 대한 관심의 결여는 이러한 침입 절도 형태가 행위체계 기능 중에서 '보수적' 모형(외적 근원, 내적 실현)으로 이해될 수 있다는 것을 의미한다. 보수적 모형은 행위의 내면적인 영향의 본질의 관련성에 주목한다. 이것은 범죄자의 기능의 계속을 어떤 방식으로든 지원하는 외부 자원들의 내적인 흡수로서 범죄들을 이해하도록 제안한다(Shye, 1989). 방화에 있어서,

〈표 11-2〉 침입 절도 행동들의 발생 빈도

속성	빈도(n=60)	비율
주요 도로 옆 또는 인근	57	95
인식 가능한 소유물 절취	45	75
여러 개의 방 수색	43	71
강제 침입	42	70
시청각 기기 절취	37	61
창문으로 침입	31	51
5개 이상 물건 절취	28	46
절취 가액 500파운드 이상	27	45
흩어져 있는 물건들	25	41
현장에 가져온 도구 사용	22	36
과학수사상 부주의한	20	33
보석 절취	20	33
음반 절취	20	33
현금 절취	20	33
현장에서 캐리어 탈취	16	26
점유 소유물	14	23
방치	14	23
능숙한 침입	13	21
신용카드 절취	10	16
손목시계 절취	9	15
카메라 절취	8	33
수색 없는 절도	7	11
주류	7	11
타고 올라와서 침입	6	10
2차적인 불안 이용	6	10
범인이 커튼을 치다	6	10
시계 절취	6	10
작은 전자 제품 절취	6	10
현장에 있는 도구 사용	5	8
거주로부터 안전한 집	5	8
장식품 절취	5	8
범인의 시설 사용	4	6
골동품 절취	4	6
아동 물건 절취	4	6
범인이 준비한 출구	3	5
악의적인 피해	3	5

Canter와 Fritzon(1998)은 이것은 아마도 직접적인 보복 범죄들의 형태를 취할 것이라고 주장한다.즉, 개인(그리고 계속된 효과적인 기능)을 위한 심리적 지원(자원)을 제공하는 외부적인 가해에 대항해서 이 범죄가 성취하는 내부적인 보복감이다. 침입 절도와 그의 본질적인 적응적 모형의 맥락에서는, 발생한 범죄들이 매우 직접적으로 외부적 원천으로부터 물질적 자원을 회수하는 것으로서 이해될 수 있는 것들일 것이다.

따라서 침입 절도의 맥락 내에서는 외부 자원의 흡수에 대한 초점이 물질적 획득에 매우 집중하는 범행 방식을 낳게 될 것이다(〈표 11-2〉를 보라). 이러한 획득의 내부적 영향과 지속적인 기능을 용이하게 하는 것에서의 역할에 대한 보수적인 강조는 이러한 범죄들이 더 넓은, 아마도 조직화된 범죄 활동의 영구화를 지원하기 위해 수행되는 범죄들로 이해될 수 있다는 점을 제시한다. 또한 탈취된 물건에 대한 전문적이고 상업적인 접근, 그리고 단지 가치가 높기보다는 필요로 하는 특정 물건 유형을 대상으로 하는 것은 이러한 범행 방식의 한 구성요소가 될 것이라고 말한다.

보수적 모형에 연결된 비극 서사에 대한 언급은 범행 방식에 대한 이해를 더욱 풍성하게 한다. 이런 서사의 중심 주제는 개인이 잘못했거나 모두를 박탈당해서, 문제는 이제 보복이라는 것이다. 이런 서사에서 나오는 행동들은 풍자의 특성으로 더 어울리는 패배주의적이라기보다는 앙갚음을 하려는 것이며 보복적이다. 근본적으로 적응적 활동인 침입 절도와 관련해서는, 이런 적극적인 보복 행위가 범죄자의 박탈감을 강화시킨 영향력을 가진 특별하게 부유한 피해자를 공격하는 형태를 취할 것이다. 이것은 뚜렷하게 부유한 가정들과 지역들을 대상으로 하는 것이 이러한 침입 절도 방식의 내적인 부분이라는 것을 의미한다.

적응적 모험

범죄자가 과업 중심적이고 누군가의 집에 침입한다는 것을 온전히 인식하고 있는 경우, 예방적인 활동에 의해 특징지어지는 범행 방식이 예상된다. 외면적으로 유도되고 지향되는 행위를 서술하는 적응적 행위체계 모형은 매우 효과적인 침입 절도를 초래하게 될 환경에 대한 직접적인 반응이며 조정하는 것 중에 하나이다. 환경의 관리는 제한 없이 집을 이용하기 위해서 범죄 행위 중 커튼을 쳐 두는 것처럼, 침입 절도 행위들에서 드러나는 직접적인 물리적 변화를 통해서 이루어진다.

Shye(1989: 354)가 우리에게 상기시킨 것처럼, 적응적 모형에서 환경에 대한 행위를 통해서 '고갈된 에너지'는 의미가 없기 때문에, 여기에서 대인관계적인 침입에 대한 인식은 표현적 모형 내에서 보여 주는 감성적으로 의미 있는 활동이라는 결과를 낳지 못할 것이다. 그보다 이러한 범죄들에서 이러한 인식은 거주자의 복귀로부터 영역의 안전을 확보하는 것과 같은 범죄 행위들에서 보여 주는, 거주자들에 의해 발각될 잠재적인 위험들에 대한 경계로서 표현될 것이다([그림 11-1]을 보라).

적응적 기능을 특징짓는, 환경의 직접적인 이용으로부터 외부적 보상을 추구하는 것은 매우 도구적인 행위를 초래한다. 방화에서 이것은 보험사기 범죄의 형태를 취하거나 혹은 다른 범죄 활동의 증거를 은닉하기 위한 방화의 형태를 취한다고 주장되어 왔다(Canter and Fritzon, 1998). 침입 절도에서는 목적의 수단성이 절취된 자원을 최대화하는 것과 관련된 범죄 행위에서 드러나게 될 것이다. 미리 결정된 높은 가치의 물건들만이 취해지는 보수적 범죄들과는 달리, 적응적 모형과 일관된 범행 방식은 모든 가치 있는 물건들이 장소에 대한 매우 철저한 수색을 통해서 선별된다.

적응적 모형과 일관성을 갖는 모험가 서사는 침입 절도 방식에 대한 이해를 더욱 정교화시킨다. 이 서사 내에서, 외부 조건들의 관리는 숙달의 형태를 취하며, 이러한 숙달에서 유발되는 만족감이 강조된다. 이것이 범죄자의 효과적인 환경적 관리가 대상 가정에 대한 지배력으로 발전하는 침입 절도 방식을 제시한다. 이것은 물건들을 이동시키고, 대상 가정을 뒤집어 놓는, 때때로 악의적인 것으로 오인되는 범죄 행동들에서 볼 수 있다.

통합적 풍자

거주자에 대한 인식 부족에서 발생되는, 또한 과업에 대한 초점도 부족한 침입 절도는, 중요한 물질적 획득에 대한 것도 아니고 침입 경험에 대한 것도 아니면서, 가장 특이한 범죄인 것처럼 보일 것이다. 이 활동을 이해하는 한 가지 방법이 서사적 행위체계 모형의 측면에서 이를 해석하는 것에 의해 제안되고 있다. 이는 자기 조정의 형태로서, 효과의 원천과 중심지가 내부에 있는 것과 일치한다. 다시 말해서, 행동이 기분을 좋게 하려는 시도, 즉 부정적인 내부 상태에 대한 반응이다.

일부 맥락에서는 통합적 모형이 개인이 겪고 있는 정서적 고통에 주목하려는 내면적으로 지향되고 자기 파괴적인 시도라고 하는 행동을 초래한다. 이 사례가 되는 한 가지 형태가 방화에 의한 자살이다(Canter and Fritzon). 그러나 일반적인 침입 절도의 적응적 맥락에서는, 이 기능 모형은 개인이 기분을 좋게하기 위해 필요한 것을 획득하는 것에 단지 중점을 두는, 그리고 단지 자신의 필요 요건 정도뿐인 범죄 행위로서, 부차적인 수준에서 명백하다.

통합적 모형이 내포하고 있는 자기 몰입적 기능은, 범죄 과업에서 초점의 결여가 표현적 모형에서처럼 적극적으로 위험한 행동에 의해서라기보다는 인식 가능한 물건들을 절취하는 것과 같은 사례에 의해 탐지될 가능성을 고려하는 데에 실패한 경우에 특히 명확하다는 점을 보여 준다. 절취된 물건들의 유형 측면에서는, 내적인 조정에 대한 통합적인 강조가 술(alcohol)처럼 개인적 사용에 대한 즉시적인 만족과 안락함을 주는 것들에서 나타난다고 말한다.

통합적 모형에 생기를 불어넣는 풍자적 서사는 개인이 무의미하고 공허한 세계의 힘없는 피해자인 범죄자들을 위한 근본적인 줄거리를 발전시킨다. 어떤 규칙 혹은 의미의 부재는 범죄자가 심지어 가장 근본적인 사회 법규들을 무시할 수 있도록 하는 심리적 맥락을 제공한다. 이것은 [그림 11-1]에서 지적한 것처럼, 신뢰 남용(이웃집들을 대상으로 하고 그들의 안전 절차/취약점에 대한 지식의 이용 등처럼)과 다른 형태의 사회적으로 수용될 수 없는 행위(아동의 물건들을 절취하는 것처럼)를 포함하는 침입 절도 방식에 대한 이해의 확장을 제시한다.

표현적 탐색

침입 절도의 추가적인 변형은 범죄 행위가 침입 절도를 범하는 과업에 대한 초점의 결여와 함께 대상 가정의 거주자에 대한 인식에 의해서 특징지어질 때 출현한다. 이러한 심리적 조건들의 결합은 타인의 사적인 세계에 대한 침입 경험과 관련되어 있는 범죄 내에 많은 기이하고 특이한 활동을 초래하는 것으로 예측된다.

이러한 비과업 중심적(내부 원천)이며, 피해자 인식(외부 영향) 기능과 일관된 표현적 행위 체계 모형은 중심 관심이 외부 세계에 대한 영향, 특히 한 가지 또는 다른 방법으로 체계 자체의 특성들을 반영하는 방식으로 영향을 미치는 것이라는 점이다(Shye, 1989: 353). 따라서 이것은 특이하고 기이한 활동들이, 일반적으로 적대감을 통해서 범죄자가 피해자에게 정서적으로 영향을 주려는 행동들로 구성된 특별한 표현적 특질을 가질 것이라는 점을 시사한다. 이것은 아마도 낙서, 파괴주의 또는 집 안에 있는 화장실 사용과 같은 행동들에서 볼 수 있을 것이다([그림 11-1]을 보라).

탐색 서사는 영웅적이고 남자다운 임무상에 있는 범죄자의 측면에서 정서적 표현에 대한 보다 깊은 이해를 보여 준다. 이것은 적응적 모험에서의 범죄자에게 해당하는 것처럼 세부적인 기술적 선호를 보여 주는 것이 아니라, 자신의 남자다운 기량을 과시하는 것에 관심을 갖는 침입 절도범이다. 이것은 사유지에 들어가기 위해서 기어 올라가는 것처럼 위험하고 물리적으로 도전적인 행위들에서 드러난다([그림 11-1]을 보라). 범죄자가 주택 거주자를 직접적으로 대면할 준비가 되어 있는 방식이다. 단호한 허세라는 주제에 걸맞게, 여기에서 과업 초점의 결여는 부주의함으로 나타난다. 예를 들어 족적이나 지문을 남기는 것으로 표시된다([그림 11-1]을 보라).

종합하면, 상이한 패턴의 침입 절도 범죄 행동들이 서사적 행위체계의 다양한 기능 모형들에 대한 설명을 통해 이해될 수 있으며, 그로써 적응적 모험, 표현적 탐색, 통합적 풍자 그리고 보수적 비극이라는 침입 절도의 변형들이 구분될 수 있다(Youngs and Canter, 출판 중, c)

범죄자 분류에 대한 분화도의 구조적 모형(제5장을 보라)은 강화된 세기의 범죄 행위와 함께 보다 뚜렷한 범행 방식의 구분을 예측한다. 침입 절도를 범죄자가 심리적으로 중요한 물리적인 경계를 넘어서 누군가의 집에 들어가는 것을 포함하는 재물 획득에 대한 탐색적이며 모험적인 접근이라는 심리학적인 개념에서 이해해야 한다는 명제에 따르자면, 이러한 세기가 피해자의 환경을 이용하는 수준에서 드러날 것으로 예측된다. 높은 수준의 이용은 범죄 행동에 대한 특별한 서사적 행위체계 강조점에 따라서 상이한 형태들을 취할 것이다. 예를 들어, 보수적인 비극 내에서는 침입 절도에서 나온 물질적 이득의 양에 매우 직접적으로 반영될 것이다. 비록 보다 넓은 변수들을 가지고 실행할 앞으로의 연구들은 이를 더욱 명료화할 수 있겠지만, 행동의 확산 혹은 희소성에 일정 부분 반영되어 있는 하나의 조정 단면으로서 이용의 정도에 대한 어떤 표식이 여기에 소개된 Merry와 Harsent의 최소 공간 분석법상에 나타나고 있다.

강도

2000년 11월 7일 저녁, 6명의 남성이 런던의 밀레니엄 돔(Millennium Dome)에서 개최된 드 비어스 밀레니엄(De Beers Millennium) 다이아몬드 전시장에서 시가 2억 파운드(약 3,400억 원) 상당을 절취하려 시도하였다. 강도들은 정교한 작전을 펼친 경찰에 의해서 현행범으로 체포되었는데, 그들은 대형 기계 삽이 장착된 JCB 기중기를 이용하여 돔을 부수고 난입하였다. 강도 행각은 주의 깊고 전문가적으로 세부적인 것들까지 계획되어 있어서 거의 성공할 뻔하였다. 기소 검사 마틴 헤슬롭(Martin Heslop)이 살펴본 바에 따르면, 만일 성공하였다면, 가액으로는 세계에서 가장 값비싼 강도로 기록되었을 것이라고 한다. 아마도 '밀레니엄 강도'로 불릴 수도 있었을 것이다.

(밀레니엄 돔 다이아몬드 강도 자료. BBC 뉴스 웹사이트)

물론 돔 다이아몬드 강도는 실제 범죄이지만, 이름을 숨기고 마스크를 착용한 무자비한 전문가들 집단에 의해서 상상할 수 없는 가치의 다이아몬드, 금괴 혹은 현금 다발을 목표로 하는 꼼꼼하게 계획된 공격이라는 할리우드식 스토리는 대다수의 강도 범죄들에는 해당되지 않는다. 사실 연구에 따르면, 매우 소수의 강도범들이 계획을 세우고(Feeney, 1986에 따르면 3%), 상당한 현금과 귀중품들을 보관한 장소를 대상으로 하고(Alison 등, 2000에 따르면 20%), 직접적인 물리적 폭력을 사용하거나(McClintock and Gibson), 혹은 위장을 사전에 준비(Alison 등, 2000에 따르면 22%)한다. 〈표 11-4〉는 일반적인 강도범들의 분포를, 그리고 〈표 11-3〉은 Watts(1994)가 연구한 강도 범죄 표본들 중 전형적인 행동들을 보여 주고 있다. 확실히 수사심리학자들에게 있어서 이러한 범행 형태를 식별하는 것은 범행의 정교함과 독특한 전문성이 아니라, 그보다는 피해자와 직접적으로 상호작용하고 중요하게도 이러한 상호작용 속에서 범죄 목표를 명시적으로 추구하는 준비성이다.

이것이 강도를 다른 재산 범죄, 즉 상호작용 혹은 어떤 접촉을 회피함으로써 절취가 가능한 사기, 침입 절도 혹은 상점 절도와 구별한다. 또한 비록 직접적인 상호작용이 있겠지만, 실제 폭력성이 대면 그 자체에 의해서 유발되거나 혹은 의도가 고의적으로 감추어지기 때문에 범죄 의도가 처음부터 명시적으로 이러한 상호작용의 일부가 되지 않는 다른 폭력적인 범죄들과도 구별된다. 그러나 강도의 핵심인 명백한 범죄 목적을 다른 사람에게 직접적으로 표현하려는 심리적으로 흥미 있는 준비라는 것이 매우 전문적인 범죄 활동으로 강도를 오해하도록 유도해 왔다.

이러한 강도죄의 근본적인 '전문성'에 대한 믿음이 문학 작품에서 전문성 수준 및 관련 개념들의 측면에서 독특한 강도들과 강도 범죄들을 강조하게 만들어 왔다(Conklin, 1972; McClintock and Gibson, 1961; Walsh, 1986). 예를 들어, 매사추세츠주에서 Conklin(1972)이 67명의 강도 재소자들에 대한 연구에서 분류한 네 가지 강도 유형은 어떻게 범죄가 시작되었는지, 그리고 어느 정도의 계획을 가지고 있었는지 등에 기초하여 분류되었다. 그의 '전문적인 강도들(professional robbers)'에게 있어서 범행은 범해진 범죄 활동의 부분이므로 상당한 기술과 계획이 포함되어 있다. 그는 이들을 신중하게 범행 대상을 선정하는 정도까지 계획을 세우는 '중독된 강도들(addict robbers)'과 구분한다. 이들은 다시 '기회주의적 강도들(opportunistic robbers)들'의 무작위적이며 충동적인 범행과 다르다. 높은 가치의 비개인적 표적에 초점을 두는 '계획된 강도(planned robbers)'와 범행 결정이 충동적이며, 보통 알코올 혹은 약물에 의해서 촉발되는 기회주의적 강도에 대한 Walsh(1086)의 구분은 비슷한 방향에 있다.

그러나 심리학적 관점에서 활동으로서의 강도 범죄를 정의하는 특성은 피해자와 정면으로 부딪혀서 직접적으로 그들로부터 강취하려는 의도성이다. 이러한 직접적인 대립의 한 부분으로서, 범죄자는 상호작용의 통제권을 취하고 유지하기 위한 준비가 되어 있어야 한다. 이것이 외부 세계에 직접적으로 자신의 의도를 강요하려는 범죄자의 준비됨을 보여 준다. 이것의 성공은 피해자에 대해 자신과 자신의 의도를 강요하는 일관성에 기반을 둔다. 심리학적 측면에서 강도죄는 매우 외부 표현적 행동이며, 일반적 개념으로는 기능의 '표현적' 행위체계 모형이다. 이런 표현적 배경과 반대로, 이 범죄의 세기와 내용은 범죄자로부터 확신과 표현의 명료함, 즉 특별하게 두드러지는 일련의 서사적 역할들을 요구한다. 이것의 중심 특성은 피해자를 조정하고 처리하려는 접근법이다.

〈표 11-3〉 강도 범죄 행위들의 빈도

강도 행위들	빈도(%)
지시적 언어	83
권총	65
위장(제작)	41
위장(미사용)	38
피해자 참여(보조를 강요)	32
폭행(통제)	31
명시적 경계	29
산탄총	28
즉흥적인 협박	22
즉흥적인 위장	20
바닥(지시/강제로 피해자 엎드리게 함)	20
사전 계획	19
암시적 지식	17
모욕적 언어	14
불능화(피해자를 묶거나 건물의 부분에 감금 등)	13
사후 처리 협박	12
반응 협박	11
기타 무기(추가적)	10
폭행(반발)	9
안심시키기(복종)	7
폭행(불필요)	7
복제	7
총기 암시	6
총기 은닉	4
총기 발사(위협)	4
경고	3
사과	3
정당화	3
인질	3
판독기	1
침입 절도	1
성적 언어	1
총기 발사(발사 의도)	1
총기 발사(부상)	1
암시적 지식(개인적)	0
내부자	0
안심시키기(위로)	0
성폭행	0

출처: 이 분석에서 사용된 자료 수집에 관련하여 Steve Watts에게 감사한다.

〈표 11-4〉 강도범들의 분포

나이	영국 내무성 통계(%) 　취학 연령 및 그 이하: 15 　16-24세: 71 　25-39세: 16 　40세 이상: 1 미국 FBI 공식 범죄 보고(%) 　15세 이하: 5.8 　18세 이하: 27.2 　21세 이하: 49.4 　25세 이하: 64.7 　대도시 경찰청 　약 70%의 범죄자 연령이 16~24세
성별	영국 내무성 통계(%) 　남성: 94 미국 FBI 공식 범죄 보고(%) 　남성: 88.4 　대도시 경찰청 　남성: 90
인종	미국 FBI 공식 범죄 보고(%) 　백인: 42 　흑인: 56.7 　미국 원주민(인디언) 및 알래스카 원주민: 0.6 　아시아인 및 태평양 섬 주민: 0.7 Barker et al. (1993) 　흑인 및 캐리비언 인종: 2/3 　백인: 1/3
가정환경/배경	Barker et al. (1993, %) 　한부모 가정 출신: 69 　보호시설 경력: 25 　어린 시절을 '행복'으로 기술: 66 　체포되었을 때 가족과 거주: 70
교육	Barker et al. (1993) 　평균 15세에 학업 중단 　대다수가 학교가 가지 않았다고 말함 　다수의 정학 경력

강도죄 모형 구성

강도죄의 변형을 이해하는 방법으로 개발된 계획과 전문성 개념은 서사적 행위체계에서 나왔다(Youngs & Canter, 출판 중, c). 강도죄에 필수적인 직접적인 상호작용의 의미를 감안하면, 피해자의 역할 체계의 구성요소들(Canter, 1994)은 범죄자의 피해자에 대한 대인관계적 취급 유형을 좀 더 정교화하는 데에 유용하다. 114건의 무장 강도죄에 대한 초기 수사심리학적 연구(Alison et al., 2000)는 [그림 11-2]의 최소 공간 분석법 결과를 만들어 내었다. 비록 Alison과 그의 동료들이 그들의 결과의 서사적 의미를 잘 알고 있지만, [그림 11-2]에 나타난 재해석은 이것이 얼마나 직접적으로 서사적 행위체계와 피해자 역할 해석을 위한 경험적 지지를 제공하는지를 보여 준다. 이 결과를 여기에서 고찰하는 범죄 유형들을 정의하는 고빈도 변수들, 즉 총기를 휴대하고(67%), 구두로 피해자들에게 돈을 내놓으라고 위협하는(70%) 둘 혹은 그 이상의 범죄자들에 의해 주유소(47%)와 같은 영업 구역에 대한 기습 공격 같은 변수의 중심 지역을 보여 준다. 이번 사례는 [글상자 11-3]에 Smith가 기술한 것을 정리한 것과 많은 유사점을 가지고 있다. 이러한 일반적인 기술 이외에, 다양한 심리학적 주제들 혹은 범행 방식들을 지칭하는 3개의 행위 지역들을 확인할 수 있다.

글상자 11-3 강도죄: 주요 사실들

- "만일 절취를 하고, 그 직전 혹은 절취 당시에 그리고 절취를 하기 위해서 어떤 사람에게 폭력을 사용하거나, 폭력을 당할 공포를 갖게 하거나, 또는 공포를 갖게 되었을 때에는 강도죄로서 유죄이다."
- 거리 강도(street robbery), 거리 범죄(street crime) 혹은 노상강도(muggings)와 같은 여러 개념들은 흔히 강도죄와 동의어로 간주된다.
- 기록된 범죄들은 대인(personal) 및 사업체 강도(business robbery)로 나뉜다. 대인 강도는 물건의 소재와 관련 없이 절취된 물건이 개인 혹은 다수인에게 속하고 단체에 속하지 않는 경우이다. 사업체 강도는 강도 행위의 소재와 관련 없이 절취한 물건들이 기업 혹은 여타 단체에 속하는 경우이다.
- 폭력의 사용 혹은 위협이 없을 때에 절도 범죄로 기록된다.
- 강도 범죄자들은 다른 폭력적인 범죄자들에 비해 무기를 더 많이 사용하는 것 같다. 대인 강도죄의 33%에서 무기가 사용되거나 과시되었다.
- 강도죄는 기록된 범죄의 2%, 그리고 영국 범죄 통계(British Crime Survey: BCS)의 3%에 달한다.
- 강도죄는 함께 행동하는 둘 혹은 그 이상의 사람들에 의해 가장 일반적으로 범해진다(Smith, 2003).

- 경찰 기록에 따르면, 2007/2008년 동안 영국 전역에서 8만 4,706건의 강도 사건이 발생하였다 (BCS, 2008).
- Smith(2003)는 강도 범죄자 중 94%가 남성이며, 여성 강도는 매우 드물어서 혐의자 중 단지 6% 에 해당하는 것으로 보고하고 있다.
- Smith(2003)는 강도죄 10건 중 7건이 남성 가해자에 의해 남성 피해자에게 범해진다고 보고한다.
- 5건의 대인 강도죄 중 2건이 피해자와 범죄자 모두 21세 이하이며, 전체 범죄자 중 절반 이상이 16 ~20세이다(Smith, 2003).
- 영국 경찰에 기록된 강도죄들 중 45%가 런던에서 발생한다.
- 대인 강도죄는 밤에 더 발생하는 것 같으며, 전체 강도죄 중 약 절반이 오후 6시부터 오전 2시 사이 에 발생한다(Smith, 2003).
- 상당수의 강도 범죄들이 개방된 공공장소, 거리, 도로상, 골목길, 지하철 및 공원에서 발생한다.
- 5건의 대인 강도 중 2건이 피해자에게 상해의 결과를 낳는다(Smith, 2003).

적응적 모험: 전문가

적응적 모험(adoptive adventure) 방식 내에서, 활동은 환경에 대한 반응이며, 환경으로부 터 확실한 이득을 도출하기 위해 환경에 영향을 미치는 것에 집중되어 있다. 이에 대한 접 근이 상황의 능숙한 통제 및 조용한 관리의 하나가 되며, 범죄자가 행하는 핵심 역할은 '전 문가'로서의 역할이다.

구성도의 아래(왼쪽) 구역에 있는 행동은 이러한 개념들에서 해석될 수 있다. 예를 들어, 구역의 사적 영역(개별적 통제, 사후 사적영역 피해)에 대한 범죄자의 접근은 사건의 지배와 통제에 대한 강조 표식들이다. 능숙한 관리에 초점을 두는 것은 블라인드를 내리고 전화 연 결을 끊는 행위처럼, 범죄 행위 동안 재물을 확보하기 위해 '경계'를 취하는 행동들이며, 침 입 절도 범죄의 적응적 모험에서 본 집의 물리적 변형 및 통제와 유사한 것들에서 드러난 다. 범죄를 용이하게 하는 일을 하도록 피해자를 이용하는 것(피해자 참여)은 일반적으로 범 행에 대한 효율적인 접근을 강조한다.

여기에서 상호작용의 대인관계적 방식은 피해자가 '사물'인 경우이다(Canter, 1994 참고). 피해자들은 온전히 인간으로 취급되지 않고[피해자를 바닥에 눕거나 앉도록 하는 '바닥' 행동에 의해서 여기에서 표시된], 단순히 통제되는(예, '피해자 확보': 피해자를 묶거나 감금하는 것) 혹은 어떤 객관적인 목적을 위해 쓰이는(예, '인질': 요구사항이 처리되는 동안 손님들의 억류처럼) 것 으로 취급된다.

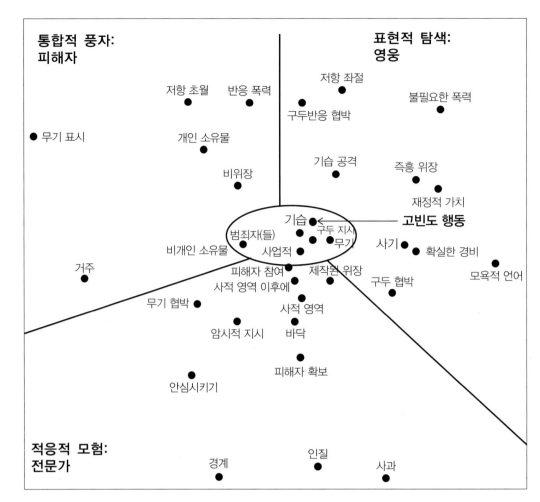

**[그림 11-2] 3가지 방식 서사적 행위체계 유형 분류 및 핵심 행위 집합을 보여 주고 있는
144명의 영국 무장 강도범들의 강도 행동에 대한 서사적 행위체계 재해석**

출처: Alison et al. (2000)의 재해석, Youngs and Canter (출판 중, c)

통합적 풍자: 피해자

'통합적 풍자(integrative irony)' 관점에서 도출된 활동은 범죄자가 단지 자신의 내적인 상태를 완화하려는 욕구와 관련되어 있으며, 또한 그에 의해서 이끌어진다. 이것은 무능함과 무의미함이라는 감각을 바탕으로 한다. 이것은 범죄자가 수행하는 중심 역할이 아마도 역설적으로 피해자의 역할인, 절망하고 무모한 특질을 가진 강도 범죄를 만들어 낸다.

구상도의 위쪽 좌측 영역에 있는 행동들은 이 주제와 일치하는 세부적인 행동들을 보여 주고 있다. 예를 들어, 자신의 신분을 숨기려는 범죄자의 어떠한 시도도 없다('위장 미사용'). 스스로 초래한 절망이 범죄자가 어떤 반대에도 불구하고 계속하도록 유도한다('저항 억제': 어떤 저항 혹은 개입에 의해 멈추어지지 않는 범죄자의 행동들). 이들은 규칙이 없는 내적 세계에서 그리고 그곳에서는 무엇도 문제되지 않는 곳에서, 상점과 같은 대상보다는 가정에서 범죄 행위를 실행하는 범죄자들이다.

대인관계적 상호작용의 '사람으로서의 피해자(victim as person)' 방식은 바로 '규칙 없는' 모형과 일치한다. 이것은 강도범이 피해자를 일반적으로 공격적·강압적·학대적 방법으로 취급하는 유형이다(Canter, 1994). 이 접근법은 거주하는 사람으로부터 직접적으로 절취('대인 직접': 손목시계, 보석과 같이 피해자로부터 개인적 소유물을 절취하는 것)하고 어떤 협조의 결여 혹은 저항에 대한 반응으로 직접적인 폭력을 사용('반응 폭력')하는 준비성이라는 분석으로 표시되고 있다.

표현적 탐색: 영웅

표현적 탐색(expressive quest) 방식 활동의 중심 특질은 범죄자가 추구하고 있는 어떤 영웅적 임무에 따라 외부 세계에 영향을 미치려는 시도이다. 강도 범죄에 있어서 이 임무는 단순히 특권 의식일 수 있다. 이 임무를 추구하려는 접근은 그의 단호한 남성다움의 표현, 즉 인식에 대한 요구이다. 이것은 극적인 강도 범죄들, 즉 [그림 11-2]의 오른쪽 부분에서 보는 것처럼, '기습 공격'(보통 범행 시작을 위해 갑작스럽고 즉각적인 폭력의 사용)과, 경비가 철저한 은행 혹은 다른 높은 재정적 가치를 가진 곳들('재정적인')을 대상으로 삼는 것 같은 행동들에 의해서 묘사되는 범죄를 만들어 낸다. 표현적 탐색의 일부가 되는 위험 부담 성향은 설치되어 있는 명시적이고 확실한 경비 수단들('확실한 경비')을 가진 대상과 맞서려는 준비성에서 명백히 드러난다. 이러한 강도 범죄들의 바탕이 되는 감정적 세기는 이들 범행 방식의 구성 요소들 중 일부에서 나타나는 충동성에서 드러난다(예, 즉흥적인 위장의 사용, '즉흥 위장').

이러한 방식의 범행에서 피해자를 어떻게 취급하는가에 대한 접근은 피해자를 대인관계적 상호작용의 매개체 모형으로 지칭함으로써 보다 잘 이해될 수 있다(Canter, 1994). 이것은 범죄자가 자기 자신과 자신의 분노를 표현할 수 있는 수단으로서 피해자를 이용하는 방식이다. 매개 모형으로서의 피해자들은 범행 방식을 정교화하게 하며, 따라서 표현적 탐색의 핵심인 남자다움과 능력의 표현들이 모욕적인 행동의 형태를 취할 것이라고 예측할 수 있게 한다(예, '구술 협박': 즉흥적인 구두 협박; '모욕적 언어': 욕설을 포함한 모욕적 언어). 범죄자들은 상황에 대한 자신의 지배의 직접적인 표현('불필요한 폭력': 불필요한 폭력적 행동들)으로서 아마도 지나치게 폭력적일 것이며, 자신들이 멈출 수가 없다는 생각에 의해 정당화하고 있을 것이다(제6장에서 논의된 것처럼 자기 보고식 역할에 대한 분석에서 나타난). 흥미롭게도, 현재의 분석은 공격 시작에 있어서 '속임수(con)' 또는 신용함정 등을 이용한 접근의 존재가 또한 이러한 범행 방식의 일부라는 것을 지적하고 있다. 이러한 행동은 피해자를 단순한 통제 '대상'이라기보다는 범죄자의 표현 목적을 위해 피해자를 이용하는 방법으로서 이 방식의 개념화를 지원하고 있다.

종합해 보면, 강도죄의 범행 방식에서 차이점들은 상이한 서사적 행위체계 모형이라는 측면에서 이해될 수 있다. 이 모형들은 상호작용 동안 지정되어 있는 피해자의 역할에 대한 고찰(Canter, 1994)에 의해서 설명되는데, 여기에 소개된 수사심리학 연구로부터 도출된 실증적 분석은 강도 범죄에서 네 번째 서사적 행위체계 모형, '보수적 비극'의 징후는 제공하지 않는다. 제6장에서 설명한 것처럼, 보수적 모형은 강도 범죄가 폭넓은 범죄 유형으로 제시되는 표현적 모형과 양극의 반대에 있다. 보수적 모형이 안쪽으로 향하여 내적인 몰입인 반면, 표현적 모형은 외향적인 표출이다. Shye(1989)는 개념적 거리가 가장 큰 것은 이 두 개념들 사이라고 지적한다. 따라서 강도 범죄는 명시적으로 표현적인 기능 모형이기 때문에, 비록 개념적으로는 가능하지만 근본적으로 상이한 보수적 방법의 범행은 경찰 기록에 있는 일련의 강도들 내에서는 나타날 것 같지 않다. 예를 들어, 스토커의 개인적 만족감을 충족시키기 위해서 피해자에게 요구사항을 제시하는 스토킹 형태는 제12장에서 논의된 것처럼 강도의 '보수적' 형태로서 이해될 수 있을 것이다.

글상자 11-4 브라질의 범죄자 무기 사용: 심리학적 분석

- 연구 목적: 무기의 의미, 범죄 행위 그리고 범죄자의 성격 사이에 존재하는 관련성 탐구
- 표본: 브라질 북서부에 소재한 교도소에 수용된 범죄자들 120명
- 방법: 최소 공간 분석법(SSA-I)을 사용하여 자기 보고식 범죄 행동 분석. 대인관계 행동에 대한 FIRO 측정법(Schutz, 1958)과 Eysenck 성격 검사(Personality Inventory; Eysenck, 1980)
- 주요 결과
  - 무기들은 범죄자에게 감정적/표현적 또는 범죄적/도구적 의미들을 가지고 있다.
  - 무기가 감정적/표현적 의미를 갖는 범죄자들은 단지 도구적인 자들에 비해 찌르는 무기를 더 사용하며, 강간과 살인을 범하는 것 같다.
  - 무기가 감정적/표현적 의미를 갖는 범죄자들은 단지 도구적인 자들에 비해 높은 통제를 위한 FIRO 대인관계 경향과 외향성 수치들을 보고하고 있다(Lobato, 2000).

사기죄 모형 구성

범죄자 특성에 대한 추리가 가능하도록 범행 방식들을 구분하는 수사심리학적 주요 과업은 사기죄와 관련해서 특별한 복잡성을 가지고 있다. 한편으로, 사기죄는 흔히 피해자 혹은 그의 소유물과 직접적인 상호작용을 필요로 하지 않는, 심리학적으로 매우 특이한 형태의 범죄 활동을 보여 준다. 오히려 중심이 되는 범죄 행위들은 여러 형태로 자신과 자신의 신분을 회피하고, 거짓으로 표시하고 은닉하는 것들이다. 이와 같은 맥락에서 사기죄에 관여하는 범죄자들은 이러한 형태의 범죄 행위에 전문화된 경향의 독특한 범죄자 집단을 형성할 것이라는 주장이 있다(Krambia-Kapardis, 2001). 그러나 동시에 전체 인구 중 상당 부분이 기회가 주어진다면 사기범죄, 특히 보험사기를 범했거나 범할 것이라는 주장도 있다(Smith, 2003).

이것은 상이한 심리학적 과정들의 실행에 의해 뒷받침되며, 매우 다른 맥락들에서 도출된 두 가지 다소 상이한 범행 형태들을 제시하는 것 같다. 한 가지 범행 유형은 다른 재산 범죄자들과 유사한 배경 특성들을 가지고 있는 개인들에게 속할 것이다. 그러나 그들은 직접적인 대인관계상의 상호작용을 회피하는 성향을 보여 주는 변수들에 있어서 다른 재산 범죄자들과 구별된다고 가정된다. 두 번째 범죄자 집단은 일반적인 사람들로부터 나올 것이다. 관련 연구들은 이들이 높은 교육 수준을 가지고(Smith, 1983; Wheeler, Weisburd and Bode, 1982), 30대와 40대의 연령에 속하며(Krambia-Kapardis, 2001), 신뢰할 만한 전문적인 위치에 있는(Smith, 2003) 남성들이라고 이야기하고 있다.

인정하는 것처럼, 이 두 번째 범죄자 집단의 특성은 특정한 조직 혹은 전문적인 맥락 내의 보통의 개인을 기술하고 있다. 이러한 사기꾼들은 명백하게 구분되는 개인적 특질들을 가지고 있지 않다. 더구나 특정 조직 내에서 사기죄가 발생했을 때, 수사상의 문제는 일반적인 배경 특성들 혹은 범죄 기록들을 통해서 찾아낸 것들에 기초하여 용의자를 이끌어 내는 것이 아니라, 범죄를 저질렀을 수 있다고 이미 정해진 일련의 사람들 내에서 범인을 확인하는 경우이다. 권위에 대한 적대감과 긴장 추구처럼 이러한 확인 과정을 도와줄 특별한 개인 성격의 중요성에 대한 흥미 있는 연구가 여기에서 유용할 것이다(예, Hogan and Hogan, 1989; Hollinger and Clark, 1983; Jones and Terris, 1983).

사기죄에 대한 이들 상이한 기반을 갖는 심리학적 과정들과 경로들([그림 11-3]과 [그림 11-4]를 보라)이 매우 상이한 범죄자 집단들과 연결 지을 수 있는 쉽게 구분이 가능한 범죄 행위 패턴들을 만들어 낼 것으로 예측할 수 있다. 비록 이러한 차이점들이 단순히 범죄의 심각성 측면에서 이해될 수 있다는 가정은 추가적인 고려를 필요로 하지만, 확실히 직장 내 절도/사기 및 보험사기에 대한 초기 수사심리학 연구들이 이것을 증명하고 있다(Dodd,

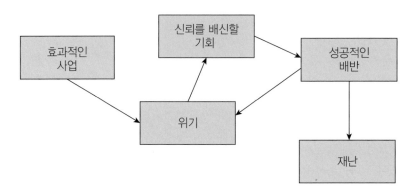

[그림 11-3] 기회주의자(혹은 관료) 유형의 사기죄 경로

출처: Canter (2008).

2000; Robertson, 2000). 닉 리슨(Nick Leeson)과 프랭크 애버그네일(Frank Abagnale) 사건들에서 보여 주는 것처럼([글상자 11-5]와 [글상자 11-10]을 보라), 사기죄에서 범행의 규모는 침입 절도 혹은 강도에서처럼 범죄적 전문성의 표식이 되기보다는, 흔히 합법적인 역할과 환경 속에서 행사하는 접근성과 기회 및 권한에 의해서 결정된다.

사기죄의 한 가지 흥미로운 측면은, '피싱 사기(phishing)' 혹은 요금 지불없이 위성 신호를 받는 것과 같은 새로운 형태들을 취할 수 있는 독특하고 계속적으로 진화하는 잠재적인 징후들이다. 2006년 법은 속임수에 대해 다른 전략들을 내포하고 있는 3가지 일반적인 변형들, 즉 허위 표시에 의한 사기, 정보 공개 불이행에 의한 사기, 그리고 지위 남용에 의한 사기를 구분하고 있다. 다소 상이한 특성을 가진 사람들에 의해서 실행될 것으로 보이는 이들 심리학적으로 중요한 차이들은 앞으로의 연구를 위해 사기범죄의 흥미로운 측면들에 관심을 이끌어 주고 있다. 이와 관련하여, 사기죄를 규명하려는 Jackson(1994)의 연구는 그가 연구한 범죄에 대한 '속이는 즐거움 동기부여'를 강조한다는 점에서 흥미롭다. 이 모든 것이 누적된 물질적 이득에 대한 초점을 넘어서는, 범행의 심리학적 의미를 가리키고 있다. 앞으로 보게 될 것처럼, 이러한 심리학적 의미는 범죄자들이 자신의 범죄에 대해서 말하는 서사적 이야기에 대한 연구를 통해서 탐구되기 시작하고 있다.

사기죄와 사기꾼 분류

사기죄의 범행 방식을 구분하고 관련된 특성들을 확인하는 실증적 연구는 사기죄가 두 개의 다소 상이한 맥락으로부터 도출될 것이며, 두 개의 상이한 집단에 의해서 범해질 것이라는 개괄적인 표식을 따르고 있다. 즉, 범죄자 유형과 다른 범죄적 배경이 없는 기회주의자 유형이다.

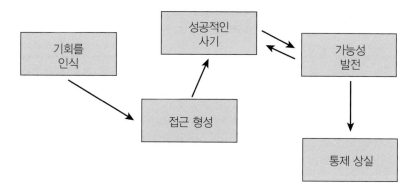

[그림 11-4] 범죄자 유형의 사기죄 경로

출처: Canter (2008).

고가품을 운송하는 택배 회사에서 발생한 88건의 직장 내 절도에 대한 Robertson(2000)의 연구는 기회주의자와 범죄자 간의 차이뿐 아니라, '절도 행위'가 자신들의 업무에 대한 헌신과 능숙함 결여의 결과로서 이해되는 제 3의 집단을 확인해 주고 있다.

Robertson의 '범죄자형' 집단은 흔히 공범들과 함께 일하며, 신용카드를 적재했을 가능성이 가장 높은 운송 차량들을 표적으로 하였다. 그들은 직장 내에서 자신들의 행동을 숨기려 주의하였으며, 직장 밖으로 물건들을 빼낼 정도로 자신감에 차 있었다. 이들은 외부적으로 범죄 연계를 가지며, 다수의 경우에서 범죄 전력을 가지고 있는 자들이었다. 그들은 젊고(20대 혹은 30대 초반), 미혼이며, 현 직장에 6년 이상 근무하지 않은 경우가 많았다. Robertson은 대략 절반 정도가 분명하게 범행을 부인하였으며, 1/4 정도는 적발되었을 때 즉각적으로 변호사를 요구하는, 범죄적 정교함의 흥미로운 표식을 보고하고 있다.

반대로 '기회주의자형'은 운송 차량에서 덜 가치 있는 물품들을 절취하며, 내용물을 제거하기 위해서 물품을 차량과 함께 작업 장소로 가져오곤 하였다. Robertson(2000: 197)이 지적한 것처럼, 그들은 남은 쓰레기를 가져오고 물건들을 차량 이동 중에 뜯어 보거나, 실제 범죄 현장으로 볼 수 있는 골목 구석이나 벽 틈 등에 이것들을 내버려 두어, 시간이 지나면서 추적의 원천이 되는 범죄 패턴을 구성할 수 있을 만큼 범죄적 정교함의 결여를 드러낸다. 이들은 보통 더욱 긴 근무 기록을 가지며, 다양한 연령대의 기혼자들로서, 일부는 50대 중반까지도 있다. 범죄 전력은 없으며, 보통 발각되었을 때 대부분이 자백한다. 적어도 이들 기회주의적 범행의 일부는 개인적 문제들에 대한 반응이므로, Weisburd 등의 '위기 응답자들(Crisis Responders)'과 일부 유사점들을 갖는다.

이 연구의 세 번째 집단, '책임성형'은 그들의 범죄가 업무에 대한 무책임성의 일부이며, 사기에 대한 직접적인 시도라기보다는 일반적인 역기능적 생활방식일 뿐인 개인들로 구성된 유형으로 이해하는 것이 나을 것이다.

글상자 11-5 사례 연구: 닉 리슨(Nick Leeson)

싱가포르 통화 거래소(Singapore Monetary Exchange: SIMEX) 선물시장에서 이전의 신 영업 매니저였던 닉 리슨은 영국의 가장 오래된 투자은행인 베어링 은행(Barings Bank)의 파산을 유발하였다. Leeson은 은행에 큰 이문을 가져오고, 자신에게도 많은 상여금을 받게 해 줄 투기적인 거래를 허가 없이 하고 있었다. 그러나 그는 운이 다하여 손실을 입기 시작하였으며, 이를 감추기 위해 베어링의 오류계좌(거래에서 발생한 실수를 바로잡기 위해 사용하는 계좌)인 88888을 사용하였다. 은행은 Leeson이 항상 두 사람이 담당하던 업무인 거래 조정에 대한 책임을 지면서 수석 거래인이 되는 것을 허용하였으며, 이것이 그가 자신의 손실을 감추는 것을 더욱 쉽게 하였다. Leeson의 잘못된 투자로 인해서 전체적으로 14억 달러의 손실을 입었으며, 1995년에 그는 독일에서 체포되어 싱가포르로 이송된 후, 6년 6개월의 징역형을 선고받았다. 그는 1999년에 석방되어 영국으로 돌아왔다. 교도소에 있는 동안에 그는 자서전 『악당 중개인(Rogue Trader)』을 집필하였으며, 이는 이완 맥그리거(Ewan McGregor)가 주연한 영화로도 만들어졌다. 그는 현재 아일랜드에 거주하고 있으며, 아일랜드 축구 클럽인 골웨이 유나이티드(Galway United)의 최고 경영자이다.

글상자 11-6 사기: 주요 사실들

- 사기죄는 상품, 서비스 혹은 금전을 획득하기 위해 속임수를 사용할 때 발생한다. 사기죄는 묵시적 혹은 명시적인 속임수에 의해서 재정적 이익을 얻거나 손실을 초래하는 것이며, 이러한 방법을 통해서 사기꾼이 불법적인 이익을 얻거나 불법적인 손실을 초래하는 기제이다.
- 속임수에 의한 재물 획득, 금전상의 이득 획득 및 기타 연관 범죄들과 관련된 총 8개의 법률들을 대체한 「2006년 사기법(Fraud Act 2006)」은 「1978년 절도법(Theft Act 1978)」의 영향하에 제정되었으며, 2007년 1월 15일부터 발효되었다.
- 「2006년 사기법」은 사기죄의 범죄적 침해를 3개 부류로 나누어 법적인 정의를 제시하고 있다. 허위 표시(false representation)에 의한 사기, 정보 공개 불이행(failing to disclose information)에 의한 사기 및 지위 남용(abuse of position)에 의한 사기이다.
- '허위 표시에 의한 사기'는 사실이 아니거나 왜곡된 것임을 알면서 명시적 혹은 묵시적으로 부정직하게 허위 표시를 사용하는 경우로서, 법 제2조에 정의되어 있다.
- '정보공개 불이행에 의한 사기'는 정보를 공개할 법적 의무를 지고 있는 자가 제3자에게 당해 정보를 공개하지 않는 경우로서, 법 제3조에 정의되어 있다.
- '지위 남용에 의한 사기'는 법 제4조에 정의되어 있으며, 타인의 재정적 이익을 안전하게 보호할 것으로 기대되는 위치에 있는 자가 부정직하게 그 위치를 남용하는 경우로서, 적극적인 행동이 아닌 부작위에 의한 경우도 포함한다.

- 이와 같은 모든 사기죄 구분에서 행위자는 부정직하게 행동했어야만 하며, 자신 혹은 타인에게 이득을 주거나, 혹은 타인의 손실(혹은 손실의 위험)을 가하려는 의도를 가지고 행동했어야 한다.
- 영국에서 사기죄는 침입 절도, 일반 절도 및 개인 대상 강도를 합한 손실액보다 적어도 2.5배의 손실액을 수반한다(Dubourg and Hamed, 2005).
- 경찰 지휘관 연맹(Association of Chief Police Officers: ACPO)이 2007년에 제출한 보고서에 따르면, 사기죄로 인한 피해액이 적어도 한 해에 139억 파운드(약 23조 6,300억 원, 1파운드 1,700원 기준)로 추산된다.
- 신용카드 사기죄 단일 범죄로 2007년에 피해액이 5억 3,500만 파운드(약 9,095억 원)에 달하며, 2006년에 비해 1억 파운드 이상 증가한 양이다[APACS, 영국 지불교환협회(UK Payment Industry)에서 발간한 지수].
- 5만 파운드 이상의 사기죄에 대한 평균 형량(복역 기간은 아님)은 3.05년이다.
- 대규모 사기죄[5,000만 파운드(약 850억 원) 이상]에 대한 평균 형량은 6년을 겨우 넘는다.
- 사기꾼 중 85%가 남성이며, 70%가 36~55세이다(KPMG, 2007).

글상자 11-7 사기죄의 형태

- 이득 사기(benefit fraud): 주택 보조금 사기죄(housing benefit fraud)와 같이 사회보장 체계에 대한 다양한 종류의 사기죄
- 자선금 사기(charity fraud): 전적으로 허구의 또는 미등록 자선단체에 의해 갈취되거나 등록된 자선단체가 횡령하는 사기죄
- 소비자 사기(consumer fraud): 복권/상금 사기를 포함하며, 사기 전화와 기타 통신을 이용한 사기, 상품과 서비스에 대한 '부정직한' 기술(誤記), 도박사기, 공급자에 의해서 배송되지 않는 상품과 서비스의 구입, 위조 지적 재산권과 상품들, 진품처럼 팔리고 소비자가 진품으로 믿게 하는 것
- 위조 지폐(counterfeit money): 위조 지폐를 받은 사람의 직접적인 손실
- 자료조작 사기(data compromise fraud): 홈페이지 조작으로부터 발생하는 기업체 및 개인에 대한 사기죄[때로 '피싱(phishing)' 혹은 '파밍(pharming)'이라고 부름]. 이 유형의 사기죄는 기업이 진정한 것으로 믿도록 만들기 위한 기업 홈페이지의 조작을 포함함
- 횡령(embezzlement): 직원에 의해 모든 기업체, 정부 기관 및 전문 업체들에 대해 행해진 사기. 보통 회계 조작 또는 허위 청구서 작성 등을 수반함
- 게임 사기(gaming fraud): 결과가 미리 정해져 있는 경주 및 다른 형태의 경기들에 돈 내기를 하는 것을 지칭함
- 내부자 거래/시장 남용(insider dealing/market abuse). 시장의 일반적 진실성에 영향을 줌. 이들은 판매자들이 투자자들에게 내부 가치가 거의 없는 주식을 사도록 설득하는 '불법 텔레마케팅(boiler room)' 및 기타 주가 조작들과는 구분되어야 함

- 투자 사기(investment frauds): 3개 하위 유형들, 즉 (a) 투자가들이 투자가 허가된 것인지를 믿지 못하는 사기[예, '비밀 내부 정보' 혹은 'whisky/champagne(불법 텔레마케팅 사기)'을 포함하는 선급금/고이자 배당 투자 사기, ((b) 투자가 규제받고 있다고 투자가들이 잘못 믿고 있는 사기, (c) 투자가 허가가 난 것이라고 투자가들이 정확하게 믿고 있는 사기]
- 대출 사기(lending fraud): 대출 자금과 재화에 대한 신용과 관련되는 사기, 및 사기성 파산, 소비자 신용 및 담보 사기 등도 관련(부동산 가격의 조작 또는 신청자 수입의 과장도 관련될 수 있음)
- 지불카드 사기(payment card fraud): 직불, 신용 및 후불 카드 발행자와 상품 구매자에 대한 사기
- 연금 사기(pension-type fraud): 고용주 혹은 제3자가 기업 연금과 국가 보험 부담금을 착복하는 것
- 조달 사기(procurement fraud): 입찰 구성 또는 신청에서 내부 정보의 남용 또는 가격 담합 등을 포함하는 구매 과정에서의 사기 및 부정
- 세금 사기(tax fraud): 직접세, 간접세 및 소비세 등 납부 불이행

출처: Levi and Burrows(2008: 299-301). 허가에 의해 재구성

글상자 11-8 사기: 심리학적 이론 및 설명

사기죄를 설명하고, 이 범죄를 범하는 사람들의 성향에 대한 심리학적 표식들을 도출하려는 다양한 시도가 있어 왔다. 1950년대에 범죄학자 Donald Cressey는 '사기 삼각형(fraud triangle)'을 소개하였는데, 사람들이 사기죄를 범하는 이유를 설명하기 위해 가장 폭넓게 수용되는 모형이다. 사기 삼각형은 일반적인 사람이 사기죄를 범하기 위해서는 갖추어야 할 3가지 요소, 즉 압력 지각(perceived pressure), 기회 지각(perceived opportunity), 합리화(rationalization)가 있다고 주장한다.

Cressey는 첫 번째 요소를 압박 또는 지각된 공유할 수 없는 재정적 필요라고 불렀다. 이것의 예로는 신용카드 빚, 도박 그리고 큰 집과 고급 승용차들과 같이 지위 과시를 위한 욕구 및 직장에서의 좌절 등을 들 수 있다.

두 번째 요소는 기회 지각 또는 사기죄를 범할 기회가 있다는 피고용자의 지각이다. 범죄자는 사기죄를 저지를 수 있고 잡히지 않을 것이며, 적발되더라도 심각한 결과는 없을 것이라고 믿고 있어야 한다. 이러한 기회는 기업의 열악한 내부 통제, 느슨한 규율 정책 등에서 발생할 수 있다. 세 번째 요소는 사기죄를 정당화하는 피고용자의 능력으로서, 자신의 행동이 이유가 있으며 범죄가 아니라고 스스로에게 이야기하는 것이다.

Duffield와 Grabosky(2001) 그리고 Krambia-Kapardis(2001)는 사기죄는 합리화, 기회, 범죄 성향의 사람(Rationalisation, Opportunity, Crime-prone Person: ROP)이라고 알려진 3가지 요소에 의해 가장 잘 설명될 수 있다고 주장하였다. 이 모형은 사기의 개연성은 이들 3가지 요소의 함수 관계라고 제시하고 있다.

글상자 11-9 사기죄 합리화

Cressey의 사기 삼각형의 세 번째 요소는 합리화이다. 합리화는 사기범에게 자신의 행동에 대한 자기 정당화를 제공한다. 일반적인 합리화는 다음을 포함한다.

- 그 돈은 내 것이었다.
- 난 가족을 부양하기 위해 훔쳐야 했다.
- 난 다른 선택의 여지가 없었다.
- 난 제대로 보수를 받지 못했다./고용주가 나를 속였다.
- 좋은 목적을 위한 것이다.
- 고용주가 다른 사람들에게 정직하지 못해서 바가지를 써도 마땅하다.
- 그것은 회사를 위해서 좋을 일이었다.
- 계략은 단지 일시적인 것이다.
- 난 단지 돈을 빌린 것일 뿐이다.
- 난 누구에게도 해를 끼치지 않았다.

글상자 11-10 사례 연구: 프랭크 애버그네일(Frank Abagnale)

Frank Abagnale은 지금껏 미국에서 가장 성공적인 사기범 중 한 명으로 남아 있다. 그는 1960년대에 5년에 걸쳐서 26개 국가에서 250만 달러의 부도수표를 유통하여 현금화하였다 이 기간 동안, 부도수표를 현금으로 바꾸기 위해 그는 적어도 8개의 가명을 사용하였다. 비행 조종사를 사칭하면서, 그는 250편의 항공기를 이용하여 26개 국가로 백만 마일 이상을 비행하였는데, 모든 경비를 팬 아메리카(Pan America) 항공이 부담하였다. 그는 컬럼비아 대학교 학위를 위조하여, 대학에서 사회학을 가르치는 조교로 근무하였다. 거의 일 년 동안 의사로 가장하였으며, 하버드 대학교 법학사 학위를 위조하여 루이지애나주 변호사 시험에 합격하였고, 19세의 나이에 루이지애나주 법무장관 사무실에 취직하였다. 사실상 그는 1969년에 프랑스에서 체포되었다. 5년도 안 되는 기간을 복역한 후인 1974년에 미국 연방정부는 그가 보수 없이 '사기범죄 고문관'으로 FBI에 협조하는 것을 조건으로 석방하였다. 그는 자신의 경험에 대한 다수의 서적의 주인공이 됐을 뿐 아니라 레오나르도 디카프리오가 그의 역을 맡은 영화 〈캐치 미 이프 유캔(Catch me if you can)〉의 소재가 되기도 하였다. Abagnale은 FBI 교육원에서 아직도 30년 이상을 가르치고 있으며, 민간 영역에서 사기에 대해 조언하는 Abagnale and Associates를 경영하여, 합법적인 사기 탐지 및 회피 상담 사업을 통해서 백만장자가 되었다.

글상자
11-11
실험 박스

다음 운송 트럭 절도에 대한 Robertson(2000)의 연구에서 인용한 사례이다. 서술에서 어느 부분이 내용을 암시하고 있는가?

조이(Joe)-5년간 근무한 59세 남성.

운송 회사에서 운반하는 물품들에서 절취하다가 체포됨.

속이 비고 찢어져 열려 있는 운송물들이 공중 쓰레기통에서 발견되면서 문제가 표면에 드러남. 이것들은 경찰서에 인계되었으며, 회사는 경계태세를 보임. 수사관들이 다음 날 조이를 면담하였고, 조이는 생활에서의 어려움에 대해서 이야기함. 그의 어머니가 최근에 사망했으며, 아내도 건강이 좋지 않음. 그는 인생이 감당하기 힘들어졌다고 느낀다고 말하면서, 자신의 나이 때문에 직장을 잃는 것이 두렵다고 말함. 회사 관리자들은 조이가 임상적으로 우울증이 있고, 고소하지 말라는 권고를 수용함.

그의 작업 수행 기록은 모범적이었으며, 사실상 병가도 없고 어떤 관리상의 경고도 없음. 연수 기간 동안 문제가 없었으며, 그의 인사 기록에는 그의 직근 감독자가 좋게 생각하고 있는 것으로 나타남. 어느 모로 보나, 조이는 모범적인 직원이었음.

그는 공식적인 자격이나 작업 기술을 가지고 있지는 않음. 이전 직장은 12년 동안 우편 배달 업무를 했으며, 그곳에서도 평을 좋게 받았었음. 조이의 배경 중에는 어떠한 범죄 경험도 없으며, 그의 범행은 서투르게 저질러졌음.

(Robertson, 2000에서)

보험사기에 대한 Dodd(2000)의 연구는 4개의 집단, 즉 유경험자, 지능범, 기회주의자 및 문서 악용자로 특정화하면서([그림 11-5]를 보라), 범죄자형과 기회주의자형의 사기와 사기꾼들 간의 기본적인 구분을 제시하였다. 〈표 11-5〉는 그가 분석한 표본의 특성들과 그가 어떻게 이 분류를 특징짓고 있는지를 보여 준다.

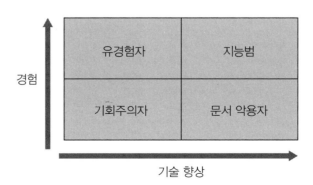

[그림 11-5] 사기죄의 유형

〈표 11-5〉보험 사기와 사기범들

유경험자	지능범
더 높은(보험금) 청구 제출	시스템을 알고 있음
보험 체계를 알고 있음	허위 요청
실업 상태 가능성	제2의 주소지 제공
재정적 곤란 상태의 가능성	많은 양을 청구
기회주의자	문서 악용자
실제 상황을 이용	체계를 알고 있음
청구의 과장	협조적이지 않음
청구 자격이 있다고 신뢰함	작은 양을 위한 청구

보험 사기범들의 일반적 특성(Dodd 표본)

남성, 기혼, 약 38세, 숙달자형 취업, 주택 소유, 실제 주소를 제공, 청구 절차 동안 협조적, 자녀 1명, 재정적 곤란 없음, 유죄 전력 없음, 6,000£가량의 청구

출처: Dodd (2000).

사기죄의 서사

출판되지 않았지만 흥미 있는 수사심리학 연구에서, 다양한 서사 주제들이 사기범죄에 구체적인 형태를 부여하고 있다. 이 연구는 제자들 중 한 명인, Mary Santarcangelo가 시행한 사기죄 재소자들과의 서사적 면담에 기초하고 있다. 제6장에서 논의한 것과 유사하게, 질문지를 사용하여 그들의 경험에 대한 진술을 분석한 것을 보면, '전문가의 모험(professional's Adventure)' '피해자의 역설(Victim's Irony)' '복수자의 비극(Avenger's Tragedy)' 그리고 '영웅의 탐색(Hero's Quest)'과 같은 서사적 역할 주제들이 범죄자들이 자신의 범죄를 묘사한 것에서, 그리고 범죄로 이끌어 간 사건들에서 구별될 수 있는 것으로 나타나고 있다. 범죄자의 중심 '전문가적' 역할이 모험 서사의 일부로서 묘사하고 있는 면담에서 발췌한 사례 연구를 다음에서 보자.

전문가의 모험

사기죄 규모: 2백만£, 3.5년 형 선고

아침 2시경에 일어나서 계획에 대해 생각했어요…… 본부 사무실에 전화할 예정이었어요. 그때 난 회사를 소유하고 있었거든요. 그리고 "수천 파운드 분량의 선물 상품권을 내가 살 수 있을까요, 아니면 그 신용을 줄 수 있나요?"라고 말하려 했어요. 그리고 그렇게 일이 벌어진 거예요. 난 공범, 짐(Jim)에게 말했어요. "이봐, 이게 통할까?" 그래서 우린 은행에

갔다가 사업등록소(Company House)에 갔어요. 우린 DEF 택배라는 회사를 설립하고는 P&Q 회사의 지사에 전화를 해서는 "난 DEF 택배 집행 이사인데, 크리스마스에 직원들에게 준비된 것이 없습니다. 직원들은 P&Q 선물 상품권을 받고 싶다고 결정을 했어요." "정말 잘 됐네요. 얼마나 필요하시죠?" 난 말했어요. "2만 5천£요. 어떻게 해야 되죠?" 그녀가 말했어요. "잠시만요." 내가 그녀에게 내 은행 자료를 주자, 그녀가 다시 내게 말하기를, "회사 수표와 서한을 가지고 사람을 보내세요. "그러고는 그게 다였어요. 우린 배달원을 보냈고, 영국에 있는 모든 P&Q 지점에서 3만£ 이하로 그렇게 했어요. 간단해요.

모험

너무 좋았어요. 내가 최고였어요! 어떤 기분인지 당신은 모를 거예요. 설명하기에는 너무 대단했어요. '난 Mr. Big, 최고.'라는 느낌이 들었고, 모두가 "그것 대단한 생각이야."라고 말했어요. 가족은 나를 로빈 후드(Robin Hood)라고 불렀고, 나도 부담을 다 날려 버렸어요.

직업

난 우선 일이 돌아가게 해야 했어요. 본래, 난 일반 계좌밖에 없어서, 은행으로 갔어요. 내가 업무용 계좌가 필요하다고 하자, 은행에서 "무슨 일로 필요하시죠?"라고 물었어요. 난 "내가 직접 회사를 경영하려고 합니다."라고 말했어요. 내가 얼마간 기다리자 나에게 업무용 계좌를 바로 개설해 주었어요. 그리고 18개월짜리 자유이용 은행수표도 주었어요. 그것은 내가 관심 없는 것이지만, 어쨌든 난 실제 수표와 온라인 거래, 인쇄된 송장 등도 받아서 사업 진행이 모두 준비되었고, 사업등록소에 가서는 회사 등록도 했어요. 그리고 P&Q가 나의 회사가 실재 있는지를 점검했을 거예요. 이런 것 모두가 4, 5일 사이에 된 일이에요.

전문성

그리고 나서 우린 그들과 접촉했어요. 내가 전화로 주문하고, 그것은 마치 군대 지휘체계 같은 거예요. 나를 위해 일하는 배달원들이 있었는데, 그들은 내가 무엇을 하고 있는지 몰랐어요. 단지 내가 시키는 일을 하고 있다고 생각했고, 상품권을 수거해 오라고 들었거든요. 난 절대 돈을 은행에 넣지 않아요. 서류가방에 돈을 가득 넣고 주변을 돌아다니곤 하다가 내가 믿을 수 있는 사람들에게 돈을 줘요. 돈을 은행에 넣으면 다른 사람들이 알게 될 것이기 때문에, 난 절대 은행에 아무 것도 넣지 않아요. 당신도 알지만, 압수하려고 할 때 그것을 찾아낼 것이잖아요. 만일 너무 많은 돈을 은행에 입금하면, 은행은 그 돈이 어디에서 난 것인지 모르기 때문에, 그들은 돈세탁 같은 것들을 예상할 것 아니에요. 그래서 이런 일에 연루된 돈은 찾지 못하니까, 난 내가 돈을 찾을 수 있는 곳에 둬요.

지배에 대한 만족

솔직히 말해서, 법은 나를 어떻게 해야 할지 잘 몰라요. 왜냐하면, 첫째는 등록된 회사이고, 둘째는 내 은행 계좌였어요. 내게서 찾을 수 있는 유일한 범죄 혐의는 내가 수표가 부도 날 것을 알고 있었다는 것뿐이에요. 난 기금을 기대했었다고 거짓말 할 수도 있었어요. 난 수표책을 훔치지 않았어요. 그래서 P&Q에서는 내게 민사소송 제기를 생각했었지만, 우선 나를 찾아야 했었어요. 2년 후에 내가 다시 시도했고, 그때 나를 잡았어요. 하, 하, 하!

[국제 수사심리학 연구센터(International Research Centre for Investigative Psychology: IRCIP)의 메리 산타르칸젤로(Mary Santarcangelo)의 면담에서 인용

요약

서사적 행위체계 모형은 획득형 범죄들에 적용될 수 있으며, 범행 방식에서의 범죄 내적 차이점들의 이해를 위한 모형들을 제공한다. 적응적 모험, 보수적 비극, 통합적 역설 그리고 표현적 탐색 방식들은 침입 절도와 강도를 위해 정교하게 구성되어 있다(비록 보수적 비극은 현재 가능한 강도죄 자료들에서는 발견되지 않고 있지만).

침입 절도에 있어서, 상이한 서사적 행위체계 모형들은 침입 절도를 범하는 과업에 대한 초점의 수준에서, 그리고 어떤 구역에 대해 누군가에게 속하는 것이라는 범죄자의 대인관계적인 인식에서 차이점들을 포착한다.

강도에 있어서는, 이러한 범죄에서 필요로 하는 피해자와의 직접적인 접촉을 고려한다면, 다양한 서사적 행위체계 모형들과 연관된 목적, 매개체 그리고 사람이라는 피해자 역할들에 대한 고려(Canter, 1994)가 범행 방식의 차이점에 대한 보다 깊은 이해를 가능하게 한다.

사기죄는 두 개로 구분되는 범죄자 집단들에 의해서 범해지면서, 두 개의 매우 상이한 심리적 맥락으로부터 나타난다. 기회주의자형과 범죄자형 사기범죄 행위 사이에 존재하는 폭넓은 차이가 이로부터 확인될 수 있다. 초기 수사심리학 연구들은 이러한 맥락 속에서 상이한 서사적 역할 강조가 사기범죄의 다양한 형태들을 뒷받침하고 있다고 주장한다.

🗁 추가로 읽을거리

서적

Bennett, T. and Wright, R. (1984) *Burglars on Burglary: Prevention and the Offender*, Gower, Aldershot.
Canter, D. and Alison, L. (2000) *Profiling Property Crimes*, Ashgate, Dartmouth.
Doig, A. (2006) *Fraud*, Willan, Cullompton.

논문

Dodd, N.J. (2000) The psychology of fraud, in *Profiling Property Crimes* (Eds D. Canter and L. Alison), Ashgate, Dartmouth.

Doig, A. (2000) Investigating fraud, in *The Social Psychology of Crime: Groups, Teams and Networks* (Eds D. Canter and L. Alson), Ashgate Dartmouth.

Farrington, D.P. and Lambert, S. (1994) Differences between burglars and violent offenders. *Psychology Crime and Law*, *1*, 107–116.

Nee, C. and Meenaghan, A. (2006) Expert decision making in burglars. *British Journal of Criminology*, *46*(5), 935–949.

Yokota, K. and Canter, D. (2004) Burglars' specialisation: development of a thematic approach in investigative psychology. *Behaviormetrika*, *31*(2), 1–15.

🖊 토론과 연구를 위한 질문

1. 값싼 사탕 상점절도와 같이 경미한 범죄 경험이 있는 사람을 찾아보고, 그것을 할 때 느낌이 어떠했는지 그들과 토론해 보라.

2. 당신은 왜 강도 전력자가 강간을 범했던 사람들보다 더 자신의 범죄에 대해서 이야기하려고 한다고 생각하는가? 왜 그렇게 많은 폭력배들의 자서전이 있을까?

3. 왜 많은 사람들이 보험 회사들을 상대로 사기를 범하는 것은 가능하다고 생각하는가?

4. [글상자 11-7]에 있는 다양한 형태들의 사기죄들은 사기범들에 대해 다른 개인적인 서사들을 의미하는가? 아니면 [그림 11-3]과 [그림 11-4]에서처럼, 사기죄로 나아가는 다른 길을 말하는가?

제12장

성범죄

이 장에서는……

학습 목표

||||||||||||||||||||||||||||||||||||||||||||||||||||||||||||||||||||||||||||||||||||||||||||||

1. 피해자와 폭력적인 범죄자들의 상호작용이 어떻게 폭력적인 범죄의 핵심적인 심리적 기능을 제공하는지를 이해할 수 있다.

2. 폭력적인 범죄에서 범행의 세기는 사람, 즉 개인의 정체성에 대한 파괴 수준에서 드러난다는 것을 인식할 수 있다.

3. 강간범들을 구별짓는 다양한 범행 방식들에 대해 알 수 있다.

4. 남성 피해자에 대한 성폭력의 본질과 분포 상황을 이해할 수 있다.

5. 스토킹의 본질과 가정 폭력과의 관련성을 논의할 수 있다.

6. 다양한 아동 학대와 소아성애에 대한 경각심을 가질 수 있다.

개요

강간과 여타 형태의 성폭력들은 다른 폭력적인 범죄들의 모형틀 내에 적절하게 포함되어 있으나, 내포된 독특한 특성과 천박한 표현들 때문에 이 장에서 분리해서 다루고, 다음 장에서는 보다 넓은 범위의 폭력적인 범죄들을 다루는 것이 적합하다.

사람에 대한 범죄는 사소한 싸움부터 연쇄 살인까지 모든 범위를 포함하며, 이들 각각의 하위 범주 내에 다양한 방식의 범죄 행위들이 규정될 수 있다. 따라서 이러한 범죄를 이해하고, 범죄자의 행동으로부터 어떤 추론을 이끌어 내기 위한 기반을 갖추기 위해서 이들이 차이를 보이는 방식들을 명확하게 하는 것이 필요하다. 이러한 차이들은 근본적으로 범죄의 대인관계적 본질 때문에 피해자와의 관계성에서부터 도출된다. 이것은 강간범들을 그들이 찾고 있는 성적·정서적 만족감의 형태라는 면에서 분류하기보다는, 범죄자가 자신의 개인적 서사 속에서 피해자에게 지정한 역할을 검토하는 것이 유용하다는 인식을 이끌어 낸다. 피해자의 3가지 중복되는 역할들이 규정되었으며, 서사적 행위체계에 연결시키고 있다.

보수적 행동 모형에서 작용하면서, 자기 자신을 어떤 종류의 보상을 추구하는 운명적 사고에 의해 비극적으로 강제된 사람으로 생각하는 범죄자는 피해자를 그가 복수를 위해 행동해야만 하는 대상의 전형으로 보기 때문에, 피해자들은 범죄자의 분노의 매개체이다. 이러한 자의 성적인 범죄들은 흔히 극단적으로 폭력적일 것이다.

표현적 행동 모형에서 행동하면서 영웅적인 탐색 위에서 자기 자신을 보는 사람은 피해자를 보다 넓은 잠재적인 피해자들의 조합 중 대표로 본다. 그에게 피해자는 인식을 위한 자신의 영웅적인 탐색에 대한 다른 종류의 매개체이다. 그의 관심은 자신의 만족을 달성하기 위해서 피해자를 통제하는 것이다. 이러한 범죄자들은, 수용적 모형에서 작용하는 '모험가'와 많은 부분을 공유한다. 이들은 성적 만족감을 얻는 것에 초점을 두며, 피해자들이 그들에게는 물건일 뿐이다.

매개체와 물건의 역할들은, '통합적' 행동 모형에서 작용하면서 자기 자신을 피해자로 생각하는 범죄자들에 의해 지정된 역할들과는 대조된다. 그들에게 (실제) 피해자는 사람(사람 피해자 역할)으로서 매우 특별한 중요성을 갖는다.

이러한 피해자 역할들의 모형틀은 모든 성범죄에 걸쳐서 관련성을 가지며, 남성과 아동에 대한 폭력들을 포함할 뿐만 아니라 스토킹과 성폭력에 관련된 문제들을 이해하는 데에 중요하다.

폭력적인 범죄에서 피해자의 역할

[글상자 12-1]에 있는 강간 혐의에 대한 두 가지 이야기들은 모든 폭력적인 범죄가 관계, 흔히 개입된 사람들 각각에 의해서 다른 해석을 가능하게 하는 관계로부터 나오는 방식을 극명하게 눈에 띄게 한다. 이야기들은, 초점이 단지 폭력적인 것뿐이건 혹은 성적 행동에 의해 주도된 것이건 간에, 성폭력에서의 행위들은 개입된 사람들이 서로의 역할들에 대해서 갖게 되는 이해의 측면에서 해석된다는 것을 보여 준다.

글상자 12-1 강간 고소

경찰이 정보를 수집하면서 직면하게 되는 다양한 장애들을 보여 주기 위해, 첫 번째는 '피해자', 그리고 다음은 '피고소인'의 관점에서 쓴 같은 사건에 대한 신문 기사들의 요약이다.

강간 피해자가 공포스러운 공격에 대해 이야기하다

치퍼넘(Chippenham) 교회 경내의 묘비에서 강간을 당한 간호사가 처음으로 그녀의 끔찍한 경험에 대해 이야기했다. 22세의 피해자는 공격에 의해 심한 정신적 외상이 남아 있기 때문에, 심지어 낮 시간이나 누군가 동행을 해도 아직 외출하는 것에 두려움을 느끼며, 혼자 남아 있는 것도 두려워하고 있다. 그녀는 범인에게 증오심을 느끼며, "그는 내 자존감을 앗아갔어요."라고 말하고 있다.

범행 저녁에 치퍼넘에 있는 로즈 앤 크라운 주점에서 친구들과 시간을 보내고, 그녀 혼자 남았다. 그녀는 "다음으로 내가 기억하는 것은 공격을 당한 후 교회 경내에 있는 것"이라고 진술하였다. 범행 도중에 그녀는 소리를 질렀지만, "닥쳐."라는 말을 들었다. 그녀가 처음 접촉한 사람은 전 남자친구였다. 그가 그녀의 친구에게 전화하였고, 친구가 현장에 처음 왔으며, 다음에 경찰이 도착했다. 그녀는 "공격 이후에, 나는 충격 상태에 있었고, 상처가 너무 고통스러워서 일어났던 일 여러 가지를 기억하지 못했어요. 하지만 지금은 불쾌하고, 나를 공격한 사람이 미워요."라고 말했다. 그러고는 "친구들이 도착한 후에는 많이 기억하지 못하지만, 나를 배스(Bath)에 있는 로열 유나이티드 병원으로 데려간 것은 알아요."라고 설명했다. 경찰은 CCTV 기록, 법 과학 증거 그리고 시민으로부터의 정보를 계속해서 찾고 있다.

[(Wiltshire Gazette and Herald의 릴리 캔터(Lily Canter)가 작성한 독점 기사, 2002. 9. 26.)

강간 사건이 인생을 생지옥으로 만들다

노무자 애슐리 로렌스(Ashley Lawrence)는 자신의 인생이 교회 경내에서 간호사를 강간한 혐의로 잘못 고소되었기 때문에 생지옥이 되었다고 말한다. 일단 보석으로 석방된 로렌스는 숙소와 일과 신뢰를 잃었다. 그는 자신이 피해자에게 낯선 사람이 아니기 때문에 무슨 일이 일어났는지 믿을 수가 없으며, 그녀가 성관계에 동의했다고 말하였다. 그는 피해자가 범인을 알지 못한다고 말했지만, 이야기를 계속 바꾸고 있다고 덧붙였다. 그러나 로렌스 씨에 대한 사건은 증거 부족으로 기각되었다. 검찰은 독자적인 증인이 없으며, 사건이 다른 사람에 대한 한 사람의 말에 기초하고 있기 때문에 계속 진행될 수 없다고 말하였다. 피해자의 마지막 진술에서, 그녀는 로렌스 씨를 거명했으며, 교회 경내 옆 골목에서 그를 만나기로 한 것을 인정하였다. 로렌스 씨는 앞서서, 로즈 앤 크라운 주점에서 "기본적으로 쉽게 나에게 요구했어요. 그녀가 주점에서 나에게 문지르고 했어요."라고 묘사하였다. 그는 성행위를 했지만 "그녀도 나처럼 무엇을 하고 있는지 알고 있었으며, 동의했다."라는 주장을 계속했으며, 두 사람 모두 약간 취해 있었고, 그녀가 묘비에 넘어져서 상처가 났을 것이라고 말하였다. 그는 피해자가 자기를 좋아한다는 말을 들었고, 교회 경내에 그녀를 둔 것에 대해서는 조금 못된 짓이었음을 깨닫고 있다. 로렌스 씨는 또 몽타주가 자신과 전혀 같아 보이지 않지만, 피해자가 자신을 거명했다는 말을 듣고, 자발적으로 경찰에 출두하였다.

그는 "이제는 절대로 하룻밤 관계는 갖지 않을 거예요. 이 오명은 항상 나를 따라다닐 것이고, 그녀가 내 인생을 망쳐버렸을 뿐 아니라, 진짜로 강간당한 여성들의 삶도 망쳐 버렸어요. 왜냐하면, 아무도 그들을 믿지 않을 것이니까요." 피해자는 고소 철회에 대한 견해는 거부하였다.

(Wiltshire Gazette and Herald의 릴리 캔터가 작성한 독점 기사, 2002. 12. 5.)

만일 행위가 성적인 행동에 의해 주도되었다면, 동의의 문제가 어떻게 행위를 해석하느냐를 좌우한다. 그러나 이러한 동의는 개입된 사람들이 전개된 이야기에서 어떠한 역할을 실행했는가에 대해 그들이 해석하는 것에 의존한다. 타인을 강제하는 것이 한 개인의 이기적인 성적 만족인가? 아니면 양자가 상호 간에 동의한 행위에 참여하고 있는가? 일부 범죄 행동은, 그것이 성행위이건 성폭행이건 간에 범죄 행위들에 의미를 부여하는 중심 사안들에 있어서 근본적인 것이기 때문에, 모든 혹은 대부분의 범죄에 공통적일 것이다. 그러나 범죄 내에서 다른 범죄 방식들을 이해하는 데 실마리가 되면서, 핵심 목적을 달성하기 위한 다른 경로들도 있을 것이다.

어떤 범죄 사건에서 나타나고, 혹은 나타날 수 있었던 넘치는 행동들 중에서, 수사관들이 초점을 맞추어야만 하는 범행 방식들을 특징짓는 것은 바로 무엇이 독특한 특징들인가를 발견해 내는 것이다. 어떤 부류의 범죄자 특성들이 차이를 보일 수 있는지에 대한 이론들의 발전을 가능하게 하는 것은 범행 방식의 차이에 대한 심리적 기초를 이해하는 것이다. 범죄자의 개인적 서사 속에서 피해자가 담당하도록 강제된 다양한 역할들은 범죄자의 연쇄적인 행동들에 걸쳐서 무엇이 일관적일 것인가에 대한 예측에 도움을 주며, 수사상의 추리들에 관한 많은 의문점들에 답하는 것을 도와준다.

개인의 내적 문제들이 암시적이고 일반적으로 범죄 행위가 가장 적절할 것 같은 타인에 대한 개괄적인 태도라 할 수 있는 재물범죄와 달리, 사람에 대한 범죄에서는 범죄자의 관심이 피해자와 관련해서 논의되어야 한다. 이러한 상호작용의 직접적인 명료함은 범죄자의 행위 의미가 피해자와의 상호작용이 범죄자에게 어떤 의미를 갖는가에 의존한다는 것을 뜻한다.

신체 혹은 사람

명확하게 폭력적인 범죄에 있어서, 즉시 구별되는 피해자와의 상호작용의 특징, 즉 범죄의 바탕이 되는 것은 피해자의 신체에 대해 범죄자에 의해서 가해진 피해이다. 그러나 이러한 상호작용을 이해하기 위한 우리의 모형틀을 발전시키는 데 있어서, 신체는 심리학적 사고에서 사람과 구별된다는 것을 주목하는 것이 유용하다. 사람은 신체를 초월하는 일관된 자아의 창조물이며, "과거와 기대되는 미래를 가진, 인식 가능하고, 독특하며, 지각 있는 인간"(Canter, 2002)이다. 진화 생물학과 신경과학의 환원주의적 관점과 달리, Canter는 다음과 같이 주장하였다.

> 인간성은 신체에서는 발견될 수 없는 특질을 부여하는 복합성이라는 스스로의 형태를 가지는 실체로서 나타난다. 이들 형태는 어떤 특정인에게 자신의 독특한 특성들을 부여하는, 역사와 기대되는 미래, 기억과 사회적 교류, 사회적 대표성과 문화적 표현으로부터 유래된다.

폭력, 특히 성적으로 폭력적인 범죄의 맥락에서는, 범죄의 근본적인 심리적 본질을 들여다보는 커다란 통찰력이 피해자와의 상호작용 속 세부적인 것들에 대한 주의 깊은 고찰을 통해서 얻어진다. 이것은 신체에 대한 피해뿐 아니라 신체에 대한 행동들을 통해서 사람에게 행해진 피해까지 포함할 필요가 있다.

폭력적인 범죄에서 범행 강도: 사람의 파괴

이것이 범죄의 세기가 사람에 대한 공격, 즉 개인의 정체성에 대한 파괴의 힘에 반영될 것이라는 관점을 이끌고 있다. 따라서 강간에서 극단적인 침해들이라는 것이 가장 성적으로 폭력적인 행위가 피해자의 신체에 대해 범해지는 것들일 필요는 없을 것이다. 그보다는 이들 침해 행위가 피해자의 정체성에 가장 큰 함축적 의미를 가지며, 위협과 피해가 피해자의 삶의 다른 부분으로까지 확대되는 범행들일 수 있다.

살인의 맥락에서는, 가장 극단적인 공격은 단순히 한 개인의 삶을 끝내는 것뿐 아니라,

그 사람의 정체성을 완전히 파괴시키는 것을 포함할 것이다. 이러한 범죄들에서 신체는 파괴되며, 그 사람은 특정 인물로서 혹은 심지어 인간으로서 완전히 인식이 불가능하게 되는 것이다. 이러한 전체적인 몰개인화는 극단적인 폭력, 특히 얼굴이나 성기와 같이 정체성과 강하게 연결된 신체 부분을 향한 폭력이나, 혹은 이들의 완전한 물건화와 절단에 의해서 이루어질 것이다.

사람 파괴를 위한 전략

만일 범죄의 핵심적인 심리적 목적이 범죄자가 피해자에게 부여하는 관계성에서 나온다면, 확실히 범행 방식을 차별화하는 데에 중요성을 갖게 될 하나의 모형은 상호작용에서의 차이점들에 초점을 두는 것이다. 다양한 전략들이 사람을 공격하기 위해 취해질 수 있다. 이들의 바탕이 되는 근본적인 심리적 차이는, Bolitho(1926)와 Katz(1988)가 자신들의 초기 저술에서 범죄 및 범죄자들의 본질에 대해 설명한 매우 다양한 형태의 살인에 반영되어 있다.

1920년대의 글에서 Bolitho는 범죄가 뚜렷한 최종 결과, 즉 흔히 재정적 이득을 달성하기 위한 수단인 '이득을 위한 살인(murder for profit)'을 규명하였다. 대조적으로, Katz는 다소 차이가 있는 분노 유발적인 '정의로운 도살자(righteous slaughter)' 유형에 관심을 두었는데, 이 유형에서 살인은 감정적 표현의 행동이다. Katz가 기술한 범죄들에서는 범죄자가 피해자와 직접적으로 상호 교류하며, 범죄는 피해자에 대한 충격에 관한 것인 반면, Blitho의 살인을 특징짓는 상호작용에서는 범죄자의 행동이 피해자에 대해서 갖는 효과가 우연적이다. 핵심적인 심리학적 개념에서 본다면, 여기에서의 근본적인 차이는 Bolitho의 살인에서 사용한 접근법은 사람을 무시하는 것 중의 하나라는 것이며, 대조적으로 Katz가 기술한 정의로운 도살자는 사람으로서의 피해자에 대해 직접적인 충격을 가하는 것에 초점을 두고 있다는 것이다.

범죄자의 서사에서 피해자의 역할

이러한 상호작용, 특히 범죄자의 범죄적 서사의 핵심 특징으로서 범죄자에 의해서 피해자에게 주어진 역할의 의미는 Canter(1994)에 의해 발전되어 왔다. Canter는 폭력적인 범죄자들은 "(피해자에게) 그들 자신 혹은 어떤 사람의 인생 이야기에서 활동적인 역할을 지정하여…… 중심 무대를 공유하는 개인적 드라마를 창작"(Canter, 1994: 246, 241)할 능력을 갖지 못한다고 주장한다. 다른 사람들에게 보통의 역할을 지정할 수 없는 무능력은 이러한 범죄자들이 구성한 서사들에서 공백으로 남게 된다. 따라서 이러한 공백을 메워 주는, 범죄자들이 그들의 피해자들에 대해 가정하는 역할의 본질이 심리적으로 드러나게 될 것이며, 범죄자의 특성과 경험에 대해 무엇인가를 말해 주게 될 것이다.

다양한 피해자 역할에 대한 모형에서, Canter는 범죄자가 지정하는 특별한 역할은, McAdams(1949)가 모든 인생 이야기들을 특징짓는 것이라고 주장한, 인생 서사가 주제로 삼는 핵심적인 힘과 친밀함의 달성에 대한 범죄자들의 왜곡된 접근의 산물일 것이라고 주장한다. 폭력적인 범죄의 맥락에서는, 이것이 범죄자가 범죄를 실행하기 위해 필요로 하는 통제를 유지하는 방법에서의 변형들, 또한 피해자에 대한 범죄자의 대인관계적인 취급 방식에서의 변형으로서 드러난다. 이들로부터 피해자에게 지정된 다양한 역할들의 복잡한 모형들이 만들어졌으며, Canter가 이를 세 가지 주안점, 즉 물건으로서의 피해자, 매개체로서의 피해자 그리고 사람으로서의 피해자로 단순화하였다. 이것들이 도출된 특별한 서사적 행위체계 모형들은 제6장과 제7장에 기술되어 있다.

물건

물건으로서의 피해자 범죄들은 범죄자가 피해자를, 있더라도 매우 적은 인간적 의미 또는 감정을 가진 것으로 보는 범죄들이며, 피해자에게 감정을 느끼지 않는다. 피해자는 상황 속에서 어떤 작용을 인정받지도 능동적인 부분이 주어진 것도 아니며, 단지 범죄자의 행동의 대상이 되는 단순한 어떤 것, 즉 물건일 뿐이다.

피해자에 대한 이러한 접근은 범죄자가 공격할 특별한 유형의 성적 대상, 예를 들어 젊은 사람을 찾는 범죄들을 통해서 이어져 나간다. 이것은 성적인 공격 후에, 단순히 그녀가 자신을 알아볼 가능성 때문에 피해자를 살해하는 강간범들의 특성이다. 파괴적 욕구의 극단에서, 사체 훼손, 식인 그리고 절단 등의 가장 기이한 범죄 행동들 중 일부를 가능하게 하는 것은 피해자를 물건으로 지각하고 있는 것이다. Canter는 이러한 가장 극단적인 범죄자들은 보통의 인간 존재의 부재에서 반영될 수 있는, 인간 현실과의 접촉 결여를 가지고 있다고 주장한다. 이러한 범죄자들은 정신질환 전력을 가졌을 것으로 예상되며, 정신질환자로 진단될 수 있다.

매개체

다소 다른 방식의 범죄들은 피해자가 범죄자의 욕망과 분노를 표현하기 위한 매개체인 것들이다. 단지 사용을 위한 신체라기보다는, 이 피해자들은 범죄자들이 표현하고 있는, 아마도 범죄자의 인생 이야기에서 중요한 사람을 상징화하는 특별한 의미들을 전달한다. 이러한 범죄들에서는, 피해자의 인간성에 대한 충분한 인식이 있으면서, 피해자를 공격하고 착취하는 것이 범죄자의 목적 달성에 기여하게 된다(Canter, 1994). 피해자에 대한 이러한 개념화의 맥락에서, 이들 범죄들에 있어서의 폭력은 극단적이고 광란적일 수 있다. Canter(1994)는 이를 "폭행의 흉포함 속에서 피해자는 (가해자의) 분노라는 부담을 강제로 지고 간다."라고 표현한다. 그러나 분명히 대조적으로, 이 방식의 범행은 흔히 시작 단계의 '신뢰' 접근에 의해 특징지어지는데, 여기에서 범죄자는 일종의 가장을 통해 피해자에게 접근해야만 하는 대인관계적 경험과 기술들을 이용할 수 있다.

피해자의 상징적 중요성은 주의 깊은 선정 혹은 대상화가 항상 범죄 행동의 일부가 된다는 것을 의미한다. 그러나 범죄자 자신의 감정 표현을 위한 매개체로서 타인에 대한 폭력의 사용에 대한 가장 극단적이며 직접적인 사례들은 연속 살인과 자살 폭파이다. 이러한 범죄들에서는, 표적이 되는 것이 특별한 한 사람이 아니라 범죄자가 자신의 분노를 표현하고자 원하는 대상인 사회를 대표하는, 집단으로서의 많은 사람들이다.

사람

폭력적인 범죄들 중 상당수는 피해자가 인간이며, 사람이라는 온전한 인식이 있는 것들이다. 이러한 범죄들을 함께 이끌어 가는 것은, 타인이 이용되거나 학대받으며, 이를 달성하기 위해 폭력이 보통의 자연적인 전략이라고 보는 인간 상호작용의 일반적인 형식으로부터 이 범죄들이 표출되는 방식이다. 따라서 사람으로서의 피해자 범죄들에서, 표적은 범죄자가 그로부터 무엇인가를 직접적으로 얻으려는—이것이 돈, 성교 또는 단순히 전개되는 파괴적 관계의 부분으로서 상대방을 해치는 것이든 간에—항상 특정된 사람이다. 심지어 피해자가 특정되어 알고 있는 개인이 아니라 낯선 사람인 사례들에서는, 범죄가 범죄자와 피해자 사이의 관례적인 상호작용의 일부라는 범죄자의 추정이 있을 것이다(Canter, 1994).

피해자에 대한 이러한 접근으로부터 도출되는 범죄 행위 유형은 격정적인 가정 살인 혹은 공공장소 폭력 행위부터 성을 훔치는 기회, 즉 집에 있는 사람을 강간하는 기회를 취하는 침입 절도까지 다양하다. 여기에는 지역의 젊은이들이 노인의 나약함을 이용하여 절도를 하려는 행위의 결과라 할 수 있는 노인 살인을 포함할 수 있다. 또한 범죄자 혹은 복수의 범죄자들이 피해자와 개인적 수준에서 관련을 맺으려고 시도하는 '오락' 형태로서 실행하는 강간, 또는 그가 저지르는 공격이 일종의 수용 가능한 친근한 접촉을 표현한다고 추정하는 강간범을 포함할 수 있다(Canter, 1994). Canter가 말한 것처럼, 타인과 이러한 유형의 상호작용이 일상적인 범죄자들은 흔히 보다 일반적인 범죄 배경 및 공동체 출신이며, 따라서 장기간의 다양한 범죄 기록들을 가지고 있다.

흥미롭게도 앞서서 논의된 것처럼 도구적 공격성과 표현적 공격성 사이의 잘 구성된 차이 위에 광범위하게 그려지는 Canter의 피해자 역할 모형에 대한 기본적인 순서가 있다. 이 구분 속에서, 표현적 공격성은 스스로의 감정적 목적을 위해 범해진 공격이라고 간주되며, 반면에 도구적 공격성은 다른 목적을 용이하게 하기 위해 실행된다고 생각된다. 비록 이중적 개념으로 취급되지만, Marshall과 Kennedy(2003)는 충분한 강제력으로부터 피해자를 침묵시키기 위해 도구적이며 불필요한 폭력을 사용하는 것, 그리고 표현적 폭력으로부터 가학적 폭력까지의 연속선상에서 감소해 가는 도구성의 수준들을 나열하고 있다. 같은 방법으로, 피해자 역할 모형도 피해자와의 상호작용의 특정 특질이 중심을 이루는 사람이라는 매우 높은 표현적인 피해자 유형으로부터 피해자와의 상호작용이 중요하지만 범죄자가 보다 일반화된 표현을 할 수 있게 하는 때에만 중요한 매개체로서의 피해자 유형으로까지 전개된다. 가장 약한 표현적인 역할은 피해자와의 상호작용이 아직은 범죄의 목적이지만, 피해자에 대한 충격 및 피해자의 반응이 범죄자에게 중요하지 않은, 피해자가 단순히 물건으로서 비쳐지는 것이다.

이에 따라, 범행 방식 차이의 일반적인 모형이 범죄자에 의해서 피해자에게 지정된 범죄자의 서사 속 역할의 변형들에 기초하고 있는 폭력적인 범죄에 대해 제시되고 있다(Youngs & Canter, 출판 중, b). 이로부터 물건으로서의 피해자, 매개체로서의 피해자 그리고 사람 역할 지정으로서의 피해자를 반영하는 범행 방식들이 기술될 수 있다. 범죄 행위의 세기에 있

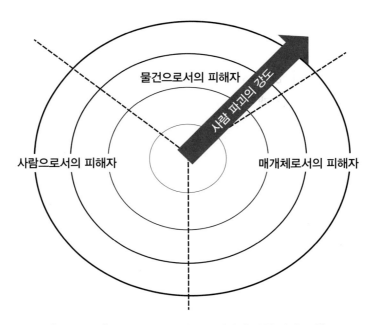

[그림 12-1] 폭력적인 범죄에서 일반적인 범행 방식 모형

어서 양적인 변형들은 사람에 대한 공격, 즉 개인의 정체성 파괴의 강도에서 드러날 수 있다. 이 모형은 방사형 구조를 가지고 있어서, 피해자에게 지정된 역할에 있어서 질적인 차이들이 사람에 대한 공격의 강도가 높은 수준일 때에 보다 뚜렷하게 나타난다. Youngs와 Canter(출판 중, b)가 지적한 것처럼, 이것은 직접적인 대인관계적 상호작용을 포함하는 범죄 유형들에 걸쳐서 적용될 수 있는 구분을 위한 기초 모형이다. 피해자 역할 방식들과 사람의 파괴가 취하게 되는 형태는 특별한 맥락을 반영할 것이므로, 하나의 정해진 행위가 다양한 부류의 범죄에서 다양한 범행 방식들 중 일부로 이해될 수 있다. 이들 상세한 피해자 역할 지정이 나타나는 특별한 서사적 행위체계 모형들은 [그림 12-1]에 표현되어 있다.

강간 분류

수사심리학에서 가장 초기의 발전 중 하나라고 할 수 있는 것은 강간에 있어서 뚜렷하고 의미 있는 범죄 행위 방식들을 확인한 것이었다. 모든 범죄들이 폭넓게 유사하다거나 어떤 범죄에서 발생하는 행위들의 조합이 무작위적이라기보다는, 여기에는 항상 인식 가능하고 지배적인 주제가 있다(Canter, 1994; Canter and Heritage, 1990). 범죄자들에게 있는 차이점들에 대해 추리를 이끌어 낼 가능성뿐 아니라, 무엇이 동일한 범죄자에 의한 범죄들로 연결이 가능하도록 일관적일 것인가에 대한 이해의 가능성을 불러일으키는 것은 바로 이러한 주제들에 대한 이해로부터이다.

우리는 폭력적인 범죄에 대한 범죄 분류의 일반적인 모형틀([그림 12-1]을 보라)로부터 강간에 있어서 범행 방식 변형들의 상세한 구조를 제시하는 것까지 진행해 볼 수 있다. 이들 강간 범죄의 방식들을 특징짓게 될 범죄 행위들을 구체화하는 것은 다양한 물건, 매개체 및 사람 피해자 역할들, 그리고 사람의 정체성에 대한 공격의 세기에서의 변형들이 어떻게 강간 범죄의 특정 맥락에서 명확해질 수 있는가에 대한 이해를 필요로 한다. 이에 대한 일부 의견들은 강간을 중심으로 한 심리적 문제들에 대한 이해로부터 발전될 수 있다.

강간에 대한 많은 동기부여 분류 도식들이 있으며, 이들은 본래 치료적인 맥락에서 발전하였기 때문에 범죄 행위 패턴들보다는 강간범들에게서 나타나는 차이점들을 반영하지만, 그럼에도 핵심 문제들 일부에 대한 주목을 끌기에 유용하다. 강간이란 무엇이며 그리고 무엇이 아닌가에 대한 저술들의 논의들과 함께, 이 동기부여 유형론은 강간과 관련되어 있는 적어도 5가지의 심리적 과정들에 주목한다. 이들 중 하나는 성적 취향의 표현(예, Knight, 1999를 보라), 혹은 Scully와 Marolla(1983)가 특징지은 것처럼, '신체적 열망을 만족시키려는 목적에 대한 비인격적 필요'이다. 두 번째로 강간과 관련하여 잘 정립된 과정은 분노와 공격성의 표현이다(예, Groth, 1979; Knight, 1999를 보라). 강간범의 힘에 대한 확신은 강간의 세 번째 주요 특징이며(예, Douglas et al., 1992; Groth and Birnbaum, 1979를 보라), 이것은 극단적으로 Knight(1999) 및 Knight와 Prentky(1987)에 의해 묘사된 가학적 동기부여를 생성한다. Marshall(1989)은 사회적 접촉에 대한 욕망을 보다 중요한 동기로 언급하는데, 이것의 일부가 Knight(1999)가 정의한 강간에서의 보복심의 표현이 될 것이다. 마지막은 일반적인 학대 그리고 절취를 포함하는 일반적인 범죄적 접근으로, 여타 학자들이 많은 강간들을 통해서 나타난다고 주장하고 있다(Rada, 1978; Scully and Marolla, 1983). 이들은 모두, 우리가 물건, 매개체 그리고 사람 역할들에 걸쳐서 차이를 예측할 수 있는, 강간 범죄의 잠재적인 심리적 요소들이다(Youngs and Canter, 출간 중, b).

강간에서 물건, 매개체 그리고 사람 역할

피해자에 대한 범죄자의 접근이 피해자에게 물건의 역할을 지정하는 상황에서는, 우리는 아마도 피해자의 특별한 신체적 특성들에 대한 강박적인 관심을 포함해서, 범죄자의 만족 기제에 대한 자기 몰입적인 초점의 형태를 취하는 성 취향을 예상할 수 있다. 성 취향의 표현은 범죄자가 피해자를 검사하고 가지고 놀기 위한 물건으로서 다루기 때문에, 탐구적일 것이다. 강간의 분노와 사회적 접촉 요소들은 작용적 인간으로서 피해자를 인식하는 것을 필요로 한다. 따라서 물건 역할에 대해서는 피해자와 최소한의 사회적 상호작용이 있을 것이며, 불필요한 공격성은 이러한 범행 방식의 강한 특징이 되지 않을 것이다. 힘의 측면에서 범죄자가 피해자 통제에 매우 기능적 접근을 취하는 것은 이 역할에 있어서 일관되며, 피해자를 통제하고 자신의 신분 보호를 확보하기 위한 매우 직접적인 신체적 수단들을 사용한다. 범죄자가 피해자에 대해 전체적으로 공감을 갖지 않는 것은, 만일 피해자를 통제하는 것이 필요하다면, 비록 과잉되고 광란적이지는 않다 하더라도 극심한 폭력을 행사할 것이라는 점을 의미하게 된다.

피해자에게 지정된 역할이 Canter가 지칭하는 '매개체'일 경우, 피해자에 대한 공격이 상징적 의미를 가지고 있으며, 그래서 강간의 분노와 보복적인 사회 접촉 요소들이 강한 특징을 이룬다. 이것이 피해자 신체의 의미 있는 부분을 과도하고 표현적인 폭력 표적으로 삼을 뿐 아니라, 언어 학대 또는 잔인함, 그리고 조작적인 대인관계적 상호작용을 유발할 수 있다. 피해자 반응의 감정적 중요성은 성 취향 요소가 착취적이고 모욕적일 것이라는 점을 의미한다. 힘의 표현은 이러한 방식의 강간과 높은 관련성을 갖지만, 피해자를 통제하려는 수단으로서가 아니라 그 자체로 가학적 개념에 있다. 강간의 범죄성 요소는 여기에서 특별하게 특징지을 수는 없는데, 그 이유는 이러한 범죄들이 넓은 범죄적 성향으로부터 나오는 일반화된 학대와 절취보다는 피해자가 대표하는 것에 대한 특별한 개인적 학대에 우선적으로 관심을 갖고 있기 때문이다.

피해자에 대한 '사람' 역할 지정의 중심에는 피해자에게 친근함을 강제하려는 범죄자의 의도가 있다. 이 유형은 대인관계에 대한 왜곡된 접근으로부터 나오며, 이 관계 내에서 가해자는 피해자의 인간적 감정을 인식하고 있지만, 인간 상호작용을 전형적으로 폭력적·강압적·공격적이라 보는 범죄자이다. 이것은 강간에 필요한 공격성이 그 외의 보통의 상호작용을 이끄는 특성들과 공존할 수 있는 범죄 행위들을 생성하게 되며, 이러한 범죄들에서는 사회적 접촉 요소가 중요하다. 범죄자는 피해자와 관련을 맺으려 시도하며, 일정 수준의 명백한 공감을 표시한다. 유사하게, 강간의 성 취향 요소의 표현은 솔직하고 '보통'일 수 있으며, 신체적 친밀감 시도에 의해 특징지어질 수 있다. 따라서 일부 강간에서 발견되는 힘이나 분노 과정, 모두가 여기에서는 두드러지지 않을 것이다. 그러나 '사람으로서의 피해자' 접근이 일반적으로 폭력적인 범죄 방식으로부터 나오는 한, 기회가 주어진다면 범죄자는 피해자에게 위협을 하고 폭행할 뿐만 아니라, 절취 행위를 할 수 있다.

사람에 대한 공격 수준

폭력적인 범죄들에 대한 일반적인 차별화 모형(Youngs and Canter, 출간 중, b)에서 범죄 행위의 강도는 사람, 즉 인간으로서의 개인의 정체성에 대한 공격 강도의 반영일 것이다. 성적 침해에 의해서 정의되는 강간 범죄의 맥락에서, 피해자에 대한 추가적인 신체적 공격은 근본적인 안전에 대한 위협으로서, 사람으로서의 피해자에 대해 보다 강한 공격을 표현하는 것이라고 주장된다. 그러나 무엇보다 가장 극단적인 범죄는 다른 침해들을 넘어서 개인의 자아감, 사생활 및 자율성에 대한 직접적인 공격을 포함하는 것들일 것이다. 이와 같은 흐름에서, Canter 등(2003)은 성적인 것으로부터 신체적인 것을 포함하여 보다 개인적인 침해까지 광범위한 침해를 표현하는, 강간에서의 침해의 척도를 제안하고 있다.

강간에서 무슨 일이 발생하는가

다양한 범행 방식들을 특징짓는 범죄 현장에서의 특정 행동들을 식별할 수 있기 위해, 강간 범죄 중 실제로 무슨 일이 발생하는지, 그리고 얼마나 자주 발생하는지에 대한 이해가 필요하다. 〈표 12-1〉은 피해자 진술에 대한 내용분석으로부터 도출한 개별 행위들의 목록으로서, Canter와 Heritage(1990)가 사전적 의미 코드 및 표본 내 발생비율을 이용하여, 영국에서 발생한 66건의 비면식범에 의한 성폭행 사례를 검토한 것이다.

〈표 12-1〉 낯선 사람 성폭행에서의 범죄 특성들 및 발생 빈도

1. 신뢰 접근(confidence approach, 15%): 폭행을 시작하기 전에, 피해자와 접촉하기 위해서 어떤 술책 혹은 속임수를 사용한 접근 방식이다. 여기에는 질문하기, 허위 소개, 이야기하기 등 언어적 접촉이 포함된다.

2. 기습(surprise attack, 67%): 신뢰 접근이 사전에 있었는지 여부와 관계없이, 피해자에 대한 즉시적인 공격으로, 피해자 통제를 확신하기 위해 강제력이 사용된다. 강제력은 무기를 이용한 또는 없는 상태에서의 위협을 포함한다. 폭력은 피해자의 신체적 통제를 위한 것으로, 피해자를 범죄자가 마음대로 이용하기 위한 것이지만, 변수에 포함되지 않는 행동들이다.

3. 기습 공격(blitz attack, 15%): 신뢰 접근이 사전에 있었는지 여부와 관계없이, 피해자를 움직이지 못하게 하는 갑작스럽고 즉시적인 폭력의 사용이다. 주로 피해자가 공격에 대해 반응하지 못하도록 하는 갑작스러운 타격이며, 이 변수는 피해자의 반발을 불가능하게 하는 초기 공격의 극단적 폭력에 초점을 둔다.

4. 눈 가리기(blindfold, 35%): 공격하는 동안 어느 시점에서든지 사용하는 피해자의 시각에 대한 물리적 개입이다. 단지 물건의 사용만을 포함하여, 언어적 위협 혹은 범죄자가 손을 일시적으로 사용하는 것은 포함하지 않는다.

5. 묶기(binding, 26%): 위와 같이, 피해자를 불능하게 하기 위해 물건을 사용하는 것과 관련이 있다. 이 범주는 피해자를 부분적으로 옷을 벗기는 상황적 효과 혹은 일시적으로 손으로 통제하는 것 등은 포함하지 않는다.

6. 재갈 물리기(gagging, 23%): 위와 같이, 소리 억제와 관련이 있다. 공격 변수들과 보통 연관되어 있는 손으로 입을 막는 것은 포함하지 않는다.

7. 반응(1) 체념/변화(deter/change, 8%): 두 반응 변수들 중 하나로, 범죄자가 적극적인 피해자 저항에 대해 어떻게 극복하고 반응하는지를 검토한다. 피해자의 저항은 언어적 또는 신체적일 수 있으나, 혼자 우는 것은 포함하지 않는다. 이 범주는 피해자가 아니라 범죄자를 다룬다.

8. 반응(2) 변화 없음(no difference, 42%): 이 변수는 피해자 저항에 의해 행동 혹은 의도가 변화하지 않는 범죄자들을 범주화한다. 범죄자는 적극적으로 저항하는 피해자에 대해 폭행을 계속할 것이다.

9. 언어(1)-칭찬(compliments, 12%): 피해자에게 범죄자가 무슨 말을 하는가의 복잡성과 관련된 5개 변수 중 첫 번째이다. 반드시 언어적 교환의 결과일 필요는 없으나, 비폭력적 맥락에서 범죄자가 사용하는 말의 방식에 초점을 둔다. 이 변수는 피해자를 칭찬하는, 보통 피해자 외모의 일부에 대해 칭찬하는 경우와 관련되어 있다.

10. 언어(2)-캐묻기(inquisitive, 42%): 두 번째 언어 변수는 피해자에 대해 캐묻는 범죄자의 말을 범주화한다. 이것은 피해자의 생활방식, 동료 등에 대해 묻는 질문들을 포함한다. 피해자를 확인하는 것 및, 예를 들어 자신에 대해 범해지는 행동에 참여하는 피해자의 필요조건을 다루는 다른 변수들이 있다. 이것은 따라서 성과 관련 없는 성질을 가진 질문들에 초점을 둔다.

11. 언어(3)-비인격적(impersonal, 70%): 이 언어 변수는 피해자를 비인격적/교훈적으로 취급하는 범죄자의 측면들을 범주화한다. 초점은 인격적/비인격적 사이의 범주화된 차이들보다는 범죄자의 비인격적 방식이다. 인격적 방식의 말은 하나 또는 그 이상의 다른 언어 변수들에서 나타날 것이다.

12. 언어(4)-비하/모욕(demeaning/insulting, 35%): 피해자와 함께 또는 피해자를 향한, 비하하고/혹은 모욕적인 범죄자의 말을 범주화한 비폭력적인 언어 변수이다. 이것은 피해자 혹은 일반적인 여성에게 향해진 비속어를 포함한다. 이 변수의 초점은 모욕이지 성적으로 지향된 말이 아니다.

13. **피해자 의복 흩뜨리기(victim clothing disturbed, 70%)**: 2개의 의복 변수들 중 하나이다. 이것은 범죄자가 피해자의 옷을 직접 제거한 것을 범주화한다. 이것의 대안적 범주, 즉 범주 1은 피해자에 의해 실행된, 옷을 벗는 행동을 포함한다. 이 행동은 항상 범죄자의 지시에 의하며, 따라서 동일한 범주가 피해자가 완전히 혹은 일부만 벗은 상황에서 사용된다. 이 변수의 초점은 범죄자의 행동에 있으며, 두 번째 의복 변수(14번)에서 범죄자 행동들과 비교하여 볼 수 있다. 이것은 피해자가 도왔건 아니건 간에, 범죄자에 의해 제거되는 행동을 범주화한다.

14. **피해자 의복 자르기/찢기(cut/torn, 24%)**: 이 변수는 특별한 방법으로 범죄자의 의복 제거를 다룬다. 비록 옷을 찢거나 자르는 것에 명확한 차이들이 있지만, 이 범주는 피해자 취급에서 보다 폭력적인 방식을 사용하려고 준비된 범죄자를 다룬다. 범주 1은 의복의 혼재와 벗겨진 피해자를 다룬다. 초점은 의복의 제거에 있으며, 제거 이후에 옷을 가지고 범죄자가 무엇을 하는지는 포함하지 않는다.

15. **통제 무기(control weapon, 52%)**: 이 범주들은 피해자를 통제하기 위해서 무기 사용을 준비한 범죄자들을 분류한다.

16. **물건 요구(demand goods, 26%)**: 이 변수는 물건이나 돈의 요구를 포함하는, 범죄자의 피해자 접근을 범주화한다. 이 맥락에서 특징지어진 요구는 공격의 시작 단계에서 행해진 것이다. 이후 변수는 일반적으로 피해자로부터 절취하는 것을 다룬다(22번 참고).

17. **피해자 참여-언어적(victim participation-verbal, 15%)**: 범죄에 참여하는 피해자의 필요요건을 다루는 2가지 변수가 있다. 둘 다 범죄자의 지시에 따라 발생되는 것으로 발견되었다. 지시들은 여러 가지 형태로 나타나며, 이 범주는 피해자가 범죄자의 주장에 따라 그에게 단어 혹은 문장을 말하는, 범죄자의 필요 요구를 다룬다. 이 범주는 피해자가 대답할 필요가 없어 보이는 질문을 한 경우는 포함하지 않는다.

18. **피해자 참여 행동(victim participation acts, 56%)**: 위와 같지만, 피해자가 신체적으로 참여할 것을 범죄자가 요구하는 것을 다룬다. 피해자에게 요구되는 행동들은 피해자에게 제시된 특정 성적인 요구와 연관되어 있는 것들이지만, 추가적으로 성적인 행동들이기도 하다. 따라서 예를 들어 범죄자에게 키스를 하라거나 팔을 감으라는 등이 제기된 요구일 수 있다. 다시 말해, 피해자가 자신에 대해 범해지는 행동에 참여하는 필요 요구에 초점을 둔다. 이 맥락에서 예상되는 것은 피해자에 대해 구강성교를 하는 범죄자들과, 같은 행동을 범하지만 구강성교와 연관된 특정 행동들을 할 것을 지시하는 범죄자들 간에 구분이 되는 것이다.

19. **위장(disguise, 14%)**: 다양한 위장들이 범죄자들에 의해 가능하며, 또 사용된다. 범주적으로 이들 모두에 대한 정의는 다루기 힘든 변수로 나타난다. 이 변수에서 위장의 범주는 모든 형태의 위장을 사용하는 범죄자들을 다룬다.

20. 범죄자가 피해자를 알고 있음을 암시하는 사례들이 공격 중에 여러 번 발생하는 것이다. 이 범주화는 범죄자가 성폭행 이전에 피해자를 또는 피해자에 대해서 알고 있다는 암시를 기록한다. (15%)

21. **위협-미신고(threat-no report, 26%)**: 이것은 피해자에게 행해진 언어적 위협의 특별한 범주화이며, 경찰이나 다른 사람에게 사건을 이야기하지 않는 것이다. 이것은 많은 형태를 취할 수 있으나, 이 맥락에서 피해자에 대한 특정 위협은 행해질 때 명확하게 된다.

22. **절취(stealing, 44%)**: 절취의 일반적 범주는 절취를 하는 범죄자와 하지 않는 범죄자를 구분한다.

23. **피해자 신원 확인(identifies victim, 27%)**: 이 범주화는 범죄자들이 피해자를 확인할 수 있는 세부사항들을 얻으려고 시도하는 침해들을 포괄한다. 이것은 여러 형태를 취하게 되며, 언어적 접근, 성 행위 이전 또는 이후에 개인적 소지품 검사, 심지어 신원 확인 서류 절취 등을 포함한다. 범죄자가 피해자를 확인했거나 할 수 있다는 것을 암시하는 방법으로 행동하면 행동이 완료된다.

24. 폭력(1)-통제(control, 32%): 통제를 위한 폭력 범주화는 강제력의 사용을 포함하며, 피해자의 신체적 통제 이상의 힘을 사용하는 것이며, 상황적으로 피해자 통제를 얻으려는 초기 공격은 아니다. 이 변수 범주는 범죄자가 피해자에게 실행하려는 것을 위해서 통제를 강화하려고 피해자에게 행하는 때리기, 차기 등을 말한다.

25. 폭력(2)-통제 외(not control, 26%): 이 범주는 예상되는 저항에 대한 반발과 관련하여, 혹은 일부의 경우에 폭력의 사용 그 자체를 위해서 과도한 폭력의 사용을 준비하는 범죄자를 다룬다.

26. 폭력(3)-언어적(verbal, 23%): 이 변수는 상해를 입히거나 죽이겠다는 위협의 형태로 겁을 주는 언어의 사용을 다루며, 통제 혹은 저항과 관련되어 있을 필요는 없다. 따라서 초점은 통제 혹은 저항과 연계되어 있지 않은 언어적 폭력에 둔다.

27. 성기 삽입(vaginal penetration, 83%): 이 변수는 성기 삽입이 이루어졌는지 아니면 시도되었는지 여부를 다룬다.

28. 구강 삽입(1)(fellatio, 35%): 피해자에 대한 강압적인 구강 삽입을 다루는 2가지 변수들 중 하나이다. 이 변수의 범주들은 구강 삽입이 이루어졌는지 혹은 시도되었는지 여부만 다룬다.

29. 연속된 구강 삽입(2)(24%): 구강 삽입의 두 번째 변수는 피해자가 구강 삽입에 응하였고, 이 행동의 실행이 연속된 성적 행동들의 일부가 되는 범죄자들의 요구를 범주화한다.

30. 성기 애무(cunnilingus, 21%): 이 변수는 피해자의 성기에 대해서 범죄자가 입을 사용하여 범한 특별한 성적 행동의 실행을 다룬다. 현 표본에서, 이 행동이 단독으로 실행된 사례는 없기 때문에, 이 맥락에서 이어지는 변수는 없다. 항상 이 행동과 함께하는 다른 성적 활동이 있게 된다.

31. 항문 삽입(anal penetration, 15%): 이것은 피해자에 대해 범해진 항문에 대한 삽입을 다루는 2가지 변수 중 하나이다. 이 범주화는 행동이 실행된 사례들만을 다룬다. 현 표본에서, 삽입으로 범주화된 사례는 단지 남성의 성기를 이용한 경우뿐이다. 명확한 의도의 표시가 있는 시도들을 포함한다.

32. 연속된 항문 삽입(14%): 항문 폭행을 다루는 두 번째 변수이다. 이 범주는 다른 성 활동에 이어진 항문 폭행을 다룬다.

33. 사과(apologetic, 8%): 범죄자에 의해 사용된 특정 사과하는 말을 다루기 위한 추가적인 언어 변수이다. 특히 성폭행 마지막에 행해진다.

출처: Canter and Heritage (1990). 허가에 의해 재구성

다른 방식의 강간 행동 정의

수사심리학자들은 〈표 12-1〉에서 보듯이, 내용 사전들에 따라 부호화된 변수들을 가지고 작업을 하며, 동일한 범죄들에서 발생하는 경향이 있으나 다른 범죄들에서는 그렇지 않은 변수 집단들을 확인하기 위해 다양한 범죄들에 걸쳐 병행 발생하는 패턴을 탐구한다. 이러한 방식으로 범행 방식들이 확인될 수 있으며, Canter와 Heritage(1990)에 의해서 처음으로 세부적으로 기술된 수사심리학의 방법론적 접근법은 제5장에 소개되어 있다.

Canter 등은 다른 표본들에 대해서 이러한 연구들을 여러 차례 수행하여 왔으며, 약간 변

형된 범죄 변수들의 조합을 사용하고 있다(예, Canter and Heritage 1990; Canter et al., 2003). [그림 12-2]는 폭력적인 범죄에 대한 피해자 역할 모형의 관점에서 해석된, 본래의 Canter 와 Heritage 연구의 최소 공간 분석(SSA)을 사용하여 나타난 병행 발생 패턴을 보여 주고 있다(Youngs and Canter, 출간 중, b). 구성도상의 표식들에 의해서 표시된 전체 행위들은 〈표 12-1〉에 기술되어 있다.

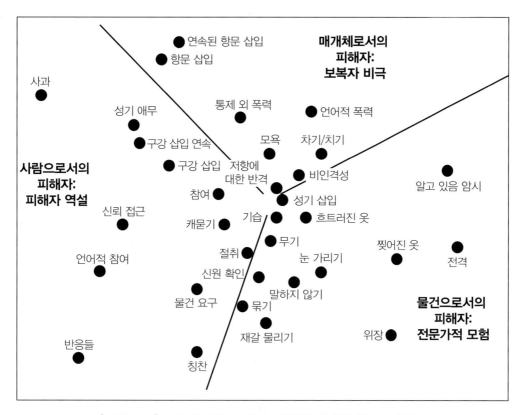

[그림 12-2] 66개 범죄 중 33개 강간 행위들에 대한 최소 공간 분석
출처: Canter and Heritage(1990)에서 인용. 허가에 의해 재구성

　구성도의 오른쪽 아래에 있는 변수들은 물건으로서의 피해자 취급을 암시하는 행위들을 보여 준다. 행위들은 직접적인 언어적 지시(말하지 않기), 또는 신체적 제한(묶기)을 통해서 표현되는 피해자 통제에 관한 모든 것들이다. 범죄는 갑작스럽고 폭력적으로 피해자를 공격하여 무력하게 하고(기습 공격), 피해자의 옷을 찢어 버리는(찢어진 옷) 범죄자에 의해 시작되며, 자신의 만족을 위해 오로지 신체로서의 피해자에게 범죄자 초점이 두어져 있음을 보여 주고 있다. 피해자 재갈 물리기는 상호작용을 구하지 않는, 범죄자가 피해자를 물건으로 개념화하는 명백한 표시이다. 피해자 눈 가리기는 범죄자가 피해자에 대해서 인간으로서 갖는 공감의 전적인 결여를 드러낸다.

이러한 피해자 역할 지정이 나오게 되는 '전문가적 모험' 서사는 통제하고 물건 취급을 하는 행위들과 가까이 연관된 많은 강간 행위들에서 확실하게 드러난다. 이러한 서사의 특징인 권능적인 지배는, 피해자를 확인하려 하는 것(신원 확인) 및 피해자를 알고 있음을 암시하는 것(알고 있음 암시)을 통해서 상황이 수반하는 탐지의 위험을 범죄자가 관리하는 행동에서 명확하게 나타난다. 범죄 무기의 휴대 및 위장의 사용은 이 범죄자들의 범죄 서사들에서 핵심이 되는 '전문성'을 가리키고 있다.

구성도의 윗부분에 있는 행위들을 뒷받침하는 상호작용의 방식은 매개체로서의 피해자 모형과 일치한다. 이 모형의 행동들은 범죄자들이 자신의 분노와 욕망을 표현하기 위해, 피해자를 수단으로 이용하는 것을 보여 주면서, 범죄자가 피해자를 차고 때리며(24. 차기/치기), 언어로 위협하고 겁을 준다(언어적 폭력). 여기에서는 피해자가 물건으로서 취급되는 것과 달리, 통제에 필요한 것을 넘어서는(통제 외 폭력) 표현적인 폭력이 있다. 피해자에 대한 대인관계적 취급을 지배하고 있는 착취는 여기에서 성 착취적인 '항문 삽입' 및 연속된 항문 삽입 행위들에서 나타나고 있다.

이러한 형태의 피해자 역할을 뒷받침하는 '복수자 비극' 서사도 여기의 행위들 중 일부에서 찾아볼 수 있다. 범죄자는 피해자(낯선 사람)가 자신에게 잘못한 다른 사람들의 상징적인 대표라고 생각하면서, 언어적으로 비하하고 모욕한다(모욕). 피해자의 반응에 의해 포기하기보다는 이것이 예상되었던 것이며, 자신을 위한 범죄의 중요한 부분이라는 것을 암시하면서 적극적으로 저항하는 피해자에 대한 공격을 계속한다(저항에 대한 반격). 이것은 '복수자 비극' 서사의 핵심에 있는 앙심을 품은 보복적인 의식을 가리킨다.

구성도의 왼쪽에 있는 행동들은 사람으로서의 피해자라는 다소 다른 형태의 대인관계적 취급을 요약하고 있다. 범죄를 통해서 피해자로부터 친밀함을 강제하려는 시도는 피해자에게 사과하고 칭찬하는, 보기에도 기이한 행동들에서 나타나고 있다(사과, 칭찬). 여기에서 캐묻는 질문은, 물건으로서의 피해자 모형에서 알고 있는 것을 암시하는 위협이 아닌, 피해자의 배경을 알아내려는 매우 다른 방법이다. 참여에 대한 요구(언어적 참여, 참여)는 이러한 범죄를 특징지을 뿐 아니라, 피해자를 온전히 인간, 사람으로서 범죄자가 인식하는, 친밀함에 대한 욕구를 가리킨다. 여기에서 보여 주고 있는 보다 '보통의' 그리고 신체적으로 덜 폭력적인 성적 활동은 친밀함에 대한 왜곡된 시도와 일치한다(예, 성기 애무, 구강 삽입).

친밀함을 성취하려는 이러한 무모한 시도는 '피해자 역설' 서사를 통해 흐르는 공허감을 보여 주며, 범죄자들이 자신을 피해자로 보고 피해자로부터 무엇인가 절취함으로써(물건 요구) 상황으로부터 이득을 취할 준비가 되어 있는, 의미 없고 규칙 없는 세상의 서사와 일치한다.

성적인 것을 초월하는 침해의 확장과 피해자 자신과 정체성의 다른 측면들 속에서 드러난다고 주장되는 강간 범죄의 강도는 여기에서 확인된 빈도 등고선(frequency contours)과 일치한다. 구성도의 중심부에는 범죄의 기본적인 침해라 할 수 있는 행동들이 있으며, 이들이 행위(예, 성기 삽입, 기습, 피해자의 옷 흩뜨리기, 비인격적 언어)를 정의한다. 이러한 중심으로부터 더 낮은 빈도의 행동들로 이동함에 따라 침해의 폭이 증가하고 있으며, 주변부에서 우리는 '물건' 구역에서 피해자의 안전감에 가장 위협이 되는 행동들(예, 위장, 전격, 알고 있음 암시)을 발견하게 된다. '매개체' 구역에서는, 가장 극단적인 침해들이 피해자의 자존심과 자존감을 특별히 비하하는 성적 행동들의 형태(항문 삽입, 연속된 항문 삽입)를 취하고 있다. '사람' 구역에서는 극단적인 행동들이 피해자를 가장 혼란스럽게 하는 행동들(사과, 반응, 칭찬)로서, 피해자가 자신에 대한 심각한 공격에 어떻게든 연루되었다는 것을 미묘하게 암시하는 것이다. 비록 명시적으로 폭력적이거나 위협적이지 않는다 해도, 이것들은 피해자의 작용감과 자유감을 훼손하면서 극단적인 심리적 상처를 주게 된다.

강간범의 특성

강간에 대한 수사심리학 연구들로부터 하나의 범죄자 집단으로서의 강간범들의 기본적인 특성에 대해 얼마간의 상세한 정보가 제공되고 있으나, 온전하게 수사에 사용될 수 있기 위해서는 추가적인 연구가 강간범들과 다른 범죄자들 집단들 간 차이점들을 명확히 해야 할 필요가 있다. 〈표 12-2〉는 핀란드에서 93명의 비면식 강간범들 표본에 초점을 맞춘 연구에서 나타난 범죄자 특성을 보여 주고 있다(Häkkänen, Lindlöf and Santtila, 2004).

관련하여 생기는 의문은 이러한 특성들이 어떻게 앞에서 설명한 범행 방식 차이점들과 관련되어 있는가이다. Knight 등(1998)의 훌륭한 연구가 강간에 있어서 A-C 연결을 규명하는 데에 성공적인 길을 지적하고 있다. Knight 등은 매사추세츠 치료 센터 강간범 유형(Massachusetts Treatment Center rapist types: MTC:R3) 중 각 유형에 대해 강간범을 예측하는 데 있어서 다양한 범죄 행동들의 정확성을 평가하였다. 이들은 범죄자 유형들에 대해 가장 예측적인 변수들을 선정하기 위해 범죄 현장 행동들의 일관성을 검토하였으며, 범죄 계획하기, 총기 휴대, 피해자 묶기 및 저항에 대한 과도한 반응 등과 같은 특징들이 강간 범죄들에 걸쳐서 특히 일관된다는 것을 보여 주었다. 이로부터 Knight 등은 이 변수들 중 일부는 (또한 그렇게 일관되지 않은 변수들도) 범행 방식을 예고하고 있다는 것을 보여 주었다. 특히 무기 사용, 의학적 피해 그리고 깔로 찌르기와 관련된 변수들이 MTC:R3 강간범 분류 도식에서의 표현적인 공격성 부분에 예측적이었다.

〈표 12-2〉 범죄자 특성 및 정의

변수	비율(%)	정의
도보로 도착	67	범죄자가 도보로 현장에 도착
취해 있는	54	범죄자가 공격 시 알코올의 영향하에 있었다는 증거가 있음
피고용인	42	범죄자가 고용된 직원임(서비스, 판매, 보건, 건물 수리, 사진, 청소, 주방, 배달원 업무)
아동	30	범죄자에게 자녀가 있음
범죄 전력	29	범죄자가 범죄 전력을 갖고 있음
학생	29	범죄자가 학생임
외국인	28	범죄자가 외국인/난민/이민자임
기혼	28	범죄자가 결혼 혹은 동거 상태임
수입 1,150유로 이상	19	범죄의 수입이 월 평균 1,150유로(euro) 이상임
이혼	16	범죄자가 이전에 결혼 혹은 동거 상태임
연령 50세 이상	14	범죄자가 50세 이상임
강간 범죄 전력	13	범죄자가 강간 범죄 전력 소지
절도 범죄 전력	9	범죄자가 절도 범죄 전력 소지
폭행 범죄 전력	8	범죄자가 폭행 범죄 전력 소지
정신질환 환자	8	범죄자가 이전에 정신건강 문제로 진단받음
퇴직	5	범죄자가 퇴직하여 노령 연금 대상임
질병 연금	5	범죄자가 질병 연금 대상임
음주운전 전력	4	범죄자가 음주운전 전력 소지

남성에 대한 성폭력

　　남성에 대한 성폭력은 보다 강한 신체적 상해와 더 긴 범죄 지속시간을 포함하며, 집단 폭행일 가능성이 더 높다는 징후들에도 불구하고, 여성 강간에 비해 뚜렷하게 연구가 되어 있지 않다. 부분적으로 이것은 범죄에 대한 정보를 얻기 어렵기 때문으로, 이러한 범죄의 신고와 관련하여 나타나는 피해자 침묵에서 기인할 수 있다. 그러나 이것은 또한 남성 성폭력이 극히 드문 범죄라고 추정되기 때문이기도 하다. 진행된 연구들 중에서 상당수가 오직 동성애 남성들 사이에서 발생하는 성범죄라는, 널리 가지고 있는 추정을 지지하고 있는 것으로 나타나고 있다(Stermac et al., 1996). 예를 들어, Stermac 등은 캐나다에 있는 위기센터에 스스로 신고한 29건의 성폭력에 대한 연구에서, 남성 성폭력의 가장 일반적인 피해자는 젊은 동성애자이며, 범죄자들은 피해자가 알고 있거나 관계를 가지고 있는 남성들이라는 결론을 얻고 있다.

　　그러나 Hodge와 Canter(1998)의 초기 수사심리학 연구는 그러한 결론은 표본 수집의 결과일 수 있으며, 이 범죄는 사실상 범죄 활동의 두 가지 다소 다른 형태들을 포괄하고 있다는 점을 제시하고 있다. Hodge와 Canter(1998)는 자신들이 연구한 49명의 범죄자들의 범죄들로부터 차이점을 탐구하기 위해 다차원 척도법을 사용하고 있으며, 범죄를 특징짓는 범죄자-피해자 관계 측면에서 동성애 및 이성애 범죄자들 사이에 나타나는 명확한 차이점을 보여 줄 수 있었다. 특히 이성애 범죄자들에 의한 범죄들은 모두 낯선 사람들에 대한 공격이었으며, 그와 달리 동성애 범죄자들의 범죄들은 범죄자 나이에는 차이가 없었음에도 불구하고 25세 이하의 젊은 피해자들이 관련되어 있었다.

이러한 사건들의 유형들 간 차이점에 대한 추가적인 분석을 통해 저자들은 남성 성폭력에 두 가지 상이한 형태가 있다는 결론을 제시하고 있다. 첫 번째는 이성애 남성에 의해 범해진 것으로, 피해자의 나이 혹은 성 취향과 관계없이 취약한 피해자에 대한 낯선 사람의 공격, 때때로 범죄 집단들에 의한 공격으로 구성되어 있다. Hodge와 Canter는 이것은 통제와 지배라는 면에서 가장 잘 이해될 수 있다고 주장한다. 두 번째 형태는 젊은 남성이 표적이 되며, 이미 존재하는 어떤 관계로부터 시작된다. 또한 범인이 피해자에 비해 나이가 많고 성적으로 동기화된 형태이다.

이러한 결과들은 상당한 수사상의 함의를 가지고 있다. 이 결과들은 사건의 일반적인 유형에 대한 이해를 통해서, 경찰이 가능한 범죄자에 대해 폭넓은 추리를 도출하기 위한 초기 기반을 제공한다. 중요한 것은, 많은 사례들에서 이들 범죄자 특성이 여성에 대한 성폭력에서는 추정될 수 있는 것들이 아니라는 것이다.

글상자 12-2 허위 강간 혐의

경찰이 처리해야 하는 강간 수사의 한 가지 주요 측면은 강간 혐의가 진실이냐 혹은 거짓이냐에 대한 결정이다. 이것은 흔히 독립된 목격자가 없고, 신고의 신뢰성이 제10장에서 보여 준 것처럼 쉽게 증명될 수 없기 때문에, 극히 어려운 과제이다. 심리학자들은 강간 사건이 발생할 수 있는 맥락과 상황을 탐구함으로써 강간 혐의를 다루기 위한 정보를 제공하고, 절차들을 지도하려 시도하여 왔다.

매우 다를 수 있는 수치들을 가지고, 강간 혐의가 얼마나 자주 허위이거나 부정확한지를 산정하는 것은 어렵다(Parker and Brown, 2000). Kanin(1994)은 9년의 기간 동안 45건의 순차적으로 제기된 허위 강간 혐의들에 대한 연구에서, 허위 강간 혐의들이 전체 강제적인 강간 사건들 중 41%를 차지한다는 것을 발견하였다. 다른 연구들로서, Theilade와 Thosen(1986)은 모든 강간 사건들 중 허위 혐의의 비율이 10% 이하라고 보고하였다.

제공된 허위 강간에 대한 수치상 불일치에 대해 설명하고 있는 이 분야의 연구들에서 한 가지 중요한 문제점은 무엇이 허위 혐의를 구성하고 있는가, 그리고 실제 허위 혐의가 존재하느냐에 대한 합의가 결여되어 있다는 점이다. 그러나 Parker와 Brown(2000)은 두 가지 유형의 허위 혐의, 즉 고의적인 허위 및 의도적 조작, 허위 또는 오류 기억들, 망상 상태 및 암시의 영향을 규정하고 있다.

그렇다면 왜 당하지 않았는데 강간을 당했다고 주장할 수 있는 것인가? Kanin(1994)은 허위 강간 혐의는 개인적이며 사회적인 스트레스 상황을 극복하기 위한 충동적이며 무모한 노력을 반영하고 있다고 주장한다. 그는 허위 강간 혐의는 고소인(원고)을 위해 세 가지 주요 기능을 한다고 제시하고 있다.

1. **알리바이 제공**: 남성 지인과의 합의된, 보통 성적인, 만남이 다소 갑작스럽게 예견된, 불행한 결과에 대한 설득력 있는 설명을 제공할 필요성. 이들이 허위 강간 주장의 56%를 차지한다.
   사례: 30세의 기혼 여성이 자신의 아파트 단지에서 강간을 당했다고 신고하였다. 거짓 탐지기 검사 도중, 그녀는 연인이었다는 것을 인정했다. 그녀는 상대방이 사정 전에 멈추지를 않아서, 그의 동의에 따라 강간당했다고 신고하였다. 그녀는 임신을 두려워하였으며, 남편은 해외에 있다.
2. **보복 추구**: 이 범주는 거절하는 남성에 대해 보복하는 의미로 강간 신고를 허위로 하는 것을 포괄한다. 이러한 거절은 상대 남성과 성적 및 감정적으로 연관되어 있는 여성들의 매우 명백한 사례들부터, 실제로는 여성의 일방적인 개입임에도 퇴짜 맞았다고 보는 여성들까지 다양하다. 이들이 사례들 중 27%를 점유하며 용의자가 항상 확인되기 때문에, 이러한 허위 혐의들은 잠재적으로 가장 큰 오심 가능성을 제기한다.
   사례: 16세 소녀가 강간을 당했다고 신고하였으며, 그녀의 남자친구가 기소되었다. 나중에 그녀는, 그가 다른 여자를 쳐다보는 것에 화가 나서 그가 '골탕 먹기'를 바랐다고 인정하였다.
3. **동정과 관심 획득**: 비록 이 방법은 허위 강간 기소에 있어서 가장 과장된 사용이겠지만, 누구도 강간범으로 확인되지 않기 때문에 사회적으로 가장 해가 없는 것이다. 약 18%의 허위 기소가 확실히 이로 인한 것이다. 전체적인 고소의 구술 내용은 대체로 근거 없는 조작이다.
   사례: 17세의 미혼 여성이 그녀의 게으름과 생활방식을 비난하는 어머니와 심하게 싸웠다. 그녀는 그녀의 어머니가 자신을 괴롭히지 않고 동정해 줄 것을 기대하고, 강간당했다고 신고하였다.

진실과 가장된(명시적으로 허위라기보다는) 진술에 대한 Marshall과 Allison(2006)의 연구가 보여주는 것은 다음과 같다.

- 진실된 진술은 가장된 것에 비해 더 많은 행동들을 보고하는 경향이 있다.
- 유사 친밀 행동들이 진실된 진술들에서 의미 있게 많이 보고된다.
- 일부 폭력적인 행동들이 가장된 사건들에서 확실히 자주 보고된다.
- 가장된 진술들은 진실한 것에 비해 행동적인 일관성이 낮다.

연구적 관점에서 보면, 이 연구가 제안하는 생산적인 방법은 분리된 범죄 형태로서 이들 상이한 사건 유형들을 고찰하는 것이다. 하나는 면식범의 여성 강간과 보다 공통되는 것이며, 다른 하나는 아마도 성적으로 가학적인 본질의 살인을 포함하는, 보다 일반적인 폭력 모형과 공통점을 갖는 것이다. 이들을 상이한 접촉의 형태로 취급하는 것이 아마도 세부적인 범행 방식들과 함축된 의미를 이해하는 데에 가장 효과적인 방법이 될 것이다. 따라서 피해자 역할과 범행 강도에 대한 폭력적 범죄 모형과 관련된 범행 방식에서의 전반적인 차이점들은 유지되는 반면, 이것들은 남성 성폭력이라는 상이한 하위 조합들 내에 있는 다소 다르고 특별한 공격 행위 패턴에서 나타날 것이라는 점이 예측된다.

스토킹

비록 미국과 영국 모두에서 상이한 범죄 유형으로 법에 의해 지정되어 있지만, 스토킹은 오랜 기간 동안 발전되어 온 매우 다양한 행동들의 조합을 포괄하고 있다([그림 12-3]을 보라). 이것은 전형적으로 범죄자의 따라다니기, 전화하기 그리고 피해자 위협하기를 포함하겠지만, 이를 넘어서 주요 행동들은 피해자의 소유물을 가져가거나 손상을 입히는 것부터 피해자를 감시하는 것, 선물 보내는 것 혹은 신체적 폭력을 행하는 것까지 매우 다양하다. 대부분의 스토킹 사례들에는 일종의 사전에 존재하는 관계, 흔히 친밀한 관계가 있다(Meloy, 1996). 범죄 행동은 흔히 감정적 연대가 심각할 때, 특히 이것이 갑작스럽게 이루어졌을 때 나타난다. 다른 사례들에서는 사전 관계가 전혀 없었으며, 범죄자가 일종의 상실 혹은 실패에 대해 피해자를 비난하게 되었을 때 스토킹이 발생하고 있다.

글상자 12-3 분류 사전

스토킹 행위에 대한 연구에서 Canter와 Ioannou(2004)가 사용한 분류 사전(Coding Dictionary)은 이 범죄를 특징짓는 행동들의 범위와 다양성을 보여 주고 있다. 괄호 안 수치는 각 행동이 Canter와 Ioannou의 표본에서 얼마나 자주 발견되었는지를 보여 준다.

- **변수 1. 전화**(Phone calls, 76%): 스토커가 전화를 하거나(구술 혹은 침묵), 피해자의 사서함에 메시지를 남긴다. 피해자의 집, 직장 혹은 휴대전화에 하는 것 등 모든 전화를 포함한다.
- **변수 2. 편지**(Letter sent, 46%): 스토커가 글로 쓰인 것을 피해자에게 보내는 것. 편지, 카드, 인터넷을 통해서 보내진 이메일을 포함한다.
- **변수 3. 공공 명예훼손**(Public defamation, 28%): 스토커가 피해자에 대한 침해적이며, 허위이고, 부적절한 개인 기록들을 공중 장소에 남기는 것으로 낙서를 포함한다.
- **변수 4. 선물**(Gifts sent, 28%): 집, 직장 그리고/또는 다른 주소를 통해서 선물을 보내는 것을 포함한다. 선물은 집, 직장, 차량 인근이나 피해자가 발견할 수 있는 곳에 두며, 꽃, 초콜릿, 사진, 옷 등을 포함한다. 위협을 암시하는 선물은 '위협적인 내용'(6)에 열거되어 있다. 죽은 동물 혹은 동물의 부분, 관 배달이나 기이한 물건 등을 포함한다.

- **변수 5. 성적 내용**(Sexual content, 32%): 음란한 혹은 성적인 내용이 스토커로부터 전달된 통신에서 관찰되는 것으로, 편지, 전화 혹은 이메일상의 성적인 말들, 전화 통화 중에 숨을 몰아쉬는 것 등이 포함된다. 또한 피해자에게 속옷을 던지는 것과 같은 행동들도 포함된다.

- **변수 6. 위협적인 내용**(Threatening content, 80%): 위협적인 혹은 학대적인 내용은 스토커로부터의 통신에서 관찰되며, 편지, 전화, 이메일, 낙서, 선물 등에 담겨 있다. 위협하는 내용은 해를 끼치거나 죽이겠다는 위협(피해자를 향해), 분리된 동물의 머리 혹은 관을 보내는 것처럼 간접적인 위협들을 포함한다. 스토커와 피해자 간 직접적인 신체적 대면은 여기에 분류하지 않고, '폭력위협'(12)과 '피해자 폭력'(18)에 포함되어 있다.

- **변수 7. 개인적 사안들 묻기**(Asking personal details, 16%): 스토커가 편지, 전화, 이메일을 통해서 혹은 직접 피해자에 대한 세부적인 것들을 묻는다. 잘 때 무슨 옷을 입는지(성적 내용으로 분류될 수도 있다.), 어디에 살고, 어디서 일하는지, 그리고 그 외의 유사한 질문들을 포함한다.

- **변수 8. 접촉 초대**(Offender invite contact, 42%): 스토커가 통신 수단을 사용하여, 피해자를 만나고 싶다거나, 진전된 관계를 기대한다거나, 접촉을 위해 초대하는 것을 말한다. (성적인 혹은 위협하는 내용들을 포함하는 표현들은 해당 범주 속에 분류될 수 있다.)

- **변수 9. 피해자에 대해 아는 것 드러내기**(Reveals knowledge about victim, 12%): 편지, 전화, 이메일 혹은 직접적으로 피해자에 대해 알고 있음을 드러낸다. 피해자의 가족, 직장, 활동들, 옷 색깔 혹은 특정 시간에 있는 장소 및 피해자가 찍힌 것을 모르는 사진들에 대한 지식을 포함한다.

- **변수 10. 개인 소유물 절취**(Steal personal property, 24%): 피해자의 집, 정원, 차량 혹은 직장에서 개인 소유물을 절취한다. 속옷, 사진 혹은 피해자에 속한 모든 물건들을 포함한다. 이 범주는 침입 절도 혹은 무단침입 등을 포함할 필요는 없다.

- **변수 11. 개인 소유물 파손**(Destroy personal property, 32%): 피해자에게 속하거나, 관련 있는 소유물(이웃의 차량 타이어를 파손하는 행위)을 파손하거나 파손을 시도한다. 생명을 위험하게 할 수 있는 시도는 여기에 분류되지 않고, '폭력의 위협'(16)에 분류된다.

- **변수 12. 대면**(Confrontation, 52%): 피해자를 향해 즉시적인 신체적 폭력을 대면적으로 위협한다. (이것은 실제 폭력과 분리해서 혹은 결합하여 발생하지만, 위협 내용의 직접성은 여기에 분류되지 않는다.) 위협은 언어적인 것, 주먹을 이용한 신체적인 것, 무기 혹은 방화를 이용하는 것 등일 수 있다. (피해자가 신체적으로 위협을 받지만, 해를 입지는 않는다.)

- **변수 13. 자살 위협**(Threat to commit suicide, 18%): 스토커가 서신 혹은 직접적으로 피해자에게 자신의 요구를 들어주지 않으면 자살하겠다고 위협한다.

- **변수 14. 피해자 추적/방문**(Follows/visits victim, 44%): 스토커가 피해자의 집, 건물, 직장 혹은 이동 중에 뒤따라가거나 방문한다. 도보, 대중교통 혹은 자동차를 이용할 수 있다. 피해자가 이러한 행동을 알고 있다.

- **변수 15. 피해자 감시**(Surveillance of victim, 44%): 피해자가 따라다니는 감시 유형을 인식하거나 하지 못할 수 있다. (경찰수사, 법정 절차 동안에 혹은 이후의 발견들에서 명백해질 수 있다.) 피해자 집 혹은 전화에 대한 전자 도청, 피해자에 대한 사진 혹은 영상을 찍는 것, 혹은 자신의 활동을 감추거나 자신을 드러내지 않고 피해자를 훔쳐보는 것이다.

- **변수 16. 집에 대한 접근**(Access victim's house, 46%): 스토커가 불법적인 침입 혹은 기망수단을 이용하여 피해자의 집 혹은 부동산에 들어가는 것(피해자의 자녀들에게 엄마의 친구라고 속이고 들어가는 것)이다.

- **변수 17. 가족 학대**(Abuse to family, 10%): 스토커가 피해자와 관련된 사람들을 위협하는것, 모욕적인 말을 하거나 괴롭히는 것으로, 자녀, 부모, 친구, 직장 동료 및 이웃들이 포함된다. 해를 입히거나 죽이겠다는 위협을 포함한다.

- **변수 18. 피해자 폭력**(Violence to victim, 42%): 피해자에 대한 신체적 폭력을 범하는 것이다. 때리기, 칼로 찌르기 및 기타 종류의 신체적 폭행을 포함한다. 살인 행동도 이 범주에 포함된다.

- **변수 19. 제한 명령 위반**(Break restraints order, 50%): 스토커가 피해자와의 접촉을 금하는 법적 제한 혹은 가처분 명령을 위반하는 것이다. 기소될 필요는 없다.

- **변수 20. 개입 이후 접촉**(Contact after intervention, 52%): 법적 혹은 다른 형태의 개입이 있은 후에 스토커가 피해자를 접촉하는 것이다.

- **변수 21. 타인에 대한 위협**(Threat to another, 42%): 스토커가 피해자와 연관된 사람들에게 해를 끼치거나 죽이겠다고 위협하는 것이다. 친족, 배우자 혹은 친구들을 포함한다.

- **변수 22. 차로 지나가기**(Drive by, 14%): 스토커가 반복적으로 피해자의 거주지 혹은 직장을 차량으로 지나치는 것이다. 도보 혹은 차량으로 발생할 수 있다.

- **변수 23. 타인 접촉**(Contacts another, 40%): 스토커가 피해자와 연관된 사람과 접촉하는 것이다. 피해자에 대한 정보를 얻기 위해, 피해자에게 메시지를 전달하기 위해, 혹은 응답자를 위협, 학대하거나, 대화하기 위한 것일 수 있다.

- **변수 24. 조사**(Researching, 16%): 스토커가 피해자에 대해 조사하는 것이다. 피해자와 연관된 사람들과 접촉하고 질문하는 것을 통해서, 혹은 기록된 정보에 접근하거나 피해자를 감시함으로써 가능하다. 조사를 통해 얻은 지식은 피해자 혹은 피해자와 연관된 사람들에게 서신을 통해서 전한다.

이 범죄의 복잡성과 다양한 본질은 이 분야에서의 많은 연구들이 스토커와 스토킹 내용들을 분류하는 것에 초점을 맞추어 왔음을 의미한다. 비록 상이한 관점들(예, 정신질환, 동기, 맥락, 표적 유형 등)에서, 그리고 상이한 목적들(예, 치료, 위험성 예측, 판결)을 위해 다소 상이한 표본들을 탐구하여 왔지만, 분류 도식들에 의해서 기술된 변형들은 단지 두 개의 핵심 심리적 차원의 측면에서 이해될 수 있다.

이들 중 하나가 범죄자와 그가 표적으로 삼은 피해자 사이의 대인관계적 거리 혹은 친근감에서의 차이점들과 관련되어 있다. 예를 들어, Ritchie(1994)의 분류 체계는 유명인 스토킹, 낯선 사람 스토킹, 지인 스토킹 그리고 전 애인 스토킹으로 구분하고 있다. 유사하게, Hendricks와 Spillane(1993)의 도식은 Wright 등(1996)이 가정(domestic)과 비가정(nondomestic) 스토커를 분류한 것과 같은 입장에서, 가정, 직장 그리고 유명인 스토킹으로 분류하고 있다.

많은 유형론 중 두 번째 핵심 심리적 차원은 범죄자가 피해자에게 부과하려고 시도하는 접촉의 본질과 관련되어 있다. Harmon 등(1995)은 '애착적/욕망적(affectionate/amorous)' 집착과 '가학적/분노적(persecutory/angry)' 집착으로 분명하게 분류하고 있다. 유사한 스토킹 목적에서의 차이점들은 Geberth(1992), 그리고 Zona, Sharma와 Lane(1993)에 의해 제안된 정신질환적 분류에 내포되어 있다. Geberth가 역기능적이고 폭력적인 가족 배경을 갖고 있는 남성으로서, 이전의 연인의 물건을 부수어 버렸을 뿐 아니라 애완동물을 죽이는 것과 같은 다른 공격적인 행동들을 했던 사람으로 기술한, '사이코패스 성격 스토커'는 확실히 피해자에 대한 공격적 · 파괴적 충격을 찾으려 한다. 대조적으로, Geberth가 구분한 '정신질환적 성격 스토커'는 낯선 사람에게 사로잡혀 있는 여성 혹은 남성 범죄자들로서, 피해자에게 편지와 선물을 보내고 계속해서 전화를 하고 방문하려 시도하는 것으로 묘사되어 있으며, 이들은 다소 다른 유형의 접촉을 달성하려고 노력한다. 유사하게, Zona, Sharma와 Lane(1993)의 '성욕적(erotomanic)' 그리고 '사랑에 사로잡힌(love obsessional)' 유형들은 둘 다 피해자의 사랑에 관심을 가지며, '성욕적' 유형은 피해자가 이미 애정을 가지고 있다고 믿고, '사랑에 사로잡힌' 유형은 표적이 기회를 준다면 자신(범죄자)을 사랑할 것이라고 믿는다. Zona, Sharma와 Lane의 세 번째 유형인, '단순 강박형(simple obsessional)'은 접촉 목적 유형 측면에서 다른 유형들과 구분되는데, 이전의 관계 혹은 상황을 통제하거나 바로잡거나 혹은 보복하려는 것에 초점을 맞춘 집단으로 구분할 수 있다.

확실히 범죄자들 혹은 스토킹이 유발되는 일반적 상황에 대한 분류법들은, 비록 보다 실증적인 확인이 많은 제시된 유형들에 대해서 필요하지만, 스토킹의 내용과 목적에서의 중요한 차이점들에 주목하고 있다. 그러나 범죄수사적 관점에서는 주요 관심은 행위적 발전과 위험성의 패턴, 특히 범죄자가 부과하는 특별한 종류의 위협뿐만 아니라, 상이한 스토킹 패턴과 연속 행위들 내에서의 피해자 또는 경찰의 행동에 대한 범죄자의 반응에 있을 것이다. 이것은 특별한 범죄 행위들이 병행 발생하는 방식뿐 아니라, 바탕이 되는 심리적 과정과 어떻게 발전되어 갈 것인가에 대한 세부적인 이해를 필요로 한다.

스토킹에서의 범행 방식

Canter와 Iaonnou(2004)는 과거 친밀한 관계 및 낯선 사람과 유명인 관계를 포함하는 50건의 스토킹 사례들의 조합을 이용하여, 스토킹 행위 방식에 대한 몇 안 되는 상세한 실증적 분석 중 하나를 보고하고 있다. 이들은 24개의 이분법적 행위 변수들을 도출하기 위해 수사심리학적 내용분석 절차를 사용하였다. 상이한 행동들에 걸쳐서 그들이 발견한 병행 발생의 패턴들에 대한 SSA 구조를 [그림 12-3]에서 보여 주고 있다.

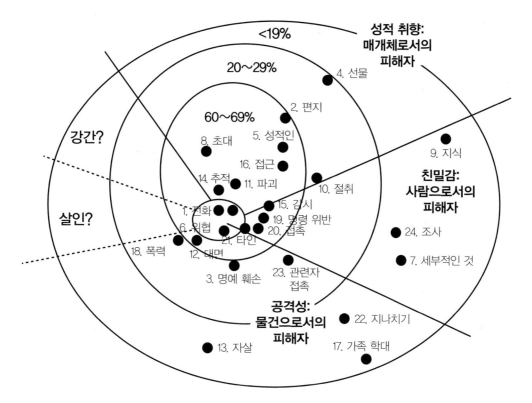

[그림 12-3] 스토킹 행위들에 대한 SSA. 피해자 역할 재해석과 함께

출처: Canter and Ioannou (2004). 허가에 의해 재구성

사람으로서의 피해자

[그림 12-3]이 보여 주는 것처럼, 구성도의 오른쪽 부분에는 스토킹 범죄들 내에서 병행 발생하는 경향이 있는 행동들의 집단이 있다. 이것들은 피해자 조사(24), 아는 것 드러내기 (9) 및 개인적인 사안 묻기(7)와 연관되어 있다. 또한 이 넓은 범위에서, 도해의 중심 가까운 곳에(이 행동들은 덜 차이가 나며, 때때로 다른 스토킹 패턴들 내에서 발생한다는 점을 제시하고 있다) 두 개의 행위가 더 있다. 즉 제한명령 위반(19)과 감시(피해자 훔쳐보기, 피해자의 인식하에 혹은 없이 도청 혹은 촬영을 포함-15)이다. Canter와 Ioannou는 이 집합을 '친밀감' 패턴이라 부르면서, 이 행동들은 피해자와의 대인관계적 거리를 줄이고 일정 종류의 관계에 들어가 려는 왜곡된 시도라고 주장한다.

이 유형의 행위를 이해하기 위한 관련된 방법은 Canter의 '피해자의 역할 모형들' 내 '사 람으로서의 피해자' 역할이라는 개념에 있다(Youngs and Canter, 출판 중, b). 이 역할은, 지 정되는 다른 역할들과 달리, 범죄자가 실제 개인을 다루고 있다는 것을 인식하고 있는 역할 이다. 그러나 일반적으로 학대적 인간 상호작용 유형과 같이, 범죄자는 자신이 원하는 것을 취하는 것을 다른 사람들과 관계한다는 합법적인 방법으로 본다. 따라서 스토킹을 근본적으로 피해자의 개입 혹은 관계를 강제하거나 피해자에게 영향을 주려는 시도로 생각되는 활동이라고 보는 맥락에서는, 피해자의 역할이 절취, 즉 동의 없이 개인적이며 사적인 정보를 얻는 전략을 통해서 '보통의' 개인적 관계를 발전시키려는 시도로서 나타나는 것 같다.

피해자에 대한 개인적 정보를 타인에게 묻는 것 또는 다른 방법으로 피해자를 조사한 것뿐만 아니라 직접 피해자에게 부적절하게 개인적인 본질에 대해서 묻는 것과 같은 행위들은 개인으로서의 피해자에 대한 인식, 그리고 피해자에 대해 발견하는 것에 대한 관심을 보여 준다. 이것은 피해자의 사생활을 침해하는 것에 대한 죄책감 없이 관계를 강요하는 방법이다.

매개체로서의 피해자

SSA 도해의 윗부분에는, 편지 보내기(2), 성적인 내용을 담은 통신 보내기(5), 피해자에게 만나자고 청하기(8), 피해자 집에 들어가기(16), 피해자의 개인적 소유품 절취(10), 피해자의 개인적 소유물 파손(11) 등의 행동들이 함께 두 번째 스토킹 패턴을 구성하고 있다. Canter와 Ioannou는 이 부분에서 나타난 명시적인 성적인 내용 변수뿐 아니라, 이러한 행위들의 바탕이 되는 암시적인 성 취향과 잠재적인 성적 내용에 관심을 두었다. 그들은 이 부분에 있는 절도와 파괴적 행동들은 피해자의 개인적 소유에 초점을 두고 있는 다른 유형의 스토킹 폭력과 다르다고 지적한다.

성 취향 및 성적 소유라는 중심 주제는 Canter(1994)의 '매개체로서의 피해자' 역할의 측면에서 행동 패턴을 고찰함으로써 좀 더 정교해질 수 있다. 설명한 것처럼, 이 방식의 범행에서 범죄자는 피해자를 단순히 자신의 욕구 혹은 분노를 표현하기 위해 사용하고 있다. 상호관계가 상징적 의미를 가지기 때문에 피해자의 반응과 참여는 범죄자의 분노와 욕구 표현을 지지하는 범위 내에서 의미를 가진다. 일반적인 탐색적 접근에서 보면, 범죄자는 자신의 범죄를 용이하게 하기 위해서 조작적인 혹은 속임수 전략을 사용하기도 한다.

스토킹의 맥락 내에서는, 이러한 것이 피해자에 대해서 혹은 피해자와 관련되거나 피해자를 통제하려는 행위에서가 아니라, 범죄자가 피해자에게 부과한 자신의 감정과 관련된 행위들에서 표출된다. 따라서 스토킹에서는 이러한 것이, 통신 수단의 성적인 내용뿐 아니라 성적인 접촉의 기대를 반영하는 원하지 않는 선물과 편지들에서 나타난 것처럼, 범죄자의 성적 감정들이 될 것이다. 일부 사례들에서는, 한 사람이 범죄자가 겪은 실패 혹은 불행을 상징화하게 되면서 스토킹이 분노 표현의 중심이 되기도 한다. 피해자 반응의 적절성은 극적인 행동과 개인적으로 의미 있을 것으로 보이는 물건들에 대한 공격(개인 소유물의 절취 및 파괴 변수에서 본 것)을 유발하게 될 것이다. '집에 대한 접근'과 같은 행위들은 이러한 접근을 속임수를 통해서 획득하면서 범죄자의 일반화된 조작적이며 착취적인 대인관계 방식을 드러내게 된다.

물건으로서의 피해자

구성도의 아래쪽 절반에 있는 마지막 영역은 통제와 관련된 행위들로 구성되어 있다. Canter와 Ioannou는 이것이 취할 수 있는 두 가지 유형을 정의하고 있다. 하나는 범죄자가 피해자를 감시하고 피해자의 가족 및 친구들과 접촉하는 것을 통해서 간접적으로 통제하고 있다는, 소유권을 상정하게 되는 소유적 유형(possessive form)이다. 네 가지 행위들이 이 방식을 반영하고 있는데, 범죄자가 피해자의 집/직장을 차량으로 반복적으로 지나치는 행위(22), 법적 또는 기타 개입 이후에 피해자와 접촉하기(20), 피해자와 관련 있는 사람과 접촉하기(23), 그리고 피해자 가족에 대한 학대 혹은 공격(17) 등이다. Canter와 Ioannou가 지적한 것처럼, 피해자가 아닌 다른 사람과의 접촉은 스토킹 범죄자가 피해자를 자신의 소유물로 보며, 자신이 소유할 수 없으면 다른 사람도 안 된다고 믿고 있는 것이라는 여러 연구들의 결과와 상응하는 것이다.

통제가 취해지는 두 번째 유형은 범죄자가 직접적인 통제를 피해자에게 부과하려 시도하고, 이를 강제하기 위해서 신체적 혹은 심리적 피해를 유발하게 되는 공격적/파괴적 유형이다. Canter와 Ioannou가 구성도에서 지적한 이 방식을 지칭하는 행위들은 신체적 위협과 피해자 대면(12), 편지, 메일 혹은 전화 위협(6), 피해자에 대한 실제적인 신체적 공격(18), 그리고 범죄자가 피해자에 대한 불명예스러운 사실을 공개하는것(3)을 포함하고 있다.

Youngs와 Canter(출판 중, b)는 이러한 일반적인 통제 행위들의 패턴이, 소유적 전략 혹은 공격적 전략에 의해서든 간에, 스토킹의 맥락에서 예상되는 것처럼 '물건으로서의 피해자'모형을 표현하고 있다고 주장한다(Canter, 1994). 이 범행 모형은 범죄자가 피해자에 대한 공감의 완전한 결여, 혹은 단순히 피해자를 하나의 사람으로서 이해하지 못하는 것이다. 그보다 피해자는, 범죄자가 행위대상으로 삼고, 반응을 얻고, 필요에 따라 통제하는 인간성을 갖지 않는 무엇, 즉 물건이다.

범죄 활동의 일반적 초점이 피해자와 관계를 형성하거나 어떤 충격을 주는 것인 경우에는, 물건 역할이 범죄자가 단순히 이러한 것이 발생하게 만들 수 있다고 믿으면서 접근하는 곳에서 표현될 것이다. 그는 피해자와 관련된 사람들과 접촉하고 협박하는 행위(예, 피해자와 관련된 사람 혹은 친지 등과 접촉하는 것-23), 그리고 피해자와 연관된 사람에게 폭력을 위협하는 행위(21), 법적인 대응을 무시하려는 각오(개입 이후 피해자 접촉하기-20)뿐 아니라 행동을 감시하는 행위(반복적으로 피해자의 집 혹은 직장을 지나치는 것-22) 등에서 드러나는 것처럼, 외적인 조건을 만들어 내고 통제함으로써 '관계'를 강제할 수 있다고 가정한다.

물건으로서의 피해자 범행 모형을 특징짓는 공감의 완전한 결여는, 공공 명예훼손 변수 (3), 그리고 이러한 행동들이 자신의 명분에 장애가 될 것이라는 점을 전혀 이해하지 못하는 것에 의해서 나타나고 있는 것처럼, 잔인하고 사회적으로 부적합한 접근 속에서 드러나게 될 것이다. 통제에 대한 가정과 공감의 결여는 피해자를 조정할 필요가 있을 때, 직접적인 물리적 폭력을 사용할 준비를 가능하게 한다.

스토킹에서의 범행 강도

스토킹에서의 범행 강도는 범죄자가 피해자에 대해 추구하는 개인적 접촉의 강도에서 드러난다. 범죄 구분에 대한 분화도(Radex) 모형에 의해 예측된 것처럼, 이 유형의 범행 강도는 피해자 역할 지정에 있어서 질적인 차이들과 맞추어진다. 이러한 방식상의 변형들은, 따라서 가장 강한 개인적 접촉 행동들 내에서 가장 명확하게 현출한다. 여러 수사심리학 연구들에서처럼, Canter와 Ioannou는 이러한 강도 차이가 연구 표본들에서 발생하는 빈도에서 (역으로) 반영되고 있음을 보여 주고 있다. SSA의 중심에는 70% 이상의 사건들에서 발생하는 행동들이 있다. 스토킹을 정의하는 핵심적인 행동인 피해자 위협은 80%의 사건들에서 발생하며, 괴롭힘으로 간주될 수 있는 또 다른 핵심측면인 피해자 따라다니기 또는 찾아가기는 78%의 사건들에서, 그리고 피해자에게 전화하기는 76%에서 발생하고 있다. 따라서 이 세 가지 행동들은 전체 구성에 대한 초점을 제공하고 있다.

이들을 중심으로 30~69%의 사건들에서 발생하는 행동들이 있으며, 초점으로부터 멀어지면 10~20%의 빈도로 발생한다. 스토킹 행동을 특징짓고 대부분의 사건들에서 나타나는 최고 빈도 변수들은 피해자에게 전화하기(1), 피해자 따라가거나 찾아가기(14), 그리고 피해자 위협하기(6) 등으로, 이들은 검토 범죄들의 70% 이상에서 발생하고 있다.

이들 빈도 등고선에 의해 묘사되는 단면은 피해자와의 접촉에서 발생하는 다양한 단계들을 표현하는 것으로 정리해 볼 수 있다. 첫 단계는 전화하기(1), 따라가기/찾아가기(14) 그리고 위협(6)이며, 30~69% 이내에 해당하는 다음 단계는 접촉을 증가시키려는 노력을 포함하고 있다. 범죄자는 편지 보내기(2), 통신에서 성적인 표현하기(5), 피해자의 집 접근 (16), 접촉 초대(8), 피해자의 개인적 소유물 혹은 소지품 파손(11), 피해자 감시(15), 제한 명령 위반(19), 피해자 대면(12), 개입 이후 피해자 접촉(20), 타인에 대한 위협(21), 타인 접촉 (23), 그리고 마지막으로 피해자에 대한 신체적 폭력 행사(18) 등을 포함하고 있다.

세 번째 단계는 10~29%의 빈도로 표현된다. 여기에서는 행위가 더욱 사적인 것으로 변하며, 피해자에게 선물 보내기(4), 피해자에 대한 지식 표현(9), 피해자 조사(24), 개인적 사안들 묻기(7), 피해자 모욕하기(3), 피해자의 거주지 또는 직장을 차로 지나치기(22), 피해자 가족 학대(17), 개인 소유물 절취(10), 그리고 자살 위협(13)을 포함한다.

사례 분석 연습 12-1	소아성애 구분

다음 표는 소아성애에 대한 Canter, Hughes와 Kirby의 연구(1998)에서 확인된 범죄 행동들을 보여 주고 있다.

1. 폭력적 범죄 구분의 포괄적 모형에 있는 모든 견해를 이용하여, 이들 행동 중 무엇이 범죄들 사이에서 병행 발생하는 것으로 예상하는가?
2. 소아성애에 있어서 폭력적 범죄 구분의 포괄적 모형 표현에 대한 형식적 정의를 제공하라. 모형의 스토킹과 강간 모형과 어떤 점이 다른가?

변수	설명
변수 13.	범죄자가 피해자에게 완전히 낯선 타인이다.
변수 8.	범죄가 초기 강제력 사용에 의해 용이하게 되었거나, 강제력 위협이 피해자 통제를 위해 사용되었다.
변수 14.	범죄가 외부에서 범해졌다.
변수 6.	범죄자가 피해자의 입술에 키스를 했다.
변수 1.	범죄자가 피해자에게 금전 혹은 다른 선물, 특별한 대우를 약속하였다.
변수 11.	범행 동안에 모욕적인 그리고/혹은 성적으로 명시적인 언어를 범죄자가 사용하였다.
변수 17.	범행 시간에 아동 혼자 있었다. 이것은 범죄가 범해질 때, 범죄자와 피해자만이 있었다는 것을 의미한다.
변수 3.	범죄자가 성적 만족을 위해서라기보다는, 칭찬, 포옹 혹은 함께 시간 보내기 등을 통해서 아동에게 애정을 표현했다.
변수 9.	피해자의 거부 반응에 의해 행동을 멈추지 않았으며, 피해자가 동의하지 않았음을 알면서도 범행을 계속하였다.
변수 15.	범행이 일회성 사건이었으며, 해당 범죄로 체포되기 전에 피해자에게 여타의 외설적인 행동을 범하지 않았다.
변수 2.	피해자의 공포를 최소화하기 위해서 무슨 일을 하려고 하는지를 설명하여 피해자를 안심시켰다.
변수 19.	음경 삽입 또는 삽입 시도가 있었다.
변수 5.	범죄자가 피해자에게 구강성교를 하였다.
변수 16.	범죄자가 범행 동안 알코올 혹은 약물에 취해 있었다.

변수 10. 범죄 신고를 못하도록 아동에게 폭력 위협을 사용하였다. 이러한 위협들은 흔히 범죄가 알려지면 아동을 걱정하는 사람에게 폭력을 행사할 것이라고 말하는 것을 포함한다.

변수 12. 항문 삽입 혹은 삽입 시도가 있었다.

변수 7. 폭력이 만족을 얻기 위해서 피해자를 통제하는 데 필요한 수준을 넘어서 사용되었다.

변수 18. 범죄자가 사정하였다.

변수 4. 탈감각화(별칭은 minimization) 발생. 이것은 아동의 성적 행위에 대한 한계점을 낮추는 것을 포함하며, 다음과 같은 것들이 있다. 즉, 신체적으로 행해지는 성적 행위를 아동이 관찰하도록 허락하는 것(예, 범죄자와 아동의 어머니 간, 혹은 범죄자와 다른 아동 간), 그림을 통해서(예, 포르노 잡지 또는 비디오-오디오), 또는 아동을 신체적으로 만지는 것, 즉 어떤 외설적 행동이 합법적인 실수로 나타나도록 만드는 것이다.

사례 분석 연습 12-2	데이트 도중 원하지 않는 성적 행동들

특정된 원하지 않는 성적 행동들을 포함하는 성적 공격성 데이트의 비율

원하지 않는 성적 행동	여성이 경험한 것 신고한 비율[1]	남성이 행동한 것 신고한 비율[2]
혀 접촉 없는 키스	3.7	2.2
혀 접촉 있는 키스	12.3	0.7
셔츠 안쪽 접촉(가슴 제외)	16.5	4.4
옷 바깥으로 가슴을 만지거나 키스	24.7	7.3
옷 안쪽으로 가슴을 만지거나 키스	22.6	13.1
옷 바깥으로 엉덩이를 접촉	23.0	4.4
옷 안쪽으로 엉덩이를 접촉	19.3	8.0
옷 바깥으로 성기를 접촉	28.8	15.3
옷 안쪽으로 성기를 접촉	28.4	13.9
여성에게 구강성교 행위	9.9	8.8
남자가 자신의 옷 안쪽을 만지도록 강제	0.8	0.7
남자가 옷 바깥으로 자신의 엉덩이를 만지도록 강제	1.2	0.7
남자가 옷 안쪽으로 자신의 엉덩이를 만지도록 강제	3.3	1.5
남자가 옷 바깥으로 자신의 성기를 만지도록 강제	2.9	0.7
남자가 옷 안쪽으로 자신의 성기를 만지도록 강제	5.8	2.2
구강성교를 하도록 여성을 강제	2.5	4.4
성교 행위	20.6	15.3

참고: 한 번의 데이트에 한 가지 이상의 원하지 않는 행동이 포함되므로 100% 초과됨

n[1] =243, n[2] =137

출처: Muehlenhard and Linton (1987).

요약

- 폭력적인 범죄의 중심에 있는 심리적 목적은 피해자와의 상호관계 및 그로부터 도출된 의미에 있다는 것이 제시되고 있다.

- 이러한 심리적 목적은 모든 폭력적 범죄에 공통적인 것으로 주장되며, 따라서 범죄에서 보이는 범죄자의 대인관계적 상호작용의 유형에 있어서의 변형들에 기초하는 포괄적인 구별 모형이 제시될 수 있다. 이것은 예를 들어, 강간에서의 성적 행동이나 스토킹에서의 명백한 착취적 목적에서의 차이보다는 범행 방식 식별의 기초로서 떠오르고 있다.

- 대인관계적 상호작용 방식에 있어서 이러한 변형들에 대한 한 가지 효율적인 것으로 증명된 모형들은 Canter(1994)의 '피해자 역할' 모형이며(물건, 매개체, 사람 역할), 힘과 친밀감에 대한 핵심 서사적 심리 주제에 그 근거를 두고 있다.

- 일반적인 심리적 사고와 유사하게, 폭력적 범죄 행위의 강도를 이해하기 위한 기초는 범행 내 신체에 대한 공격의 세기 측면에서가 아니라, 사람에 대한 공격의 세기에서 제시되고 있다. 범죄 구분의 분화도 모형과 일관되게, 범행의 물건, 매개체 그리고 사람 유형들에서의 차이점들은 사람에 대한 공격의 세기가 증가 형태로 나타나게 된다.

- 피해자 역할 모형은 특별한 행위들을 설명하기보다는 범죄 행동의 차이 구분을 위한 모형들이다. 물건, 매개체 그리고 사람 모형들을 특징짓는 범죄 행동의 특별한 패턴은 고찰 중에 있는 범죄 행동의 형태 측면에서 이해되어야 한다. 한 가지 가능성은 동일한 행동이 다른 맥락에서는 다른 모형들을 반영하게 될 것이라는 점이다.

- 다양한 피해자 역할들이 특별한 범죄적 서사들로부터 나타나며, 이로써 서사적 행위체계 모형들과 관련되어 있다. 즉, 물건 역할은 전문가의 적응적 모험의 일부이며, 사람 역할은 피해자의 통합적 역설 모형의 일부이다. 그리고 매개체 역할의 상이한 변화들은 복수자의 보수적 비극과 영웅의 표현적 탐색으로부터 나타난다.

📁 추가로 읽을거리

서적

Bourke, J. (2008) Rape: *A History From 1860 to the Present,* Virago Press, London.
Groth, A.N. (1979) *Men Who Rape: The Psychology of the Offender*, Plenum, New York.

Horvath, M. and Brown, J. (Eds) (2009) *Rape*, Willan, Cullompton.

논문

Hodge, S. and Canter, D. (1998) Victims and perpetrators of male sexual assault. *Journal of Interpersonal Violence*, 13, 222–239.

Jordan, J. (2004) Beyond belief? Police, rape and women's credibility. *Criminal Justice, 4*(1), 29–59.

Porter, L., and Alison, L. (2006) Examining group rape: a descriptive analysis of offender and victim behaviour. *European Journal of Criminology*, 3, 357–381.

Warren, J., Reboussin, R., Hazelwood, R.R. et al. (1998) Crime scene and distance correlates of serial rape. *Journal of Quantitative Criminology, 14*(1), 35–59.

토론과 연구를 위한 질문

1. 강간은 다른 폭력적 범죄들과 구분되는 범죄로 다루어져야 하는가?

2. 왜 스토킹의 여러 측면들은 강한 성적인 요소들을 포함하고 있는가?

3. 강간에서 범행 방식을 고찰하면서 무엇을 이해할 수 있는가?

4. 남성에 대한 성폭행이 여성 피해자에 대한 것과 다르다는 것을 예측할 수 있는가?

5. 모든 성범죄들을 일반적인 행위들의 극단적인 형태로 생각하는 것이 적합한가?

6. 다른 사람과의 관계에 있어서 원하지 않는 성적 행동에 대한 당신의 경험은 무엇인가? 이 것이 어떻게 성폭력 또는 스토킹과 관련되어 있는가? '데이트 강간'이라는 개념이 타당한가 (Muehenhard and Linton, 1987 참고)? 이 문제에 대한 당신의 논의 관점에서 [그림 12-5]를 고찰하라.

7. 당신은 어떤 범죄적 서사를 스토킹 범죄의 다양한 방식들을 기술하는 데에 이용하겠는가?

제13장

살인

이 장에서는……

- 학습 목표
- 개요
- 살인
- 살인의 침해 양태: 접촉의 맥락 이해
- 계약 살인
- 연쇄 살인
- 성적 살인
- 범죄자 특성
- 요약
- 추가로 읽을거리
- 토론과 연구를 위한 질문

학습 목표

1. 살인이 사건의 주된 목적(표현적 살인 접촉)이었는가 또는 아니었는가(도구적 살인 접촉)의 측면에서 살인이 발생한 심리적 맥락을 구분할 수 있다.

2. 계약 살인은 다양한 형태를 갖는다. 계약 살인이 언제나 전문적이고 조직적인 범죄 활동은 아니라는 점을 말해 주고 있다는 것을 이해할 수 있다.

3. 연쇄 살인의 맥락에서, 공격의 강도는 행위들 내에 내재하는 비인간화의 극단과 인간 정체성의 파괴로 나타난다는 점을 이해할 수 있다.

4. 폭력적 범죄에 대한 포괄적 차별화 모형이 연쇄 살인에 대해 적합하다. 피해자와의 관계에서 물건, 매개체 또는 사람 모형을 반영하고 있는 차별된 방식이 피해자의 비인간화와 파괴에 대한 다양한 대인관계 접근법으로서 더 높은 강도의 행동들 내에서 표출된다는 점을 이해할 수 있다.

5. 연쇄 살인에서 물건으로서의 피해자 역할은 신체를 탐색하는—전형적으로 사후에—행동들로부터 명백히 드러난다는 점을 이해할 수 있다.

6. 연쇄 살인에서 매개체로서의 피해자 역할은 감정적 공격 또는 살아있는 피해자를 이용하는 행동으로부터 명백히 드러난다는 점을 이해할 수 있다.

7. 연쇄 살인에서 사람으로서의 피해자 역할은 공격자의 입장에서 친밀함을 제안하고 피해자를 주체성을 가진 개인으로서 인식하는 행동 형태를 취한다는 점을 이해할 수 있다.

8. 흔히 언급되는 조직적–비조직적 연쇄 살인 유형분류는 검증을 통해 지지받지 못하고 있다는 점을 이해할 수 있다.

9. 성적 가학증은 정확히 정의되지 못한 개념이며, 침해 행동과의 관련성이 불명확하다는 점을 이해할 수 있다.

개요

살인은 상당히 상이한 맥락에서 다양한 방법으로 발생할 수 있다. 따라서 범죄 형태의 차이점을 확인하는 첫 단계로서 살인이 발생한 사건들의 차이점에 주목하는 것이 필수적이다. 넓게 보면, 살인이 친밀한 사람 또는 가족과의 관계에서 발생한 표현적 접촉과, 살인이 다른 공격적 행위, 즉 일반적으로 강도나 강간 등의 부수적인 행동으로 발생하는 도구적 접촉으로 구분할 수 있을 것이다. 범죄 행동의 세부적인 패턴에 있는 차이점에 의존하는 이들 맥락의 분류는 직접적으로 수사상 가치를 갖는다.

연쇄 살인에 대한 강도 높은 수사심리학 연구는 동기, 정신병리 또는 조직적-비조직적 양분법의 추론에 기초하는 기존의 모형들에 도전하고 있다. 이것은 왜곡된 형태의 대인관계적 상호작용의 측면에서 범죄 방식의 차이점들에 대한 이해를 이끌고 있다. 성범죄들과 관련해서 지적된 것처럼, 범죄 행위들의 패턴은 범죄자의 범죄적 서사 내에서 피해자에게 지정된 역할과 관련지을 수 있다. 전문가 모험 서술에서 나타나는 물체로서의 피해자 역할은 광범위한 사후(死後) 신체 탐색을 포함하는 살인 방식을 뒷받침한다고 주장된다. 매개체 역할로서의 피해자는 복수자 비극 서사와 관련되며, 이는 살아있는 피해자에 대한 광적인 공격과 착취에서 표출된다. 피해자 역설 서사에서 유래된 피해자의 사람으로서의 역할은 개인으로서 피해자의 주체성을 인식하는 범죄 패턴의 기초가 된다고 주장된다. 이러한 피해자 역할 방식이 도출된 서사적 행위체계(NAS) 방식은 범행 차이점을 해석하기 위한 보다 넓고 대안적인 근거를 제공한다. 범죄 차별화의 분화도(Radex) 모형에 따라, 이러한 방식 변형들은 더욱 높은 수준의 범죄적 악행에서 가장 명확하게 나타나며, 가장 극단적인 비인간화 형태를 표현하는 이러한 행동들에서 상이한 방식들을 산출해 낸다.

살인

수사적 관점에서 대부분의 살인 범죄자가 피해자를 알고 있을 것이라는 점은 상당히 의미가 있다. 사실 일반적으로 범죄자가 가족 구성원, 친근한 동료 또는 사이가 멀어진 동거인일 수 있기 때문에, 가정폭력이나 스토킹이 흔히 살인에 선행된다. 가해자의 확인보다 더 중요한 수사심리학적 의문은 스토킹이나 가정폭력이 언제 살인으로 발전될 것인가에 대한 예측이다. 그러나 이러한 폭력이 면식범 살인에서 흔히 선행하는 것이라 하여도, 가정폭력이나 스토킹이 살인으로 발전되는 경우는 매우 드물다. 따라서 필요한 것은 살인으로 발전되는 폭력 행위에 대해 단순히 이해하는 것이 아니라 이러한 폭력과 다른 가정폭력 상황 사이의 차이점을 이해하는 것이며, 가정폭력이나 스토킹에서 살인으로 유도되는 다양한 발전 통로들이 있다는 점이다. 결론적으로 면식범 살인예측 모형은 상이한 폭력 점증 경로(violence escalation routes)를 설명하기 위해 다차원적일 필요가 있다.

비면식범 살인과 특히 연쇄 비면식 살인은, 드문 경우임에도 불구하고, 극단적인 형태의 인간 행위들을 반영하기 때문에 강한 반향을 유발하고 상당한 심리학적 관심의 대상이 된다. 더욱이 영국에서는 전형적인 비면식 살인 수사 비용이 수백만 파운드에 달하는 상당히 실질적인 중요성을 가지고 있다(최근의 주요 살인사건 수사에 대한 자료는 Canter, 2003 참고). 그리하여 수사심리학 내에서 상당한 관심이 이러한 범죄들이 범해지는 방식에서의 심리적 변형들에 대해서, 그리고 범죄자들과 살인 자체의 심리에 대해서 우리에게 무슨 이야기를 해 주는지에 대해 이해하려는 방향으로 향하고 있다.

살인의 침해 양태: 접촉의 맥락 이해

살인은 다양한 상황에서 발생하는 다양한 범위의 심리적 사건들에 적용되는 법적 개념으로 다양한 형태의 상호작용으로부터 발생하며, 피해자와 범죄자의 관계 범위가 비면식 관계부터 친근한 동료 관계까지 다양할 수 있다. 사람에 대한 범죄의 주요한 심리적 목적은 피해자와의 상호작용으로부터 유래하는 것으로 수사심리학에서는 인식하고 있다(제12장을 보라). 살인이 발생할 수 있는 다양한 유형들을 감안하면, 넓은 수준에서 한 개인으로서의 피해자가 범죄자를 위해 사용되는 목적이 때로는 매우 특별한 의미가 있거나, 때로는 전반적으로 의미가 없는 등 살인 범죄 전반적으로 매우 다양할 것이라는 점이 명확하다. Youngs와 Canter(출판 중, b)가 지적한 것처럼, 살인 행동 패턴과 피해자가 범죄자를 위해 행하는 특정 역할에 있어서 좀 더 세부적인 차이점들을 이해하기 위한 시작점은 살인 접촉의 심리적 맥락들을 구분하는 것이다.

표현적 또는 도구적 접촉

많은 연구들을 통해서 발견되는 침해 형태에서의 특이점은 살인이 사건의 중심 목적이냐 아니냐 하는 것이다(예, Salfati and Canter, 1999; Santtila et al., 2001). 이는 과실치사와 일반 살인을 구분하는 고의의 문제와 관련된 법적 논란에서처럼 범죄자가 피해자를 침해할 때 고의적으로 살해를 했느냐의 문제가 아니라, 살인 행위가 다른 목적에 부수적인 것이냐에 대한 문제이다. Salfati와 Canter(1999)는 이러한 구분은 Fesbach(1964)의 도구적 공격성과 표현적 공격성 사이의 이론적 구분을 반영한 것이라고 말하고 있다. Fesbach에게 일부 공격성은 그가 '적대적'이라고 지칭하는 것으로 범죄자에 대한 공격 또는 모욕에 의해 유발된 감정으로부터 유도된 것이며, 반면에 다른 공격성은 단순히 다른 목적에 대한 수단, 즉 '도구적'인 것이다.

수사심리학적 연구들은 살인 범죄 방식의 차이가 수많은 표현적 그리고 도구적 접촉들의 상이한 변형들과 관련된 것일 수 있다는 점을 보여 주기 시작하고 있다(Salfati and Canter, 1999; Santtila, Elfgren and Hakkanen 2001). 여러 국가들의 다양한 단독 살인사건들을 탐구한 이러한 연구는 범죄가 발생할 수 있는 4가지 심리적 맥락을 지적하고, 이들 접촉이 생성하는 경향을 가진 몇 가지 특정 범죄 행동의 조합들을 상술하고 있다.

표현적 살인 접촉(Expressive murder encounter)은 두 가지 광의의 형태를 가질 수 있다. 한 형태는 범죄가 친근한 관계에서 나타나는 것이다. 이는 Santtila 등(2001: 380)이 "피해자가 범죄자에게 중요성을 가지고 있으며 살인 행위가 모욕, 신체적 공격, 개인적 실패 또는 성적 질투심에 대한 반발로 발생한 사건"으로 설명하고 있는 범죄이다. Santtila 등은 이러한 심리적 맥락은 그들이 확인한 범죄 행위의 '표현적: 총기' 집합의 바탕을 이룬다고 말한다. 그들은 이러한 행위 패턴(사체가 발견되는 것에 무관심함을 표시하는 사체의 위치, 피해자 총격과 과잉된 총격)은 단순히 범죄자가 총을 가지고 범죄 현장에 가고, 살해하고, 그리고 피해자를 두고 떠나는 매우 반작용적인 시나리오를 묘사한다고 주장한다. 총기 사용에 대한 이러한 초점은, 핀란드의 성인 40% 이상이 총기를 소지하고 있다는 점을 감안한다면, 이들이 연구한 핀란드 표본은 특별한 의미를 가지고 있다는 점을 주목할 필요가 있다. 사실, 표현적 범죄 현장 주제는 Salfati와 Canter(1999: 401)가 그들의 영국 범죄 표본에서 "범죄자가 그 사람의 중심 표상을 공격하는 매우 감정적인 공격"을 지칭하는 것이라고 유사하게 묘사하였으며, 복수의 상흔과 얼굴에 상처를 남기면서도 법의학적 증거를 남기는 것을 회피하는 데에는 신경 쓰지 않는 것을 포함하는, 다소 상이한 침해 행위 집합으로 구성되어 있다.

수사적 맥락에서, 이러한 명백하고(예, 과잉된 총격, 복수의 상처들), 동시에 생각 없는(예, 무관심한 신체 '위치하기') 침해 행위들로 특징지어지는 살인현장 수사에 대한 시작점은 친근한 사람 그리고/또는 전에 친근했던 피해자의 동반자들이 될 것이다.

표현적 살인 접촉의 두 번째 변형은, 현재까지 명확히 구분되지는 않지만, Santtila와 동료들(2003)이 '표현적: 피' 특징 주제로 지정한 것처럼 여성 범죄자(아마도 정신병적 징후를 가진)가 가족 구성원을 공격하는 것이다. 이 저자들은 여성 살인범들은 비록 총기를 사용하는 경우는 적지만, 남성에 비해 친지를 살해하는 경향이 의미 있게 크다고 언급한다. Salfati와 Canter는 그들이 규명한 표현적 양상을 나타내는 여성 범죄자들의 경향을 보고하면서, 표현적 접촉의 가족 변형을 지지하고 있다. 이러한 경향에서 발생하는 살인을 특징짓는 상세한 침해 행위들, 특히 살인의 친밀한 표현적 형태와 어떠한 차이점을 보이는지 설명하기 위해 추가적인 연구가 필요하다.

지금까지의 연구는 도구적 살인 접촉(Instrumental murder encounter)이 두 가지 광의의 심리적 맥락에서 발생할 수 있다고 지적하고 있다. 한 형태는 범죄자가 성적으로 피해자를 공격한 후에 그녀를 침묵하게 하고, 이어지는 추적을 피하기 위해 살해할 때 발생한다. 범죄 현장 보고에서 사전(死前, pre-mortem) 성적 행동 범주로 지칭된 이 하위 범죄군은, 비록 무기 종류 또는 살인 방법과 같이 어떤 다른 범죄 행위들이 이러한 사건에서 어떻게 지칭되었는지는 아직 명확하지 않지만, Santtila 등(2001)이 정의한 살인 형태임은 명백하다. 이러한 강간 살인 형태는 범죄와 범죄자에 대한 4가지 특정 유형을 제안한 Keppell과 Walter(1999)에 의해 힘-우월적 강간 살인, 힘-확인적 강간 살인, 분노-보복적 강간 살인, 분노-자극적 강간 살인으로 자세히 설명되어 있다. 비록 이러한 생각들이 확실히 어떤 통용력을 가지고 있으며, Keppell과 Walter가 사례들을 가지고 이들 유형을 설명하고 있지만, 이들이 자신들의 주장을 지지할 자료 분석을 제공하지 못했기 때문에 경험적 탐구를 위한 흥미로운 여지가 남아 있다는 점이 강조될 필요가 있다.

도구적 살인 접촉의 두 번째 형태는 강도 또는 다른 재물범죄의 부분으로 발생하며, 일반적으로 가정에서 취약한 사람이 대상이 되고 무기보다는 맨손 살인을 수반할 것이다(Salfati and Canter 1999). Santtila 등은 이런 범죄자들을 '하찮은 생명으로 전락해 버린 잡범들'이라고 묘사한다. 이 주장은 이들 우발적 범죄와 절도, 강도 및 실업으로 인한 이전의 범죄들 간의 관계를 보고한 Salfati와 Canter에 의해 지지되고 있다. 비록 이들 범죄자가 피해자에게 잘 알려지지 않았다 하더라도, 그 지역과 피해자에 대해 익숙할 것이다. 그들은 일반적으로 그가 위치한 지역 내에 알려진 취약한 대상들로부터 이득을 취하는 기회주의적 개인들이다.

Salfati와 Canter(1999)는 표현적 범죄 형태와 연관될 수 있는 범죄자 특성의 몇 가지 징표를 제공하고 있다(〈표 13-1〉을 보라). 일관성 원칙과 같은 선상에서, 그들은 이러한 특성들이 충동적 폭력과 대인관계 갈등과 같은 주제를 따르고 있다고 주장한다. 이 목록은 유용한 시작점이지만, 이러한 특성들이 친근한 관계자와 가족 살인 접촉과 어떤 차이가 있는지를 명확히 하기 위해서는 추가적인 연구가 필요하다.

이들 표현적-친근 관계, 표현적-가족, 도구적-강간 그리고 도구적-강도 살인 접촉들의 분류는 살인의 범행 양태를 정의하기 위한 일차적 수준의 구분을 제공하며, 범죄로 표현될 수 있는 심리적 과정들의 다양성을 강조한다. 이들 맥락을 이해하는 것은, 이것들이 특징적인 행위 범주를 생성하는 경향이 있는 매우 다양한 사건 유형들을 대표하기 때문에 살인에 있

〈표 13-1〉 가해자 특성: 표현적 주제

이전의 폭력적 범죄들

이전의 공공 무질서 범죄들

이전의 재물 손괴죄

이전의 성범죄

이전의 교통 범죄

이전의 마약범죄

범죄 당시 기혼

이전의 결혼

여성 범죄자

출처: Salfati와 Canter(1999)에서 인용. 허가에 의해 재구성

어서 범죄 양태를 특정화하는 데에 필수적인 첫 단계이다. 다양한 범죄 표본들을 가지고 연구자들은 추가적인 접촉 유형들을 파악할 수 있다. 흥미롭게도, 세부적인 살인 행동들에 있어서 이러한 심리적 맥락들이 생성하는 국가 간의 의미 있는 차이점이 있다는 연구들이 나오고 있다는 점이다(예, Salfati and Haratsis, 2001; Santtila et al., 2001).

그러나 이것은 독특한 범죄 행위들의 확인과 살인에서의 범행 양태의 차별화에 대한 수사심리학의 주요한 의문점들을 해소할 수 있다는 관점에서 단지 시작점에 불과하다. 연쇄 사건들을 통해 이들 행위에서 나타나는 일관성과 이것들로부터 어떤 범죄자 추론이 가능한가를 규명하기 위해서는 추가적인 노력이 필요하다. 이제 이들 각각의 맥락 내에서 행위 패턴들의 변형에 대한 세부적인 탐구가 필요하며, 여기에서 물체, 매개체 그리고 사람 양태의 상이한 양상들을 대표하는 다양한 패턴들이 나타날 것이지만, 이것들을 드러내는 심리적 맥락에 따라 상이한 색깔이 입혀질 것이라는 점을 예측할 수 있다. 예를 들어, 친근한 관계에서 필연적으로 살인을 특징짓게 될 감정의 강도는 폭발적 폭력을 생성하는 경향이 있을 것이다.

그럼에도 불구하고 접촉의 심리적 맥락이라는 관점에서 살인 양태를 구분하기 위한 일반적인 근거로부터 윤곽을 잡아가는 것은 직접적인 수사 관련성을 가질 수 있으며, 경찰이 가능성 있는 살인의 정황을 풀어낼 수 있도록 한다. 예를 들어, 폭력이 안면을 표적으로 하였는가 여부에 대한 탐구를 통해서, 신원 보호를 위해 살인을 하는 강간범들보다는 친근한 동료가 연루되었을 가능성을 보여 줄 수 있는 몇 가지 초기 표식들이 도출될 수 있다. 또한 이 연구는 피해자가 결코 아는 사이도 아니고 범죄자의 강간이나 강도 행위의 불행한 부수적 피해자도 아니지만, 범죄자의 명백한 목적이 알지 못하는 피해자를 살해하는 것이고 그 범죄자가 연쇄 범죄자일 가능성이 있는, 비일상적인 살인들을 구별해 낼 수 있는 심리적 과정들에 대해 생각해 볼 여지를 열어 주었다.

계약 살인

도구적 해석에 매우 적합한 살인의 한 변형이 계약(청부) 살인(contract murder)이다. 계약 살인자는 "재정적 또는 물질적 이득을 위해 타인을 대신하여 사람을 불법적으로 살해한 범죄자"(Crumplin, 2009)로 정의된다. 계약 살인자는 살인이 재정적 이득보다는 이념적인 이유로 범해지는 암살과 구별되며, 심리학적 개념에서 계약 살인은 행위적 수단의 극단적인 형태를 보여 주면서, 살인을 직접적으로 실행하는 것으로부터 얻는 이득과 전적으로 계획된 행동이라는 점에서 흥미롭다. 따라서 이러한 침해 행위와 이들 범죄를 자행하는 범죄자, 양자에서 관찰되는 범죄 실행 행위의 양태가 다른 살인 및 살인자들과 차이가 있다고 예측할 수 있다.

수사심리학에서 자료 수집을 위해 필요한 혁신적인 접근법들 중 인상적인 사례로서(제3장을 보라), Crumplin(2009)이 이러한 흔하지 않은 살인 형태의 실증적인 실험 하나를 제시하고 있다. 출간된 자료들(주로 사실적인 범죄 잡지들)로부터 찾아낸 33건의 계약 살인에 대한 분석을 통해, 실증적인 조사보다는 소설과 영화에서 더욱 흔하게 다루고 있는 이들 범죄 행위에서 실제로 무슨 일이 일어나고 있는지를 설명하고 있다. 일반 살인사건 조사를 위해 국제 수사심리학 센터(International Centre for Investigative Psychology)에서 개발한 목록 분류표에서 채택한 28개 항목의 내용 분류를 사용하여, Crumplin은 이들 출판물에서 기자들이 보도한 기사들을 분석하였다(Holden, 1994; Salfati, 1994). 이들 항목이 보여 주는 행동들과 범죄 현장 행위들의 주요 경향은 〈표 13-2〉에 나타나 있다. 이 표본에서 범죄자들은 평균 29세이며, 모두 남성이었다.

〈표 13-2〉 계약 살인에서 범죄 현장 변수들의 빈도

변수 번호	변수 이름	빈도	합의 비율 (평정자 간 신뢰도)
1	현장에 무기	30	100
2	공범	27	100
3	계획에 따라 진행	22	100
4	총격	21	100
5	머리	19	100
6	외부에서 발견	19	100
7	가옥 내 살인	18	100
8	외부 살인	17	100
9	집에서 발견	17	100

10	몸체 상해	15	100
11	기본적 범죄자 실수	12	100
12	단계	8	100
13	살인 일자	7	90
14	공포	7	90
15	구타	6	100
16	목	6	90
17	2차적 범죄 행동(예, 절도)	6	90
18	자상(칼에 찔림)	5	100
19	교살(목조름)	5	90
20	얼굴이 위를 향함	5	90
21	소유물 절취	4	100
22	법의학적 지식	4	80
23	현장에 무기 유기	4	100
24	결박	3	100
25	과잉 살해	3	90
26	사지(팔, 다리)	2	100
27	사체 위치하기	2	90
28	사체 이동	2	100

출처: Crumplin (2009). 허가에 의해 재구성

가장 빈도가 높은 행위들이 이러한 범죄의 본질적인 특성을 이해하고 정의하는 데에 도움을 준다. 계약 살인에 대한 일반적인 이해와 일관되게, 빈도는 이것이 일반적으로 계획된 범죄이며, 범죄 현장에 총기를 휴대하고 살인이 머리 혹은 몸체에 대한 총격으로 범해진다는 점을 보여 준다. 아마도 대부분의 이런 유형의 살인은 공범과 함께 범해진다는 사실은 예측 밖의 일이다.

비록 이들 중심 행위들이 대부분의 계약 살인에 공통적일지라도, 〈표 13-2〉는 다른 형태의 계약 살인을 확인하도록 해 주는 다양한 낮은 빈도의 행위들을 보여 주고 있다. 이러한 변형들을 확인하기 위해, Crumplin은 최소 공간 분석법(SSA)을 이용하여 다른 범죄들에서도 나타나는 이들 행위의 병행 발생의 패턴을 검사하였다(제5장을 보라). 그가 이로부터 도출해 낸 구성도는 대부분의 사건들에 걸쳐서 발견되는 중심 행동들과는 차별화된 범죄 행위를 가능하게 하는, 계약 살인에 있어서의 3가지 주제 또는 범행 방식의 존재를 제시하고 있다.

이 중 첫 번째가 '범죄적으로 교묘한' 행위들이다. 이 형태는 법의학적 지식을 가진, 목 부위 상처, 교살된 피해자, 밖에서 살해/발견된 피해자, 머리 부위 상처, 사체의 이동 또는 위치하기(배치) 및 조작된 범죄 현장 등과 같이 경험을 지적하는 행위들로 구성되어 있다.

사례 연구: Floyd Holzapfel과 Bobby Lincoln

조셉 필(Joseph Peel) 판사가 1955년 6월 14일 저녁에 마이애미에서 커티스 칠링워스(Curtis Chillingworth) 판사를 살해하기 위해 플로이드 홀자펠(Floyd Holzapfel)과 바비 링컨(Bobby Lincoln)을 고용하였다. 총, 접착테이프, 밧줄, 잠수용 추, 장갑을 챙겨서 홀자펠과 링컨은 보트를 타고 칠링워스가 자고 있는 바닷가 집에 도착하였다. 필이 두 살인자에게 칠링워스의 부인은 집에 없겠지만, 그곳에 있는 누구든 죽이라고 지시하였다. 조난당한 선원처럼 보이기 위해 요트 모자를 쓴 홀자펠이 칠링워스의 집 문을 노크하였다. 판사가 문을 열었을 때 홀자펠이 칠링워스가 맞느냐고 물었다. 판사가 자신의 신분을 확인해 주자, 홀자펠은 권총을 빼 들고는 그에게 겨누었다. 홀자펠의 위협에, 판사는 아내를 불렀고, 그러자 홀자펠은 보트에 남아 있던 링컨을 불렀다. 접착테이프와 밧줄로 피해자 두 명을 묶은 후에, 홀자펠은 집안에 현금이 있는지 찾았다. 그는 판사의 지갑에서 몇 장의 수표를 빼내었지만, 범죄 흔적이 남는 것을 방지하려고 잔돈은 남겨 두었다. 필은 판사가 늦은 밤 수영을 가서 바다로 쓸려 나간 것처럼 보이기를 바랐다. 그들은 바다로 나갔고, 홀자펠이 칠링워스 부인의 허리에 잠수용 추를 매달아 바다로 던져 버렸다. 홀자펠은 한 사람 이상을 죽이게 될 것이라고 예상하지 못했지만, 두 사람을 위한 추를 가지고 왔었다. 그가 칠링워스 판사에게 추를 매달려 하는 순간에 판사가 바다 속으로 뛰어들었다. 홀자펠은 링컨에게 그를 내리치라고 소리쳤지만, 링컨은 산탄총 개머리판으로 판사를 내리쳐 저지하는 데에 실패했다. 그러자 홀자펠이 총을 넘겨받아 개머리판이 부러지도록 판사를 내리쳤다. 그들은 누군가 들을까 두려워서 총을 쏘는 것은 원하지 않았다. 홀자펠은 이어서 닻줄을 가지고 판사의 목을 감아서, 판사와 함께 닻을 배 밖으로 던져 버렸다.

젊은 시절에 홀자펠은 사설 마권업과 같은 경범죄에 연루된 적이 있었다. 그가 필 판사를 만나기 전에는 일련의 총기 소지 강도를 저질렀지만 자랑한 만큼 이득을 얻지는 못했다. 그는 또 최소 2건의 실형 선고를 받았었다. 홀자펠의 행위와 일반적인 범죄 양태는 범죄 경험의 주제를 반영하고 있다. 비록 전문적이지는 않지만, 그의 피해자에 대한 통제의 형태는 이전의 총기 소지 강도에서 피해자 통제를 경험했음을 보여 주고 있다. 링컨은 필 조직에서는 유약한 성격이었다. 그는 동업으로 술집을 운영하면서 필을 위해 돈을 거둬들였다. 그는 폭력적인 사람은 아니지만 가족의 안전에 대한 두려움 때문에 음모에 참여하는 데에 동의하였다. 링컨의 배경과 성격은 살인에서의 미약한 역할에서 확실히 드러나는 것 같다.

Crumplin은 두 번째 상이한 행위 조합을 '공격적' 행위라 칭한다. 이 형태는, 예를 들어 몸체와 머리에 대한 자상(칼로 찌르기), 구타, 상처 같은 과잉된 행위를 포함한다. Crumplin이 언급했듯이, 이 행위들은 과잉 행위 변수에 의해 정형화된 극단적 공격성의 행동들이다.

Crumplin이 분류한 세 번째 형태는 '서투른' 행위로 표현된다. 그는 이것이 경험 없는 범죄자에 의해 범해진 것으로 예측되는 행위 종류라고 주장한다. 여기에 포함된 변수들은 성공적인 계약에서 필요로 하지 않는 행위들, 즉 2차적인 범죄 행동과 절취 등과 같은 것을 포함한다. 그들은 또한 몸체나 사지(四肢)에 대한 상처, 겁먹게 하기, 기초적인 실수 및 사체의 얼굴을 위로 향하게 두기 등과 같이 본질적인 살해 임무에서 무능력과 비효율성을 지칭하는 변수들을 포함한다.

사례 연구: James Arnold와 Gary Cagnina

제임스 아놀드(James Arnold)와 개리 카그니나(Gary Cagnina)는 1977년에 해럴드 쇼닉(Harold Schornick)을 살해하는 대가를 홀싱거(W. G. Holsinger)로부터 받았다. 그들은 밤에 쇼닉의 집에 침입하였다. 아놀드는 22구경 권총을 소지하였으며, 그들이 가족들을 놀라게 하면서 가족들은 공황 상태가 되었다. 아놀드와 카그니나는 쇼닉과 가정부(그들이 쇼닉으로 착각한 사람)에게 총격을 가했는데, 쇼닉은 살아났으나 가정부는 사망하였다. 두 범죄자는 도주하였다. 두 고용된 살인자들은 습격 전에 쇼닉의 차를 차고에서 훼손하였다. 범죄 현장으로 오고 가는 데에 사용된 차량이 그 지역에서 목격되었는데, 아놀드의 이름으로 등록되어 있었다. 이러한 서툰 범죄 행위 방식은 경험이 없음을 나타내며, 이는 범죄자들이 낮은 지적 수준을 갖고 있거나, 약물이나 술의 영향 또는 젊은 나이에서 기인하는 것으로 가정할 수 있다. 사실, 범죄 당시에 아놀드는 17세였으며, 카그니나는 20세였다. 카그니나는 경찰에 알려진 상당한 경험을 가진 강도범이었다. 카그니나에게 발부된 법원의 영장이 범죄 당시에 유효한 상태였으며, 사실상 총격을 실행한 아놀드는 헤로인 중독자였고 돈이 절실하게 필요한 상태였다.

많은 계약 살인이 흔히 예상하는 전문적이고 조직적인 범죄 활동의 부분이 아니라는 것을 보여준다는 점에서, 여기에서 확인된 공격적이며 서툰 양태는 흥미롭다. 이는 Crumplin이 검토한 사례들에서 규명한 발견들—범죄자가 피해자와 계약자 둘을 모두 알고 있는 진부한 할리우드의 계약 살인 묘사와는 반대로—과 일치한다.

글상자 13-1 폭력에 대한 자기 보고의 최소 공간 분석

폭력에 대한 타당성

범죄자들이 자신들의 행동에 부여하는 타당성에 대한 흥미로운 연구에서, Barrett(2001)은 4명의 범죄자의 자기 보고에서 도출한 104건의 폭력성 사건들을 조사하였다.

그녀는 이 보고를 내용분석하였으며 변수들을 최소 공간 분석에 대입하였다. 그녀의 도식은 다음에서 보여 주는 것처럼 자기 보고에 기술된 폭력성 사건들에 대한 4가지 상이한 타당성 유형에 관점을 기울여 재해석될 수 있다.

- **방어**(Defense): 범죄자에게 임박한 신체적 공격의 위협에 의해 정당화되는 사건들이다. 구성도에서 보듯이, 이는 주로 수용시설에서 발생하였으며 범죄자들은 쉽게 사용할 수 있는 무기가 없기 때문에 손을 사용할 것이다.
- **응징**(Retribution): 피해자나 관련자에 의해 범죄자에게 가해진 이전의 피해에 의해 정당화되는 사건들로서 여기에서는 사전 접촉 변수에 의해 표시되었다.
- **비의도적**(Unintended): 선량한 피해자가 피해를 입는, 비의도적인 것으로서 정당화되는 사건들이다. 이 사건들은 피해자가 청중들이 있는 술집과 같은 공공장소에서 범죄자를 경시하는 것 때문에 발생한다.
- **무시**(Disrespect): 범죄자를 무시하는 피해자로 인해서 정당화되는 사건들이다. 총기 사용과 실내에서 발생하는 폭력 등과 같이 이러한 행동들은 공격이 사전 계획적임을 보여 준다.

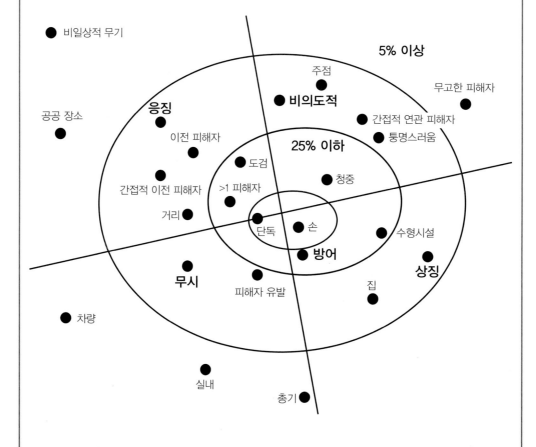

당신은 어떤 범죄적 서사가 이 상이한 정당화 형태들의 근거가 된다고 생각하는가?

(자료 수집과 통계적 분석 실행에 대해 Emma Barrett에게 감사를 표한다.)

연쇄 살인

연쇄 살인범들은 신화와 전설의 대상이 되어 버렸다. 그들은 가상 범죄 드라마의 중심이며, 제3장에서 언급했듯이, 그들이 현실로 나타나면 언론의 머리기사를 차지하는 것이 보장되고 있다. 그들은 악마의 정수를 전형적으로 보여 주는 듯하며, 인간 정신의 가장 어두운 구석을 상징화하는 듯하다. 그처럼 반복해서 살인하는 사람이라는 과중한 인상으로 인해, 연쇄 살인범들에 대한 이미지가 왜곡되고 환상과 창작이 흔히 진실을 숨기는 것은 놀라운 일이 아니다(〈표 13-3〉을 보라).

진실된 사실을 대신해서 전해지는 많은 연쇄 살인범에 대한 창작은 흔히 언급되지만 한계가 있으며, 1980년대와 1990년대에 이루어진 FBI의 행동과학 연구소에 그 기원을 가진다. 할리우드가 FBI에 가지고 있던 매력은 당시 FBI 요원들의 생각의 가치를 뛰어넘는 통용성을 부여하였다. 주요 배우들에게 혼란스럽고 잘못된 정보에 근거한 의견을 반복하는 대사가 주어졌으며, 결과적으로 세계의 모든 대중은 그들이 그와 같이 확신과 명확한 권위를 가지고 말하는 것이 사실임에 틀림없다는 잘못된 인상을 갖게 되었다.

극적인 묘사로 개인의 의견을 장식하고 그로 인해 부정확한 가치를 그 의견에 부여하는, 이러한 '할리우드 효과(Hollywood effect)'로부터 연쇄 살인범에 대한 수많은 이야기들이 만들어져 나왔지만, 그중 어느 하나도 자세한 과학적 고찰에서 살아남지 못한다. 예를 들어, 연쇄 살인범들은 평균 이상의 지적 능력을 가진 것으로 생각되었으며, 결코 흑인 출신으로는 생각되지 않았고, 연쇄 살인 현상은 20세기의 과거 4반세기 전까지는 존재하지 않았던, 유일하게 미국적인 것으로서 표현되어 왔다. 또한 연쇄 살인범들은 그들과 같은 종족의 피해자만을 공격하는 것으로 주장되어 왔으며, 강한 성적 요소가 항상 존재하는 것으로 추정되었다. 무엇보다도 가장 신기한 것은 다소 애매한 '조직적인' 또는 '비조직적인' 이분법을 택한다면, 연쇄 살인의 기반이 되는 복잡한 과정들의 집합이 일견 단순한 것으로 축소될 수 있다. 연쇄 살인에 대한 이러한 모든 주장들은 거짓이다.

연쇄 살인에 대한 사실

미국 법무부의 국립 폭력성범죄분석센터(the National Center for the Analysis of Violent Crime)는 연쇄 살인을 "상이한 사건에서 동일한 범죄자에 의해 둘 또는 그 이상의 피해자가 불법적으로 살해되는 것"(Morton and Hilts, 2005: 9)으로 정의한다. 이는 살인의 시간적·공간적 요인에 기초하여 무차별 살인(연속 살인, spree killing) 및 대량 살인(mass murder)과 구별된다. 연쇄 살인은 냉각 기간(cooling-off period) 이후에 그리고 항상 상이한 장소에서 발생한다. 대량 살인은 별개의 시간과 장소에서 4명 이상의 피해자가 살해당한 것으로 정의되며(Delisi and Sherer, 2006; Fox and Levin, 2003), 무차별 살인은 살인 행위 사이에 냉각기 없이 복수의 장소에서 복수의 피해자가 있는 사건이다(Delisi and Sherer, 2006; Fox and Levin, 2003).

상당 부분 연쇄 살인범에 대해 갖는 매력은 이러한 자들이 어떻게 만들어졌는가, 그리고 그들의 범죄 행위가 갖는 동기가 무엇인가를 이해하기 위한 시도와 관련되어 있다. 수많은 요인들이 연쇄 살인의 병적 원인에 내포되어 왔는데, 특히 아동 학대(Hickey 1997), 역기능적 양육 관계(Fox and Levin, 1994) 그리고 정신질환(Monahan, 1992) 등이다. 그러나 Ioannou(2009)가 지적한 것처럼, 이 요인들에 대한 연구는 인과관계가 아니라 상호 관련성을 보여 주고 있으며, 범죄를 저지르지 않은 비교 집단이 없다는 문제를 가지고 있다. 더욱이 학대를 받았거나 정신질환이 있는 연쇄 살인범들이 대부분의 유사한 경험을 가진 사람들과 달리 살인으로 발전된 이유와 관련한 지표들이 없다.

연쇄 살인의 원인을 설명하는 데 있어서 중심이 되는 문제의식은 연쇄 살인범의 발달과 생성이 단순한 원인-효과 기제라기보다는 과정이라는 인식에서 온다(Canter, 1994). 이 점에서, 서사적 모형들은 제6장에서 논의한 것처럼 잠재적으로 유익한 진전을 제공한다. 사건 자체만큼이나 한 사람의 일생에 무슨 일이 있었는가를 고찰해 보는 방식은 폭력성 범죄자가 되어 버린 사람들을 그렇지 않은 사람들로부터 구별해 낼 수 있을 것이다.

상당한 노력이 연쇄 살인에 대한 보다 근본적인 영향들을 이해하는 쪽으로 지향되었다. 이는 흔히 연쇄 살인의 동기를 밝히려 노력하는 형태로 이끌어져 왔다. 그러나 제5장에서 논의한 것처럼 동기의 개념을 고려하는 데 있어서는 많은 어려움이 있다. 사실 응용 수사적 맥락에서 동기를 이해하는 것의 한정된 유용성은 연쇄 살인에 대한 수사적 권고에 대한 국립폭력성범죄분석센터(NCVCA) 보고서에 명백하게 나타나 있다.

- 연쇄 살인범은 범죄를 범하는 데 있어서 복수의 동기를 가지고 있을 것이다.
- 일반적으로 연쇄 살인 수사에서 동기는 밝혀지기가 어렵다.
- 연쇄 살인범의 동기는 단일 살인에서뿐만 아니라 일련의 살인 행위들을 통해서도 발전될 것이다.
- 동기의 분류는 범죄 현장에서 관찰할 수 있는 행위에 한정되어야 한다.
- 비록 동기가 확인될 수 있어도, 범죄자를 발견하는 데에는 유용하지 않을 수 있다.
- 범죄자를 찾아내는 것 대신에 범죄의 동기를 파악하기 위해 수사 자료들을 사용하는 것은 수사의 방향을 어긋나게 할 수 있다.

〈표 13-3〉 핵심 발견들—연쇄 살인

분포	• 영국에서 한 시기에 4건의 연쇄 살인이 있었으며, 1982~1991년에 영국에서 196 명의 대량 살인 피해자가 있었음(Grosswell and Hollin, 1994) • 1940~1985년에 미국에서 연쇄 살인 비율은 1.7%였으나, 1970~1993년에 3.2% 의 비율로 증가함(Jenkins, 1988) • Hickey(1997)는 미국에서 연쇄 살인의 장기 경향을 측정하였으며, 연쇄 살인의 분 포에 대한 가장 철저한 측정 중의 하나를 수행하였다. 그는 1800년까지 거슬러 올 라가는 역사적 자료들을 수집하였으며, 이러한 자료는 1800년부터 1960년대를 통하여 천천히 증가하는 경향을 보여 주었다. 그리고 1970년부터 극적으로 증가 하는 사건 수를 보여 주고 있다. 연간 수천 명으로 추산하는 법무부와는 반대로, Hickey는 1800~1995년에 399명의 연쇄 살인범에 의해 살해된 2,526~3,860명의 피해자를, 그리고 1975~1995년에는 974~1,398명의 피해자를 열거하였다. 비록 알려지지 않은 사건들은 포함하지 못하였으나, 연간 49~70명에 이르는 수이다. • 1970년대와 1980년대 초반, 미국에는 35명의 활동 중인 연쇄 살인범이 있었다(미 법무부, Horrower, 1983에서 인용) • 연쇄 살인범들은 미국의 전체 살인 중 단지 1~2%만을 범하는 것으로 추산된다. (Bartol, 1995) • Holmes와 DeBurger(1988)은 미국에서 매년 3,500~5,000명이 연쇄 살인의 피해 자이며, 해결되지 못한 살인의 약 2/3 및 같은 비율의 실종 사건이 연쇄 살인범들 과 연관되어 있다고 주장한다. (이 주장은 모든 해결되지 않은 살인을 연쇄 살인 범에게 전가하는 것에 기초하기 때문에 비판을 받고 있다.) • 1970년대 이래로 연쇄 살인이 증가하고 있다는 지표가 있음(Canter, Missen and Hodge, 1996)
피해자 특성	• 젊고, 연약한 백인 여성; 비면식 관계 범죄(Egger, 1998) • 여성(67%), 백인(71%), 평균 33세. 연쇄 살인 피해자들의 인종 비율은 미국 인구 에서 다른 인종들의 비율과 대략 상응함. 피해자의 80%가 백인이며, 16%가 흑인 그리고 4%가 기타(Kraemer er al., 2004) • 대부분이 낯선 성인이며, 젊은 여성이 가장 피해자가 되기 쉬운 듯함(Hickey, 1991) • 우선 표적은 차량 편승 여행객, 여성 독거자, 매춘부, 아동 그리고 노인층(Levin and Fox), 그리고 연쇄 살인범의 24%가 최소한 한 명의 아동을 살해함
주기성	• 사건의 대부분에서, 연쇄적인 살인 사이의 간격은 수일에서 일 년 또는 그 이상의 범위를 보임. 일반적인 패턴은 첫 살인 이후에 일 년 또는 그 이상이 흘렀으며, 이 후 일 년에 3~4건의 추가 살인이 뒤따름. 일부 타당성을 갖는 것으로 나타난 주 기성의 유일한 규칙은 각 살인자의 경력에서 살인의 비율은 시간에 따라 가속된 다는 것임(Ioannou, 2009)

- 수사관들은 연쇄 살인범의 동기를 상해의 정도와 동일시해서는 안 된다.
- 동기가 무엇이든 연쇄 살인범들은 그들이 원하기 때문에 그 범죄를 저지른다. 이에 대한 예외는 심각한 정신질환을 앓고 있는 소수의 살인자들일 것이다.

연쇄 살인에서 범행 방식의 구분

비록 연쇄 살인이 가장 극단적이고 때로는 특이한 범죄 형태이기는 하지만, 비정상적인 행위 모형틀보다는 다소 정상적인 모형틀 내에서 범죄 행위를 이해하는 데에 초점을 두고 있는 범죄 수사학적 관점은, 피해자의 역할과 인간 파괴 수준이라는 측면에서 접근하는 폭력성 범죄에 대한 일반적인 차별화 모형이 연쇄 살인에 대해서도 적용될 것이라는 기대감을 가지게 한다. 범죄 행위 양태의 차이점들이 범죄자가 피해자와 상호관계하는 방식 및 그가 피해자에게 지정한 역할에 기초할 것이라는 생각(Canter, 1994)은 연쇄 살인 범죄 행위 방식에 대한 많은 모형틀과 관점들에서부터 나온 것이다. 대부분의 전문가들은 이 접근법이 유발하는 모든 난점에도 불구하고 동기적인 그리고 정신병리적인 측면에 초점을 맞추는 경향이 있다.

예를 들어, Fox와 Levin(1998)은 연쇄 살인에 대한 5가지 동기 유형을 분류하고 있다(〈표 13-4〉를 보라). Holmes와 DeBurger(1985)의 초기 연구를 발전시킨 Holmes와 Holmes(1998)의 잘 알려진 분류법은 범죄 행위에서 도출된 동기 또는 충동을 기초로 연쇄 살인범들의 유형을 정립하고 있다(〈표 13-5〉를 보라).

이들 분류법은 앞에서 논의된 약점을 갖고 있으며, 이로 인해 비록 각각의 유형이 항상 유효한 사례를 통해 설명이 가능하지만, 특정 유형에 적합하지 않은 다른 많은 사례들도 존재하게 된다. 또한 지적한 것처럼, 범죄 이유와 동기가 복잡하게 혼재하고 있고 범죄자는 인식하지 못하며, 그리고 본질적으로 추상적이기 때문에 범죄의 이유 또는 동기를 추정하게 하는 모형틀에 있어서 반복되는 어려움이 있게 된다. 그럼에도 이러한 분류법들은 다양한 범죄 행위와 관련된 초기의 내적·외적 측면들의 범주에 관심을 끌기에 유용하다. 그러나 범죄 행위의 패턴에서 변형을 산출해 내는 심리학적 주제에서 그 차이점들을 구별하기 위해서는 연쇄 살인 행동 자체의 본성과 심리적 요소들 및 이에 필수적인 과정들에 대한 완전한 이해를 요구한다.

물건, 매개체 또는 사람 모형틀을 정교화하는 데 있어서, Youngs와 Canter(출판 중, b)는 이러한 가장 참혹한 범죄에서 실제로 발생하는 상세한 것들과 행위 패턴에 대한 실증적 분석에 의존하고 있다. 이것이 상이한 피해자의 역할이 연쇄 살인 내 범행 방식으로서 어떻게 표현되는지에 대한 우리의 이해가 발전할 수 있게 한다. 이들 상호작용 양태를 이해하는 것

〈표 13-4〉 연쇄 살인 동기들의 사례

동기	사례
힘	가학적 환상에 자극받아, 통제와 지배에 대한 자신의 욕구 만족을 위해 일련의 사람들을 고문하고 죽이는 것
보복	어릴 때 심하게 잘못 취급받은 사람이 어머니의 모습을 상기시키는 여성을 노예화함으로써 과거를 보복하는 것
충성	살인자 집단이 살인을 서로에게 전념과 헌신을 제공하기 위한 의식으로 간주하는 것
이득	생명보험을 취득하기 위해서 여러 명의 남편을 독살하는 여성
테러	심각한 피해망상증 환자가 곧 닥칠 파멸을 세상에 경고하기 위해 일련의 폭발 범죄를 저지르는 것

출처: Fox and Levin (1998). 허가에 의해 재구성

〈표 13-5〉 Holmes와 DeBurger의 연쇄 살인범 유형

망상	현실로부터 단절되면서, 환영을 보았다거나 악령, 천사, 악마 또는 신이 특정 개인이나 특정 유형의 사람들을 죽이라고 말하는 소리를 들었다는 이유로 연쇄 살인을 하는 유형. 신속하고 행동 중심적 살인들이 행해져야 할 과업으로 인식된다.
임무	임무형 살인자는 살인 행위 자체에 초점을 맞춘다. 그의 판단에 무가치하고 불필요한 사람들을 세상에서 제거하기 위해서 살인해야 한다고 압박받는다.
쾌락	이 유형의 성적 살인자들은 다음 두 가지 하부 유형으로 분류된다. • 욕망: 욕망형 살인자는 성적 만족감을 위해서 살인한다. 심지어 피해자를 살해한 후에도, 성관계는 살인의 핵심이다. 이런 유형의 살인자는 살인적 사건의 과정에서 즐거움을 얻는다. 식인(cannibalism), 시간(necrophilia) 및 분시(dismemberment)와 같은 다양한 행동들이 이 유형의 살인에서 일반화되어 있다. • 긴장: 긴장형 살인자는 살인 행위의 쾌락과 흥분을 위해서 살인을 한다. 일단 피해자가 죽으면 이 살인자는 흥미를 잃는다. 이 유형의 살인 행위는 흔히 장기간의 고문을 포함하는 긴 절차를 갖는다.
힘/통제	살인자가 피해자를 통제하고 그의 행동에 대해 지배자로서 생각하는 것에서 즐거움과 만족감을 얻는다. 그의 동기는 힘과 타인에 대한 지배의 필요성이다. 살인 과정을 길게 끌수록 만족감도 더 커진다.

은 상호작용의 본질에 대한 정보를 직접적으로 획득할 수 없는 살인과 관련하여 특히 도전적이라 할 수 있다.

    연쇄 살인에서 실제로 무슨 일이 일어나는지에 대한 다양한 분석으로부터 많은 상이한 주제들이 확인되어 왔다. [그림 13-1]은 Canter와 동료들(2004)의 연구에서 도출된 것들을 요약한 최소 공간 분석(SSA)의 결과들을 보여 준다. 이들 분석에서 가장 충격적인 것은 사

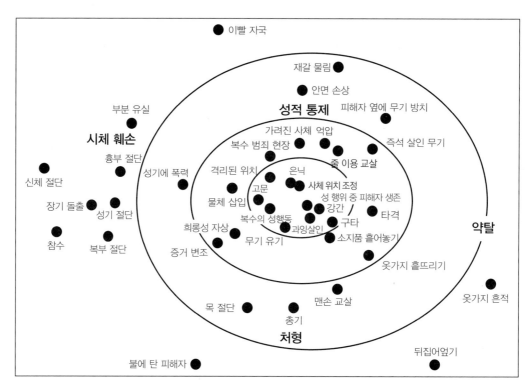

[그림 13-1] Canter 등(2004)에서 도출된 연쇄 살인에 대한 최소 공간 분석 결과들.
전체 항목들은 〈표 13-9〉를 보라.

출처: Canter et al. (2004). 허가에 의해 재구성

체 절단, 사후 사체 탐색 및 사체 착취와 관련된 행위들의 다양한 하위 집합을 확인한 것이다. Canter와 Wentink(2004)의 연구에서는 이것이 신체 부위 유실과 가슴, 생식기 및 복부 절단 등과 같은 변수들로 구성되어 있다. Canter 등(2004)은 머리 절단과 신체 절단이 역시 이러한 패턴의 일부임을 보여 준다. Hodge의 연구(Canter, 2000에서는)는 신체 난도질과 신체 부위 유실 및 시간과 식인의 징후들을 포함하는 유사한 변수 분야를 묘사하고 있다.

Canter 등, 그리고 Canter와 Wentink의 연구에서 이와 분리되는 것은, 피해자의 의류를 흩어 놓거나 어질러 놓는 것과 피해자를 구타하고 가혹 행위를 하는 것으로 표시되는 광란적 행동의 하위 집합이다. Hodge의 연구에서도 이러한 광란적 영역은 역시 발로 차거나 광란적 공격과 같은 행위들로 정의되고 있다. 그러나 그녀는 분석에 몇몇 다른 변수들을 포함하면서, 고문이나 눈가림과 같이 덜 폭발적이지만 더욱 착취적인 행동들이 이러한 유형의 부분이 될 수 있음을 보여 주는, 이 패턴을 좀 더 정교화하는 것을 가능하게 하였다.

비록 한정된 수의 변수들만이 연구를 통해 활용 가능한 것으로 확인되고 있지만, 이들 두 영역과는 달리, 더 많은 하위 집합이 분석을 통해서 나타나고 있다. Canter 등, 그리고 Canter와 Wentink의 연구에서 이 영역은 범죄자로부터의 친밀한 접촉을 요구받는 피해자

에게 남겨진 물린 자국의 존재 및 안면 손상을 묘사하는 변수들에 의해 정의된다(Canter et al., 2004). 이러한 보다 개인적 개입은 공격 후에 피해자의 옷을 다시 입히는 것, 그리고 다소 구분이 약하지만, Hodge의 연구에서 말하는 개인적 서류와 소지품을 훔치는 것을 포함하는 영역의 묘사를 통해 제시되고 있다.

물건, 매개체, 사람

신체 절단, 광란적 공격 및 개인적 개입의 패턴들 사이에서의 차이점들은, 비록 가장 극단적이고 특이한 범죄 행위 형태이기는 해도, 비정상적이고 특이한 측면들뿐만 아니라 Canter(1994)가 설명한 피해자와 범죄자의 일반적인 상호작용 형태에서의 상이한 점들까지 반영하는 것 같다. 신체 절단과 훼손 행위는 범죄자가 피해자를 완전한 인간으로서가 아니라 탐색하고 유희를 즐기는 대상으로 생각하는 '물건으로서의 피해자' 공격 유형이라는 관점에서 쉽게 이해된다. 이러한 피해자 역할의 지정은 피해자의 반응에 대한 공감 또는 흥미의 완전한 결여 속에 더욱 크게 나타난다. 살인의 맥락에서 이는 실제적인 살인 과정의 무의미함을 나타내는 것일 수 있다. 이와 일관되게, Canter 등의 연구는 신체 절단 행동과 유사한 맨손 교살, 목 절단 및 무기사용 행위들을 한 집단으로 묶고 있다.

'매개체로서의 피해자' 범죄 형태는 피해자를 자신의 분노와 욕구를 표현하는 수단으로 사용하는 것이다. 피해자들은 어떤 상징적 의미를 가지고 있으며 범죄자들은 그들의 반응을 알고 있다. 그리고 이것이 범죄자의 감정적 표현을 부양하고 쉽게 표출하도록 한다. 이러한 방식은 실험적 분석들에서 확인된 어지르기와 흩뜨리기와 같은 행위 집합의 바탕이 되는 범죄에 대한 일종의 광란적·감정적 접근을 생성한다. 피해자를 통제하는 데 필요한 정도를 넘어서는 극단적인 폭력은 피해자를 구타하고 가혹 행위를 하는 것과 함께 이러한 과정의 한 부분이다. Hodge도 이러한 범죄 행위 패턴의 한 부분으로 지적한 고문, 눈가리개와 소도구의 사용, 그리고 전문화된 범죄 도구 세트 등을 통한 직접적이고 잔인한 착취 행위는 피해자의 반응과 고통이 범죄 행위의 근본이 되는 '매개체로서의 피해자' 역할 해석과 더욱 일관되는 것이다.

비록 이들 연구에서 극단성의 경우 소수의 변수들로 구성되어 있지만, '사람으로서의 피해자' 역할이라는 관점에서 개인적 개입이라는 세 번째 주제의 잠정적인 해석이 가능하다. 연쇄 살인의 맥락에서, 피해자에 대한 범죄자의 이러한 개념은 어떤 종류의 친밀함 속에 범죄자 자신을 포함시키는 행동들 또는 피해자를 개인, 즉 인격체를 가진 사람으로서 인식하는 행동들을 드러내 보이는 것이다. '이빨 자국' 변수, 즉 범죄자가 자신의 입을 사용하는 행동은 친근함의 일반적인 형태를 연상시키는 이러한 해석과 일치한다. Hodge가 기술한 피해자의 옷을 다시 입히는 행위와 Canter와 동료들의 연구에서 기술된 사후에 사체를 덮는 행동이 또한 이러한 해석에 일관되며, 일종의 피해자의 인간성 인식과 상호관계를 일상화하려는 시도 등이 제시되고 있다. 비록 이러한 종류의 상호관계는 범죄 현장 증거에서 쉽게 드러나지 않기 때문에 행위 사례들은 소수이지만, 이러한 행동들이 다른 행동들과 명확하게 구별된다는 사실은 연쇄 살인에서 '사람으로서의 피해자' 유형의 범죄 행위를 지지하고 있는 것이다.

결국, 연쇄 살인에서 '물건으로서의 피해자' 역할은 전형적으로 사후 신체의 이용이라는 행동들에서 가장 명확하며, '매개체로서의 피해자' 역할은 연쇄 살인에서 살아있는 피해자에 대한 감정적 공격 또는 착취라는 행동들로서 비추어진다. '사람으로서의 피해자' 역할은 범죄자의 측면에서는 다소 왜곡된 형태의 친밀감 시도를 나타내는, 그리고 피해자를 인격체를 가진 개인으로 인식하는 행동들에 의해 드러난다(Youngs and Canter, 출간 중, b).

일반적인 범죄 구분의 분화도 모형(제5장을 보라)과 같은 선상에서, 폭력성 범죄의 포괄적인 모형은 물건, 매개체 그리고 사람 모형에서의 차이점들이 행동의 강도가 증가하는 만큼 점진적으로 차별된 유형들로서 나타난다고 예견한다. 폭력성 범죄에 대해서 일반적으로 이러한 강도는 사람에 대한 공격의 힘이라고 주장된다. 연쇄 살인이라는 특정 맥락에서, 가장 극단적인 공격은 살인 행위를 넘어서는, 피해자와 피해자의 정체성을 완벽하게 파괴하고 인간성을 말살하려는 최상의 패륜성을 보이는 것들일 것이다.

Canter 등, 그리고 Canter와 Wentink의 연구들에서, 이러한 가장 파괴적인 행동들은 표본들 중에서 최소한의 빈도를 보이고 있다. 예를 들어, 성기 절단과 참수는 사건들 중 각각 10%와 5%에 해당한다. 유사하게 피해자 신체에 남은 '이빨 자국'은 범죄들 중 5%가 발견된다. 반대로, 연쇄 살인의 기본적인 행동들을 구성하는 행위들은 그 외의 추가적인 인간성 상실의 형태들에 비해 연구들에서 가장 빈도가 높다. 여기에는 성폭행 동안에 피해자를 살려 두는 것(91%), 삽입 강간(74%)(두 유형 모두 아마도 Canter와 동료들의 연구 표본들 내에서 성적 행동과 관련된 살인들 중 가장 높은 수를 반영하는 것임)뿐 아니라 사체의 이동(75%), 무기 제거(67%), 그리고 피해자 구타(61%) 등과 같은 행동들을 포함한다.

[그림 13-2]에서 보듯이, 피해자 역할과 공격 강도에 있어서 이러한 변수들의 상호작용으로부터 차별화된 범죄 유형들이 파괴와 비인간화에 대한 세 가지 상이한 피해자 역할 접근법들을 보여 주는 연쇄 살인 모형이 산출된다. 이들 상이한 범죄 유형들은 가장 파괴적이고 비인간적인 행동들에서 가장 명확하게 드러난다. 물건 모형에서 이 극단적인 변형들은 절단 및 참수를 통한 신체의 완벽한 물리적 파괴이며, 매개체 모형에서는 이들이 피해자와 그의 소지품들에 대해 말살적인 공격을 하는 경향을 갖는다. 사람 모형에서는 얼굴의 형태를 손상시키는 것이 대인관계적 파괴성의 극단적인 형태이다. 흥미롭게도, 이 모형에 대해서

는 매우 드문 행동들이 없다. 이는 아마도, 대인관계적 본질이 대화와 범죄 현장에 대한 경찰 기록에서 드러나지 않는 다른 상호작용 모형들을 통해서 실행되기 때문일 것이다. 범행 양태에 있어서 변형들은 범죄의 근본이 되며 범죄 실행을 용이하게 하는 데에 중요한 행위들 중에서는 핵심에서의 차이가 두드러지지 않는다. 광의로 이야기하자면, 이들이 상호작용의 물건, 매개체 혹은 사람 방식에 의해 특징지어지는 범죄들에서 비슷하게 나타나는 행위들이다. 이들은 또한 높은 빈도가 지칭하는 것처럼, 연쇄 살인범들에 의한 많은 또는 대부분의 살인 행위들에서 보편적인 경향을 갖는다.

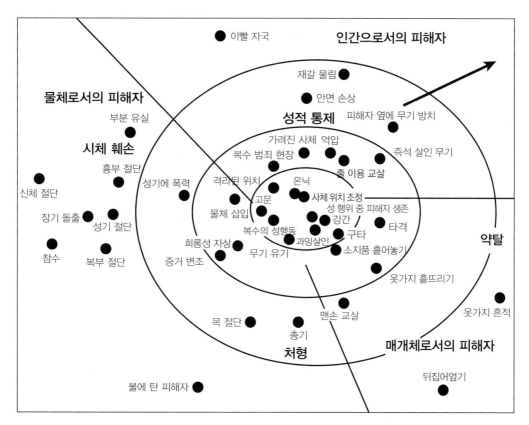

[그림 13-2] 연쇄 살인의 분화도. 전체 항목들에 대해서는 〈표 13-9〉를 보라.
출처: Youngs and Canter (출판 중, b).

피해자 역할 범행 양태들의 서사적 행위체계 맥락

폭력성 범죄에 대한 차별화의 포괄적인 모형은 연쇄 살인을 위해 존재하는 것처럼 보일 수 있다. 피해자와의 상호관계에 대한 물건, 매개체 또는 사람 모형을 반영하는 차별된 범행 양태들은 피해자의 비인간화와 파괴에 대한 상이한 상호관계적 접근법들처럼, 더 높은 강도의 행동들 내에서 표출된다.

피해자에게 지정된 특별한 역할들은 더 넓은 범죄적 서사들의 필수적인 부분들이다(제6장에서 기술한 것처럼). 물건 역할은 사건의 통제와 권능적인 지배에 대한 범죄자의 초점의 부분으로서, '전문가적 모험' 서사로부터 나타난다. 사람 역할은 '역설적 피해자' 서사에서 나타나며, 여기에는 범죄자가 자신의 공허감을 처리하기 위한 왜곡된 시도 속에서 피해자와 일정한 종류의 친밀함을 간곡하게 찾게 된다. '매개체로서의 피해자' 역할의 상이한 변형들은 '복수자 비극'과 '영웅적 탐색' 서사 내의 피해자에게 지정된다. 여기서 변형은 보복에 대한 자신의 분노욕구를 위한 표적으로서 상징적인 역할을 하는 피해자의 '비극' 변형과 가장 일관적이다.

제7장에서 개괄한 것처럼, 상이한 서사들은 특별한 행위체계 모형들을 함축한다. 피해자와의 세부적인 상호작용보다는 전반적인 사건에 초점을 두고 있는 피해자 역할의 살인 범행 방식에 대한 대체적이며 폭넓은 해석은 서사적 행위체계 모형의 개념 속에서 가능하다.

'모험' 서사는 주변환경에서의 취득 가능성(행동의 외적 원천)에 의해 유도된, 물질적 이득의 획득(외적 효과)을 위한 노력과 기술의 직접적인 교환에 초점이 맞추어진 적응적 행위체계 모형을 대표한다. 여기에서 이것은 '물건으로서의 피해자' 방식에 의해 표현되는 서사적 행위체계 모형이 될 것이다.

'비극' 서사에서는, 행위가 보복이며 잘못되어 온 것(외적 원천)에 대한 범죄자의 반응이지만, 현재의 실행 표적이 자신이든 타인이든 간에, 우려하는 것은 단지 자기 자신과 개인의 내적인 상태(내적 효과)에 대한 충격에 있기 때문에, 바탕이 되는 행위체계 모형은 보수적이다. 이것은 살인의 '매개체로서의 피해자'와 일치하는 서사적 행위체계에 의해 해석될 것이다.

역설적 서사는 아무것도 이해되지 않고, 어떠한 규칙도 없는 일반화된 무력감과 무의미함 중의 하나이다. 이 서사로부터 실행되어 특징지어지는 범죄들은 행동을 유발(내적인 활성화; 내적 원천)하는 내적인 공허함과 필요성을 단지 완화시키려 하는 통합적인 사건들이다(Canter and Youngs, 출판 중, b). '사람으로서의 피해자' 방식의 범행을 추구하는 심각하게 왜곡된 친밀감은 이러한 더 넓은 통합적인 역설의 서사적 행위체계 모형의 일부로서 쉽게 이해될 수 있다.

단독 살인에서 피해자의 역할

흥미롭게도, Fritzon과 Ridgway(2001)의 일부 연구는 매개체, 물건, 사람 모형이 우리가 단독의 살인 미수(attempted homicide) 범죄들을 이해하는 데 도움이 된다고 이야기한다. 살인 공격에서 피해자가 생존한 31개 사건들에 대한 최소 공간 분석은 행위에 대한 세 개의 상이한 강조점을 보여 주고 있다(〈표 13-6〉을 보라). 그들의 표본은 1986~1995년의 살인 미수사건들로 구성되어 있으며, 스웨덴의 세 번째로 큰 말뫼 경찰서(Malmo Police Force)가 제공한 것이었다. 93건의 사건들 각각이 단일 피해자에 대한 살인미수로 유죄 판결을 받은 범인을 포함하고 있었다.

〈표 13-6〉 피해자, 물건, 사람 역할의 범죄 현장 행동들

피해자 역할	범죄 현장 행동
사람	범인이 피해자를 사람으로서 알고 있다는 것을 의미하는 말을 한다. 범인이 피해자에게 말을 한다. 공격이 피해자의 주거지에서 발생한다. 범인이 피해자에 대해 언어적 폭력을 사용한다. 범인이 피해자를 통제하기 위해 무기를 사용한다. 범죄가 주중에 발생한다. 범인이 범죄 현장에 무기를 가지고 온다. 범인이 피해자에게 상해를 입히기 위해 둔탁한 기구를 사용한다. 범인이 피해자를 통제하기 위해 협박을 사용한다.
매개체	피해자를 묶거나 재갈을 물린다. 범인이 단일 행동의 폭력을 사용한다. 범인이 피해자로부터 물건을 절취한다. 범행이 범인의 구역 내에서 발생한다. 범인이 범죄 현장에 있는 무기를 사용한다. 범인이 범행이 일어날 때 취해 있었다. 사체의 한 부분에 하나의 상처가 있다. 피해자가 범행이 일어날 때 취해 있었다.
물건	피해자의 한 부분에 다수의 상처가 있다. 상처들이 피해자의 몸통에 위치해 있다. 상처들이 피해자의 얼굴에 위치해 있다. 범인이 피해자를 모욕한다. 상처들이 피해자의 사지(limbs)에 위치해 있다. 사체가 범죄가 발생한 현장에 남겨져 있다. 피해자에게 방어 상처가 있다. 범인이 피해자의 저항에 따라 행동을 변경하였다. 범인이 공격을 시작하고, 멈추고, 다시 시작하였다. 상처가 피해자의 머리에 남아 있다. 범인이 피해자에게 상해를 입히려고 날카로운 물체를 사용한다. 상처들이 피해자의 목에 남아 있다.

출처: Fritzon and Ridgway (2001). 허가에 의해 재구성

연쇄 살인의 대안적 모형

침해 행위들 간 가장 중요한 차이점들은 범죄의 대인관계적 상호작용 방식에 있다는 생각은 연쇄 살인범들에 대해 가장 넓게 인용되는 생각들 중 일부와 상충한다. 이것이 대립하는 한 가지 특별히 보편적인 생각은 조직적이지 못한 연쇄 살인범과 반대되는, 조직적인 것의 개념이다. 콴티코 FBI 연수원의 훈련 과정에 있는 일부 특수 요원들이 개발한 이러한 이분법(Ressler et al., 1986a)은 연쇄 살인을 이해하는 확정적인 방법으로 대중문화 속에 퍼져 있다.

Ressler 등은 흥미로운 일관성 원칙을 전개하면서, 조직적인 범죄자는 계획적이며 정리된 생활을 하기 때문에, 범죄를 범한 방법에 이것이 반영된다는 것이다. 조직적인 범죄 현장은 조심스럽게 계획된 범죄의 증거를 드러내는데, 통제와 억제력 사용과 자신이 가져온 무기를 사용하고 이후에 제거하는 것 등이 그것이다. 조직적이지 못한 범죄자들도 자신들의 생활 방식과 일치하게, 즉흥적으로 살인을 하고 범죄 현장을 아무렇게나 남겨 둔다. 비조직적인 범죄 현장은 통제 혹은 최소한의 억압을 사용하거나, 법의학 증거를 훼손하거나, 혹은 사체를 숨기려는 의도가 없는 점 등에 의해 특징지어진다(Burgess and Douglas, 1988).

〈표 13-7〉 조직적인 살인범들과 비조직적인 살인범들의 범죄자 특성들

조직적인	비조직적인
높은 지능	평균 지능
사회적으로 능력 있는	사회적으로 미성숙
숙련된 직업 선호	빈약한 직업 전력
성적으로 능력 있는	성적으로 무능한
상위 순위 출생	하위 순위 출생
부모의 안정된 직업	부모의 불안정한 직업
모순된 어린 시절 훈육	혹독한 어린 시절 훈육
범죄 동안 통제된 감정	범죄 동안 불안한 감정
범죄 중 음주	최소한의 음주
촉발적인 상황 부담(스트레스)	최소한의 상황 부담(스트레스)
배우자와 동거	독거
이동성, 잘 관리된 차량 사용	범죄 현장 인근 거주/직장
범죄 보도 관심	언론 보도에 최소한의 관심
직업 변경 혹은 지역을 떠남	생활방식 변화 최소

출처:Ressler, Burgess and Douglas (1998).

Canter 등(2004), 그리고 Canter와 Wentink(2004)의 두 개의 중요한 수사심리 연구들은 연쇄 살인 자료 'Missen Corpus'를 이용하여, 이러한 생각들에 대한 직접적이며 실증적인 검토를 제공한다([글상자 13-2]를 보라). 이 연구들은 연쇄 살인에 있어서 유효한 구분 유형들에 대한 우리의 생각에 변화를 주었을 뿐 아니라, 그러한 분류 도식들에 내재하는 가설들을 탐구하고 검토하기 위해 사용될 수 있는 조사방법론에 대한 유용한 설명을 제공하고 있다.

〈표 13-8〉 조직적인 살인범들과 비조직적인 살인범들 간의 범죄 현장 차이점

조직적인	비조직적인
계획된 범행	즉흥적 범행
낯선 사람을 피해자로	알고 있는 피해자 혹은 장소
사유화된 피해자	비사유화된 피해자
통제된 대화	최소한의 대화
범죄 현장이 전반적인 통제 상태 반영	무작위적이며 엉성한 범죄 현장
피해자에게 복종 요구	갑작스러운 폭력
억압 사용	최소한의 억제 사용
살인 전에 공격적 행위	살해 이후 성적 행위
사체 은닉	사체 보이는 곳에 유기
무기/증거 부재	증거/무기 현장에 유기
피해자 혹은 사체 이동	살해 현장에 사체 유기

출처:Ressler, Burgess and Douglas (1998).

글상자 13-2 Missen Corpus: 연쇄 살인의 실증적 연구를 위한 자료

자료를 축척한 조사자의 이름을 딴, 'Missen Corpus'는 국제 수사심리학연구센터(International Research Center for Investigative Psychology: IRCIP)에 보관된 방대한 양의 자료집이다. 1960년 이후로 미국에서 제작된 연쇄 살인범들에 대한 출간물들로부터 수집한 3,000개 이상의 자료 파일들을 담고 있다. 이 자료들은 국내 및 국제적으로 알려진 미국의 신문, 정기간행물, 저널, 범죄 잡지, 자서전, 법정 기록 그리고 사례의 역사적 서사들의 2차 출처들로 구성되어 있다. 모든 자료들은 여러 신뢰할 만한 출처들의 상호 참조를 통해 입증되었으며, 신뢰할 만하게 입증될 수 있는 사례들 혹은 파일들만이 핵심 표본에 포함되어 있다.

조직적-비조직적 유형론

조직적-비조직적 이분법에 대한 실증적 검사(Ressler et al., 1986a)의 첫 단계는 상이한 범행 유형들 각각을 표현하는 Canter 등(2004)의 자료 조합 내 변수들을 구체화하는 것이다. 이는 〈표 13-9〉에서 볼 수 있다.

〈표 13-9〉 '조직적인' 혹은 '비조직적인' 범죄로 확인된 Missen Corpus 변수들

조직적인	1. 성행위 중 피해자 생존(91%): 성적 행동이 실행되는 동안 피해자 생존
	2. 사체 위치 조정(75%): 피해자의 사체가 의도적으로 위치되어 있음
	3. 살인 무기 유기(67%): 살인 무기 발견되지 않음
	4. 복수 범죄 현장(61%): 분리된 납치 장소, 살인 장소 및 유기 장소
	5. 사체 은닉(58%): 유기 장소에서 즉시 발견되지 않도록 은닉
	6. 고문(53%): 범죄자가 피해자를 고문 행동에 예속
	7. 억압(40%): 목, 손목 및 다리 억압을 포함한 억제력 사용
	8. 사후 행위(PM)로 가려진 사체(37%): 범죄자 사후 행위로 피해자 사체가 가려져 있음
	9. 줄 이용 교살(34%): 일정 형태의 줄(끈)을 이용하여 피해자 교살
	10. 총기 사용(23%): 범죄 현장에서 총기 사용 증거
	11. 증거 변조(21%): 범죄자가 자신을 확인할 수 있는 증거 변형
	12. 재갈 물림(16%): 재갈 물린 피해자
	13. 이빨 자국(5%): 피해자 몸에 이빨로 문 흔적
	14. 삽입 강간(74%): 피해자에게 삽입한 강간
	15. 과잉 살인(70%): 살인에 필요한 이상의 폭력 사용
	16. 복수의 성적 행동(66%): 피해자/사체가 복수의 성적 행동에 예속
	17. 구타(61%): 피해자의 사체에서 구타당한 흔적 발견
	18. 격리된 지점에 버려진 사체(54%): 격리된 장소에 위치한 사체
	19. 소지품 흩어놓기(47%): 피해자의 소지품이 범죄 현장에 흩어져 있음
	20. 희롱성 자상(38%): 피해자 사체에서 발견된 표면적인 칼자국
	21. 타격(38%): 피해자가 묵직한 것으로 맞은 흔적
	22. 옷가지 흩뜨리기(36%): 피해자의 의복이 범죄 현장에 흩어져 있음
	23. 물체 삽입(35%): 범죄자가 피해자의 신체 구멍에 물체들을 삽입
	24. 즉석 살인 무기(31%): 기회적 무기, 현장에서 구한 물건 사용
	25. 맨손 교살(27%): 피해자를 손으로 교살
	26. 성기에 직접적인 폭력(23%): 성기를 직접 목적으로 하는 폭력적 행동의 증거
비조직적인	27. 피해자 옆에 무기 방치(19%): 살인 무기를 피해자의 사체 사후 행위에 남겨 둠
	28. 안면 손상(19%): 변형을 유발한 안면에 대한 폭력의 증거
	29. 목 절단(19%): 피해자의 절단된 목
	30. 살인 현장까지 이어진 옷가지들(13%): 현장까지/부터 이어진 옷가지들
	31. 뒤집어엎기(11%): 범죄 현장이 혼란스러운 상태

32. 성기 절단(10%): 사체가 의도적인 성기 절단을 보여 줌

33. 사체 일부 유실(10%): 피해자로부터 유실된 하나 이상의 신체 부위

34. 가슴 절단(9%): 흉부 절단

35. 불에 탄 피해자(8%): 피해자 사체에서 발견된 태운 흔적들

36. 복부 절단(8%)

37. 장기 돌출(6%): 내장이 꺼내져 있음

38. 참수(5%)

39. 신체 절단(3%)

출처: Canter et al. (2004). 허가에 의해 재구성

유형 내 일관성

이들 변수를 바탕으로 분석의 다음 단계는 유형론의 근본적인 가정, 즉 유형 내 변수들이 실제로 병행 발생하는지(여기에서는 범죄 현장 내)를 검사하는 것이다. 이를 검사하기 위해, Canter와 동료들은 각각의 '조직적인' 및 '비조직적인' 유형 내에서 함께 발생하는 것으로 가정된 행동들의 조합(쌍)들을 선정하여, 이들이 함께 발생하는 비율을 산정하였다. 이것은 자카드 계수(Jaccard Coefficient; Jaccard, 1908)를 이용하여 산정되었는데, 이 계수는 결합 비발생은 고려하지 않기 때문에, 범죄 현장 내에서 발견되지 않으면 이러한 행위들이 같은 유형의 일부라는 증거로서 취급되지 않았다. 이 방법은 범죄 자료에서처럼, 어떤 발생에 많은 부재가 있고 이들 부재가 범죄에 대해 보고하는 사람들의 착오에서 기인한 것일 때, 특별히 강력한 병행 발생 측정법이 된다. 〈표 13-10a〉와 〈표 13-10b〉는 각각의 조직적 및 비조직적인 유형들 내에서 가장 보편적인 여섯 가지 행동들에 대한 산출 결과를 보여 주고 있다.

〈표 13-10a〉 100건의 연쇄 살인에서 빈도 높은 조직적인 특성들의 병행 발생 비율

조직적인 특성들	성행위 중 피해자 생존	사체 위치 조정	무기 유기	복수 범죄 현장	사체 은닉
성행위 중 피해자 생존					
사체 위치 조정	0.71				
무기 유기	0.61	0.54			
복수 범죄 현장	0.63	0.62	0.58		
사체 은닉	0.57	0.58	0.52	0.70	
고문	0.52	0.58	0.50	0.46	0.46

출처: Canter et al. (2004). 허가에 의해 재구성

〈표 13-10b〉100건의 연쇄 살인에서 빈도 높은 비조직적인 특성들의 병행 발생 비율

비조직적인 특성들	삽입 강간	과잉 살인	복수 성적 행동	피해자 구타	격리된 곳 유기
삽입 강간					
과잉 살인	0.53				
복수 성적 행동	0.69	0.49			
피해자 구타	0.48	0.52	0.44		
격리된 곳 유기	0.47	0.43	0.43	0.35	
소지품 산개	0.44	0.43	0.35	0.48	0.29

출처: Canter et al. (2004). 허가에 의해 재구성

여기에서 예상되는 것은, 만일 조직적인 및 비조직적인 범주들이 실제로 상이한 범행 유형들처럼 실행되고 있다면, 관련된 행위들은 100%에 근접하는 비율로 함께 발생할 것이라는 점이다(자카드 계수 1.00으로 표시될 것이다). 선정된 변수들이 피해자의 반응과 같이 어떤 상황적 요소들에 의해 강하게 영향받을 가능성이 있는 행위들을 묘사하고 있지 않은 점을 감안하면, 매우 높은 병행 발생 수준이 특별히 예상 가능하다.

〈표 13-10a〉와 〈표 13-10b〉는 행위 쌍들 사이의 병행 발생 중 어떠한 것도 이 수준에 이르는 것이 없다는 것을 보여 주고 있다. 사실상, 쌍들 중 상당수에 있어서, 확인된 행동 사례 중 50% 이하로 병행 발생한다. 흥미롭게도, 조직적인 범주 내 행위들에서는 쌍들 중 4개(사체 위치 조정과 성행위 중 피해자 생존; 성행위 중 피해자 생존 및 현장에서 선택한 무기; 성행위 중 피해자 생존 및 복수 범죄 현장; 사체 은닉 및 복수 범죄 현장)에 대해 약간 좋은 결과를 보여 주고 있으며, 유형론 내에서 예측되는 것처럼, 적어도 60% 정도 관찰되고 있다. 그러나 이것은 이들 변수의 전반적으로 높은 발생 수준들 때문일 것이며, 예를 들어 '성행위 중 피해자 생존'은 Canter 등의 연구의 범죄 현장 중 91%에서 발견되었기 때문에, 이것과 함께 병행 발생이 예상되는 다른 행동들이 발견되었을 때, 이 행위 역시 관찰될 것이라는 높은 가능성이 있다는 것을 의미한다. 또한 이것이 제안하는 것은 이들 높은 빈도의 조직적인 변수들도 비조직적인 변수들과 병행 발생하고 있다는 것이다. 이것은 다음 분석 단계에서 검토될 것이다.

유형 간 차이

〈표 13-11〉은 자카드 계수를 이용하여 병행 발생 비율에 대한 동일한 산정 결과를 보여 주고 있으나, 이것은 조직적 및 비조직적인 변수 쌍들 사이(between)에서이다. 보이는 것처럼, 이 숫자들은 유형 내 분석과 같은 크기를 갖고 있으며, 이들 변수가 조직적-비조직적 유

〈표 13-11〉 흔하게 발생하는 조직적 및 비조직적인 특성들 사이의 관계

비조직적인	조직적인					
	피해자 생존	위치 조정	무기 유기	복수 현장	은닉	고문
강간	0.72	0.64	0.48	0.53	0.50	0.37
과잉 살인	0.64	0.59	0.65	0.46	0.41	0.54
성행위	0.64	0.60	0.51	0.53	0.49	0.50
구타	0.58	0.49	0.47	0.39	0.43	0.50
격리	0.54	0.57	0.51	0.74	0.72	0.41
산개	0.50	0.37	0.37	0.27	0.31	0.35

출처: Canter et al. (2004), 허가에 의해 재구성

형론의 다른 범주의 변수들과 함께 범죄 현장에서 발견될 가능성이 있다는 것을 말해 주고 있다.

실제 Canter 등은 격리된 지점에 사체를 방치하는 '비조직적인' 행위는 그들이 검사한 유형 내 쌍들 중 어느 것보다 '복수의 범죄 현장'에서의 '조직적인' 행위와 높은 비율의 사례에서 병행 발생하고 있다고 지적하고 있다.

함께 행해진 이러한 분석들은, 가장 높은 빈도의 변수 쌍들 중에서 범죄 현장에 대한 조직적 또는 비조직적인 행위들 중 일관된 하나의 유형 집합을 보여 주는 뚜렷한 경향은 없으며, 특히 이것들이 범죄 현장들을 구별하기 위한 기초는 아니라는 것 또한 말해 준다.

행위적 병행 발생의 패턴들

분석의 세 번째 단계는 전체 행위 조합이 탐구되고, 모든 행위와 모든 다른 변수들과의 관계성이 동시에 고려되는 것을 가능하게 한다. 이것은 비조직적인 또는 조직적인 군집화를 위한 관련 경향을 표시하는, 쌍대쌍 비교(pair by pair comparison)를 넘어서는 전반적인 패턴들에 대한 추가적인 탐구를 가능하게 한다.

이 검사는 다변량분석의 최소 공간 분석 형태에 39개의 행위 모두를 적용하여 이루어졌다(제5장을 보라). Canter 등(2004)의 연쇄 살인범에 대한 최소 공간 분석은 [그림 13-3]에 나타나 있다. 이것은, 예를 들어 피해자를 강간하는 것(강간)과 피해자가 살아있는 것(생존) 사이에 강한 관련성(자카드 계수 = 0.72)이 있다는 것을 보여 주고 있다. 반대로, 피해자의 소지품이 흩어져 있는 것과 격리된 지점에 사체를 유기한 것(격리된) 사이의 약한 관련성(자카드 계수 = 0.29)은 이들 두 변수가 구상도에서 더 멀리 떨어져 나타난다는 것을 의미한다.

범죄 행위의 차별된 조직적 및 비조직적인 유형 가설은, Ressler 등에 의해서 이들 범주

각각에 속하는 것으로 명시된, 상이한 범죄 현장 행동들이 실제 최소 공간 분석의 분리된 지역들에 해당하는가 여부를 살펴봄으로써 직접적으로 검토될 수 있다. 반대로, Canter 등은 만일 변수들이 최소 공간 분석에서 두 개의 상이한 지역에 해당하지 않으면, 조직적 및 비조직적 유형론을 위한 증거가 없다는 귀무가설이 채택되어야 한다고 지적한다.

[그림 13-3]이 보여 주는 것처럼, '비조직적인' 변수들(삼각으로 표시되는)은 하나의 뚜렷한 지역보다는 구성도를 가로지르며 발견되고 있다. 이것은 이러한 행위들이 독특한 유형을 특징짓기보다는, 연쇄 살인의 상이한 실증적 형태들 전반에 걸쳐서 발견될 것이라는 점을 말해 준다. 여기에서, '조직적인' 변수들(사각형으로 표시된)은, '비조직적인' 살인 행동과 구별되는 특별한 살인 유형을 실제로 묘사하는 것이라면 예상되는 것처럼 분리되어 있지 않게 된다. 실제 조직적인 변수들 중 상당수는 구성도의 개념적 중앙, 즉 가장 높은 빈도의 행위들이 있는 지역을 점유하고 있다(일부 비조직적인 변수들을 따라서). 이것은 연쇄 살인의 한 유형이라기보다는, 조직적인 행동은 대다수 범죄들의 특징이라는 것을 말해 준다. 종합해 보면, 연쇄 살인 유형들의 비조직적인 및 조직적인 이분법에 대한 증거는 없다. 실제 감시에서 벗어나 낯선 사람에 대한 연쇄 살인들을 실행하기 위해서는, Ressler 등이 언급한 일정

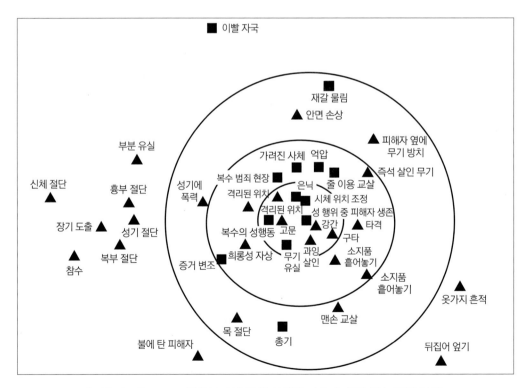

[그림 13-3] Canter 등(2004)의 연쇄 살인범 자료에 대한 최소 공간 분석.
전체 항목은 〈표 13-9〉를 보라.

출처: Canter et al. (2004). 허가에 의해 재구성

수준의 '조직성'이 필요할 것이다. 따라서 일반적으로 연쇄 살인을 특징짓는 것은 '조직성'이다.

Canter와 Wentink(2004)은 Holmes와 Holmes의 유형론(1998)에 대한 유사한 실증적 검사를 실행하였다([글상자 13-3]을 보라). 이 분석은, 연쇄 살인범들에 대한 Missen Corpus로부터 범죄 현장 변수들의 최소 공간 분석 구성도에 나타난 패턴 형성을 재탐구하는 것으로, 망상, 임무, 욕망, 긴장 및 힘/통제 살해 행위 등 다양한 유형들을 대표하는 것으로 선정되었다. 이것은 힘/통제 변수가 상이한 유형을 형성하지 않고, 대부분의 범죄에 공통적이라는 것을 보여 준다. 임무, 욕망 및 긴장 유형에 있어서, 각 유형의 일부 변수들은 예측한 것처럼 한 지역에 인접하여 위치되어 있는 반면에, 각 유형의 일부일 것이라고 예상되는 다른 행위들은 최소 공간 분석 주변에 산개되어 있는 것을 구성도 검사가 보여 주고 있다. 흥미롭게도 Canter와 Wentink가 주장하듯이, 망상 변수들은 비록 이러한 분류가 단지 '둔기 타격'과 같은 변수들, 즉 특별한 망상성 정신질환 혹은 충동보다는 피해자와의 직접적인 물

글상자 13-3

연쇄 살인범 분류의 재편성
(Holmes and De Burger's, 1988; Holmes and Holmes, 1998

다음은 Canter 등이 각 연쇄 살인범 유형들로부터 만들어 낸 핵심 범죄 행동 표이다. 저자들이 이러한 방법으로 재구성함으로써 강조하려는 것은 무엇인가?

특징	\multicolumn{6}{c}{연쇄 살인범 유형}

특징	망상	임무	안락	욕망	긴장	힘
비조직적인	×					
즉흥적	×					
무작위	×	×				
비특정	×		×			
연계			×			
행동 중심	×	×	×			
집중	×	×	×	×		
낯선 사람	×			×	×	×
조직적인		×	×	×	×	×
계획된		×	×	×		×
특정		×		×	×	×
과정 중심			×	×	×	×
비무작위				×	×	×
산개된					×	×

리적 형태의 상호작용을 의미하는 변수들에 대한 것임에도 불구하고, 망상 변수들은 비교적 상이한 지역을 형성하고 있다. 따라서 여기에서는 동기부여 혹은 충동에 대한 Holmes와 Holmes의 가설에 상응하는 상이한 행위 패턴들을 지지하는 증거는 없었다.

심리적 현상으로서의 연쇄 살인

연쇄 살인의 범행 양태를 분류하기 위한 다양한 도식들의 타당성에 대한 연구들은 중요한데, 이것은 이러한 현상의 근본적인 심리적 본질에 대한 연구들이 우리에게 말해 주고 있는 것들 때문이다. 조직적인-비조직적인 유형론에 함축되어 있는 것은, 연쇄 살인 행동이 우선적으로 과업 완수에 대한 것으로 개념화될 수 있다는 가정이다. 핵심적인 구분 특성은 이러한 과업 성취를 위해 취해진 접근법(조직적인 혹은 비조직적인)에 있다. 유사하게, Holmes와 Holmes의 견해 내에서 도출된 특별한 만족감에 따른 범행 차이 모형은 심리학적

글상자 13-4 남아프리카의 주술가의 약 제조 살인(Muti Murder)

남아프리카에서는, 매우 기이하고 드문 형태의 살인이 역사를 통해서 발생하였으며, 지금까지도 계속되고 있다. 의학적 목적에 사용하기 위해 살아있는 피해자의 신체 부분을 절단하는 살인으로서, 신체 부위는 '약 제조(muti)'를 위해 그 자체로 혹은 다른 재료들과 혼합되어 사용된다. 피해자는 항상 과다출혈 또는 상처 악화로 사망하게 되며, 무티 살인은 전통적인 아프리카 의약술에 사용하기 위해 인간의 신체 부분들을 모으는 의도를 가진 살인으로 정의될 수 있다(Minnaar, 2001).

'무티'의 목적은 항상 개인 혹은 공동체의 상황을 향상시키는 것이며, 이 과정은 고객이 접근하면 필요한 부분을 확보하기 위해 제3자에게 의뢰하는 전통적인 치료사들에 의해 옹호되고 있다. 사용되는 신체부위는 사람의 '생명 정수'를 담고 있다고 믿어지며, 전통적으로 살아 있을 때 더욱 힘이 있다고 믿기 때문에 보통 살아 있는 사람으로부터 취한다.

무티 살인은 수세기 동안 전통적인 아프리카 신앙의 하위문화의 일부로서 실행되어 온 것으로 믿어진다. 그러나 서구의 사법체제 및 신앙들의 도래와 함께 이러한 실행이 명백히 불법으로 간주되고, 남아프리카 경찰이 처리해야 하는 사건들의 일부가 되었다. 매년 남아프리카에서 15~300건 사이로 발생하고 있는 것으로 추산되고 있으나, 확산 정도를 특정하는 것은 어렵다. 다른 국가들에 있어서는 관련 수치가 없다.

Labuschagne(2004)와 같은 수사심리학자들은 종교적 숭배 혹은 제식 살인을 포함하는 다른 형태의 살인과 효과적으로 구분하고, 개입된 과정들을 보다 명확하게 이해하기 위해 무티 살인의 본질과 특성들을 탐구하였다. 이로부터, 그들은 수사에 정보를 제공하고, 수사에 지침을 제시할 수 있었으며, 이러한 기이한 살인을 취급하는 경찰관들에게 교육과 지원을 제공할 수 있었다.

개념에서 연쇄 살인이 충동에 대한 반응 혹은 표현을 나타낸다고 가정한다.

아마도 이러한 견해들은 유형론들의 실증적 검사들로부터 도출된, 그리고 피해자 역할 모형에 대한 긍정적인 지지에 포함된 과정의 요소들이겠지만, 증거가 제시하고 있는 것은 핵심 차이점들이 피해자와 관련짓는 양태에 있다는 것이다. 심리학적 개념에서 연쇄 살인은 충동의 표현 혹은 개인이 완수하고자 추구하는 과업이 아닌, 대인관계적인 상호작용의 왜곡된 형태로서 가장 잘 이해되는 행위이다.

성적 살인

비록 대부분의 연쇄 살인에서 중요한 동기 요인이 성적인 것(Douglas and Olshaker, 1992: 23)이며, 앞 장에서 기술된 Canter 등(2004), Hodge(1999) 그리고 Canter와 Wentink(2004)의 연구들이 성적인 활동이 연쇄 살인 범죄에서 확실히 공통적으로 발생한다는 것을 보여주고 있지만, 모든 연쇄 살인의 필요불가결한 부분은 아니다. 실제 Ioannou(2009)가 지적한 것처럼, 해럴드 쉬프만(Harold Shipman)과 같이 매우 잘 알려진 연쇄 살인범들 중 일부는 그들의 범죄 행위들에서 결코 성적인 부분에 초점을 두지 않았다. 더욱이 일부 성적 활동이 포함되어 있는 것들 중에서도, 이러한 성적 요소가 반드시 범죄 뒤에 숨은 중심 동기가 아닌 사례들도 있다.

예를 들어서, Grubin(1994: 624)은 다음과 같이 서술하고 있다.

> 살인과 성적 행위가 연계될 수 있는 많은 방법들이 있다. 범죄자는 잠재적인 고소인을 침묵하게 하기 위해서 피해자를 살해할 수도 있으며, 피해자의 저항에 대한 반응에서 화가 나서 살해할 수도 있고, 단순히 겁이 났거나 또는 사망이 우연일 수도 있다. …… 살해 행위가 또한 공격 행위의 성적 요인과 가까이 연결되어 있을 수도 있다. 이러한 사건들에서는 피해자에 대한 범죄자의 통제, 그리고 피해자의 고통과 굴욕이 성적 흥분과 연결된다.

Beauregard 등(2008) 또한 성적 살인범들의 유형분류에 대한 연구들의 논평에서 이러한 차이를 확인하고 있다. 이 저자들은 성적 살인에 3개의 주요 범주들 즉, (a) 가학형(sadistic), (b) 분노(anger) 그리고 (c) 발각 회피(detection avoidance)가 있다는 결론을 내린다. '가학형'은 피해자를 다치게 하는 것이 범죄자에게 성적 흥분을 준다는 Grubin(1994)의 살인 유형과 유사하다. 같은 흐름으로, Myers 등(1999)은 성적 살인범들을 2가지 유형으로 구분한다. 첫 번째, 보복형 살인범들(또는 전이된 분노 살인범들)은 피해자가 아닌 다른 사람에 대한 분노에 의해 살인을 범하는 유형으로, Podosky(1996)가 강간 후에 살인을 범하는 것으로 기술한 사람들, 그리고 Rada(1978)가 살인으로부터 어떤 성적인 만족을 거의 이끌어 내지 못하는 사람으로 지적한 유형이다. Myers 등의 두 번째 유형은 "공격성과 성적 취향이 단일의 심리적 경험, 즉 공격성이 성적 자극화된"(Rada, 1978: 155) 가학성에 혼합되어 있는 욕망 살인자들이다. 따라서 이 연구에서의 성적 행위와 살인의 병행 발생은 다양한 심리적 각본 속에서 발생할 수 있다는 점을 지적하고 있다.

가학형 성적 살인

그럼에도 이러한 권위자들 모두 공격성이 성적 행위의 필수적인 부분을 이루는 살인범들의 독특한 하위 조합이 있다는 데에 동의한다. 범죄자들은 피해자를 통제하고 고통을 가하면서 성적 흥분과 만족감을 얻는다. FBI 요원들의 경험에 기반하고 있는 최근의 범죄 분류 매뉴얼(Douglas et al., 2006: 226)에서는 다음과 같이 세부적인 표현으로 정의하고 있다.

> 성적 가학 행위자는 가학적인 상상에 대한 반응으로, 성적인 흥분의 지속적인 패턴을 형성하는 사람이다. 성적인 만족감은 과도한 정신적 · 신체적 수단들을 포함하는 고문으로부터 획득된다. 범죄자는 고문에 대한 피해자의 반응으로부터 가장 커다란 만족감을 이끌어낸다. 지배, 비하 및 폭력과 병행하는 성적으로 가학적인 환상들이 죽음이라는 결과를 만드는 범죄 행동 속으로 옮겨진다.

이것은 정신의학 전문가들이 말하는 성적 가학성의 정의와 일치한다. 성적 가학성을 정의한 최초의 인물들 중 한 명이 Krafft-Ebing(1965: 109)이다. 그는 "잔인한 행동들에 의해 생성되는 성적인 즐거운 감동(절정을 포함해서)의 경험…… 또한 타인을 모욕하고, 아프게 하고, 다치게 하고 또는 심지어 파괴하고자 하는 내적 욕망으로 구성되어 있다."라고 정의한다.

미국 정신의학협회[American Psychiatric Association(APA), 1994: 530]의 『정신질환 진단 및 통계 편람(DSM-IV)』은 성적 가학성이 다음의 요인들로부터 인지될 수 있다고 명시하고 있다: "적어도 6개월의 기간 이상, 피해자의 심리적 또는 물리적 괴로움(굴욕을 포함)이 성적으로 흥분시키는 행동들(가상이 아닌 실제)을 포함하는, 반복적이며 강렬한 성적으로 자극적인 환상들, 성적 욕구 또는 행위들."

이처럼 정의된 성적 가학성의 분포에 대해서 논란이 있다. DSM-IV(APA, 1994)는 강간범들 중 10%가 성적인 가학주의자일 것이라고 제시한다. 다른 연구들은 5~10%(Groth, 1979),

45%(Fedora et al., 1992)부터, 80%(MaCulloch et al., 1983)까지 다양하게 가학적인 성범죄자들의 수를 추산하고 있다. Allnutt 등(1996)은 그들이 연구한 728명의 성범죄자들 중 단지 5.6%만이 DSM-Ⅲ-R(APA, 1987)의 성적 가학성에 대한 기준에 부합했다고 말하고 있다. Langevin과 Langevin(Marshal and Kennedy, 2002에서)은 91건의 성적인 공격 행위들 중 45%가 가학적[클라크 성 역사 질문지(Clark Sex History Questionnaire) 사용]이었다고 주장한다. 다양한 분포율은 성적 가학성에 대한 정의와 인식이 실제에 있어서 매우 다양하며, 아마도 다소 혼란스럽다는 것을 말해 준다. 확실히 다른 저자들은 피해자 상해, 피해자 괴로움, 피해자 통제 또는 굴욕/노예화를 통한 심리적 고문 등의 수준을 다양하게 강조하면서, 가학성을 정의하는 데 있어서 다른 측면들과 추가적인 측면들을 사용하고 있다.

어떤 행동/결과들로부터 성적인 만족감을 얻는 것으로서 가학성을 정의하는 것에 대해, Mashall과 Kenndy(2002)가 관심을 가지고 있는 한 가지 문제점은 만족감은 주관적이며, 그렇기 때문에 추정의 대상이라는 점이다. 실제로 Siomopoulos와 Goldsmith(1976: 632)는, 제의적인 성 행동들에 빠지거나, 성적 피해자들을 절단하고 죽이는 것처럼, 타인에게 굴욕감을 주는 것을 즐기는 것으로 구성된 인격체가 있다는 가정은 '보통 상식에 대한 대단한 침해'라고 지적하고 있다.

더욱이 과학적 연구들에서, 환상의 정신적 과정과 행동 사이를 연결하려는 시도는 의문시되고 있다. 예를 들어, Gosselin과 Wilson(1980)의 '성적으로 변형된 인간'의 표본(가학-피학증 표본을 포함)은, 보다 더 일탈된 환상을 가진 사람들 사이에서는 환상에 따라 행동할 가능성이 적다는 것을 지적하면서, (나이를 맞춘) 통제집단보다는 환상과 행위 사이에서 더욱 커다란 해리(dissociation)를 보여 주고 있다. 다시 말해서, 환상이 행동들과 명확하고 뚜렷한 연결을 가지고 있다는 주장은 문제 제기 없이, 특히 환상이 타인에 대한 폭력성을 포함하는 사람에 대해서, 받아들여질 수 없다. 실제로 음경 혈액량 측정(phallometry)을 이용하는 연구들은 무엇이 가학주의자들의 흥분을 발생시키는가에 대해 상반된 결과를 보고하고 있다 (예, Seto & Kuban, 1996을 보라).

특히 범죄 행위와 관련하여, 과학적 연구들은 가학적 선호가 범죄 현장에서 쉽게 또는 단순하게 확인될 수 없다는 점을 지적한다. 예를 들어, McConaghy(1993: 314)는 증거 검토 이후에, "과다한 물리력 사용과 관련하여 가학적 및 비가학적 강간범들의 구분을 지지하는 실증적 증거는 없다."라는 결론을 내리고 있다. 가학성과 범죄 행위 간의 연결은 Marshall과 Darke(1982)의 발견에 의해서 더욱 의문시되고 있는데, 이들의 결론은 무작위(뚜렷하게 가학적이지 않은) 강간범 표본 중 60%의 우선적인 목적은 피해자에게 굴욕감을 주고 비하하는 것이라는 점을 보여 주고 있다. 또한 Hill 등(2006)은 비록 교살(絞殺) 행위와 긴 범행 시간은 가학주의자들 사이에 보다 일반적이었지만, 성기, 얼굴, 가슴과 복부 손상, 이물질 삽입,

흡혈적 또는 식인적 행동 등과 같이 명백한 가학적인 행위들에서는 성적으로 가학적인 살인범들과 비가학적인 성적 살인범들 사이에 차이가 없다고 보고하고 있다. Knight 등(1994: 89)은 자신들이(MTC: R3와 함께) 개발한 MASA 가학성 측정법에 대한 검사-재검사 신뢰성 및 동시 타당도 연구를 통해서 "신뢰성을 달성하고, 다른 종류의 폭력적인 성적 공격성으로부터 가학적인 동기부여를 구분하는 것은 어렵다는 것이 증명되었다."라고 결론짓고 있다. 더욱이 최근의 연구에서, Marshall 등(출판 중)은 성적 가학주의자들에 대한 연구로 알려져 있는 국제적으로 유명한 범죄과학 정신의학자들이 누가 가학적이고 누가 아닌지에 대한 의견이 일치할 수 없었다는 것을 보여 주었다. 따라서 가학적 선호와 실제 행위 사이의 연결은 증명되지 않은 것이며, 결과적으로 범죄 현장으로부터의 이러한 혼란스러운 개념의 확인은 상당한 도전을 야기한다.

　흥분을 추정하는 데 있어서 주관성의 문제에도 불구하고, 정확히 어떤 행위들이 가학성에 있어 중요한 것으로 생각되는가는 명확하지 않다. 성적 가학성에 중요한 것으로서, 상이한 연구자들이 각기 다른 행위적 특성들에 초점을 맞추고 있으며, 어떤 것이 성적인 흥분을 유발하는 행위들의 핵심 요소들인지에 대해 상이한 가정을 내놓고 있다.

- 많은 저자들에게 있어서, 행위는 힘과 통제를 실행함으로써 동기부여 된다(예, Brittain, 1970). 성적인 흥분을 유발하는 것은 피해자의 예속이다. Gratzer와 Bradford(1995)는 통제가 만족감의 근원이라고 주장한다.
- 다른 저자들은 공격성의 성적 자극(예, Abel, 1989), 불필요한 폭력에 의해 흥분되는 성적 가학주의자들에 대해 언급한다. Groth(1979)는 공격적 행동과 피해자에 대한 효과(공포와 괴로움)는 모두 성적 가학주의자들에게는 자극적이라고 말한다.
- 일부는 흥분을 유발하는 것은 피해자의 고통과 괴로움이라고 강조한다(예, Yarvis, 1885).
- 굴욕감과 비하에 의한 정신적 압박은 일부 논의들에서 그 중요성이 부여되고 있다(예, Rada, 1978).

　혼재된 이러한 주장들에 걸쳐서 중요한 중심 주제는, 대다수의 전문가들에 의해 수용되는 의미에서 살인이 '성적 살인'으로 보이기 위해서는, 피해자 통제와 폭력적인 행동의 실행이 성적인 흥분과 만족감의 통합적인 요인이라는 것을 보여 주어야 한다는 것이다. 이것은 피해자를 통제하는 수단으로서의 폭력성 또는 잠재적인 목격자를 침묵시키기 위한 살인과 구별되어야 한다. Meloy(2000)는 미국 내에서, 모든 살인 중 1% 미만이 '성적 살인'으로 생각될 수 있는 것으로 추산하고 있으며, 모든 형태의 극단적인 폭력성의 더욱 큰 분포를 감안하자면, 이러한 범죄들은 영국에서 훨씬 드물 것이라고 예측되고 있다.

이러한 어려움에도 불구하고, 최근에 개정된 FBI 국립 폭력성범죄분석센터의 범죄 분류 매뉴얼(Douglas et al., 2006)은 성적으로 가학적인 살인들에 대해 '흔히 지적되는 범죄 현장 표식들'로 지칭되는 광범위한 자료 조합을 개발하였다. 비록 이들의 주장의 근거에 대한 상세한 내용은 제공되지 않았지만, 이로부터 제공된 목록은 신중한 실증적 연구를 위해 유용한 시작점으로 사용될 수 있을 것이다.

- 범죄자에게 낯선 사람인 피해자
- 일반적으로 납치되는
- 최초 대면, 고문 및 사망 현장 간 간격 그리고 사체 유기 지점 등을 포함하는 복수의 범죄 현장
- 고문을 통해서 표현되는 이 범죄의 본성인 가학성은 범죄자가 피해자와 보내는 장기적인 시간 간격을 위해 외진 곳 혹은 혼자 있는 장소를 필요로 한다. 이러한 억류는 수 시간부터 6주라는 긴 시간까지 다양하다.
- 필요로 하는 격리성이 제공될 수 있다면, 범죄자의 거주지가 사용될 수도 있다.
- 범죄자의 차량은 납치와 고문에 사용하기 위해서 창과 문이 움직이지 않도록 하고, 방음장치를 하고, 경찰 표식들을 설치하는 등 변형되었을 것이다.
- 지문을 남기지 않으려고 흔히 장갑을 착용한다.
- 외진 지점이 사전에 잘 선정된다.
- 범죄자는 꼼꼼한 준비를 하여 범죄를 저지르며, 범죄 현장이 이를 반영한다.
- 고문대 또는 특별하게 준비된 고문실이 만들어진다.
- 외부에서 실행하면 선택된 무기 및 고문 기구들을 현장까지 가져오고, 치워 버린다.
- 억압은 이런 살인에서 일반적이기 때문에, 항상 범죄 현장에서 드러난다.
- 성적 결박, 이것은 묶는 데 쓰이는 물건의 정교하고 과다한 사용, 불필요하게 깔끔하고 대칭적인 묶기 등이며, 혹은 범죄자의 성적인 흥분을 강화시켜 주는 다양한 자세로 피해자가 위치할 수 있도록 묶는 것이다.
- 취향에 맞춘 고문 방식의 사용이 특히 고문과 죽음의 현장에서 분명할 것이며, 전기 기기, 공구, 펜치, 삽입에 사용되는 이물질 그리고 채찍 등을 포함한다.
- 성적 흥분은 피해자의 고통 표현으로 가장 흔하게 일어나며, 현장에 있는 성적 체액 또는 배변 등에 의해 입증된다.
- 사체는 일상적으로 은닉되며, 특히 삽, 석회 및 외진 매장지를 준비한 보다 조직적인 범죄자의 경우에 나타난다.

- 또한 사체가 불에 태워진다.
- 때때로 피해자가 지인들에 의해 보이는 곳, 쉽게 발견되는 곳, 또는 부주의하게 처리되어 남겨진 것처럼 비일관성이 나타난다.
- 간혹 범죄자가 사체 발견이 유발하는 언론의 관심에서 발생되는 흥분을 원하기 때문에 발견 기회를 증가시키는 장소로 사체가 이동될 수 있다. 이것이 '공연'이다. 여기에는, 예를 들어 피해자의 신원을 감추려는 것과 같은 실질적인 이유를 위해 과잉 살인 또는 비인격화의 함의가 있을 가능성이 있다.
- 범죄자가 가학적 살인의 주된 동기를 감추기 위해서, 2차적인 범죄 활동(예, 강간-살인, 강도)을 과시함으로써 범죄 현장을 조작할 수도 있다.

그들은 또한 '일반적인 법의학적 발견들'을 언급한다.

- 범죄자가 살인에 앞서 성적 행위에 관여한다.
- 항문 강간, 강제 구강 성교, 삽입 성교 및 이물질 삽입(감소하는 순서로)으로, 대부분의 범죄자들은 피해자가 이들 중 세 가지 이상의 행위에 관여하도록 강제한다.
- 공격적 행동은 사망 이전의 의식이다. 왜냐하면 가학적 살인자에게 즐거움의 우선적인 원천은 실제 성행위보다는 피해자에게 유발된 고통에 있기 때문이다.
- 구타 행위는 성기, 고환, 유방에 집중된다.
- 성적으로 가학적인 행동은 성적 연상을 갖는 부위—가슴과 성기에 추가하여, 허벅지, 엉덩이, 목, 복부—에 대한 깨물기, 과잉 살해 등을 포함한다. 그러나 상해는 고통을 유발하는 어느 곳이든 가능하다(예: 팔꿈치).
- 질 혹은 항문에의 이물질 삽입은 흔히 가슴, 엉덩이를 베거나, 자르거나 혹은 깨무는 행동과 함께한다.
- 성적 체액 증거는 항상 몸의 구멍들에서 그리고 사체 주변에서 발견된다.
- 공범이 개입되어 있다면, 이는 다른 성적 체액 및 음모 등에 의해 입증될 것이다.
- 범죄자들은 피해자에게 소변을 보기도 한다.
- 안대 및 재갈과 함께, 결박 흔적은 억압에 흔히 사용되며 일반적이다.
- 성적 결박은 보편적이다.
- 범죄자가 피해자와 항상 긴 시간을 보낸다는 사실은 다양한 상처와 피해 상태 또는 다양한 단계들에 의해 입증된다.

많은 연구들이 가학적인 성적 범죄들의 핵심 행위들이 무엇인지, 그리고 보통 어떻게 발생하는지를 보여 주고 있다. 이러한 작업에서 얻은 발견들 중 일부가 〈표 13-12〉에 요약되어 있다.

〈표 13-12〉 살인을 포함한 가학적 성적 범죄들에서의 핵심 행위들의 분포 (단위: %)

행위/범죄 현장 변수	Gratzer and Bradford (1995) 가학형 (DSM-III-R) 성적 살인범들과 성적 공격자들 (n=28)	Marshall, Kennedy and Yates (2002) 가학형 (DSM-III-R/ DSM-IV) 성범죄자들, 29.3%의 살인범들 포함 (n=41)	Proulx, Blais and Beauregard (2007) 가학형 (MTC-R-3) 성적 공격자들 (n=43)	Beauregard et al. (2007) Ressler 등 (1988)이 정의한 성적 살인자들 (n=66)	Dietz, Hazelwood and Warren (1990) 가학형 성적 범죄자들
잘 계획된 범죄/범죄의 사전 계획	82.1		86	27.3	93.3
고문/고문을 포함한 강압적 행동들	78.6	38.9	30.2	19.7	100
상해를 초래하는 타격	64.3	61.1			
선정된 피해자			52.5	39.1	
낯선 피해자			83.8		
성감대를 포함한 손상			25.6	21.2	83
정신적 고문(굴욕)			53.7	36.4	
한 시간 이상 지속된 범죄				47.0	
묶기/재갈				23.8	87
남색					73
사체 은닉				35.4	65

범죄자 특성

살인범

일반적으로 살인자들의 특성은, 특별한 범행 양태와는 무관하게 수사에 있어서 범법자의 유형에 관한 추리를 위한 중요한 출발점을 제공한다. 다양한 유형들의 보다 심각한 범죄를 범하려고 하는 범죄자들에 의해서 범해지는 경향이 있는 침입 절도와는 달리, 살인을 저지르는 자들은 비교적 일반적인 범죄자들과는 구별된다. 만일 살인범들이 다른 범죄자들과 구별될 수 있다면, 이것은 경찰 자료망 내에서 가능성 있는 용의자들을 상당히 좁혀 나가는 것을 가능하게 할 것이다. 〈표 13-13〉은 영국의 범죄 기록들에 대한 Salfati와 Canter(1999)의 연구로부터 얻은 살인 범죄자들의 전형적인 특성을 보여 준다. Salfati와 Dupont(2006)의 캐나다 표본에서는 75명의 살인범들(백인 75%, 남성 87%) 중 67%가 이전의 범죄 경력을 가지고 있었으며, 20%가 피해자와 관련이 있었다. Hakkanen(2005)의 줄(끈)을 이용한 교살범 19개 사례에 대한 연구에서는, 평균 범죄자 연령이 34.9세였으며, 높은 여성 범죄자 비율(35%), 그리고 63%가 범죄 전력을 가지고 있었다는 점을 보고하고 있다. 그녀의 표본은 알코올 의존(79%) 및 47%가 부모 양친 혹은 한쪽이 알코올을 남용한 가정 출신이라는 특징도 가지고 있었다.

〈표 13-13〉 살인 범죄자들의 전형적인 특성

변수/특성	Salfati and Canter(1999)
범죄자 성별	72% 남성
범죄자 연령	평균 27세(최소 15세, 최고 49세)
범죄자가 피해자와 알고 있음	74%
범죄자가 지역 출신이거나 알고 있음	79%
범죄자 기혼/동거	49%
실업(무직) 상태	41%
군 복무 경력	12%
징역형 전력	40%
사전 범죄 경력: 절도	56%
사전 범죄 경력: 침입 절도	45%
사전 범죄 경력: 폭력적인 대인범죄	37%
사전 범죄 경력: 재물 손괴	30%
사전 범죄 경력: 소란 행위	30%
사전 범죄 경력: 교통 위반	23%
사전 범죄 경력: 차량 범죄	22%
사전 범죄 경력: 마약 소지	16%
사전 범죄 경력: 성 관련 범죄	12%

출처: Salfati and Douglas (1999). 허가에 의해 재구성

연쇄 살인범의 특성

이와 같은 자료들이 도출한 살인범 표본들의 경우, 비록 주로 단일 살인 범죄자들이기는 하지만, 한두 명의 연쇄 범죄자들을 포함하고 있다. 연쇄 살인 범죄자들에 대해 보고된 특성들은 항상 미국 연쇄 살인범들의 경우이지만, 〈표 13-14〉에 요약되어 있으며, 세부적인 배경 정보는 얻기가 매우 어렵다. 3,334명의 피해자를 낳은 331명의 미국 연쇄 살인범들에 대한 Missen Corpus([글상자 13-2]에서 설명한) 자료는 이 범죄자들의 특성에 대한 또 다른 정보 원천이 되고 있다(〈표 13-15〉를 보라). 결과적으로 이것은 이들이 어떻게 단일 살인 범죄자들과 구분될 수 있는지에 대한 통찰력을 제공한다. 앞으로의 탐구를 위한 한 가지 흥미로운 주제는, 연쇄 살인범들이 범죄자들 특성의 모든 측면에 있어서 단일 살인 범죄자들보다 일반 범죄자들과 더 차이가 날 것인가 여부, 혹은 연쇄 살인범들이 실제로는 일반적인 범죄 집단과 더 유사하다는 변수들이 있는가 여부에 대한 의문점일 것이다.

〈표 13-14〉 연쇄 살인범들의 범죄자 특성

범죄자 특성	• 범죄자들은 흑인보다 백인일 가능성이 더 있으나, 수적으로는 미국 인구 분포상 백인과 흑인의 비율과 일치(Godwin, 2000; Keeney and Heide, 1994) • Hickey(2000): 169명의 미국 범죄자들, 평균 연령 28.5세, 85% 백인. 범죄자들 중 절반이 지역 출신으로 분류되었으며, 피해자 대부분은 낯선 사람 • 매우 다양한 교육 및 직업적 배경, 그러나 대부분은 고학력자가 아니었으며, 비숙련 직업 종사. 약 60%가량 범죄 전력 소유 • 연쇄 살인범들은 비교적 늦은 나이에 연쇄 살인 시작. 대부분 24~40세에 시작. 광범위한 경찰 기록 소유. 그러나 폭력적인 것보다는 경미한 절취, 횡령, 위조 등임(Jenkins, 1988) • 체포된 연쇄 살인범 연령 중간값은 36세(Bartol, 1995) • 217명의 미국 연쇄 살인범들에 대한 연구에서, Canter 등(1996)은 75%가 사전 유죄 전력을 가지고 있으며, 거의 절반이 청소년기에 체포된 전력 소유
장거리 여행	• 미국 연쇄 살인범들의 집에서 범죄 장소까지의 거리 중간값과 평균값은 각각 15km 및 40km, 영국의 경우는 각각 9km 및 18km(Lundrigan & Canter, 2001) • 연쇄 살인범들이 다른 유형의 범죄자들에 비해 더 먼 곳에서 범죄를 범하지만, 그럼에도 비교적 집과 가까운 편임 • 연쇄 범죄자들은 연쇄성이 길어질수록 집에서 더 먼 곳에서 범죄를 범함(Snook et al., 2005: 150) • 79명의 연쇄 살인범들에 대한 연구에서, 범죄 연쇄성은 2회에서 24회까지(평균 8; 표준편차 4.53)이며, 거리는 0~845km까지 포함(평균 46.39km; 표준편차 85.71km)(Canter et al., 2000)

〈표 13-15〉 Missen Corpus의 범죄자 405명의 특성

피해자-범죄자 관계	낯선 사람: 76% 일상적 만남: 17% 친구/가벼운 연인들: 4% 배우자/연인: 2% 법적 배우자: 0.6% 다른 친지: 0.5% (피해자의) 자녀들: 0.4% 사법기관 살인자들: 0.1%
범죄자 인종	백인: 73.5% 비백인(흑인 20.4%, 히스패닉 3.8%, 유대인 0.68%, 미국원주민 0.91%): 26.5%, 남동아시아/중국인 0.3%)
범죄자 연령	20세 미만: 9.1% 20-29세: 50.6% 30-39세: 27.2% 40-49세: 12.4% 50세 이상: 0.9% 연령은 연쇄 살인 중 첫 번째 살인 날짜를 기준으로 함. 평균 연령은 27.8세(첫 살인을 범했을 때)
범죄자 결혼 관계	미혼: 49.8% 기혼: 18.5% 이혼: 18.3% 재혼: 7.4% 2회 이상 이혼: 5% 기혼과 미혼 범주로만 분류하면, 각 50%씩임: 50%는 기혼(범행 당시에, 또는 과거에 결혼했었던), 50%는 미혼
범죄자 범죄 전력	무장 강도: 20.54% 침입 절도: 19.03% 성 범죄: 16.76% 연쇄 방화: 12.69% 저격 사건 연루: 9.67% 살인 전력: 9.7% 2회 이상 사전 살인 범죄: 1.5%
범죄자 가족 배경	2명을 초과하는 형제: 60% 외동: 13% 1명 혹은 2명을 초과하는 형제: 21.2% 장자(녀): 59.5% 막내: 14% 공식적·비공식적 입양: 14.1% 조부모 양육: 14.5% 모친이 3회 이상 결혼: 12.3% 편모(생모)와 생활: 41.2% 편부(생부)와 생활: 2%

요약

대부분의 살인사건에서 범죄자는 피해자에게 잘 알려져 있으며, 많은 사건들에서 가해행위가 가정폭력 혹은 스토킹 상황으로부터 전개될 것이다. 핵심적인 수사상의 도전은 살인으로 발전하는 것들을 규명하기 위해 이들 상황 간의 차이를 차별화하는 것이다.

- 살인에서 범행 양태의 차별화는 사건이 생겨난 심리적 맥락에 대한 이해를 필요로 한다. 수사심리학 연구는 이러한 맥락들 사이의 핵심적 차이가 범죄가 사건의 주목적이냐(표현적 살인 접촉들) 혹은 아니냐(도구적 살인 접촉들)에 의존한다고 주장한다. 지금까지, 표현적 접촉의 근친과 가족에 기초한 변형들과, 도구적 접촉의 침입 절도 및 강간 유발적 변형들이 지적되었다.
- 비록 연쇄 살인 및 연쇄 살인범들 모형들이 동기와 관련된 정신질환이라는 측면에서 그 차이가 제시되고 있지만, 수사심리학적 접근법은 이러한 범죄 행위의 가장 기이하고 끔찍한 변형들조차도 대인관계적인 상호작용의 왜곡된 형태로 이해하려 하고 있다.
- 당연한 결과로서, 높은 범행 강도 수준에서 물건, 매개체 및 사람 역할이라는 포괄적인 폭력성 범죄 구분 모형은 연쇄 살인에서의 행위적 차이점들을 이해하기 위한 기초를 제공한다.
- 연쇄 살인에서, 범행 강도의 변화는 개인 정체성의 다양한 비인간화 및 파괴 수준에 따라 나타난다.
- 폭넓게 알려진 연쇄 살인 분류법 내에서 제안된 조직적-비조직적 유형들에 대해 별다른 실증적 지지가 제공되지 못하는 것 같다.
- 가학적인 성적 동기는 모든 연쇄 살인의 일부가 아니며, 실제 일부 성적인 행동을 포함하는 연쇄 살인에 대해서도 적용되지 않는다. 범죄 현장에서 성적인 가학성에 대한 전반적인 이해와 인식이 정립되어야 할 과제로 남아 있다.

📁 추가로 읽을거리

서적

D'Cruze, S., Walklate, S. and Pegg, S. (2006) *Murder: Social and Historical Approaches to Understanding Murder and Murderers*, Willan, Cullompton.

Innes, M. (2003) *Investigating Murder: Detective Work and the Police Response to Criminal Homicide,*

Oxford University Press, Oxford.

Leyton, E. (2003) *Hunting Humans,* John Blake, London.

Miethe, T.D., Rogoeczi, W.C. and Drass, K.A. (2004) *Rethinking Homicide: Exploring the Structure and Process Underlying Deadly Situations,* Cambridge University Press, Cambridge.

Morton, R.J. and Hilts, M.A. (2005) *Serial Murder: Multi-Disciplinary Perspectives for Investigators*, Federal Bureau of Investigation, National Center for the Analysis of Violent Crime, Quantico, VA.

Proulx, J., Beauregard, E., Cusson, M. and Nicole, A. (Eds) (2007) *Sexual Murderers: A comparative Analysis and New Perspectives*, John Wiley & Sons, Ltd, Chichester.

논문

Delisi, M. and Sherer, A.M. (2006) Multiple homicide offenders: offence characteristics, social correlates, and criminal careers. *Criminal Justice and Behaviour, 33*, 367–391.

Fox, J.A. and Levin, J. (2003) Mass murder: an analysis of extreme violence. *Journal of Applied Psychoanalytic Studies, 5*(1), 47–64.

Myers, W.C., Burgess, A.W., Burgess, A.G. and Douglas, J.E. (1999) Serial murder and sexual homicide, in *Handbook of Psychological Aproaches with Wiolent Offenders* (Eds V. van Hassalt and M. Herson), Kluwer Academic, New York.

Salfati, G. (2003) Offender interaction with victims in homicide: a multidimensional analysis of frequencies in crime scene behaviours. *Journal of Interpersonal Violence, 18*(5), 490–512.

Santtila, P., Hakkanen, H., Canter, D. and Elfgren, T. (2003) Classifying homicide offenders and predicting their characteristics from crime scene behaviour. *Scandinavian Journal of Psychology, 44*, 107–118.

Stone, M. (1989) Murder. *Psychiatric Clinics of North America, 12*(3), 643–651.

Wentink, N. (2008) Homicide and serial killing, in *Criminal Psychology* (Ed. D. Canter), Hodder Education, London.

🖊 토론과 연구를 위한 질문

1. 어떠한 조건에서, '계약 살인'이 '표현적' 특성들을 보일 것이라고 기대하는가?

2. 한 사람에 의해 살해당한 사람의 수에 의해 연쇄 살인을 정의하는 것이 타당한가? 그 외에 무엇이 관련성을 갖고 있을까?

3. 이전에는 떳떳하고 범죄에서 자유로운 삶을 살던 사람에 의해서 범해진 살인을 당신은 어떻게 설명할 수 있겠는가? 당신은 그러한 살인범의 사례를 찾을 수 있는가?

4. 연구를 통해서 타당성이 없음을 보여 주고 있는데도 불구하고, 연쇄 살인범에 대한 그토록 많은 신화가 아직 존재하는 이유는 무엇인가?

5. 어떤 개인적 서사와 피해자 역할이 (a) Holmes와 Holmes, 그리고 (b) Fox와 Levin이 제공한 연쇄 살인범들의 분류에 의해 설명되고 있는가?

제14장

조직범죄

이 장에서는……

- 학습 목표
- 개요
- 범죄의 사회적 특성
- 조직범죄란 무엇인가
- 문화적 이념과 범죄 연결망
- 범죄 '조직' 내 범죄 '경력'
- 사회적 연결망 분석
- 파괴적 조직 심리
- 요약
- 추가로 읽을거리
- 토론과 연구를 위한 질문

||||||||||||||||||||||||||||||||||||||||||||||||||||||||||||||||||||||||||||||||||||||||||||

1. 조직범죄에 관해 무엇이 '조직화된' 것이고 무엇이 아닌지를 이해할 수 있다.

2. 범죄 조직들의 지배적인 형태들을 구분할 수 있다.

3. 범죄 연결망들의 조직적인 구조들이 갖는 다양한 특징들을 식별할 수 있다.

4. 사회적 연결망 분석에서 도출된 주요 지표들을 인식할 수 있다.

5. 파괴적 조직심리학에 대한 가능성들에 대해 알 수 있다.

개요

　개별 범죄자들에 대한 고찰뿐 아니라 범죄자들 간 개인 대 개인 접촉에 대한 고찰을 넘어서, 3명 이상의 사람들이 불법적인 활동을 실행하기 위해 어떻게 조직화될 수 있는가를 이해할 필요가 있다. 이러한 이해는 사람들의 연결망이 구축되는 여러 방법에 대한 인식으로부터 가능하다. 범죄 연결망 구조들에 대한 다양한 연구들은 불법을 위한 조직들이 합법적인 조직들에게서 기대되는 형태들을 직접적으로 반영하는 것은 드문 일이라는 사실을 보여준다. 이 조직들은 범죄자들이 특정 범죄를 위해서 서로 단순하고 느슨한 접촉 상태에 있는 형태부터 강한 계층 구조적인 형태까지 다양하다. 이런 연결망들의 형태론에서의 다양성은 두 가지 중요한 차원들과 관련되어 있는데, 하나는 조직의 규칙들이 얼마나 엄격한가를 반영하는 것이고, 다른 하나는 개별적인 구성원들의 삶에 연결망이 얼마나 의미가 있는가를 보여 주고 있는 것이다. 이들 두 차원은 서사적 행위체계(NAS)의 네 가지 중점 모형들을 위한 모형틀을 제공한다.

　조직적인 연결망 구조들의 다양한 측면들에 대한 수학적 정의를 제공하는 사회적 연결망 분석은 범죄 연결망의 속성들에 대한 보다 정확하고 세부적인 연구를 가능하게 한다. 이들 연구들은 범죄 활동의 상이한 형태들이 상이한 조직적인 구조를 갖는 경향이 있다는 점을 보여 준다. 이들은 또한 범죄 연결망들 간의 중요한 차이점들은 연결망의 크기와 하위 집단들을 소유하는 범위의 측정을 통해 확인할 수 있다는 것을 보여 준다.

　모든 이러한 고찰들은 대부분의 범죄 활동을 특징짓는 상호적 무질서가 어떻게 분열과 파괴를 유발하는가를 탐구하기 위한 기초를 제공하며, 이것은 '파괴적 조직심리학'이라고 불리는 조직이론의 새로운 응용을 위한 기초를 제공한다.

범죄의 사회적 특성

　우리는 앞선 장들에서 대인관계 과정들과 관련된 추리들과 해석들이 범죄 행위를 이해하는 데 핵심 측면이라는 것을 보았다. 하지만 지금까지는 일대일 개인 접촉에 우리의 고찰을 한정짓는 경향이 있었다. 그러나 범죄성이 항상 일정 형태의 사회적 교류를 포함하고 있으며, 이것이 흔히 한 명 이상의 범죄자가 개입되어 있다는 생각이 사회심리학적인 과정들에 대한 탐구로 우리를 이끌어 왔다. 우리의 관심은 어떻게 단체, 집단 그리고 연결망이 작용하는가, 그리고 그들에 대한 연구가 범죄에 대한 이해와 수사에 무엇을 제공하는가에 향해 있다.

[글상자 14-1]에 기술된 것은 마약 공급 및 다양한 형태의 폭력적인 통제와 보복을 포함하는 조직범죄에 연계된 범죄 집단 조직원의 경험의 일단을 보여 주고 있다. 그러한 집단의 일원이 되는 것이 가족의 일원이 되는 것과 유사하다는 주장은 존재의 사악함과 그가 범죄집단 생활을 시작하고 그만둘 수 있다는 주장에 의해서 거짓임이 드러나고 있다. 많은 연구자들이 지적하는 것처럼(예, Van Duyne, 1999), 범죄자들이 참여하는 연결망 및 조직들과 합법적인 기업들의 연결망 사이에는 항상 중요한 차이점들이 있다.

범죄의 사회적 과정들에 대한 연구들은, 집단 구조의 중요성뿐 아니라 많은 범죄들이 발생하는 맥락을 형성하는 사회적·문화적 연결망을 강조한다. 범죄들이 단일의 실행자가 있는 것이 아니고 범죄 실행이 가능하도록 함께 움직여야만 하는, 규모가 크건 작건 간에 개인들의 집합체로 구성되어 있을 때, 그리고 이로부터 어떻게 범죄가 실행될 수 있는가를 이해하기 위해서는, 그들이 속해 있는 묵시적 및 공식적 조직 연결망이 고찰되어야 한다. 이는 전형적으로 불법적인 물건들의 구입과 판매 또는 '인신 매매'에 개입하는 '조직화된' 범죄로 알려진 것에 있어서 가장 분명하지만, 불법적인 거래가 있는 곳은 어디나 상호작용의 연결망이 있기 때문에 침입 절도부터 규모 있는 사기죄까지 재정적 혹은 소유물과 관련된 요

글상자 14-1 범죄 조직원의 경험

한번은 누군가 나를 죽이려 했어요. 나를 해치우려는 것이었죠. 상대 범죄 조직이 나를 죽이려고 했어요.

이 소녀를 만날 예정이었는데, 거기에 없었어요. 잠시 기다리다가 집으로 가려 했어요. 그때 차가 내 옆으로 다가오더니 내 가슴에 네 발이나 총을 쐈어요. 난 방탄조끼를 입고 있었고, 총을 두 자루나 가지고 있었어요. 난 총을 꺼내 들고 쏘기 시작했어요. 그들을 쫓아갔지만, 버스와 충돌하고는 경찰이 오기 전에 차에서 떠나 버렸어요. 난 그들을 뒤쫓아 잡으려 했지만, 그때는 잡지 못했어요. 차에서 멀어져서 혼자 집에 갔어요.

이 사건 직전에 내 친구가 차량 충돌사고로 죽었어요. 그것이 나를 더 불안하게 만들었어요. 난 잘못된 사람들과 논쟁을 벌이고 있었어요. 이 일이 생겼을 때, 난 오로지 분노를 느꼈다는 것을 기억해요.

그들은 내가 그들 중 한 사람을 쐈기 때문에, 나에게 총을 쏘려 했어요. 보통 사람은 그런 일을 하지 않죠. 난 항상 내 어깨 너머를 봐요. 이것이 조직범죄에 속해 있는 대가죠, 마약 거래요.

범죄 조직은 확대된 가족 같아요. 왜냐하면 범죄 조직에 속하는 것은 위험하기 때문에 뒤를 봐줄 확대된 가족이 필요해요. 난 항상 범죄 조직에 속해 있었어요. 그것은 이 지역에서 단지 커 가는 것의 일부였어요. 그러나 항상 이렇지만은 않아요. 난 범죄 조직에 있다가도 때로는 나와요. 이게 모두 나 자신을 보호하기 위한 것이죠.

인을 내포하는 모든 범죄에서도 동일하다. 이들 연결망 구조의 다양성과 중요성은, 이들을 효과적으로 수사하기 위해서 그리고 이들의 생존 가능성을 감소시키는 데에 영향을 미치기 위해서 이해할 필요가 있다.

범죄의 사회적·조직적 측면들을 인식하는 것은 어떻게 집단들, 팀들 그리고 연결망들이 작용하는지에 대한 분석을 필요로 하기 때문에 수사를 위한 특별한 관점을 제공한다. 이는 우리가 개별 범죄자에 대한 고찰, 그리고 범죄자들의 모임들 사이의 상호작용 패턴에 대한 고찰을 뛰어넘도록 하는 분석 형태를 필요로 한다.

대부분의 조직심리학은 어떻게 사회적 교류가 용이해질 수 있는가, 그리고 어떻게 조직들이 보다 효율적일 수 있는가를 밝히는 것을 목적으로 가지고 있기 때문에, 범죄 연결망에 대한 수사심리학적 관점은 상반된 목적을 가지고 있는 것으로 비춰질 수 있다. 수사관들은 범죄 연결망을 무력화시키고, 범죄자들의 사회적 상호작용을 약화시키려 시도하고 있다. 따라서 그러한 수사관들은 조직이론을 선두에 두고, 어떤 요인들이 한 조직을 효율적으로 만드는가, 그리고 '역으로' 사용된 동일한 요인들이 조직을 무력하게 만들 수 있는지 여부를 알아야 한다는 견해가 있다. 이에 대해서는 이 장의 뒷부분에서 살펴볼 것이다.

조직범죄란 무엇인가

'조직범죄(organised crime)'라는 개념은 잘 알려진 것이지만, 대부분의 통속적인 표식들처럼, 드러내고 있는 것 이상을 가정하게 된다. 비록 대부분의 범죄자들이 다른 범죄자들과 일정 형태의 접촉 혹은 협조 행위에 개입되지만, 그곳에 합법적인 세계에서 '조직'으로서 인식되고 있는 엄격한 계층적 관리 구조가 자리 잡고 있는 것은 드문 일이다. 사실상 범죄자들은 흔히 다소 매우 공식적인 조직 구조 밖에서 활동하는 '사업가'(Hobbs, 1988)로서 묘사된다.

많은 연구자들, 예를 들어 Sarnecki(2001)는 비행 연결망들(delinquent networks)에 관한 연구에서, 합법적인 조직에서 볼 수 있는 어떤 공식적인 구조와는 다른, 느슨한 연결 패턴을 지적하였다. 범죄 연결망들이 어떻게 운영되는가에 대한 이러한 발견들은, 이 연결망들이 '두목(Mr. Big)'이 관리하는 계층적 구조라는 소설 같은 묘사에 의존하는 대중적인 관점과는 반대된다. 이로부터, 범죄 활동에 대해 알게 되면 그들이 속한 범죄 집단의 구조가 예측 가능하다는 가정과 함께, 상이한 유형의 범죄는 각기 다른 조직적 형태론을 필요로 하거나, 혹은 고취한다는 가능성으로까지 확대될 수 있다. 예를 들어, Canter(2000, d)는, 공격적 행동에 개입하는 불량배 집단처럼 집단의 수적 크기로부터 이득을 보는 범죄 활동은 손에서 손으로 물건을 전달해야 하고 자금 수거에 공조해야 하는 마약 공급 연결망과 같은 수준의 구조를 필요로 하지는 않을 것이라는 점을 보여 주었다. 더욱이 범죄 연결망에 대한 연구들은 모든 범죄 연결망들이 서로 간에 유사한 것은 아니라는 점을 확신하면서(Passas and Nelken, 1993; Van Duyne, 1996), 이들 집단이 조직화의 수준 혹은 유형에서 차이가 나며, 느슨하게 연결된 연결망으로부터 매우 구조화된 집단들까지 다양하다(Bourgois, 1985; Potter, 1994)는 점을 보여 주고 있다.

범죄적 소통 패턴들이 조직별로 매우 다양한 연결망 형태를 가지며, 이러한 변형들이 각각의 변형조직들이 내포하는 목적과 범죄성의 형태들과 어떻게 관련되어 있는가와 같은 근본적인 방식에 대해서는 비교적 알려진 것이 없다. 이것은 부분적으로는, 이들 연결망 중 상당수가 비밀스럽고 침투하기 어렵기 때문이다. 이런 연결망에 잠입 요원들을 통해 침투할 때에도, 이들 요원들은 장래에 잠입 침투로부터 자신들을 보호하기 위해서 범죄자들을 돕고 있다는 두려움 때문에 발견한 것에 대해 말해 주는 것을 꺼린다. 전자 감시 기술의 발전은 이러한 상황, 특히 근래의 테러와 관련하여 변화를 일으키고 있으며, 이어진 구성원들 체포에 따른 많은 테러 연결망의 파괴는, 다음 장에서 살펴볼 것처럼 이들 연결망들이 작용하는 방식에 대한 우리의 지식을 향상시키게 될 것이다.

조직범죄에 대한 이들 연구들에서 발견된 핵심적인 것은, 그간 우리가 연구한 모든 다른 형태의 범죄들에서처럼, 이들이 취할 수 있는 형태들에 기본적으로 변화된 형태가 있다는 것이다.

문화적 이념과 범죄 연결망

범죄자들의 조직에 있어서 중요한 변수는 구조의 수준에 있다. 폭력적으로 변화한 축구 관중들처럼, 구성원들이 단지 우연적이며 느슨하게 상호 접촉하는 최소한의 구조를 갖춘 집단으로부터, 일부 중국의 삼합회 집단들(Triad groups)에서 발견된 것처럼 명확한 계층과 정리된 역할들을 가지고 조직적으로 구성된 것들까지 다양하다. 조직 구조형성의 낮고 높은 수준에서부터 오는 이러한 양적인 변수는 범죄적 소통의 많은 상이한 측면들과 집단 구성원들의 관련 특성들에 반영된다. 이들 변수들에 대한 자세한 고찰은 우리가 조직범죄의 본질을 이해하는 데 도움을 주며, 수사를 위한 지침을 제공한다.

'구조'란 한 조직의 '형태' 또는 '외양'을 특징짓기 위해 사용되어 왔다. 이것은 집단 또는 연결망의 구성원들 사이에 존재하는 접촉 패턴을 의미하기 위해 선택된 것이지만, 이들 패턴은 Mars(2000)가 이념 또는 조직 문화라고 일컬은 것을 반영하고 있다.

Mars(2000)는 Douglas(1978)의 인류학적 이론들에 뿌리를 두고 있는 이러한 문화의 다양성에 대한 구성틀을 제공하고 있는데, 그는 Douglas가 강조한 두 가지 측면을 다양한 범죄 문화들을 구분하는 데에 활용하고 있다. 한 차원은 문화가 어떤 범죄 연결망 속에서 구성원들에게 상이한 역할들을 지정하면서 이들에게 규칙과 소속 범주를 부여하는 수준이며, 다른 차원은 한 사람이 집단의 구성원이 되고 이 집단에 구성원의 삶이 얼마나 연결되어 있는지와 관련된 집단의 세기이다. 이 차원들의 조합을 통해 범죄자가 속해 있는 사회적 맥락에 나타나는 중요한 차이점들에 주목할 수 있게 되며, 또한 범죄자들에게 그러한 문화가 갖는 중요성을 명확하게 해 준다. 따라서 수사관들의 과제는 범죄 연결망이 이들 차원 중 어디에 위치하고 있는가를 특정하는 것이며, 이러한 검토로부터 이들 연결망의 취약점들이 드러날 수 있다.

Mars(2000)가 기술한 차원들은 우리의 일반적 행위체계를 반영하고 있다고 볼 수 있으며, 이 체계는 개별적인 것이 아니라 둘 이상의 사람들이 다양한 형태의 사회 과정 속에서 상호작용하는 것이다. 집단 권력의 차원은 개인 또는 집단이 행동의 지배적인 창작자가 되는 정도를 반영한다. 구성원에 대해 많은 통제력을 가진 조직들에서는 조직의 행동이 구성원들의 필요에 의해 추진되는 것이 아니라, 집단의 요구에 의해서라 할 수 있다. 계층의 세기는 이러한 행동들이 개인이 내적으로 만족해 가는 과정에 목적을 두고 있는가 아니면 조직 환경의 측면에 보다 직접적으로 관련되어 있는가를 결정한다. 강한 계층적 조직에서는 범죄 행동들의 산출물이 계층 내 범죄자의 특별한 역할 또는 위치를 지원하는 것을 목표로 하며, 보다 느슨하게 구조를 갖춘 연결망에서는 행동들의 산출물이 보다 직접적으로 개인을 위한 결과들을 반영한다. 이러한 행위체계는 [그림 14-1]에서 보여 주는 Mars의 모형에 묘사되어 있다.

한쪽 끝에 '소외된' 범죄자가 있다. 앞선 장들에서 논의한 것처럼, 이들 범죄자들을 구별하게 해 주는 기이한 생각 패턴, 자기 공상 그리고 극단적인 행위들은 소외라는 개인적 서사의 산물일 것이며, 스스로를 다른 사람들의 행동의 피해자라고 생각한다. 이들은 비록 다

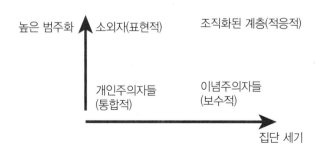

[그림 14-1] 행위체계 해석에 따른 범죄 조직의 4가지 범주들(Mars, 2000에서)

른 범죄자들과 접촉을 가지고 있음에도 불구하고, 전형적으로 어떤 구체적인 범죄 조직의 외부에 존재한다. 우리가 제11장에서 본 것처럼, 아마도 역설적으로 사기죄가 이런 유형의 범죄자들에 의해 흔하게 범해진다. Spahr와 Alison(2004)은 그들이 연구한 481명의 사기범들 중 75%가 그들이 타인들로부터 느끼는 피해를 바로잡을 필요성에 대한 감정으로 갈등을 겪는 외로운 범죄자, 즉 소외자들이었다.

이로써 범죄 문화에 대한 Mars의 모형은, 어떻게 일부 범죄자들에게는 어떤 범죄가 발생하는 맥락을 생성하는 집단의 세기와 명확하게 정의된 규칙 및 역할이 크게 결여되어 있는가를 보여 주고 있다. 이것은 '소외자'와 구분되는 개인주의자들에게는 특히나 그러하다. Mars(2000)가 설명하는 것처럼, 개인주의적 범죄자들은 흔히 범죄 조직들의 주변부에 위치한다. 그들은 기업가처럼 행동하며(Hobbs, 1988), 다른 사람을 목적을 위한 수단으로 이용한다. 따라서 그들은 장기간의 관계가 결여되거나, 지속적인 범죄 활동들의 부분이 되는 것 같다.

이처럼 개인적으로 지향하는 범죄들에 대해서는, 조직화된 연결망 속에 보다 구조적으로 포함되어 있는 범죄들과는 다른 수사 전략들이 필요하다는 것이 놀라운 일이 아니다. Spahr과 Alison(2004)이 연구한 사기죄들과 관련해서, 총 481건 중 14건이 해당하는 적은 수의 사례들이 있었으며, 이 사례들은 관련된 집단별로 5~8명 사이의 범죄자들로 구성되어 있었다. 이들은 매우 다른 조직 환경의 일부였으며, 그들은 다른 구성원들을 위해서 규칙과 역할을 개발하는 전문적 범죄자들로서 활동하고 조직화된 계층구조에 속해 있는 것처럼 보인다.

Mars(2000)가 이념주의자들이라고 부른 집단들은, 외부 위협에 대한 반응으로 구조를 변경시키면서, 보수적 행위체계 모형에서 행동하는 것 같다. 이것은 직접적인 이득 획득에 의해서보다는, 이념에 의해 이끌어지는 테러 집단들의 전형적인 모습이다. Mars(2000)는 IRA에 대한 흥미로운 예시를 제공하고 있는데, 1977년 IRA가 조직의 청사진을 활로의 공유에서 찾았다는 것이다. 이것은 기존의 계층구조가 정보원들에 의해서 너무 쉽게 침투되었기 때문에, 계층적 부대들의 엄격하고 전통적인 군사 구조를 변화시켰다는 것으로서, 대신에 그들은 4명의 세포 구조 집단을 사용하여 재구성하였다. Mars(2000: 37)는 이를 "조직적 기교와 헌신, 계층제와 이념의 속성과 장점들을 결합하고 극대화한 새로운 체계"라고 묘사하였다.

이런 종류의 계층적 조직 중에서 극단적인 형태로는, 높은 수준의 등급 분류와 명확히 정의된 계급을 가지고 있는 미국 마피아(Nelken, 1993)가 있다. 이 조직은 개인에게 조직이 그의 삶의 모든 측면들을 제공해 주는 반면 집단에게 강하게 헌신할 것을 요구한다. 이런 유형의 조직을 대표하는 적응적 모형은 단지 하나의 특별한 범죄를 실행하기 위해 함께 움직이는 임시적인 무장 강도 패거리보다는, 조직을 훨씬 더 환경의 통제 속에 있도록 한다. 자신들의 생존을 중심적으로 고려하는 사람들로 구성된 보다 명백한 개인주의적 집단은 구성원들의 이기주의적 요구들을 관리하기 위한 압박으로 가득 차 있다.

그러나 모든 범죄적 계층 조직들이 동일하다고 추정하는 것은 잘못된 것이다. 많은 연구자들이 역할과 개인적인 권력의 수준에서 차이점을 발견했지만(Donald & Wilson, 2000; McAndrew, 2000; McCluskey & Wardle, 2000), 경직된 계층 체계들은 없었다. 이것은 Porter와 Alison(2005)이 집단 강간에 대해서 보여 준 것처럼, 범죄 집단 내에서 리더십이 행사되는 방법에서의 중요한 차이를 내포할 수 있다. 이러한 모든 연구들은 어떤 구조를 가지고 있는 범죄 연결망들의 구조에 있는 변형들에 대해 탐구되어야 할 것이 많다는 것을 보여 주었다. 따라서 범죄자들에게 가능한 역할들의 다양성과 이들이 가지고 있는 함축적 의미를 드러내기 위해서, 그리고 범죄 행위와 연결된 범죄자의 정체성을 밝히기 위해 이러한 구조들에 대한 연구가 진행될 수 있다.

예를 들어, Johnston(2000)의 훌리건 집단들의 구조에 대한 연구는 개인들이 집단과 동일시하는 정도에 따라 범행에 '빠져드는' 수준에 차이가 있다는 것을 보여 주고 있다. 이것은 개인들이 조직화된 싸움을 위해 이동하려고 준비된 정도에 따라 차이점이 분명하게 나타난다. 깊게 빠진 자들일수록 더욱 멀리 이동한다. 이러한 집단 과정들은 너무 강하기 때문에, 싸움이 흔히 개인들이 집단 '내(in)' 혹은 집단 '외(out)'의 일부라고 느끼는 정도에 의해 좌우된다. Johnston이 지적한 것처럼, 최근에 서로 싸움을 했던 두 집단이 공동으로 이질적으로 인식하는 '위협' 집단과 싸우기 위해 하나의 더 큰 집단의 형태를 취할 수 있다. 따라서 범행의 지속성과 심각성은 미묘한 사회적 과정들의 산물인 것으로 보인다. 최근 연구는 범죄자의 개인적 서사에 어떤 형태를 부여하는 데 있어서 집단 구성원 신분의 중요성을 보다 깊게 탐구한 사회 정체성 이론(social identity theory)이 연관된 사회심리적 과정들을 밝히는 데에 매우 가치 있는 도움을 주고 있음을 보여 주고 있다.

범죄 '조직' 내 범죄 '경력'

Johnston(2000)이 기술한 조직화 과정들은 많은 다른 형태의 범죄 행위들에서 볼 수 있으며, 적어도 1920년대 및 1930년대의 초기 민족지학*적 연구들(ethnographic studies) 이래로

---

* 민족지학(ethnography): 민족(ethno, 사람들)과 기술 또는 기록(記述, graphy)이 결합된 용어로서, 사회와 문화의 다양한 현상을 정성적·정량적으로 조사·기술하는 학문 영역이다. 민족학(ethnology)과 혼용되기도 하나, 민족학은 인류학의 한 분야로서 민족들 간의 비교와 분석에 역점을 둔다는 점에서 차이가 있다. 다만, 현대에는 구별이 곤란하다는 견해도 있다. (역자 주)

탐구되어 왔다(Thrasher, 1927; Whyte, 1956). 상당수 이러한 연구들과 최근의 Marsh 등(1978)의 연구 등에서는, 크고 작은 범죄자들의 집단들 내에서 역할의 차이와 그에 따라 형성된 조직 구조의 존재를 보여 주고 있다. 팀으로 구성된 범죄자들이 상점 혹은 은행을 습격하여 물건이나 돈을 절취하는 습격 강도에 대한 Donald와 Wilson(2000)의 연구에서, 팀 내 상이한 역할들이 부분적으로는 습격 강도를 실행하는 목적에 맞게 활용 가능한, 그리고 그에 필요한 서로 다른 기술에 기초하고 있다는 것을 보여 주고 있다. 사실상, 이 저자들은 범죄가 전문적인 활동으로 생각되고 계획될 때에만 효과적으로 실행될 수 있는 수준의 기술을 필요로 한다고 주장한다.

Donald와 Wilson은 행위를 설명하기 위해 진단적·병리적 모형들에 의존할 필요는 없다고 보고 있으나, 대신에 조직심리학 및 사회심리학의 원칙들로부터 발전한 집단 과정들을 위한 주장을 개발할 필요가 있다고 보았다. 그들은 Guzzo(1996)의 작업 집단들에 관한 연구에 크게 의존하고 있다. 이것들은 더 큰 사회 체계 안에 있는 사회적 독립체들이 존재하며, 여기에서는 과업들이 별개의 개인들에 의해서가 아니라 집단의 산물로서 수행되는 것으로 정의된다. 게다가 그들은 습격 강도에서 범죄자들이 잘 인식하고 있는 것으로 나타나는 특정 역할이 있다는 점을 지적한다.

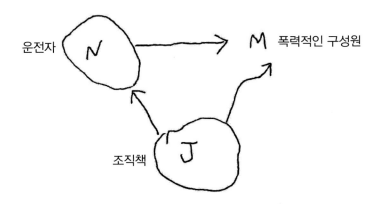

[그림 14-2] 집단 조직에 대해 무장 강도 구성원이 그린 것

출처: McCluskey and Wardle (2000). 허가에 의해 재구성

실제로 McCluskey와 Wardle(2000)은 무장 강도 구성원들과의 면담에서, 이들이 구성원들 사이의 역할에 대한 명확한 개념을 가지고 있으며, 이러한 자기 서술을 즐기고 있는 것 같다는 점을 보여 주고 있다. [그림 14-2]는 McCluskey와 Wardle(2000: 257)이 제시한 무장 강도 구성원에 의해 실제로 그려진 그림이다. 여기에는 세 개의 매우 상이한 역할들—조직책, 운전자 그리고 자신들의 행동에 위협이 되는 것들을 처리하는 '덩치', 팀의 폭력적인 구

성원—이 있다는 것을 보여 주고 있다. 화살표 또한 응답자가 명확하게 알아보는 의사소통 선을 보여 준다. Katz(1988)는 특정 범죄적 생활방식이 고취하는 이미지의 '유혹적인' 특질을 검토하는 것의 가치를 지적한다. 따라서 일부 범죄자들은 보수적인 비범죄적 집단에 속해 있는 것을 부인하면서, '스스로를 외집단'의 구성원으로서 정의한다. 이것은 때로는 '무법자'로서, 또는 [글상자 14-1]에서 본 것처럼 '가족'의 일원으로서 그들의 개인적 서사를 형성하게 한다.

Donald와 Wilson(2000)은 범죄자들의 범죄 전력을 범죄 집단 내에서 그들이 담당하는 역할들과 관련지을 수 있었으며, 이를 통해 범죄자의 이전 범죄들이 집단 내 자신들의 역할과 직접적으로 관련되어 있음을 보여 줄 수 있었다. '운전자들'은 차량과 관련된 범죄 전력들을 가지고 있으며, '덩치'는 전형적으로 폭력적인 것에 대한 범죄 전력을 가지고 있었다. 이와 반대로, 집단의 리더는 무엇보다도 부정직한 행위와 관련된 범죄들로 유죄를 받았었다. 이러한 역할 차이는 어떠한 경로가 범죄 조직들 내에서 범죄자들을 이러한 상이한 위치들로 이끌고 있는지에 대한 의문점을 불러일으킨다. 여기에 합법적인 조직들에서 사람들이 추구하는 '경력'과 어떤 공통점이 있는가?

범죄 경력에 따라 범죄자들이 불법적인 조직에서 상이한 역할을 담당하고 오래도록 이들 역할을 수행해 갈 것이라는 생각은 Cohen과 Farrington(1988)이 제시한 '범죄 경력'의 개념과는 다소 차이가 있다. 이들은 혹시 연쇄 범죄자들의 변화에 어떤 정의된 일관성이 있는지 여부를 밝히기 위해 단지 이들의 일시적인 진척 과정을 고찰한 것뿐이다. 사회심리학적 관점에서 경력은 한 사람이 함께 일하던 다른 사람들과의 관계성의 변화, 즉 그들의 서사에서 역할에 대한 자신들의 이해의 변화를 내포하고 있다. 따라서 범죄자가 자신의 경력 행로에서 어디에 있는지를 이해하는 것은 그의 현재 행동들과 범죄 전력을 이해하는 데에 도움을 줄 수 있으며, 이들 모두 경찰 수사에서 큰 중요성을 가지고 있다.

Johnston이 훌리건에 대해 설명한 것처럼, 범죄자의 범죄 개입에 있어서 발전이란 수행하고 있는 '일'에 더욱 전념함을 포함하는 것일 수 있다. 범죄자에게 이것은 '경력 범죄자'가 되어서, 자신들을 범죄 인생과 동일시한다는 것을 의미한다. 그들은 자신들이 하고 있는 '일', 말하자면 범죄를 저지르는 것에 의해서 정의됨으로써 자신들의 중요한 측면들을 인식할 수 있게 된다.

사회적 연결망 분석

상이한 범죄 연결망들에서 분명하게 나타나는 조직 구조들의 다양성은 이들 구조의 형태와 특질에 대한 상세한 체계적 분석의 가능성으로 향하게 한다. 이것은 개인을 연결망 내 마디(node)로 취급한다. 이들 연결망에 대한 정보는 구성원들 간의 공개된 접촉에 대한 관찰, 예를 들어 직접적인 관찰, 전화비 청구서 혹은 전화통화 감시 등을 통해서 수집되어 왔다. 일단 마디들과 접촉의 패턴이 특정되면, 이 마디들 사이에 존재하는 연결고리의 수리적 측면들을 검토하는 것이 가능하다(예, Cole, 2001을 보라). 사회적 연결망들의 여러 상이한 측면들을 측정하기 위한 신뢰할 수 있고 사용이 쉬운 컴퓨터 시스템들, 예를 들어 UCINET(Borgatti, Everett and Freeman, 1992)과 같은 사회적 연결망 분석(Social Network Analysis: SNA)으로 알려진 시스템이 개발되면서, 이러한 분석법이 범죄 연결망들의 구조를 실증적으로 검토하는 데 있어서 급속하게 인지도를 얻고 있다(McAndrew, 2000; Swanson, Chamelin and Territo, 1992; Wasserman and Fraust, 1994).

McAndrew(2000)는 Wasseman과 Fraust(1997)의 초기 연구를 이용하여, 범죄 연결망들을 설명하기 위해 현재 존재하는 수리적 가능성들을 상세하게 기술하고 있다. 이와 함께 그는 집단들을 설명하기 위한 핵심 개념들 중 일부는 수리적 정확성이 주어지지 않으면 매우 모호할 수 있다는 점을 보여 준다. 그래서 정확성은 중요한 수사상 의문점들, 예를 들어 어떤 연결망에 있어 취약점들은 실제 어디에 있는지, 또는 만일 명시적인 리더가 제거되면 범죄조직이 치명적인 타격을 받을 것인지에 대한 합리적인 고려를 가능하게 한다. 이러한 분석들은 또한 의사소통 연결망들에서의 변화의 감시를 용이하게 하며, 이들이 얼마나 유동적인지, 그리고 이들의 구조를 특정하는 것이 얼마나 난해한지를 쉽게 드러나게 한다.

McAndrew의 범죄 연결망들에 대한 폭넓은 연구로부터 연결망의 7가지 특징들이 도출되었으며, 이들은 〈표 14-1〉에 정리되어 있다.

McAndrew(2000)에 따르면, 범죄 연결망에 이러한 특징들 중 얼마나 많이 그리고 어떠한 것이 존재하느냐가 연결망이 어떻게 작동하는가에 대한 유익한 지표가 될 뿐 아니라, 무엇이 연결망의 강점과 취약점인지에 대한 가치 있는 통찰력을 제공한다. 모든 이들 구성요소

〈표 14-1〉 사회적 연결망들의 구성 요소들

1. 연결망 내에서 실행을 조정하는 개인들의 '핵심 집단(core group)'
2. 핵심 집단을 형성하는 '주요 중심인물(key central figures)'
3. 다른 활동들을 수행하는 '하위 집단(sub-groups)'
4. 일상적인 활동을 이끌고, 하급 수준의 구성원들과 연락하고 핵심 인물들을 보호하는 '중위 수준의 구성원(mid-level individuals)'
5. 정보와 자원을 제공하는 '분리된 구성원(isolated individuals)'
6. 연결망의 '크기(size)': 개입된 구성원들의 수
7. '사슬(chains)': 단지 하나의 다른 구성원과 연결된 각 구성원과 서로 연결된 하위 집단들

에 대해 높은 가치를 가지고 있는 집단 혹은 연결망은 매우 구조적인 것으로 간주될 수 있으나, 낮은 것은 독립적인 개인들의 느슨한 조합으로 비추어질 수 있다. 또한 각 집단의 조직성 사이에 질적인 차이를 불러일으키는 상이한 구성요소들의 다양한 혼합 형태도 있을 수 있다.

핵심 집단

연결망 활동을 조정하는, 그리고 연결망에서 다른 구성원들과 명확하게 구분되는 핵심 집단의 존재는 아마도 가장 눈에 띄는 구조적 특징일 것이다(Dorn, Murji and South, 1992; Dorn and South, 1990; Johnston, 2000; Lewis, 1994; Ruggiero and South, 1995). 예를 들어, Lewis(1994: 46)가 1970년부터 1990년까지 영국의 헤로인 유통은 "……복잡하고, 분절로 연결되었으며, 다면적인 층으로 이루어진 연결망으로, 구성원들이 수입과 상황에 따라 들어오고 나간다."라고 설명하면서, 그로 인해 이러한 유통 구조는 정리된 단일의 계층적 조직과는 거리가 멀다는 것을 보여 주고 있지만, 그럼에도 그는 거래를 이끄는 중심 집단(예, 수입자들)과 연결망의 다른, 보다 주변에 있는 구성원들(예, 거리 판매책) 사이에 형성된 차이점들이 있다는 것을 보여 주고 있다. Potter(1994) 역시 조직화된 범죄 집단들에서 리더들과 거리 수준의 작업자들 간의 명료한 차이를 지적하였으며, 이러한 차이들이 연령 및 범죄 경험과 관련되어 있다고 이야기한다. Hobbs(1997)는 재물범죄 연결망에서 리더들과 다른 구성원들 간에 명확한 차이들이 있다는 주장을 지지하고 있다. 예를 들어, 그는 범죄 연결망에서 핵심 집단들을 다른 구성원들과 구별되는, 기업가들로 구성되어 있는 '중추(hubs)'로 분류하였다.

주요 중심인물

핵심 집단이라는 개념과 관련하여, 이를 형성하는 주요 중심인물이 있다는 견해가 있다(Block, 1978; Bourgois, 1995; Potter, 1994; Reuter and Haaga, 1986; Williams, 1993). 20세기 초반 뉴욕의 코카인 거래에 관한 초기 연구들 중 하나인 Block(1978)의 연구에서는 마약 연결망이 코카인의 수입, 도매 그리고 소매를 장악한 사람들로 구성된 핵심 집단을 가지고 있었다고 보고하였다. Williams(1993)의 보다 최근의 연구에서는 국제적인 헤로인 및 코카인 산업의 도매 유통 및 소매 분야의 상위 수준을 경영하는 작은 핵심 집단은 민족적 동일성 혹은 가족 연대에 의해서 묶인 주요 중심인물들로 구성되어 있음을 발견하였다. 비록 낮은 정도이지만, 장물(절취물) 연결망에도 핵심 집단의 존재가 분명하였다. 예를 들어, Shover(1991)는 침입 절도 연결망들이 계속해서 크기가 변화하지만, 침입 절도가 필요할 때에는 두세 명의 공범들로 구성된 작은 핵심이 출현했음을 발견하였다. 유사하게, Van Limbergen, Colaers와 Walgrave(1989)는 훌리건 개입 강도의 감소 상태를 관찰하면서, 이로 인해 훌리건 집단의 중심이 폭력을 조직하고 계획하는 얼마간의 강성 핵심 구성원들로 구성되어 있음을 발견하였다.

하위 집단

범죄 연결망 내에서, 상이한 활동들의 실행을 책임지는 구성원들의 하위 집단들이 흔히 발견된다(Block, 1989; Jenkins, 1992; Zhang and Gaylord, 1996). 하위 집단들은 Jenkins(1992)의 필라델피아 필로폰(메타암페타민) 산업에 관한 연구에서 분명하게 드러난다. 그는 화학 물질 확보를 통제하고 있는 마피아 집단이 힘 있는 개인들 혹은 파벌들의 하위 집단으로 구성되어 있다는 것을 발견하였으며, 이 하위 집단들이 산업 내 다른 연결망들과 상호작용하고 있다고 보고하고 있다. 하위 집단들은 또한 재물 범죄 연결망에서도 발견되었다. Maguire(1982)의 연구에서 상당히 전문적인 절도범들의 침입 절도 연결망에 하위 집단들이 존재하고 있는 것을 발견하였다. 그는 높은 수준의 비밀을 가진 작은 파벌을 형성함으로써 침입 절도범들이 생존하게 되며, 이들은 상호 신뢰하는 작은 구성원의 풀(pool) 형태로 구성되어 있다는 것을 발견하였다.

중위 수준 구성원

범죄 연결망들 분석에서 끊이지 않는 주제는 중위 수준 구성원 혹은 중개자의 존재이다. 중위 수준 구성원들은 리더들 자신일 수도 있으며 혹은 '리더들'과 '작업자들' 사이를 중재하는 구성원일 수도 있어서, 수사 기관들 혹은 경쟁하는 범죄 집단들의 탐지로부터 주요 중심 인물들에게 보호책을 제공하는 구실을 한다. 예를 들어, Potter(1994)는 이것이 마약 거래와 연관된 고위험 활동들에 해당되는 사실이라는 것을 발견하였다. 중위 수준 중개자들은 또한 다른 연결망들과의 연락관으로 사용되어 왔다. Jenkins(1992)가 적시한 한 가지 사례는 마약 산업에서 연결망 내 하위 집단들이 다른 연결망들과 교류하고 있는 힘 있는 개인(구성원) 주변에 조성되어 있었다는 것이다.

Bourgois(1995) 또한 마약 시장의 구조와 합법 기업들 간의 유사성을 보여 주었는데, 여기에서는 중위 수준 구성원들 혹은 유사 기업가들이 작업장을 규율하고, 충성 확보를 위해 동류 의식 망들을 조작하곤 하였다. Shover(1973)는 장물아비들이 침입 절도범들과 장물 구매자들 사이의 중개자로서 활동한다고 보고하고 있다. 장물아비들은 흔히 침입 절도범에게 절취해야 하는 것을 전달하고, 돈을 빌려주며, 합법적인 사업가들과 연결한다. 보다 최근에, Hobbs(1995)의 런던의 전문적 범죄자들에 대한 민족지학적인 연구에서는, 장물아비들이 절취한 물건을 위한 창고를 운영함으로써 계속해서 재물범죄에서 중개자 역할을 하고 있는 것을 보여 주고 있다. 이 중위 수준 중개자들은 훌리건 집단에서도 중요한 역할을 하는 것으로 발견되었다(Van limbergen, Colaers, and Walgrave, 1989). 그들은 이들을 실습생(stagiaires)*이라고 불렀는데, 핵심 집단의 일원이 될 목적으로 강경파 주변을 에워싸고 있는 젊고 비행에 덜 물든 구성원을 의미한다. 마약과 재물범죄들과 같이, 실습생들은 폭력에 앞서서 참여함으로써 핵심 집단을 보호하려 한다.

분리된 구성원

범죄 연결망의 다섯 번째 측면은 분리된 구성원들이다. 이들은 연결망에 정보와 자원을 제공하면서 주변인 역할을 담당한다(Sutherland, 1934; West, 1978). 예를 들어, Reuter와 Hagga(1986)는 코카인 선적은 기회가 무르익었을 때 마약을 처리하기 위해서 때때로 사용되는 주변부 접촉을 가진 일부 구성원들 주변에서 준비될 것이라고 주장하였다. 유사하게, Shover(1973)는 침입 절도범 집단들은 앞으로의 범죄에 대한 정보의 원천을 얻는 데 사용될 수 있는, 정보제공자들, 장물 구매자 및 장물아비와 같은 자들과 외면적 접촉을 가지고 있다는 점을 발견하였다. 비록 주변 구성원들은 훌리건 연결망들에서도 관찰되지만, 이들이 연결망의 구조를 유지하는 데에 중요한 요소는 아니다. 예를 들어, Van Limbergen, Colaers와 Walgrave(1989)는 훌리건 연결망의 주변 구성원들은 남성적 이미지와 행위에 의해서 동기 부여된 보통의 청소년들이지만 물리적 폭력에는 개입하지 않는다는 점을 발견하였다.

연결망 크기

여섯 번째 그리고 아마도 가장 중요한 범죄 연결망의 특징은 망의 크기이다. 더 많은 양의 물건들과 더 많은 수의 수요자들의 움직임을 포함하고 있는 큰 연결망들은 탐지되지 않고 효과적으로 기능하기 위해 보다 정교한 구조를 필요로 한다(Reuter and Hagga, 1986). Bourgois(1995)는 큰 마약 연결망일수록 더욱 정교한 구조를 필요로 하는데, 이러한 구조가 안전 특징, 즉 핵심 집단을 위한 탐지 회피를 돕기 때문이라고 주장한다. 유사하게,

---

* 스테지예(stagiaire): 프랑스어로 견습생, 인턴의 의미(역자 주)

Johnston(2000)의 훌리건 집단에 대한 연구는 이들이 크기에 따라서 다양하다는 것을 보여 주고 있다. 그녀는 더 높은 수준의 구조는 가장 많은 구성원 수를 가진 연결망들에서 발견 되었다고 밝히고 있다. 이것은 조직 크기의 증가가 그 조직의 다양한 측면들에 반영되는 방식들을 보여 주고 있는 조직심리학 분야의 주요 논문들과 직접적으로 부합한다. 조직 크기의 영향은 조직이 얼마나 많은 결원율 및 구성원 순환을 갖는지, 또는 얼마나 관료적이며 비효율적인지만큼이나 다양해진다(예, Barker and Gump, 1964).

사슬과 같은 하위 집단

한 가지 추가적인 측정 요인은 사슬과 같은 형태의 하위 집단들이 있느냐를 규명하는 것이었다. 이것은 집단의 다른 구성원들 내에서는 거의 연결점을 갖지 않으면서, 하나의 핵심 구성원에 연결되어 있는 다수의 구성원들로 정의된다. 이들 하위 집단들은 구성원들이 내부적으로 강하게 연결된 무리 혹은 파벌들보다는 사슬과 같은 배열로 연결되어 있을 때 존재한다. 이것은 사슬과 같은 하위 집단이 잘 정리된 파벌과 같은 하위 집단들 보다 더욱 구조적이며 계층적인 조직을 포함하고 있기 때문에, 위에서 언급한 하위 집단 변수와는 구별된다.

범죄 연결망에 대한 연구

범죄 연결망들의 다양한 측면들이 서로 관련되어 있고, 상이한 범죄 조직들 간에 차이를 보이는 방식들을 탐구하기 위해서, Canter(2004b)는 〈표 14-1〉에서 언급한 6개의 구성요소들과 관련된 조직 구조 척도들을 도출하여, 12개의 마약 판매상 연결망들, 11개의 재물범죄 연결망들, 그리고 6개의 훌리건 연결망들에 관하여 연구하였다.

연결망 구성요소들에 대한 정확한 측정값을 얻기 위해서, Canter(2004b)는 UCINET 내에서(Borgatti et al., 2002), Degree, Betweeness, Closeness, Information, Clique, N-clique, K-core 그리고 Cutpoints and Knots 중 활용 가능한 척도들을 이용하였으며(이 연구 및 이어지는 측정들을 위한 정확한 수리적 산정에 대한 포괄적인 설명은 Wasserman, Faust, and Iacobucci, 1994를 보라), 보다 상세한 정의는 〈표 14-2〉에 있다.

이 척도들은 앞에서 논의된 특징들의 수량화를 가능하게 하였으며, 다음과 같은 변수들의 조합이 결론으로 도출되었다.

> **글상자 14-2** **전형적인 사회적 연결망 분석**
>
> 이것은 매우 다양한 범죄들에 관여한 22명의 연결망의 전화 기록들에 기초하고 있다.
>
>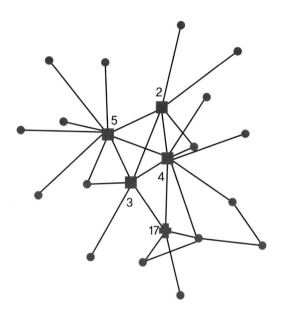
>
> 각 점(원 혹은 사각형)은 연결망 내 개인이며, 선은 이들 간 알려진 연관성을 표시한다. 번호가 붙은 사각형은 주요 개인들을 의미하며, 2, 3, 4, 5 그리고 17번 개인들이 연결망의 응집력에 핵심적인 내부 파벌을 형성하고 있다.

출처: McAndrew (2000).

- 크기는 15명 이상의 구성원을 큰 집단으로 간주하여 결정되었다. 15명 미만의 집단들은 작은 것으로 정의되었다.
- 명시적 리더들의 중요성을 보여 주는 **주요 중심인물**은 사회 연결망 분석 중심성 점수를 통해 결정되었다. 만일 한 개인이 다른 사람에 비해 특이하게 높은 점수를 받는다면, 이 집단은 주요 중심인물을 보유한 것으로 정의되었다.
- **핵심 집단**의 존재는 한 중심 집단이 전반적인 의사소통 연결망에 존재한다는 것을 가리킨다. 이것은 다양한 파벌성 척도의 크기를 보아 결정되었다. 연결망 내 사람들 중 일부 혹은 모두가 가장 높은 중심성 척도와 함께 높은 파벌 점수를 가질 때, 연결망의 핵심에 밀착된 하위 집단이 있다는 것을 지칭하는 것으로 취급된다.
- **중위 수준 구성원**은 개인들의 중심성 점수가 주요 중심인물들보다 명확하게 낮기는 하

〈표 14-2〉 사회 연결망 분석 척도들 요약

Degree	한 개인이 연결망 내에 어떻게 연결되어 있는지를 측정하며, 한 구성원이 연결망 내에서 다른 구성원들과 가지고 있는 연결의 수로서 산정된다(Freeman, 1979). 한 개인이 더 많은 연결을 가질수록, 그(그녀)가 더 많은 힘을 가진 것으로 생각된다.
Betweenness	한 개인이 모든 다른 점들의 쌍 사이의 중개자로서 활동하는 정도를 측정한다. 좀 더 특정하면, Betweenness는 한 개인이 연결망 내 모든 구성원들과의 사이에서 얼마나 여러 번, 가장 짧은 경로에 해당되는가를 측정한다(Bonacich, 1987; McAndrew, 2000).
Closeness	한 구성원이 얼마나 쉽게 다른 모든 구성원들과 최소한의 중개자를 통해서 접촉할 수 있는지를 측정한다. 다시 말해, 연결망 내 어떤 두 구성원의 최단 거리의 합으로서, 가장 작은 합이 연결망 내 모든 다른 구성원들과 가까운 관계를 갖고 있는 것으로 생각된다.
Information	한 구성원이 어떻게 연결망 내 모든 가능한 경로들에 포함되어 있는가를 측정한다(Stephenson and Zelen, 1989). 이 척도는 개인이 높은 연결성을 가진 다른 구성원에 대해서 갖고 있는 접근성을 고려한다.
Clique	연결망 내 하위 집단의 모든 구성원들이 같은 하위 집단의 다른 구성원들과 연결된 정도를 측정한다. 따라서 Clique는 그 하위 집단 소속이 아닌 다른 집단 구성원과의 사이보다 동일 집단 내에서 서로 더욱 가깝게 연대되어 있는 구성원들의 하위 조합이다.
N-Clique	연결망 내 모든 구성원들이 서로 연결되어 있기를 필요로 하지 않는 보다 관대한 척도이다. 완벽한 Clique(one-clique)와 반대로, 양방향 Clique(two-clique)는 중개인을 통해 연결된 모든 구성원들이 될 것이다.
K-Core	전체적으로 연결망 내에서 다른 구성원들과 연결된 것보다, 약간 더 서로에게 연결된 구성원들의 하위 집단으로 구성되어 있다. 모든 구성원들은 서로 간에 같은 수의 접촉을 가지고 있으며, 연결망 내에서 다른 사람보다 하나 많은 관계가 그들과 관계가 있다(Seidman, 1983).

지만, 집단의 여타 다른 구성원들보다 특히 높을 때 존재한다. 연결망 내 그들의 위치에 대한 추가적인 연구는 중재자로서의 그들의 역할을 지지한다.

- 하위 집단들은 cliques와 n-cliques의 존재에 의해 결정되었다. 이들은 중심 연결망과 다른 하나 또는 그 이상의 집단들로 구성되었으나, 연결망의 나머지와도 연결되어 있다.
- 분리된 구성원은 단지 한 개인을 통해서 연결망에 연결되어 있는 하나 또는 그 이상의 구성원들이 있을 때 존재한다. 이들은 그들이 단지 연결망 내 어떤 다른 사람과 하나의 연결을 갖기 때문에 연결망의 주변부에 위치하고 있다.

29개 범죄자 집단들에 대한 측정값들 간의 관련성을 분석하기 위해, Canter(2004b)는 부분적 반응도 분석(partial scalogram analysis)으로 알려진 특별하고 다소 흔치 않은 다변량 분석법(Shye, 1978, 1998, 1998)을 사용하였다. 비록 이것이 최소 공간 분석 및 다른 다차원 절차들과 일부 유사한 특성을 가지고 있지만, 매우 다른 기초 위에서 작용한다. 다른 절차들에서처럼, 이것은 모든 측정에 걸쳐서 각 사례에 대한 가치 조합(프로파일)과 함께 시작한다. 이 프로파일은 모든 가치들이 공통된 의미를 가지고 있다고 추정한다. 현재 사례에서는 이것이 증가하는 사회적 연결망의 정교함으로 생각될 수 있다. 각 실체(여기서는 범죄 집단)에 대한 프로파일은 모든 다른 실체들과 비교된다. 만일 모든 측정치들의 조합에 걸쳐서 가치들에서의 변화가 프로파일 간에 같은 방향에서 있으면, 이 프로파일들은 기술적으로 '비교 가능한' 것으로 인식되며, 이들이 어떤 공통된 순서로 입력되는 것이 가능하다. 낮은 가치를 가진 프로파일은 모든 측정치들에 대해 공통된 의미를 정의하는 전반적인 차원에서 더 낮은 것으로 표시될 수 있다.

다른 프로파일과 비교했을 때 더 높은 그리고 더 낮은 가치를 가진 프로파일은 질적으로 다른 것으로 간주되며, 동일한 전체 차원에 위치하지 못한다. 이것은 수학적으로 '순서 이론'으로 알려진 것의 부분이 되는, 질적 차이와 양적 차이 모두를 가지고 있는 실체들 사이의 관계성에 대해 생각하는 한 방법이며, 이러한 체계에 대한 연구는 Helmut Hasse(1898~1979)의 연구로부터 큰 영향을 받았다. 그는 Hasse Diagrams로 알려지게 된 것들을 표시하는 방법을 개발하였다(http://en.wikipedia.org/wiki/Hasse_ diagram). 그러나 이러한 도해는 일단 각각 3개 이상의 범주를 가진 3개 이상의 변수들이 있게 되면, 구축과 해석이 어렵다. 따라서 Shye(1978)는 좌표를 이용한 더 큰 자료 집합들을 가지고 작업하는 방법을 개발하였다[좌표를 이용한 부분 순서 반응도 분석(Partial Order Scalogram Analysis with Coordinates: POSAC)]. 따라서 비록 POSAC으로부터 얻은 도해가 다차원 척도법 절차들의 결과들과 다소 비슷하게 보이기는 하지만, 이로 인해 개별 사례들이 공간에 있는 점들로서 표현되면서 좀 더 가까이 함께 있는 것들은 일부 중요한 특성들을 공유하기 때문에, 이 결과의 기반이 되는 분석은 직접적으로 근원 좌표로부터 작용한다. 사례들을 지도화하는 것은 다음과 같이 요약될 수 있다.

모든 프로파일 쌍은 비교되어, 이것들이 '비교 가능한' 것인지 혹은 아닌지를 결정한다(앞에서 언급한 기술적 의미에서). 만일 비교 가능한 것이라면, 어느 것이 더 큰 것인지 결정된다. 그러면 프로파일들은 데카르트 충분 차원수 좌표 공간(Cartesian coordinate space of sufficient dimensionality) 내에 지도로 표시되며, 프로파일들(비교 가능성, 비교 불가능성 등) 사이에서 본래부터 관찰된 관계는 원 프로파일들에 지정된 새로운 좌표-가치로 구성된 새롭고 더 짧은 프로파일들에 보존된다. 만일 당신이 7개의 변수를 관찰하고 2개의 POSAC-차원수가 충분한 것을 발견했다면, 2개 차원들에서 2개의 새로운 점수들이 원래부터 관찰된 비교 가능성 관계들 (거의) 모두를 보존한다.

(Shye, 개인적 의사소통, 2009)

좌표를 사용하기 때문에, POSAC은 소수의 변수들을 가진 강한 기반 이론이 있을 때 특별히 강력하다. 따라서 우리가 사회적 복잡성의 패턴들에 직접적으로 초점을 둔 29개 범죄집단들에 대한 이번 사례에서는, 이것이 사용하기에 유익한 절차이다. 결과를 보여 주는 [그림 14-3]은, 따라서 수평 및 수직 축들을 따라 그들의 전반적인 점수들의 기초 위에 점으로 각 사례를 표현하고 있다. 쉬운 해석을 위해, 집단 복잡성에 대한 상이한 측정치들이 x 및 y축과 연관되는 방식이 도식적으로 표시되어 있다.

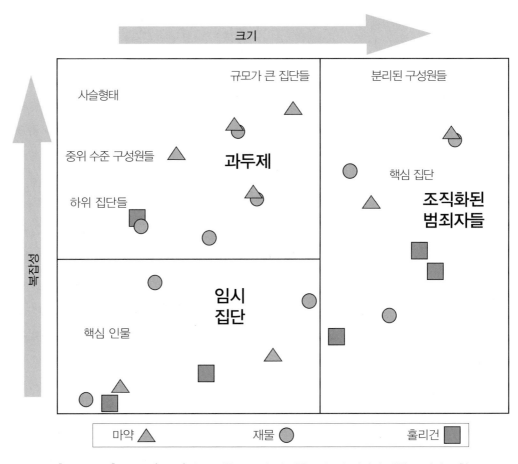

[그림 14-3] Canter(2004)가 보고한 부분 순서 반응도 분석 결과에 대한 도식적 표현

범죄 연결망 각각을 공간상 점으로 보여 주고 있으며, 이처럼 점들이 함께, 더 가까이 있을수록 〈표 14-1〉에 있는 7개 변수상에서 사회적 연결망 프로파일들은 더욱 유사하다. 공간의 각 지역에 있는 집단들을 묘사하는 변수들이 표시되어 있으며, 폭넓은 형태의 조직이 공간의 각 지역을 분류하고 있다.

2개의 차원이 [그림 14-3]의 두 개의 중심축을 생성하고 있다. 예측했던 것처럼, 연결망의 크기는 중요한 특징이다. 수평 축은 집단이 증가하는 크기와 관련되어 있으며, 크기가 증가함에 따라 주요 중심인물들과 나머지 집단 구성원들 사이에서 연결고리로서 행동하는 구성원이 더 있는 것 같다. 흥미롭게도, 이 모든 구성요소들을 가진 집단들은 또한, 한 사람을 통해서 집단과 접촉을 갖는 분리된 개인들을 갖고 있다. 따라서 개인들의 분리는 부분적으로 단지 주변적인 접촉을 가지는 사람들을 끌어당기는, 집단 확대의 산물인 것으로 볼 수 있다.

수직축은 집단 구조의 차별화에서의 증가와 관련되어 있다. 이것은 주요 중심인물들의 존재로부터 주변에 일종의 '귀족계층'을 형성하는 핵심 집단의 출현으로, 그리고 집단 내 중요한 인물들과 사슬처럼 연결된 하위 집단들의 출현으로 이동한다. 가장 차별화된 상태에서는, 이 집단들 역시 분리된 구성원들을 갖게 될 것이다. 이것은 조직 구성상의 복잡성이 중요한 내적 연결을 갖는 개인들의 역할로부터 발전된 계층적 연결망의 양상에 어떻게 반영되고 있는지를 보여 주는 데 도움이 되고 있다.

이들 두 개 차원들은 3개의 넓은 유형의 집단 유형을 확인하는 데 도움이 된다. 연결망들의 가장 결정적인 측면은 하위 집단들의 존재 혹은 부존재로 나타난다.

- 임시 집단(Ad hoc groups): 하위 집단들을 갖지 않는 조직 구조에서는 차이가 작다. 상대적으로 작은 구조를 가지고, 때로는 단지 주요 중심인물들의 존재만을 가지고 있어, 두 차원에서 낮게 나타난다. 이들은 크기가 평균 13명의 구성원을 가지는, 8~22명의 가장 작은 집단인 경향이 있다. 연구된 표본에서, 이들은 홀리건 집단들과 재물범죄자들이 우세함을 갖고 있으나, 작은 마약 연결망들 일부도 역시 포함하고 있다. 이 집단은 Mars(2000)의 개인주의자들로 구성되어 있으며, 비교적 짧은 지속 기간을 갖는 느슨한 기회주의적 집단들을 형성한다.

- 과두제(소수 지배, Oligarchies): 의사소통 연결망이 작은 집단에 의해서 통제되는 형태이다. 이들은 임시 집단보다는 더 큰 경향이 있으며, 크기는 평균 20명으로 12~32명의 구성원들로 다양하다. 표본에서는 이들이 주로 마약 연결망으로 구성되어 있었으나, 32명의 구성원 표본에서 재물범죄자들과 가장 큰 홀리건 집단도 포함하고 있었다. 이들은 단지 느슨하게 연결된 하위 집단들의 패턴을 가지는, Mars(2000)의 이념주의자들이다.

- 불법 조직(Illegal organization): 대부분의 구분 형태를 가지는 복잡하고 큰 연결망들에 대해 적절한 개념이며, 관리 계층 체제를 가리킨다. 이들은 16명의 마약 판매자들로 구성된 가장 작은 집단뿐 아니라 함께, 45명의 재물 범죄자들로 구성된 표본의 가장 큰

연결망까지 포괄하고 있었다. 25명 수준의 평균 크기는 이들이 전형적으로 집단 내에 가장 많은 구성원들을 포함하고 있다는 것을 보여 준다. 이들은 Mars(2000)가 '조직화된 계층제'라고 이름 붙인 것이며, 합법적인 기업에서 볼 수 있는 구조와 가장 가깝다. 이들이 표현적 모형 속에서 기능하는 것으로 예측되는 분리된 구성원들을 유인한다는 사실은 특별한 관심을 끈다. 이것은 추가적인 연구를 위한 사안이지만, 이들 구성원들은 커다란 범죄 연결망의 주변부에 있음으로써 제공되는 가능성에 이끌리는 것이라고 주장되고 있다.

이러한 발견들은, 조직 크기에 대한 많은 연구들에서 발견된 것처럼, 어떤 집단에 소속된 사람들의 수가 한 집단이 생존하기 위해 어떻게 계층적 및 구조적일 필요가 있는지에 대한 함의를 가지고 있다는 것을 보여 준다. 일단 범죄 연결망이 10명의 구성원을 넘어가면, 다양한 방식으로 달라지기 시작하며, 약 20명이 넘어가면, 이 차별화는 보다 확연해진다.

그러나 크기가 연결망 형태론에 유일한 영향을 미치는 것은 확실히 아니다. 비록 10명이 안 되는 구성원을 가진 집단들 중 어느 것도 어떤 확인될 만한 하위 집단들을 갖지 못하고, 30명 이상의 집단들은 모두 크게 차별화되어 있지만, 그럼에도 단지 12명으로 구성된 소수 지배 형태의 마약집단도 있으며, 반대로 느슨한 임시 연결망으로 나타난 22명의 훌리건 집단도 있다. 범죄 활동의 본질은 보다 높이 구조화된 집단들의 출현과 어떤 관련성을 가지고 있는 것으로 보인다. 훌리건 집단들은 실제로 단지 특별한 스포츠 경기에 모이는 것만이 필요하며, 폭력에 대한 기회에 반응할 뿐이다. 따라서 이 집단들은 아주 커질 때까지, 말하자면 25명이 넘어갈 때까지는 강한 구조를 필요로 하지 않는 경향이 있다는 것이 이해가 된다. 마약 연결망은 그와 달리, 물건을 획득하고, 그것들을 배포하고, 그리고 거래를 통해 재정적인 이득을 얻는 것이 필요한 상업적 조직의 형태이다. 현재의 표본에서 일단 그러한 집단이 약 15명을 넘으면 매우 달라진 구조, 아마도 관련된 거래를 경영하는 것을 도와줄 구조를 취하였다. 재물 연결망들은 현재의 표본들에서 이들 두 형태의 중간에 있다. 이것은 그들이 활동의 더 큰 다양성을 처리하고 있기 때문일 것이며, 일부는 훌리건들의 기회주의적인 행동에 더 가깝고, 다른 부분은 큰 마약 카르텔들의 계획된 경영에 더 가깝다.

파괴적 조직 심리

범죄 연결망들의 조직적 구조에서의 변형에 대한 고찰은 어떻게 그러한 조직들이 탐색되고 약화될 수 있는지에 대한 고찰로 연결된다. 이것은 그러한 연결망들의 취약점들이 어디에 있는지에 대한 고찰을 필요로 한다. 이것들은 대체로 은밀한 조직의 생존 유지에 대한 도전에서 나온다.

조직적인 취약성: 의사소통

조직은 구성원들, 공급자들 그리고 '고객들'과의 사이에 의사소통이 없으면 아무것도 아니다. 의사소통은 목적과 구조라는 두 개의 핵심적 측면들에 근본적인 것이다. 사람들은 조직의 목적과 과제가 무엇인지에 대해서 정보를 제공받을 필요가 있으며, 그 활동들에 포함되어 있을 필요가 있다. 역할의 지정과 리더십 과정들 모두 상이한 개인들과 집단들 사의의 의사소통 및 의사소통 과정 자체에 대해 알고 있는 일부 개인들에게 의존한다.

비범죄적인 조직들은 자신들의 의사소통의 효율성과 효과성을 유지하고 향상시키기 위해 끊임없이 싸운다. 그들의 활동의 이러한 측면에서의 약점은 흔하게 그들이 갈등하는 만성적인 문제들이며, 언제나 그들의 아킬레스건이다. 범죄자들에게는 이러한 취약성이 더욱 위태롭다. 그들은 가능한 어느 곳에서든지 은밀하고 비밀스러운 접촉을 유지해야 한다. 그들은 심지어 누가 누구와 접촉하고 있는지를 숨겨야 한다. 이것이 그들을 덜 효과적이게 만들며, 그들이 혼란과 오해에 취약하도록 만든다. 따라서 범죄 조직들의 많은 취약성들은 그들의 의사소통 과정의 측면에서 유발되는 문제들로부터 발생하는 다양한 약점들로 거슬러 가 볼 수 있다.

메시지가 더 많은 사람들 사이에 전달됨에 따라 더 많은 혼란이 일어날 기회들이 있게 된다. 결과적으로 한 조직이 더 클수록, 의사소통 과정들이 더 약해질 가능성이 있다는 것이다. 범죄조직에게 이것은 또한 원하지 않은 정보의 누설이 있을 기회를 의미한다. 따라서 수사기관에게 암시하는 것은 범죄 연결망의 규모를 가능한 완전하게 규명해야 한다는 것이다. 연결망이 더 클수록 그 의사소통에 약점이 있을 가능성이 더 크며, 이러한 약한 연결들은 정보의 원천 혹은 분열의 기회로 활용될 수 있다.

더욱이 우리가 본 것처럼, 조직이 더 클수록 그 조직 내에 조직과의 연결이 미약한 구성원들이 있을 가능성이 더 크다는, 아마도 역설적인 발견이 있게 된다. 이 구성원들은 아마도 그들 자신의 개인적인 어려움들을 가지고 있으며, 조직의 지배적인 서사에 받아들여지지 못한 사람들일 것이다. 그들은 외부의 영향과 설득에 개방적이며, 연결망을 경영하는 중심 집단으로 들어가는 경로가 될 수 있는 사람들일 것이다.

확장된 의사소통의 문제점들과 더불어, 크기의 증가 또한 통제 기제에 대해 더욱 커다란 요구를 하게 된다. 이것은 활동을 비밀로 유지해야 할 필요성이 있다는 점과 강압적인 것이 활동을 유지하는 데에서 흔히 갖는 중요성 때문에, 범죄 조직들에게 특히 문제가 된다. 따라서 통제와 은밀한 의사소통에 핵심적인 역할을 하는 사람이 누구인지를 아는 것은 이것을 특정하는 것을 더욱 어렵게 만든다.

크기 증가가 효과적인 통제에 부과하는 문제들은 조직 리더십이 누가 누구와 의사소통을 하고 있는가에 대한 이해를 필요로 한다는 함축적인 의미를 따라갈 때 보다 잘 이해될 수 있다. 이것의 수학적 함의는 더 많은 사람이 개입될수록, 의사소통 과정 자체를 감시하기 위해 더 많은 조직적 노력이 필요하다는 것이다. 결과적으로 조직이 직접적으로 '생산적인' 활동들에 활용 가능한 시간과 에너지가 더 작아진다는 말이다.

따라서 범죄 연결망이 성장함에 따라, 어떤 '두목'의 힘 아래에 강하게 속하지 않게 될 '독립적인' 분파들이 형성될 가능성이 더 커지게 된다. 이들 중위 수준 집단들과 접촉 사슬은 중심 집단들의 몰락을 가져오기를 원하거나 새로운 범죄 활동의 원천이 될 수 있다. 이러한 확산과 성장은 범죄가 취하게 될 성장의 형태들을 예측하는 데 도움을 줄 뿐 아니라, 개입을 위한 전략적 기회들을 제공해 주기 때문에 국제적인 사법기관들에게는 특별히 중요한 정책적 함의를 가지고 있다.

조직들이 보다 계층적으로 변함에 따라, 보다 많은 의사결정과 정보의 흐름이 중심인물들을 통과하게 될 것이며, 이것은 활동을 관리하는 데 필요로 하는 시간과 지적인 자원들의 관점에서 극단적으로 부담스러운 것이 될 것이다. 만일 위임이 없으면, 중심인물들이 자신들의 조직에서 무슨 일이 진행되고 있는지에 대한 사실 파악을 놓치는 일이 발생하게 될 것이지만, 만일 위임이 있으면 그들의 대리인들이 더 강하게 되며 리더들에게 도전하는 더 강한 하위 집단들을 형성할 수 있게 된다.

조직 구조의 핵심이 되는 필연적인 추가 요소는 조직을 구성하는 사람들이 조직의 활동 내에서 상이한, 그러나 관련된 역할들을 갖게 될 것이라는 점이다. 이 역할들은 가변적이며, 각각의 역할이 집단 혹은 연결망이 관여하고 있는 모든 활동들을 수행하겠지만, 어떤 시점에서는 목적 달성을 위해 조직이 해야 할 필요가 있는 다양한 과제들이 구성원들 사이에 분할돼야 할 것이다. 이 과정이 조직 내에서 차별화를 불러일으키며, 흔히 다른 집단들과 하위 집단들의 출현을 유발한다.

그러한 차별화 자체는 관리와 지도를 필요로 한다. 이것은 집단 토론과 의견 일치의 표출을 통해서 달성될 수 있지만, 한두 사람, 말하자면 리더로부터 일정한 지휘를 필요로 한다.

리더십의 개념은 동기부여 개념처럼, 조직 이론의 영역 내에서는 복잡하고 뜨겁게 논의되고 있는 것이다. 범죄 조직들에 대한 고찰과 관련된 이러한 논란의 중요성은 어떤 집단, 팀, 또는 연결망이 필요로 하는 많은 상이한 형태의 리더십에 대해 기울이는 관심에 있다. 리더들은 단순히 지시를 내리는 것만 필요로 하는 것은 아니다. 그들은 계획을 수립하고, 지식과 정보를 습득할 뿐만 아니라, 사람들이 조직에 계속 참여하도록 유지하는 것이 요구된다. 비범죄적 집단들처럼, 범죄 집단들도 상이한 리더십 역할들을 취하는 상이한 사람들이 있을 것이다. 이것은 어떻게 그러한 조직이 불능한 상태가 될 수 있는가에 대해 중요한 함의를 가진다. 중요한 정보를 가진 사람, 또는 다른 구성원들을 집단 내에 머물도록 강제하는 사람을 제거하는 것이 계획을 세우고 지시를 하는 사람을 체포하는 것보다 더욱 효과적일 것이다. 후자는 법정에서 유죄 판결을 받게 하는 것이 아마도 가장 어려울 것이다.

조직 전략으로서의 상호적 무정부 상태

비록 대부분의 범죄 연결망에게는 어떤 구조와 조직이 있는 것으로 보일 수 있지만, 이들이 흔히 짧은 시간의 임시적인 접촉들이라는 것을 기억해야만 한다. 범죄 연결망 조사를 위해 많은 시간을 보낸 Van Duyne(1999)이 지적하는 것처럼, 마피아 두목들조차도 자신들의 벽에 조직도를 걸어 놓거나, 이 장에서 논의된 구조적 문제들을 인식하고 있는 것 같지는 않다. 합법적인 조직들에게 기대되는 명확한 경영 자세, 엄격한 지휘 체계 그리고 특정 역할들은 불법적인 집단들에서도 일부 존재하겠지만, 국가보건청 혹은 군대에 있는 것처럼 강하지는 않을 것이다. 언급된 모든 압박들과 취약성들은 이들의 변화를 이끌 것이며, 시시때때로 사법기관들의 개입과 다른 변화하는 요구들에 의해 붕괴되고 재구성될 것이다. 일반적으로 범죄 연결망들은 근본적으로 무정부적인 것으로 간주되지만, 개입된 사람들의 개인적 이익을 위해 상호적 접촉 속에 있다.

이들을 수사하고 붕괴시키는 것을 어렵게 만드는 것이 바로 범죄 조직들의 이러한 무정부적 연결망 특질이다. IRA에서 발견한 것처럼, 엄격하게 구조화된 조직은 쉽게 이해되고, 묘사되며, 핵심 인물들을 제거함으로써 파괴될 수 있지만, 유동적이고, 유연하며, 기회주의적인 활동 패턴은 만일 구성원들 중 일부가 제거되어도 쉽게 재구축될 수 있다. 더욱이 연결망이 무엇을 하고 또 어떻게 하는지를 누구도 모를 것이다. 그래서 연결망에 대한 명확한 정보를 획득하는 것은 실제로 매우 어렵다.

요약

대부분의 범죄자들은 하나 또는 그 이상의 범죄자들 연결망의 일부이다. 이것들은 보통, 때에 따라 서로 임시적인 접촉을 갖는 느슨하게 연결되어 있는 임시 집단들이지만, 일부의 경우에는 합법적인 조직들의 계층적 구조와 역할 지정을 반영하고 있다. 조직 구조의 이러한 다양성은, 의사소통 연결망에서 파벌들 또는 주요 개인들의 존재, 또는 분리된 구성원들의 존재에 관심을 기울이면서, 그들이 작용하는 방법의 중요한 속성들을 보여 주는 사회 연결망 분석(SNA)에 의해 연구가 가능하다. 불법적인 연결망들의 이 모든 측면들은 '파괴적 조직 심리'로 생각될 수 있는 전략 속에서 사법기관들에 의해 표적이 될 수 있는 잠재적인 취약성들을 드러낸다.

📂 추가로 읽을거리

서적

Abadinsky, H. (1983) *Criminal Elite-Professional and Organised Crime*, Greenwood Publishing Group, Westport.

Canter, D. and Alison, L. (2000) *The Social Psychology of Crime: Groups, Teams and Networks*, Ashgate, Dartmouth.

Hobbs, D. (1995) *Professional Criminals*, Ashgate, Dartmouth.

Knoke, D. and Yang, S. (2008) *Social Network Analysis(Quantitative Applications in the Social Sciences)*, Sage, London.

Levi, M. and Osofsky, L. (1995) *Investigating, Seizing and Confiscating the Proceeds of Crime*. Home Office, Police Research Group: Crime Detection and Prevention Series No. 61.

Wright, A. (2005) *Organized Crime*, Willan, Cullompton.

논문

Hobbs, D. (1997) Criminal collaboration: youth gangs, subcultures, professional criminals, and organised crime, in *The Oxford Handbook of Criminology* (eds M. Maguire, R. Morgan and R. Reiner), Oxford University Press, Oxford.

Von Lampe, K. (2008) Organized crime in Europe: Conceptions and realities, *Policing: A Journal of Policy and Practice*, 2(1), 7–17.

토론과 연구를 위한 질문

1. 당신이 속해 있는 어떤 연결망을 생각해 보고, 이것의 조직 구조를 개괄해 보시오.

   (a) 그 연결망의 안과 밖에 누가 있는지를 정의하는 것이 얼마나 용이한가?

   (b) 연결망의 구조를 당신은 어떻게 특징짓겠는가?

   (c) 만일 어떤 이유로 조직이 불법화되었다면, 생존하기 위해서 어떤 문제들에 직면하겠는가?

2. 경찰 감시로부터 사회적 연결망 패턴들을 구축하는 데에 무슨 문제점들이 있을지 생각해 보시오.

   (a) 누가 연결망 안에 그리고 밖에 있는지 정의하는 것

   (b) 현재의 의사소통 연결이 함축하고 있는 것

   (c) 힘이 연결망 내 위치와 연결되어 있는지 여부

   (d) 상이한 연결 정보가 의미하는 것은 무엇인가? 그리고 당신이 어떻게 상이한 유형의 연결로부터 도출되는 구조상 차이점들을 해결할 수 있는가? 예를 들어, 누가 누구를 만나고, 누가 누구와 관련되어 있고, 누가 누구에게 전화로 이야기하고, 누가 누구에게 이메일을 보내는지.

3. 인터넷이 범죄 조직들의 본질에 어떤 차이를 줄 수 있는가? 그리고 어떻게 그들이 운용하는가? [예, Sharp, 2009; 컴퓨터범죄연구센터(Computer Crime Research Center, www.crime-research.ogr/news/14.04.2004/211/), 2009. 5. 24.에 접속]

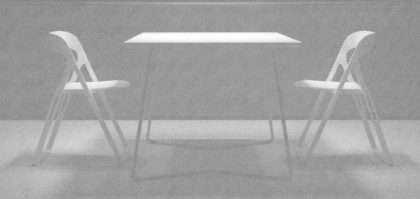

제15장

테러

이 장에서는……

학습 목표

개요

테러 활동의 다양한 특질이 시간과 장소를 초월해서 테러가 다면적이며, 그 결과 하나의 설명, 이론 또는 학문 분야가 모든 테러 활동들에 대해 완전하게 설명하지 못한다는 점을 명확히 하고 있다. 국가에 대항하는, 정치적·이념적으로 동기화된 행동들에 대한 종합적인 관점의 중요성에도 불구하고, 어떤 특정인이 테러 행위를 범하도록 이끄는 심리적·사회심리적 과정들에 대한 고려는 핵심적인 중요성을 갖고 있다.

테러에 관여하는 개인들의 행동에 대해 고찰해 보면, 사람들이 거쳐 나가는 하나의 과정으로서 테러에 대한 이해가 가능하다. 이것은 사람들이 이러한 행위들에 관여하게 되는 기제 및 그들의 행동의 이념적 뿌리를 탐구할 필요성으로 관심을 이끌어 가며, 그들의 활동들의 실체적 본질 또한 이해할 필요가 있다. 자살 행동이라는 특별한 사례는 자기 보전이라는 보통의 심리적 과정에 대한 명백한 도전을 표출하는 것이기 때문에 특별한 관심을 불러일으킨다.

테러는 조직범죄와 많은 유사점을 갖는데, 흔히 상호작용을 하곤 한다. 따라서 테러주의 단체를 구성하는 사회적 연결망을 고려해 볼 가치가 있다. 주요 테러주의자 연결망들에 대해서 알려진 세부적인 것들은 우리가 그들이 진화하는 특질을 볼 수 있도록 해 주며, 수사상 함의를 가지는 연결망 진화 과정의 중요한 단계들을 가리키는 조직적인 발전의 일반 원칙들을 설명해 준다.

테러로부터의 이탈은, 실행되지 않은 활동에 개입하고 있는 일단의 개인들을 생각할 때 관심을 끌게 되는 진전된 과정이며, 이탈의 어려움 중 한 부분은 처음 테러로 이끌어 온 사회적 압박을 거부하는 것이다.

테러의 폭넓은 다양성

2001년 9월 11일, 뉴욕의 쌍둥이 타워의 파괴에서 세계가 목격한 분노는 테러 공격의 상징적 모습이 되었지만, 테러 활동들은 극단적으로 다양해졌으며, 매우 상이한 유형의 사람들에 의해서 실행되고 있다. 다양한 종교에 속한 사람 그리고 종교가 없는 사람, 남자와 여자, 독재 정치의 억압하에 있는 사람들과 민주주의에서 자유롭게 사는 사람들, 명확한 목표를 가진 사람과 모호한 목표를 가진 사람들이 일정 형태의 테러 활동에 참여하여 왔다.

테러가 새로운 것은 아니다. 정치적 목적을 가진 폭력적인 행동은 항상 우리와 함께 있어 왔다. 1세기 로마 지배에 대항한 유대의 젤로트(Zealots) 투쟁으로부터, 13세기 암살자들—이슬람 시아(shia)파에서 분리된 파벌—, 그리고 19세기에 아일랜드에서 영국의 지배에 도전한 페니언 단원들(Fenians)과 20세기 초 제1차 세계대전 촉발에 기여했으며 '행동 선전(the propaganda of the deed)' 개념을 분명히 한 무정부주의자들까지, 정치적 혹은 이념적 의미가 있는 사람 혹은 건물에 대한 공격을 이용하여 대중 의견 및 정부의 안정성에 영향을 끼치려 시도해 온 단체들이 항상 있어 왔다. 아마도 가장 널리 알려진 테러 공격은 1605년 영국 의회를 폭파하려고 시도한 가이 포크스(Guy Fawkes)의 계획과 연관된 것으로, 만일 성공했더라면 영국 왕과 귀족들 대부분이 사망했을 것이다.

폭력적인 정치적 행동들의 역사적 범위는 이러한 행위를 실행하려는 의도를 가진 조직들, 개인 그리고 단체들의 범위와 상응한다. 최근에 UN은 전 세계의 150여 개 조직을 '테러주의자'로 공인하였으며, 미국 국무부는 이들 중 50여 개를 활동 중인 조직으로 선언하였다. 따라서 정치적 그리고/혹은 이념적 폭력성의 행동들이 이슬람식 믿음 체계와 관련되어 있을 것이라는 오늘날의 대중적 가정은 별로 가치가 없다. 실제로 2001년 9월 11일 이전에 쓰인 테러에 대한 많은 책들은 이슬람 혹은 지하드(jihad)에 대해서 결코 언급이 없었다.

테러 단체들의 다양한 본질은 그들이 수행하는 매우 다양한 행동들과 상응한다. 비록 9월 11일에 비행기가 쌍둥이 타워로 돌진한 것은 가장 잘 알려진 악명 높은 테러 행위이지만, 다행스럽게도 그것은 극히 드문 테러 행위 유형이다. 1980년대와 1990년대에는 비행기를 억류하고 승객들을 인질로 하는 비행기 납치가 가장 널리 알려진 테러 유형이었다. IRA, ETA 그리고 여타 정치적 단체들의 폭발물 이용은 20세기 후반에 퍼져 있던 유형이다. 스리랑카 독립을 지원하는 자들과 같은 다른 반동 단체들은 핵심 인물들의 암살에 초점을 두었다. 이러한 측면에서 그들은 조직범죄 단체들, 특히 수사 중인 법관들을 살해했던 마피아와 공통되는 부분이 있다.

모든 이러한 다양성이 앞선 장들에서 범죄의 특별한 유형에 초점을 둔 것과는 달리, 테러주의자들에 대해서는 다소 다른 생각을 필요로 하게 한다. 적어도, 우리가 테러 행위의 상이한 주제 혹은 방식들에 대해 전반적으로 정리를 할 필요가 있지만, 이것이 다른 범죄 활동에 비해서 개입된 사람들의 어떤 특성을 추리하는 데에는 관련성이 적을 것이다. 주요한 의문점들은 이들 상이한 형태의 테러 행위가, 사람들이 어떻게 테러에 빠져들게 되는지를 이해하는 데에 도움이 되는가와 관련되어 있다. 이들은 또한 비행기 납치 혹은 인질 억류 등과 같은 테러 사건들에 관여할 때, 각 개인들이 이러한 사건들의 예상되는 결과에 대한 어떤 암시와 함께, 상호작용하는 방식을 생각해 보는 것과 특별하게 관련되어 있다.

테러주의자 연구의 난점

테러 행위에 대한 연구는 〈표 15-1〉에서 열거한 것처럼, 도전들과 문제점들로 가득하다.

첫 번째 문제는 명확하다. "무엇이 테러인가?"이다. 넓게 말해서, 대부분의 사람들이 테러란 한 국가에 도전하고(하거나) 대중에게 공포를 불러일으키는 것을 목적으로 하는 심각한 범죄 행위라는 데에 동의한다. 그러나 모든 사법기관들이 동의할 만한 법적인 정의는 없다. 이것은 연관된 행동들의 본질에 대한 것이라기보다는 목적이라는 개념에 치우쳐 정의된 범죄이기 때문에 부분적인 정의일 뿐이다.

〈표 15-1〉 테러 행위에 관한 심리학적 연구들의 난점 정리

1. 테러주의자란 누구인지 정의가 필요하다.
2. 테러주의자에 접근하는 것이 어렵고 시간을 많이 필요로 한다.
3. 접촉 가능한 자들은 어떤 방식으로든 실패한 것일 수 있으므로, 대표성을 갖기 어렵다.
4. 테러주의자들이 말하는 것이 단지 선전뿐일 수도 있다.
5. 비밀 보안 기관과의 면담들은 외부 발표 가능성이 없다.
6. 테러 단체들은 서로 매우 다른 것 같다.

이러한 개념 정의상의 중요한 문제들과는 별도로, 어떠한 방식으로든 테러주의자로 분류될 수 있는 자들에 대한 진실을 밝히는 데에 심각한 도전들이 있다([글상자 15-1]을 보라). 이러한 도전들은 테러 행위의 주요 목적이 테러 행위를 범하는 사람들이 갖는 대의명분과 사명에 관심을 끄는 것이라는 점에서 다소 역설적이다. 따라서 이들 행동에 상당한 대중적 관심이 쏠려 있으며, 사실상 테러 행위로 검거된 사람들은 법정에서 대중과 대중매체의 상당한 주목의 대상이 된다. 그러나 면담이 가능한 사람은, 만일 그들에 대한 접근이 가능하다면, 흔히 그들의 목표 달성에 실패해서 발견되거나 체포된 사람들이다.

비록 이들에 대한 접근이 가능하다 해도, 그들이 보안 기관에 이야기한 것은 외부에 발표될 가능성이 없으며, 그들과 접촉했던 몇몇 연구자들(예, Merari, 1990; Soibelman, 2004)에게 그들이 이야기한 것은 자신들의 실패한 시도와 자신이 처해 있는 현재의 수감 상황에 대해 자신의 관점에서 왜곡한 것일 가능성이 있다. 그러나 체첸(Chechen) 자살 폭파범들의 가족 및 동료들과의 면담에서 Speckhard(2006)가 보여 준 것과 같이, 비록 취득한 정보에 피할 수 없는 편향이 있다 하더라도, 이러한 잔인한 행동에 개입하게 된 사회적 · 심리적 과정들에 대한 어떤 이해를 얻으려고 시도하는 것은 중요하다.

글상자 15-1   이것은 무엇이 테러 행동을 구성하는가에 대해 수용 가능한 정의인가?

가이 포크스와 연관된 1605년의 '화약 음모(gunpowder plot)'를 생각해 보라. 이것이 Richardson (2006)이 주장하는 정의에서 보면 테러 음모인가? 그녀는 테러 행위로 지정되기 위해 어떤 행동이 반드시 가지고 있어야 할 7가지 특성이라는 관점에서 테러 행위를 정의하고 있다. Richardson(2006)이 정의한 테러 행위에 대한 7가지 핵심적 특성은 다음과 같다.

1. 정치적으로 고무된
2. 폭력적 또는 폭력 위협
3. 메시지 전달
4. 행동과 상징적으로 의미 있는 피해자
5. 하위 단체에 의한 실행
6. 피해자와 관중의 구별
7. 의도적인 시민 표적

또한 Horgan(2004)이 상세히 이야기한 것처럼, 일정 형태의 테러 행위에 개입 혹은 연계된 사람과 접촉하는 것은 위험할 수도 있고, 흔히 시간을 길게 끄는 과정임을 지적하는 것도 중요한 일이다. 이것이 테러주의자들에 대한 대중의 이해가 흔히 잘못된 정보에서 생기며, Danis와 Stohl(2009)이 연구한 정치적 왜곡에 희생되는 이유들 중의 하나이다.

테러주의자들의 성명들, 특히나 사망 이후의 보도를 위해 기록된 자살 폭파범의 성명은 동일한 어려움을 겪고 있다. Merari(1990)는 그러한 성명의 준비는 폭파범이 의도된 행동에 끌려 들어가는 과정의 일부라고 말한다. 이러한 '유서'는 말단 병사들이 따르고 있는, 이식된 이념적 관점을 표현하는 것으로, 근본적으로는 선전물이다. 따라서 표현된 관점이 행동을 실행한 개인의 개별적인 관점을 실제로 담고 있는지를 이러한 자료로부터 파악하는 것은 어렵다. 좋은 사례가 2005년 7월 7일 런던 지하철 폭파범들 중의 한 명으로 널리 보도되어 알려진 모하마드 시디크 칸(Mohammad Sidique Khan)의 녹음이다. 이것은 확실히 오사마 빈 라덴(Osama bin Laden)과 그의 추종자들의 글들을 바꾸어 표현한 것이다. 이러한 성명은 개인적인 좌절 혹은 경험에 대해 언급함으로써 자살 행동을 하찮게 만들기보다는 국제적인 의미와 대단한 동기를 주장하는 것으로 예측된다.

우리는 또한 일단의 테러주의자들의 심리에 대해 알려진 것이 다른 모두에게 일반화되는 것에 대해 주의를 기울여야 한다. 대부분의 정보가 매우 한정된 근원, 보통 IRA 혹은 팔레스타인 테러주의자들로부터 나온다. 변화하는 세계 상황 그리고 발전하는 사회적 과정들은,

정치적 폭력 행동을 위한 기회들이 변화하는 것과 함께, 하나의 테러주의적 심리가 모든 장소에 그리고 모든 시기에 적용할 수 있는 것은 아니라는 것을 의미한다.

확실히 테러주의자 '프로파일'에 대한 탐구가 최소한의 가치라도 갖는 것은 수사심리학의 영역이다. 그간 시도되어 왔던 프로파일들은 개인을 정의하는 데에 도움을 주는 데 있어서 다소 혼란스럽고 별다른 가치가 없었다. 사회적·문화적 과정들이 이러한 행동들을 유발하는 것을 이해하는 데에 훨씬 더 가치가 있는 것으로 나타나고 있다. 이러한 행동들은 사회적 과정을 변화시키려는 시도들이며, 따라서 우리가 범죄 행위체계에서 '적응적' 혹은 '보수적' 모형이라고 부르는 것, 즉 영웅적 임무와 과거의 잘못된 처우와 착취에 대한 보복의 개인적 서사들에 의해 근본적으로 지배되고 있다.

움직이는 표적

일반적인 테러 행위들의 형태를 고찰하는 데 있어서, 유용한 시작점은 어떻게 이들 행위들이 쉽게 이용 가능한 기회들과 관련을 갖게 되는가이다. 모든 범죄들은 사법기관 및 변화하는 기회들과 관련하여 발전하고 변화한다. 그런데 이것이 테러주의자들에게 있어서 특히 눈에 띈다. 1960년대 이래로 4반세기 동안 테러주의자들의 인질 억류 및 비행기 납치에 대해 기록된 빈도를 보면(Wilson, Canter and Smith, 1995), 기회에 따라서 얼마나 많이 테러주의자들의 행위가 다양해질 수 있는지를 보여 준다. [그림 15-1]은 1970년부터 시작된 5년 주기의 규칙적인 최고조의 연속성을 확실하게 보여 주고 있다. 이에 대한 가장 명료한 설명은, 정부 조직이 보안을 강화함으로써 이런 종류의 범죄들을 위한 기회를 감소시키는 데에

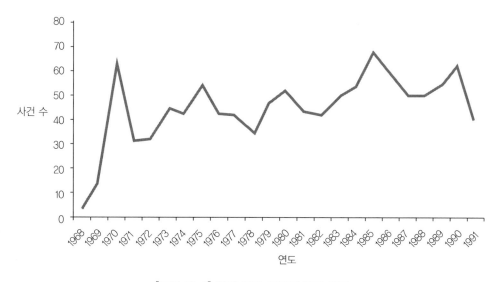

[그림 15-1] 인질 억류 사건의 연간 빈도

2년 반 정도가 걸리며, 테러 단체들은 이러한 새로운 경계 조치하에서 방법을 찾기 위해 다시 2년 반 정도가 걸린다는 것으로, 실제로 이때까지는 그들이 안전 조치들을 극복하는 것이 너무 어려워서 그들이 행동 방식을 바꾸게 된다.

이것이 가지고 있는 의미는, 테러 행위의 다양성에 대한 이해가 우리가 다른 범죄들에 접근하는 것처럼 전반적으로 발생했던 테러 사건들에 단순하게 근거할 수는 없다는 것이다. 사건의 본질은 단체들이 활용 가능한 자원들과 장소에 대한 보안 통제의 결합과 많은 관련성이 있다. 우리는 테러주의자들의 행동 이념에 있는 보다 근본적인 구조로 접근하는 길을 찾아야 한다.

테러 행위 모형

본질적으로, 모든 테러 행위들은 자신들이 활동하고 있는 정치적·이념적 맥락을 변경시키려는 시도이다. 그러나 이러한 시도들은 모든 다른 범죄 행위에서 본 것처럼 상이한 처리 방식들에 의해 주도될 수 있으며, 우리는 어떤 테러 행위들의 조합에서 이러한 차이점들을 찾아내기를 기대하곤 한다. 게다가 이런 행위들이 특별한 공격 형태의 맥락 속에서 탐구될 필요가 있으며, 그렇지 않으면 바탕이 되는 변화들을 확인하는 것이 매우 혼란스러울 것이다. 예를 들어, 상이한 테러 단체들의 폭넓은 전략들을 비교하는 연구가 생산적일 수 있음에도 불구하고, 정치적 납치 및 주요 관료 암살에 대한 탐구와 동일한 개념 속에 폭발물 폭파 행위를 포함시키는 것은 세부적인 사항들의 비교를 극히 어렵게 만들 것이다.

어떤 한 유형의 테러 사건에서 나타난 행위들을 관찰해 보면, 다른 형태들의 정치적 폭력에 대해서 일반화의 가능성을 제공하는, 테러 행위들 간에 존재하는 일반적인 변화들의 모양이 나타나게 된다. 미군을 위해 Wilson과 Canter가 주도한 1991년 연구에서 1968~1979년에 있었던 30건의 공중 납치 행위를 관찰하였다. 그들은 공개된 보고서들을 가지고 연구를 진행했으나, ITERATE 데이터(Mickolus, 1980)를 많이 활용하였고, 이로부터 29개의 변수들을 도출하여 최소 공간 분석(SSA)을 시행하였다([그림 15-2]를 보라).

비행기 납치에 대한 최소 공간 분석

흥미롭게도, 이 배열에서 높은 빈도의 변수들은 총기와 수류탄의 출현이다. 아마도 1970년대에 비행기를 타는 것이 얼마나 쉬웠는지, 그리고 정부기관들이 이러한 방식으로 민간 항공기를 납치하는 것을 거의 불가능하게 만드는 데 얼마나 긴 시간이 걸렸는지를 생각해 내

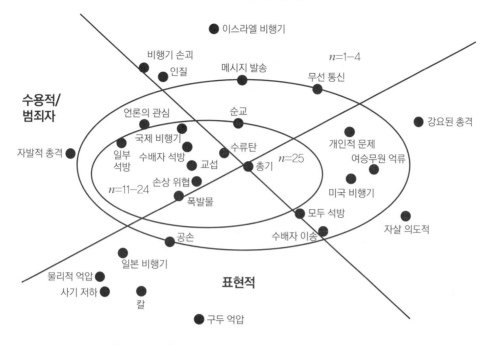

[그림 15-2] 비행기 납치 변수들에 대한 최소 공간 분석

출처: Wilson and Canter (1991). 테러: 비행기 납치 공격에 대한 다변량분석. 서리 대학교(Surrey University), 수사심리학센터 내부 보고서.

는 것은 쉽지 않은 일이다. 구성도상에서, 국제 항공기들의 중앙 통제로부터 밖으로 이동해 보면, 비행기 납치 방식에서의 차이점들이 보다 명확하게 드러난다.

최소 공간 분석 배열의 오른쪽으로, 개인적인 문제들을 가지고 있는 자들, 흔히 자살 의도가 있는 것을 지칭하는 사례들이 있다. 그들은 우리가 범죄 집단들에서 분리된 자(isolate)로 분류한 자들처럼 통합적 모형에서 활동한다. 아마도 이러한 사람들을 엄격한 의미에서 테러주의자로 간주하는 것은 적절하지 못할 것이다.

구성도의 왼쪽으로는 협상의 의도가 있으며, 비행기에 있는 승객들 중 일부를 석방했었던 테러 단체들이 있다. 그들은 선전과 명백하게 관련된 목표들을 가지고 있기 때문에, 적응적 모형 방식에 맞아 들어간다. 흥미롭게도, 이 비행기 납치범들은 폭발물 사용에 접근해 있는 것 같으며, 범죄 집단들 속에 더 깊이 연루되어 있을 가능성이 있다.

구성도의 아래쪽에는 이 시기에 일본 비행기 납치범들에게 전형적이었던, 보다 표현적인 비행기 납치범들이 있다. 변수 '사기 저하'는 납치범들이 잠을 자지 못하게 하는 것처럼, 승객들과 승무원들의 사기를 저하시키기 위해 자행한 행동들을 말한다. 납치범들은 자신들이 접촉하는 사람이 자신들의 행위 목적에 너무 명확하게 집중하지 않고 자신들의 존재를 인식하도록 만들려 하고 있다.

구성도의 밑에 있는 변수들과 반대로, 이스라엘 비행기들이 일반적으로 개입되어 있는 위쪽 부분에 있는 사례들이 있다. 여기에서는 명확한 메시지가 주어지며, 그들은 밖에 있는 사람들과 통신을 위해 혹은 다른 사람들에게 메시지를 전달하기 위해서 비행기 통신 체계를 잘 사용한다. 이들은 자신들의 대의명분을 위해서 기꺼이 죽으려는 사람들이다.

이러한 배열의 구분은 앞선 장들에서 확인된 유형들과 명시적인 관련성을 가지고 있는 4가지 폭넓은 사건 유형들에 대해 주목하도록 한다. 이것은 아마도 관련된 행위들이 많은 범죄적 요소들을 가지고 있기 때문에 그렇게 놀라운 것은 아닐 것이나, 이들은 테러 행위가 이 책에서 우리가 고찰한 모든 다른 범죄들과 완전히 다른 것은 아니라는 것을 말해 주고 있다.

배열상의 빈도들은 보다 전문적인 적응적 변수들에 대한 편향성을 보여 주고 있다. 이는 비행기 탈취 행위에 개입된 조직이 일종의 계획된 결단을 내포하고 있을 것으로 예측된다는 것이다. 그러나 이 분석이 흥미롭기는 하지만, 이것이 작고 특이한 표본에 기초하고 있으며, 공중 납치 방식들에 대한 결정적인 설명을 제공하기보다는 무엇이 가능한가를 설명하는 데에 더욱 유용하다.

테러에 대한 설명

정치 과학 및 사회 역사 측면에서 테러를 완전하게 다루는 것은 흥미가 있는 일이다. 그러나 이러한 관점들이 기여할 것이 많지만, 아직 보다 근본적인 심리학적 접근을 위한 여지를 남겨놓고 있다. 이 접근법들은 우선, 테러 행위의 원인과 테러주의자들의 본질에 대한 공통된 가정 중 일부를 정리해야 할 필요가 있다.

박탈감이 테러 행위의 직접적인 원인인가

테러 행위의 심리적 원인에 대한 검토에서, Moghaddam(2005)은 "가난과 교육의 부족과 같은 물질적 요인들은 테러 행위를 설명하기에 문제가 있다."라는 점을 명확히 하고 있다. 그는 IRA에 대한 Coogan(2002)의 설명을 인용하면서, "그들(IRA)은 실직과 취업난 등으로 인해 유발된 생각 없는 난동꾼들(hooligans)이다."라는 관점을 부정하고 있다. 2003년에 싱가포르 내무부 장관은 체포된 알 카에다(Al Qaeda) 테러범들은 모두 빈곤한 배경을 가진 자들은 아니며, 상당한 교육 수준을 가지고 있다고 보고하였다. 사실상 뉴욕과 워싱턴에서 9·11 공격을 실행한 사람들에 대한 설명을 보면, 그들이 무지하고 교육이 부족한 피난민

시설 출신은 아니다(Bodansky, 2001). 따라서 테러 행위는 운명을 개선할 아무런 수단을 갖지 못한 학대받은 무산계급(proletariat)의 행동으로서 혁명의 첫 번째 단계라는 단순한 분석은 별다른 실증적 지지를 얻지 못하고 있다.

다소 미묘한 주장은, 비록 한 개인이 어떤 물질적 안락함을 누리고 있다고 해도, 그들이 강압적인 정권하에 살고 있다면 자신들의 자유의 박탈이 테러에 대한 열정의 원천이 된다는 것이다. 그러나 이 관점 또한 실제 사례들로부터 지지받기 어렵다. Youngs(2006)는 테러 행위 확산에 대한 정치적 압박의 영향에 대한 분석에서, 정치적 압박과 '근본주의'의 상대적인 수준들 사이에는 상관관계가 없다는 점을 명확히 하고 있다. 그는 다양한 중동 국가들, 인도 및 중국, 그리고 다른 지역들에서 발생한 혁명의 근원을 비교하여, 오히려 강압적인 정권들이 테러주의자들의 활동을 통제하에서 유지하기 위해 움직이고 있으며, 시민을 공격하고자 하는 자들은 민주주의와 연계된 자유로부터 이득을 얻고 있다는 사실을 보여 주고 있다.

정신질환과 자살 폭탄

자살 폭탄 테러에 대한 심리학적 설명은 이해하기가 특별히 어렵다. 사람이 현실과 동떨어져 있는 것이 아니라면, 이것은 자기 보전에 대한 개념들 모두와 반대로 가는 것 같다. 결론적으로, 자살 폭파범의 심리에 대해 한 가지 공통된 관점은 심각하게 정신적으로 장애가 있다는 의미에서 '미친' 것이 틀림없다는 것이다. 그러나 2005년 7월의 런던 폭파 사건을 생각해 보면, 범인들이 현실과 동떨어져 있거나 약물에 중독되었거나 혹은 고도로 훈련된 광신도일 것이라는, 일상적인 판단에서 정신이 이상했다고 할 수는 없다는 점이다. 뉴욕 비행기 납치범들도 동일하게 정신이상 혹은 다른 극단적인 형태의 정신질환과는 함께 할 수 없는, 목표에 대한 결단력과 냉정함을 보여 주었다. 이것은 자살 폭파범들이 명백히 정신적으로 장애가 있다는 어떠한 증거도 없다는 점을 보여 주고 있는 Silke(2003)와 Moghaddam(2005)의 보고서와 일치한다.

Soibelman(2004)은 자살 테러에 실패한 5명의 팔레스타인 폭파범들과 면담하여, 정신질환의 어떠한 징후도 보이지 않고 있으며, 명백히 이성적인 방식으로 면담자와 많은 문제들에 대해서 토론할 수 있었다고 보고하였다. 그러나 정상적인 정신에 대한 우리의 이해가 의문스러울 수 있는 것은, 연쇄 살인범들에게 있어서 명백한 정신질환의 발생이 전체적으로 일반인과 비교하여 더 많지 않은 것으로 나타났다는 점이다. 이로 인해 정신이상이 방어 수단으로 사용되는 것은 사실상 매우 드물다(Hickey, 2005). 이러한 점은 한 번의 공격 행위에 수많은 사람이 살해당하는 연속 살인, 즉 1999년 컬럼바인(Columbine) 학교 난사 사건, 또는 1987년 헝거포드(Hungerford) 사건과 1996년 던블레인(Dunblane) 사건 등 확실히 정신질환을 가진 자들에 의해 범해진 보다 더 기이한 행동들에서도 그러하다. 일이 다 터진 후에야, 그들의 지인은 범인들이 다른 사람들과 잘 어울리지 못하는 이상한 사람이라고 주장하겠지만, 정신질환 진단을 받은 사람들은 다른 사람보다는 자기 자신에게 훨씬 더 상처를 주는 것 같다.

장애가 있는 것과는 달리, 이러한 잔혹한 행위를 범하는 사람을 고용하는 자들은 정신적으로 불안정한 사람을 제외하기 위해 일정한 노력을 기울인다는 증거가 있다. Merari(1990)는 자발적으로 자살 폭파범이 되는 사람들 중 단지 소수만이 이러한 노력을 통해서 선발된다고 주장한다. 이것은 군사적 개념에서는 이해 가능한 일이다. 정신적으로 불안정한 사람이 목표에 초점을 맞추어 임무를 완수할 것이라고 신뢰할 수 없으며, 오히려 전체 작전을 약화시키고 참여하는 모든 수단들을 위험에 빠뜨리게 될 것이다.

세뇌

일련의 이질적인 외부 관점들을 심어 넣기 위해서 한 개인이 이미 가지고 있는 믿음을 지워 버리려는, 그래서 머리를 씻어 버리는 것이라는 생생한 은유는 어떻게 이성적으로 균형 잡힌 시민이 폭력적인 테러주의자로 변화할 수 있는지에 대한 보다 발전된 설명방법이 되었다. 이러한 관점을 통해, 오사마 빈 라덴과 하마스(Hamas) 지도자 셰이크 야신(Sheikh Yassin) 같은 사람들을 조르주 뒤 모리에(George Du Maurier)*가 소설『트릴비(Trilby)』에서 명백하게 보여 준 역할—교묘한 조정자 스벵갈리(Svengali)가 오페라 가수 트릴비를 통제하는 역할—에 놓이게 한 것이다. 많은 다른 연구들은 실제 삶에서 그러한 사이비 주술사와 같은 힘이 가능함을 표출하는 것은 어렵다는 점을 보여 준다(이 주제에 대해서는 Heap & Kirsch, 2006 참고).

또한 테러 지도자들의 영향에 대한 이러한 관점은 사실 엄격한 군사적 구조에서 예상되는 것과 매우 유사한, 특히 강한 계층제를 내포하고 있다. 그러나 일반적으로 모든 불법적인 집단들, 특히 지리적으로 넓게 퍼져 있는 집단들에게(Canter and Alison, 2000), 상비군에 대해 필요로 하는 상하 규율을 유지하는 것은 가능하지 않다. 대신에, Atran(2004)이 '히드라 머리 연결망(hydra-headed network)'이라고 부른 것이 훨씬 더 일반적인 것 같다. 이러한 연결망들의 발전된 구조는 Mullins(2009)에 의해 잘 묘사되어 있으며, Phillip(2009)은 그들이

---

* 조르주 뒤 모리에(George Du Maurier, 1834~1896): 프랑스 태생의 영국 삽화가, 작가. 1894년에 소설『트릴비(Trilby)』를 출간하였으며, 이는 가스통 르루(Gaston Leroux)의 소설『오페라의 유령(The Pantom of the Opera)』(1910)의 모티브를 제공한 것으로 평가됨(역자 주)

빈번한 납치 활동들에 개입할 때 어떻게 하나의 기업 활동과 유사한 형태로 발전될 수 있는 지에 대해 설명하고 있다.

알 카에다 연결망에 관한 세부적인 연구에서, Sageman(2004)은 테러주의자 연결망이 얼마나 복잡하고 자기 발전적일 수 있는지를 보여 준다. 이러한 느슨한 연결망들은, 앞 장에서 논의한 것처럼, 부분적으로는 정당한 조직들에게 있어서 효율성을 위해 필수적인 신분 증명과 소통 과정을 보호하는 문제를 불법 조직들이 직면하게 되면서 생겨난다. 그들은 작고 독립적인 집단들을 격려하고 지원함으로써 생존하며, 이들에 대해 매우 약한 직접적 통제권을 가지고 있는 것으로 나타나고 있다(Altran, 2004). 이것은 집단들이 어떤 카리스마적인 지도자에 의해서 강하게 조정되기보다는, 매우 자기 정립적이고 자기 동기부여적일 것을 요구한다. Sageman(2008)은 그의 가장 최근의 검토서에서 한발 더 나아가서, 현재 지하드는 사실상 지도자가 없다고 주장한다.

테러를 수행하기 위한 기제로서 자율적이며, 자기 생성적인 집단들이 갖는 한 가지 중요한 함의는, 현 상황을 전복시키기 위해 함께 결합한 자발적인 비밀 조직들로부터 혁명이 시작된다고 본 미하엘 바쿠닌(Michael Bakunin)*(Anarkist Archives, 2006 참고)과 같은, 적어도 19세기 무정부주의자들의 저작으로까지 거슬러 갈 수 있다는 것이다. 지식층이 대중의 동요와 염원을 분명하게 하면, 그들은 혁명으로 향하는 스스로의 길을 찾아내곤 하였다.

과정으로서의 테러

Hogan(2005)은 자신의 초기 집필에서, 테러는 하나의 행동이 아니라, 사람이 부분이 되는 과정이라는 중요한 주장을 발전시켰다. Moghaddam(2005)의 '계단' 모형 또한 유사한 견해를 취하고 있는데, 한 사람이 들어가서 정치적·이념적 목적을 위한 폭력에 대한 헌신에 점점 더 관여하게 되면서 부분이 되어 간다는 것이다. 이를 위한 모형틀은 첫째, 테러주의자가 동일시하는 집단이 다른 외부 집단과 구별되고 그에 의해 위협받는다는 인식, 그리고 둘째, 테러주의자가 속한 집단에 의해 고취되고 있는 문화적으로 기억하는 혹은 경험한 불만의 원인이 있다는 인식의 혼합이다. Ross(2009)는 세계의 상이한 지역들에 존재하는 3개의 매우 다른 테러 집단들을 연구하여 이러한 불만의 힘을 검토하였다. 그는 특히 오랫동안 집단이 존재하는 데 이러한 불만들이 수행하는 역할을 강조하고 있다. 불만은 테러주의자

---

* 미하엘 바쿠닌(Michael Bakunin, 1814~1876). 러시아 혁명적 무정부주의자로서 집단적 무정부주의(Collective anarchism) 창설자로 알려져 있음(역자 주)

서사의 부분이 되며, 적대감을 고양시킨다. 폭력적 행동들의 핵심 원인으로 비춰지는 것은 박탈 혹은 다른 모멸적인 경험들 자체가 아니라, 희생 혹은 비극의 서사 속에 이러한 것들이 내포되어 있다는 것이다.

테러 연결망의 진화

조직적 · 경제적 과정들은 테러 활동의 생존의 핵심적인 부분이면서, 조직범죄와 일치하는 부분이다. 이것은 Phillips(2009)가 보여 주는 것처럼, 빈번한 납치가 자신들의 활동의 주요 부분이 되어 있는 테러 집단들에게 특히 그러하다. 비록 '창고 저장', '판매'와 같은 말들이 전통적인 무역 시장에서보다는 으스스한 의미를 지니지만, 일반 사업에서 필요로 하는 여러 특성들이 납치 행위의 필요요건이 되고 있다. 이로부터 나타나는 중요한 결과는, 일단 이러한 '사업형 모형'이 자리를 잡으면 본래의 이념적 · 정치적 의도들을 덮어 버리는 자기 유지적인 특질을 가질 수 있다는 것이다. 앞선 장에서 범죄 조직의 양태를 검토할 때 논의한 것처럼, 이념에 의해 유도되는 개인주의적이며 보수적인 집단들이 발전하면서 핵심 과제가 생존하는 것이 되어 버린 보다 구조적이며 조직화된 집단으로 변형될 수 있다.

이 과정은 테러주의자들과 그들의 연결망들이 사람들의 다른 소통 연결망보다도 안정적이지 못하며, 매우 변화가 심하다는 사실에 주목하게 한다. 따라서 그들이 어떻게 발전하고 변화하는지에 대해 보다 나은 이해를 확보하는 것이 가치가 있는 일이다. 그러나 앞서 언급했듯이, 효과적인 윤곽을 파악하기에 충분히 상세한 정보를 확보하는 것은 힘든 일이다. 다만 최근의 테러 음모들은 국제적인 의미를 가지고 있고, 매우 조심스럽게 수사되고 있기 때문에 그들에 대한 많은 정보들이 나오고 있다. 이것들은 정부 위원회에 의해 취합되고 있으며, 또한 주의 깊은 분석이 가능한 매우 상세한 내용들이 법정 보고서를 통해 접근이 가능하다(Sageman, 2004, 2008).

이들 자료를 이용해서, Mullins(2008, 2009)는 개입된 집단들의 활동 과정을 반영하는 사회적 연결망의 발전 양상을 구체화하였다. 특히 그는 1999년 12월 말 LA 국제공항을 폭파하려다 발각된 '밀레니엄 플롯(millennium plot)'과 쌍둥이빌딩에 대한 9 · 11 테러에 초점을 두었으며, 이들 두 집단 간에 어떤 흥미롭고 중요한 차이점이 있다는 것을 보여 주었다.

Mullins(2009)는 이들 밀레니엄 집단이 주로 범죄적이었음을 지적한다. 그들은 모험가적 '전문가들'로 볼 수 있으며, 공격에 대한 그들의 집착은 아프가니스탄에서 테러 훈련을 받은 사람들의 개입에 의해 강화되었다. 그들을 자극한 것은 집단 활동에 개입함으로써 확대된 흥분감이었던 것 같다.

반대로, 9 · 11 집단은 종교적 · 이념적 헌신으로부터 나온 것이다. 그들의 활동은, 우리가 제13장에서 고찰한 폭력적인 범죄자들과는 달리, 그들의 분노를 표현하려는 욕구, 즉 그들이 적이라고 생각하는 대상에게 충격을 주어야 한다는 그들의 '탐색'을 실행하려는 욕구와 직접 관련되어 있다. 그러나 두 사례에서 이들의 서사들은 펼쳐져 확대되는 접촉의 발전을 통해서 공유되고 진화하였다.

발전하는 사회적 연결망

이슬람교 테러주의자 연결망들에 대한 고찰에서, Mullins(2009)는 사원(mosque), 청소년 클럽 및 체육관과 같은 사회 시설의 중요성이 인식되고 있음을 지적하면서, 2005년 7월 7일 런던 폭파 사건에 대한 공식 보고를 예로 들고 있다(Murphy, 2006). Murphy는 "조언자들은 큰 집단 내에서 우선 과격화에 민감한 사람들을 구별해 내며, 이들이 서로의 급진성을 습득하기 시작할 때까지 작은 집단 형태로 그들을 개별적으로 훈련시킨다."(Murphy, 2006: 31)라고 밝히고 있다. 혹은 Sageman(2004)의 주장처럼, 사회적 연대가 이념적 헌신에 앞서 진행된다. 우리가 앞선 장의 일반적인 조직범죄에서 본 것과 같이, 테러주의자가 되는 과정은 동료들과의 자발적인 집단 상호작용으로부터 시작된다(Kirby, 2007). 따라서 테러 연결망의 구조상 변화는 이 비공식적 집단들이 자신들의 파괴적 목표에 초점을 맞추기 시작할 때라고 예측할 수 있다.

Mullins(2006, 2008)는 UCINET(Borgatti, Evertt and Freeman, 2002)을 이용하여 다양한 공개 정보들로부터 확인된 사회적 연결망을 검토하고 이러한 발전과정을 탐색하였다. 9·11 비행기 납치에 관한 그의 연구에서, Mullins는 실제로 미국에서 공격에 관여한 19명 중 3명이 함부르크(Hamburg)에 기반을 둔 지역 공동체 회교 사원을 중심으로 형성된 8명의 친구들 출신이었다. 이들 함부르크 친구 집단 대부분은 최근에 대학 진학을 위해서 독일로 이주하였다. [그림 15-3]은 이 과정 초기에 존재했던 상대적으로 느슨한 세계 전역의 접촉 연결망을 보여 주고 있다.

Mullins(2009: 42)는 이렇게 말한다.

새로 온 사람들은 개별적으로 합류하며, 집단의 다른 사람들에게 소개된다. 특별한 구성원들이 다른 수준의 유사성을 공유하며, 각 개인의 다른 집단 구성원들과의 관계는 다소간에 독특하기 때문에, 전체적인 파벌 구조를 유지하지만 내적인 연대 구조를 가지고 있다.

이러한 과정들은 [그림 15-4]에서 보는 것처럼, 1999년 한 해 동안 접촉의 정교함과 연결망의 구조를 발전시키면서 집단 크기도 확대되었다.

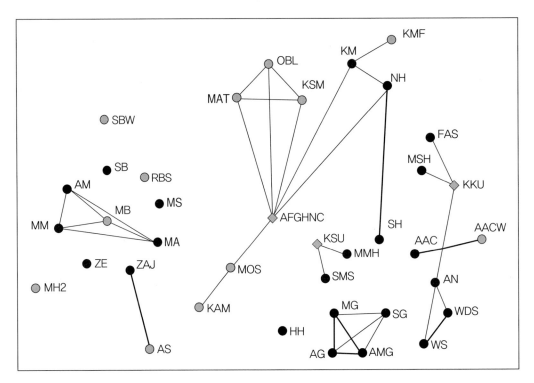

[그림 15-3] 1996년 초기, 9 · 11 테러 집단의 접촉 패턴(도시와 지역 연결망)

출처: 자료 수집 및 통계적 분석 시행에 대해 Sam Mullins에게 감사한다.

    집단이 발전함에 따라 역할 차별화가 발생하고, 집단은 행동을 위한 준비로 분리된다. 일부 집단 구성원은 '비행기 작전'[9 · 11 위원회 보고서(The 9 · 11 Commission Report)]을 위해 선정된 아프가니스탄으로 여행을 간다. Mullins(2009: 43)는 "비록 이러한 초기 분리가 단순히 실용적인 이유들 때문이지만, 집단과 본래의 조언자 사이를 포함해서 영구적인 분리의 시작이었다"는 흥미로운 주장을 제기한다.

    전체적인 연결망이 보다 분리되면서 명백하게 집단 내 결속이 더욱 강해지지만, 모든 외부 접촉들로부터 구성원들을 완전히 격리시키지는 않는다. 9 · 11 비행기 납치범들 중 일부가 비록 자살을 계획하고 있었지만, 공격을 준비하는 기간 동안에 가족과의 접촉을 요구했다고 보고되고 있다(9 · 11 위원회 보고서: 245).

    9 · 11 공격을 위해 현출된 연결망 중 일부는 사우디아라비아에서 개입을 시작하였으며, '함부르크 집단'과는 다소 다른 근원을 가지고 있었다. 이 집단에 대해서는 다소 덜 알려져 있지만, 2001년 초까지 [그림 15-5]에서 보여 주는 것처럼, 전체적인 연결망 내에서 매우 상이한 하위 조합에 속해 있었음이 명백하다.

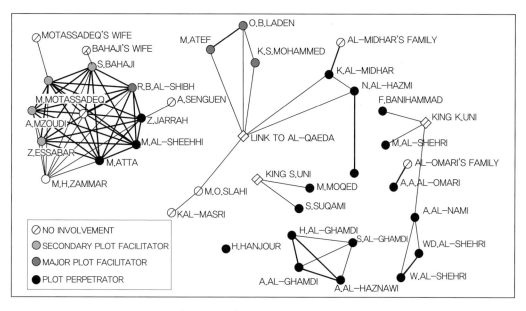

[그림 15-4] 1998년 말/1999년 초

함부르크 집단(구성도의 왼쪽 편)은 폭력적인 지하드에 충실하며, 극단적으로 응집된 단일 구성으로 발전되었다. 이러한 전반적인 응집력에도 불구하고, 아직 중요한 내적인 연대구조가 존재한다.
출처: Mullins (2008).

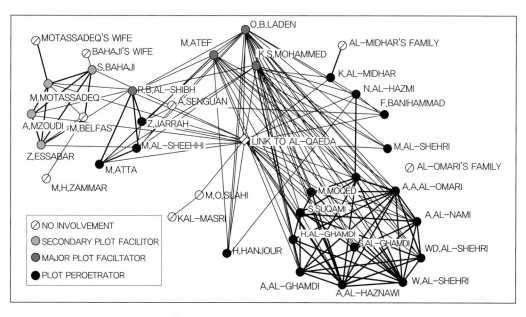

[그림 15-5] 2000년 여름-2001년 초

아타(Atta), 알세히(al-Shehhi) 그리고 하라(Jarrah)가 핵심 연결책으로 활동하는 빈 알-시브(bin al-Shibh)와 함께 미국에서 훈련하면서, 영구적인 분리가 함부르크 집단 중에서 시작하였다. 특별한 우정이 사우디 집단(구성도의 오른쪽) 내에서 또한 매우 중요하며, 무엇보다도 외적인 가족 연대는 단절된다.
출처: Mullins (2008).

최후의 공격에 대한 일반적인 헌신은, 비록 공격 시간에 따라 매우 독특하며 상대적으로 독립적인 하위 집단들을 형성하지만, 전반적인 연결망이 협력하여 실행될 수 있도록 한다.

사회적 연결망 다이어그램은 이들 연결망이 형성하고 발전하며 변화하는 방식을 도식적으로 보여 준다. 그러나 헌신적인 집단들, 특히 파괴적인 집단 임무를 위해 결정된 집단들이 전형적으로 강한 상호 연계 조합들을 가지고 있는 방식이 관심을 끌게 된다. 이러한 집단 응집력은, 자신들의 개인적 서사를 구성하기 위해 풍부한 바탕을 제공하면서, 개인적·사회적 정체성을 강화시키는 데에 도움을 준다.

이탈

테러에 대한 발전적인 관점은 사람들이 이러한 연결망들로부터 나올 가능성, 그리고 테러 활동들로부터 이탈하게 될 실제 가능성에 관심을 갖게 하였다. 그러나 테러주의자가 속해 있는 사회적 과정의 복잡함이 이를 특별히 어렵게 만들고 있다. Horgan(2009)과 Moghaddam(2009)은 테러를 수용하는 전반적인 삶과 하위 문화 속에 있는 사람의 이탈의 어려움에 관해 탐구하였다. 서로 다른 방법으로 이 두 전문가들은, 이탈의 문제들이 처음에 테러로 사람들을 이끌어들이는 과정과 완전하게 연결되어 있다는 점을 보여 준다. 이 문제들은 가족 및 친족과의 연대감일 수 있으며, 이는 많은 테러 집단들에서 중요한 것으로 나타나고 있다(예, 그리스 N17 테러 집단에 대한 Kassimeris의 2009년 사례 연구). Moghaddam(2009)이 표현한 것처럼, 이들은 이미 계단을 잘 올라와 있는 사람들이며, 내려가기 위해 긴 길이 앞에 놓여 있다는 것이다.

요약

테러 행위는, 확실히 이념적 헌신에 의해 유도되며, 발생한 행위들보다는 목표의 관점에서 정의되기 때문에, 특이한 형태의 범죄 활동이라 할 수 있다. 이것이 테러 행위를 많은 상이한 형태들을 취할 수 있는 복잡한 활동들의 혼합체로 만든다. 그러나 이러한 다양성을 바탕으로, 다른 영역의 범죄 활동들에서 발견된 과정들 중 상당 부분이 식별될 수 있다는 것을 입증하는 것이 가능하였다. 이것은 다른 방식의 행위체계뿐 아니라 조직범죄를 이해하는 데 유용한 집단 구조 및 사회적 연결망 과정들까지 포함한다.

그러나 테러 행위들에 대한 대중적 이해의 확산은, 아마도 다른 형태의 범죄성에서 보다 명확하게, 테러주의자들이 수행하는 것들이 기회의 이용 가능성과 매우 강하게 관련되어 있다는 것을 식별할 수 있도록 해 주었다. 따라서 테러에 대한 연구는 범죄 활동의 역동적인 본질과 테러가 하나의 부분으로 속한 사회적 · 문화적 환경과 상호작용하는 방법들을 강조한다.

초점을 개별적인 테러주의자들에게 두는 경우에, 테러주의자들의 명확한 차별적인 특성들의 결여로 인해 그들을 식별하기 위한 수사 전략들이 상당히 어려워진다. 그러나 사람들이 개인적 접촉과 발전하는 테러주의자들의 연결망(이것이 그들의 생존을 위해 핵심적이다)을 통해서 테러 행위에 개입하게 되는 길을 찾기 때문에, 그들이 급진주의화되는 것을 막기 위한 전략들은 개인적 접촉 및 사회적 연결망들의 패턴과 연결되어 있어야 할 필요가 있다. 특히 수사 전략들은, 사람들의 개입과 정치적 폭력 행위들을 위한 준비를 뒷받침하는 소통 및 사회적 연결망들을 직접적으로 다룰 때 가장 생산적임이 밝혀졌다. 따라서 이러한 연결망들에 대한 이해와 이들을 무력화시키는 방법이 테러 행위에 관한 연구와 수사에 대한 수사심리학의 핵심적인 기여 부분이 될 것이다.

추가로 읽을거리

서적

Canter, D. (ed.) (2009) *The Faces of Terrorism: Cross-Disciplinary Explorations,* John Wiley & Sons, Ltd. Chichester.

Horgan, J. (2005) *The Psychology of Terrorism,* Routledge, London.

Razzaque, R. (2008) *Human Being to Human Bomb,* Icon Books, Cambridge.

Sageman, M. (2008) *Leaderless Jihad: Terror Networks in the Twenty-First Century,* University of Pennsylvania Press, Philadelphia, PA.

논문

Moghaddam, F.M. (2005) The staircase to terrorism: a psychological exploration. *American Psychologist*, *60*(2), 161-169.

Sarangi, S. and Alison, L. (2005) Life story accounts of left-wing terrorists in India. *Journal of Investigative Psychology and Offender Profiling*, *2*, 69-86.

Soibelman, M. (2004) Palestinian suicide bombers. *Journal of Offender Profiling and Investigative Psychology, 1*(3), 175-190.

🗂 토론과 연구를 위한 질문

1. 테러에 대한 특별한 장을 준비한 것이 적절한가, 아니면 폭력적이며 정치 지향적인 개인들의 범죄들은 앞선 장들에서 범죄성에 대한 논의의 부분으로 다루어야 하는가?

2. 테러 행위에 대한 뉴스 보도, 인터넷 검색 및 서적들의 고찰로부터 다양한 테러주의자 집단들에 의해 범해져 왔던 테러 행위들의 종류에 대해 윤곽을 구성해 보라. 이것이 이 집단들의 본질에 대해 무엇을 당신에게 말해 주는가?

3. 테러주의자들이 무엇을 달성하려고 하는가에 대해 다룬 문헌들을 우리가 얼마나 신뢰할 수 있는가?

4. 테러주의자들과 조직범죄자들 사이의 차이점은 무엇인가?

5. 21세기의 테러 행위는 이전 세기들과 어떻게 변화했다고 생각하는가?

제16장
수사심리학의 실제

이 장에서는……

학습 목표

1. 수사심리학이 조사 단계에서 경찰을 지원할 수 있는 방법을 이해할 수 있다.

2. 수사 정보의 질적 수준을 가늠하고 향상시킬 수 있는 방법을 평가할 수 있다.

3. 수사심리학이 효과적인 수사상의 의사결정을 위해 조력을 제공하는 방법에 대해 개괄적인 서술이 가능하다.

4. 최근에 나타난 수사심리학 영역의 개요를 설명하고 이에 대해 토론할 수 있다.

5. 수사심리학 연구 접근법의 여섯 가지 핵심 가정들을 이해할 수 있다.

6. 수사심리학의 폭넓은 범위와 적용될 수 있는 다양한 영역들을 인식할 수 있다.

개요

수사심리학이 경찰 수사에 기여할 수 있고, 또 하고 있는 주요 방법들을 앞 장들에서 종합하여 검토하였다. 이것은, 첫째, 수사 정보의 시각화를 체계화하고 표현해 내는 것의 가치, 둘째, 경찰 활동의 통합적인 측면이 될 수 있는 의사결정 지원 시스템(decision support system)의 발전을 강조하고 있다. 특히 범죄자 지리적 프로파일링과 일반 범죄자와 사건들의 연관 짓기라는 두 영역이 이러한 의사결정 지원을 위해 유용하게 활용되고 있다. 이 두 가지 모두 최근의 수사상 의사결정 지원 시스템에서 시도되어 온 것처럼, 공간과 시간 그리고 행위 정보의 병합으로부터 이러한 이점을 얻게 될 것이다.

수사심리학이 전반적인 범죄 행위와 관련되어 있다는 것은 이 책 전체를 통해서 설명되어 왔다. 공간적 제약 때문에 이 책에서 검토되지 못한 일부 영역, 즉 필답 서면이 핵심적 요소인 범죄들, 원인이 모호한 사망과 실종 등은 간략하게 언급되었다. 그러나 모든 이러한 고찰들이 보여 주고 있는 것은 수사심리학이 실제 세계의 문제해결을 위한 접근법이므로, 단지 범죄 수사에만 한정되지 않는다는 것이다. 심리적 초점을 가진 것은 어떤 조사에 대해서도 가치 있는 접근법이다. 따라서 수사심리학의 여섯 가지 핵심 가정들은 세상을 변화시키는 것에 대한 중요하고 강력한 접근법의 윤곽일 뿐 아니라 폭넓은 범위에 대한 개요이기도 하다.

조사 단계에서의 경찰 지원

영국의 법체계에 있어서, 법정에서 판결이 내려질 때까지 한 사람이 유죄로 추정될 여지는 없다. 따라서 용의자가 체포되었을 때에 경찰이 그 사람이 유죄라고 믿고 있다는 것을 표시하지 않는 것은 중요하다. 결과적으로 용의자가 체포되었을 때 널리 사용되는 용어들의 형태가 발전되어 왔으며, 만일 경찰에게 용의자가 왜 신문을 받게 되었는지를 질문받으면, 경찰은 단지 "그가 조사 과정에서 우리를 돕고 있습니다."라고 답할 것이다. 이러한 우회적인 표현이 폭넓게 사용되면서 이제는 거의 역설적인 의미를 갖게 되었지만, 경찰 수사가 많은 기여가 이루어질 수 있는 '조사 과정'이라는 인식을 보여 주게 되었다. 따라서 조사는 그 밑에 수사심리학의 기여를 요약하여 내포하고 있는 유용한 우산과 같은 것이다.

이 책을 통해서 우리가 살펴본 것처럼, 수사심리학은 심리학적 주제들을 담고 있는 수사에서 답해야 할 필요가 있는 의문점들, 그리고 그러한 의문점들과 관련되어 있는 연관 답변들을 통합하고 있다. 이것은 〈표 16-1〉에 요약되어 있다.

이와 같은 넓은 연구 영역으로부터, 심리학자들은 점점 더 수사의 다양한 단계들에서 직면하게 되는 수많은 특정 문제들에 대한 답변을 얻을 수 있거나 적어도 답변에 접근해 나갈 수 있게 된다. 행위들과 특성들을 결부시키는 많은 연구들로부터 이러한 기여가 제공되고 있다(은유적인 A → C 방정식). 일부 연구들로부터 얻은 결론은 〈표 16-2〉에 요약되어 있다.

〈표 16-1〉 심리학적 입력과 관련된 수사관의 의문

수사관의 의문	~에 대한 심리학자들의 이해에 의해 정보가 제공되는
무슨 유형의 범죄인가?	범죄 행위의 구분(차별화)
이러한 범죄를 저지른 유형의 범죄자들이 가질 것 같은 특성은?	수사상 추리
가능한 용의자들 중 가장 그 범죄를 범했을 것 같은 사람은?	수사상 추리
범죄와 관련하여, 범죄자가 거주할 가능성이 있는 장소는?	범죄자 지리적 프로파일링
동일한 범죄인에 의해서 범해졌을 것 같은 다른 범죄들은?	범죄 행동의 일관성
수사 과정에서 있게 되는 결정들이 왜곡과 편향에서 자유로운가?	압박 상황에서의 의사결정/인지적 부담
추진되는 조사의 방향이 체계적으로 결정되고 있는가?	의사결정 지원 도구
목격자가 더 많이 기억하게 할 수 있는가?	목격자 면담 방법
용의자가 거짓을 말하면 알 수 있는가?	허위 탐지
누가 쓴 것인지를 구별할 수 있는가?	필적감정 법의학
이 범죄가 실제로 발생했는가?	허위 주장
자신들이 했다고 이야기하는 범죄를 그들이 진정으로 범했을까?	허위 자백

〈표 16-2〉 범죄 현장 행동들과 범죄자 특성들 간의 연관성을 보여 주는 연구들

A-C 연구들	A→C 발견들
	비면식범 강간범들 중 85%가 범죄 전력 소유, 보통 혼합된 범죄 유형들로 구성된다.
	• 강간범이 지문을 남기지 않기 위해 취해진 예방 조치가 있다면, 이러한 조치를 취하지 않는 범인에 비해 4배 더 침입 절도범이었을 가능성이 있으며, 후자는 일회성 성범죄자일 가능성이 3배 이상이다.
	• 강간범이 사전에 성범죄 전력을 가지고 있을 가장 확실한 징표는 정액 훼손이다. 이러한 행위를 하는 자들은 그렇지 않은 자들에 비해 4배 이상 성범죄 전력이 있을 가능성이 있다.
	• 시각적 경계가 결여된 상태라면, 강간범은 이러한 조치를 취한 자들에 비해 일회성 강간범일 가능성이 거의 3배이다.
	• 만일 강간범이 도주 예방 조치를 취하지 않았다면, 일회성 범죄일 가능성이 3배이며, 안전한 도주를 우려하는 강간범보다 약물 관련 범죄로 사전에 유죄 판결을 받았을 가능성이 거의 2배가량이다.
Davis, Wittebrood and Jackson (1997) 210건의 해결된 비면식범 강간 사건들(회귀분석)	• 다른 약물관련 전력의 표식은 피해자로부터 물건을 절취하는 것이다.
	• 강간범이 경찰을 언급하는 행동을 보이면 경찰에 구금되었을 가능성이 4배이며, 유죄 전력은 5.5배이고, 폭력으로 기소되었을 가능성이 2.5배이다.
	• 피해자로부터의 절취는 강간범이 침입 절도 전력이 있을 가능성이 4배 이상 높다는 것을 보여 주며, 또한 일반적인 재산 범죄 혹은 약물 범죄로 유죄 판결을 받은 전력이 있거나, 실형을 선고받았을 가능성 있다.
	• 강제 침입은 침입 절도로 유죄 판결 받았을 가능성이 5배 이상 높다는 표시이다.
	• 피해자를 2회 이상 가격하는 것은 강간범이 사전에 폭력으로 유죄 판결 받았을 가능성이 3배 이상임을 보여 준다.
	• 비밀스러운 접근은 일회성 강간범일 가능성이 2.5배 높다는 것을 보여 주며, 이는 연쇄 강간범들이 갑작스러운 접근을 사용할 가능성이 더 크다는 것을 말해 준다.
Häkkänen, Lindlöf and Santtila (2004) 100건의 비면식범 강간(상관분석)	'절취'라는 행위 주제가 '범죄자/재물' 특성과 유의미한 관련이 있다.
Knight et al. (1998: 46) FBI 교육원 BSU로부터 취합한 116명의 반복 강간범과 25명의 연쇄 강간범, 메사추세츠 치료센터에서 취합한 254명의 강간범	재범 예측은 성인의 반사회성 및 표현적 공격성의 영역으로 귀결된다. 추가로 가학성, 범행 계획 및 피해자와의 관계성 영역이 높은 내적인 일관성을 보여 주며, 범죄 간 일관성에서도 높게 나타났다. 이들 영역을 위한 예측 평가 측정이 가능하다는 것을 말해 준다.

Kocsis, Cooksey and Irwin (2002) 오스트레일리아에서 발생한 62건의 성폭행 사건 (다차원 척도법)	• 난폭성 패턴을 보여 주는 범죄자들은 비교적 나이가 많고, 흉터와 범죄 전력을 가지고 있으며, 보통 일정한 혼인관계 형태 속에 있다. 이 범죄 자들은 범죄 현장에서 기념품을 수집하지 않는 경향을 보이며, 자신들 의 범행을 자백하지 않는다. • 충동적이며 폭력적인 범죄 방식은 나이에 따라 나타나는 어떤 구분 특 성 혹은 사회적 패턴들(흉터, 문신, 연인)을 갖지 않는 젊은 범죄자들이 다. 이러한 혼란스러운 패턴은 일정 형태의 절도와 성폭행을 무계획적 으로 시작하는 젊은 기회주의적 범죄자의 행동들을 대표하는 것 같다.
Ressler, Burgess and Douglas (2002) 36명의 살인죄 재소자-추론적 통계 없음	범죄 현장에서 특별한 행위적 주제(조직적인 또는 비조직적인)를 보이는 범죄자들은 그들의 전력에서도 같은 주제를 보여 주는 것 같다고 보고하 고 있다.
Salfati and Canter (1999) 82건의 단독 범인, 단독 피해자, 해결된 살인죄(다차원 척도법)	• 충동적 주제를 가지고 있는 자들은 성범죄, 폭력 범죄 및 공공질서 침 해 범죄 등의 충동성 범죄 전력을 가지고 있다. • 기회주의적 유형의 살인은 무직 상태에서 절도, 침입 절도의 전력이 있 으며, 항상 피해자를 알고 범죄 현장과 가까운 곳에 거주하고 있다. • 인지적 주제는 직업군인 복무와 수감생활 등과 관련이 있다.
Santtila, Junkkila and Sandnabba (2005) 43건의 연쇄 강간 사건 (상관관계)	• 개입, 표현적 범죄자들은 범죄가 발생한 구역 내에 거주하고 있는 것 으로 나타났다. • 개입, 기망적 범죄자들은 실업 상태이며, 알코올 문제 가능성이 있다.
Santtila, Häkkänen, Alison and Sandnabba (2003) 61명의 남성, 5명의 여성 청소년 방화범(6~17세) (다차원 척도법)	• 표현적-사람형은 범죄 당시에 부모와 동거하지 않는 경향, 여성이며, 우울 및 성격 또는 행동 이상 진단, 경찰의 주목을 받지는 않고 있으 며, 기관에 수용되어 있고, 절도에 대한 사전 전력과는 부적 연관성을 갖는다. • 도구적-사람형은 범죄 전력, 특히 기물 파손과 방화 전력이 있다. • 표현적-사물형은 부모와 동거하지 않고, 기관에 수용되어 있으며, 방 화 전력, 성격이상 진단, 기물 파손 전력과는 부적 연관성을 갖는다. • 도구적-사물형은 집단으로 범죄를 범하는 청소년층의 징후, 부모와 동 거하는 남성, 경찰의 경계를 받을 뿐 아니라 절도, 침입 절도, 기물 파 손 전력이 있다.
Santtila, Häkkänen, Canter and Elfgren (2003) 502건의 살인, 단독 범인/단독 피해자, 핀란드 살인들 (다차원 척도법)	• 도구적 범죄 현장(사체 이동 및 은닉 포함)은 도구적 배경 특성들과 관 련, 경찰에게 즉시 굴복하지 않고, 경찰 면담에서 범죄를 인정하는 것 에 저항한다. • 표현적 범죄 현장 주제들은 표현적 배경 특성들과 관련. 피해자 개입을 부인하지 않음, 남성 범죄자에 있어서는 피해자와 사전 관계, 여성 범 죄자는 피해자와 혈족 관계 가능성이 높고 정신 질병적 문제가 있고, 장기간의 관계에서 어려움을 가지고 있다.

	• 범죄자 배경 특징들의 일반적 패턴은 Salfati(2000)의 결과와 근본적인 유사성을 가짐, 전형적인 살인 범죄자는 익숙한 주변 환경에서 아는 사람을 살해한 남성이며, 또한 사회 경제적으로 결핍된 생활을 살아갈 가능성이 있다.
Youngs (2004) 207명의 젊은 범죄자들, 자기 보고식 범행 패턴 (다차원 척도법)	• 전반적인 범행 방식의 변형들은 포함성 또는 개방성의 대인관계적인 요소들보다는 대인관계적 통제의 'FIRO'* 성격 단계 측면들에 더욱 명확하게 관련되어 있다. • 재산 범죄들, 특히 파괴주의적 행위, 사람을 공격하는 것보다는 높은 수준의 통제를 받고 있는 사람들에 의해 범해지는 경향이 있다. • 표현적–사람형 범죄는 전형적으로 폭력 혹은 위협을 내포하는 행위들이며, 특히 무기가 수반되는 것으로, 대인관계에서 힘과 지배(표현된 통제)에 대한 높은 수준의 욕구를 보고하고 있다. • 표현적 재산 범죄자는 다른 범죄자들에 비해 보다 감성적으로 개방적이며 친밀하다고 다른 사람들이 느끼게 하는 경향이 있다.

수사 정보의 평가와 개선

심리학자들이 수사에 대해서 할 수 있는 주요 기여들 중 하나는 수사관들이 조사를 진전시킬 때에 의존하는 정보의 평가 및 강화와 관련이 있다. 이 정보는 심리학자들이 흔히 자신들의 연구에서 자료를 평가하기 위해 사용하는 과학적 원칙들과는 반대로 평가될 수 있다. 더욱이, 회상(recall)에서의 왜곡에 대한 심리학적 연구는 일반적인 심리적 기억 결함에 대한 것이건 혹은 의도적인 허위 시도에 대한 것이건 간에 경찰이 가지고 있는 자료들의 평가에 응용되며 자료 가치를 향상시키는 방법을 제공할 수 있다(제9장과 제10장에서 논의된 것처럼).

수사 정보와 관련하여, 심리학자들은 과학적 자료들의 두 가지 요소에 대한 개선에 관심을 두게 될 것이다. 하나는 자료의 유용성과 상세함이며, 다른 하나는 정확성 또는 타당성이다.

자료의 유용성과 상세함

심리학자들은 획득되는 정보를 최대화하는 과정들을 발전시킴으로써 수사에서 도출될 수 있는, 특히 목격자들 혹은 피해자들과의 경찰 면담을 위해 관련 정보의 양을 증가시키는 데 도움을 줄 수 있다. 많은 면담을 위한 지침들이 제9장에서 논의된 것처럼 발전되어 왔

---

* FIRO(Fundamental Interpersonal Relations Orientation) 이론: 1958년 Will Schutz 박사에 의해 소개된 대인관계 이론. 인간의 상호작용에서 관심을 갖는 세 요인(영역)을 '포함성, 개방성 그리고 통제성'이라고 제시(역자 주)

으며, 이 중에서 가장 잘 알려진 것은 Geiselman과 동료들(1985, 1986)에 의해 개발된 '인지 면담(cognitive interview)'으로서, 이는 실험심리학 및 인지심리학 전통에 강하게 뿌리를 두고 있기 때문에 대인관계적 과정들에 크게 의존하는 다른 절차들에 의해 풍부해져 왔다(예, Shepherd, 2007). 또한 수사상 최면(hypnosis)도 정보의 회상을 향상시키기 위해 사용되어 왔다. 그러나 많은 전문가들은 최면이 '특별한' 기법이라기보다는 응답자가 긴장을 풀고 집중하는 것을 도와주는 단순한 인지 면담의 강화된 형태일 뿐이라고 주장한다(Wagstaff, 1982).

수사에 있어서, 정보가 현장 실무적으로 유용하다는 점은 중요한 부분이다. Canter(1993)는 이것이 '범죄자 프로파일러들'이 경찰에게 제공하는 조언을 평가하는 데에 흔히 태만해 왔다는 것을 지적하는 기준이라고 언급한다. 범죄자가 거주하고 있을 만한 넓은 지역의 표식(indication)이 수사관에게 유용한 정보의 명백한 사례이지만, 다른 사람들이 범죄자를 어떻게 생각하는지 혹은 범죄자의 가능한 기술(수법)들과 가정환경 등과 같이 보다 정교한 자료 또한 가치 있는 것일 수 있다. 이와 달리, 이 책을 통해서 지적한 것처럼, 범죄자의 동기에 대한 강도 높은 심리역동적 해석은, 비록 깊이 있는 정신병리적 면담을 통해서 활용 가능한 것이라 할 수 있겠지만, 그다지 경찰 수사관들에게 직접적인 지원을 제공하는 것 같지는 않다.

제9장과 제10장에서 검토한 것처럼, 많은 정보는 사람과의 대화(면담)에서부터 경찰이 획득할 수 있다는 점을 기억할 필요가 있다. 그러나 이것은 전체 범죄 사건에서 피면담자가 담당한 역할, 즉 목격자, 피해자, 용의자라는 역할에 따라 매우 상이한 형태들을 취한다. 또한 여기에는 수사 진행 과정에서 실제로 이러한 역할들 사이를 이동할 가능성도 있다. 이는 수사관들의 면담 기법이 교묘하고 유연해야 한다는 것을 의미하며, 경찰이 이것을 인식하기 시작했지만, 아직 Williamson(2006)의 말처럼 가야 할 길이 많이 남아 있다.

의사결정 지원 시스템

이 책 전반을 통해서 경찰 업무의 복잡성, 즉 변환되어야 하는 많은 양의 정보, 그리고 그로부터 효과적인 의미를 얻는 것의 어려움을 살펴보았다. 이러한 문제들에 대한 인식은 이해가 필요한 정보의 복잡성을 감소시키고, 수사관들이 내려야 하는 결정에 정보를 제공할 수 있는 실증적 분석을 용이하게 하는 의사결정 지원 도구들의 발전을 이끌고 있다.

1980년대와 1990년대에 매우 유명했으나 과학적 사실보다는 과학적 상상에 더욱 의존하였던 '전문가 시스템'과 '의사결정 지원 도구'는 구별되어야 할 필요가 있다. 전자가 마치 전문가인 것처럼 의사결정을 하였지만, 후자는 활용 가능한 정보를 정제하고 해석하며 또한 수사관들이 의사결정을 하는 데에 도움을 주게 될 형태로 자료를 그들에게 보여 주기 위한 분석도 가능하다.

현출된 지원 절차들은 아직 그것들이 작용하는 법을 알고 있는 자들로부터 일정한 해석이 필요하다. 이것은 일부 진보적인 경찰 조직들이 전반적인 영역에서 경찰에 대한 지원을 제공하기 위해 수사심리팀(IP units)을 설립했다는 것에서 의미를 찾을 수 있다. [글상자 16-1]과 [글상자 16-2]는 혁신적인 이스라엘 국립경찰과 남아프리카 경찰에 설치된 이들 부서에 대한 공식적인 설명이다.

글상자 16-1   남아프리카 경찰 수사심리팀(IPU)

수사심리팀(Investigative Psychology Unit: IPU)는 심리적으로 동기화된 범죄 수사를 지원하기 위해 1997년에 창설되었다. 초기 핵심 초점은 연쇄 살인 수사에 있었으나, 해가 가면서 다양한 범죄들을 포함하여 초점이 확대되었다. 심리적으로 동기화된 것으로 범주화된 범죄들은 보통 외적 동기(예, 재정적)를 가지지 않는다. 이들은 제한된 것은 아니지만, 연쇄 살인, 연쇄 강간, 성적 살  인, 사체 훼손(절단) 살인, 소아성애, 배우자 살인, 아동 납치, 다중 살인, 연속 살인, 사인불명 사망(사망이 사고, 살인 혹은 자살의 결과인지 여부를 특정하는 데 도움을 주기 위한 것) 그리고 강탈 사건들을 포함한다. 이 부서는 현재 4명의 요원으로 구성되어 있다.

- 부서장. 총경(교수) G. N. Labuschagne
- 경정 J. H. De Lange
- 경감 E. A. Myburgh
- 3등 경사(SAC III) Amanda Swanepoel

IPU는 남아프리카 경찰청(SAPS) 범죄 기록 및 과학수사국(Criminal Records and Forensic Science Service)에 위치하고 있으며, 부서와 상관없이 도움이 필요한 수사관 모두에게 전국에 걸쳐 지원을 제공하고 있다(예, 조직범죄부서, 일반 형사 등).

요원들은 경찰법에 따라 임명되었으며, 기능적 경찰 요원으로 간주되고 있다.

부서의 역할

■ 수사 지원

지원은 현직 수사관들로부터의 요청에 따라 제공된다. 이 부서는 심리적으로 동기화된 범죄 수사에 있어서 행동분석(범죄자 프로파일링), 수사상 지도, 위험 평가, 목격자 및 용의자 면담, 범죄 현장 분석, 사건 연계 분석 및 법정 증언 등의 지원을 제공하여 조언자적 권한(상담자처럼)하에서 활동한다. 이러한 사건들에 대한 수사심리팀의 사전 경험이 유사한 사건을 결코 다루어 보지 못한 수사관에게 제공된다.

■ 교육

심리수사팀은 심리적으로 동기화된 범죄들의 규명과 수사에 대해 수사 담당 직원들에게 교육을 제공한다. 교육은 다양한 수사 담당 기관들에게도 제공되며, 검찰 및 법의학자들과 같이 관심을 갖는 기관들에 대해서도 특별 교육이 제공된다. 이 교육은 해당 범죄들의 규명, 성공적인 수사 및 기소 등에 도움이 될 뿐 아니라 어떻게 그리고 언제 행동분석이 도움이 될 수 있는지에 대해 수사관들을 교육한다.

심리수사팀이 남아프리카 경찰청 직원들에게 제공하는 교육은 다음과 같다.

- 범죄 현장 감식팀 재교육 과정
- 중범죄 및 폭력성 범죄 과정
- 가정폭력, 아동 보호 및 성범죄 과정
- 지방경찰청의 요청에 따른 지방 순회 교육
- 심리적 동기화 범죄(Psychological Motivated Crimes: PMC) 과정

심리수사팀은 또한 해외 대학들의 학생들에게 실무적인 교육 실습을 제공하는데, 영국의 국제 수사심리 연구센터(International Research Center for Investigative Psychology: IRCIP), 미국의 알리안트 국제대학교(Alliant International University) 등이 이를 이용하고 있다.

연구 조사

이 측면은 심리적으로 동기화된 범죄에 대한 이해를 높이는 데 도움을 주고, 수사상 지원과 교육을 제공하는 것이다. 해외 연구가 활용에 있어 제한적이라는 것이 입증되면서, 범죄가 어떻게 현출되는가에 대한 국내 차원의 이해가 필수적이다. 이것은 남아프리카 경찰청(SAPS)이 해결 및 미해결 연쇄 살인사건들에 대한 전반적인 자료망을 가지고 있는 몇 안 되는 경찰기관 중 하나라는 결과로 나타나고 있다. 용의자 세부 사항들이 연구 목적 및 범죄자 프로파일링에서의 사용을 위해 꼼꼼하게 기록되어 있다.

심리수사팀은 인원이 부족하지만, 자신들의 연구의 일부로서 관련 주제들을 조사하고 있는 석사 및 박사 과정 학생들을 활용하여 연구조사 역할을 확대하고 있다.

긴밀한 연구 연계를 가지고 있는 기관들은 다음과 같다.

• 영국 허더즈필드 대학교(University of Huddersfield) 국제 수사심리 연구센터(International Research Center for Investigative Psychology: IRCIP)
• 미국 존 제이 형사사법 대학교(John Jay College of Criminal Justice)
• 미국 알리안트 국제대학교(Alliant International University)
• 남아공 프리스테이드 대학교(University of the Free State)
• 남아공 프리토리아 대학교(University of Pretoria)
• 남아공 사우스아프리카 대학교(University of South Africa: UNISA)

과장(Section head): 총경 Asher Zan-Ger

개요: 수사심리과는 행동과학 분야의 다양한 주제들을 취급하며, 이스라엘 경찰의 다양한 수사 및 정보 부서들뿐 아니라 기타 기관들을 지원하면서, 범죄 수사의 심리적 측면들을 취급한다. 수사심리과는 전국 5개 실험실에 파견되어 있으며, 이스라엘 국방부의 군인 경찰 실험실에 대해서도 전문적인 감독 및 지원을 제공하고 있다.

부서의 기능

■ 거짓 탐지기 검사(Polygraph Test)

피검자의 주장(용의자, 목격자 또는 피해자)을 확인하거나 반박하기 위한 거짓 탐지기 검사를 제공한다. 이는 수사상의 필요성과 검사 목적에 따라서 상이한 거짓 탐지 기법들을 적용함으로써 가능하다. 활용되는 주요 기법들은 비교질문 기법(Comparison Question Techniques: CQT), 유죄 인지 검사(Guilty Knowledge Test: GKT) 및 검토이다. 이 절차들의 목적은 수사상 징후들을 현출하고, (제거 검사를 사용하여) 가능한 공범관계를 차단하고, 수사의 계속을 위해 의사결정 지원 도구를 제공하는 것이다.

■ 인지 면담: 기억 향상 기법

이 방법은 R. Fisher 교수에 의해 개발되었으며, 통제된 환경에서 진행되는 구조적 질문 기법에 기초하고 있다. 이 절차는 협조적인 목격자 또는 피해자를 돕고, 수사 대상 사건에 관하여 가능한 한 상세한 것을 많이 회상하기 위해 알려져 있는 심리학적 모형들을 사용한다. 다양한 결과들이, 다른 질문 기법들과 비교하여 이 절차가 수사에 중요한 가치를 제공하고 있다고 지적하고 있다. 이 기법은 범죄 현장에 대한 추가적인 정보 획득을 가능하게 하며, 여타의 것들을 제공하면서 일부 수사 진행의 오류 발견을 가능하게 한다. 원칙적으로 이 절차는 피면담자의 기억을 강화하고 정확하게 하기 위해서, 용의자들의 얼굴 확인 절차에 앞서서 시행된다.

■ 심리적 측면을 이용한 조언 및 지원

일정 사건에서 수사를 함께 진행하면서, 부서 전문가들에 의해서 축척된 지식과 경험을 지원하기 위해 수사팀과 협조한다. 이러한 지식과 경험은 수사 중인 사건과 관련하여 추가적인 관점에 대해 관심을 가지고 있는 어떠한 수사팀에게도 활용 가능하며, 특히 사건에 연루된 사람들에 대한 심리적 측면들과 관련하여 조언이 제공된다.

■ 범죄자 프로파일링

1999년에서 2004년 동안, 4대 범죄(살인, 강간, 성폭행, 강도)에 대한 범죄자 프로파일링의 이스라엘 모형이 Shye와 Englehard(2004)에 의해 개발되었다. 이 모형은 크리미나(Crimina)라는 이름을 가진 도해식 컴퓨터 소프트웨어에 의해 실현되었으며, 2004년 이래로 수사심리팀은 이 모형을 이용하여 고무적인 결과들을 얻고 있다. 최근에는 이 모형에 기초한 범죄자 프로파일링을 위한 컴퓨터 시스템 개발이 완료되었다. 이 시스템은 범죄 파일 관리를 위한 경찰 전산화 시스템으로 통합되도록 추진되었다.

범죄자 프로파일링은 연쇄 범죄들에서 혹은 일회성 범죄 사건들과 한 명의 가능한 범죄자와 연결된 범죄들에서 잠재적인 용의자 목록을 압축하고 우선순위를 정하기 위해 사용되고 있다. 용의자가 알려진 사건에서는 수사 및 체포 전략을 위한 권고가 주어진다. 심리적 프로파일링은 또한 원인 미상의 사망 및 실종 사건 등에서도 구축된다.

■ 취약자 질문

취약계층 피면담자들은 일반인에게 요구되는 것과는 다른 조건과 접근법이 요구된다. 이 계층은 일반적으로 연소자들, 장애인들로 구성되며, 정신적·정서적·인지적 이상 증상을 가지고 있는 사람들을 포함할 수 있다. 이러한 경우에는 특별한 접근법과 상이한 질문 기법이 사용되어야 한다. 가능한 한 많은 세부적인 것들을 최상의 정확성을 가지고 획득하기 위해서 이론적 지식이 적용되고 있다.

시각화의 가치

많은 의사결정 지원 도구들은, 어떤 시각적 개요 상태로 현출될 수 있다면 연관 관계 사이에 그리고 활동들 내에 존재하는 패턴을 사람들이 볼 수 있다는 사실에 근거한다. 빈도에 대한 막대그래프들이 하나의 사례이지만, 상업적으로 활용 가능한 소프트웨어 또한 접촉의 연결망과 여타의 관련성 혹은 행동들의 연쇄 상황을 도표화할 수 있다. 다양한 자료의 시각화를 검토한 Tufte(1999)의 훌륭한 몇 권의 책들은 시각적 이미지를 사용하는 것이 사건과 그 원인에 대한 이해를 강화시키는 데에 어떤 가능성을 갖고 있는가를 보여 주고 있다.

경찰 업무를 위해 개발된 일부 의사결정 지원 도구들은 전반적으로 매우 적은 분석적 기능을 가지고 있으며, 거의 대부분 자료를 시각화하는 방식들로서 대표적으로 i2가 있다 (www.i2.co.uk). 이 도구들은 방대한 양의 자료를 요약하는 데에 효율적이며, 축적 자료와 연계하여 중요한 정보 검색 및 접근을 향상시킬 수 있는데, 경찰에서 흔히 범죄 분석가 혹은 정보 분석가로 불리는 특별한 활용자의 기술에 크게 의존한다. 잘못된 사용으로는, 시스템들이 도표가 만들어 내는 강한 시각적 효과를 통해서 행위적 패턴을 암시할 수 있는데, 사실상 도표가 수사 중에 있는 범죄 행위의 지엽적인 측면을 편향적으로 강조하는 때이다.

향상된 수준의 의사결정 지원은 범죄와 범죄자의 독특한 특성들을 확인함으로써, 그리고 그들에 대한 요약된 설명을 생성함으로써 가능해진다. 이러한 활용의 한 가지 폭넓은 적용은 범죄 빈도가 높은 곳, 즉 때때로 '집중 지점(hotspot)'이라고 불리는 지역을 표시하는 지도의 생산에서이다. 이러한 경우들에서 독특한 특성들은 단순히 범죄들이 발생했던 장소이며, 지리적 초점이 어디인지를 표시하기 위해서 한 구역에 대한 범죄들의 개요 또는 평균으로 묘사된다. 이러한 묘사는 일정한 정보의 선정, 정제 또는 평균화의 과정을 필요로 하며, 왜 곡의 가능성을 갖기는 하지만, 타당하게 진행되면 이러한 묘사가 도움이 된다.

경찰 의사결정자들에 대한 더욱 높은 수준의 지원은 범죄 자료에 대해 일정 형태의 분석을 시행함으로써 제공될 수 있는데, 보통 병행 발생의 패턴 혹은 차별화된 비발생의 패턴을 찾는 것이다. 전자의 예로는 특정 공공기물 파손 행위가 학교들 주변에서 수업 종료 직후에 발생한다는 것을 인식하는 것이 될 것이다. 공공기물 파손죄로 기소된 범죄자의 나이와 배경에 대한 서술적 분석으로부터 얻은 지식과 지리적인 범죄 집중 지점 정보는 가능성 있는 혐의자들을 표적으로 설정하고 다른 형태의 범죄 감소로 연계해 나가기 위해 결합하여 활용될 수 있다. 범죄 행위들의 병행 발생에 관한 보다 진전된 분석은 이 책을 통해서 논의한 것처럼, 범죄자들을 범주화하고 다양한 유형의 범죄자들에 대해 다양한 수사 전략들을 수립하기 위해서 또한 사용될 수 있다.

정보의 오프라인과 온라인 활용

정보를 두 가지 유형으로 분류하는 것이 유용하다. 첫 번째는 과학적 연구 과정 동안 연구자들에게 활용될 수 있는 정보로서, 이로부터 수사관들이 사용할 수 있는 원칙들이 도출될 수 있다. 여기에는 무슨 일이 발생했는지에 대한 범죄자의 이해와 범행 원인에 대한 범죄자 자신의 설명 등이 포함될 수 있다. 우리는 이것을 '오프라인(offline)' 정보로 생각할 수 있다. 이것의 대부분은 누구에게 무엇을 했는지를 말하는 전문 증거와 다른 사람의 행동에 대한 다양한 사람들의 관점 등이기 때문에 법정에서 채택되지 않을 수 있지만, 이어지는 수사에 중요한 경향을 생성할 수 있다.

반면에, 이러한 정보는 경찰이 수사의 일부로서 획득하여, 이를 근거로 특정 사건에 대한 추리를 구성하며 적어도 법정에 가져가는 사건의 일부를 형성하는 '온라인(online)' 정보와는 반대된다. DNA, 지문, 섬유 종류 등의 과학수사 증거에 더하여 이것은 범죄자가 범행 중에 무슨 행동을 했는가, 어디에서 그리고 누구에게 범죄를 저질렀는가에 대한 행위 증거를 포함할 것이다.

핵심은 '온라인' 정보에 대해 형성되는 것들과는 다소 다른 요구가 '오프라인' 정보에 대해 제기된다는 것이다. 후자는 폭넓은 적용 가능성의 일반화를 지향하면서 대표성과 타당성에 초점을 두고 있으나, 전자는 즉시적인 사건을 고려하며, 당해 사건의 특수성에 대한 분석과 수사가 어떻게 진행될 것인지를 이끌어 간다.

Dragnet과 여타 지리적 프로파일링 시스템

수사심리학으로부터 경찰 수사의 방향을 잡기 위해 가장 강력하고 널리 사용되는 의사결정 지원 시스템은 제8장에서 논의한 범죄적 근접성과 지리적 형태론에 대한 연구를 근거로 정립된 것이다. 이 시스템들은 Rigel(www.geographicprofiling.com)이라고 알려진 지리적 프로파일링 시스템으로, Rossmo(2000)에 의해 처음으로 널리 활용 가능한 상업적인 시스템으로 개발되었으며, 그에 의해서 이름 붙여졌다.

Dragnet

Rigel의 개발과 동시에, 관련은 있지만 다소 상이한 원칙들에서 작용하며 유연한 연구 도구인 'Dragnet'을 Canter(2005)가 개발하였다. 이 시스템의 장점은 다양한 연구에서 드러났으며(예, Canter et al., 2000; Canter and Hammond, 2006), 이로 인해 전 세계의 많은 경찰들에 의해 활용되고 있다.

Dragnet과 같은 최근의 지리적 프로파일링 시스템은 범죄 현장과 어떤 거리적 연속선상에 범죄자의 주거지가 있을 것이라는 개연성을 포함하는 기초 위에서 작동한다. 이것은 범죄들이 범해진 영역 내에서 범죄자가 어떤 위치 범위에 기반을 두고 있는가에 대한 비교 가능성을 보여 주는 확률곡면(probability surface)*을 제공하며, [그림 16-1]에 '잭 더 리퍼(Jack the Ripper)'로 알려진 범죄자와 관련되어 있는 1,881건의 살인사건에 연계된 범죄 위치에 대해서 묘사되어 있다. 이러한 분석은 Canter(2005)의 상세한 연구에서 도출되었다(또한 YouTube에도 올려져 있다. http//:www.youtube.com/watch?v=QCdskRH-B6s). 또한 Canter(2005)는 Dragnet 분석 결과가 소위 『잭 더 리퍼의 일기(Jack the Ripper's Diary)』로 알려진 책의 저자(Harrison, 1993)가 방을 빌렸었다고 주장하는 장소로 알려진 예상 거주 지역을 표시하고 있다고 이야기하고 있다. 비록 그 '일기'의 진정성에 대해 논란이 뜨겁지만, 많은 사람이 진짜라고 믿고 있다.

또 다른 논란 분야는, 비록 잘 알려지지 않았고 열기도 약하지만, 지리적 프로파일링 시스템이 수사에 기여하는 역할이다. 학자들(Snook et al., 2005)에 의해서 평가받고 있는 것은 지리적 프로파일링 시스템이 기반을 두고 있는 많은 원칙들이 매우 직접적이라는 점이다. 이것은 비교적 단순한 사건들에서 이러한 원칙들을 이해하고 있는 사람들이 지리적 프로파일

---

* 확률곡면(probability surface): 이변량 확률분포의 삼차원적 표현을 의미. 두 개의 확률 변수의 값이 가지는 결합확률을 나타내는 그림표상의 표면 또는 곡면(국립어학원 우리말샘 참고, 역자 주)

링 시스템에서 범죄자의 거주 지역으로 가장 가능성 높은 지역으로 어디를 선정할 것인가를 정확하게 예측하는 것이 가능하다는 것을 의미한다(Snook, Canter and Bennell, 2002; Snook et al., 2005). 그러나 이것은, Canter가 지적한 것처럼 지리적 프로파일링 시스템들의 요점을 놓치고 있다 할 수 있다. 시스템은 한 지점을 표시하지는 않는다. 다만 표시된 가능성의 수준에 따라 지역의 집합을 표시한다. 이들은 확실히 명확하고 발전적인 원칙들을 기반으로 하고 있으며, 따라서 다른 정보들도 가지고 있을 수사관들에게 객관적인 지원을 제공한다. 더욱이, 복잡한 사건에서는 사람들에게 주어질 수 있는 단순한 원칙들이 부적절하겠지만, 이러한 부적절함이 보다 정교한 분석에 의존하는 컴퓨터 시스템에는 영향을 미치지 않을 것이다.

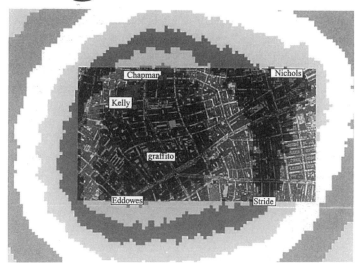

[그림 16–1] 5건의 살인 지점에 대한 Dragnet 분석 및 잭 더 리퍼와 연관된 그림들
(이름들은 그들의 사체가 발견된 곳을 표시하는 피해자들의 것임)

- 최소한의 훈련으로 개인 컴퓨터에서 사용하기 위해 디자인된 상호작용 시스템, 맥락 대응 변형이 가능함
- 일정 지역에 범죄자가 거주할 가능성 및 관련된 지역 범죄들의 연관성을 표시하기 위한 지원 도구로서 개발됨

베이지안 접근법

최근 해결된 사건들의 데이터베이스 활용이 증가하면서, 그간 많은 관심을 끌어 왔던 범죄자가 기반을 두고 있는 곳을 특정하기 위한 또 다른 접근법이 대두되고 있다. 이것은 순전히 통계적인 절차이며, 범죄자 위치 선정에 대한 심리학적 이론들과는 관련이 없다. 이 접근법은 알려진 범죄자들의 일반적인 패턴과 유사한 방법으로 미지의 범죄자들도 행동할 것이라는 개연성에서 유래되었다. 예를 들어, A 장소에서 범죄를 저지른 범죄자들이 B 지

점에 거주한다는 것이 과거에 해결된 범죄들로부터 알려져 있다면, A 장소에서 벌어진 어떤 새로운 미해결 범죄가 B 지점에 거주하는 범죄자에 의해서 범해졌을 것이라고 가정하는 것은 타당한 일이다. 기존에 존재하는 무작위 가능성을 조정하고 베이지안 개연성 계산식(Bayesian probability calculations)을 사용함으로써 범죄자가 어떤 특정 장소에 거주할 것이라는 믿음을 이 접근법을 통해 특정하는 것이 가능하다. 최근의 연구(Levine, 2009)는 이 베이지안 접근법이 적절한 자료의 활용이 가능할 때 얼마나 강력해질 수 있는지를 보여 주고 있다.

모든 이러한 접근법들과 함께 기억해야 하는 중요한 요점은 타당성과 정확성 사이에 대가 관계가 있다는 것이다. 이것은 [그림 16-2]에서 보여 주는 일반적인 '탐색 비용 기능'에 의해서 묘사되고 있다. 탐색 구역이 더 커질수록 범죄자가 그 구역 내에 살고 있을 가능성이 더 커지는 것이다. 중요한 점(Canter and Hammond, 2006에서 상세히 기술한 것처럼)은 탐색 영역과 정확성 사이의 관계가 오목한 원형이 아니라 직선형이라는 것이다. 다시 말해 [그림 16-2]에 묘사된 것처럼, 범죄자들 중 상당수가 어느 접근법에 의해서든 비교적 작은 탐색 구역의 부분 내에서 발견된다는 점이다. 이들 시스템은 유용한 것으로 평가되고 있으며, 많은 사법기관들에 의해 사용되고 있는 것은 [그림 16-2]에서 볼 수 있는 '어깨 부분'이 Dragnet과 같은 많은 시스템 조합에서 발견되었기 때문이다(지리적 범죄자 프로파일링의 적용 사례에 대해서는 Canter and Youngs, 2008b를 보라).

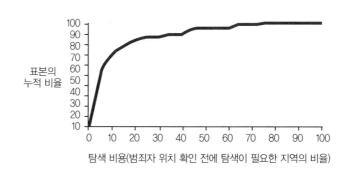

[그림 16-2] 탐색 비용 기능: 표본의 비율과 정확한 일치 빈도 사이의 관계

상호적 범죄자 프로파일링

모든 현재의 지리적 프로파일링 결정 지원 시스템이 가진 가장 큰 약점은, 이들이 단지 범죄의 위치에만 기초하고 있다는 점이다. 이들은 범죄 행위의 세부적인 것에는 관심을 두지 않으며, 범죄자들에 대한 경찰 자료망과 직접 통합되어 있지도 않고, 또한 많은 범죄들

로 구성되어 있는 사회적 연결망과도 연결되어 있지 않다. 따라서 단순한 범죄들의 지리적 요소를 넘어서고 수많은 강력한 분석적 기능들을 통합하고 있는 결정 지원 도구들이 등장하고 있다.

이러한 의사결정 지원 도구들 중 하나가 상호적 범죄자 프로파일링 시스템(interactive Offending Profiling System: iOPS)이다(Canter and Youngs, 2008c, [그림 16-3]을 보라). Canter 등에 의해 개발된 이 시스템은 다음의 기능들을 통해 수사 절차를 개선하고 체계화하기 위해 연구 결과들을 활용하여 빠르게 다량의 경찰 자료망을 통합해 나가고 있다.

- 범죄 연관 짓기(사건 비교 분석)
- 용의자 우선순위 결정
- 범죄자의 지리-행동 프로파일에 대한 목록 구성
- 잠재적 TICs(추가 범죄 고려/Taken Into Consideration) 생성
- 병행 범죄행위 연결망 탐색
- 정보 취합을 위한 장소 표시
- 범죄 지도 및 범죄 집중 지점 분석 실행

- iOPS는 기본적으로 대도시 경찰 업무를 위해 개발된 ArcView 9에 기반한 지리-행동 프로파일링 시스템이다.

- iOPS는 ArcGIS 9을 이용하여, 경찰 업무 지원을 위한 실행 시스템 및 강력한 조사 도구로서 개발되었다.

- iOPS는 강력한 수사 기능과 범죄 집중지점 분석 및 지리 부호화 역량 같은 정교한 범죄 지도 제작 기법들을 결합하여, 범죄를 연관짓고 용의자들의 우선순위를 정하며, 병행 범죄행위 연결망을 탐색한다.

- iOPS는 신속하게 다량의 경찰 자료집들을 통합하고, 공간적 행위를 탐구하기 위해 Dragnet을 이용하여 분석을 시행하며, 수법(M.O.)의 구조를 검토하기 위해 다차원 척도법을 활용한다.

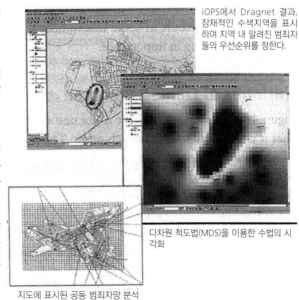

iOPS에서 Dragnet 결과, 잠재적인 수색지역을 표시하며 지역 내 알려진 범죄자들의 우선순위를 정한다.

다차원 척도법(MDS)을 이용한 수법의 시각화

지도에 표시된 공동 범죄자망 분석

[그림 16-3] 상호적 범죄자 프로파일링 시스템(iOPS)의 체계

사건 연관 짓기(사례 비교 분석)

많은 경찰 수사의 핵심적인 측면은 범죄를 일반 범죄자들과 신뢰성 있게 연관 짓는 것이다. 이것은 다양한 목적을 위한 가치를 가지고 있다.

- 범죄자 규명을 위한 정보 개발: 동일한 인물과 연결시킬 수 있는 정보가 많을수록 타당성을 가질 수 있는 추리가 더 많아진다.
- 과학수사 검증의 우선순위 결정: 범죄들이 연관되어 있다는 것을 알게 됨으로써 상이한 장소로부터 얻은 과학수사 정보의 가치에 대한 이해가 증가할 수 있다.
- 유죄를 인정한다면 범죄자가 기꺼이 '저지르려고 했던' 범죄를 검토하기 위한 기초를 제공한다.
- 법정에서 '유사 사실 증거' 제공을 가능하게 하며, 사건 기소를 강화한다.

일반적인 범죄자와 범죄를 연관 짓기 위해 의지할 수 있는 많은 정보 원천들이 있다. 물론 모발, DNA, 섬유들, 지문 그리고 기타 흔적들과 같은 과학수사로 수집한 다양한 형태의 증거들이 항상 범죄들을 연관 짓는 가장 강한 방법이다. 목격자 진술과 정황 증거, 예를 들어 동일한 신용 카드가 일련의 범죄들과 인접한 공간 및 시간 범위 내에서 사용된 것은 역시 매우 가치 있는 것이다. 그러나 많은 경우에 이러한 종류의 정보는 활용될 수 없으며, 범죄 행위들이 탐구될 필요가 있게 된다.

범죄 행위들에 주목해 보면, 앞 장들에서 살펴본 문제들이 표면화된다. 이들은 행위들에 있어서 무엇이 독특한 것인지를 특정할 필요성뿐 아니라 범죄자의 내적인 발전 과정에 대한 이해 등을 포함한다. 범죄들의 중심 주제들과 이들이 내포하고 있는 서사적 행동들 또한 커다란 유용성을 가지고 있다. 이러한 형태의 행위 분석은 '유사한 사실 증거'라는 규정하에서 일부 사건들에 대해 법정에서 허용되어 왔으며, 그 중요성이 확대되고 있는 분야이다.

문제 연관의 다양성

[그림 16-4]는 하나의 단순한 문제 연관 짓기만이 있는 것이 아니라는 것을 보여 주고 있다. 서로 연관 가치가 있는 두 개의 범죄가 있을 수 있으며, 수많은 범죄들과 추가적인 범죄가 동일 인물에 의해서 범해졌는가에 대한 의문이 있을 수도 있다. 또한 동일한 범죄자에 의한 것으로 알려졌으나, 다른 범죄자들과 관련되어 있을 많은 범죄들도 있을 수 있다. 결

국 많은 범죄들이 있으며, 그중 어떤 것들이 동일한 범죄자에 의해 범해졌는지 여부에 대한 의문이 생겨나게 된다.

이러한 의문들을 연관 짓는 다양한 유형들 각각은 그에 대해 답하기 위한 다양한 형태의 기준들을 요구한다. 예를 들어, 연관된 일련의 범죄들이 있고 법과학 증거가 이를 보여 준다면, 이들이 공통으로 가지고 있는 행위적 특성들이 무엇인지를 특정하는 것이 가능할 것이다. 그러나 연관 지을 수 있는 범죄를 특정하기 위해 많은 범죄들을 일반적으로 조사한다면, 기저율(base rates) 또는 추리에 대한 여타의 도전들로부터 생겨나는 혼란을 확실히 방지하기 위해 많은 개선이 필요할 것이다.

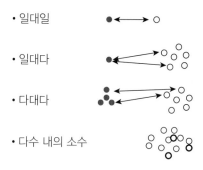

[그림 16-4] 문제 연관의 종류

'예' 혹은 '아니요'를 넘어서(수신자 조작자 특성)

두 개의 대답 중 하나를 필요로 하는 의사결정 선택은 결정을 하기 위해 사용되는 기준에 좌우되는 효과성 측정의 여지가 있다. 이것은 탐색 비용 기능에 의한 지리적 프로파일링에서 예시되고 있으며, 매우 유사한 과정이 또한 두 개의 범죄가 연관되어 있는지 여부를 특정하기 위해 존재한다. 만일 한 젊은 남자가 범죄 현장에서 뛰어가는 것을 보았다는 목격자처럼, 매우 넓은 기준이 사용된다면, 너무도 많은 범죄들이 연관 지어질 수 있다. 그러나 휠체어를 타고 범죄 현장에서 도망가는 노인처럼 매우 정확하고 드문 기준이 사용된다면, 연관 지을 수 있는 범죄가 매우 적을 것이다.

기준의 일반성과 타당성 사이의 관계는 〈표 16-3〉에 나타난 가능성의 혼합이다. 이것은 판단 과정에서 연관된 사건을 놓치거나, 연관되지 않아야 하는 것을 연관 지을 수 있을 뿐 아니라 유효하게 사건들을 연관 짓거나 연관 짓지 않을 수 있다는 것을 보여 준다. 이러한 가능성들의 비교 비율은 사용되는 기준에 달려 있다. 기준이 더욱 효과적일수록 누락 혹은 오류의 비율이 더 낮아진다. 이것을 탐구하는 유익한 방법은 수신자 조작자 특성(Receiver

<표 16-3> 연계 업무에서 가능한 의사결정 결과들

		실제		
		실제로 연관된	실제로 연관되지 않은	
예측	연관된	a 적중 $pH = a/(a+c)$	b 오류 경고 $pFA = b(b+d)$	$a+b$
	연관되지 않은	c 누락 $pM = c/(a+c)$	d 정확 기각 $pCR = d(b+d)$	$c+d$
		$a+c$	$b+d$	$a+b+c+d=N$

Operator Characteristics: ROC)으로 알려진 것을 사용하는 것이다(Fawcett, 2006). Bennell과 Canter(2002)는 ROC 분석이 사건 연관성을 위한 기준을 결정하는 데에 매우 유용하다는 점을 보여 주고 있다. 그들은 [그림 16-5]에서 보여 주는 것처럼 곡선하위영역(Area Under the Curve: AUC)이 더욱 클수록 기준이 더욱 효과적이라는 ROC 곡선을 개발하였다.

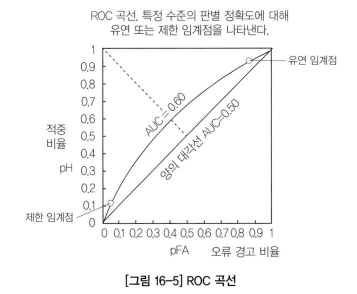

[그림 16-5] ROC 곡선

연관성에 대한 접근법: 다차원 반응도 분석(MAS)

범죄들의 행위적 연관성에 대한 많은 접근법들이 탐구되어 왔다. 이들은 단순히 중심 변수에 사건들을 맞추어 가는 것부터 많은 변수들에 대응해 비교하는 것까지 다양한 방법론들이 포함된다. 단지 변수들의 조합을 사용하는 것의 문제점은, 만일 변수들 중 일부가 병행 발생한다면, 그들이 표현하는 주제가 조합 내 매우 작은 수의 변수들에 의해서 우연히 표현되는 주제들보다 더 큰 비중이 주어질 것이라는 점이다. 따라서 앞선 장들에서 분화도(radex)를 검토할 때 고찰된 것처럼, 일정 형태의 구조적 분석이 필요하다.

다변량분석을 사용하는 한 접근법이 [그림 16-6]에 묘사되어 있다. 이것은 맨체스터 연쇄 강간 수사에서 사용되었으며(Canter, 1995), 목격자의 설명에 기초하여 경찰은 9건의 강간이 동일한 인물에 의해서 범해졌다고 생각하였다. 분석은 각 범죄가 공간적으로 하나의 점으로서 위치되는 다차원 반응도 분석(Multidimensional Scalogram Analysis: MAS)을 사용하였으며, 어떤 두 점이 더 가까울수록 그 범죄들에서 발생한 행동 프로파일이 더욱 유사하다.

[그림 16-6]의 해석은 한 명 이상의 범인이 있다는 관점을 유도하고 있으며, 비록 9건의 범죄 중 3건에 대해서만 DNA 활용이 가능하였지만, 그들의 행동에 기초하여 범죄들을 다른 범인들에게 지정하는 것이 가능하였다. 도식에 있는 선은 결과적인 분리를 보여 주고 있다.

두 명의 범인들 간 차이점은 두 개의 매우 상이한 서사와 관련되어 있는 것 같다. 한 범인은 매우 전문가적 모험 범죄를 범하는 것처럼 보이면서, 오랜 범죄 전력과 여성에 대한 도구적 폭력 전력을 가지고 있을 것으로 예측되었다(결론적으로 확인되었다). 다른 범인은 그의

MAS 분석 사례

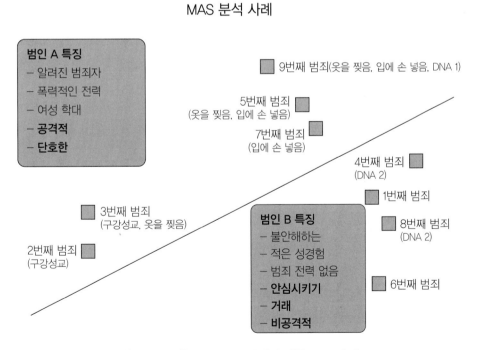

[그림 16-6] 9건의 강간 사건에 대한 MAS 해결

각 사각형은 한 건의 범죄이다. 근접함은 행위적 유사성이다.

범죄들이 여성과 관계를 갖는 것의 어려움에서 생겨난 매우 혼잡한 인물인 것 같았다.

최근에 다양한 연구들이 행동에 기초하여 범죄들을 연관 짓는 것의 가능성을 탐구하기 위해서 수행되었다. 예를 들어, Woodhams와 Toye(207)는 연쇄 상점 절도범들의 행동에 있어서 범죄 연관에 대한 실증적인 근거가 있음을 보여 줄 수 있었으며, Santtila와 Fritzon(2004)는 연쇄 및 연속 방화 사건들에서 이들 사건을 연관 짓기 위해 주제를 분류하는 것의 유용성을 보여 주었다. Woodhams, Hollin과 Bull(2007: 233)은 연구 논문에서 다음과 같이 주장하고 있다.

> 행동에 있어서 개인 내적 변형(intra-individual variation)과 비교해서, 개인 간 변형(inter-individual variation)은 한 범죄자의 범죄들을 다른 범죄자들의 것들과 구별하기에 충분하다. 따라서 범죄를 연관 짓는 것의 바탕이 되는 두 가지 근본적인 가정, 즉 행위적 일관성과 개인 간 변형이 지지되고 있다. 그러나 모든 행동이 동일한 수준의 일관성을 보여 주는 것은 아니며, 상황에 덜 의존적인 연관 짓기, 그래서 더욱 범죄자 의도적인 행동들이 더 큰 일관성을 보여 준다.

두 가지 중요한 사안이 증가하는 범죄 연관짓기에 대한 연구들로부터 도출되고 있다. 하나는 개인적 행동들의 범위를 넘어서 범죄자의 행동을 특징짓는 바탕에 깔린 주제를 보아야 할 필요성이며, 둘째는 Woodhams, Hollin과 Bull(2007)의 인용문에서 암시한 것처럼, 행동들이 연관 지을 가치가 있을 만큼 일관되고 구별되도록 만든 것이 무엇인가에 대한 이해의 필요성이다. 그들은 행동이 '덜 상황 의존적'이라고 지적하고 있지만, 우리는 무엇이 범죄자들의 행동을 일관되도록 만들었는가를 좀 더 깊게 탐구할 필요가 있다. 이것은 처음 생각했던 것만큼 간단하지 않을 것이다. 만일 범죄자가 상황을 선택하면 어떻게 하는가? 일부 연구들은 범죄들의 지리적 근접성이 이들 행동을 연관짓기 위한 가장 유용한 기준 중 하나가 될 것임을 보여 주고 있다(Alison, Snook and Stein, 2001; Canter and Youngs, 출간 중, c).

수사 지원 행동 계획

수사심리학 활용 영역은 체계적인 접근을 필요로 한다. 이로 인해 경찰 업무에 수사심리학을 접목시키기 위해 쟁점들, 이론들 그리고 방법론들을 활용하기 위한 모형들을 제공하는 몇몇 행동 계획들이 개발되어 왔다. 범죄를 연관 짓는 것에 특화된 행동 계획이 갖게 되는 기본적인 요소들은 〈표 16-4〉에 나타나 있다. 좀 더 확대해서, 〈표 16-5〉는 범죄를 검토할 때 수사심리학자들이 고려할 필요가 있는 쟁점들을 보여 주고 있다.

〈표 16-4〉 수사 지원을 위한 활동 계획들

사건 연관 짓기를 위한 기준	
독특한 특성들 구분하기	시간적 연속성 고려하기
특징적 패턴들을 확인하기	과학적 자료를 종합하기
지리 요소를 고려하기	범죄자의 발전을 인식하기

〈표 16-5〉 범죄에서 고려되는 실제 쟁점들

	기준율	상황 요소	상호작용
시간	동일 종류의 범죄들이 언제 범해졌는가?	시간대가 어둠과 관련되어 있는가?	그 시간대에 항상 다른 사람들이 있는가?
장소	이 장소가 범죄로 인해 알려져 있는가?	장소에 접근하는 수단은 무엇이었는가?	활용할 중요한 변화가 있는가?
위치	도시의 중심지인가 혹은 특별한 지역인가?	이 지역에서 다른 일이 있었는가?	어느 지점들과 연결되어 있는가?
피해자	피해자가 얼마나 취약한 상태였는가?	피해자는 정상 상태이었는가?	피해자가 현장에 있었는가?
보호 조치	보호 조치가 가능했는가?	범인이 보호 조치에 관심을 두었는가?	범행을 목격한 사람이 있는가?
범죄 접근	이런 유형의 범죄들로서 얼마나 전형적인가?	범인은 어떤 위험을 감수하였는가?	범인이 정신적 장애가 있는가?
범죄 행동	뭔가 일상적이지 않은 것이 있었는가?	범인이 특별한 기술을 보였는가?	범인이 범죄 현장에서 사건들에 반응하였는가?
범인의 도주	도주로가 예상 밖인가?	도주로가 우연하게 선택된 것인가?	도주하는 것을 누군가 목격하였는가?

[그림 16-7]은 일본 국립경찰연구소(National Police Research Institute in Japan)의 수사심리학자들이 특정 사건에 대한 조언을 요청받았을 때 진행하는 절차를 보여 준다. 이것은 연속선상의 모형틀에 통합된 범죄 행동들 중에 고려되어야 할 요소 모두를 내포하고 있는 매우 포괄적으로 요약된 것이다.

[글상자 16-3]은 독일 경찰이 살인사건 수사를 위해 Canter의 지도하에 Andreas Mokros와 Brent Snook에 의해 개발된 실무 진행 도표에서 발췌한 것으로, Canter(2005)의 저서에 상세히 묘사되어 있다. 이 흐름 도표에서 특별히 흥미로운 것은 비록 이것이 독일 경찰이 찾아낸 하나의 특정 사건을 위해 준비된 것이지만, 개발자에게 추가적으로 의지하지 않고서도 이어지는 사건들에서 쉽게 응용하여 사용할 수 있다는 점이다.

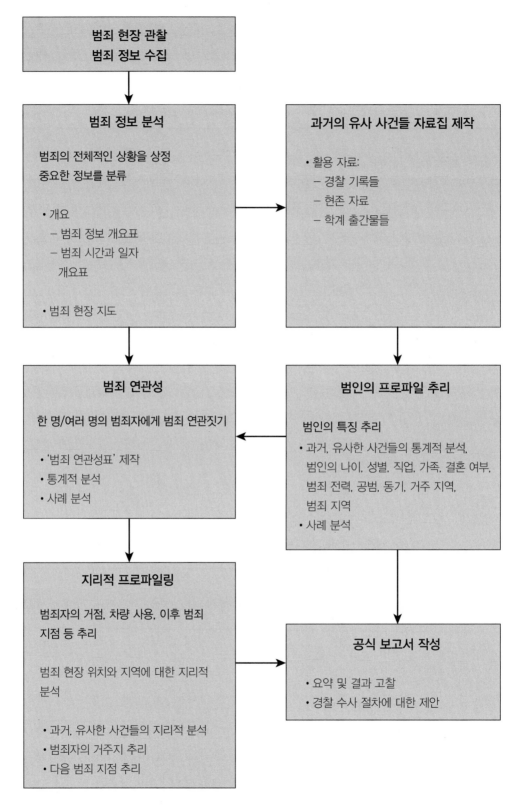

[그림 16-7] 일본 국립경찰연구소가 사용한 범죄자 프로파일링 과정

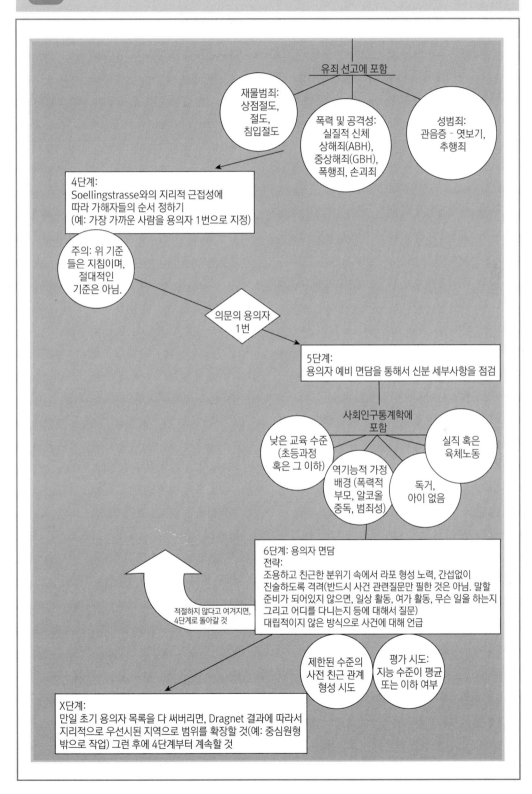

최근의 수사심리학 영역

앞 장들에서 언급한 것처럼, 초기 수사심리학자들의 연구 일부는 연쇄 살인범 및 강간범들과 관련되어 있었다. 이것이 방화부터 테러 범죄까지, 그리고 사기죄와 협박죄를 포함하여 아동 학대 및 사이버 범죄까지 포괄하는 범죄 전체 영역으로 확대되었다. 연구 분야는 그 어느 때보다 빠르게 계속해서 발전하고 있다. 다음은 앞에 장들에서 논하지 못한 일부 영역들을 간략하게 요약한 것이다.

수사상 언어심리학

많은 사건들에서 수사상 관심을 끄는 것들은 글로 쓰인(written) 또는 구술된 말(spoken)이다. 구술된 혹은 글로 쓰인 위협, 유서, 자백(고해), 유언 그리고 다양한 기타의 표현들이 민사 혹은 형사 절차들 혹은 관련된 수사의 일부가 되었다. 무슨 말을 했는지에 대한 보고서들 혹은 글로 적힌 것들의 복사본들이 이 책을 통해서 고찰되어 온 추리를 위해 검토될 것이다. 예를 들어, 표현이 정확하게 무엇을 의미하는지, 그 결과로 무슨 일이 있었을 것 같은지, 이러한 말을 하거나 글을 쓴 사람들의 특성이 어떠할 것인지, 어떤 사람일 것 같은지 또는 자신이 말하거나 글을 썼다는 주장이 진실된 것인지 등이다. 문자는 증거로서 특별한 잠재력을 갖는다. 위협하는, 강요의 글은 범인이 범죄를 범하면서 정확하게 무슨 짓을 했는지에 대한 기록이다. 제9장에서 언급한 것처럼, 글은 범죄 현장이다. 그곳에서는 목격자가 무슨 일이 있었는지를 보았는지 확인하거나 병리학자의 보고서를 머리 아프게 들여다보아야 할 필요가 없다. 중요한 범죄 행동들에 대한 완벽한 기록이 종이 위에 있다.

수사심리학자들은 논란이 되거나 수사상 중요한 언어 표현들을 검증하기 위해 언어학자들과(혹은 반증이 제시된 사건들에서) 함께 일하기 시작하였다(Canter, 2000에서 검토된 것처럼). 문자의 언어심리학적 분석은 직접 쓴 글씨체로부터 작성자의 개성에 대한 설명을 제공할 수 있다고 주장하는 '필적학(graphology)'과 혼동해서는 안 된다. 이러한 주장에는 일관된 과학적 증거가 없다. 거의 변동 없이, 과학적인 분석은 글씨체의 모양과 방식이 아니라 어떻게 자기 자신을 표현했느냐, 즉 사용된 단어들과 구문에 관심을 갖는다.

수사심리학자들이 답을 찾고자 하는 의문점들은 3개의 집단으로 나뉜다. 하나는 필자 확인과 관련되어 있으며, "이것이 알고 있는 사람이 자신을 표현하는 방식인가?"이다. 두 번째는 글을 쓴 사람의 특성과 개성에 대해 필적학자들과 같은 의문점에 답하려고 노력하는 것으로, 필자의 특성과 관련되어 있다. 그러나 여기에서 중요한 점은 글 속에 내포된 것을 필자가 실제로 말하고 있느냐에 있다. 이것이 예측이라는 주제에 해당하는 세 번째 의문점들과 연관된 것으로, "다양한 상황하에서 필자가 무엇을 하려 하는가?"이다.

이에 대한 특별히 흥미로운 사례는 진짜 유서와 가짜 유서 사이의 차이점에 대한 연구이다. 다음에 논의한 것처럼, Shneidman은 자살이 발생하는 조건들을 자신의 연구 일부로 삼았으며, Gregory(1999)는 매우 흥미롭고 독특한 연구에서 POSA의 MDS 기법(제14장에서 범죄 연결망에 관하여 보여 준)을 사용하였다. 그는 자신의 목숨을 취한 사람들에 의해서 쓰여진 유서와 흉내 내기에 의해서 쓰여진 유서를 구분하는 것이 가능함을 보여 주고 있다. 이 분석의 중요성은 죽음이 자살인지 아니면 자살처럼 보이도록 만들어진 살인인지 의문이 드는 모호한 사망 사건들과 관련이 있다(Canter, 2006).

필자의 신원에 대한 의문점들은 특정 필자가 쓴 것으로 여겨지는 단어(말)들이 실제로 그 사람의 것이냐의 여부에 대해서 제기될 수 있다. 예를 들어, 용의자가 자신이 작성한 것으로 여겨지는 진술문을 쓰지 않았다고 부인할 때, 혹은 위조나 사기 사건들에서 이러한 문제가 발생한다. 이러한 의문시되는 표현들을 다루기 위해서, 언어의 양적인 검증에 기초한 기법들을 사용하여 다양한 시도가 있어 왔다. 이 접근법들은 때로는 '문체론' 혹은 '법정 언어학적' 주제에, 또는 보다 일반적으로 '법정 언어심리학'이라는 일반화된 주제에 포함된다. 그러나 비록 각각의 옹호자들이 이러한 절차들을 주장하고 있지만, 이들에 대한 체계적인 조사들에서 이들의 주장을 지지하는 아주 작은 증거들조차도 찾지 못하고 있다(Aked et al., 1999). 컴퓨터 기술의 발전이 아마도 이것을 변화시킬 것이다(Coulthard, 1994).

언어를 기반으로 범죄를 탐구하는 데 있어서 한 가지 흥미로운 관점은 전반적인 타당성의 문제이다. 무엇이 타당성 있는 서사를 만들어 내는가(제10장에서 언급한)에 관한 연구들은 서사 구조 모형들에 의존하여 진행되어 왔다(Canter et al., 2003). 논란이 된 서류들의 검토에서 사용된 접근법들의 가능성은 고찰이 필요한 부분으로 남아 있다.

심리적 해부

앞선 장들에서 논의된 여러 이론들과 방법론들을 이용하는 수사심리학의 한 분야는 의심스러운 사망 사건들과 관련되어 있으며, Canter(2000)가 상세히 검토한 것처럼 사망한 사람의 정신 상태를 가늠해 볼 필요가 있는 사건들이다. 만일 죽은 사람이 어떤 사람이었는지에 대한 검토가 진행되어 사망자 주변의 생존자들과의 면담으로부터 그리고 기록된 자료들로부터 정보를 얻을 수 있다면, 특히 그들 스스로가 자신의 죽음과 어떤 관련이 있는지에 실마리를 던져 줄 수 있다면, 이는 '변사 분석(Equivocal Death Analysis: EDA)' 혹은 심리적 해부(psychological autopsy)라고 지칭되는 것을 수행하여 수사에 도움이 될 수 있다.

변사 수사들에 도움이 될 만한 것들은 사망자의 생각들을 재구성하기 위한 비정형적인 시도로부터 사망자에 대해 알려진 모든 것에 대한 깊이 있는 조사까지 다양할 것이다. 비록 이러한 도움이 40여 년간 계속되어 왔지만, 아직 이를 위한 합의된 표준 절차들이 존재하지 않는다. 초창기 몇몇 체계적인 연구들이 LA에서 청소년 사망 사건들을 관찰한 Schneidman 과 Farberow(1970)에 의해 진행되었다. 이들은 사망자의 배경, 인간관계, 성격 특성 및 생활 방식 등을 재구성하기 위해 관련 정보를 제공할 수 있는 친족, 친구, 고용주, 의사 및 교사 등과 일부 사건들에서는 바텐더들까지 면담하였다. 이들은 곧 죽음으로 이어진 사건들의 중요한 세부 사항들을 알게 되었으며, 모든 이러한 정보는 검시관 사무실의 '사망 수사팀'에 의해 검토되어 사망 유형을 특정하는 결과를 도출하였다.

이러한 절차는 어느 한 정보에 대한 편향된 집착이 전반적인 상황을 왜곡하지 않도록, 가능한 한 많고 다양한 정보를 수집하기 위한 확증 절차를 내포하고 있다.

사망의 원인에 대한 심리학자의 의견에 부과되는 무게를 생각한다면, 편향의 문제는 특히 중요하지만, 이 절차에 대해 깊이 있는 논의를 하는 사람은 별로 없다. Litman 등(1970) 이 아마도 반복되는 문제점들에 가장 직접적으로 관심을 두고 있는 것 같다. 이들은 개인에 대한 정보, 특히 사망자의 심리적 상태에 대한 신뢰할 만한 추리를 위해 사용될 수 있는 정보가 부족하다고 지적한다. 둘째로는 정보가 정보제공자에 의해서 왜곡될 수 있다는 점이다. 이들은 회피, 부정, 은닉 및 심지어 직접적으로 증거를 삭제한 사례들을 언급하고 있다. 사실상 전문가 조언은 사망 사건과 관련하여 의혹과 애매함이 있는 상황들에서 특히 필요할 것으로 예상된다. 결국 이것이 사건을 '모호하게' 만드는 것으로, Litman 등(1970)에 의해 언급된 문제점들은 전문가의 도움을 요청하는 이유의 일부이다. 심리적 부검을 구성하려는 시도에서 Canter(2000)는 법적 절차가 사실상 그가 핵심 '목격자'들 중 일부와 대화하는 것을 허용하지 않았다고 지적하였다.

이러한 편향의 정도를 검토하기 위해, Otto 등(1993)은 당사자를 포함하여 47명의 선원들의 죽음이라는 결과를 낳은 1989년 USS 아이오와 전함의 선상 폭발사고 용의자인 클레이튼 하트윅(Clayton Hartwig)의 적응 상태와 심리적 기능을 다룬 자료들을 검토한 12명의 심리학자들과 2명의 정신과 의사들이 작성한 보고서들 간의 일치도를 점검하였다. 느슨한 기준을 사용하였음에도 불구하고, 14명의 전문가들이 평가를 통해서 발견한 것들에는 매우 미약한 일치점들이 있었을 뿐이었다.

Otto 등(1993)의 연구는 USS 아이오와 비극에 대한 FBI 요원들의 변사 분석(EDA)에 대한 반향으로 시작되었다. 요원들은 클레이튼 하트윅이 자살하기 위해 의도적으로 폭발을 유발했다는 결론을 내렸으며, 이는 초기 해군 수사팀이 제시한 의견이었다. 그러나 많은 심리학자들이 변사 분석과 이것의 운용 방식에 대해 매우 비판적이었다(Poythress et al., 1993). 그들의 사실 조사에 따르면 폭발이 실상은 사고였음을 보여 주고 있으며, 이는 후에 기술적 증거들에 의해서 지지되었고, 미국 의회 조사단이 이 결과를 채택하였다. Poythress 등은 FBI가 중요한 과학적 방법론이 결여된 과정에 대해 과학적 개념들을 사용했으며, '의견'과 '사실' 사이를 충분히 설명하는 데에 실패하여 문제를 더 악화시켰다고 주장하였다.

심리학에서 흔히 좋은 의도 속에서 일어나는 것처럼, 수사에 대한 이러한 방식의 기여들이 전문가적인 근원을 가진 주의 깊은 한계 내에서 안전하게 허용될 만큼 무르익기도 전에, 다양한 상황에서 사용되어 왔다. 청소년 사망 사건들을 취급하는 LA의 검시관 법원(Coroners' courts)은 해군 전함에서 발생한 폭발물 사건이라는 국가적으로 중요한 사건 조사와는 상당한 거리가 있다. 심리적 부검의 효과성을 확보하고 이것이 실행될 수 있는 최상의 방법을 특정하기 위한 상세하고 광범위한 연구들이 시행되기 오래전에, 심리적 부검이 이미 많은 사법 영역에서 검토되어 왔다는 것은 아마도 미국에서 심리학을, 특히 법의학적 맥락에서 이를 수용하는 어떤 준비성의 척도가 될 것이다.

더 많은 시스템과 더 작은 편향이 의심스러운 죽음과 모호한 사망들에 대한 많은 조사에 이점이 될 것이라는 점에는 의심이 있을 수 없지만, 이러한 새로운 과학이 생존하기 위해서는 내놓을 수 있는 것보다 더 많은 것을 제공하지 않는 것이 핵심이다.

언제나 소설가가 과학자보다 앞서서 도달해 왔던 것처럼, Jonathan Kellerman은 그의 1990년도 책, 『시한 폭탄(Time Bomb)』에서 이를 다루고 있다(Ogloff and Otto, 출판 중에서 인용).

"버든 씨, 정확하게 내가 무엇을 해야 하겠습니까?"

"정신역학 분석을 해 보세요. 홀리 린 버든의 인생과 삶…… 당신이 당신의 연구에 적용한 것과 동일한 학문적 도구들을 응용하시고, 내 딸에 대한 상주 전문가가 되세요. 무엇이 그녀가 그렇게 행동하도록 했는지에 대해서 당신이 좋을 대로 깊이 살펴보세요. 당신의 의문점들을 남기지 마세요. 이렇게 엉망이 된 근원을 찾기 위해서 무엇이든지 하세요. 진실을 알아내세요, 델라웨어 박사."

내가 답변을 하려고 시간을 끄는 동안, 그의 눈은 나를 떠나지 않았다.

"당신은 지금 별개의 두 가지에 대해서 이야기하는 것 같군요, 버든 씨. 당신 딸의 삶을 재구성하는 것, 즉 심리적 부검으로 알려진 것과 그녀를 옹호하는 것. 둘은 이어지지 않을 것 같네요."

실종

비록 확실한 범죄가 범해지지 않았다 해도, 경찰 업무의 많은 시간들이 실종된 사람을 찾는 데 할애된다. 이것은 결과적으로 수사심리학이 기여할 수 있는 영역이다. 여러 측면들이 앞에서 논의한 '심리적 해부'의 형태를 취할 수 있다. 그러나 실종된 사람이 어디에 있을 것인지를 특정하는 데에 관여하는 명확한 지리적 쟁점들도 있다.

이 사안에 대한 몇몇 실증적 연구들 중에서, Shalev, Schaefer와 Morgan(2009)는 그들이 연구한 70건 중 39%가 마지막으로 목격된 장소에서 1마일(약 1,600미터)을 벗어나지 못하고 있다는 것을 발견하였다. 그러나 41%는 해외로 나가 버리기도 하였다. 이것은 실종 사건 저변에 매우 상이한 과정들이 있음을 보여 준다. 따라서 실종자들의 활동에 대한 행위적 구조가 무엇인지에 대해 보다 논리적인 설명을 개발하기 위한 방법이 시도되고 있다.

수사심리학의 여섯 가지 핵심 가정

수사심리학은 법적 절차들이라는 모형틀 내의 형사 또는 민간 수사 영역보다 넓은 관련 범위와 실용성을 가지고 있다. 또한 문제 해결 및 정책 입안자와 의사결정자들에게 적절한 통찰력을 제공하기 위해서 현존하는 상황과 자연적으로 발생하는 활동 패턴을 검토하는 것에 초점을 두고 있다. 따라서 수사심리학은 여러 가지 의미에서 수사적이며, 특히나 난점에 부딪힌 문제들이 그에 대한 과학적 관심과는 독립적으로 존재성을 가진다는 점에서 그러하다.

수사심리학은 '수사 저널리즘'*의 의미에서 수사적이라고 보는 활동들의 유형에는 도달하지는 못하였으며, Douglas(1976)가 '사회수사적 연구'에 대한 설명에서 주창한 의미에서도 순수하게 수사적이지 못하다. 그는 사회 현실의 진실이란 그들이 연구하고 있는 과정들 속에서 집단들의 능동적인 참여로부터만 구축될 여지가 있는 것으로 보고 있다. 수사심리학은 Douglas가 중요하다고 주장한 배경에 대한 강한 몰입보다는 주제와 거리를 둔 접촉 형태를 사용한다. 이것은 또한 개인의 경험과 개념화, 그리고 자신의 활동을 이끌어 가기 위해 사용하는 개념적 체계들에 초점을 둔다는 점에서 차이가 있다. 이에 따라 Douglas 방법론의 주요 원천인 Garfinkel(1967)과 Goffman(1963)의 현장조사 접근법보다는 George Kelly(1955)의 심리학적 관점과 그의 '대체적 구성주의(alternative constructionism)'로부터 더 큰 영향을 받았다. 탐구란 사람들의 행동의 산물인 사회적 과정들보다는 세상 속에서 그리고 세상에 대해서 나타나는 그들의 행동을 설명하는 데에 도움을 주는, 개인 내부에서 진행되는 과정을 이해하는 것이다. 또 다른 주요 영향은 사회과학 방법론자 Louis Guttman에 의해서이다(Levy, 1996). 그는 조사방법론 '단면 이론'을 개발하면서, 조사 과정의 근본적인

---

* 수사 저널리즘(Investigative Journalism): 탐사 보도로 해석된다. 기자(보도자)들이 사회적 이슈가 될 만한 심각한 범죄, 정치인 스캔들, 부정부패, 기업비리 등의 사건을 심층 취재하여 보도하는 저널리즘으로서 수개월 또는 수 년 간의 조사를 통해 보도가 이루어진다. (역자 주)

의문점들에 대해 대체적 구성주의의 개념을 취하였다. 결국 그는 과학적 진실은 발견되기보다는 구축되는 것이라는 관점을 Douglas와 공유하고 있으면서도, 조사방법론들이 어떻게 그러한 구축을 지원할 수 있는지를 보여 주고 있다.

따라서 수사심리학은 엄격한 '상아탑' 개념에서의 학문적인 것만이 아니라, 의사결정 과정에 직접적으로 적용할 목적을 가지고 실행될 수 있는 '행위 연구'일 수 있으며, 또한 의뢰인에게 직접적인 충고와 지침을 제공하는 '조언'일 수도 있다. 보다 일반적인 과학적 목적을 갖는 연구들 또한 빈번하다. 허나 이들 모두가 가지는 공통점은 매일 매일의 상황 속에서 사람들을 특징짓는 의미와 심리적 구조들을 찾으려는 것에 있다.

수사심리학의 포괄적인 본질을 이해하기 위한 모형틀을 제공하기 위해서, 접근법의 근간을 이루는 여섯 가지 핵심 가정을 확인해 보는 것이 유용하다. 보다 자세한 것은 Canter(2000)의 저서에 설명되어 있다.

가정 1. 연구자들은 자기 방식을 가지고 있다

다양한 종류의 연구 문제들에 대한 접근법이 갖는 유사성은 일하는 나름의 방식이 있다는 가장 기초적인 가정을 도출해 낸다. 많은 연구 결정들이 존중되어야 할 논리에 의해서가 아니라 연구자가 편하게 느끼는 것에 의해서 이끌어진다. 일부 연구자들은 규격화된 설문지 형식에 대해서만 생각할 수 있겠지만, 다른 이들은 개방형 면담을 생각할 수 있다. 어떤 연구자들은 놀랍고 신비한 통제된 실험실 밖의 세상을 발견하겠지만, 다른 이들은 보고할 만한 자료를 수집하기 이전에 자신들이 구성한 가능한 결과를 얻을 수 있는 사람들과 이야기를 함으로써 연구를 시작한다. 수사심리학의 본질적인 가정은, 어떤 방식 속에 일을 하는 효과적인 방법과 비효과적인 방법이 있을 뿐이지, 연구를 하는 데에 옳고 그른 방법이 있는 것은 아니라는 점이다.

이러한 방식은 실용적인 접근법으로서, 혹은 제공된 기회로부터 이점을 얻는다는 긍정적인 의미에서 기회주의적인 것으로서 이해될 수 있다. 그러나 이것은 역시 연구 의문점들에 대한 보다 '유기적인' 접근법을 제공하는 한 방법으로서, Canter(1993)는 다소 농담조로 이를 '전체론적'이라고 부르고 있다. 이 접근법은 방법론과 결과들이 단지 과학적 신뢰성을 부여하기 위해서 인위적으로 덧붙여진 것이기보다는, 연구되고 있는 문제점의 본질적인 부분이 되기를 필요로 한다. 또한 연구를 실행하기 위한 유연성 있는, 그러나 연구자에게 이해되는 접근법을 요구한다. 연구 '방식'이 출현한 것은 바로 이러한 접근법에서부터이다.

연구가 시작되는 지점에서 배우기

연구 계획의 시작은 학문적 출간물들에 흔하게 묘사되는 것은 아니다. 결과적으로, 빅토리아 시대에 성(sex)이 다루어지던 방법과 어떤 유사점들이 있다. 모두가 그것이 발생했다는 것을 알지만, 이들은 사적이며 개인적인 경험으로부터 어떻게 그리고 언제에 대해서만을 알아내었다. 유사한 방식으로, 학생들은 연구가 어디부터 시작되었는지, 또는 연구가 구상되고 태동하게 된 절차들은 듣지 못한다.

현학적인 학술지들은 연구와 그 발견들이 신 혹은 인간의 개입 없이 과학자의 몸체에서 완전히 성장하여 나왔다는 신화를 지지한다. 연구 자금을 지원받고, 연구 협조자들을 확보하고, 자료에 접근하고, 그리고 여러 장애 요인들을 극복해 가는, 확실히 비밀스러운 과정에는 많은 관리와 재정적인 기술들이 필요하다. 만일 그것이 현장에 기초하고 응용된다면, 역시 연구팀 외부로부터의 지원과 협조뿐 아니라, 심리학이나 과학적 연구에 전문가는 아닐지라도 다양한 개인들과 조직들로부터의 직접적인 지원이 필요하다. 이러한 사람들 중 상당수는 연구 활동이 과학에 대한 지식과 이해를 증진시키는 데 도움이 되기를, 그리고 연구의 결과로서 시행될 일반적인 정책에서 또는 조치들과의 관련 속에서 직접적인 혜택이 있기를 기대한다.

새로운 곡조를 즉흥적으로 연주하고자 하는 재즈 연주자처럼, 현실적 연구의 도전들에 직면한 연구자들은 문제점들을 보는 데 이용될 수 있는 유용한 습관들에 의존해야 한다. 이러한 습관들은 효율적인 과학적 절차들과 사고 방법들에 근거해야만 한다.

고전적이며 낭만적인 연구 전통에서 성장한 방식

Canter(2000)는 Gombrich(1950)가 예술에서 주요한 움직임은 고전적 혹은 낭만적인 전통들의 반영이라고 주장한 것처럼, 과학적 활동 방식들도 그와 같다고 말하였다. 고전적인 접근법은 모든 것들을 순수한 플라토닉(Platonic) 유형들의 반영으로 보는 것이다. 아름다움은 결코 도달할 수 없는, 단지 어떤 이상(ideal)의 거울, 즉 아폴로(Apollo)의 평온함 대(對) 디오니시우스(Dionysius)의 자연스러움일 뿐이다.

연구 전통에서 고전적이라는 것은, 이상적인 구조를 완벽한 연구가 적합한 구조로 정의하는 연구적 관점이다. 이 관점에서는 매일 매일이 순수하고 이상적인 형태들의 반영으로 보인다. 그 결과물이 비너스 상이건 공들여 만든 수학적으로 디자인된 실험이든 간에 말이다. 연구가 어떻게 진행되어야 하는지에 대해 이미 정해진 과학적 구조를 덧씌우는 연구 전통은 여러 의미에서 고전적인 것으로 비춰질 수 있다.

반대로 매일의 생활을 본질적으로 정교하게 만들어진 것으로 보는 연구는, 자신의 관점으로 문제를 연구하기 위해 접근법을 구체화할 필요성을 인정하기 때문에, 본질적으로 낭만적인 것으로 보일 수 있다. 이러한 관점은 중심되는 연구 의문점의 상이한 측면들을 각각 검토하는 일련의 통제된 실험이라는 결과로 나타나거나, 또는 종국에 문제점에 대한 다양한 관점들을 연구하는 보다 집중적인 실험적 연구들로서 결론지어질 수 있다. 실제 Schneider(1998)는 전반적으로 심리학에서의 부흥을 위한 기초로서 낭만주의를 집요하게 요구해 왔다. 예술에서 만큼이나 과학에서도 고전적 전통과 낭만적 전통 사이에서의 움직임이 항상 있다.

가정 2. 자료가 이론을 이야기한다

수사적 관점뿐 아니라 고전적 전통과 낭만적 전통 사이에서 나타나는 생산적인 긴장으로 부터 출현하는 두 번째 중요한 가정이 있다. 이것은 자료가 충분하지 않다는 것이다. 예를 들어, 범죄자들이 어떤 특정 장소에서 무엇을 했는지에 대한 정보를 수집하는 것, 혹은 특별한 행위가 발생한 횟수를 기록하는 것은 어떤 설명적 모형들이 이들을 통해 검증되기 전에는 이해에 도달하지 못한다. 우리는 활동에 대한 우리의 관찰이 사람들이 주어진 환경을 보통 어떻게 다루고 있는가에 대한 중요한 측면들을 밝혀내고 있는지를 알 필요가 있다. 따라서 수사심리학은 매우 폭넓은 자료 집합 혹은 매우 복잡한 분석에 몰두하기보다는 개념, 모형 및 과정들을 가지고 고심하고 있다.

이것이 Burch(2006)의 뒤를 이어서, 앞선 장들에서 '자료를 초월해서 가는 것'으로 언급한 것을 표현하는 다른 방법이다. 이는 과학의 핵심은 보다 더 일반화된 모형 혹은 이론들을 정립해서, 어떤 발견이 단지 하나의 자료집을 요약하는 것에 한정되지 않도록 하는 것이라는 주장이다.

가정 3. 이론들은 실제적이다

이론들을 정립하는 것의 중요성은, 아마도 역설적이겠지만, 실제적인 문제들을 해결하려는 욕구에서 성장한다. 이는 공학기술과 과학 간의 구분을 인식함으로써 명확해질 수 있다. 공학기술은 물건이 작동하도록 하는 일에 관심을 가지며, 과학은 어떻게 그리고 왜 물건이 그러한 방법으로 작동하는지를 이해하는 것에 관심을 가지므로, 과학적 발견으로부터 공학 기술 적용으로 반드시 이어지는 것은 아니다. 이것은 특별한 발전 작업을 필요로 한다. 더욱이 현재의 과학적 설명을 부정하는 공학기술 발견들이 있을 수 있다. 그러나 과학적 원칙들은 공학적 실용성들보다는 더욱 넓은 도달점과 더욱 긴 시간 간격에 대한 잠재성을 가지고 있다. 일부 이론들과 이론 성립에 대한 접근법들은 다른 것들보다 적용에 대해 더욱 큰 잠재성을 가지고 있다. 수사심리학은 적용 가능한 이론들을 필요로 한다.

가정 4. 맥락이 의미를 부여한다

많은 연구들의 결과를 해석하기 위한 시작점이 되는 한 가지 원칙은, 사람의 행동들은 그 의미가 그들의 맥락에서부터 유래한다는 점이다. 비록 신체적 행동 자체는 같다고 할 수 있지만, 연인의 애정 표시는 강간범의 외설적인 손가락질과는 그 의미가 매우 다르다. 따라서 우리의 삶에 의미를 부여하는 맥락은 사람들 사이의 변화와 배경 환경들 및 그들이 상호작용하는 방법에서의 변화, 양자의 기능에 의한 것이다. 이것은 너무도 근본적인 이론적 가정이기 때문에 널리 알려진 원칙처럼 작용하며, 사람들이 맥락에 부여하는 독특한 특질들과 맥락 자체의 특질들 간의 작용으로부터 흥분과 도전 혹은 실망과 절망이 삶 속에 생겨난다는 관점에 기초하고 있다. 더욱이 맥락은 이를 경험하는 사람들에게 자체의 의미와 관련성을 위한 기초를 제공하는 공간과 시간상의 한 지점을 가진다. 그리고 사람 또한 그러한 해석과 관련된 사회적 공간과 시간 속에 자신의 위치를 잡게 된다. 그렇지만 수 세대의 심리학자들이 물리적·시간적 맥락의 중요성을 무시해 왔다는 사실은 맥락이 제기하는 도전이 얼마나 어려운 것인지를 보여 줄 뿐이다.

실험실은 인위적이다

인간의 경험이 이루어지는 자연적 상황들을 고려한다는 것이 이론과 방법론 양자에 대해 커다란 부담을 부과한다. 문제는 인간에게는 대단한 적응성이 있다는 점이다. 실제로 환경적 적응성은 인간의 진화론적 발달에 있어 주된 도구이다. 그러나 심리학자에게 이것은 위험과 즐거움으로 가득 찬 능력이다. 사람들은 아무리 인위적이라 할지라도, 어떤 배경 상황을 다루는 방법을 발전시킬 것이다. 결론적으로, 실험적이며 실험실에 기초한 심리학자들의 정교한 발명품들은 흔히 다른 어떤 상황에서는 존재하지 않는 표면적인 기술들과 경향들을 이끌어 내게 될 것이다. 이것들은 통제된 실험의 흔하지 않은 환경 밖에서는 강하게 기능하지 못하는, 기껏해야 표면적이거나 또는 작은 능력일 수도 있다.

'실험실 연구'라는 이러한 사악한 발명품에 대해 좀 더 자세히 설명하는 것이 도움이 될 것이다. 수많은 인위적 제한에 의해 특징지어지는 것이 바로 상황이며, 인위적이라는 것은 제한들이 심리학 영역 내에서는 관심이 있지만, 다른 학문에게는 반드시 중요성이 있다고 할 수 없는 문제들을 연구할 목적으로 심리학자들에 의해서 고안된 것이라는 의미에서 말하는 것이다. 결국 제한은 연구 참여자가 경험하게 될 매우 작은 환경의 측면들을 제외한, 이외의 가능한 모든 것을 한정하려는 시도가 실행된다는 의미에서의 제한이다. 참여자에게 허용된, 그리고 연구 과정 동안에 측정될 반응들의 범위를 보다 강하게 한정하려는 제한도 있다.

이 통제된 실험적 연구들의 강점은 환경의 특별한 측면들이 반응자의 특별한 반응들에 대해서 갖는 효과에 대해 매우 명확한 결론을 이끌어 내도록 하는 것이라고 주장되고 있다. 그러나 이것이 정확하게는 이것들의 뿌리박힌 약점이라는 점도 물론이다. 그것들은 사람들이 환경에 대한 통제를 향상시키고, 종국에는 만족감을 높이기 위해서 자신들의 주변 환경을 어떻게 형상화하고 의미를 부여하며 그에 대응해 행동하는지를 탐구하고 이해하는 것을 극단적으로 어렵게 만든다. 다시 말해서, 대부분의 실험들의 깊은 약점이라는 것은 실험적·과학적 정확성이 아니라, 인간과 그들의 행동 및 경험을 연구하기 위해 사용되는 방법들의 산물, 즉 이러한 것들의 무기력하고 제한된 모형들이다.

전반적인 실험의 개념에 있어서 추가적인 문제점은 다른 분야에서는 도전받지 않고 시행되어 온 연구에 대한 사고의 모형을 제공하는 방법에 있다. 현장 '실험' 그리고 유사 실험적(quasi-experimental) 설계의 전반적인 용어(Campbell, 1978)가 실제 세상의 현상에 대한 연구 속으로 부적절한 모형들을 끌어들여 왔다. 이것들은 '유사 자연주의적(quasi-naturalistic)' 연구들로 생각하는 것이 훨씬 더 적합하다.

실험실 연구들에 대한 이러한 견해는 현대의 William James(1890)와 고대 아리스토텔레스의 『영혼론(De Anima)』까지 거슬러 갈 수 있는 심리학의 흐름의 일부이다. 이것은 인간이 뉴턴(Newton)의 운동 법칙과의 유사성 속에서 가장 잘 고찰될 수 있다는 견해이다. 인간은 움직임의 역동성을 왜곡하고 변경시키려는 어떤 방식으로 행동하지 않는 한 자연스러운 움직임 속에 있다. 따라서 특별한 방식으로 행동하도록 촉발되거나 자극받은 사람에 주목하는 모형들은 사람들이 이미 제거할 수 있는 것보다 훨씬 많은 상황으로 자신들을 동반해 간다는 기본적인 원칙을 무시하고 있다.

이러한 관점은 어떤 조작된 실험적 상황 혹은 자극에 대한 이해를 변화시키는 더욱 흥미로운 결과를 갖는다. 심리학자들 사이의 관습적인 생각은 실제 경험에 대한 일종의 대체상황을 만들어 냄으로써, 실험실에서 '실제 세계'를 표상하거나 반영하는 것이 가능하다는 것이다. 수사심리학의 관점은 이러한 표상들이 경험에 대한 특별한 관점, 즉 일종의 브레히트 풍의 소외(Brechtian alienation)*를 이끌어 내며, 이에 의해서 표상이 실제 경험의 복수 단위적인 반영으로서보다는 하나의 상징으로서 주로 취급된다(Scott and Canter, 1977 참조). 다른

---

* 브레히트 풍의 소외(Brechian alienation): 소외 효과(alienation effect) 또는 거리두기 효과(distancing effect)라고도 불리며, 독일의 극작가 베르톨트 브레히트(Bertolt Brecht)에 의해 시도된 극작 기법이다. 연극 공연의 인위성을 일깨우는 충격을 통해서 관객과 무대 등장인물 간 감정이입을 차단하여 관객을 객관적인 입장에 머물도록 하는 기법이다. (역자 주)

맥락에서는 Orne(1962)이 연구의 '요구 특성들'*이라고 부른 것에 관한 관심을 유발하였으며, 이것은 심리학적 실험들이 얼마나 인위적인가를 인식하는 또 다른 방법이다.

사회적인 것은 근본적인 것이다

비록 맥락이 의미를 제공하지만, 이를 심리학적 삶으로 이끄는 것은 맥락의 사회적 측면이다. 이것이 바로 범죄가 이 책 전반을 통해서 고립된, 비정상적인 개인의 행동들이 아니라, 근본적으로 대인관계적인 과정으로서 고려되고 있는 이유이다. 따라서 사회적 과정들은 심리학 교과서의 뒷부분 장들에서 다루는, 근본적인 인간 과정들에 표면적으로 부가된 것이 아니며, 모든 목적과 의미의 기반을 이루는 우리 세계의 근본적인 구성 성분들이다.

가정 5. 구조들이 설명한다

사람들의 환경과의 교류에 대한 의미를 탐구하는 것은, 그들이 어떤 장소에 위치해 있는 이유와 관련하여 환경을 경험하는 것처럼, 상당히 복잡한 일련의 상호관계적 측면들을 보여 주려는 것이다. 연구 과업은 관련성을 갖는 많은 변수들을 연구 중에 있는 과정들을 설명하는 데 도움을 주는 주도적인 주제들로 변형하는 것이다. 이 과업은 여러 상이한 방법들로 성취될 수 있으나, 특별히 생산적인 접근법들은 해석 과정에 최소한의 제한을 부과하는 반면에 자료가 기반이 되는 구조를 드러낼 수 있도록 한다.

여기에서 핵심적인 생각은, 사람들이 자신들의 행동에 부여하는 의미들 혹은 자신의 말을 조직화하는 의미들이 그러한 말 혹은 행동이 어떻게 병행하여 나타나는지를 지켜봄으로써 밝혀질 수 있다는 것이다. 이것이 사람들이 무엇을 말하고, 무슨 행동을 하는지의 저변에 있는 의미들을 드러내는 병행 발생의 패턴이다.

평균은 외적이며, 상호관계는 내적이다

관계 패턴에는 중요하면서도 흔히 이해되지 않는 의미 탐색의 결과가 있으며, 이는 또한 실험적 설계가 근본적인 심리학적 관련성의 일부라도 보여 줄 수 있는가에 대한 의문들을 제기한다. 실험실 모형들은 처치 조건을 경험한 집단과 통제 조건을 경험한 집단 사이의 평균적인 차이점들을 비교하는 것으로 구축된다. 근본적인 가정은 실험 참가자들이 생각처럼 실험 진행 과정과 상호작용하지 않는다는 점이다. 처치 조건과 통제 조건은 조사자에 의

---

* 요구 특성(demand characteristics): 심리학 연구에서 실험 참여자가 실험 목적을 해석하고, 무의식적으로 이 해석에 따라 자신들의 행동을 변화시키는 실험적인 인위적 현상. Martin Orne이 요구특성에 대한 개척적인 연구를 수행하였으며, 실험자의 의도를 넘어 행동에 영향을 미치는 외부 변수로 간주된다. (역자 주)

해 외부적으로 설정된 것으로 간주되며, 독립적인 변수들로 가정된다. 이러한 유형의 조사 설계의 주요 통계적 분석은 각 실험 조건들 내의 하위 집단들의 반응들을 요약하는 것이다. 사실상 이들 하위 집단은 그들의 평균 반응을 산정함으로써 요약되며, 이들 평균은 실험자에 의해서 제공된 외부적으로 구성된 제한들에 대한 한 집단의 전반적인 반응의 요약이다. 이것은 하위 집단들의 평균 반응들의 비교에 의해 어떤 특정 개인이 상황에 대해 부여한 의미들을 이해하는 것이 극히 어렵다는 점이 뒤따른다.

반대로, 상호관계는 사실상 개별적인 것을 넘어서는 일반적 경향으로서 요약된, 개인들 내의 공동 변수의 패턴을 보여 준다. 따라서 만일 범죄에서 폭력성의 양과 범죄자가 폭력적으로 행한 이전의 범죄들의 수 사이에 상관관계가 있다는 것을 안다면, 한 범죄에서 매우 폭력적이었던 사람은 폭력적인 범죄로 이전에 유죄 판결을 받았을 가능성이 있다는 것을 알게 된다. 만일 범죄자들을 '높은 폭력성'과 '낮은 폭력성'의 유사 실험적 집단들에 지정하고 그들의 이전의 범죄 수에 대한 평균을 비교한다면 이에 해당하는 경우는 아니다.

연구 과정들은 산출물들과 상호작용한다

중심 경향 측정과 관련성 측정 간의 심리학적 차이점들에 대한 간략한 고찰은, 연구 과정이 합리적으로 구축될 수 있는 심리학 이론들에 대해 직접적이며 깊이 있는 함의를 가지고 있다는 점을 명확히 한다. 연구가 설계된 방법과 수집된 자료의 종류는 고찰하고자 하는 사람들의 특질에 대해 무엇인가를 추정하게 한다. 만일 이론이 사람들의 환경 교류에 대해 부여하는 적극적인 해석과 목적 지향적인 행동들에 대한 것이라면, 연구는 사람의 내적 과정들을 탐구해야 한다. 이것들은 연구대상자들이 무슨 말을 하고 무슨 행동을 하는지와 같은 측면들 사이의 상호관계들로부터 핵심적으로 성장할 것이다.

가정 6. 모든 방법론이 추정하지만, 일부는 다른 방법론보다 추정을 많이 한다

일상적인 독자들에게, 수사심리학의 가장 독특한 특징은 방법론이다. 예를 들어, 다차원 척도법(MDS) 및 개념적 구조로서 다변량분석의 해석을 사용하는 것 등이다. 이 방법론들은 반세기 이상 훌륭하게 사용되어 왔으나, 아직도 많은 심리학자들과 사회과학자들에게는 새로운 것처럼 비춰지고 있다. 이는 부분적으로 응용 분야 연구자들까지도 아직 사고에 대한 실험적 모형들과 방법들을 고집하고 있기 때문이다. 그들은 아직도 현대 천문학 또는 심지어 고고학, 또는 사회적 모형틀 내에서의 체계 분석과 구조적 모형화 분야들보다는 빅토리아 시대에 실행되었던 것처럼 실험실 화학 분석으로 자신들의 실험 설계를 되돌아보고 있다.

구성주의적 접근법은 매우 다양한 방법들로 풍부한 방법론을 필요로 한다. 사람들이 말하고 행동하는 것뿐만 아니라 그들이 뒤에 남긴 흔적과 그들의 행동에 대해서 수집된 기록들은 수사심리학자들의 제분기에 밀을 제공하는 것처럼 모두 이용되어야 한다. 그러나 이러한 다변량 자료 원천들의 복합성으로 인해 우리가 연구하고자 하는 시스템과 맥락을 파괴시키지 않을 분석 모형을 요구한다. 심지어 멀고 신비한 것을 상세히 설명하는 것보다는 보기에 명확한 것을 확실하게 한다는 위험을 무릅쓰고라도, 우리는 우리가 발견한 것이 단순히 어떤 과학적 의식에 고개를 숙이는 것이기보다는 실제로 발생한 것에 대해 유익한 설명을 반영한다는 믿음을 가져야 한다.

이것은 연구 방법론들이, 연구가 계획되고 자료가 수집되는 방법들을 포함하여, 인간의 본질에 대한 근본적인 가정들을 만들어 낸다는 중요한 가정으로 이끈다. 이것은 아마도 모든 심리학적 연구자들에게 가장 도전적인 역설일 것이다. 사람들에 대해서 우리가 발견할 수 있는 것은 우리가 어떻게 그것을 발견할 것인지에 접근하는 방법에 달려 있다. 이러한 자기 반영적 특질이 아마도 수사심리학의 가장 중요한 가정일 것이다.

수사심리학의 확장

수사심리학자들이 직면한 과제들이 유일하게 범죄 및 경찰 수사와만 연결되어 있는 것은 아니다. 수사심리학은 응용심리학의 다른 분야에서 성장하였으며, 이들 분야에 되돌려 주어야 할 많은 것들을 가지고 있다. 이것이 범죄라는 범위를 훨씬 넘어서 가치를 확대시킬 수 있는 심리학을 하는 방법이다. 간략하게 이들 중 일부를 나열하였다.

- 화재와 다른 응급 상황들에 있는 건물 내에서의 인간 행동에 대한 연구를 통해 응급상황이 재난이 되는 것을 예방(Canter, 1990; Donald, 1993; Donald and Canter, 1990, 1992 참고)
- 범죄 의사결정 및 범죄 위치 선택에 대한 연구를 통한 범죄의 감소 및 예방
- 효율적·비효율적인 군중 통제에 대한 연구를 통한 군중 통제 및 공공질서 경찰 활동(Stott, 2003; Stott and Drury, 2000; Scott, Hutchison and Drury, 2001 참고)
- 부담이 큰 중요 사건들 진행 과정에서의 행동과 의사결정에 대한 연구를 통해 중요사건 관리(Alison and Crego, 2008 참고)
- 사고 발생 시기 및 장소 연구, 그리고 노동자들에 대한 이해를 통한 산업 안전(Donald, 1995)

- 관리 상담
- 정책 형성
- 소비자 개념화 및 행동들에 대한 연구를 통한 시장 조사 연구

결론

마녀의 특성들에 대한 윤곽을 파악하려는 시도로부터 19세기와 20세기에 범죄자의 생각을 가늠하기 위한 시도까지 긴 여정이었다. 범죄자들에 대한 체계적인 추리를 위해 범죄에서 발생한 것을 가지고 직접적으로 수사할 수 있는 가능성에 주목한 경험 있는 형사들, 특히나 콴티코의 FBI 교육원에 있는 형사들은 경찰 수사에 대해 심리학과 관련된 행동 과학이 기여할 수 있는 보다 실증적이며 과학적인 기초를 향하는 방법을 보여 주었다. 여러 전문적인 활동들에 있어서 응용심리학의 활약은 50년 전 연쇄 살인범들에 대해 적용되었던 초기의 짐작을 훨씬 넘어서는 근간을 수사심리학을 위해 마련해 주었다.

지난 세기를 지나면서 수사심리학에서 보다 확고하게 정립된 일부 발견과 과정들을 거치며 수사의 여러 분야에서 활용될 수 있는 의사결정 지원 시스템과 훈련 절차들이 생겨났다. 이 장에서 본 것처럼, 세계의 일부 주요 경찰 기관들은 이미 수사심리 부서를 창설하여, 비록 아직 소규모이지만, 자국과 인접 국가들의 경찰 활동에 중요한 영향을 미치고 있다.

법 집행 과정의 모든 단계들과 범죄 전반에 대한 수사심리학의 기여 역시 상세히 설명되었다. 심리학과 관련 분야들은 이제 더 이상 특이하고 극단적인 범죄에만 관련되어 있는, '범죄자 프로파일'의 '치고 빠지기' 식의 제공 방식에만 의지할 필요는 없다. 이들이 이제는 경찰 교육과 보다 확대된 영역에서 중심이 되는 중요성을 차지해 나가고 있다.

범죄 행위에 대한 일반적인 이론 또한 도출되었는데, 이를 우리는 서사적 행위체계(NAS)라고 부른다. 상당 부분이 아직은 추정적이고 실제 무엇을 하고 있는지에 초점을 맞추고 있지만, 자신들의 행위에 대한 범죄자 자신의 이해를 포함하여 범죄자들에 대해서 생각해 보는 방법으로 연결되는 길을 제공한다.

국방부 장관 재임 중 Donald Rumsfeld는 현대 세계에서 직면하고 있는 도전들, 특히 내란 및 국가에 대한 다른 도전들과 관련하여 언급한 바 있다. 그의 말은 흔히 무시되기도 하지만, 비밀스럽고 은밀하며 범죄적인 활동들과 필연적으로 투쟁해야 하는 모든 분야가 직면하는 도전들을 개괄하고 있다.

……우리가 아는 것처럼, 알고 있다는 것을 아는 것이 있어요. 우리가 알고 있다고 우리가 아는 것들이 있는 것이죠. 우리는 또 모르고 있다는 것을 아는 것이 있다는 것을 우리가 아는 것이 있습니다. 말하자면 우리가 알지 못하는 것들이 있다는 것을 우리가 아는 것이죠. 그러나 또한 모른다는 것을 모르는 것이 있어요. 우리가 알지 못한다는 것을 우리가 알지 못하는 것이요.

앞선 부분들에서, 우리는 수사와 관련되어 있는 범죄자들에 대해서 우리가 알고 있는 것을 살펴보았다. 우리는 여러 곳에서 우리가 알지 못하는 것과, 그래서 많은 흥미로운 연구 노력을 위한 기초를 제공하는 것을 지적하였으나, 범죄들과 그에 대한 수사가 지속적으로 변화한다는 점 또한 명확하다. 따라서 단지 미래만이 우리가 알지 못하는 것을 현재는 알지 못한다는 것을 보여 주게 될 것이다.

🗂 추가로 읽을거리

서적

Alison, L.J. and Crego, J. (2008) *Policing Critical Incidents: Leadership and Critical Incident Management*, Willan, Cullompton.

Canter, D. (ed.) (1990) *Fires and Human Behaviour,* David Fulton, London.

Ebiske, N. (2008) *Offender Profiling in the Courtroom: The Use and Abuse of Expert Witness* Tesimony, Praeger, London.

Stott, C. And Pearson, G. (2007) *Football Hooliganism: Policing and the War on the English Disease*, Pennant, London.

Youngs, D. (ed) (in press). *The Behavioral Analysis of Crime: Investigative Psychology Studies in Honour of David Canter.* Ashgate, Dartmouth.

논문

Bennell, C. and Canter, D. (2002) Linking commercial burglaries by modus operandi: tests using regression and ROC analysis. *Science and Justice, 42*(3), 1-12.

Canter, D., Coffey, T., Huntley, M. and Missen, C. (2000) Predicting serial killers' home base using a decision support system. *Journal of Quantitative Criminology, 16*, 457-478.

Richer, S., Stott, C., Cronin, P. and Adang, O. (2004) An integrated approach to crowd psychology and public order policing. *Policing: An International Journal of Police Strategies and Management, 27*, 558-572.

Santtila, P., Zappala, A., Laukkanen, M. and Picozzi, M. (2003) Testing the utility of a geographical profiling approach in three rape series of a single offender: a case study. *Forensic Science International, 131*, 42-52.

Woodhams, J., Hollin, C.R. and Bull, R. (2007) The psychology of linking crimes: a review of the evidence. *Legal and Criminological Psychology, 12*, 233-249.

📝 토론과 연구를 위한 질문

1. 만일 당신이 민감한 컴퓨터 시스템을 해킹하는 사람들의 수사에 협조할 것을 요청받는다면, 어떻게 할 것인가?

2. 왜 법정은 피고인의 '심리적 프로파일'에 대한 증거를 허용하는 것을 주저하는가?

3. 만일 범죄자가 이 책을 읽는다면, 그가 범죄를 실행하는 방법에 있어서 어떤 효과가 있을 것인가? 이것이 가지고 있는 함축적인 의미는 무엇인가?

4. 수사심리학자로서 일하는 데 있어서 어떤 윤리적 문제들이 고려되어야 하는가?

5. 이 책을 전체적으로 살펴보았을 때, 수사심리학의 중심 원칙들은 무엇인가?

6. 수사심리학이 추구해야 할 가장 유익한 앞으로의 방향은 무엇이라고 생각하는가?

A → C 방정식 범죄자 프로파일링의 핵심에 있는 일련의 심리학적 의문점들의 요약, 추리 탐
구에 의해 생성되며, A는 범죄와 관련하여 발생한 모든 행위들이고, C는 범죄자의 특성, 즉
식별과 기소를 위해 경찰이 범죄자에 대해 알고자 하는 것들을 의미한다. 행위들로부터 특
성에 대한 추리 구성을 가능하게 하는 과학적 모델링은 화살표(→)에 의해 지칭되며, 이러
한 단순한 상징이 복잡하고 도전적인 일련의 쟁점들을 포괄

IEE 기법(IEE technique) 거짓이나 허위를 시도할 때 흔히 나타나는 것으로 추정되는 감정에
대한 연구에 근거하여, 사법기관 및 국가 안보기관의 대인관계 평가법을 향상시키기 위한
접근법. IEE 기법은 개방형 질문을 통해 진실에 접근하는 것을 강조

가정 폭력(Domestic violence) 가장 일반적으로 배우자 또는 동거인에 의해 가정 환경 내에서
범해지는 물리적, 심리적, 성적, 재정적 또는 감정적 학대

감퇴 기능(Decay function) 범죄 행위의 빈도와 범죄자의 주거지 또는 거점으로부터의 거리 간
의 관계성에 대한 수학적 공식. 거리가 주거지로부터 더욱 멀어질수록, 보통 빈도도 더욱
빠르게 감소

개념(Concept) 현상의 본질 또는 규모에 대한 내적 표상

거짓 탐지기(Polygraph, Lie detector) 자율 각성체계의 여러 측면들을 측정하고, 시간에 따른
이러한 반응의 변형을 그래프로 기록하는 기기(따라서 많은-poly 그래프-graph). 보통, 심장
박동, 전기적인 피부반응, 및 호흡 패턴이 기록되지만, 뇌 활동 측정 또한 활용된다. 그래프
에서의 변화로 표시되는 정서적 반응의 변화가 특정 형태의 질문과 관련하여 발생할 때 거
짓의 가능한 표식으로 이해

경찰과 범죄증거법(The Police and Criminal Evidence Act: PACE) 영국에서 범죄에 대응하는 경찰의 권한에 대한 법령, 권한 행사를 위한 실무적 규칙을 제공

계약 살인자(Contract murderer) 재정적 또는 물질적 이득을 위해 타인을 대신하여 불법적으로 살인을 범하는 범죄자

근접성(Propinquity) 가까움의 의미. 범죄 장소와 범죄자의 삶에 있어서 핵심적인 장소, 즉 집이나 주거지 간의 가까움을 지칭하기 위해 수사심리학에서 사용

기준율(Base rates) 관련성 있는 것이 발생할 기준 비율

내재적 진술 타당성 분석(Intrinsic statement validity analysis) 피해자로부터 제기된 주장이나 고발의 타당성 평가를 가능하게 하는 절차. 거짓은 무슨 일이 발생했는가에 대한 피해자의 진술에서 나타나는 통일성, 일관성 및 차이점에 기초하여 탐지가 가능하다는 원칙에 근거

다차원 척도법(Multidimensional scaling) 개념적 공간에서 변수들을 표상하는 점들 사이의 거리로서, 변수들 간 관계성 또는 결합 수준을 표현하는 통계학적 절차들의 집합

단면(Facet) 엄격한 분류 체계의 상호 배타적인 요소들. 대수학적 개념에서 단면은 중복되지 않는 조합들의 하위조합이다. (예: 성별, 연령, 및 폭력의 수준 등은 모두 단면에 해당)

도구적 행동(Instrumental behaviour) 본래의 이득을 위해서가 아니라 어떤 부차적인 목표를 달성하기 위해 행해지는 범죄 행위

드라그넷(Dragnet) David Canter 교수가 설계하고 국제 수사심리 연구소에서 개발한 의사결정 지원 도구. 우선순위가 주어진 개연성 지도를 생산하기 위해 일련의 범죄 위치를 취하고 수학적 기능을 적용한다. 이 지도는 이들 범죄의 실행자들이 근거를 두고 있을 것으로 보이는 장소를 보여준다. 실행 맥락에서 드라그넷은 수사전략의 초점을 잡는 데 사용될 수 있으며, 조사 경로의 우선순위 결정에 도움을 준다(의사결정 지원 도구로 알려진 이유이다). 그러나 드라그넷은 범죄 위치 패턴 연구를 위한 조사 도구로서도 흔히 활용된다. 또한 드라그넷은 '지리적 프로파일링 시스템'으로도 알려져 있음

레이드 신문기법(Reid technique of interrogation) 범죄에 대한 인정을 획득하는 것을 주요 목적으로 하는 혐의자 면담 접근법. 진실 탐구를 명시적인 목적으로 하는 여타 면담 절차들(예: PEACE)과 대비되는 기법

매개체로서의 피해자(Victim as vehicle) 범죄자들이 피해자를 복수를 해야하는 자들의 대표로 인식하는 범죄 방식. 피해자들은 범죄자의 분노를 매개하는 존재

모형(Model) 단면들 또는 변수들 조합 간, 그중에서도 행동의 상이한 측면들 간의 관련성 가정의 형식적 표현

목격자 증언(Eyewitness testimony) 문제의 범죄가 발생하는 것을 목격하고 자신이 본 것에 대해 진술할 수 있는 사람 또는 사람들에 의해 수사 과정에서 제공된 정보

무의식적 전이(Unconscious transference) 한 사람을 목격하였으나 범죄적 맥락에 그 사람을 잘못 지정하는 목격자 기억

물건으로서의 피해자(Victim as object) 범죄자가 어떤 만족감을 얻으려는데 초점을 두며, 피해자가 그들에게는 물건에 불과한 범죄 방식

범죄 각본(Criminal scripts) 한 사람이 수행하는 역할은 사람들 및 일련의 사건들 간의 관계성을 결정하는 어떤 각본 같은 것을 따른다는 점을 내포한다. 범죄적 맥락에서, 이러한 각본이 쓰여지므로, 범죄자는 부분적으로 자신의 역할이 무엇이라고 생각하는가에 따라 특정 범죄를 범하는 특별한 방식이 있다고 생각할 수 있음

범죄 구분(Criminal differentiation) 범죄 행위들 또는 범죄자들을 상이한 집단들, 하위 집단들 또는 행위 유형들로 구분하고 분리하는 것

범죄 서사(Criminal narratives) 범죄자의 인생 이야기이며, 범죄를 범하면서 또는 자신의 삶을 통해서 스스로가 감당한다고 인식하는 역할들

범죄 유형(Types of crime) '주거지 절도', '무장 강도' 및 '살인' 등과 같이 법적 구분에 가까운 범죄행위들의 분류

범죄/사회망 분석(Criminal/Social network analysis) 범죄 또는 범죄자들 간의 연계 패턴을 특정하기 위해 그들 간의 '연결점'과 연결선을 규명하는 과정

범죄로의 여정(The journey to crime) 범죄자의 공간적 의사결정은 설정된 경로 및 실제 여정과 매우 강하게 관련되어 있는 것으로 추정된다. 이러한 모형틀 내에서, 범죄자가 이용하는 실제 거리와 골목들, 개념적으로 '범죄로의 여정'이 강조됨

범죄성 분화도(Radex of criminality) 양적인 단면이 질적인 단면을 변화시키는 질적, 양적 단면들의 조합. 분화도는 범죄 활동에 대한 실증적 발견이며, 범죄들이 구별되는 주요 방법들을 개괄하는 데 유용하다. 이로 인해, 범죄 행위에 있어서 무엇이 독특한 점인가를 확인하는 데 도움을 줌

범죄성의 계층구조 또는 범죄 변형의 계층구조(Hierarchy of criminality or Hierarchy of criminal variation) 범죄 행위 규모의 정렬 목록, 일반적인 범죄성으로부터 범죄에서 발생한 상세한 부분까지를 포괄하며, 추리가 도출되는 다양한 수준을 반영

범죄의 계층(Classes of crime) 상이한 범죄행위 범주들의 하위 집단들, '재물 범죄' 또는 '사람을 대상으로 하는 범죄'와 같이, 넓은 범죄행위 주제로 구성

범죄자 프로파일링(Offender profiling) 임상적 또는 다른 전문가적인 경험에 의존하여 미지의 범죄자에 대한 성격 특질, 정신역학, 태도, 가족 배경 또는 범죄 경력 등에 대해 판단하는 과정

범죄행위 방식(Styles of offending) 범죄 행위에 대한 해석적 그룹짓기를 가능하게 하는 병행 발생하는 식별 가능한 행동들

변사 분석(Equivocal death analysis) 사망에 있어서 사망자 자신의 역할에 대해 의문이 있는 상황에서 사망 원인을 특정하기 위한 범죄현장 정보의 분석. 심리적 부검과는 구별되는 개념

보험사정 판단(Actuarial judgements) 주의 깊은 측정 및 결과적인 통계적 관련성에 기초하고 있는 사람 또는 상황에 대한 사정 (임상 판단과 대비되는 개념)

부분 순서 반응도 분석(Partially Ordered Scalogram Analysis: POSA) 공간의 점으로서 '유형'을 표현하는 다차원적 측정법의 한 형태. 유형 상 차이를 유발하는 기초과정들에 대한 규명을 가능케 한다. 변형 분석을 위한 MSD 유추법으로 간주될 수 있다. 변수들을 표현하는 최소공간분석법(SSA)과 대비.

사람으로서의 피해자(Victim as person) 피해자가 범죄자에게 사람으로서 특별한 의미를 가지고 있는 범죄 방식

상호적 범죄자 프로파일링 시스템(Interactive Offending Profiling System: iOPS) 국제수사심리학센터에서 개발한 의사결정 지원시스템으로서, 광범위한 경찰 자료를 신속하게 통합한다. 수사 과정을 향상시키고 체계화하기 위한 연구 결과들에 기초

서사적 접근법(Narrative approach) 인간을 자신이 중심 인격체로 등장하는 개인적 스토리의 발전 과정을 통해 주변의 사람 및 물체들과의 상호작용을 이해하는 존재로 간주하는 사회과학의 관점

서사적 행위체계 모형(Narrative Action System model) 행취체계 모형틀을 서사적 접근법과 연합시키는 범죄 활동 모델화를 위한 모형틀

서사적 행위체계 추리 모델(SNS inference model) 범죄자들의 범죄행위에 대한 정보로부터 범죄자에 대한 추론을 발전시키기 위한 포괄적인 기초를 제공하는 모델. 범죄 차별화 및 범죄자 추리의 통합 모델

성적 가학주의/가학적 성적 살인(Sexual sadism/Sadistic sexual murder) 폭력성이 성적 행위의 필수적인 부분이 되는 범죄행위. 가해자는 피해자를 통제하고 고통을 가하는 것으로부터 성적 흥분과 만족감 충족

소아성애(Paedophilia) 성적 대상으로서 아동에 대한 집착의 법적 정의, 성적 의미의 사진 촬영, 아동 괴롭히기, 및 아동에게 성기 노출하기 등을 포함하는 공공연한 행위들 모두가 심각한 범죄로 분류됨

수법(Modus Operandi: M.O.) 범죄자의 전형적인 '실행 수단'

수사 정보(Investigative information) 수사 또는 수사심리학 연구의 시작점이 되는 정보이며, 실제 사건들로부터 유래된 것

수사상 언어심리학(Investigative psycholinguistics) 강요된 편지 또는 자살 유서와 같이, 논란이 되는 또는 수사상 중요한 언동이나 문서에 대한 심리학적 검토

수사심리학(Investigative psychology) 범죄자들과 이들을 검거하는 과정들, 그리고 이들을 법정에 세우는 것에 대한 연구. 범죄 관리, 수사 및 기소와 관련된 모든 사안들에 대해 심리학적 지식 제공에 관심을 가지며, 모든 경찰 및 여타 수사 영역에 심리학의 많은 측면들을 통합시키기 위한 모형틀을 제공

스토킹(Stalking) 영국 내무성은 스토킹을 폭력에 대한 공포 또는 두려움을 유발하는 집요하고 원하지 않는 관심에 대한 경험이라고 정의. 최근에는, 그 자체만으로 범죄로 재분류되어온 괴롭힘의 한 형태이다. 이러한 관심이 취하는 본질 및 형태가 매우 다양할 수 있으며, 누구든지 피해자가 될 수 있음

신뢰도(Reliability) 특정 현상에 대한 측정이 유사한 조건 하에서 반복해서 일관된 결과를 도출하는가 여부

심리적 부검(Psychological autopsy) 사망자의 정신상태 또는 성격에 대한 전문가 분석, 자신의 죽음에 스스로의 개입이 있었는가를 특정하기 위한 평가. 보통 사망자를 알고 있던 사람들과의 면담, 및 사망자가 남긴 기록물에 기초하여 진행되며, 변사 분석과는 구별

심적 지도(Mental/Imaginary maps) 사람들이 자신의 환경에 대해 가지고 있는 내적/인지적 표상. 한 개인이 자신의 환경과 어느 지점에서 그리고 어떠한 방식으로 상호작용하는가에 영향을 미친다.

안전/완충지대(Safety/Buffer zone) 범죄자의 집 또는 주거지 주변에서 범죄 활동이 감소하는 가설적 영역. 발각되거나 체포되는 것과 관련된 위기감이 더 높게 고려되는 장소

약 제조 목적의 살인(Muti murder) 전통적인 아프리카 약재로 사용하기 위해서 인간의 신체 일부를 수집하는 의도를 가진 살인

약탈자(Marauders) 주거지 또는 거주지가 상호간 거리가 가장 먼 두 범죄 간 거리를 지름으로 하는 원형 내에 위치하는 범죄자. 원 가설(Circle hypothesis)을 볼 것

엄격함(Robustness) 방법, 수단 또는 절차가 어려운 환경 및 다양한 상황에 걸쳐 상이한 사람들에 의해 얼마나 확고하게 사용되는가 여부

연관짓기(Linking) (a) 특정 유형의 사람과 행동들을 연결시키는 과정, (b) 동일한 범죄자에 의해 범해진 범죄들을 연결시키는 것

영역 중심성(Domocentricity) 주거지 또는 그와 관련된 위치와 강하게 관련되어서 또는 영향을 받아 범죄자가 범죄 실행 공간을 배분하는 경향성

오프라인 정보(Offline information) 과학적 연구 과정에서 연구자가 활용 가능한 정보, 발생한 사안에 대한 범죄자의 이해 및 범죄행위 이유에 대한 스스로의 진술을 포함한다. 누가 무엇에 대해 누구에게 말하였는가와 같은 전문증거 그리고 다른 사람들의 행위에 대한 다양한 사람들의 추측 등처럼, 대부분이 법정에서 받아들여지지 않을 것이지만, 이러한 정보는 이

후의 수사에 적합한 경향 생성 가능

온라인 정보(Online information) 경찰이 수사의 일부로 획득한 정보로서, 적어도 법정으로 가져가는 사건의 일부를 형성할 수도 있다. DNA, 지문, 섬유질 등과 같은 법과학 증거들에 부가하여, 이것은 범죄 행위 동안에 범죄자가 무엇을, 어디에서 그리고 누구에게 행동했는가에 대한 행동 증거를 포함

상황 요인(Contingency) 범죄 또는 그 한 측면에 기회 또는 제한을 부여하는 맥락 또는 환경, 무엇이 발생하는가 또는 행동들 간에 상호 어떻게 작용하는가 등에 영향

원 가설(Circle hypothesis) 범죄자들이 흔히 자신들이 범한 범죄들에 의해 경계 지워진 영역 내에 거주할 가능성이 있다는 Canter와 Gregory(1994)의 주장으로서, 가장 간격이 떨어진 두 개의 범죄 간의 거리를 지름으로 하는 원으로 지정

위치성(Locatedness) 범죄는 범죄자의 공간 행동을 모형화하고 예측하는데 활용될 수 있는 독특한 배경을 갖고 있다는 가정

음성 스트레스 분석(Voice stress analysis) 목소리의 물리적 속성의 변화 기록을 통해 거짓을 탐지할 수 있다고 주장하는 절차

의사결정 지원시스템(Decision support system) 현장실행 맥락 내에서 수사 상 의사결정을 위한 정보제공을 지원하기 위해 설계된 절차(일반적으로 소프트웨어 프로그램 또는 통계 모델) – 예를 들어, 중요성 관점에서 정보의 우선순위를 정하거나 조사 방향을 제시하는 것)

이동형 범죄자 (Commuters) 거주지가 두 개의 가장 간격이 떨어진 범죄들의 거리를 지름으로 갖는 원 내에 위치하지 않는 범죄자

이론(Theory) 현상에 대한 또는 일련의 인정된 사실 그리고/또는 실증적 관찰들을 정리하기 위한 모형들에 대한 설명을 위해 쓰이는 가정 또는 일반적 원칙들의 집합

이성적 선택 이론(Rational choice theory) 범죄자들이 어느 장소에서 그리고 어떻게 범죄행위를 범할 것인가에 대해 가능한 대안들을 고려하고 다양한 범죄 장소들과 관련된 비용과 이익을 비교형량한 정보에 근거한 선택을 할 것이라는 가정

인지 면담(Cognitive interview) 기억의 인지 기제를 이용하여, 목격자들로부터 보다 상세하고 정확한 정보 인출을 지원하기 위해 개발된 면담 절차

일관성(Consistency) (a) 범죄자 그리고(또는) 그들의 범죄의 독특한 측면 또는 특성이 각각의 맥락 또는 범죄들 간에 유사한가 여부
(b) 범죄자가 범죄를 범하는 방식과 비범죄적 상황에서의 행위 간에 유사성이 있는가 여부

일상활동 이론(Routine activities theory) 범죄 기회란 각자가 자신의 일상적인 활동을 해나가면서 마주치고 선정되는 것이라는 개념

일시적 완충(Temporal buffer) 연쇄 범죄자들이 앞선 범죄 장소로부터 거리를 두는 경향

임상 판단(Clinical judgments) 객관적인 사정보다는 훈련과 경험에 근거하여 사람과 상황에 관한 의견이 형성되는 경우(보험사정 판단과 대조되는 개념)

전문가 시스템(Expert system) 전문가 역량으로 의사결정을 하는 절차(소프트웨어). 전문가를 지원하는 의사결정 시스템과 구별

전문증인 증언(Earwitness testimony) 범죄를 목격하고 자신이 청취한 내용에 대해 진술할 수 있는 사람에 의해 수사과정에 제시된 정보

전형성(Typicality) 범죄들 대부분에서 발견될 수 있으며, 이들 범죄의 특성으로 간주될 수 있는 행위들. 이것들은 보통 연구 맥락이나 법률에서 개념 정의를 이끌어 내는 범죄의 측면들임

조정 단면(Modulating facets) 다른 단면들을 변형시키는 역할을 하는 단면들. 흔히 변수들의 발생 빈도와 관련되어 있는 것으로 알려져 있지만, 항상 그러한 것은 아님. 분화도(radex)를 볼 것

조직화된 범죄(Organized crime) 상호 간 접촉을 가지고 있는 다수의 사람들에 의해 실행된 범죄 활동, 각자가 상이한 역할을 수행하면서, 비록 매우 느슨하고 변화하지만, 보통 금전적 이득에 대한 의도를 가진 일종의 관리구조 형태를 취함

준거 기반 내용분석(Criteria based content analysis) 피해자 진술 또는 주장 분석을 위한 접근법으로, 이들 진술의 핵심 본질을 특정하기 위해 사용되며, 그들의 진술이 진실한가 여부를 특정하는 것을 지원

지리적(범죄자) 프로파일링[Geographical (offender) profiling] 미지의 범죄자의 가능한 특성들을 예측하기 위해 범죄의 공간적 또는 지리적 속성들을 사용하는 것으로, 가장 전형적으로 범죄자가 거주할 가능성이 있는 장소 추정 뿐 아니라, 보통의 범죄자와 범죄를 연관 짓는 것, 그리고 앞으로의 이동 패턴을 예측하는 것 등을 포함

징표(Signature) 범죄에서 한 범죄자에게만 독특하게 구별되는 행위 조합

차량 와이퍼 효과(The windshield wiper effect) 범죄 장소들 사이에 있는 범죄자의 집으로부터 연장된 원형은 완만하기 보다는 다소 날카로운 경향을 가질 것이라는 가정

체계 통합(System integration) 심리과학이 원칙과 절차들을 생성하는 과정으로, 이로부터 과정들을 발전시킬 수 있으며, 이 과정이 수사 실행의 한 부분이 됨

최소 공간 분석법(Smallest space analysis: SSA) 변수들이 공간 상의 점으로 표현되는 다차원적 측정법의 한 형태. 점들 사이의 정렬거리가 더 가까울수록, 변수를 표현하는 점들 사이의 연관성/상관관계가 더 가까운 것이 된다. 이것은 보다 작은 수학적 공간에서 해설적 결과들을 산출하는 순위의 활용이다. 원천 상관관계가 다른 다차원 측정법 절차에서와 같이 사용된다. '최소 공간'이라는 개념은 바로 이러한 특성으로부터 유래

추리(Inference) 범죄 및 범죄자의 어떤 특성과 연관되어 있다고 주장하는 수사 정보들에 대한 숙고와 분석을 통해 도출한 결론. 추리의 가장 명확한 사례는 어떻게 범죄가 범해졌는가에 대한 지식으로부터 범죄자의 가능한 특성을 도출해 내는 것

타당도(Validity) 이론, 원칙, 방법 또는 척도 등이 관련성이 있다고 주장하는 것을 효과적으로 설명하고 있는가 여부

테러(Terrorism) 테러에 대한 일반적이고 넓게 긍정되는 정의는 없으나, 보통 정치적 목적을 가지고 실행되는 폭력적인 행위를 의미하는 것으로 이해

표준적 관계(Canonical relationships) A → C 방정식에 관한 수학적 사고 방법. 여기에는 다수의 예측 요인 A 변수와 기준 요인 C 변수가 있으며, 따라서 A와 C 변수들의 가중치에 따른 변형에 기초하는 방정식에 대한 다양한 해결책들이 존재

표현적 행동(Expressive behaviours) 행위 실행 자체가 주된 목적이며, 이런 행위 자체가 보상이 되는 범죄행위들로서, 직접적인 감정의 표현이 전형적인 예이다. 행위 시스템의 표현적 모형과 혼동하지 말 것

할리우드 효과(Hollywood effect) 가상의 영화들에서 다루어짐으로 인해서, 어떤 주장이나 과정이 타당하고 효과적인 것으로 간주되는 것

행위 체계(Action system) 주변 환경에 열려있는 어떤 실체의 행동을 고찰하기 위한 모형 틀, Talcott Parsons에 의해 탐구되었으며 Samuel Shye에 의해 체계화

허위 자백(False confession) 자신이 범하지 않은 범죄를 인정하는 것

허위 혐의(False allegation) 진실되지 않은 타인으로 부터의 피해 주장, 흔히(항상 그렇지는 않지만), 성적 학대 또는 희롱에 대한 주장

현저성(Salience) 범죄행위 중 중요하거나 의미있는 특성(보통 행동들). 범죄들 또는 범죄자들을 구분하는데 사용되거나, 수사상 추리를 위한 기초를 제공

형태학(Morphology) 범죄 분포의 패턴 또는 전반적인 배열유형

환경심리학(Environmental psychology) 사람들의 경험과 물리적 환경의 활용, 그리고 사람들이 자신의 주변 환경과 상호작용하는 방식에 뒷받침이 되는 심리적 과정에 대한 연구

획득형 범죄(Acquisitive crimes) 주거침입 절도, 강도 또는 사기와 같이 현금 또는 재물의 획득을 중심 과정으로 가지고 있는 범죄

Abel, G.G. (1989) Paraphilias, in *Comprehensive Textbook of Psychiatry,* 5th edn (Eds H.I. Kaplan and B.. Sadock), Williams & Williams, Baltimore.

Abelson, R.P. (1981) Psychological status of the script concept. *American Psychologist, 36,* 715-29.

Adam, J. and Adam, J.C. (1934) *Criminal Investigation: A Practical Textbook for Magistrates, Police Officers, and Lawyers.* Adapted from Hans Gross's System der Kriminalistik, Sweet & Maxwell, London.

Aked, J., Canter, D.V., Sanford, A.J. and Smith, N.J. (1999) Approaches to the scientific attribution of authorship, in *Investigative Psychology Volumes 1: Evidence and Information* (Eds D.V. Canter and L.J. Alison), Dartmouth, Aldershot.

Alison, L.J., Barrett, E. and Crego, J. (2007) Criminal investigative decision making: context and process, in *Expertise Out of Context: Proceedings of the Sixth International Conference on Naturalitstic Decision Making* (Ed. R.R. Hoffman), Lawrence Erlbaum, Mahwah.

Alison, L.J. and Canter, D. (1999) Profiling in police and practice, in *Profiling in Police and Practice* (Eds D. Canter and L.J. Alison), Dartmouth, Aldershot.

Alison, L.J. and Crego, J. (2008) *Policing Critical Incidents: Leadership and Critical Incident Management,* Willan, Cullompton.

Alison, L. and Kebbell, M. (2006) Offender profiling: limits and potential, in *Practical Psychology for Forensic Investigations and Prosecutions* (Eds M. Kebbell and G. Davies), John Wiley & Sons, Ltd, Chichester.

Alison, L., Rocket, W., Deprez, S. and Watts, S. (2000) Bandits, cowboys and Robin's men: The facets of armed robbery, in *Profiling Property Crimes* (Eds D. Canter and L. Alison), Dartmouth, Ashgate.

Alison, L.J., Smith, M., Eastman, O. and Rainbow, L. (2003) Toulmin's philosophy of argument and its relevance to offender profiling. *Psychology, Crime and Law, 9*(2), 173-83.

Alison, L., Snook, B. and Stein, K. (2001) Unobtrusive measurement: using police information for forensic research. *Qualitative Research, 1,* 241-54.

Allnutt, S.H., Bradford, J.M.W., Greenberg, D.M. and Curry, S. (1996) Co-morbidity of alcoholism and the paraphilias. *Journal of Forensic Sciences, 41,* 234-9.

Allport, F.H. and Allport, G.W. (1921) Personality traits: their classification and measurement. *Journal of Abnormal and Social Psychology, 16*, 6–40.

Allport, G.W. and Postman, L.J. (1947) *The Psychology of Rumour,* Holt, Oxford.

American Psychiatric Association (1987) *Diagnostic and Statistical Manual of Mental Disorders, 3rd edn - Revised,* APA, Washington, DC.

American Psychiatric Association (1994) *Diagnostic and Statistical Manual of Mental Disorders, 4th edn (DSM-IV),* APA, Washington, DC.

Anarchist Archives (2006) Bakunin's collected works. Available at http://dwardmac.pitzer.edu/Anarchist_Archives/bakunin/BakuninCW.html, accessed, 29 May 2009.

Atran, S. (2004) Mishandling suicide terrorism. *The Washington Quarterly, 27*(3), 67–90.

Baker, D. and Donnelly, P.G. (1986) Neighborhood criminals and outsiders in two communities. Indications that criminal localism varies. *Sociology and Social Research, 71*(1), 58–65.

Barker, M., Geraghty, J., Webb, B. and Key, T. (1993) The prevention of street robbery. *Crime Prevention Unit Series No 44,* Home Office Police Depratment, London.

Barker, R. and Gump, P. (1964) *Big School, Small School: High School Size and Student Behaviour,* Stanford University Press, Palo Alto, CA.

Barrett, E. (2001) Accounts of Violence. Unpublished Masters thesis, University of Liverpool.

Bartlett, F. (1932) *Remembering,* Cambridge University Press, London.

Bartol, C.R. (1995) *Criminal Behaviour: A Psychosocial Approach,* Prentice Hall, Englewood Cliffs, NJ.

Beauregard, E. and Proulx, J. (2002) Profiles in the offending process of non-serial sexual murders. *International Journal of Offender Therapy and Comparative Criminology, 46*(4), 386–99.

Beauregard, E., Stone, M.R., Proulx, J. and Michaud, P. (2008) Sexual murderers of children: developmental, pre-crime, crime, and post-crime factors. *International Journal of Offender Therapy and Comparative Criminology, 52*, 253–69.

Begg, P. and Skinner, K. (1992) *The Scotland Yard Files: 150 Years of the CID,* Headline, London.

Benedikt, M. (1881) *Anatomical Studies Upon Brains of Criminals,* William Wood & Company, New York.

Bennell, C., Alison, L., Stein, K. *et al.* (2001) Sexual offences against children as the abusive exploitation of conventional adult-child relationships. *Journal of Social and Personal Relationships, 18*, 115–71.

Bennell, C. and Canter, D. (2002) Linking commercial burglaries by modus operandi: tests using regression and ROC analysis. *Science and Justice, 42*(3), 1–12.

Bennell, C., Taylor, P.J. and Snook, B. (2007) Clinical versus actuarial geographic profiling strategies: a review of the research. *Police Practice and Research, 8*(4), 335–45.

Bennett, T. and Wright, R. (1984) *Burglars on Burglary: Prevention and the Offender,* Gower, Aldershot.

Benneworth, K., Canter, D., Grieve, N. and Nicol, C. (2003) Narrative plausibility: the impact of sequencing and anchoring. *Behavioral Sciences and the Law, 21*(2), 251–67.

Berg, K. and Godwin, G. (1993) *Monsters of Weimar,* Nemesis Books, London.

Berger, P.L. and Luckman, T. (1991)[1966] *The Social Construction of Reality. A Treatise in the Sociology of Knowledge,* Penguin, London.

Blackburn, R. (1993) *The Psychology of Criminal Conduct,* John Wiley & Sons, Ltd, Chichester.

Blau, T.H. (1994) *Psychological Services for Law Enforcement,* John Wiley & Sons, Inc., New York.

Block, J. (1989) *California Adult Q-set, unpublished measure,* University of California, Berkeley, CA.

Blumstein, A., Cohen, J. and Farrington, D. (1988) Criminal career research: its value for criminology. *Criminology, 26*, 1–36.

Bodansky, Y. (2001) *Bin Laden: the Man who Declared War on America,* Random House, New York.

Bolitho, W. (1926) *Murder for Profit,* Jonathan Cape, London.

Booker, C. (2004) *The Seven Basic Plots: Why We Tell Stories,* Continuum, London.

Bonacich, P. (1987) Power and centrality: A family of measures. *American Journal of Sociology, 92*, 1170-82.

Borg, I. and Lingoes, J.C. (1987) *Multidimensional Similarity Structure Analysis,* Springer, New York.

Borgatti, S.P., Everett, M.G. and Freeman, L.C. (1992) *UCINET IV Version 1.62,* Analytic Technologies, Columbia.

Bourgois, P. (1995) *In Search of Respect: Selling Crack in El Barrio,* Cambridge University Press, Cambridge.

Bwolby, J. (1949) The study and reduction of group tensions in the family. *Human Relations, 2,* 123.

Bradfield, A.L., Wells, G.L. and Olson, E.A. (2002) The damaging effect of confirming feedback on the relation between eyewitness certainty and identification accuracy. *Journal of Applied Psychology, 87,* 112-20.

Brantingham, P.J. and P.L. Brantingham (1981) Notes on the geometry of crime, in *Environmental Criminology* (Eds P.J. Brantingham and P.L. Brantingham), Beverly Hills, Sage Publications, pp. 27-54.

Brigham, J.C., Maass, A., Snyder, L.D. and Spaulding, K. (1982) Accuracy of eyewitness identifications in a field setting. *Journal of Personality and Social Psychology, 42,* 673-81.

Britt, C.L. (1994) Crime and unemployment among youths in the United States, 1958-1990. *American Journal of Economics and Sociology, 53,* 99-109.

Brittain, R. (1970) The sadistic murderer. *Medicine, Science and the Law, 10,* 198-207.

Brown, B.B. and Harris, P.B. (1989) Residential burglary victimisation: reactions to the invasion of a primary territory. *Journal of Environmental Psychology, 9,* 119-32.

Brwon, J. and Canter, D. (1985) The uses of explanation in the research interview, in *The Research Interview: Uses and Approaches* (Eds M. Bernner, J. Brown and D. Canter), Academic Press, London.

Bruner, J. (1987) Life as narrative. *Social Research, 54*(1), 11-32.

Brussel, J.A. (1968) *Casebook of a Crime Psychiatrist,* Bernard Geis Associates, New York.

Buckhout, R. (1974) Eyewitness testimony. *Scientific American, 231,* 23-31.

Buckhout, R. (1977) Eyewitness identification and psychology in the courtroom. *Criminal Defense, 4,* 5-10.

Buckley, J.P. (2006) The Reid technique of interviewing and interrogation, in *Investigative Interviewing* (Ed. T. Williamson), Willan, Cullompton.

Bull, R. (2002) Police interviewing, in *Criminal Justice Research* (Eds I. McKenzie and R. Bull), Ashgate, Aldershot.

Bull, R. and Milne, R. (2004) Attempts to improve police interviewing of suspects, in *Interrogation, Confessions and Entrapment* (Ed. G.D. Lassiter), Kluwer/Plenum, New York.

Burch, T.K. (2006) The model-based view of science: an encouragement to interdisciplinary work. *Twenty-first Century Society, 1*(1), 39-58.

Byford, L. (1981) The Yorkshire Ripper case: review of the police investigation, in D. Canter (2003) *Mapping Murder,* Virgin Books, London.

Campbell, D. T. (1978) Qualitative knowing in action research, in *Experimental and Quasi-experimental Designs for Research* (Eds M. Brenner, P. Marsh and M. Brenner), Croom-Helm, London.

Canter, D. (1977) *The Psychology of Place,* The Architectural Press, London.

Canter, D. (1985) *Facet Theory: Approaches to Social Research,* Springer Verlag, New York.

Canter, D. (1989) Offender profiles, *The Psychologist, 2*(1), 12-16.

Canter, D. (1990) An overview of behaviour in fires, in D. Canter (Ed.) *Fires and Human Behaviour,* David Fulton, London.

Canter, D. (1993) The wholistic, organic researcher: central issues in clinical research methodology, in *Curriculum in Clinical Psychology* (Eds G. Powell, R. Young S. Frosh), BPS, Leiscester.

Canter, D. (1994) *Criminal Shadows,* HarperCollins, London.

Canter, D. (2000a) Psychological autopsy, in

Encyclopaedia of forensic Science, Academic Press, London.

Canter, D. (2000b) Seven assumptions for an investigative environmental psychology, in *Theoretical Perspectives in Environment-Behavior Research: Underlying Assumptions, Research Problems, and Methodologies* (Eds S. Wapner, J. Demick, T. Yamamoto and H. Minami), Plenum, New York.

Canter, D. (2000c) Psycholingistics, *In Encyclopaedia of Forensic Science,* Academic Press, London.

Canter, D. (2000d) Destructive orgainsational psychology, in *The Social Psychology of Crime* (Eds D. Canter and L.J. Alison), Ashgate, Aldershot.

Canter, D. (2002) The violated body, in S. Sweeny and I. Hodder (Eds) *The Body,* Cambridge University Press, Cambridge, pp. 57–74.

Canter, D. (2003) *Mapping Murder: The Secrets of Geographical Profiling,* Virgin Books, London.

Canter, D. (2004a) Offender profiling and investigative psychology. *Journal of Investigative Psychology and Offender Profiling, 1,* 1–15.

Canter, D. (2004b) A partial order scalogram analysis of criminal network structures. *Behaviormetrika, 31*(2), 131–52.

Canter, D. (2005) Confusing operational predicaments and cognitive explorations: comments on Rossmo and Snook *et al. Applied Cognitive Psychology, 19*(5), 663–68.

Canter, D. (2006) The Samson syndrome: is there a kamikaze psychology? *Twenty-first Century Society: Journal of the Academy of Social Sciences, 1*(2), 107–28.

Canter, D. (2008) The Psychology of Fraud. Internal report to the Centre for Investigative Psychology.

Canter, D. and Alison, J.J. (Eds) (1991a) *Interviewing and Deception,* Ashgate, Aldershot.

Canter, D.V. and Alison, L.J. (1999b) The social psychology of crime, in D.V. Canter and L.J. Alison (Eds), *The Social Psychology of Crime: Teams, Groups, Networks,* Dartmouth, Aldershot.

Canter, D.V. and Alison, L.J. (2000) *The Social Psychology of Crime: Teams, Groups, Networks,* Dartmouth, Aldershot.

Canter, D. and Alison, L.J. (2003) Converting evidence into data: the use of law enforcement archives as unobtrusive measurement. *The Qualitative Report, 8*(2), 151–76.

Canter, D., Alison, L.J., Alison, E. and Wentink, N. (2004) The organized/disorganized typology of serial murder: myth or model? *Psychology Public Policy and Law, 10,* 293–320.

Canter, D., Bennell, C., Alison, L.J. and Reddy, S. (2003) Differentiating sex offences: a behaviourally based thematic classification of stranger rapes. *Behavioural Science and the Law, 21,* 157–74.

Canter, D.V., Breaux, J. and Sime, J. (1990) Domestic, multiple occupancy and hospital fires, in D.V. Canter (Ed.) *Fires and Human Behaviour,* David Fulton Publishers, London.

Canter, D. and Brown, J. (1985) Explanatory role, in *The Psychology of Ordinary Explanations of Social Behaviour* (Ed. C. Anataki), Academic Press, London.

Canter, D., Coffey, T., Huntley, M. and Missen, C. (2000) Predicting serial killers' home base using a decision support system. *Journal of Quantiative Criminology, 16,* 457–78.

Canter, D. and Fritzon, K. (1998) Differntiating arsonists: a model of firesetting actions and characteristics. *Journal of Legal and Criminological Psychology, 3,* 73–96.

Canter, D. and Gregory, A. (1994) Identifying the residential location of serial rapists. *Journal of the Forensic Science Society, 34,* 169–75.

Canter, D. and Hammond, L. (2006) A comparison of th efficacy of different decay functions in geographical profiling for a sample of US serial killers. *Journal of Investigative Psychology and Offender Profiling, 3*(2), 91–103.

Canter, D. and Heritage, R. (1990) A multivariate model of sexual offence behaviour: developments in offender profiling. *Journal of Forensic Psychiatry, 1*(2), 185–212.

Canter, D., Heritage, R. and Kovacik, M. (1989) *Offender Profiling,* Home Office, London.

Canter, D. and Hodge, S. (2000) Criminal's mental

maps, in *Atlas of Crime: Mapping the Criminal Landscape* (Eds L.S. Turnbull, E.H. Hendrix and B.D. Dent), Phoenix, Arizona, Oryx Press.

Canter, D., Hughes, D. and Kirby, S. (1998) Paedophilia: pathology, criminality, or both? The development of a multivariate model of offence behaviour in child sexual abuse. *The Journal of Forensic Psychiatry, 9*(3), 532–55.

Canter, D. and Ioannou, M. (2004) A multivariate model of stalking behaviour. *Behaviormetrika, 31*, 113–130.

Canter, D., Kaouri, C. and Ioannou, M. (2003) The facet structure of criminal narratives, in *Facet Therapy: Towards Cumulative Social Science*, (Eds S. Levy and D. Elizur), University of Ljubljana, Faculty of Arts, Centre for Educational Development, Ljubljana, pp. 27–38.

Canter, D. and Larkin, P. (1993) The environmental range of serial rapists. *Journal of Environmental Psychology, 13*, 63–9.

Canter, D., Missen, C. and Hodge, S. (1996) Are serial killers special? A case for special agents. *Policing Today, 2*(1), 22–8.

Canter, D. and Shalev, K. (2008) Putting crime in its place: psychological process in crime site location, in *Principles of Geographical Offender Profiling* (Eds D. Canter and D. Youngs), Ashgate, Aldershot.

Canter, D. and Wentink, N. (2004) An empirical test of Holmes and Holmes' Serial Murder Typology. *Criminal Justice and Behaviour, 20*(10), 1–26.

Canter, D. and Youngs, D. (2003) Beyond offender profiling: the need for an investigative psychology, in *Handbook of Psychology in Legal Contexts* (Eds R. Bull and D. Carson), John Wiley & Sons, Ltd, Chichester, pp. 171–205.

Canter, D. and Youngs, D. (Eds) (2008a) *Principles of Geographical Offender Profiling*, Ashgate, Aldershot.

Canter, D. and Youngs, D. (Eds) (2008b) *Applications of Geographical Offender Profiling*, Ashgate, Aldershot.

Canter, D. and Youngs, D. (2008c) iOPS: An Interactive Offender Profiling System. In S. Chainey, L. Thompson. Crime Mapping Case Studies. Wiley: Chichester.

Canter, D. and Youngs, D. (in press, a) Psychological explanations of geographical offender profiling. International Research Centre for Investigative Psychology (IRCIP) (internal report, submitted for publication).

Canter, D. and Youngs, D. (in press, b) Villain or hero? The roles offenders play. International Research Centre for Investigative Psychology (IRCIP) (internal report, submitted for publication).

Canter, D. and Youngs, D. (in press, c) A review of investigative psychology methodologies. International Research Centre for Investigative Psychology (IRCIP) (internal report, submitted for publication).

Canter, D. and Youngs, D. (in press, d) A Narrative Action System Model of Criminal Differentiation. International Research Centre for Investigative Psychology (IRCIP) (internal report, submitted for publication).

Capone, D. and Nichols, W.W.J. (1975) Crime and distance: an analysis of offender behavior in space. *Proceedings, Association of American Geographers, 7*, 45–9.

Cattell, R.B. (1946) *The Description and Measurement of Personality*, Harcourt, Brace & World, New York.

Ceci, S.J., Ross, D.F. and Toglia, M.P. (1987) Suggestibility of children's memory: psycholegal implications. *Journal of Experimental Psychology, 27*, 38–51.

Cervone, D. and Shoda, Y. (1999) Beyond traits in the study of personality coherence. *Current Directions in Psychological Science, 8*, 27–32.

Clarke, C. and Milne, R. (2001) National evaluation of the PEACE investigative interviewing course. *Police Research Award Scheme*, Home Office, London.

Clifford, B.R. and Scott, J. (1978) Individual and situational factors in eyewitness testimony. *Journal of Applied Psychology, 62*, 352–9.

Cohen, L.E. and Felson, M. (1979) Social change and crime rate change: a routine activity approach. *American Sociological Review, 4*, 588–608.

Coid, J.W. (1992) DSM–III Diagnosis in criminal psychopaths: a way forward. *Criminal Behaviour and Mental Health, 2*, 78–94.

Cole, S. (2001) *Suspect Identities: A History of Fingerprinting and Criminal Identification,* Harvard University Press, Cambridge, MA.

Coleman, C. and Norris, C. (2000) *Introducing Criminology,* Willan, Cullompton.

Conklin, J.E. (1972) *Robbery and the Criminal Justice System,* Lippencott, Philadelphia.

Coogan, T.P. (2002) *The IRA,* Palgrave, New York.

Cooke, D.J. (1998) Cross-cultural aspects of psychopathy, in *Psychopathy: Antisocial, Criminal and Violent Behaviour* (Eds T. Millon, E. Simonsen, M. Birket-Smith, and R.D. Davis), Guilford, New York, pp. 260–76.

Copson, G. (1995) *Coals to Newcastle. Part 1: A Study of Offender Profiling,* Home Office, Police Research Group, London.

Cornish, D.B. and Clarke, R.V. (1986) *The Reasoning Criminal: Rational Choice Perspectives on Offending,* Springer-Verlag, New York.

Costello, P. (1991) *The Real World of Sherlock Holmes: True Crimes Investigated by Arthur Conan Doyle,* Robinson, London.

Coulthard, M. (1994) The use of corpora in the analysis of forensic texts. *Forensic Linguistics, 1*(1), 27–43.

Cressey, D.R. (1953) *Other People's Money: A Study in the Social Psychology of Embezzlement,* Wadsworth Publishing, Belmont, CA.

Cromwell, P.F., Olson, J. and Avery, D.W. (1991) *Breaking and Entering: An Ethnographic Analysis of Burglary,* Sage, London.

Crossley, M.L. (2000) Narrative psychology, trauma, and the study of self/identity. *Theory and Psychology, 10*(4), 527–46.

Crumplin, P. (2009) Contract murder, in *Profiling Violent Crime* (Eds D. Canter and D. Youngs), Aldershot, Ashgate.

Cutler, B. and Penrod, S. (1995) *Mistaken Identity,* Cambridge University Press, Cambridge.

Cyriax, O. (1993) *Crime: An Encyclopaedia,* Andre Deutsch, London.

Danis, M. and Stohl, M. (2009) Framing Muslim terrorist incidents in the United States and United Kingdom: implications for counterterrorism, in D. Canter (Ed.) *The Faces of Terrorism: Cross-Disciplinary Explorations.*

Davies, A., Wittebrood, K. and Jackson, J.L. (1997) Predicting the criminal antecedents of a stranger rapist from his offence behaviour. *Science Justice, 37,* 161–70.

Deffenbacher, K.A., Bornstein, B.H., Penrod, S.D. and McGorty, E.K. (2005) A meta-analytic review of the effects of high stress on eyewitness memory. *Law and Human Behaviour, 28*(6), 687–706.

Delisi, M. and Sherer, A.M. (2006) Multiple homicide offenders: offence characteristics, social correlates and criminal careers. *Criminal Justice and Behavior, 33*(3), 637–91.

Dietz, P. (1985) Sex offender profiling by the FBI: a preliminary conceptual model, in *Clinical Criminology* (Eds M.H. Ben-Aron, S.J. Hucker and C.D. Webster), Clark Institute of Psychiatry, Toronto, Ontario, Canada.

Dietz, P. (1986) Mass serial and sensational homicides. *Bulletin of the New York Academy of Medicine, 62,* 477–91.

Dietz, P., Hazelwood, R. and Warren, J. (1990) The sexually sadistic criminal and his offenses. *The Bulletin of the American Academy of Psychiatry and the Law, 18,* 163–78.

Dodd, N.J. (2000) The psychology of fraud, in *Profiling Property Crimes* (Eds D. Canter and L. Alison), Ashgate, Dartmouth.

Donald, I.J. (1993) Behaviour in fires: preventing disasters. *Health, Safety and Environment Bulletin, 216,* 5–8.

Donald, I.J. (1995) Psychological insights into managerial responsibility for pubilc and employee safety, in *Handbook of Psychology in Legal Contexts* (Eds R. Bull and D. Carson), John Wiley & Sons, Ltd, Chichester.

Donald, I.J. and Canter, D. V. (1990) Behavioural aspects of the King's Cross disaster, in D.V. Canter (Ed) *Fires and Human Behaviour* 2nd edn, David Fulton Publishers, London.

Donald, I.J. and Canter, D. V. (1992) Intentionality and fatality during the King's Cross underground fire. *European Journal of Social Psychology, 22*(3), 203–18.

Donald, I. and Wilson, A. (2000) Ram raiding: criminals working in groups, in *The Social Psychology of Crime* (Eds D. Canter and L.J.

Alison), Ashgate, Aldershot, pp. 189-246.

Dorn, N., Murji, K. and South, N. (1992) *Traffickers: Drug Markets and Law Enforcements,* Routledge, London.

Dorn, N. and South, N. (1990) Drug markets and law enforcements. *British Journal of Criminology, 30*(2), 171-88.

Douglas, J. (1976) *Investigative Social Research: Individual and Team Field Research,* Sage Publications, Beverley Hills.

Douglas, J.E., Burgess, A.W., Burgess, A.G. and Ressler, R.K. (1992) *Crime Classification Manual: A Standard System for Investigating and Classifying Violent Crime.* New York: Simon & Schuster.

Douglas, J., Burgess, A.W., Burgess, A.G. and Ressler, R.K. (2006) *Crime Classification Manual: A Standard System for Investigating and Classifying Violent Crimes,* John Wiley & Sons, Inc., San Francisco, CA.

Douglas, J. and Olshaker, M. (1997) *Mindhunter: Inside the FBI's Elite Serial Crime Unit,* Scribner, New York.

Douglas, J. and Olshaker, M. (1999) *The Anatomy of Motive,* New York, Scribner.

Douglas, J., Ressler, R.K., Burgess, A.W. and Hartman, C.R. (1986) Criminal profiling from crime scene analysis. *Behavioral Sciences and the Law, 4*(4), pp. 401-21.

Douglas, M. (1978) Cultural bias. Royal Anthropological Institute. Occasional Paper No. 35. Reprinted in M. Douglas (1982) *In the Active Voice,* Routledge & Kegan Paul, London, pp. 183-254.

Downs, R.M. and Stea, D. (1977) *Maps in Minds,* Harper & Row, London.

Drummond, D.S. (1976) *Police Culture,* Sage Publications, London.

Duffield, G. and Grabosky, P. (2001) The psychology of fraud. *Trends and Issues in Crime and Criminal Justice, 199.*

Dugdale, R.L. (1877) *The Jukes: A Study in Crime, Pauperism, Disease, and Heredity,* Putnam & Sons, New York.

Duyne, van, P. (1996) The phantom and threat of organised crime. *Crime, Law and Social Change, 24,* 341-77.

Duyne, van, P. (1999) Mobsters are human too, in *Profiling in Policy and Practice* (Eds D. Canter and L.J. Alison), Ashgate, Aldershot.

Ebbinghaus, H. (1913) *Memory. A Contribution to Experimental Psychology,* Teachers College, Columbia University, New York. (Reprinted Bristol: Thoemmes Press, 1999)

Eckman, P. (2001) *Telling Lies,* Norton, New York.

Edwards, S. (1977) *The Vidocq Dossier: The Story of the World's First Detective,* Houghton Mifflin Company, Boston, MA.

Egger, S.A. (1984) A working definition of serial murder and the reduction blindness. *Journal of Police Science and Administration, 12,* 348-57.

Egger, S.A. (1998) *The Killers Among Us: An Examination of Serial Murder and its Investigation.* New Jersey: Prentice Hall.

Egger, S.A. (1999) Psychological profiling. *Journal of Contemporary Criminal Justice, 15*(3), 242-61.

Elaad, E. (1999) A comparative study of polygraph tests and other forensic methods, in *Interviewing and Deception* (Eds D.V. Canter and L.J. Alison), Ashgate, Aldershot, pp. 211-31.

Eldridge, J.E. and Jones, J.P. (1991) Warped space: A geography of distance decay. *The Professional Geographer, 43*(4), 500-11.

Elliot, D.S. and Ageton, S.S. (1980) Reconciling race and class differences in self-reported and official estimates of delinquency. *American Sociological Review, 45,* 95-110.

Esplin, P.W., Boychuk, T. and Raskin, D. (1988) Application of Statement Validity Analysis. Paper presented at the NATO Advanced Study Institute on Credibility Assessment, Maratea, Italy.

Eysenck, H.J. (1980) *The Causes and Effects of Smoking,* Maurice Temple Smith, London.

Eysenck, M. (1987) Trait theories of anxiety, in *Personality Dimensions and Arousal* (Eds J. Strelau and H.J. Eysenck), Plenum Press, New York, pp. 79-97.

Farrington, D.P. (1973) Self-reports of deviant behaviour: predictive and stable? *Journal of Criminal Law and Criminology, 64,* 99-110.

참고문헌

Farrington, D.P. (1986) Age and crime, in *Crime and Justice* (Eds M. Tonry and N. Morris), Chicago, University of Chicago Press.

Farrington, D.P. (1989) Self-reported and official offending in adolescence and adulthood, in *Cross-National Research in Self-Reported Crime and Delinquency,* (Ed. M.W. Kelin), Kluwer, Dordrecht.

Farrington, D.P. (1995) The development of offending and anti-social behaviour from childhood: key findings from the Cambridge Study of Delinquent Development. *Journal of Child Psychology and Psychiatry, 360,* 929-64.

Farrington, D.P., Joliffe, D., Loeber, R. *et al.* (2001) The concentration of offenders in families, and family criminality in the prediction of boy's delinquency. *Journal of Adolescence, 24,* 579-96.

Farrington, D.P. and Lambert, S. (1994) Differences between burglars and violent offenders. *Psychology, Crime and Law, 1,* 107-16.

Farrington, D.P. and Lambert, S. (2007) Predicting offender profiles from offence and victim characteristics, in *Criminal Profiling: International Theory, Research, and Practice* (Ed. R.N. Kocsis), Humana Press, Totowa, NJ.

Faust, K. (1994) *Social Network Analysis: Methods and Applications,* Cambridge University Press, Cambridge.

Fawcett, T. (2006) An introduction to ROC analysis. *Pattern Recognition Letters, 27,* 861-74.

Fay, F.J. (1988) *The Police Dictionary and Encyclopaedia,* Charles C. Thomas, Springfield.

Fedora, O., Reddon, J.R., Morrison, J.W. *et al.* (1992) Sadism and other paraphilias in normal controls and aggressive and non-aggressive sex offenders. *Archives of Sexual Behaviour, 21,* 1-15.

Feeney, F. (1986) Robbers as decision-makers, in *In Their Own Words: Criminals on Crime* (Ed. P.F. Cromwell), Roxbury Publishing Co, Los Angeles, CA.

Fesbach, S. (1964) The function of aggression and the regulation of aggressive drive. *Psychological Review, 71,* 257-72.

Fisher, D. (1999) *The Case for Pragmatic Psychology,* New York University Press, New York.

Fisher, R.P. and Geiselman, R.E. (1992) *Memory Enhancing Techniques for Investigative Interviewing: the Cognitive Interview,* Charles C. Thomas, Springfield, IL.

Fisher, R.P., Geiselman, R.E. and Amador, M. (1989) Field test of the cognitive interview: enhancing the recollection of actual victims and witnesses of crime. *Journal of Applied Psychology, 74,* 722-7.

Flin, R., Slaven, G. and Stewart, K. (1996) Emergency decision making in the offshore oil and gas industry. *Human Factors, 38*(2), 262-77.

Fox, J.A., and Levin, J. (1994) *Overkill: Mass Murder and Serial Killing Exposed,* New York, Plenum.

Fox, J.A. and Levin, J. (2003) Mass murder: an analysis of extreme violence. *Journal of Applied Psychoanalytic Studies, 5*(1), 47-64.

Francis, B., Soothill, K. and Ackerley, E. (2004) Multiple cohort data, delinquent generations and criminal careers. *Journal of Contemporary Criminal Justice, 20,* 103-26.

Frank, G. (1966) *The Boston Strangler,* New American Library, New York.

Frank, M.G., Yarbrough, J.D. and Ekman, P. (2005) Investigative interviewing and the detection of deception, in *Investigative Interviewing: Rights, Research, Regulation,* (Ed. T. Williamson), Willan Publishing, Cullompton.

Freeman, L.C. (1979) Centrality in social networks: conceptual clarifications. *Social Networks, 1,* 215-39.

Fritzon, K. (2000) The contribution of psychological research to arson investigation, in *Profiling Property Crimes. Offender Profiling Series* (Eds D.V. Canter and L. Alison), Vol. 4, Ashgate, Aldershot, pp. 147-84.

Fritzon, K. (2001) An examination of the relationship between distance travelled and motivational aspects of arson. *Journal of Environmental Psychology, 21,* 45-60.

Fritzon, K. and Canter, D. (1998) Differentiating arsonists: a model of firesetting actions and characteristics. *Legal and Criminological Psychology, 3,* 73-96.

Fritzon, K., Canter, D. and Wilton, Z. (2001) The application of an action systems model to destructive behaviour: the examples of arson and terrorism. *Behavioral Sciences and the Law, 19*(5–6), 657–90.

Fritzon, K. and Ridgway, J. (2001) Near-death experience: the role of victim reaction in attempted homicide. *Journal of Interpersonal Violence, 16*, 679–96.

Frye, H.N. (1957) *Anatomy of Criticism: Four Essays,* Princeton University Press, Princeton.

Furnham, A. and Thompson, J. (1991) Personality and self-reported delinquency. *Personality and Individual Differences, 12*, 585–93.

Garfinkel, H. (1967) *Studies in Ethnomethodology,* Prentice Hall, Englewood Cliffs, NJ.

Geberth, V.J. (1992) STalkers. *Law and Order,* October, 138–43.

Geiselman, R.E., Fisher, R.P., Mackinnon, D.P. and Holland, H.L. (1985) Eyewitness memory enhancement in the police interview: cognitive retrieval mnemonics versus hypnosis. *Journal of Applied Psychology, 70*, 401–12.

Geiselman, R.E., Fisher, R.P., Mackinnon, D.P. and Holland, H.L. (1986) Enhancement of eyewitness memory with the cognitive interview. *American Journal of Psychology, 99*, 385–401.

Gerard, F., Mormont, C. and Kocsis, R.N. (2007) Offender profiles and crime scene behaviours in Belgian sexual murders, in *Criminal Profiling: International Perspectives in Theory, Practice and Research* (Ed. R.N. Kocsis), Humana Press/Springer, Totowa, NJ.

Godlewski, J. (1987) Typologia zgwałceń [Typology of rape]. *Psychiatria Polska, 21*(4), 296–301.

Goffman, E. (1963) *Stigma: Notes on the Management of Spoiled Identity,* Prentice Hall, Englewood Cliffs, NJ.

Goodwill, A.M. and Alison, L.J. (2007) When is profiling possible? Offence planning and aggression as moderators in predicting offender age from victim age in stranger rape. *Behavioral Sciences and the Law, 25*, 823–40.

Goring, C. (1913) *The English Convict,* Darling, London.

Gosselin, C. and Wilson, G. (1987) *Sexual Variations,* Faber & Faber, London.

Gratzer, T. and Bradford, J.M.W. (1995) Offender and offense characteristics of sexual sadists: a comparative study. *Journal of Forensic Sciences, 40*, 450–5.

Green, E.J., Booth, C.E. and Biderman, M.D. (1976) Cluster analysis of burglary MO's. *Journal of Police Science and Administration, 4*, 382–8.

Gregory, A. (1999) The decision to die. The psychology of the suicide note. In D.V. Canter and L.J. Alison (Eds) *Profiling in Policy and Practice: Offender Profiling Series,* Vol. I, Ashgate, Aldershot, pp. 127–56.

Gresswell, D.M. and Hollin, C.R. (1994) Multiple murder: a review. *British Journal of Criminology, 34*, 1–14.

Grimm, L.G. and Yarnold, P.R. (1995) *Reading and Understanding Multivariate Statistics,* American Psychological Association, Washington.

Gross, H.G. (1911) *Criminal Psychology,* Little, Brown & Company, Boston, MA.

Gross, H.G. (1934) *Criminal Investigation: A Practical Textbook for Magistrates, Police Officers, and Lawyers,* adapted by John Adam and J. Collyer Adam, Sweet & Maxwell, London.

Groth, A.N. and Birnbaum, H.J. (1979) *Men Who Rape: The Psychology of the Offender,* Plenum, New York.

Grubin, D. (1994) Sexual murder. *The British Journal of Psychiatry, 165*, 624–9.

Grubin, D. (2004) The role of the polygraph in the assessment and management of risk in sex offenders in the community, in *Sex Offenders in the Community* (Ed. A. Matravers), Willan, Cullompton.

Grubin, D., Kelly, P. and Brunsdon, C. (2001) *Linking Serious Sexual Assaults Through Behaviour,* Home Office, Research, Development and Statistics Directorate, London.

Grubin, D., Madsen, L., Parsons, S., *et al.* (2004) A prospective study of the impact of polygraphy on high-risk behaviors in adult sex offenders. *Sexual Abuse: A Journal of Research and Treatment, 16*, 209–22.

참고문헌

Gudjonsson, G.H. (1984) A new scale of interrogative suggestibility. *Personality and Individual Differences, 5,* 303-14.

Gudjonsson, G.H. (2001) False confession. *The Psychologist, 14,* 588-91.

Gudjonsson, G.H. (2006) Sex offenders and confessions: how to overcome their resistance during questioning. *Journal of Clinical Forensic Medicine, 13,* 203-7.

Gudjonsson, G.H., Clare, I.C.H. and Rutter, S. (1995) The relationship between suggestibility and anxiety among suspects detained at police stations. *Psychological Medicine, 25,* 875-8.

Gudjonsson, G.H. and MacKeith, J.A.C. (1988) Retracted confessions: legal, psychological and psychiatric aspects. *Medicine, Science and the Law, 28,* 187-94.

Guttman, L. (1954) A new approach to factor analysis: the radex, in *Mathematical Thinking in the Social Sciences* (Ed. P.R. Lazarsfeld), Free Press, Glencoe, p. 111.

Guttman, L. (1965) A faceted definition of intelligence, in *Studies in Psychology. Scripta Hierosolymitana* (Ed. R. Eiferman) vol. 14, Hebrew University, Jerusalem, pp. 166-81.

Guttman, L. (1968) A general nonmetric technique for finding the smallest coordinate space for a configuration of points. *Psychometrika, 33,* 469-506.

Guttman, L. (1982) Facet theory, smallest space analysis and factor analysis. *Perceptual and Motor Skills, 54*(2), 491-3.

Guzzo, R. (1996) Fundamental considerations about work groups, in *Prospective Studies of Crime and Delinquency* (Ed. M. West), John Wiley & Sons, Ltd, Chichester, pp. 211-24.

Haber, R.N. and Haber, L. (2000) Experiencing, remembering and reporting events. *Psychology, Public Policy, and Law, 6,* 1057-97.

Häkkänen, H. (2005) Homicide by ligature strangulation in Finland: offence and offender characteristics. *Forensic Science International, 152,* 62-4.

Häkkänen, H., Lindlöf, P. and Santtila, P. (2004) Crime scene actions and offender characteristics in a sample of Finnish stranger rapes. *Journal of Investigative Psychology and Offender Profiling, 1*(1), 17-32.

Hall, H.V. (1983) Guilty but mentally ill: feedback from state attorneys general. *Bulletin of the American Academy of Forensic Psychology, 4,* 2-8.

Hammond, L., Wagstaff, G.F. and Cole, J. (2006) Facilitating eyewitness memory in adults and children with context reinstatement and focused meditation. *Journal of Investigative Psychology and Offender Profiling, 3,* 117-30.

Hare, R.D. (1991) *Hare Psychopathy Checklist - Revised,* Multi-Health Systems, Toronto.

Hare, R.D. (1993) *Without Conscience: The Disturbing World of Psychopaths Among Us,* Guilford, New York.

Hare, R.D. (1996) Psychopathy: a clinical construct whose time has come. *Criminal Justice and Behavior, 23,* 25-54.

Hare, R.D. (2003) *Hare Psychopathy Checklist - Revised,* 2nd edn, Multi-Health Systems, Toronto.

Harmon, H.H. (1976) *Modern Factor Analysis.* Chicago, University of Chicago Press.

Harmon, R.B., Rosner, R. and Owens, H. (1995) Obsessional harassment and erotomania in a criminal court population. *Journal of Forensic Sciences, 40*(2), 188-96.

Harré, R. (1979) *Social Being,* Blackwell, Oxford.

Harrison, S. (1993) *The Diary of Jack the Ripper: The Discovery, The Investigation, The Debate,* Hyperion, New York.

Hazelwood, R.R., Ressler, R.K., Depue, R.L. and Douglas, J.E. (1987) Criminal personality profiling: an overview, in *Practical Aspects of Rape Investigation: A Multidisciplinary Approach* (Eds R.R. Hazelwood) and A.W. Burgess), Elsevier, New York.

Heap, M. and Kirsch, I. (Eds) (2006) *Hypnosis,* Ashgate, Aldershot.

Hendricks, J.E. and Spillance, L. (1993) Stalking: what can we do to forestall tragedy? *The Police Chief,* December, 68-71.

Hickey, E. (1997) *Serial Killers and their Victims,* 2nd edn, Brooks/Cole, Pacific Grove, CA.

Hickey, E. (2005) *Serial Murderers and their Victims,* Belmont, Wadsworth.

Hill, A., Habermann, N., Berner, W. and Briken, P.

(2006) Sexual sadism and sadistic personality disorder in sexual homicide. *Journal of Personality Disorders, 20*(6), 671–84.

Hindelang, M.J., Hirschi, T. and Weis, J.G. (1981) *Measuring Delinquency,* Sage, London.

Hirschfield, A. and Bowers, K. (2001) *Mapping and Analysing Crime Data: Lessons from Research and Practice,* Taylor & Francis, London.

Hobbs, D. (1988) *Doing the Business: Entrepreneurship, the Working Class and Detectives in the East End of London,* Oxford University Press, Oxford.

Hobbs, D. (1995) *Professional Criminals,* Ashgate, Dartmouth.

Hobbs, D. (1997) Criminal collaboration: youth gangs, subcultures, professional criminals, and organised crime, in *The Oxford Handbook of Criminology* (Eds M. Maguire, R. Mogan and R. Reiner), Oxford University Press, Oxford.

Hobbs, D. (1988) *Doing the Business: Entrepreneurship, the Working Class and Detectives in the East End of London.* Oxford University Press, Oxford.

Hodge, S. (1999) Canter's Victim Role Model of Serial Murder. Unpublished internal report to the International Research Centre for Investigative Psychology (IRCIP).

Hodge, S.A. (2000) Multivariate model of serial sexual murder. Unpublished work cited in Canter, D. (2000) offender profiling and criminal differentiation. *Legal and Criminological Psychology, 5,* 23–46.

Hodge, S. and Canter, D. (1998) Victims and perpetrators of male sexual assault. *Journal of Interpersonal Violence, 13*(2), 222–39.

Hogan, J. and Hogan, R. (1989) How to measure employee reliability. *Journal of Applied Psychology, 74*(2), 273–9.

Hollinger, R.C. and Clark, J.P. (1983) *Theft by Employees,* Lexington Books, Lexington, MA.

Holems, R.M. and DeBurger, J. (1985) Profiles in terror: the serial murder. *Probation, 49,* 29–34.

Holems, R.M. and DeBurger, J. (1988) *Serial Murder,* Sage, Newbury Park.

Holems, R.M. and Holmes, S.T. (1996) *Profiling Violent Crimes: An Investigative Tool,* Sage Publications, London.

Holems, R.M. and Holmes, S.T. (1998) *Serial Murder,* 2nd edn, Sage, Thousand Oaks, CA.

Hooten, E.A. (1939) *The American Criminal: An Anthropological Study,* Harvard University Press, Cambridge, MA.

Horgan, J. (2004) The case for first-hand research, in *Research on Terrorism: Trends, Achievements, Failures* (Ed. A. Silke), Frank Cass, London.

Horgan, J. (2005) *The Psychology of Terrorism,* Routledge, London.

Horgan, J. (2009) Disengagement from terrorism, in *The Faces of Terrorism: Cross-Disciplinary Explorations* (Ed. D. Canter).

Howlett, J., Hanfland, K. and Ressler, R. (1986) The violent criminal apprehension program. *FBI Law Enforcement Bulletin, 55,* 14–18.

Huff, C.R., Ratner, A. and Sagarin, E. (1986) Guilty until proven innocent: wrongful convictions and public policy. *Crime and Delinquency, 32,* 518–44.

Huizinga, D. and Elliot, D.S. (1986) Reassessing the reliability and validity of self-report measures. *Journal of Quantitative Criminology, 2,* 293–327.

Hull, C.L. (1943) *Principles of Behavior.* New York, Appleton Century Croft.

Hunter, J.M. and Shannon, G.W. (1985) Jarvis re-visited: distance decay and service areas of mid-19th century asylums. *Professional Geographer, 37*(3), 296–302.

Huss, M.T. and Weaver, K.A. (1996) Effect of modality in earwitness identification: memory for verbal and nonverbal auditory stimuli presented in two contexts. *The Journal of General Psychology, 123,* 277–87.

Inbau, F.E. and Reid, J.E. (1962) *Criminal Interrogation and Confessions,* Williams & Wilkins, Blatimore.

Ioannou, M. (2006) Hero or villain: criminals' emotional experience of crime. University of Liverpool, UK. Unpublished doctoral dissertation.

Ioannou, M. (2009) Serial murder, in *Violent Crime: Clinical and Social Implications,* (Ed. C. Ferguson), Sage Publications, Thousand Oaks, CA.

Jaccard, P. (1908) Nouvelles recherches sur la

distribution florale. *Bulletin de la Société Vaudoise des Sciences Naturelles, 44*, 223–70.

Jackson, J. (1994) Fraud masters: professional credit card offenders and crime. *Criminal Justice Review, 19*(1), 24–55.

James, W. (1890) *The Principles of Psychology,* Vol. 1, Dover, New York.

Jarvis, E. (1850) The influence of distance from and proximity to an insane hospital, on its use by any people. *The Boston Medical and Surgical Journal, 42*, 209–22.

Jenkins, P. (1988) Serial murder in England 1940–1985. *Journal of Criminal Justice, 16*, 1–15.

Jenkins, P. (1992) The speed capital of the world: organizing the methamphetamine industry in Philadelphia 1970–1990. *Criminal Justice Policy Review, 6*(1), 17–39.

Jenkins, P. (1994) *Using Murder: The Social Construction of Serial Homicide.* Aldine De Gruyter, New York.

Johnston, L. (2000) Riot by appointment: an examination of the nature and structure of seven hard-core football hooligan groups, in *The Social Psychology of Crime* (Eds D. Canter and L.J. Alison), Ashgate: Aldershot.

Jones, J.W. and Terris, W. (1983) Predicting employees' theft in home improvement centres. *Psychological Reports, 52*, 187–201.

Junger-Tas, J. and Marshall, I.H. (1999) The self-report methodology in crime research. *Crime and Justice: A Review of the Research, 25*, 291.

Kanin, E.J. (1994) False rape allegations. *Archives of Sexual Behavior, 23*(1), 81–92.

Kassimeris, G. (2009) Case study: The November 17th Group – Europe's last revolutionary terrorists, in D. Canter. (Ed) *The Faces of Terrorism: Cross-Disciplinary Explorations.*

Kassin, S.M., Tubb, V.A., Hosch, H.M. and Memon, A. (2001) On the 'general acceptance' of eyewitness testimony research: a new survey of the experts. *American Psychologist, 56*(5), 405–16.

Katz, J. (1988) *Seductions of Crime: Moral and Sensual Attractions in Doing Evil,* Basic Books, New York.

Kaufman, A., Divasto, P., Jackson, R., *et al.* (1980) Male rape victims: non-institutionalised assault.

American Journal of Psychiatry, 137, 221–3.

Kebbell, M.R., Milne, R. and Wagstaff, G.F. (2001) The cognitive interview in forensic investigations. A review, in *Psychology and Law in a Changing World: New Trends in Theory, Practice and Research* (Eds G.B. Traverso and L. Bagnoli), Reading, Harwood, pp. 185–97.

Kebbell, M.R. and Wagstaff, G.F. (1999) *Face Value? Evaluating the Accuracy of Eyewitness Information.* Home Office: Police Research Series. Home Office, London.

Kelly, G.A. (1955) *The Psychology of Personal Constructs,* Routledge, London.

Keppel, R. (2004) (Ed.) *Offender Profiling,* Thomson, London.

Keppel, R.D. and Walter, R. (1999) Profiling killers: a revised classification model for understanding sexual murder. *International Journal of Offender Therapy and Comparative Criminology, 43*(4), 417–37.

Keppel, R.D. and Weis, J. (1993) Time and distance as solvability factors in murder cases. *Journal of Forensic Sciences, 39*(2), 286–401.

Keppel, R.D., Weis, J., Brown, K.M. and Welch, K. (2005) The Jack the Ripper Murders: a modus operandi and signature analysis of the 1888–1891 Whitechapel murders. *Journal of Investigative Psychology and Offender Profiling, 2*(1), 1–21.

Kind, S. (1987) *The Scientific Investigation of Crime,* Forensic Science Services, Harrogate.

Kinsey, A.C., Pomeroy, W.B. and Martin, C.E. (1948) *Sexual Behaviour in the Human Male,* W.B. Saunders, Philadelphia, PA.

Kirby, A. (2007) The London bombers as 'self-starters': a case study in indigenous radicalization and the emergence of autonomous cliques. *Studies in Conflict and Terrorism, 30*, 415–28.

Kitche, R.M. (1994) Cognitive maps: what are they and why study them? *Journal of Environmental Psychology, 14*(1), 1–19.

Klein, M.W. (1984) Offence specialisation and versatility among juveniles. *British Journal of Criminology, 24*, 185–94.

Kleiner, M. (1999) The psychophysiology of

deception and the orienting response, in *Interviewing and Deception* (Eds D.V. Canter and L.J. Alison), Ashgate, Aldershot, pp. 183–208.

Knigth, R.A. (1999) Validation of a typology for rapists. *Journal of Interpersonal Violence, 14,* 303–30.

Knight, R.A. and Prentky, R.A. (1987) The developmental antecedents and adult adaptations of rapist subtypes. *Criminal Justice and Behavior, 14*(4), 403–26.

Knight, R.A., Prentky, R.A. and Cerce, D.D. (1994) The development, reliability, and validity of an inventory for the multidimensional assessment of sex and aggression. *Criminal Justice and Behavior, 21,* 72–94.

Knight, R.A., Warren, J.I., Reboussin, R. and Soley, B.J. (1998) Predicting rapist type from crime scene characteristics. *Criminal Justice and Behavior, 25,* 46–80.

Kocsis, R.N., Cooksey, R.W. and Irwin, H.J. (2002) Psychological profiling of offender characteristics from crime behaviors in serial rape offences. *International Journal of Offender Therapy and Comparative Criminology, 46,* 144–69.

Kocsis, R.N. and Irwin, H.J. (1997) An analysis of spatial patterns in serial rape, arson and burglary: the utility of the circle theory of environmental range for psychological profiling. *Psychiatry, Psychology and Law, 4*(2), 195–206.

Koehn, C.H., Fischer R.P. and Cutler, B.L. (1999) Using cognitive interviewing to construct facial composites, in *Interviewing and Deception* (Eds D. Canter and L. Alison), Ashgate, Darmouth.

Kohnken, G., Thurer, C. and Zorberbier, D. (1994) The cognitive interview: are the investigators' memories enhanced too? *Applied Cognitive Psychology, 8*(11), 13–24.

Korosec-Serfaty, P. and Bollitt, D. (1986) Dwelling and the experience of burglary. *Journal of Environmental Psychology, 6,* 329–44.

Kraemer, G.W., Lord, W.D. and Heilbrun, K. (2004) Comparing single and serial homicide offences. *Behavioural Sciences and the Law, 22,* 325–43.

Kramer, H. and Sprenger, J. (1971) *The Malleus Maleficarium,* Dover Publishing, New York.

Krafft-Ebing, R. von. (1965) *Psychopathia Sexualis,* Stein & Day, New York. (Original work published in 1886.)

Krambia-Kapardis, M. (2001) *Enhancing the Auditor's Fraud Detection Ability: An Interdisciplinary Approach,* Peter Lang, Frankfurt am Main.

Kretschmer, E. (1925) *Physique and Character,* Harcourt, New York.

Labuschagne, G. (2004) Features and investigative implications of muti murder in South Africa. *Journal of Investigative Psychology and Offender Profiling, 1,* 191–206.

Lamers-Winkelman, F. (1999) Statement validity analysis: its application to a sample of Dutch children who may have been sexually abused. *Journal of Aggression, Maltreatment and Trauma, 2*(2), 59–81.

Langer, W.C. (1943) *Psychological Profile of Hitler.* Declassified Documents of the Office of Strategic Services. Accessed from the National Archives, Washington, D.C.

Langer, W.C. (1972) *The Mind of Adolf Hitler: The Secret Wartime Report,* Basic Books, New York.

Le Beau, J.L. (1987) The journey to rape: geographic distance and the rapist's method of approaching the victim. *Journal of Police Science and Administration, 15,* 129–36.

Lee, R.M. (2000) *Unobtrusive Methods in Social Research,* Open University Press, Maidenhead.

Leibowtiz, H.W. (1985) Grade crossing accidents and human factors engineering, *American Scientist, 73,* 558–62.

Leo, R., Costanzo, M. and Shaked, N. (2009) Psychological and cultural aspects of interrogations and false confessions: using research to inform legal decision making, in *Psychological Expertise in Court: Psychology in the Courtroom,* (Eds D. Kraus and J. Lieberman), Ashgate, Aldershot.

Levi, M. and Burrows, J. (2008) Measuring the impact of fraud: a conceptual and empirical journey, *British Journal of Criminology, 48*(3), 293–318.

참고문헌

Levine, N. (in press) Introduction to the special issue on Bayesian journey-to-crime estimation, *Journal of Investigative Psychology and Offender Profiling.*

Levy, S. (Ed.) (1994) *Louis Guttman on Theory and Methodology: Selected Writings,* Dartmouth Publishing, Aldershot.

Levy, S. and Guttman, L. (1975) On the multivariate structure of well-being, *Social Indicators Research, 2*(3), 361–88.

Lewis, R. (1994) Flexible hierarchies and dynamic disorder, in J. Strang and M. Gossop (Eds), *Heroin Addiction and Drug Policy: The British System,* Oxford University Press, Oxford.

Liebow, E. (1982) *Dr Joe Bell: Model for Sherlock Holmes,* Bowling Green State University Popular Press, Bowling Green, OH.

Lingoes, J. (1973) *The Guttman-Lingoes Non-Metric Program Series,* Ann Arbor, Michigan, Mathesis Press.

Litman, R.E., Curphey, T., Shneidman, E.S. *et al.* (1970) The psychological autopsy of equivocal deaths, in *The Psychology of Suicide* (Eds E.S. Shneidman, N.L. Farberow and R.E. Litman), Science House, New York.

Little, B.R. (1983) Personal projects: a rationale and method for investigation. *Environment and Behavior, 15*(3), 273–309.

Lobato, A. (2000) Criminal weapon use in Brazil: a psychological analysis, in *Profiling Property Crimes* (Eds D. Canter and L.J. Alison), Ashgate, Dartmouth, 107–45.

Loftus, E.F. (1976) Unconscious transference. *Law and Psychology Review, 2*, 93–8.

Loftus, E.F. (1979) *Eyewitness Testimony,* Harvard University Press, Cambridge, MA.

Loftus, E.F. and Burns, T.E. (1982) Mental shock can produce retrograde amnesia. *Memory and Cognition, 10*(4), 318–23.

Loftus, E.F., Loftus, G.R. and Messo, J. (1987) Some facts about weapon focus. *Law and Human Behavior, 11*, 55–62.

Lombroso, C. (1876) *The Criminal Man (L'Uomo Delinquente),* Hoepli, Milan.

Lombroso, C. (1911) *Crime: Its Causes and Remedies,* Little & Brown, Boston.

Lombroso, C. and Ferrero, G. (2004) *Criminal Woman, the Prostitute, and the Normal Woman,* Duke University Press, London.

Lombroso-Ferrero, G. (1911) *Criminal Man,* Patterson Smith Publishing, Montclair, NJ.

Lombroso-Ferrero, G. (1972) *Criminal Man: According to the Classification of Cesare Lombroso,* Patterson Smith Publishing, Montclair, NJ.

Lundrigan, S. and Canter, D. (2001) A multivariate analysis of serial murderers' disposal site location choice. *Journal of Environmental Psychology, 21*, 423–32.

Lynch, K. (1960) *The Image of the City,* MIT Press, Cambridge, MA.

MacCulloch, M., Snowden, P., Wood, P. and Mills, H. (1983) Sadistic fantasy, sadistic behavior, and offending. *British Journal of Psychiatry, 143*, 20–9.

Maguire, M. (1982) *Burglary in a Dwelling,* Heinemann, London.

Marks, J. (2002) *What it Means to be 98% Chimpanzee,* University of California Press, Berkeley.

Mars, G. (2000) Culture and crime, in *The Social Psychology of Crime* (Eds D. Canter and L.J. Alison), Ashgate, Aldershot.

Marsh, P., Rossee, E. and Harré, R. (1978) *The Rules of Disorder,* Routledge & Kegan Paul, London.

Marshall, B.C. and Alison, L.J. (2006) Structural behavioural analysis as a basis for discriminating between genuine and simulated rape allegations. *Journal of Investigative Psychology and Offender Profiling, 3*, 21–34.

Marshall, W.L. (1989) Intimacy, loneliness and sexual offenders. *Behavioral Research in Therapy, 27*, 491–503.

Marshall, W.L. and Darke, J. (1982) Inferring humiliation as motivation in sexual offenses. *Treatment of Sexual Aggressives, 5*, 1–3.

Marshall, W.L. and Kennedy, P. (2003) Sexual sadism in sexual offenders: an elusive diagnosis. *Aggression and Violent Behaviour: A Review Journal, 8*, 1–22.

Marshall, W.L., Kennedy, P., Yates, P. and Serran, G. (2002) Diagnosing sexual sadism in sexual offenders: reliability across diagnosticians. *International Journal of Offender Therapy and Comparative Criminology, 46*(6), 668–77.

Maruna, S. (1999) Desistance and development: the psychosocial process of 'going straight'. *British Society of Criminology Conference Selected Proceedings, 2,* 1–25.

Maruna, S. (2001) *Making Good: How Ex-Convicts Reform and Rebuild Their Lives,* American Psychological Association Books, Washington, DC.

McAdams, D. (1988) Biography, narratives and lives: an introduction. *Journal of Personality, 56,* 1–18.

McAdams, D. (1993) *The Stories We Live By,* Guilford Press, New York.

McAdams, D., Josselson, R. and Lieblich, A. (2006) *Identity and Story: Creating Self in Narrative,* APA Books, Washington, DC.

McAndrew, D. (2000) The structure of criminal networks, in *The Social Psychology of Crime* (Eds D. Canter and L.J. Alison), Ashgate, Aldershot.

McClintock, F.H. and Gibson, E. (1961) *Robbery in London,* Macmillan, London.

McCluskey, K. and Wardle, S. (2000) The social structure of robbery, in *The Social Psychology of Crime* (Eds D. Canter and L.J. Alison), Ashgate, Aldershot.

McConaghy, N. (1993) *Sexual Behavior: Problems and Management,* Plenum Press, New York.

McLeod, J. (1997) *Narrative and Psychotherapy,* Sage, London.

McNally, R.J. (2003) *Remembering Trauma,* Harvard University Press, Cambridge, MA.

Meaney, R. (2004) Commuters and marauders: an examination of the spatial behaviour of serial criminals. *Journal of Investigative Psychology and Offender Profiling, 1*(2), 121–37.

Meehl, P.E. (1996) *Clinical versus Statistical Prediction: A Theoretical Analysis and a Review of the Evidence.* Jason Aronson: Northvale, NJ. (Original work published 1954.)

Meloy, J.R. (1996) Stalking (obsessional following): a review of some preliminary studies. *Aggression and Violent Behavior, 1*(2), 147–62.

Meloy, J.R. (2000) The nature and dynamics of sexual homicide: an integrative review. *Aggression and Violent Behavior, 5,* 1–22.

Memon, A. and Stevenage, S. (1996) Interviewing witnesses. *Psycoloquy, 7*(6).

Memon, A., Wark, L., Holley, A. *et al.* (1997) Eyewitness performance in cognitive and structured interviews. *Memory, 5,* 639–55.

Merari, A. (1990) *Special Oversight Panel on Terrorism Hearing on Terrorism and Threats to US Interests in the Middle East, http://www.armedservices.house.gov/schedules,* accessed 11 November 2005.

Merry, S. and Harsent, L. (2000) Intruders, pilferers, raiders and invaders: the interpersonal dimension of burglary, in D. Canter and L. Alison (Eds) *Profiling Property Crimes,* Ashgate, Dartmouth.

Mickolus, E.F. (1980) *Transnational Terrorism: A Chronology of Events, 1868–1969,* Aldwych Press, London.

Mikkelsen, J.E., Gutheil, T.G. and Emens, M. (1992) False sexual abuse allegations by adolescents and children: contextual factors and clinical sub-types. *American Journal of Psychotherapy, 46,* 566–70.

Mills, C.W. (1940) Situated actions and vocabularies of motive. *American Sociological Review, 5,* 904–13.

Milne, R. and Bull, R. (1999) *Investigative Interviewing: Psychology and Practice,* John Wiley & Sons, Ltd, Chichester.

Milne, R. and Bull, R. (2002) Back to basics: a componential analysis of the cognitive interview. *Applied Cognitive Psychology, 16,* 743–53.

Milne, R. and Bull, R. (2003) Interviewing by the police, in Carson, D. and Bull, R. (Eds) *Handbook of Psychology in Legal Contexts,* John Wiley & Sons, Ltd, Chichester.

Minnaar, A. (2001) Witchpurging and muti murder in South Africa: the legislative and legal challenges to combating these practices with specific reference to the Witchcraft Surpression Act (No. 3 of 1957, amended by act No. 50 of 1970). *African Legal Studies, 2,* 1–21.

Mischel, W. (1968) *Personality and Assessment,* John Wiley & Sons, Inc., New York.

Moghaddam, F.M. (2005) The staircase to terrorism: a psychological exploration. *American Psychologist, 60*(2), 161–9.

참고문헌

Moghaddam, F.M. (2009) De-radicalization and the staircase from terrorism, in D. Canter (Ed.) *The Faces of Terrorism: Cross-Disciplinary Explorations*, in press.

Mokros, A. and Alison, L. (2002) Is profiling possible? Testing the predicted homology of crime scene actions and background characteristics in a sample of rapists. *Legal and Criminological Psychology, 7,* 25-43.

Monahan, J. (1992) Mental illness and violent behaviour: perceptions and evidence. *American Psychologist, 47,* 511-21.

Morton, R.J. and Hilts, M.A. (2005) *Serial Murder: Multi-Disciplinary Perspectives for Investigators,* Federal Bureau of Investigation: National Center for the Analysis of Violent Crime, Quantico, VA.

Moston, S., Stephenson, G.M. and Williamson, T.M. (1992) The incidence, antecedents and consequences of the use of right of silence during police questioning. *British Journal of Criminology, 32,* 23-40.

Muehlenhard, C.L. and Linton, M.A. (1987) Date rape and sexual aggression in dating situations: incidence and risk factors. *Journal of Counseling Psychology, 34*(2), 186-96.

Muller, D. (2000) Criminal profiling: real science or just wishful thinking? *Homicide Studies, 4*(3), 234-64.

Mullins, S. (2006) The small-group psychology of terrorism: a dynamic network approach. University of Liverpool. MSc Dissertation.

Mullins, S. (2008) Criminal groups and networks, in *Criminal Psychology,* (Ed. D. Canter), Hodder Education, London, pp. 133-44.

Mullins, S. (2009) Terrorist networks and small-group psychology, in *The Faces of Terrorism: Cross-Disciplinary Explorations,* (Ed. D. Canter).

Munsell, A.H. (1912) A pigment color system and notation. *American Journal of Psychology, 23,* 236-44.

Murphy, P. (2006) *Report of the Official Account of the Bombings in London on 7th July 2005.* The Stationery Office, London.

Murray, K. (1985) Life as fiction. *Journal for the Theory of Social Behaviour, 15*(2), 173-87.

Myers, W.C., Burgess, A.W., Burgess, A.G. and Douglas, J.E. (1999) Serial murder and sexual homicide, in V. van Hassalt and M. Herson (Eds), *Handbook of Psychological Approaches with Violent Offenders,* Kluwer Academic, New York.

Naka, M., Itsukushima, Y. and Itoh, Y. (1996) Eyewitness testimony after three months: a field study on memory for incidents in everyday life. *Japanese Psychological Research, 38*(1), 14-24.

Nee C. and Meenaghan, A. (2006) Expert decision making in burglars. *British Journal of Criminology, 46*(5), 935-49.

Nelken, D. (1993) *White-Collar Crime,* Dartmouth, Aldershot.

Neumann, C.S., Vitacco, M.J., Hare, R.D. and Wupperman, P. (2005) Reconstructing the 'reconstruction' of psychopathy: a comment on Cooke, Miche, Hart and Clark. *Journal of Personality Disorders, 19,* 624-40.

Newton, M. (2000) *The Encyclopaedia of Serial Killers,* Checkmark Books, New York.

Nye, F. and Short, J. (1957) Scaling delinquent behaviour. *American Sociological Review, 22,* 326-31.

O'Donohue, W. and Bowers, A.H. (2006) Pathways to false allegations of sexual harrassment. *Journal of Investigative Psychology and Offender Profiling, 3*(1), 47-74.

Ogloff, Z. and Otto, R.K. (1993) Psychological autopsy: clinical and legal perspectives. *St Louis University Law Journal, 37,* 607.

Orel, H. (1991) *Sir Arthur Conan Doyle: Interviews and Recollections,* Palgrave Macmillan, London.

Orne, M.T. (1962) On the social psychology of the psychological experiment: with particular reference to demand characteristics and their implications. *American Psychologist, 17,* 776-83.

Otto, R.K., Poythress, N., Starr, L. and Darkes, J. (1993) An empirical study of the reports of APA's Peer Review Panel in the Congressional Review of the *USS Iowa* incident. *Journal of Personality Assessment,* 422-5.

Overbeck, J. (2005) Beyond admissability: a practical

look at the use of eyewitness expert testimony in the federal courts. *New York University Law Review, 80*, 1895.

Parker, A. and Brown, J. (2000) Detection of deception; statement validity analysis as a means of determining truthfulness or falsity of rape allegations. *Legal and Criminological Psychology, 5*, 237–59.

Parsons, T. and Shils, E. (Eds) (1951) *Toward a General Theory of Action,* Harper & Row, New York.

Passas, N. and Nelken, D. (1993) The thin line between legitimate and criminal enterprises: subsidy frauds in the European Community. *Crime, Law and Social Change, 19*(3), 223–43.

Pearse, J.J. (2006) The interrogation of terrorist suspects: the banality of torture, in *Investigative Interviewing,* (Ed. T. Williamson), Willan, Cullompton.

Peters, D.P. (1988) Eyewitness memory and arousal in a natural setting, in *Practical Aspects of Memory: Current Research and Issues* (Eds M.M. Gruneberg, P.E. Morris and R.N. Sykes), Chichester, John Wiley & Sons, Ltd.

Phillips, E. (2009) Terrorist aspects of kidnap for ransom, in *The Faces of Terrorism: Cross-Disciplinary Explorations* (Ed. D. Canter).

Phillips, M.R., McAuliff, B.D., Kovera, M.B. and Cutler, B.L. (1999) Double-blind photo array administration as a safeguard against investigator bias. *Journal of Applied Psychology, 84*(6), 940–51.

Phillips, P.D. (1980) Characteristics and typology of the journey to crime, in *Crime: A Spatial Perspective* (Eds D.E. Georges-Abeyie and K.E. Harries), Columbia University Press, New York.

Pinizotto, A.J. and Finkel, N.J. (1990) Criminal personality profiling: an outcome and process study. *Law and Human Behavior, 14*(3), 215–33.

Piquero, A.R., Farrington, D.P. and Blumstein, A. (2003) The criminal career paradigm, in *Crime and Justice: A Review of Research* (Ed. M. Tonry), University of Chicago Press, Chicago, vol. 30, pp. 359–506.

Plutchik, R. and Contel, P. (1997) *Circumplex Models of Personality and Emotions,* American Psychological Association, Washington, DC.

Podolsky, E. (1966) Sexual violence. *Medical Digest, 34*, 60–3.

Polkinghorne, D. (1988) *Narrative Knowing and the Human Sciences,* State University of New York Press, Albany, NY.

Porter, L. and Alison, L. (2004) An interpersonal model of sexually violent gang behaviour. *Aggressive Behaviour, 30*, 449–68.

Porter, L.E. and Alison, L. (2005) The primacy of decision-action as an influence strategy of violent gang leaders. *Small Group Research, 36*(2), 188–207.

Porter, L.E. and Alison, L. (2006) Examining group rape: a descriptive analysis of offender and victim behaviour. *European Journal of Criminology, 3*, 357–81.

Potter, G. (1994) *Criminal Organizations: Vice, Racketeering, and Politics in an American City,* Waveland, Prospect Heights, IL.

Powers, P.A., Andriks, J.L. and Loftus, E.F. (1979) Eyewitness accounts of males and females. *Journal of Applied Psychology, 64*, 339–47.

Poythress, N., Otto, R.K., Darkes, J. and Starr, L. (1993) APA's expert panel in the Congressional Review of the USS Iowa Incident. *American Psychologist,* January, 8–15.

Proulx, J., Blais, E. and Beauregard, E. (2007) Sadistic sexual offenders, in J. Proulx, E. Beauregard, M. Cusson and A. Nicole (Eds), *Sexual Murder: A Comparative Analysis and New Perspectives,* John Wiley & Sons, Ltd, Chichester.

Quincey, V.L., Rice, M.E. and Harris, G.T. (1995) Actuarial prediction of sexual recidivism. *Journal of Interpersonal Violence, 8*, 512–23.

Rada, R.T. (1978) *Clinical Aspects of the Rapist,* Grune & Stratton, New York.

Raskin, D.C. and Esplin, P.W. (1991) Statement validity assessment: interview procedures and content analysis of children's statements of sexual abuse. *Behavioural Assessment, 13*, 265–91.

Rattner, A. (1988) Convicted but innocent: wrongful conviction and the criminal justice system. *Law and Human Behaviour, 12*, 283–9.

Reiser, M. (1982) Crime-specific psychological consultation. *The Policy Chief,* March.

Ressler, R.K., Burgess, A.W. and Douglas, J.E. (1988) *Sexual HomicidE: Patterns and Motives,* Lexington, Lexington, MA.

Ressler, R.K., Burgess, A.W., Douglas, J.E. *et al.* (1986a) Sexual killers and their victims: identifying patterns through crime scene analysis. *Journal of Interpersonal Violence, 1,* 288-308.

Ressler, R.K., Burgess, A.W., Douglas, J.E. *et al.* (1986b) Murderers who rape and mutilate. *Journal of Interpersonal Violence, 1,* 273-87.

Ressler, R.K. and Shachtman, T. (1992) *Whoever Fights Monsters,* St Martin's Press, New York.

Reuter, P. and Haaga, J. (1986) *The Organization of High-Level Drug Markets: An Exploratory Study,* RAND, Santa Monica.

Rhodes, W.M. and Conly, C. (1981) Crime and mobility: an empirical study, in *Environmental Criminology* (Eds P.J. Brantingham and P.L. Brantingham), Sage Publications, Beverley Hills.

Rich, E.G. (1935) *Vidocq: The Personal Memoirs of the First Great Detective,* Houghton Mifflin Company, Cambridge, MA.

Ritchie, J.H. (1994) *The Report of the Inquiry into the Care and Treatment of Christopher Clunis,* HMSO, London.

Roam, D. (2008) *The Back of the Napkin: Solving Problems and Selling Ideas with Pictures,* Portfolio, London.

Robertson, A. (2000) Theft at work, in *Profiling Property Crimes* (Eds D. Canter and L. Alison), Ashgate, Dartmouth.

Rose, H. and Rose, S.P.R. (2000) *Alas, Poor Darwin: Arguments Against Evolutionary Psychology,* Jonathan Cape, London.

Ross, D.F., Ceci, S.J., Dunning, D. *et al.* (1994) Unconscious transference and mistaken identity: when a witness misidentifies a familiar but innocent person. *Journal of Applied Psychology, 84*(6), 918-30.

Ross, J. (2009) The dynamics of terrorism and terrorist groups, in *The Faces of Terrorism: Cross-Disciplinary Explorations,* (Ed. D. Canter).

Rossmo, D.K. (2000) *Geographic Profiling,* CRC Press, Boca Raton, FL.

Ruggiero, V. and South, N. (1995) *Eurodrugs: Drug Use, Markets and Trafficking in Europe,* UCL Press, London.

Rumbelow, D. (1987) *The Complete Jack the Ripper,* Penguin, London.

Sageman, M. (2004) *Understanding Terror Networks,* University of Pennsylvania Press, Philadelphia, PA.

Safarik, M.E., Jarvis, J.P. and Nussbaum, K. (2002) Sexual homicide of elderly females: linking offender characteristics to victim and crime scene attributes. *Journal of Interpersonal Violence, 17*(5), 500-25.

Sageman, M. (2008) Leaderless Jihad: terrorist networks in the twenty-first century. *Policing, 2*(4), 208-9.

Salfati, C.G. (1994) Homicide: a typology, University of Surrey, UK, unpublished MSc dissertation.

Salfati, G. (2000) The nature of expressiveness and instrumentality in homicide. *Homicide Studies, 4*(3), 265-93.

Salfati, C.G. and Bateman, A.L. (2005) Serial homicide: an investigation of behavioural consistency. *Journal of Investigative Psychology and Offender Profiling, 2,* 121-44.

Salfati, C.G. and Canter, D. (1999) Differentiating stranger murders: profiling offender characteristics from behavioral styles. *Behavioral Sciences and the Law,* 391-406.

Salfati, C.G. and Dupont, F. (2006) Canadian homicide: an investigation of crime-scene actions. *Homicide Studies, 10*(2), 118-39.

Salfati, C.G. and Haratsis, E. (2001) Greek homicide: a behavioural examination of offender crime scene actions. *Homicide Studies, 5*(4), 335-62.

Santtila, P., Canter, D., Elfgren, T. and Häkkänen, H. (2001) The structure of crime scene actions in Finnish homicides. *Homicide Studies, 5,* 363-87.

Santtila, P., Häkkänen, H., Alison, L. and Whyte, C. (2003) Juvenile firesetters: crime scene actions and offender characteristics. *Legal and Criminological Psychology, 8,* 1-20.

Santtila, P., Häkkänen, H., Canter, D. and Elfgren, T. (2003) Classifying homicide offenders and predicting their characteristics from crime scene behavior. *Scandinavian Journal of Psychology, 44*, 107–18.

Santtila, P., Häkkänen, H. and Fritzon, K. (2003) Inferring the characteristics of an arsonist from crime scene actions: a case study in offender profiling. *International Journal of Policy Science and Management, 5*, 1–15.

Santtila, P., Junkkila, J. and Sandnabba, N.K. (2005) Behavioural linking of stranger rapes. *Journal of Investigative Psychology and Offender Profiling, 2*(2), 87–103.

Sarangi, S. and Youngs, D. (2006) Spatial patterns of Indian serial burglars with relevance to geographical profiling. *Journal of Investigative Psychology and Offender Profiling, 3*(2), 105–15.

Sarnecki, J. (2001) *Delinquent Networks: Youth Co-offending in Stockholm,* Cambridge University Press, Cambridge.

Schaefer, E. (1959) A circumplex model for maternal behavior. *Journal of Abnormal and Social Psychology, 59*, 226–35.

Schaefer, E. (1997) Integration of configurational and factorial models for family relationships and child behavior, in *Circumplex Models of Personality and Emotions* (Eds R. Plutchik and H. Conte), American Psychological Association, Washington, DC.

Schmalleger, F. (2004) *Criminology Today,* 3rd edn, Prentice Hall, New Jersey.

Schneider, K. (1998) Toward a science of the heart: romanticism and the revival of psychology. *American Psychologist, 53*(3), 277–89.

Scott, M.J., and Canter, D. (1997) Picture or place? A multiple of landscape. *Journal of Environmental Psychology, 17*, 263–81.

Scully, D. and Marolla, J. (1983) *Incarcerated Rapists: Exploring a Sociological Model,* final report for the Department of Health and Human Services, NIMH, Rockville, MD.

Serin, R.C. and Amos, N.L. (1995) The role of psychopathy in the assessment of dangerousness. *International Journal of Psychiatry and Law, 18*, 231–8.

Seto, M.C. and Kuban, M. (1996) Criteria-related validity of a phallometric test for paraphilic rape and sadism. *Behaviour Research and Therapy,* *34*, 175–83.

Shalev, K., Schaefer, M. and Morgan, A. (2009) Investigating missing person cases: how can we learn where they go or how far they travel? *International Journal of Police Science and Management.*

Shapiro, D. (2002) Renewing the scientist-practitioner model. *The Psychologist, 15*(5), 232–34.

Shapland, J.M. (1974) Self-report delinquency in boys aged 11–14. *British Journal of Criminology, 18*, 255–66.

Sharp, A.M. (2009) Cyberterrorism: The emerging worldwide threat, in *The Faces of Terrorism: Interdisciplinary Perspectives* (Ed. D. Canter), John Wiley & Sons, Ltd, Chichester.

Sheldon, W. (1954) *Atlas of Men,* Macmillan, London.

Shephaerd, E. (2007) *Investigative Interviewing: The Conversation Management Approach,* Oxford University Press, Oxford.

Sherman, C. (2003) *A Rose for Mary: The Hunt for the Real Boston Strangler,* Northeastern University Press, Boston.

Sherman, L.W., Gartin, P.R. and Buerger, M.E. (1989) Hotspots of predatory crime: routine activities and the criminology of space. *Criminology, 27*, 27–55.

Shneidman, E.S. and Farberow, N.L. (1970) Sample psychological autopsies, in *The Psychology of Suicide* (Eds E.S. Shneidman, N.L. Farberow and R.E. Litman), Science House, New York.

Shoda, Y. (1999) Behavioral expressions of a personality system: generation and perception of behavioral signatures, in *The Coherence of Personality: Social-Cognitive Bases of Consistency, Variability, and Organization* (Eds D. Cervone and Y. Shoda), Guilford Press, New York.

Shoda, Y., Mischel, W. and Wright, J.C. (1994) Intra-individual stability in the organization and patterning of behavior: incorporating psychological situations into the idiographic analysis of personality. *Journal of Personality and Social Psychology, 67*, 674–87.

Shover, N. (1973) The social organisation of burglary. *Social Problems, 20*, 499–514.

Shover, N. (1991) Burglary, in *Crime and Justice: A Review of Research* (Ed. M. Tonry), University of Chicago Press, Chicago.

Shye, S. (1978) Achievement motive: a faceted definition and structure analysis. *Multivariate Behavioral Research, 13*, 327–46.

Shye, S. (1985a) Smallest space analysis, in *International Encyclopedia of Education* (Eds T. Husen and T.N. Postlethwaite), Pergamon, Oxford, pp. 4602–8.

Shye, S. (1985b) Non-metric multivariate models for behavioural action systems, in *Facet Therapy: Approaches to Social Research,* (Ed. D. Canter), Springer Verlag, New York.

Shye, S. (1989) The systemic life quality model: a basis for urban renewal evaluation. *Social Indicators Research, 21*, 343–78.

Shye, S. (1998) Modern facet theory: content design and measurement in behavioral research. *European Journal of Psychological Assessment, 14*(2), 160–71.

Shye, S. (1999) Facet theory. *Encyclopedia of Statistical Sciences, Update,* Vol. 3. John Wiley & Sons, Inc., New York, 231–9.

Shye, S., Elizur, D. and Hoffman, M. (1994) *Introduction to Facet Theory: Content Design and Intrinsic Data Analysis in Behavioural Research,* Sage Publications, London.

Shye, S. and Engelhard, M. (2004) *Profiling Offenders and Crime Scenes,* The Van Leer Jerusalem Institute, Jerusalem. (Report submitted to the Israel Ministry of Public Security, Bureau of the Chief Scientist)

Silke, A. (2003) The psychology of suicidal terrorism, in *Terrorists, Victims and Society* (Ed. A. Silke), John Wiley & Sons, Ltd, Chichester.

Siomopoulos, V. and Goldsmith, J. (1976) Sadism revisited. *American Journal of Psychotherapy, 30*(4), 631–40.

Smith, C. (1993) Psychological offender profiling. *The Criminologist, 24*(4), 224–50.

Smith, R.G. (2003) Corporate crime in the digital age. *Corporate Misconduct eZine,* vol. 1, issue 1. Available at http://www.aic.gov.au/publications/other/2003-03-corporate.html, accessed 31 May 2009.

Snook, B., Canter, D. and Bennell, C. (2002) Predicting the home location of serial offenders: a preliminary comparison of the accuracy of human judges with a geographic profiling system. *Behavioural Sciences and the Law, 20*, 109–18.

Snook, B., Zito, M., Bennell, C. and Taylor, P.J. (2005) On the complexity and accuracy of geographic profiling strategies. *Journal of Quantitative Criminology, 21*(1), 1–26.

Soibelman, M. (2004) Palestinian suicide bombers. *Journal of Investigative Psychology and Offender Profiling, 1*, 175–90.

Soothill, K., Francis, B., Sanderson, B. and Ackerley, E. (2000) Sex offenders: specialists, generalists – or both? *British Journal of Criminology, 40*, 56–67.

Spahr, L. and Alison, L. (2004) US savings and loan fraud: implications for general and criminal culture theories of crime. *Crime, Law and Social Change, 41*, 95–105.

Spearman, C. (1904) The proof and measurement of association between two things. *The American Journal of Psychology, 15*(1), 72–101.

Speckhard, A. (2006) Defusing human bombs: understanding suicide terrorism, in *Psychology and Terrorism* (Eds J. Victoroff and S. Mednick), IOS Press, Amsterdam.

Sporer, S.L., Read, D., Penrod, S. and Cutler, B. (1995) Choosing, confidence and accuracy: a meta analysis of the confidence–accuracy relation in eyewitness identification studies. *Psychological Bulletin, 118*(3), 312–27.

Stead, P.J. (1953) *Vidocq: A Bibliography,* Staples Press, New York.

Steller, M. and Kohnken, G. (1989) Criteria-based content analysis, in *Psychological Methods in Criminal Investigation and Evidence* (Ed. D.C. Raskin), Springer-Verlag, New York.

Steller, M., Wellerhaus, P. and Wolf, T. (1988) Empirical validation of criteria based content analysis. Paper presented at NATO Advanced Study Institute on Credibility Assessment, Maratea, Italy.

Stephenson, G.M. (1992) *The Psychology of Criminal Justice,* Blackwell, Oxford.

Stephenson, K. and Zelen, M. (1989) Rethinking centrality: methods and applications. *Social*

Networks, 11, 1–37.

Stermac, L., Sheridan, P.M., Davidson, A. and Dunn, S. (1996) Sexual assaults of adult males. *Journal of Interpersonal Violence, 11*, 52–64.

Stone, M. (1989) Murder. *Psychiatric Clinics of North America, 12*(3), 643–51.

Stott, C. (2003) Police expectations and the control of English soccer fans at 'Euro2000'. *Policing: An International Journal of Police Strategies and Management, 26*, 640–55.

Stott, C. and Drury, J. (2000) Crowds, context and identity: dynamic categorization processes in the 'poll tax riot'. *Human Relations, 53*(2), 247–73.

Stott, C., Hutchison, P. and Drury, J. (2001) 'Hooligans' abroad? Inter-group dynamics, social identity and participation in collective 'disorder' at the 1998 World Cup Finals. *British Journal of Social Psychology, 40*, 359–84.

Stott, C. and Pearson, G. (2007) *Football Hooliganism: Policing and the War on the English Disease,* Pennant, London.

Stuesser, Lee (2005) Experts on eyewitness identification: I just don't see it. *International Commentary on Evidence, 3*(1), Article 2. Available at http://www.bepress.com/ice/vol3/iss1/art2, accessed 31 May 2009.

Sugden, P. (1995) *The Complete History of Jack the Ripper,* Robinson, London.

Sutherland, E. (1937) *The Professional Thief,* University of Chicago Press, Chicago.

Sutherland, E.E. and Cressey, D.R. (1974) *Criminology,* J.B. Lippincott, Philadelphia, PA.

Sutherland, E.H., Cressey, D.R. and Luckenbill, D.F. (1992) *Principles of Criminology,* 11 edn, General Hall, Dix Hills, NY.

Swanson, C.R., Chamelin, N.C. and Territo, L. (1992) *Criminal Investigation,* 5th edn, McGraw–Hill, New York.

Szondi, L. (1952) *Introduction to the Szondi Test: Theory and Practice,* Grune & Stratton, New York.

Tabachnick, B.G. and Fidell, L.S. (1983) *Using Multivariate Statistics,* Harper & Row Publishers, New York.

Talbot, E. (1898) *Degeneracy: Its Causes, Signs, and Results,* Walter Scott, New York.

Tallis, F. (2008) *Fatal Lies,* Arrow Books, London.

Tamura, M. and Suzuki, M. (2000) Characteristics of serial arsonists and crime scene geography in Japan, in *Forensic Psychology and Law: Traditional Questions and New Ideas* (Eds A. Czerederecka, T. Jaskiewicz-Obydzinska and J. Wojcikiewicz), Institute of Forensic Research, Krakow, Poland.

Tate, C.S., Warren, A.R. and Hess, T.M. (1992) Adults' liability for children's lie-ability: can adults coach children to lie successfully? In *Cognitive and Social Factors in Early Deception* (Eds S.J. Ceci, M.D. Leichtmen and M. Putnick), Lawrence Erlbaum Associates, Hillsdale, NJ.

Teton, H. (1989) Offenders profiling. In W. Bailey (Ed.) *The Encyclopaedia of Police Science,* Garland Publishing, New York.

Teton, H. (1995) Offenders profiling, in *The Encyclopedia of Police Science,* 2nd edn (Ed. W.G. Bailey), New York, Garland Publishing.

Thaler, R.H. and Sunstein, C.R. (2008) *Nudge: Improving Decisions About Health, Wealth, and Happiness.* Yale: Yale University Press.

Theilade, P. and Thomsen, J.L. (1986) False allegations of rape. *Police Surgeon, 30*, 17–22.

Thrasher, F. (1927) *The Gang: A Study of 1,313 Gangs in Chicago,* University of Chicago Press, Chicago.

Tolman, E.C. (1948) Cognitive maps in rats and men. *Psychological Review, 55*, 189–208.

Tufte, E.R. (1999) *The Visual Display of Quantitative Information,* Graphics Press, Cheshire, CT.

Tullett, T. (1987) *Clues to Murder,* Bodley Head, London.

Tully, B. (1999) Statement analysis: review of developments and research, in *Interviewing and Deception* (Eds D. Canter and L. Alison), Offender Profiling Series, Vol.1, Ashgate, Dartmouth.

Turner, S. (1969) Delinquency and distance, in *Delinquency: Selected Studies* (Eds. T. Sellin and M.E. Wolfgang), John Wiley & Sons, Inc., New York.

Turvey, B. (1999) *Criminal Profiling: An Introduction to Behavioural Evidence,*

Academic Press, San Diego, CA.

Undeutsch, U. (1989) The development of statement reality analysis, in *Credibility Assessment: A Unified Theoretical and Research Perspective* (Ed. J. Yuille), Proceedings of the NATO-Advanced Study Institute, June 1988, Maratea, Italy, Kluwer Academic Publishers, Dordrecht (NL).

Van Koppen, P.J. and Jansen, R.W. (1998) The road to robbery: travel patterns in commercial robberies. *British Journal of Criminology, 38*(2), 230–46.

Van Limbergen, K., Colaers, C. and Walgrave, L. (1989) The societal and psycho-sociological background of football hooliganism. *Current Psychology Research and Reviews, 8*, 4–14.

Vorpagel, R.E. (1982) Painting psychological profiles: charlatanism, charisma, or a new science? *The Police Chief,* 156–9.

Vrij, A., Leal, S., Granhag, P.A. *et al.* (2008, published online) Outsmarting the liars: The benefit of asking unanticipated questions. *Law and Human Behavior.* Available at http://www.springerlink.com/content/u254472301p4242m/fulltext.pdf, accessed 31 May 2009.

Vrij, A. and Mann, S. (2001) Telling and detecting lies in a high-stake situation: the case of a convicted murderer. *Applied Cognitive Psychology, 15*(2), 187–203.

Vygotsky, L. (1978) *Mind in Society: The Development of Higher Psychological Processes,* Harvard University Press, Cambridge, MA.

Wagstaff, G.F. (1982) Hypnosis and witness recall: a discussion paper. *Journal of the Royal Society of Medicine, 75*, 793–7.

Walsh, D. (1980) *Break-Ins: Burglary from Private Houses,* Constable, London.

Walsh, D. (1986) *Heavy Business: Commercial Burglary and Robbery,* Roudledge & Kegan Paul, London.

Warren, J., R. Reboussin, Hazelwood, R. *et al.* (1998) Crime scene and distance correlates of serial rape. *Journal of Quantitative Criminology, 14*(1), 35–59.

Wasserman, S. and Faust, K. (1997) *Social Network Analysis: Structural Analysis in the Social Sciences,* Cambridge University Press, Cambridge.

Wasserman, S., Faust, K. and Iacobucci, D. (1994) *Social Network Analysis: Methods and Applications,* Cambridge University Press, Cambridge.

Watts, S. (1994) Robbers and robberies: behavioural consistencies in armed robbers, and their interpersonal narrative constructs. University of Liverpool. MSc Dissertation.

Weale, R.A. (1982) *A Biography of the Eye: Development-Growth-Age,* H.K. Lewis, London.

Webb, E.J., Campbell, D.T., Schwartz, R.D. and Sechrest, L. (1966) *Unobtrusive Measures: Non-reactive Research in the Social Sciences,* Chicago: Rand/McNally.

Welch, K. and Keppel, R.D. (2006) Historical origin of offender profiling, in *Offender Profiling* (Ed. R.D. Keppel), Thompson Custom Publishing, Mason, OH.

Wells, G.L. (1993) What do we know about eyewitness identification? *American Psychologist, 48*(5), 553–71.

Wells, G.L. and Olson, E.A. (2003) Eyewitness testimony. *Annual Review of Psychology, 54*, 277–95.

Wells, G.L., Small, M., Penrod, S. *et al.* (1998) Eyewitness identification procedures: recommendations for line-ups and photospreads. *Law and Human Behaviour, 22*, 603–47.

West, W.G. (1978) The short term careers of serious thieves. *Canadian Journal of Criminology, 20*, 169–90.

Wheeler, S., Weisburd, D. and Bode, N. (1982) Sentencing the white collar offender: Rhetoric and reality. *American Sociological Review, 47*, 641–59.

Whyte, W.H. (1956) *The Organisation Man,* Doubleday, Garden City, NY.

Wiles, A. and Costello, P. (2000) *The 'Road to Nowhere': The Evidence for Travelling Criminals.* Home Office Research Study, 207, Home Office, London.

Williams, P. (1993) The international drug trade: an

industry analysis. *Low Intensity Conflict and Law Enforcement, 2*(3), 397–423.

Williamson, T. (1993) From interrogation to investigative interviewing: strategic trends in police interviewing. *Journal of Community and Applied Social Psychology, 3*, 89–99.

Williamson, T. (2006) *Investigative Interviewing: Rights, Research, Regulation*. Willan, Cullompton.

Wilson, A. and Donald, I. (1999) Ram raiding: criminals working in groups, in *The Social Psychology of Crime: Teams, Groups, Networks. Offender Profiling Series Vol III* (Eds D.V. Canter and L.J. Alison), Ashgate, Aldershot.

Wilson, M. and Canter, D. (1991) A theory of inference derivation for qualitative data: development and test with application to criminal and terrorist detection, University of Surrey, Guilford (report to US Army – DAJA45-88-C0021).

Wilson, M.A., Canter, D. and Smith, A. (1995) *Modelling Terrorist Behaviour. Final Report.* U.S. Army Research Institute, Alexandria, VA.

Wilson, M. and Smith, A. (2000) Rules and roles in terrorist hostage taking, in *The Social Psychology of Crime: Groups, Teams and Networks* (Eds Canter, D.V. and Alison, L.J.), Dartmouth: Ashgate.

Woodhams, J., Hollin, C.R. and Bull, R. (2007) The psychology of linking crimes: a review of the evidence. *Legal and Criminology Psychology, 12*, 233–49.

Woodhams, J. and Toye, K. (2007) An empirical test of the assumptions of case linkage and offender profiling with serial commercial robberies. *Psychology, Public Policy, and Law, 13*, 59–85.

Wright, J.A., Burgess, A.G., Burgess, A.W. *et al.* (1996) A typology of interpersonal stalking. *Journal of Interpersonal Violence, 11*(4), 487–502.

Wrightman, L.S. (2001) *Forensic Psychology,* Wadsworth, Belmont, CA.

Yarmey, A.D. (1984) Age as a factor in eyewitness memory, in *Eyewitness Testimony* (Eds G.L. Wells and E.F. Loftus), Cambridge University Press, London.

Yarmey, A.D. (1986) Verbal, visual, and voice identification of a rape suspect under different levels of illumination. *Journal of Applied Psychology, 71*, 363–70.

Yarmey, A.D. (1993) Adult age and gender differences in eyewitness recall in field settings. *Journal of Applied Social Psychology, 23*, 1921–32.

Yarvis, R. (1995) Diagnostic patterns among three violent offender types. *Bulletin of the American Academy of Psychiatry and Law, 23*, 411–19.

Youngs, D. (2001) Specialisation in offending behaviour. University of Liverpool. Unpublished doctoral dissertation.

Youngs, D. (2004) Personality correlates of offence style. *Journal of Investigative Psychology and Offender Profiling, 1*(1), 99–119.

Youngs, D. (2008) Contemporary challenges in investigative psychology: Revisuing the Canter Offender Profiling Equations, in *Psychology and Law: Bridging the Gap* (Eds D. Canter and R. Zukauskiene), Ashgate, Aldershot.

Youngs, D. (Ed.) (in press). The Behavioural Analysis of Crime: Investigative Psychology Studies in Honour of David Canter. Ashgate: Aldershot, UK.

Youngs, D. and Canter, D. (in press, a) A radex framework for offender specialisation. International Research Centre for Investigative Psychology (IRCIP) (internal report, submitted for publication).

Youngs, D. and Canter, D. (in press, b) Victim role assignments by violent offenders. International Research Centre for Investigative Psychology (IRCIP) (internal report, submitted for publication).

Youngs, D. and Canter, D. (in press, c) A Narrative Action System Model of Acquisitive Crime. International Research Centre for Investigative Psychology (IRCIP) (internal report, submitted for publication).

Youngs, D., Canger, D. and Cooper, J. (2004) The facets of criminality: a cross-modal and cross-gender validation. *Behaviourmetrika, 31*, 99–111.

Youngs, R. (2006) *Democracy and Security in the Middle East,* Fundación para las Relaciones Internacionales y el Diálogo Exterior, Madrid. Available at http://www.fride.org/publication/58/domocracy-and-security-in-the-middle-east, accessed 12 May 2009.

Yuille, J.C. (1984) Research and teaching with police: a Canadian example. *International Review of Applied Psychology, 33,* 5–23.

Yuille, J.C. and Cutshall, J.L. (1986) A case study of eyewitness memory of a crime. *Journal of Applied Psychology, 71,* 291–301.

Zhang, S. and Gaylord, M. (1996) Bound for the Golden Mountain: the social organization of Chinese alien smuggling. *Crime, Law and Social Change, 25*(1), 1–16.

Zona, M.E., Sharma, K.K. and Lane, J. (1993) A comparative study of erotomanic and obsessional subjects in a forensic sample. *Journal of Forensic Sciences, 38*(4), 894–903.

참고문헌

찾아보기

인명

A

Abagnale, F. 361
Allnutt, S. H. 435

B

Benedikt, M. 58
Bond, T. 110
Brussel, J. 102, 104, 106, 108, 110

C

Corpus, M. 425, 431, 441
Cressey, D. 360

D

Dando, J. 307
Daniel, P. 94
Darke, J. 435
DeSalvo, A. 106
Doyle, A. C. 75, 78, 82, 87
Duffy, J. 33, 112

E

Ekman, P. 305, 310

F

Fesbach, S. 213
Frye, H. N. 172, 173, 180, 182

G

Galen 62
Gehnert, E. 100
Goldsmith, J. 435
Gosselin, C. 435

H

Heritage, R. 377, 383
Hill, A. 435
Holmes, S. 40, 78, 80, 83

J

Jaccard, P. 427

내용

저자 소개

David Victor Canter

영국 허더즈필드 대학교(University of Huddersfield) 심리학 교수로 재직하였으며, 국제 수사심리 연구센터(International Research Centre for Investigative Psychology)를 설립하였다. 2018년 동 대학을 퇴직하고, 현재는 리버풀 대학교(University of Liverpool)의 명예교수로 재직 중이다. 수사 심리학의 창설자로 알려져 있으며, 응용심리 분야에서 수사와 관련된 다양한 측면을 종합하여 반 영한 범죄자 프로파일링의 발전에 기여하여 왔다. Canter 교수의 수사심리학 연구는 앞서 참여하 였던 환경심리학과 인간 행동에 대한 연구 업적들이 기반이 된 것으로 알려져 있다.

관련 분야에 대하여 약 40여 권의 전문 서적을 집필하였으며, 300여 편이 넘는 학술 논문을 발표 하였다. 또한 200여 건의 경찰수사 단계 및 법정심리 과정에 전문가로서 기여하였다. 주요 저서 로는 『Forensic Psychology: A Very Short Introduction』(2010), 『Criminal Psychology: Topics in Applied Psychology』(2008), 『Mapping Murder: The Secrets of Geographical Profiling』(2003), 『Criminal Shadows: The Inner Narratives of Evil』(2000) 등이 있다.

Donna Youngs

영국 킹스턴 대학교(Kingston University London) 심리학과 교수로 재직 중이며, 허더즈필드 대학 교 재직 중에는 공저자 Canter 교수와 함께 국제 수사심리 연구센터에서 부책임자로 활동하였다. 수사심리학자이자 인간 행동 분석 프로파일러로서 관련 분야에 대한 6종의 서적을 포함하여 75건 이상의 연구 결과를 발표하였다. 또한 BBC, Channel 4, CBS 등에서 제작한 20여 개의 다큐멘터리 와 드라마 및 Netflix 영화 등에서 패널 또는 전문가 자문 역할로 참여하기도 하였다. 그는 스스로 밝힌 것처럼, 인간 행동과 이와 관련된 인간 서사의 바탕을 이루는 심리적 및 사회적 상관성을 모 형화하는 데 관심을 가지고 연구를 계속하고 있다.

이 책 외에도 다수의 저술을 Canter 교수와 함께 출간하였으며, 대표적으로는 『Principles of Geographical Offender Profiling』(2017), 『The Investigative Psychology of Serial Killing』(2008) 등이 있다.

역자 소개

강 선(Kang Sun, 심리학 박사)

경찰대학교를 졸업하고 경찰관으로 재직하였다. 재직 중 범죄심리학을 공부하여 경기대학교에서 「사건에 대한 장기기억에서 역순회상의 인출 연구」로 박사학위를 취득하였다. 퇴직 후 경찰대학교, 경기대학교, 수원대학교 등에서 학생들과 만났으며, 현재는 수원과학대학교에서 경찰을 꿈꾸는 학생들과 함께하고 있다.

김시업(Kim Si Up, 심리학 박사)

고려대학교 심리학과를 졸업하고, 경기대학교 일반대학원 범죄심리학과 교수로 재직하였다. 한국사회 및 성격심리학회 회장, 한국 수사심리학회 회장 등을 역임하였으며, 범죄 및 일탈 심리와 관련하여 인지면담, 진술분석, 행동분석 등에 깊은 관심을 가지고 연구하고 있다.

수사심리학

범죄자 프로파일링과 범죄 행위 분석

Investigative Psychology
Offender Profiling and the Analysis of Criminal Action

2023년 3월   5일 1판 1쇄 인쇄
2023년 3월 10일 1판 1쇄 발행

지은이 • David Canter · Donna Youngs
옮긴이 • 강선 · 김시업
펴낸이 • 김진환
펴낸곳 • (주) **학지사**
　　　　　04031 서울특별시 마포구 양화로 15길 20 마인드월드빌딩
대표전화 • 02)330-5114　　　팩스 02)324-2345
등록번호 • 제313-2006-000265호

홈페이지 • http://www.hakjisa.co.kr
페이스북 • https://www.facebook.com/hakjisa

ISBN 978-89-997-2865-5 93180

정가 28,000원

역자와의 협약으로 인지는 생략합니다.
파본은 구입처에서 교환해 드립니다.

이 책을 무단으로 전재하거나 복제할 경우 저작권법에 따라 처벌을 받게 됩니다.

출판미디어기업 **학지사**

간호보건의학출판 **학지사메디컬** www.hakjisamd.co.kr
심리검사연구소 **인싸이트** www.inpsyt.co.kr
학술논문서비스 **뉴논문** www.newnonmun.com
교육연수원 **카운피아** www.counpia.com